Berthold

Delbru

ck

Syntaktische Forschungen

Berthold
Delbru
..

ck

Syntaktische Forschungen

ISBN/EAN: 9783742809346

Hergestellt in Europa, USA, Kanada, Australien, Japan

Cover: Foto ©Thomas Meinert / pixelio.de

Manufactured and distributed by brebook publishing software
(www.brebook.com)

Berthold

Delbru

ck

Syntaktische Forschungen

DER GEBRAUCH

DES

CONJUNCTIVS UND OPTATIVS

IM

SANSKRIT UND GRIECHISCHEN

VON

B. DELBRÜCK.

HALLE,

VERLAG DER BUCHHANDLUNG DES WAISENHAUSES.

1871.

Vorrede.

Die folgenden Bogen sind, obwohl ich sie unter meinem Namen in die Welt sende, nicht in dem gewöhnlichen Sinne mein Eigenthum, vielmehr gehört ein nicht geringer Theil meinem Freunde Windisch. Freilich ein kleinerer als ich wohl gewünscht hätte und als in unserer Absicht lag. Aus vielfachen Gesprächen nämlich und Correspondenzen über syntaktische Fragen war uns eine solche Uebereinstimmung unserer Anschauungen zum Bewusstsein gekommen, dass wir den Versuch wagen wollten, den durch gegenseitige Mittheilung und Kritik uns zum Gemeingut gewordenen Besitz an syntaktischen Erkenntnissen den Mitforschern als einheitliche Arbeit vorzulegen, für die wir eine solidarische Verantwortung zu übernehmen gedachten. Aeussere Umstände zwangen uns, diesen Plan aufzugeben. Da Windisch durch andere Pflichten zu sehr in Anspruch genommen wurde, musste ich mich entschliessen, die Ausarbeitung allein zu unternehmen, jedoch natürlich mit Benutzung dessen, was schon als Grundstock der gemeinsamen Arbeit vorhanden war. Dieser Grundstock bestand aus den Sammlungen der Belege, von denen Windisch einen Theil der griechischen, ich den anderen Theil der griechischen und die sanskritischen beschafft hatte. Ausserdem waren die Belege schon im Grossen und Ganzen so geordnet, wie sie jetzt in der Beispielsammlung sind, und zwar hatte die Arbeit sich so vertheilt, dass Windisch die Relativsätze, ich das Uebrige besorgte.

Aus diesen Angaben ist der Antheil von Windisch, soweit er sich noch absondern lässt, ersichtlich. Was ich ihm sonst an fruchtbaren Anregungen und fördernder Kritik verdanke, lässt sich nicht mit deutlichen Worten angeben, aber von solchen einigermaassen nachempfinden, die den Genuss und Gewinn eingehender wissenschaftlicher Diskussion aus eigener Erfahrung kennen.

Die auf diese Weise entstandene Arbeit zerfällt in zwei Abtheilungen, die ich nicht „allgemeiner Theil“ und „besonderer Theil“ genannt habe, sondern „Einleitung“ und „Beispielsammlung“, weil ich schon durch die möglichste Bescheidenheit der Ueberschriften der Gefahr entgehen wollte, dass mehr von mir gefordert würde, als ich zu geben die Absicht und Fähigkeit hatte.

Die „Einleitung“ sucht die Grundbegriffe der Untersuchung festzustellen, soweit dies ohne Eingehen in psychologische Details möglich schien, aber hoffentlich derartig, dass man die Anlehnung an die hauptsächlich durch Lazarus und Steinthal vertretene Richtung überall gewahr wird, und sucht von dieser Grundlage aus die Entwickelung der Modi und die Genesis des Satzgefüges zu begreifen. Eine Satzlehre schreiben zu wollen kam mir nicht in den Sinn. Doch hoffe ich, dass der Leser einige Vorarbeiten dazu herauslesen wird. Namentlich glaube ich, dass über die Relativsätze richtigere Anschauungen gewonnen sind als früher, bei den Conjunctionssätzen wird der prüfende Leser dagegen bald inne werden, dass das Problem der sogenannten „abhängigen“ Sätze nur hier und da gestreift ist. Ueberall hoffe ich aber, mag nun das Einzelne gelungen oder misslungen sein, gezeigt zu haben, dass eine geschichtliche Betrachtung der Syntax nothwendig und dass sie möglich ist.

Auch von der „Beispielsammlung“ verlange man nicht mehr als der Name sagt, keine Specialsyntax des Veda oder des Homer, und vor allem keine Beiträge zur Texteskritik, sondern einen vielfacher Verbesserung fähigen Anfang einer Ansammlung des statistischen Materials, die reichlicher sein sollte, als die bisherige philologische Gewohnheit es mit sich bringt.

Nicht zu übersehen bitte ich die Nachträge und Berichtigungen. Die beiden mit C. bezeichneten Notizen sind einer Reihe von Bemerkungen entnommen, die Georg Curtius mir nach der Lectüre der Einleitung mittheilte, Zeugen des freundlichen Interesses, das ihr Urheber einer Arbeit zuwendete, die so vielfach gerade an seine Auffassungen und Bestrebungen anknüpft.

Jena, October 1870.

B. Delbrück.

Uebersicht des Inhaltes.

Einleitung.

Cap. I. Conjunctiv und Optativ in formeller Beziehung 3—7.

Der Conjunctiv 3—5. Im Sanskrit: Endungen 4. Conjunctiv vom Aoriststamme 4. Lēt 4. Unächter Conjunctiv 5. Im Griechischen 5.

Der Optativ 5—6. Im Sanskrit: Potentialis, Precativ, Optativ des Aorist 5—6. Im Griechischen 6.

Gründe, weswegen in der vorliegenden Arbeit nur Sanskrit und Griechisch berücksichtigt sind.

Cap. II. Die Quellen und ihre Benutzung 8—11.

Im Sanskrit: Beschränkung auf das vedische, Sicherheit der Deutung des Veda 8. Brâhmaṇa-Literatur 9. Im Griechischen: Beschränkung auf Homer 10. Verhältniss zu den Vorgängern.

Cap. III. Die Grundbegriffe 11—15.

Wie abstrahirt man Grundbegriffe? 11. Unterscheidung des relativen und absoluten Grundbegriffes 12. Die relativen Grundbegriffe 12—13 (§ 1), die absoluten Grundbegriffe 14—15 (§ 2).

Cap. IV. Die Hauptsätze 15—30.

Vorläufiges: Angaben über die hier befolgte Eintheilung der Sätze 15. Definition der Ausdrücke Wille, Wunsch, Aufforderung, Bitte 16—17.

I. Die conjunctivischen Hauptsätze 17—25.

Nothwendiger Eintheilungsgrund der Grad der subjectiven Erregung. Danach zwei Gruppen: Conjunctiv des Wollens und Conjunctiv der Erwartung 17.

Conjunctiv des Wollens 17—23. In positiven Sätzen 17—21. Die Grundbedeutung ist rein in der ersten Person Singularis 18 (Vermischung mit der Bedeutung des Optativs abgewiesen 18—19). Die Grundbedeutung theils rein, theils schon umgestaltet (indirecte Aufforderung) in der ersten Person Plur. 19—20. Grundbedeutung in der zweiten und dritten Person 20—21. Conjunctiv des Wollens in negativen Sätzen 21—23. Unabhängige und abhängige Sätze mit má und μή 22. Eintheilung der Sätze mit μή in Warnungs- und Befürchtungssätze 22 (Kategorie des Inhaltsatzes abgewiesen 23).

Conjunctiv der Erwartung 23—25. Rechtfertigung des Ausdruckes. Grade und Bedingungen der Abschwächung des Grundbegriffes in drei Gruppen zur Anschauung gebracht 24—25.

II. Die optativischen Hauptsätze 25—30.

Der Eintheilungsgrund derselbe wie beim Conjunctiv. Daher ebenfalls zwei Gruppen: Optative des Wunsches und abgeschwächte Optative.

Optative des Wunsches 25—27. Negation 26. Wunschsätze mit ὡς und εἰ 26—27.

Abgeschwächte Optative 27—30. Analog dem Conjunctiv drei Gruppen: 1) Allgemeine Gebote. 2) Concessionen. 3) Futurische Optative (Scheinbares Zusammenfallen mit dem Conjunctiv 27). Die futurischen Optative in 6 Gruppen zerlegt 30.

Cap. V. Die relativen Nebensätze 30—52.

Einleitendes: Ursprung und Grundbedeutung des Relativums 30—32. Orientirende Uebersicht über die Relativsätze der Vedensprache 32—34.

Eintheilung der Relativsätze. Sie zerfallen in posteriorische und priorische 35.

§ 1. Die posteriorischen Relativsätze 36—42. Zerfallen in zwei Abtheilungen entsprechend den zwei Gruppen des Conjunctivs im Hauptsatze: I. Der Conjunctiv ist der wollende und der Optativ der wünschende 36—39. Diese Relativsätze stehen den Hauptsätzen noch am nächsten 36. Absicht und beabsichtigte Folge 37. Verhältniss zu den Conjunctionssätzen 38. II. Der Conjunctiv ist der erwartende und der Optativ der vermuthende 39—42. Relativsätze als „Bestimmung eines Abstractums“ 39—41. Relativsätze, die sich dem Sinne nach den abhängigen Fragen nähern 41—42.

§ 2. Die priorischen Relativsätze 42—50. Verschiedene Arten des Prius 43. Freiere und reichere Entwickelung des Relativums in diesen Sätzen 43. In vier Gruppen zur Anschauung gebracht 43—44 und zwar 1) der Hauptsatz mit dem Bezugswort geht voran 44—45, darunter besonders die homerischen Gleichnisse. 2) Der Hauptsatz mit dem Bezugswort folgt 45—46. Das Relativum sucht sein Bezugswort. 3) Der Hauptsatz ohne Bezugswort, das also ergänzt werden muss, geht voran 46—48. Das Relativum bekommt in dieser Constellation einen indefiniten Inhalt 46. Formale Ergänzung (Stamm *ta*) im Gegensatz zur sachlichen 47. 4) Der Hauptsatz ohne Bezugswort, das also ergänzt werden muss, folgt 48—50. Anakoluthieen im Sanskrit 49. Verhältniss der priorischen Relativsätze zu den Bedingungssätzen 50.

Anhang: τις und τε hinter dem Relativpronomen 50—52.

Cap. VI. Die Nebensätze mit Conjunctionen 53—74.

Die Conjunctionen zerfallen in (A) solche, welche vom Relativstamme abzuleiten sind, (B) solche von anderer Herkunft.

A. Die Sätze mit Conjunctionen vom Relativstamme 53—69. Aufzählung der in Betracht kommenden Conjunctionen 53. Unterschied der Conjunctionen vom flectirten Relativpronomen 53—54. Nur ein Unterschied des Grades, daher die Eintheilung der Conjunctionssätze dieselbe wie die der Relativsätze 54. Die Conjunctionen zerfallen der Form nach in casuelle und adverbiale Bildungen 54. Die casuellen Bildungen 54—58. Accusativisch yad ὅ ὅτι οὕνε εἰς ὅ 54—55. Wie ist hier der Accusativ zu verstehen? 55—56. Accusativisch ferner yāvad und ἕως. Ablativisch yāt ὡς ὅπως 56—57. Ausführung über yāt 57. Instrumentalisch yena yābhis ἵνα 57—58. Adverbielle Bildungen 58—59.

§ 1. Die posteriorischen Conjunctionssätze mit Conjunctionen vom Relativstamme 59—64. Die Belege hier fast durchweg dem Conjunctiv entnommen 59. Wieder die zwei Gruppen wie bei den Hauptsätzen und den relativen Nebensätzen.

I. Der Conjunctiv ist der wollende 59—62. yad yathā ἵνα ὄφρα leiten reine Absichtssätze ein 59—60, ὡς und ὅπως Sätze der beabsichtigten Folge 60—61. Sind die Sätze mit ὅπως Fragesätze? 61—62. Kategorie des Inhaltssatzes abgewiesen 62.

II. Der Conjunctiv ist der erwartende 62—64, ὅτε, ὄφρα, εἰς ὅ, ἕως.

§ 2. Die priorischen Conjunctionssätze mit Conjunctionen vom Relativstamme 64—69. Voranstehen des Conjunctionssatzes das Natürliche 64. Gedankeninhalt der Conjunction ein indefiniter 65. Der Paragraph zerfällt in drei Gruppen: I. Vergleichsätze 65—67 (ὡς, ὡς ὅτι, ὡς εἰ). II. Ὡς bei futurischen Conjunctiven 67. III. Temporal- und Bedingungsätze 67—69. Drei Arten der Voraussetzung beim Conjunctiv 67—68. Annahme im Optativ 69.

B. Die Sätze mit satzverbindenden Partikeln von anderer Herkunft 69—74. ca und ced 69—70. Griechisch: εἰ. Etymologie 70—71. Eintheilung der Sätze mit εἰ in posteriorische und priorische 71. 1) Posteriorische 71—72. 2) Priorische 72—73. Wunschsätze mit εἰ 74.

Cap. VII. Fragesätze 74—79.

Definition der Frage. Drei Bestandtheile derselben 74. Sprachlicher Ausdruck derselben. Frageton 75. Bezeichnung des Fragetons in der Schrift der Inder 75. Bestätigungs- und Verdeutlichungsfragen 75. Der Interrogativstamm 76.

Was wird aus dem conjunctivischen Wollen im Fragesatze? 76—77. ἦ und ἢ 77. Modification des optativischen Grundbegriffes durch die Frage 78—79.

Cap. VIII. Personen- und Modusverschiebung 79—83.

Zeichen der erzählten Rede. Verschiebung der Person 79—82. Das Pronomen dient nur einer Situation, daher Möglichkeit eines Missverständnisses bei der Erzählung 80. Dieser Möglichkeit entgeht das Sanskrit durch *iti* (80—82), das Griechische durch Verschiebung 82.

Zweites, nur im Griechischen auftretendes Zeichen der erzählten Rede die Modusverschiebung 83.

Cap. IX. ΚΕΝ und ΑΝ 84—90.

κέν und ἄν zu trennen 84. κέν ist mit *kam* identisch 84. Da indessen *kam* sehr verwischte Bedeutung hat, ist die Grundbedeutung von κέν aus dem Gebrauch zu ermitteln 84. κέν weist auf das Eintreten der Handlung hin 85. Diese Bedeutung in den verschiedenen Satzarten nachgewiesen 85—86. Gebrauch von *kam* 86—88. Gewährt wenig Aufschluss 88. Etymologie von *kam*-κέν 88. Nicht zur Wurzel *kam* ziehen, sondern zum Pronominalstamm *ka* in seinem indefiniten Sinne 88.

Unterschiede im Gebrauche von κέν und ἄν 89. Etymologie von ἄν, nicht mit sanskritisch *u* identisch, auch nicht mit lateinisch an 89.

Zusammenfassung der Ergebnisse 89—90.

Cap. X. Rückblick auf die Satzeintheilung. Gräcoarisch? 90—104.

Unterschied von Haupt- und Nebensatz 91—96. Kein untrügliches äusseres Unterscheidungszeichen 91—92. Also der Unterschied in der Bedeutung 92. Dieser Unterschied vergegenwärtigt durch eine Uebersicht über die Relativsätze 93. Primitivste Art der Nebensätze solche, die aus praktischen Gründen zurücktreten 93. Die nothwendigen Relativsätze 94—95. Sie sind logisch untergeordnet. Wie sind logische Kategorien hier zu verstehen? 95. Definition des Hauptsatzes 96. Satzbetonung, besonders bei den Indern 96—98.

Skizze der Entstehung der Nebensätze 98—100. Definition des Relativums 99. Folgerungen hinsichtlich der Satzeintheilung überhaupt 100. Anordnung der conjunctivischen und optativischen Sätze insbesondere, priorische und posteriorische 101.

Gräcoarisch. Darf man aus den syntaktischen Uebereinstimmungen zwischen Sanskrit und Griechisch auf eine gräcoarische Epoche schliessen? 102—104.

Beispiel-Sammlung.

CONJUNCTIV. 107—190.

A. Der Conjunctiv in Aussagesätzen. 107—186.

Cap. I. 107—128.

Der Conjunctiv in Hauptsätzen.

§ 1. Der Conjunctiv des Wollens 107—122.
  I. In positiven Sätzen 107—112.
    1) Erste Person 107—111.
      a. des Singularis 107—109.
      b. des Dualis und Pluralis 109—111.
    2) Zweite und dritte Person 111—112.
  II. In negativen Sätzen 112—121.
    1) Erste Person 113—115.
      a. des Singularis 113—114.
      b. des Dualis und Pluralis 115.
    2) Zweite und dritte Person 115—121.
  Anhang: na und ned in prohibitivem Sinne 121—122.
§ 2. Der Conjunctiv der Erwartung 122—128.
  Sanskritische Beispiele 122—124.
  Griechische Beispiele 124—128.
    Reiner Conjunctiv 124—125.
    Conjunctiv mit κέν 125—128.
    Conjunctiv mit ἄν 128.

Cap. II. 129—147.

Der Conjunctiv in relativen Nebensätzen.

§ 1. Die posteriorischen Relativsätze 129—132.
  I. Conjunctiv des Wollens 129—131.
  II. Conjunctiv der Erwartung 131—132.
§ 2. Die priorischen Relativsätze 132—147.
  Sanskritische Beispiele 133—134.
  Griechische Beispiele 135—147.
    Reiner Conjunctiv 135—139.
    Conjunctiv mit κέν 139—146.
    Conjunctiv mit ἄν 147.

Cap. III. 147—186.

Der Conjunctiv in Nebensätzen mit Conjunctionen.

Die Sätze mit Conjunctionen vom Relativstamme 147—171.
§ 1. Die posteriorischen Sätze 147—160.
  I. Der Conjunctiv ist der wollende 148—158.
    Sanskritische Beispiele 148—150.

Griechische Beispiele 150—158.
ἵνα 150—152.
ὄφρα 152—155.
ὡς 155—157.
ὅπως 157—158.
II. Der Conjunctiv ist der erwartende 158—160.
ὅτε, ὁπότε, ὄφρα, εἰς ὅ, ἕως.
§ 2. Die priorischen Sätze 161—171.
I. ὡς und ὡς ὅτε in Gleichnissen 161—162.
II. ὡς und ὅπως bei futurischem Conjunctiv 162—163.
III. Temporal- und Bedingungssätze 163—171.
Sanskritische Beispiele 163—165 (*yad yadi yadā*).
Griechische Beispiele 165—171.
ὅτε und ὁπότε 165—169.
εὖτε 169—170.
ἦμος 170.
ὄφρα 170—171.
εἰς ὅ 171.
B. Die Sätze mit satzverbindenden Partikeln von anderer Herkunft 171—186.
Εἰ 171—182.
1) Posteriorische Sätze mit εἰ 171—175.
2) Priorische Sätze mit εἰ 175—182.
I. Der Conjunctiv ist rein 175—177.
II. Der Conjunctiv mit κέν 177—181.
III. Der Conjunctiv mit ἄν 181—182.
Ἐπεί 182—185.
Πρίν 185—186.

B. Der Conjunctiv in Fragesätzen.

Cap. IV. 186—189.

I. Bestätigungsfragen 186—187.
II. Verdeutlichungsfragen 187—189.

OPTATIV. 190—256.

A. Der Optativ in Aussagesätzen. 190—244.

Cap. I. 190—216.

Der Optativ in Hauptsätzen.

§ 1. Der Optativ des Wunsches 190—197.
I. In positiven Sätzen 190—194.
II. In negativen Sätzen 194—195.
Wunschsätze mit ὡς und εἰ 195—196.
Optative der Bitte 196—197.

§ 2. Die abgeschwächten Optative 197—216.
I. Optative des allgemeinen Gebotes 198.
II. Concessive Optative 199.
III. Futurische Optative 200—216.
Sanskritische Beispiele 200—201.
Griechische Beispiele 201—216.

Cap. II. 217—227.

Der Optativ in relativen Nebensätzen.

§ 1. Die posteriorischen Relativsätze 217—222.
I. Die wünschenden Optative 217—218.
II. Die abgeschwächten Optative 218—222.
§ 2. Die priorischen Relativsätze 222—227.
Sanskritische Beispiele 223—224.
Griechische Beispiele 224—227.

Cap. III. 228—244.

Der Optativ in Nebensätzen mit Conjunctionen.

A. Die Sätze mit Conjunctionen vom Relativstamme 228—236.
§ 1. Die posteriorischen Sätze 228—231.
yathā 228.
yad 229.
ἵνα 229.
ὄφρα 229—230.
ὡς und ὅπως 230—231.
§ 2. Die priorischen Sätze 231—236.
I. Der Optativ in Gleichnissen 231—232.
II. Temporal- und Bedingungssätze 232—236.
Sanskritische Beispiele (yad yadi yadā yarhi) 232—234.
Griechische Beispiele (ὅτε ὁπότε ὁσάκις) 235—236.
B. Sätze mit Conjunctionen von anderer Herkunft 236—244:
1) Posteriorische Sätze mit εἰ 236—238.
2) Priorische Sätze mit εἰ 238—244.

B. Der Optativ in Fragesätzen.

Cap. IV. 245—248.

Anhang. 248—256.

Der Optativ der abhängigen Rede.

§ 1. Der aus dem Conjunctiv entstandene Optativ 248—255.
§ 2. Der aus dem Indicativ entstandene Optativ 255—256.

Einleitung.

Cap. I.

Conjunctiv und Optativ in formeller Beziehung.

Die Untersuchungen, welche wir hiermit dem philologischen Publikum vorlegen, kündigen sich an als einen Beitrag zur vergleichenden Syntax der indogermanischen Sprachen. Da dieses weite Forschungsgebiet noch wenig bearbeitet, und speciell die Moduslehre noch nicht nach den Principien der vergleichenden Grammatik behandelt worden ist, so fühlen wir uns verpflichtet, über Ziel und Methode unserer Arbeit uns etwas ausführlicher einleitend auszusprechen.

Zunächst haben wir uns mit unseren Lesern darüber zu verständigen, welche Verbalformen wir unter der Bezeichnung Conjunctiv und Optativ verstanden wissen wollen.

Zwar hinsichtlich des Griechischen kann darüber kein Zweifel walten, wohl aber hinsichtlich des Sanskrit. Es ist nicht unsere Absicht, an dieser Stelle in eine Untersuchung über die Bildung der altindischen Modi einzugehen. Da aber derjenige, der nicht mit der vedischen Literatur bekannt ist, sich aus den vorliegenden grammatischen Hülfsmitteln schwerlich ein deutliches Bild von dem Verhältniss der Modi des Sanskrit zu denen der verwandten Sprachen wird machen können, so sind einige Worte über die Form des Conjunctivs und Optativs hier am Platze.

In dem vedischen Sanskrit ist der Conjunctiv ein überaus häufig gebrauchter Modus. Sein Zeichen ist *a*. Dies tritt an das Thema des Präsens oder des Aorist. Auch ist RV. 4, 30, 23 in *karishyā's*, *du wirst thun* eine zweite Person Sing. des Conj. des Futurums belegt, und dieselbe Form ist wahrscheinlich RV. 1, 165, 9 durch Conjectur herzustellen (vgl. Böhtlingk-Roth s. v. *karishyā*). Indem das *a* an den Tempusstamm antritt, entsteht z. B. aus dem Praesensthema *han-* (*schlagen*) das Conjunctivthema *hana-* (3. Sing. *hanati*), aus dem Präsensthema *pata-* (*pat*, *fliegen*) das Conjunctivthema *patā-* (3. Sing. *patāti*), aus dem Aoristthema *jesh-* (*ji*, *besiegen*) das Conjunctivthema *jesha-* (3. Sing. *jeshat*). An das so gebildete Modusthema traten ursprünglich, wie man

aus dem Griechischen folgern muss, auch im Sanskrit die primären Endungen, sind aber mehrfach modificirt worden. Was zunächst den Conjunctiv des Präsens betrifft, so hat dieser im Medium, mit dem wir der Uebersichtlichkeit wegen beginnen, entweder die gewöhnlichen auf *-e* ausgehenden primären Endungen, oder statt des *-e* zeigt sich *âi*, so dass neben *-se*, *-te*, *-vahe*, *-mahe*, *-dhve*, *-nte* auch *-sâi*, *-tâi*, *-vahâi*, *-mahâi*, *-dhvâi*, *-ntâi* sich findet. Bei dieser Aufzählung sind, wie man sieht, die zweite und dritte Dualis, über die wir nichts Sicheres aufstellen mögen, weggelassen, und ausserdem die erste Singularis, von der zu bemerken ist, dass sie immer den Ausgang *âi* haben muss, da sowohl die Endung *e* als die Endung *âi* im Verein mit dem Conjunctiv *-a* ein *âi* ergeben würde. Im Activum sind die Personen zu scheiden. Die erste Sing. hat die Endung *-ni*, vor der das *a* wie sonst vor dem *m* und *v* gedehnt wird, so dass der Ausgang *-âni* entsteht, die erste Dualis und Pluralis zeigen wohl stets die secundären Endungen *-va* und *-ma*, also die Ausgänge *-âva* und *-âma*. Die dritte des Plurals hat unseres Wissens nur die secundäre Endung *-an*. Ueber die zweite und dritte des Duals stellen wir keine Behauptung auf. Die zweite und dritte des Singulars aber zeigen ein Schwanken zwischen den primären und secundären Endungen. So finden sich z. B. von *as* sein sowohl *ásasi* und *ásati* als *ásas* und *ásat*. Man nennt die Formen mit den secundären Endungen wohl Conjunctive des Imperfectums. Aber diese irreleitende Bezeichnung ist durchaus zu verwerfen. Das Imperfectum und der Conjunctiv sind zwei aus dem Präsensstamme abgeleitete unabhängige Bildungen, die, eine jede für sich, die Abstumpfung der Endungen haben eintreten lassen. Das beweist u. a. der Umstand, dass auch der Conjunctiv des Aorists neben den allerdings häufigeren secundären primäre Endungen zeigt, z. B. in *dadharshati* Conj. Aor. von *dharsh* (vgl. Benfey Vollst. Skrtgr. § 860 und Böhtlingk-Roth s. v. *dharsh*).

Von dem Conjunctiv des Aorist sind nur sehr wenige Medialformen belegt z. B. *drikshase* von dem Aoristthema *driksh-* zu der Wurzel *darç*, sehen, ebenfalls mit der primären Endung (vgl. Max Müller Rigv. transl. I, pag. 32). Das Activum zeigt, wie gesagt, überwiegend die secundären Endungen. In dem klassischen Sanskrit nun ist der Conjunctiv des Aorists völlig, der des Präsens bis auf die erste Person der drei Numeri verschwunden. Diese drei ersten Personen aber rechnen die indischen Grammatiker zum Imperativ. Für die in der vedischen Sprache auftretenden zweiten und dritten Personen haben sie den Namen *Lêṭ*, den wir uns, da er nur in ihrem System einen Sinn hat, nicht aneignen können. Wir vereinigen vielmehr das, was die indischen

Grammatiker, die das nachvedische Sanskrit als Norm betrachteten, unter zwei Modi getheilt haben, wieder unter dem Namen Conjunctiv.

Hiermit ist das, was wir über die Bildung des echten Conjunctivs im Altindischen bemerken zu müssen glaubten, beendet.

Es hat sich aber im Altindischen noch ein unechter Conjunctiv entwickelt. Der seines Augmentes beraubte Indicativ, Imperfecti und Aoristi kann nämlich im Sinne des Conjunctivs gebraucht werden. Im klassischen Sanskrit jedoch nur in Verbindung mit der Prohibitivnegation mâ', während im vedischen auch einige erste Personen des Aorists ohne Augment ausserhalb der Verbindung mit mâ' in diesem Sinne vorkommen, z. B. *vocam*, *ich will reden*, von *vac*. (Man vergleiche hierzu noch Kuhn K. Z. 18, 326.)

Da diese unechten Conjunctive sich in ihrer Bedeutung von den echten nicht unterscheiden, so haben wir sie in unserer Beispielsammlung mit diesen auf gleiche Stufe gestellt.

Es bedarf kaum noch der Ausführung, dass der griechische Conjunctiv dasselbe Moduszeichen hat, wie der altindische. Das *a* erscheint als *ε*, z. B. in *φθίεται* neben *ἔφθιτο*, als *ο*, z. B. in *ἴομεν* neben *ἴμεν*. Durch die Verbindung mit dem thematischen *a*-Vocal entsteht *η*, z. B. in *φέρητε* neben *φέρετε*, oder *ω* in *φέρωμεν* neben *φέρομεν*. Eine nähere Ausführung über die Form des Conjunctivs im ältesten Griechisch gehört nicht hierher.

Auch was den Optativ betrifft, beabsichtigen wir nur einen zusammenfassenden Ueberblick, nicht eine vollständige Ausnutzung des sprachlichen Materials. Das Moduszeichen des Optativs im Altindischen ist *i*, *ya* und *yâ*. Diese drei Zeichen sind in dem aus dem Präsensstamme gebildeten Optativ folgendermassen vertheilt: *i* erscheint bei den auf *a* ausgehenden Präsensstämmen, z. B. *bhares* 2. Sing. Opt. Praes. von *bhar*, *tragen*, aus dem Präsensstamme *bhara*, gleich *φέροις*. Nur in der ersten Sing. und dritten Plur. zeigen diese Stämme das Zeichen *ya*, aber in der Modification *iya* (*bhareyam* und *bhareyus* aus *bhareya-nt*).[1] Das Zeichen *yâ* erscheint bei den nicht auf *a* ausgehenden Stämmen, z. B. *dvishyâs*, zweite Sing. von *dvish*, *hassen*. Im Medium wird bei diesen Stämmen das *yâ* zu *î* zusammengezogen, welches vor Vocalen in *iy* gespalten wird. Diesen Optativ vom Präsensstamme nennt Bopp Potentialis, worunter aber nicht das verstanden werden soll, was man in der griechischen und lateinischen Syntax Potentialis nennt, son-

1) So Schleicher Compendium², pag. 712. Man kann das *a* aber auch zum Suffix ziehen. Dann hat man im Sanskrit das Optativzeichen *ya* nicht anzunehmen.

dern nur eine Bezeichnung für die Form des präsentischen Optativs im Gegensatz zum aoristischen.

Ganz ebenso werden im vedischen Sanskrit Optative von Aoriststämmen gebildet, z. B. *bhûyâma*, erste Plur. von dem Aoristthema *bhû*, welches der Wurzel gleich ist, *vocyam* von dem Aoristthema *voca-* zur Wurzel *vac*.

Ausserdem giebt es im vedischen und im klassischen Sanskrit einen Optativ vom Aoriststamme, der sich von dem ebenerwähnten durch den Zusatz eines *s* in den meisten Personen unterscheidet. Von *bhû* würde die erste Plur. dieses Optativs *bhûyâsma* lauten. Ueber die Bildung und das Vorkommen dieser Formen im Veda giebt Bollensen, Zeitschrift d. d. morgenl. Ges. 22, 594 die beste Auskunft.

Für diese letzte Optativbildung hat die indische Grammatik, während sie den übrigen Optativ *liñ* nennt, die Bezeichnung *liñ âçishi* oder *âçir-liñ*, d. h. Wunsch-Optativ, Gebets-Optativ, was Bopp durch Precativ, Max Müller durch Benedictiv überträgt. Eine Verschiedenheit der Bedeutung zwischen diesem und dem übrigen Optativ existirt nicht, nur dass der sogenannte Precativ auf die ursprüngliche Sphäre des Wunsches beschränkt geblieben ist, während der „Optativ" diesen Grundbegriff vielseitig entwickelt hat. Wir lassen desshalb die besondere Bezeichnung für den Precativ fallen, und fassen ihn mit dem, was Bopp Potential nennt, unter dem Namen *Optativ* zusammen. Erwähnt mag noch werden, dass in der vedischen Sprache auch einige Optative vom Perfectstamme belegt sind.

Die Endungen des Optativs im Sanskrit sind durchweg die secundären.

Der griechische Optativ zeigt das Zeichen ι z. B. in φέροις gleich *bhares*, das Zeichen ιη gleich *yâ* z. B. in διδοίης, ausserdem ιε in der dritten Pers. Plur., wie εἶεν aus ἐσ-ιε-ν, φέροιεν etc., und wahrscheinlich ια in den Nebenformen des sigmatischen Aorists wie λύσειας. Seine Endungen sind die secundären, bis auf die erste Sing. bei den Themen auf *a*, welche die primäre Endung als einen Rest aus dem äussersten Alterthume bewahrt hat (vgl. Curtius, Chronologie 241).

Aus diesen Ausführungen ergiebt sich, dass der Conjunctiv und Optativ des Sanskrit und griechischen ihrer Form nach im wesentlichen identisch sind. Dazu gesellen sich noch dieselben Bildungen im Zend, worüber man sich am bequemsten bei *Schleicher* Comp. 708 und 715 unterrichtet. In keiner andern indogermanischen Sprache sind der ursprüngliche Conjunctiv und Optativ in ihrer alten Getrenntheit erhalten.[1]

1) Hinsichtlich des altirischen urtheilt Ebel in den Nachträgen zu Schleichers Compendium (Chrestomathie 372), dass ein Optativ im altirischen bis jetzt nicht sicher nachweisbar sei.

Daraus folgt, dass eine Untersuchung über Conjunctiv- und Optativgebrauch in den indogermanischen Sprachen sich zunächst an das Sanskrit Zend und Griechische zu halten hat.

Zu demselben Resultat gelangt man, wenn man das Verhältniss des Conjunctivs und Optativs zu den Tempusstämmen des Präsens und Aorists, von denen sie ja fast ausschliesslich gebildet werden, in Erwägung nimmt. Wie man in der Declination die Casus nicht von dem Nominativ, sondern von dem Stamme, so hat man in der Conjugation die Modi nicht von dem Indicativ, sondern von dem Tempusstamme abzuleiten. Die Tempusstämme des Präsens und des Aorists enthalten aber nichts von Gegenwart und Vergangenheit in sich. Das einzige Zeichen der Vergangenheit, über das die Sprache im Sanskrit, Zend und Griechichen gebietet, ist das Augment. Die Modi des Aoristes haben kein Augment, bezeichnen also nicht die Vergangenheit. Wenn man diese Sätze, die Georg Curtius längst aus der Analyse der Formen und dem Gebrauch des Griechischen gefolgert hat, und die durch den Gebrauch des Sanskrit die vollste Bestätigung erhalten, nicht festhält, so kann man die Tempus- und Moduslehre des Sanskrit und Griechischen schlechterdings nicht begreifen.

Den positiven Nachweis, dass die bezeichneten Gedanken zum Verständniss der indischen und griechischen Verbalsyntax sehr wesentlich beitragen, wird sowohl die vorliegende Untersuchung, als eine künftige Tempuslehre zu liefern haben. An dieser Stelle sei nur so viel bemerkt, dass das ursprüngliche Verhältniss des Modus zum Tempusstamme nur an denjenigen Sprachen gelernt werden kann, welche ausser den Modis des Präsens auch die Modi des Aorists erhalten haben, d. h. wiederum nur an den dreien: Sanskrit Zend und Griechisch.

Somit empfiehlt es sich von zwei Seiten aus, bei einer Untersuchung über indogermanische Moduslehre zunächst die drei genannten Sprachen zu Grunde zu legen.

Zu diesen sachlichen Grenzen kommen nun noch persönliche. Keiner von uns beiden ist mit den eigenthümlichen philologischen Schwierigkeiten, welche die Zendtexte darbieten, so vertraut, dass er die volle Verantwortung für die richtige Benutzung der Quellen übernehmen möchte. Aus diesem Grunde ist das Zend unberücksichtigt geblieben, die vorliegende Untersuchung also auf Sanskrit und Griechisch beschränkt.

Cap. II.

Die Quellen und ihre Benutzung.

Nachdem wir hiermit gezeigt haben, was wir unter Conjunctiv und Optativ verstehen, und wie schon die Betrachtung der Form und ihrer Stellung im Ganzen der Formenbildung uns auf das Sanskrit und Griechische als die nothwendige Grundlage für unsere Untersuchung hinweist, haben wir nun darüber Rechenschaft abzulegen, in welchem Umfange und in welcher Weise wir die Literatur des Sanskrit und Griechischen für unsere Zwecke ausgebeutet haben.

Was zunächst das Sanskrit betrifft, so müssen wir natürlich die Periode ausschliessen, in welcher die Sprache den Conjunctiv bis auf schwache Reste verloren hat, also das gesammte nachvedische Sanskrit. Dieses Sanskrit im engern Sinne ist zwar in syntaktischer Beziehung weder unausgiebig noch uninteressant, aber es steht mit dem Lateinischen und Deutschen auf gleicher Stufe, insofern es sich ebenfalls des einen Modus entledigt hat, nur in anderer Weise. Es hat nämlich das, was früher der Conjunctiv ausdrückte, auf den Indicativ und zum geringeren Theile auf den Imperativ übertragen. Dieses Sanskrit gehört also aus demselben Grunde nicht in unsere Darstellung, wie das Lateinische und Deutsche.

Von den vedischen Schriften, die mithin im Sanskrit die alleinige Grundlage unserer Aufstellungen bilden, ist natürlich hauptsächlich der Ṛigveda ausgebeutet, der nach der Ausgabe von Aufrecht citirt ist. Den Laien gegenüber sind vielleicht einige Worte über den Grad der Sicherheit, mit der die Wissenschaft dieses älteste Denkmal der indogermanischen Poesie zu deuten versteht, nicht überflüssig. Wer ohne nähere Kenntniss den heftigen Debatten folgt, die über die Interpretation des Veda geführt werden, und wer z. B. die vier parallelen Uebersetzungen derselben Stücke, die Müller in dem ersten Bande seiner Ṛigveda-Uebersetzung hat zusammendrucken lassen, unter einander vergleicht, der möchte leicht zu der Ansicht kommen, dass es um die Deutung des Veda etwa eben so glänzend stehe, wie um die Entzifferung gewisser Runeninschriften, bei denen es wohl vorkommen soll, dass sie gleich sicher und überzeugend gelesen werden, mag man nun die Lectüre von vorn oder von hinten beginnen. Nichts wäre verkehrter als diese Meinung. Ein grosser Theil des Veda ist mit etwa derselben Sicherheit übersetzbar, wie die homerischen Gedichte, ein nicht geringer freilich ist schwierig und dunkel. Die Schwierigkeiten und Dunkelheiten beziehen sich auf die Deutung einzelner Wörter, den Zusammenhang

der Verse, die mythischen und mystischen Anspielungen, das Ritual und andere Partien der Alterthümer, aber die Syntax des Veda ist im Ganzen klar und einfach. Wir haben natürlich unsere Belegstellen womöglich den Versen entnommen, die uns ohne Schwierigkeit schienen, und dürfen mithin die Uebersetzungen der vedischen Belegstellen — die Irrthümer, die bei allen Uebersetzungen unterlaufen, vorbehalten — für sicher ausgeben. Ausserdem sei hier erwähnt, dass wir uns möglichst wenig auf unsere eigene Weisheit verlassen haben, sondern wo irgend Uebersetzungen von Männern wie Aufrecht, Benfey, Bühler, Kuhn, Muir, Müller, Roth, Weber vorhanden waren, diese eifrig zu Rathe gezogen haben. Dass uns das Petersburger Wörterbuch nicht aus der Hand gekommen ist, versteht sich von selbst. Nächst dem Ṛigveda ist hauptsächlich das Çatapatha-Brâhmaṇa in der Ausgabe von A. Weber und das Aitarêya-Brâhmaṇa in der Ausgabe von Haug benutzt, die älteste indische Prosa, welche für das Verständniss des Satzgefüges von unschätzbarem Werthe ist, und somit bei allen Untersuchungen über Tempus- und Moduslehre nicht entbehrt werden kann, während man sich für die Casuslehre allenfalls mit dem Ṛigveda begnügen mag.

Ich habe freilich von der nach Umfang und Inhalt wahrhaft abschreckenden Brâhmaṇa-Literatur nur einen geringen Bruchtheil ausgebeutet, hoffe aber doch die wesentlichen Eigenheiten dieses Stils, so weit es unsere Aufgabe angeht, aufgefasst und mitgetheilt zu haben, was darum nicht so sehr schwierig ist, weil in den Brâhmaṇa's wie im Veda dieselben Wendungen nur leise variirt, in's Unendliche wiederholt zu werden pflegen. Von grossem Nutzen waren mir für diesen Theil der Literatur auch Muir's Original Sanscrit Texts, die jedem, der sich für Sanskritsyntax interressirt, auf das Wärmste empfohlen seien, weil er in ihnen eine Reihe historisch geordneter Texte, von denen immer mehrere hintereinander denselben Stoff behandeln, versehen mit den zuverlässigsten Uebersetzungen in die Hände bekommt, und also die Entwickelung der syntaktischen Verhältnisse auf das Bequemste an ihnen verfolgen kann.

Aus diesen Schriften also haben wir unsere Moduslehre des Altindischen ausgezogen. Einen Vorgänger haben wir auf diesem Gebiete nicht, ausser Kuhn, der in seiner Zeitschrift 15, 412 flgd. eine Reihe treffender Belegstellen für den Gebrauch des Conjunctiv zusammengestellt hat. Was die indischen Grammatiker über den Gebrauch des Conjunctiv und Optativ lehren, ist nicht eben bedeutend, und darf von uns um so eher unerwähnt gelassen werden, als ihre Regeln sich hauptsächlich auf das nachvedische Sanskrit beziehen.

Durch die Beschränkung auf die ältesten Quellen im Sanskrit bekommt unsere Untersuchung auch hinsichtlich des Griechischen ihre Grenzen. Es wäre schon um der Concinnität willen unthunlich, in die Fundamente einer Sanskritsyntax eine vollständige griechische Moduslehre hineinzuarbeiten. Es kommt uns vielmehr auch bei dem Griechischen darauf an, die Grundlagen für eine historische Syntax zu legen. Darum haben wir uns auf die Ausnutzung der homerischen Gedichte beschränkt. Zwar ist es ja sehr wohl möglich, dass die homerischen Gedichte nicht überall den ältesten Gebrauch zeigen, und es wäre deswegen wünschenswerth, dass überall zur Controle die Inschriften, die alten Prosaiker, die Lyriker, die Dramatiker, kurz die übrige griechische Literatur herangezogen würde. Da aber Untersuchungen wie die unsrige möglichste Vollständigkeit der Belege verlangen, so ist das, was bisher von griechischen Grammatiken existirt, für unsere Zwecke wenig brauchbar. Aus einer eigenen selbständigen Durcharbeitung der hauptsächlichsten Schriftsteller wäre uns aber schliesslich doch nur Stückwerk erwachsen. Wir haben es daher vorgezogen, auch im Griechischen nur einen Anfang zu erstreben. Homer aber ist — so war wenigstens unsere Absicht — vollständig benutzt. Freilich ist uns im Laufe der Arbeit nicht entgangen, dass unsere Sammlungen hier und da Lücken zeigen, und anderen werden diese vermuthlich sich noch deutlicher enthüllen, aber wir hoffen wenigstens, dass wir besonders charakteristische Stellen nicht übersehen haben. Nach diesem Gesichtspunkt sind auch die Zahlenangaben zu beurtheilen. Es ist freilich bequemer zu sagen, der eine Gebrauch komme oft, und der andere selten vor, statt der eine 76mal und der andere 13mal, aber die letztere Angabe ist in so weit nützlicher, als sie, wenn auch die Zahlen als absolute falsch sein sollten, wenigstens das Verhältniss der Häufigkeit, worauf es ja allein ankommt, annähernd richtig angeben wird.

Citirt haben wir nach der ersten Bekker'schen Ausgabe von 1838. Wo wir von ihr abgewichen sind, haben wir es angegeben. Sollten sich in den Citaten vielleicht Inconsequenzen in orthographischen Dingen zeigen, so wird das der Leser, dem der heutige Zustand der Homerforschung bekannt ist, gewiss entschuldigen.

Ein Wort ist noch nöthig über unser Verhältniss zu denjenigen, die uns in der Darstellung der griechischen Moduslehre vorangegangen sind. Während wir für eine, die gesammte Moduslehre umfassende Darstellung im Sanskrit keinen Vorgänger hatten, ist ihre Zahl im Griechischen Legion. Wir treten aus ihrer Reihe insofern heraus, als wir zum ersten Male unternehmen, eine vergleichende Darstellung der Moduslehre zu liefern. Wir haben uns desshalb für berechtigt gehalten, von einer

ausdrücklichen Rücksichtnahme auf unsere Vorgänger abzusehen, und zwar um so mehr, als es uns darauf ankommen musste, die ohnehin verschlungenen Pfade der Untersuchung durch abseits führende Polemik nicht noch verschlungener zu machen.

Cap. III.

Die Grundbegriffe.

Das also ist das Material, das uns vorliegt. Es handelt sich nunmehr um die Erörterung der Frage, wie aus diesem Material eine geordnete Darstellung des Modusgebrauches zu gewinnen sei. In der Literatur treten dem Leser nichts als eine Menge von Einzelheiten entgegen. Der Conjunctiv erscheint bald als Ausdruck des Willens, bald der Erwartung, bald nur des Futurums, bald der Aufforderung, und ähnlich der Optativ bald den Wunsch, bald die bescheidene Behauptung, bald die Bedingtheit bezeichnend. Nun kann aber doch nicht von Anfang an die ganze Fülle verschiedener Bedeutungen in der einen Form gelegen haben, denn bei solcher Annahme würde die Sprache aufhören bedeutsam zu sein, sondern man muss die Frage aufwerfen, welches als die ursprüngliche Anschauung zu betrachten sei, von der alle vorliegenden Bedeutungen ausgegangen seien. Ob diese Anschauung als ein nach unserer entwickelteren Ansicht einheitlicher Begriff zu denken sei, darüber ist mit dieser Frage noch nichts präjudicirt. Wir wollen nur die Frage beantworten: Was liegt der Mannigfaltigkeit der erscheinenden Bedeutungen zu Grunde?

Wir betreten mit diesen Fragen das Gebiet der Bedeutungslehre, mithin einer Wissenschaft, über deren Methodik noch wenig feststeht. Glücklicherweise aber scheint wenigstens die Frage, die uns hier beschäftigt „Wie abstrahirt man aus den vorliegenden Bedeutungen den Grundbegriff?" nur nach einer Richtung hin entschieden werden zu können. Mag es sich nun darum handeln, die Entwickelung eines Verbal-, Nominal-, Pronominal-Begriffs, oder die einer Flexionsform zu begreifen, überall gilt der Grundsatz: Man soll nicht etwa die vorliegenden Begriffe neben einander stellen, die verwandten zu höheren Begriffen sammeln und so allmählich zu dem umfangreichsten und inhaltlosesten Begriffe aufsteigen, der dann als Quelle aller besonderen Bedeutungen an der Spitze des logischen Schematismus thronen würde, sondern man soll den geschichtlichen Ausgangspunkt der Bedeutungsentwickelung, denjenigen Begriff, aus dem die übrigen sich nicht, als

ob sie in ihm eingekapselt gewesen wären, entwickeln, sondern an den sie sich nach dem Gesetze der Begriffsbildung anschliessen, man soll die älteste Bedeutung suchen. (Man vergleiche meine Bemerkungen K. Z. 18, 99.) Diese Aufgabe kann in unserem Falle in doppelter Weise aufgefasst werden. Entweder nämlich kann man sich bemühen mit Hülfe der Etymologie den Sinn zu entdecken, der bei der Entstehung der Formen sich mit ihnen verband, oder man kann aus dem Gebrauche der Modi in der Literatur des Sanskrit und Griechischen ermitteln wollen, welches die älteste vorliegende sprachliche Verwendung des Conjunctiv und Optativ sei. Für den vorliegenden Zweck ist natürlich der zweite Gesichtspunkt der wichtigere. Wir werden also zunächst den von der Literatur dargebotenen relativen Grundbegriff suchen, und erst dann den durch die Etymologie zu findenden absoluten.

§ 1.

Die relativen Grundbegriffe.

Wenn man die Entwickelung der Casus mit dem der Modi vergleicht, so fällt ein wichtiger Unterschied sofort in die Augen. Für die Auffassung der Casus ist es ganz gleichgültig, welcher Art der Satz ist, in dem sie stehen, die Bedeutung der Modi dagegen ist wesentlich davon beeinflusst, ob der Satz, in dem sie stehen, ein selbständiger oder ein abhängiger ist. Es wird also nöthig sein, zu untersuchen, ob nicht vielleicht schon in der Beschaffenheit der Sätze ein Anhalt gegeben sei, um die Ursprünglichkeit oder Unursprünglichkeit einer Modusanwendung zu beurtheilen. Und das ist in der That der Fall.

Als Grundlage aller Untersuchungen über Satzlehre darf man wie einen rocher de bronze die Behauptung hinstellen, dass der einfache Satz älter sei als der zusammengesetzte. Es hat also eine Periode der indogermanischen Sprache gegeben, in welcher sie nur einfache, unabhängige Sätze kannte. Alle Ueber-, Unter- und Nebenordnung im Satzgefüge ist aus dem älteren Zustand der einfachen Parataxis entstanden. Den strikten Beweis für diese an sich einleuchtenden Sätze liefert die folgende Untersuchung, indem sie nachweist, dass alle der Satzverknüpfung dienenden Wörter den satzverknüpfenden Sinn nicht von Anfang an besitzen, sondern erst allmählich bekommen haben. Wir müssen also die Sätze in ältere und jüngere scheiden. Da man nun nicht wissen kann, ob nicht in den jüngern Sätzen auch eine jüngere Anwendung der Modi vorliegt, so muss man als einziges Operationsfeld für die Auffindung der Grundbegriffe die Gesammtheit der selbständigen Sätze ansehen. Die selbständigen Sätze nun aber sind entweder aussagend oder fragend.

In welcher Gattung dürfen wir hoffen den ältesten Gebrauch der Modi anzutreffen? Unzweifelhaft in den Aussagesätzen, denn sie zeigen den regelmässigen Ablauf der Vorstellungen, während die Frage, von ihrer psychologischen Seite betrachtet, sich als eine Stockung dieses Verlaufes darstellt. In der That werden wir später sehen, dass in den Fragesätzen die Grundbegriffe der Modi am wenigsten deutlich zur Erscheinung kommen (vgl. cap. VII). Die Nichtfrage- oder Aussagesätze, auf die wir also allein hingewiesen sind, sind aber nicht alle einer Art, sie zerfallen in positive und negative. Da die Verneinung ein besonderes Zeichen hat, die positive Aussage aber nicht, also die Verneinungssätze als eine Modification der Bejahungssätze aufgefasst werden müssen, so dürfen wir auch die verneinenden Aussagesätze ausschliessen, und uns also nur an die selbständigen positiven Aussagesätze halten. Aber die Eingränzung der Basis für unsere Untersuchung muss noch weiter getrieben werden. Es ist noch wichtig eine Anschauung darüber zu gewinnen, in welcher P e r s o n man wohl erwarten darf, die relativ älteste Bedeutung zu finden. Diese Anschauung gewährt uns am besten der Optativ. Es wird vermuthlich jetzt allgemein angenommen, dass die älteste Bedeutung des Optativs der W u n s c h sei. Dieser Wunsch kommt an den drei Personen in folgender Art zur Erscheinung: *φέροιμι* heisst: *ich wünsche zu tragen; φέροις, ich wünsche, dass du trägst; φέροι, ich wünsche, dass er trägt.* Diese drei Personen *φέροιμι, φέροις, φέροι* enthalten also einen Thätigkeitsbegriff, als dessen Träger eine erste, zweite, dritte Person gedacht ist, und einen Wunsch, dessen Träger in allen drei Fällen die erste Person ist. Der einfachste der drei Fälle ist nun offenbar der, dass der Träger der Thätigkeit und des Wunsches eine und dieselbe Person ist, ein Fall, der nur bei der ersten Person eintrifft. Zum Zustandekommen d i e s e r Aeusserung ist überhaupt nur ein Wesen nöthig, während es bei der zweiten und dritten mindestens zweier bedarf. Wir müssen also behaupten, dass der Grundbegriff des Optativs in seiner allerelementarsten Gestalt in der ersten Person des Singulars vorliegt, und dasselbe dürfen wir bei dem Conjunctiv erwarten.

Diese auf wesentlich formalen Gesichtspunkten beruhende Deduktion bekommt nun eine materielle Bestätigung durch die Beobachtung, welche wir als Quintessenz unserer ganzen Untersuchung ansehen können, dass ein einheitliches Verständniss des Conjunctiv- und Optativgebrauchs nur möglich ist, wenn man von dem Grundbegriff ausgeht, wie er in der ersten Person Sing. im selbständigen positiven Aussagesatze vorliegt.

D i e s e r r e l a t i v e G r u n d b e g r i f f i s t f ü r d e n C o n j u n c t i v d e r W i l l e, f ü r d e n O p t a t i v d e r W u n s c h.

§ 2.

Die absoluten Grundbegriffe.

Die Entstehung der Modusstämme ist von Curtius in seiner Schrift zur Chronologie der indogermanischen Sprachforschung, Leipzig 1867 in einer Weise erörtert, der ich mich durchaus anschliesse. Er scheint mir einleuchtend gemacht zu haben, dass die Themen des Conjunctivs und Optativs Bildungen sind, die sich ursprünglich von den Indicativthemen in nichts unterschieden, die sich aber mit der Zeit, als sich die Bedeutung immer mehr vom Indicativ absonderte, auch in der Form abweichend gestalteten.

Seine Analyse des Optativs ist von der Bopp'schen nicht wesentlich verschieden. Schon Bopp (Vgl. Gr. 2, 560) hat erkannt, dass der Optativ eine zusammengesetzte Form sei, und dass das Element *ya* oder *i*, das, wie wir oben (Seite 6) sahen, das Kennzeichen des Optativs ist, eine Verbalwurzel sei. Er dachte an die Wurzel *i* „wünschen". Diese Wurzel aber ist, wie man aus Böhtlingk-Roth ersehen kann, nicht als selbständige Wurzel anzuerkennen, sondern die Formen, die man von ihr abgeleitet hat, gehören mit unter die Wurzel i, gehen. *φέροιμι* heisst also etymologisch betrachtet, ich gehe zu tragen. (vgl. Curtius 239).

Dagegen die Erklärung des Conjunctivs ist, so weit ich weiss, Curtius eigenthümlich. Sein Raisonnement ist im wesentlichen folgendes. Das *a* des Conjunctivs (s. oben Seite 3) ist nicht eine Verbalwurzel wie das *ya* oder *i* des Optativs, sondern ein stammbildendes Suffix, dasselbe, was z. B. in dem Präsensstamme *bhara* von der Wurzel *bhar* vorliegt. Die Bildung *hanati*, die wir Conjunctiv nennen, ist also von der Bildung *bharati*, die wir Indicativ nennen, ursprünglich nicht verschieden. *Hanati* wird nur zum Conjunctiv im Gegensatz gegen die einfachere Form *hanti*, die dem Indicativ zufällt. In Folge solcher Gegensätze wie *hanati* und *hanti* erwuchs der Sprache die Empfindung, dass das *a* Zeichen des Conjunctivs sei, und so kam es, dass dieser Vocal eine selbständige Beweglichkeit erhielt und auch in Themen wie *pata (patati)* antrat, was dadurch zu *patâ (patâti)* wurde (Curtius 229 flgd.).

Was nun die Bedeutungen solcher Themen mit dem Suffix a betrifft, so macht Curtius durch eine Erörterung der Tempusbildung wahrscheinlich, dass die längere Form z. B. *hanati* im Gegensatz gegen die kürzere z. B. *hanti* ursprünglich einen durativen Sinn hatte.

Mithin wäre der ursprüngliche Grundbegriff des Conjunctivs der der dauernden Handlung. Und dieser lässt sich mit dem relativen sehr wohl vereinen. Denn die dauernde Handlung kann leicht als eine

conative aufgefasst werden, und an den Begriff des Conates schliesst sich sehr natürlich der des Willens.

Diese absoluten Grundbegriffe des Strebens und der Dauer liegen nun aber jenseits aller Literatur. Sie werden uns in der folgenden Untersuchung nicht weiter beschäftigen. Es lag mir hier nur an, darauf hinzuweisen, dass die relativen Grundbegriffe des Wunsches und des Willens sich aus ihnen leicht und ungezwungen ableiten lassen. Nur die eine Lehre wollen wir noch von der Etymologie entnehmen, dass der Conjunctiv die ältere, der Optativ die jüngere Bildung ist, dass es also auch von diesem Standpunkt aus nahe gelegt wird, den Conjunctiv dem Optative in der Darstellung vorangehen zu lassen.

Cap. IV.

Die Hauptsätze.

Die Grundbegriffe des Conjunctivs und Optativs, wie sie im vorigen Capitel aufgestellt sind, erleiden im Laufe ihres sprachlichen Daseins die mannigfaltigsten Modificationen. Einer der wichtigsten Faktoren dieser Entwickelung ist die Ausbildung des Satzgefüges. Es wäre also, wenn diese Studien ein methodisches Lehrbuch wären, jetzt an der Zeit, eine Theorie der Satzentwickelung und Satzeintheilung vorzutragen. Indessen, da die Wissenschaft, um die es sich in diesen Blättern handelt, erst in den allerersten Anfängen begriffen ist, so wird es der Leser verzeihen, wenn ich ihn bitte, die im Folgenden aufgestellte Eintheilung der Sätze einstweilen hinzunehmen, und erst in dem letzten Capitel mit mir einen Rückblick auf die für die Anordnung der Sätze gewonnenen Resultate zu thun.

Die von mir befolgte Eintheilung der Sätze ist die folgende: Alle Sätze zerfallen zunächst in Aussagesätze einerseits und Fragesätze andererseits. Die Aussagesätze zerlegen sich dann weiter in 1) Hauptsätze, 2) relativische Nebensätze, 3) Nebensätze mit Conjunctionen. Zur Empfehlung dieser Eintheilung mache ich vorläufig darauf aufmerksam, dass sie dieselbe ist, die Curtius, Erläuterungen², 195, vorschlägt.

Ehe ich nun zu der ersten Gruppe der Aussagesätze, den Hauptsätzen übergehe, sind noch zwei Bemerkungen allgemeineren Inhalts vorauszuschicken, die eine betreffend die Frage, was in dieser ganzen Untersuchung unter Wille und Wunsch verstanden sein soll, die zweite

betreffend einige Benennungen, die wir dem Willen und dem Wunsch in gewissen Situationen zu ertheilen pflegen.

1. Wille und Wunsch gehören derselben Sphäre des Seelenlebens an. Sie fallen beide unter den höheren Begriff der Begehrung. Eine Begehrung nun richtet sich, da man nur das begehrt, was man noch nicht hat, immer auf etwas Zukünftiges. Man darf also an einer Begehrung zweierlei unterscheiden, nämlich erstens die Vorstellung des Zukünftigen, das man begehrt, und zweitens die Gemüthsbewegung des Begehrens. In diesen allgemeinen Eigenschaften gleichen sich Wille und Wunsch, da sie eben Arten der Begehrung sind. Ihr Unterschied aber liegt in Folgendem: Der Wunsch ist eine Begehrung, mit welcher nicht die Voraussicht verknüpft zu sein braucht, dass der Begehrende den Gegenstand seiner Begehrung erreichen werde. Man wünscht eben Erreichbares und Unerreichbares, und unsere Wünsche sind durchaus nicht immer von dem Bewusstsein getragen, dass es uns glücken werde, sie erfüllt zu sehn. Dagegen der Wille ist eine Begehrung mit der Voraussicht des Erreichens. Man will nur das, was man erreichen zu können glaubt. Ob die Praxis dem Wollenden zeigt, dass er Recht oder dass er Unrecht habe, darauf kommt es natürlich nicht an, der Seelenzustand des Wollenden ist in jedem Falle derselbe; sein Wille war in jedem Falle von seinem Machtbewusstsein getragen, mochte dies nun gerechtfertigt sein oder nicht.

2. Für die Aeusserungen des Willens und des Wunsches haben wir nicht in allen Situationen den gleichen Namen. Ich definire hier nur einige der geläufigsten Bezeichnungen, die ich im Folgenden häufig anwenden werde. Den an eine zweite oder dritte Person adressirten Willen nennen wir Aufforderung, die Situation, in der sich ein Aufgeforderter befindet, bezeichnen wir mit dem Namen des Sollens. „Du sollst", „er soll" bedeutet „ich will, dass du thuest", „ich will, dass er thue".

Bei dem Wunsche sind zwei Fälle zu unterscheiden. Einen direct oder indirect an diejenige zweite oder dritte Person adressirten Wunsch, von der nach der Meinung des Wünschenden die Erfüllung des Wunsches abhängt, nennen wir Bitte. Wenn z. B. der Opfernde an Agni den Wunsch richtet:

imā́m me agne samídham imā́m upasádaṃ vaneḥ, imā́ û shú çrudhi gíraḥ, *mögest du o Agni dieses mein Opfer, meine Aufwartung freundlich annehmen, höre gern diese meine Lieder* RV. 2, 6, 1. oder wenn Odysseus an Dolios und dessen Söhne den Wunsch adressirt:

ἐξελθών τις ἴδοι μὴ δὴ σχεδὸν ὦσι κιόντες ω 491

so bezeichnen wir diese Wünsche als *Bitten*. Wenn dagegen der Sprechende nicht die Ansicht hat, dass die Erfüllung des Wunsches von der zweiten oder dritten Person abhängt, so behalten wir für solche Aeusserungen den Namen Wunsch bei, z. B.

σὺ δέ μοι χαίρων ἀφίκοιο
οἶκον ἐϋκτίμενον καὶ σὴν ἐς πατρίδα γαῖαν. ο 128

„möge es dir beschieden sein u. s. w."

Einer der wichtigsten Gesichtspunkte, den man nicht aus den Augen verlieren darf, ist der, dass die subjective Erregung des Wollens oder Wünschens immer bei derselben Person bleibt, und nicht etwa auf eine zweite oder dritte übergehen kann. Hierdurch scheiden sich z. B. die Desiderativa von den Modis begrifflich ab.

I.

Die conjunctivischen Hauptsätze.

Wir unterschieden in dem Wollen zwei Bestandtheile, nämlich erstens den Inhalt des Wollens und zweitens die Bewegung des Begehrens. Diese Zweitheilung giebt uns den leitenden Gesichtspunkt für eine sachgemässe Anordnung der sanskritischen und griechischen Conjunctive in Hauptsätzen. Der Inhalt des Wollens nämlich kann offenbar zum Ausgangspunkt für eine Anordnung nicht genommen werden, denn dieser Inhalt ist so mannigfaltig wie die Gegenstände, auf die sich die menschliche Begierde richten kann, dagegen die Gemüthsbewegung des Begehrens zeigt nur *eine* Verschiedenheit, die der Stärke. *Die Masse der unabhängigen Sätze kann nur eingetheilt werden nach dem Intensitätsgrade der subjectiven Erregung, die in dem Conjunctiv liegt.* Freilich lässt die Linie der Empfindungen unendliche Gradtheilungen zu, es ist aber in unserem Falle doch praktisch möglich, zwei grosse Gruppen aufzustellen, die erste die Belege für die stärkere Erregung, die zweite die Belege für die schwächere Erregung umfassend. Ich will, um einen bequemen Namen zu haben, die erste Gruppe κατ᾽ ἐξοχήν *Conjunctive des Wollens* nennen, die zweite Conjunctive der *Erwartung*.

Aeusserlich scheiden sich diese beiden Gruppen am klarsten im Griechischen. Die erste enthält als Negation nur μή, die zweite nur οὐ, die erste zeigt nie κέν oder ἄν, die zweite in den allermeisten Stellen.

Was nun die *Conjunctive des Wollens*, für welche Conjunctiv, Cap. I, § 1 die Belege bietet, betrifft, so sind zunächst die Sätze in positive und negative geschieden, und innerhalb dieser Unterabtheilungen die drei Personen getrennt behandelt. Bei der ersten wird noch eine Theilung nach dem Numerus sich als nöthig erweisen.

In der ersten Person des Singular nun liegt die Willenserklärung in einer Anzahl von Belegen deutlich vor. So drückt sich z. B. jemand, der sich entschlossen hat, Brahmanenschüler zu werden, und sich zu dem Zwecke der Aufnahme bei dem Lehrer meldet, so aus: brahmacâry àsâni, *ich will Brahmanenschüler werden* Çat. Br. 11, 5, 4, 1 u. ö. Ein mehr auf momentanen Eindrücken beruhender Entschluss, der demgemäss eine lebhaftere Erklärung hervorruft, pflegt durch ermunternde Partikeln oder Sätze eingeleitet zu werden. Im Griechischen weiss ich nur erste Personen dieser zweiten Art zu belegen.

Kuhn in seiner Zeitschrift 15, 413 schreibt dem sanskritischen Conjunctiv freilich auch die Fähigkeit zu, den Wunsch zu bezeichnen, was nach meinen Aufstellungen dem Optativ zukommt. Er führt zum Belege eine Stelle aus Vâj. Sanh. 19, 37 an: pavitreṇa çatâyushâ viçvam âyur vyaçnavâi, die er übersetzt: „*Durch hundert Jahre verleihende Reinigung möge ich das volle Leben erreichen*". Man muss aber doch wohl seine Auffassung etwas modificiren. Gewiss ist, dass wir in einem solchen Satze, wenn wir ihn griechisch ausdrücken sollten, den Optativ gebrauchen würden, aber es liegt oft in der Natur des Gedankens, dass er sowohl in der Form einer Willensäusserung als in der eines Wunsches ausgedrückt werden kann, so dass es nicht verwunderlich ist, wenn das eine Volk ihn so, das andere so bezeichnet. Wer sicher auf die Wirkung der eigenen Frömmigkeit vertraut, kann auch wohl sagen: „ich will das volle Leben erreichen." Auch bei zweiten und dritten Personen, die hier, um die Frage an einer Stelle zu absolviren, mit angeführt werden mögen, kommt Aehnliches vor.

So heisst es in einem Hochzeitsliede:

enâ' pátyâ tanvàm saṃ sṛjasvâ' dhâ jívri vidátham
â' vadâthaḥ RV. 10, 85, 27

was Weber Ind. Stud. 5, 187 so übersetzt: *Dem Manne hier misch' dich mit deinem Leibe. Als Greise noch mögt ihr vorstehn dem Hausstand.* Der Conjunctiv ist unserer Anschauung nicht eben geläufig, aber im Sanskrit in diesen Verbindungen gar nicht selten. Der Wunsch, dessen Eintreffen man zuversichtlich erhofft, wird als etwas sicher zu Erwartendes ausgesprochen. Eine dritte Person gewährt Vers 39 desselben Liedes:

dirghâyur asyâ yáḥ pátir, jívâti çarádaḥ çatám „*langlebend (sei), wer ihr Gemahl ist, er soll leben hundert Herbste lang*" (Weber ebenda 191).

Dass meine Auffassung dieses Conjunctivgebrauches richtig ist, dass es sich nicht um einen unbestimmteren Sinn des Modus, sondern um eine etwas von der unsrigen abweichende Wendung des Gedankens

handelt, beweist auch der Umstand, dass der Imperativ in derselben Gedankenconstellation gebraucht wird, z. B.

vindásva tvám putrám nári, yás túbhyam çám ásat *„erlange o Weib einen Sohn, der dir zum Heile gereichen soll“* AV. 3, 23, 5.

ein Vers aus einem Liede zum Hervorrufen der Schwangerschaft (vergl. Weber ebenda 223). Man wird nicht sagen wollen, dass der Imperativ im Sanskrit eine Form von unbestimmter Bedeutung sei, die bald den Befehl und bald den Wunsch ausdrücke. Aber es giebt Gedanken, die man mit einem gewissen Recht sowohl in die Form der Forderung, wie des Wunsches kleiden kann. Bisweilen findet man im Sanskrit diese Verschiedenheit der Auffassung nahe bei einander, so RV. 10, 119, wo ein vom Somasaft Begeisterter im ersten Verse sagt:

íti vā' íti me máno gā'm áçvam sanuyām íti, *„so, ja so ist mein Sinn, eine Kuh, ein Ross möchte ich erbeuten“*, und im neunten:

hántā'hám prithivī'm imā'm ní dadhānī'há vé'há vā, *„wohlan ich will diese Erde hierhin oder dorthin setzen“*. In diesen beiden Stellen ist klar, dass das erste Mal die Form des Wunsches gewählt ist, weil der Gegenstand der Begehrung nicht vorhanden ist, und das zweite Mal aus dem umgekehrten Grunde die Form des Willens. Und so wird sich, so weit meine Kenntniss reicht, fast durchweg ein Grund für die Wahl des Modus ermitteln lassen. Jeder Modus hat, so viel ich sehe, von Anfang an seine bestimmten Grenzen gehabt. Es giebt aber ein Mittelgebiet von Gedanken, auf dem die Entscheidung für den einen oder den anderen Modus nicht immer sofort gegeben ist. Dieses Mittelgebiet nun ist bei den Indern grösser, als bei den Griechen.

In der ersten Person Singularis zeigt sich der Grundbegriff des Conjunctivs noch in seiner ursprünglichen Reinheit. Schon bei der ersten Dualis und Pluralis dagegen ergiebt sich die Beobachtung, dass etwas, was ursprünglich nicht in dem Modus liegt, durch die Einwirkung der umgebenden Situation in ihn eindringen kann. Zwar eine Anzahl erster Personen Pluralis sind nur so zu sagen Multiplicationen des Singulars, wie wenn eine Schaar Gläubiger spricht:

yát te divo duhitar martabhójanam, tád rāsva, bhunájāmahāi RV. 7, 81, 5 *„was du, o Himmelstochter Menschenerquickendes besitzest, das gieb uns, wir wollen es geniessen“*.

Andere Stellen aber enthalten entschieden eine Aufforderung, z. B. folgende Stelle, in der Purūravas seine in einen Wasservogel verwandelte Gattin anredet:

vácāṅsi miçrā' kriṇavāvahāi nú d. h. *wohlan, wir beide wollen Worte wechseln* Çat. Br. 11, 5, 1, 5.

In der That will aber nur der eine Purûravas, und doch sagt er kṛiṇavâvahâi. Derselbe Gebrauch findet sich durchgehends bei Homer, z. B. Ψ 97, wo Achilleus zu der Seele des Patroklos spricht:

ἀλλά μοι ἆσσον στῆθι· μίνυνθά περ ἀμφιβαλόντε
ἀλλήλους ὀλοοῖο τεταρπώμεσθα γόοιο.

In dergleichen Conjunctiven liegt offenbar eine Aufforderung, die aber nach der oben entwickelten Anschauung nicht ursprünglich in der ersten Person liegen kann. Es ist klar, dass sie erst von aussen hineingekommen ist. Indem nämlich einer sagt „wir wollen“, ohne dass er der Zustimmung des andern schon versichert ist, anticipirt er diese Zustimmung, und eine solche Anticipation wirkt indirect als Aufforderung. Wenn es auch im Sanskrit nur solche erste Personen Pluralis gäbe, die eine Aufforderung ausdrücken, und nur solche erste Personen Singularis, die man allenfalls als Selbstaufforderungen gelten lassen kann, so könnte man es sich gefallen lassen, wenn als Grundbedeutung des Conjunctivs auch in der ersten Person die Aufforderung bezeichnet wird, aber das Sanskrit beweist zur Evidenz, dass die Grundbedeutung der Wille ist, und dass der Gedanke der Aufforderung in der ersten Pluralis nur dann entsteht, wenn von den mehreren Personen, um die es sich handelt, sich eine zum Wortführer aufwirft.

Während in die ersten Person Pluralis somit eine indirecte Aufforderung hineinkommen kann, so dienen die zweite und dritte Person, zu denen wir uns jetzt wenden, zum Ausdruck der directen Aufforderung, d. h. des an eine gewisse zweite oder dritte Person ausdrücklich adressirten Willens einer ersten Person. Im Sanskrit ist der Conjunctiv in dieser Verwendung sehr häufig, z. B.

â' vahâsi tâ'ñ ihá devâ'n *„du sollst die Götter hierher bringen, bringe die Götter hierher“* RV. 1, 74, 6.

Aus der Gräcität weiss ich nur eine Stelle anzuführen, nämlich Sophocles Philoctet 300

φέρ' ὦ τέκνον, νῦν καὶ τὸ τῆς νήσου μάθῃς „du sollst erfahren“,

eine Aufforderung übrigens nicht zu einer Activität, sondern nur zu einer Passivität. Dass ein solcher Gebrauch des Conjunctivs im älteren Griechisch nicht unerhört war, ist ganz zweifellos, nicht sowohl wegen der gleichen Verwendung im Sanskrit, als weil im Griechischen in Hauptsätzen mit *μή* und in Relativ- und Conjunctionssätzen der auffordernde Conjunctiv sehr häufig ist. Die Gründe, weswegen das Griechische diese Anwendung des Conjunctivs aufgegeben hat, sind nicht schwer zu erkennen. Das Griechische ist wie wir sahen immer bemüht, für gleiche Situationen nur eine Verbalform anzuwenden, der auffor-

dernde Conjunctiv aber würde, wie das Sanskrit zeigt, mit dem Imperativ wesentlich gleichbedeutend gewesen sein, er ist also im Griechischen aus Streben nach klarer und deutlicher Ausdrucksweise abgeschafft worden. In den negativen Sätzen und den Nebensätzen stand die Sache anders. Was zunächst die Sätze mit μή betrifft, so beruht die Verbindung von μή mit dem Conjunctiv des Aorist auf einer vorgriechischen Gewohnheit, sie stammt aus einer Zeit, in der höchst wahrscheinlich ein Imperativ vom Aoriststamme noch nicht, oder wenigstens erst in schüchternen Anfängen vorhanden war. Dass sich in sogenannten abhängigen Sätzen derselbe alterthümliche Gebrauch des Conjunctivs bewahrt hat, ist auch nicht auffallend. Denn, wie sich noch ergeben wird, ist der Conjunctiv der Modus, der zur Herstellung der Satzverbindung am meisten beigetragen hat und jedenfalls sehr früh verwendet worden ist. Wenn also die Verwendung des Conjunctivs in diesem Sinne nicht von vorn herein als ungriechisch zu betrachten ist, so muss man behaupten, dass ein grammatischer Grund (mit Nauck in seiner Ausgabe 1867) μάθῃς in μάθε zu ändern, nicht vorliegt.

Es folgen sodann die **negativen** Sätze. Einer Erläuterung bedarf nur das Zwillingspaar mâ' und μή. Es ist nicht meine Absicht, hier auf eine Darstellung dieser höchst interessanten Partikeln einzugehen — zu der der Artikel mâ' bei **Böhtlingk-Roth** und **Bäumlein**, Untersuchungen über griechische Partikeln, Stuttgart 1861 ein bequemes Material bieten, — ich will nur über die Natur der Sätze, in denen mâ' und μή stehn, einiges bemerken.

Wir pflegen μή mit dem Conjunctiv durch den Imperativ mit **nicht**, oder durch **damit nicht** mit dem Conjunctiv (resp. Indicativ) zu übersetzen, das erste in Sätzen, die wir unabhängig nennen, z. B.

Πριαμίδη, μὴ δή με ἕλωρ Δαναοῖσιν ἐάσῃς
κεῖσθαι, Ε 684

mâ' naḥ samáraṇe vadhiḥ *„schlage uns nicht im Kampfe"* RV. 1, 170, 2, das zweite dagegen in Sätzen, die uns abhängig erscheinen, z. B.

ἀλλὰ σὺ μὲν νῦν αὖτις ἀπόστιχε μή σε νοήσῃ
Ἥρη. Α 522.

Dergleichen Sätze sind im Griechischen sehr häufig, und kommen auch, wenngleich viel seltener im Sanskrit vor:

mâ vanaṃ chinddhi savyâghraṃ, mâ vyâghrâ ninaçan vanât
vanaṃ hi rakshyate vyâghrair, vyâghrân rakshati kânanam

„haue nicht einen von Tigern bewohnten Wald nieder, damit nicht die Tiger aus dem Walde verschwinden: der Wald wird ja von den Tigern beschützt und er schützt ja wiederum die Tiger" Böhtlingk, Sprüche 4716.

Der Unterschied nun zwischen diesen „unabhängigen" und „abhängigen" Sätzen ist ein rein logischer, kein sprachlicher. Die Sprache setzt zwei unabhängige Sätze neben einander, wo wir eine Unterordnung des einen Gedankens unter den andern vornehmen. Das griechische Beispiel ist, wenn man seine Genesis verstehen will, so aufzufassen: „Gehe fort von hier, Here soll nichts merken". Wenn nun ein zweiter Gedanke so beschaffen ist, dass er als Motiv zu einem ersten gelten kann, dann drücken wir das Gedankenverhältniss, genauer als die Griechen, äusserlich durch „damit" aus. Dass die Griechen dies Verhältniss der Gedanken ebenfalls empfunden haben, folgt aus dem Umstande, dass sie in derselben Gedankenconstellation oft den wirklichen Absichtssatz mit *ἵνα ὄφρα* etc. haben eintreten lassen, der dann als Negation *μή* empfing. Auch die Inder haben ein Bedürfniss nach sprachlichem Ausdruck des sich aufdrängenden Gedankenverhältnisses empfunden, und haben ihm in doppelter Weise genügt, einmal wie die Griechen, indem sie Sätze mit yáthâ mâ oder yathâ na verwendeten (vgl. Conjunctiv cap. III § 1, I), andererseits, indem sie für die als abhängig empfundenen Sätze eine besondere, den Stamm *na* enthaltende Form der Negation nämlich *néd* verwendeten, wovon am Ende des hier besprochenen Abschnittes der Beispielsammlung Belege gegeben sind.

Bei der Mehrzahl derartiger Sätze aber findet sich im Griechischen — im Sanskrit sind sie wie gesagt seltener — keine Andeutung ihres Verhältnisses zum vorhergehenden Satze, sondern sie sind der Form nach einfach Hauptsätze mit der Negation *μή*. Daraus entsteht nun eine Schwierigkeit der Anordnung. Man könnte die sämmtlichen Belege einfach nach der Verbalform ordnen, ich habe es aber doch vorgezogen, auf den Inhalt des Gedankencomplexes, in dem die Sätze mit *μή* stehen, einige Rücksicht zu nehmen. Die Negation mâ *μή* bedeutet ursprünglich eine Abwehr. Ein Gedanke, der sich etwa realisiren könnte, tritt dem Sprechenden gewissermassen als etwas Aeusseres gegenüber, das er sich vom Leibe hält. Eine solche Abwehr kann nun aus verschiedenen Stimmungen entspringen, aus Hass und Liebe, aus Furcht und Hoffnung etc. Ich habe nach diesen der Abwehr zu Grunde liegenden Stimmungen die Sätze mit *μή* in Warnungs- und Befürchtungssätze eingetheilt, eine Theilung, die natürlich nur darauf Anspruch macht, ein Versuch zu sein, der einem besseren Eintheilungsgrunde gern weichen wird. Wo eine Warnung oder Befürchtung nicht deutlich vorlag, habe ich mich mit der Kategorie der negativen Aufforderung begnügt.

Als Beispiel für die Warnungssätze mag dienen

μή σε, γέρον, κοίλῃσιν ἐγὼ παρὰ νηυσὶ κιχείω, *Α* 26

Indem Agamemnon den Gedanken, dem Chryses je wieder im Lager zu begegnen, weit von sich weist, warnt er damit diesen, sich nicht den Gefahren einer solchen Begegnung auszusetzen.

εἶκε, γέρον, προθύρου, μὴ δὴ τάχα καὶ ποδὸς ἕλκῃ

„weiche o Greis von der Thür, du sollst nicht am Fusse geschleppt werden“ (= *damit du nicht*) σ 10.

Diese und ähnliche Ausdrucksweisen haben für uns nichts Auffallendes, auffallend erscheinen uns nur solche Fügungen, bei denen wir einen abhängigen Inhaltssatz gebrauchen. In

δείδω μὴ θήρεσσιν ἕλωρ καὶ κύρμα γένωμαι. ε 473

sind wir — um mich einmal der scholastischen Terminologie zu bedienen — geneigt, den Satz mit *μή* als einen Objectssatz zu betrachten. Die ursprüngliche griechische Auffassung aber ist folgende: Beide Sätze sind selbständig, der mit *μή* wehrt einen Gedanken von dem Subject ab, der andere, welcher vor ihn tritt, zeigt, aus welcher Gemüthsstimmung die Abwehr entspringt. Wir müssen also so übersetzen: *„ich fürchte mich“. „Dass ich nur nicht den Thieren zur Beute werde“!* Auf den ähnlichen Thatbestand bei anderen Verben, z. B. bei schwören ist in der Beispielsammlung hingewiesen.

Bei den unter der Ueberschrift des zweiten Abschnittes, Conjunctiv der Erwartung, zusammengestellten Belegen ist nicht der Versuch gemacht, die Conjunctive nach der Intensität der Erregung aufzureihen, sondern es sind drei Gruppen aufgestellt, deren erste die reinen Conjunctive, die zweite die mit *κέν*, die dritte die mit *ἄν* umfasst. Diese Eintheilung rechtfertigt sich durch den Wunsch, den Gebrauch dieser wichtigen Partikeln überall möglichst deutlich hervortreten zu lassen. Ich werde Cap. IX versuchen, einen Beitrag zur Lehre von *κέν* und *ἄν* zu geben, hier bemerke ich nur so viel: *κέν* und *ἄν* haben nicht die Macht, den Gebrauch des Modus zu modificiren, sondern sind sprachliche Zeichen des modificirten Gebrauches. Daher erklärt es sich, dass wir im Griechischen den reinen Conjunctiv und Optativ noch bisweilen ebenso gebraucht finden, wie den mit *κέν* und *ἄν*, und dass im Sanskrit, wo *ἄν* gar keine und *κέν* nur eine sehr verblasste Parallele hat, sich im Ganzen und Grossen dieselbe Anwendung der Modi zeigt, wie im Griechischen. Diese Thatsachen rechtfertigen es, dass ich hier zunächst nur die Conjunctive ins Auge fasse und von *κέν* und *ἄν* ganz absehe.

Der Ausdruck Erwartung hat die Schattenseiten aller kurzen zusammenfassenden Bezeichnungen, ich behalte ihn aber doch bei, weil der Nutzen einer bequemen Terminologie doch auch nicht zu unterschätzen ist. Es sollen darunter diejenigen Conjunctive befasst sein, in denen die subjective Erregung, verglichen mit den Conjunctiven des

Wollens, abgeschwächt erscheint. Die Grade und Bedingungen dieser Abschwächung glaube ich am schicklichsten durch folgende Uebersicht zur Anschauung bringen zu können:

1. Die Lebhaftigkeit der Willenserklärung (Aufforderung) ist geringer, weil es sich nicht um etwas sofort, unter den Augen des Redenden, sondern erst in entfernterer Zukunft Herbeizuführendes handelt. Dahin gehören sanskritische Beispiele wie das folgende:

athe' tithim sámām tád aughá āgantā, tán mā nā́vam upakalpyó 'pāsāsai, sá aughá útthite nā́vam ā́padyāsai, tátas tvā pārayitā 'smī́' ti. *„im so und so vielten Jahre wird die Fluth kommen, dann ein Schiff zimmernd sollst du dich an mich wenden, dann wenn die Fluth sich erhebt, sollst du das Schiff besteigen, darauf werde ich dich retten"* Çat. Br. 1, 8, 1, 4, eine Instruction des Gottes an Manu, die sich auf ein nach Jahren bevorstehendes Ereigniss bezieht. (In der epischen Erzählung, die denselben Gegenstand behandelt, sind statt der Conjunctive, die verloren sind, Optative eingetreten.) Solche Conjunctive werden gebraucht, wo es sich um eine Anweisung, etwas Auszubedingendes, eine Prophezeihung handelt, z. B.

οὐ γάρ τίς με βίῃ γε ἑκὼν ἀέκοντα δίηται Η 197

2. Die Lebhaftigkeit wird dadurch beeinträchtigt, dass die Willenserklärung nicht aus der freiwilligen Initiative des Wollenden hervorgeht, sondern ihm durch einen anderen, oder durch die Verhältnisse besonders nahe gelegt oder abgerungen wird. Aus der Forderung wird dann eine Erlaubniss, ein Zugeständniss. Dahin gehören griechische Ausdrucksweisen, wie die Worte des Telemachos:

ἀλλ' ἤτοι βασιλῆες Ἀχαιῶν εἰσὶ καὶ ἄλλοι
πολλοὶ ἐν ἀμφιάλῳ Ἰθάκῃ νέοι ἠδὲ παλαιοί,
τῶν κέν τις τόδ' ἔχῃσιν, ἐπεὶ θάνε δῖος Ὀδυσσεύς·
αὐτὰρ ἐγὼν οἴκοιο ἄναξ ἔσομ' ἡμετέροιο α 394.

3. Die Energie der Willenserklärung ist verringert, weil das Gewollte etwas ist, das als ein natürliches Ergebniss eines vorhergehenden Gedankens, oder der Umstände überhaupt erscheint.

Wenn Helios z. B. gedroht hat μ 383

δύσομαι εἰς Ἀΐδαο

so erscheint es als ein natürliches Ergebniss dieser Drohung, wenn Helios weiter erklärt, dann nicht mehr der Oberwelt, sondern der Unterwelt leuchten zu wollen. Diese Erklärung ist in dem Conjunctiv *καὶ ἐν νεκύεσσι φαείνω* gegeben.

Je mehr nun in solchen Conjunctiven die subjective Erregung gegenüber dem Gedanken des naturgemäss zu Erwartenden schwindet, desto mehr nähert sich der Conjunctiv dem Futurum.

Diesen futurischen Conjunctiv darf man wieder in zwei Gruppen spalten. Entweder nämlich ist im Conjunctiv wirklich etwas in der Zukunft, und zwar nur in der Zukunft zu Erwartendes bezeichnet, z. B.

â' ghâ tâ' gachân úttarâ yugấni *„sie werden herankommen, die späteren Zeiten"* RV. 10, 10, 10,

οὐ γάρ πω τοίους ἴδον ἀνέρας, οὐδὲ ἴδωμαι *A* 262

oder — um einen kühnen Ausdruck zu gebrauchen — der zeitliche Begriff des Futurums tritt zurück, und der logische tritt hervor, ich meine: durch den futurischen Conjunctiv wird nicht bloss das bezeichnet, was von dem Augenblick des Sprechens an zu erwarten ist, sondern das für alle Zeiten Natürliche, z. B.

yáthâ váçanti devâ's, táthé'd asat, tád eshâm nákir â' minat *„wie die Götter es wollen, so muss es geschehen, das kann ihnen niemand nehmen"* AV. 8, 28, 4

Wir werden derselben Gedankenentwickelung noch beim Optativ begegnen.

II.

Die optativischen Hauptsätze.

Der Grundbegriff des Optativs ist der Wunsch. Die Entwickelung des „Wunsches" nun geht in derselben Weise und nach denselben Gesetzen vor sich, wie die des „Willens". Wir theilen desshalb auch die Masse der vorliegenden Optative (Opt. cap. I) nach dem Intensitätsgrade der subjectiven Erregung. Wie beim Conjunctiv lassen sich zwei Klassen aufstellen, von denen die erste die Repräsentanten der stärkeren, die zweite die der schwächeren Erregung umfasst. Die erste Gruppe will ich *κατ' ἐξοχήν* Optative des Wunsches, die zweite mit dem Gesammtnamen der abgeschwächten Optative benennen.

Die Belege für den wünschenden Optativ finden sich Opt. cap. I, § 1. Sie sind ebenso, wie die entsprechende Partie des Conjunctivs angeordnet. Hier will ich zur Probe für die positiven Wünsche nur ein sanskritisches Beispiel anführen, in dem neben dem Optativ der Conjunctiv und Indicativ steht:

devâ vâi somasya râjño' grapeye na samapâdayann: „ahaṃ prathamaḥ pibeyam, aham prathamaḥ pibeyam" ity evâ 'kâmayanta. te sampâdayanto 'bruvan: „hantâ'jim ayâma, so yo na ujjeshyati, sa prathamaḥ somasya pâsyatî'ti *„die Götter konnten sich über den Vorrang im Somatrinken nicht einigen, sie wünschten alle „ich möchte zuerst trinken, ich möchte zuerst trinken". Sie einigten sich und*

sprachen „Wolan! wir wollen einen Wettlauf anstellen, wer von uns siegen wird, der wird zuerst vom Soma trinken. Ait. Br. 2, 25.

Die Negationen sind bei den negativen Optativsätzen dieser Art ebenso vertheilt, wie bei den entsprechenden Conjunctivsätzen. Im ganzen § 1 steht im Griechischen nur *μή*, im Sanskrit mâ' und nâ. Ich führe wieder nur einen Sanskritbeleg an, in dem Optativ und Conjunctiv neben einander stehen.

mâ' va éno anyâkṛtam bhujema, mâ' tát karma vasavo yác câyadhve *„möchten wir nicht vor euch fremde Sünde zu büssen haben, nicht wollen wir thun, was ihr o Vasus hasst“* RV. 6, 51, 7.

Wenn man die Abwehr, die in der Negation mâ' liegt, recht deutlich zum Ausdruck bringen will, kann man übersetzen:

„Möchtet ihr von uns fern halten die Strafe für fremde Sünde, fern von uns soll sein die That, die ihr hasst“.

Aus dem Griechischen sei die ausdrucksvolle Gegenüberstellung des Optativs und Conjunctivs in folgendem Beispiel erwähnt:

ἡμεῖς δ' ἐνθάδε οἱ φραζώμεθα λυγρὸν ὄλεθρον
Τηλεμάχῳ, μηδ' ἡμας ὑπεκφύγοι π 371.

An die Optative des reinen Wunsches in allen drei Personen schliesst sich der Optativ der Bitte in der zweiten und dritten Person. Ueber den Begriff der Bitte habe ich mich im Anfang dieses Capitels unter Nr. 2. ausgesprochen.

Nächst den reinen Optativen sind gewisse griechische Optative mit *ὡς* und *εἰ* zu erwähnen, in denen *ὡς* und *εἰ* scheinbar gar keine Bedeutung haben, als die den Wunsch einzuführen. Die Griechen mögen in der That in diesen Partikeln nichts anderes empfunden haben, und darum haben wir diese Sätze zu den Hauptsätzen gestellt, die Etymologie zeigt aber bei *ὡς* mit Sicherheit, bei *εἰ* mit Wahrscheinlichkeit, dass diese Partikeln einen aufmunternden, anfeuernden Sinn von vorn herein durchaus nicht hatten.

Ὡς nämlich ist, wie weiter unten (Cap. VI) gezeigt werden wird, Ablativ des Relativstammes, der Relativstamm aber dient der Satzverknüpfung, folglich kann *ὡς* auch in der uns vorliegenden Verwendung nur die Aufgabe haben, einen Wunsch an die Situation anzuknüpfen. Dass diese Bedeutung richtig erschlossen ist, zeigt eine Analyse der Beispiele. Ich führe hier nur eins an:

ὡς ἔρις ἔκ τε θεῶν, ἔκ τ' ἀνθρώπων ἀπόλοιτο Σ 107.

In diesem Falle ist die Situation folgende: Achilleus empfindet die furchtbaren Wirkungen der Zwietracht durch den Tod seines Freundes. Der Streit — dieser Gedanke drängt sich ihm entgegen — ist an allem

Unglück schuld. So wollte ich doch, ruft er aus, dass der Streit für immer aus der Welt verschwände. Aehnlich in den anderen Beispielen.

Ueber *εἰ* werde ich mich Cap. VI B im Zusammenhange aussprechen und dort auch den an dieser Stelle vorliegenden Gebrauch zu erklären suchen.

Es folgt sodann die zweite grosse Gruppe der Optative, für die ich keinen besseren Namen als den der abgeschwächten Optative vorzuschlagen weiss. Sie umfasst diejenigen, in denen die subjective Erregung, verglichen mit der ersten Gruppe geringer ist. Ich unterscheide in dieser Gruppe wieder, analog dem Conjunctiv, drei Abtheilungen:

1. Die Kraft der Erregung ist darum geringer, weil der Wunsch sich auf eine unbestimmte Zeit bezieht. Dahin gehören die Optative, in welchen eine ganz allgemeine Anweisung, ein ganz allgemeines, nicht auf eine bestimmte Person oder eine bestimmte Handlung bezügliches Gebot ausgedrückt ist. Solche Optative sind besonders im Sanskrit häufig, und dort besonders im Brāhmaṇastil, z. B.

áhar-ahar dadyāt *„Tag für Tag gebe man“* Çat. Br. 11, 5, 6, 2.

Als Negation weiss ich nur ná zu belegen.

2. Der Wunsch ist nicht aus der freien Initiative des Wünschenden hervorgegangen, sondern ist ihm abgerungen. Er wird gewünscht um eines andern Gedanken willen, er ist eine Concession:

αὐτίκα γάρ με κατακτείνειεν Ἀχιλλεὺς
ἀγκὰς ἑλόντ' ἐμὸν υἱόν, ἐπὴν γόου ἐξ ἔρον εἵην Ω 226.

Der Wunsch, seinen Sohn in die Arme zu nehmen, ist dem Priamos der hauptsächliche. Um dieses willen wünscht er sogar von Achilleus getödtet zu werden, was er ohne ihn nicht thun würde.

3. Der Wunsch ist darum nicht so lebhaft ausgedrückt, weil die Erwägung hinzutritt, dass das Erreichen des Gewünschten möglich oder wahrscheinlich oder nahe bevorstehend ist.

An dieser Stelle ist es nöthig, sich wieder folgender allgemeiner Grundlagen zu erinnern: Jede Begierde richtet sich auf etwas Zukünftiges. Der Wunsch ist diejenige Begierde, mit der die Voraussicht des Erreichens nicht verbunden zu sein braucht, der Wille dagegen ist die Begierde mit der Voraussicht des Erreichens. Wenn nun, wie ich eben behauptete, zu dem Wunsch die Erwägung hinzutritt, dass die Erreichung möglich oder wahrscheinlich ist, so scheint es sich ja dem Willen zu nähern. Das ist in der That der Fall. Der Wunsch nähert sich dem Willen, ohne indess mit ihm zusammenzufallen. Es giebt eine lange Scala von Empfindungen und Stimmungen von dem Wunsche nach etwas, das wahrscheinlich eintreffen wird, bis an die Grenzen der Willenserklärung oder rein futurischen Aussage. Dieser ganzen Scala dienen

die Optative dieser dritten Gruppe. Weil nun ihnen allen gemeinsam ist, dass auf das mögliche Eintreten des Gewünschten ein Gewicht gelegt wird, so nenne ich sie futurische Optative.

Die Anordnung dieser, besonders im Griechischen sehr zahlreich vertretenen Klasse hat nun grosse Schwierigkeit. Man könnte versuchen wollen, die Optative nach dem Grade der Erregung zu ordnen, wird sich aber bald überzeugen, dass dieser Eintheilungsgrund einem unter den Händen verschwindet, sobald man in's Einzelne geht, so gut er sich auch für die Eintheilung in grosse Gruppen eignet, wo er überdiess noch durch äussere Merkmale (*μή* und *οὐ*, *κέν* und *ἄν*) gestützt wird.

Man kann dann versuchen wollen, die Gründe der Abschwächung näher zu specialisiren. Diese kann daran liegen, dass der Redende sich selbst die Kraft zutraut, seinen Wunsch zu verwirklichen. Das ist der Fall im Sanskrit bei den sehr häufigen Wendungen folgender Art:

vayâm te agna ukthaír vidhema „*wir möchten dich Agni mit Opfern verehren*" RV. 5, 4, 7.

Es könnte auch der Conjunctiv stehen, dann würde die Energie der Willenserklärung grösser sein. Auch im Griechischen ist dieser Optativ sehr häufig, z. B.

νῦν δ' ἐπεὶ οὐ νέομαί γε φίλην ἐς πατρίδα γαῖαν
Πατρόκλῳ ἥρωϊ κόμην ὀπάσαιμι φέρεσθαι Ψ 151

Sie kann auch dadurch motivirt sein, dass der Redende das Eintreten des in Aussicht genommenen, als durch die Verhältnisse nahe gelegt betrachtet, z. B.

οὐ μὲν γάρ τι κακώτερον ἄλλο πάθοιμι Τ 321,

ein Beispiel, in dem der Optativ geradezu futurisch gebraucht erscheint. Indessen auch die Eintheilung nach diesem Gesichtspunkt hat mir nicht gelingen wollen. Ich habe nach mehreren vergeblichen Versuchen endlich folgende beibehalten.

Allen diesen Conjunctiven ist eigenthümlich, dass sie etwas Futurisches enthalten, mag dies nun erhofft, vermuthet, als möglich oder als ziemlich sicher eintreffend gedacht sein. Unter Futurisch muss man nun zunächst natürlich das verstehen, was von dem Standpunkte des jedesmaligen Wünschenden aus als zukünftig erscheint. Nun bezeichnen aber viele Optative, wie bekannt, das, was ganz allgemein als möglich erscheint. Die Entwickelung vom Individuell-Futurischen bis zum Allgemein-Möglichen suche ich nun in der Beispielsammlung vorzuführen. Zu dem Zwecke habe ich folgende Stufen aufgestellt, die ich hier immer nur durch je ein griechisches Beispiel belegen werde.

1. Das im Optativ ausgesprochene findet, von dem Augenblicke des Sprechens an gerechnet, in der Zukunft statt. Das Eintreten des in

Aussicht genommenen ist nicht ausdrücklich von Bedingungen abhängig gedacht, z. B.

νῦν δ' ἐπεὶ οὐ νέομαί γε φίλην ἐς πατρίδα γαῖαν,
Πατρόκλῳ ἥρωϊ κόμην ὀπάσαιμι φέρεσθαι Ψ 151.

2. Das Eintreten in der Zukunft ist in Aussicht genommen, aber abhängig gemacht von dem Eintreten eines anderen Ereignisses, das aber mit grösserer oder geringerer Sicherheit erwartet wird, z. B.

καί κέ τοι ἡμεῖς ταῦτά γ' ὑποσχόμενοι τελέσαιμεν·
δοῖμεν δ' Ἀτρεΐδαο θυγατρῶν εἶδος ἀρίστην,
Ἄργεος ἐξαγαγόντες, ὀπυιέμεν, εἴ κε σὺν ἄμμιν
Ἰλίου ἐκπέρσῃς εὖ ναιόμενον πτολίεθρον N 377.

3. Das im Optativ ausgesagte ist abhängig gedacht von einer Annahme, deren Eintreten in der Zukunft erhofft oder als möglich angesehen wird, z. B.

πῶς νῦν, εἴ τι ξεῖνος ἐν ἡμετέροισι δόμοισιν
ἥμενος ὧδε πάθοι ῥυστακτύος ἐξ ἀλεγεινῆς;
σοί κ' αἶσχος λώβη τε μετ' ἀνθρώποισι πέλοιτο σ 223.

4. Es ist allerdings ein bestimmtes futurisches Ereigniss in Aussicht genommen, aber die Kraft der futurischen Aussage ist dadurch gebrochen, dass das Eintreten des Ereignisses durch ein anderes gehindert wird, z. B.

καὶ γάρ κ' εἰς ἐνιαυτὸν ἐγὼ παρὰ σοί γ' ἀνεχοίμην
ἥμενος, οὐδέ κέ μ' οἴκου ἕλοι πόθος οὐδὲ τοκήων·
αἰνῶς γὰρ μύθοισιν ἔπεσσί τε σοῖσιν ἀκούων
τέρπομαι· ἀλλ' ἤδη μοι ἀνιάζουσιν ἑταῖροι δ 595.

Dazu kann dann noch kommen, dass der Zeitpunkt, von dem an das Futurum gerechnet wird, in der Vergangenheit liegend gedacht wird, ohne dass indess dies irgendwie in dem Verbum angedeutet würde, z. B.

ἔνθα κε ῥεῖα φέροι κλυτὰ τεύχεα Πανθοΐδαο
Ἀτρεΐδης, εἰ μή οἱ ἀγάσσατο Φοῖβος Ἀπόλλων P 70.

5. Die Situation ist nicht mehr, wie unter 1—4, gegeben, sondern wird fingirt. Das Futurum wird also von einem fingirten Punkte gerechnet. Die Situation wird aber doch noch als eine einzelne characterisirt, z. B.

οὐ σύ γ' ἂν ἐξ οἴκου σῷ ἐπιστάτῃ οὐδ' ἅλα δοίης ρ 455,

gesetzt, einer bettelte dich an, dem wirst (wir: würdest) du wohl nicht einmal ein Salzkorn geben.

Τυδεΐδην δ' οὐκ ἂν γνοίης ποτέροισι μετείη E 85,

nimm an du seiest da, du wirst nicht erkennen. Die fingirte Situation liegt bei diesem Beispiel ausserdem noch in der Vergangenheit.

6. Auch die Charakterisirung der Situation als einer einzelnen ist aufgegeben. Der Ausgangspunkt für das Futurum ist nicht einer, sondern viele. Was von vielen Ausgangspunkten aus futurisch ist, nennen wir aber möglich, z. B.

ῥεῖα θεός γ' ἐθέλων καὶ τηλόθεν ἄνδρα σαώσαι γ 231.

leicht kann ein Gott etc.

Wer nun noch bedenkt, dass „das kann sein“ als höflichere Ausdrucksweise für „das ist“ gebraucht werden kann, wird begreifen, wie es kommt, dass der Optativ im Sanskrit wie im Griechischen fast wie ein Indicativ gebraucht werden kann, z. B.

ná tásya mâyáyâ caná ripúr îçîta mártyaḥ, yó agnáye dadấça havyádâtibhiḥ *„den überwindet selbst nicht durch Zauberei ein feindlicher Sterblicher, wer dem Agni opfert mit Spenden“* RV. 8, 23, 15.

Im späteren Sanskrit ist dieser Gebrauch sehr häufig. Einen griechischen reinen Optativ gewährt:

τὸ γὰρ ἐμφυὲς οὔτ' αἴθων ἀλώπηξ οὔτ' ἐρίβρομοι λέοντες διαλλάξαιντο ἦθος Pindar Ol. X, 19.

Cap. V.

Die relativen Nebensätze.

Dass wir die Relativsätze auf die Hauptsätze folgen lassen, ist auch historisch gerechtfertigt. Denn sicherlich ist die Ausbildung des Relativpronomens mit der ersten Entwickelung einer engeren Satzverbindung Hand in Hand gegangen; und da auch die meisten Conjunctionen von dem Stamme des Relativpronomens abzuleiten sind, so darf man geradezu behaupten, dass der Relativstamm im Sanskrit und Griechischen das Hauptorgan der Satzverbindung sei.

Es kann nicht meine Absicht sein, alle Fragen, welche sich an den Ursprung und Gebrauch des Relativums anschliessen lassen, hier zur Erörterung zu bringen, sondern ich muss mich begnügen, das zum Verständniss der conjunctivischen und optativischen Relativsätze Nöthige anzudeuten.

Das Relativpronomen des Sanskrit lautet *yas yâ yad*. Dass das Griechische ὅς ἥ ὅ mit ihm identisch sei, ist schon von Bopp behauptet worden, dann von anderen Forschern bestritten, jetzt aber durch die Erörterung von Windisch in Curtius Studien 2, 209 flgd. zur zweifellosesten Evidenz erhoben, so dass ich es nicht nöthig finde, noch einmal auf die formale Frage einzugehen. Ich darf mich auf die Untersuchung über die Bedeutung des Relativums beschränken.

Dass die gewöhnliche Definition, wonach das Relativum die Kraft besitzen soll, zwei Sätze auf eine gewisse Art mit einander zu verbinden, ungenau sei, ergiebt sich bei näherem Nachdenken sofort. Zwei dem Gedanken nach unzusammengehörige Sätze kann auch das Relativum nicht verbinden, der innere Grund der Verknüpfung ist stets die Zusammengehörigkeit der Gedanken, das Relativum kann man nur als Zeichen der Verbindung ansehen. Indessen, wie dies auch sei, so viel ist klar, dass das Relativum zwei Sätze voraussetzt, die verbunden werden sollen. Nun ist aber der oberste Grundsatz, von dem unsere Untersuchung angehoben hat, der, dass es ursprünglich nur einfache, unverbundene Sätze gegeben, die Satzverbindung also sich erst allmählich entwickelt hat. Soll man nun annehmen, dass das Hauptzeichen der Satzverbindung, das Relativum, erst zu der Zeit als die innerlich vollzogene Verbindung zweier Sätze nach einem sprachlichen Ausdruck rang zur Erfüllung dieses Bedürfnisses als ein sprachliches novum geschaffen wurde, oder dass die Laute, welche später dem dem pron. rel. dienten, ursprünglich etwas anderes bedeuteten und erst mit der Zeit die relativische Bedeutung annahmen? Begreiflicher Weise hat man sich längst für die letztere Alternative entschieden. Im Hinblick auf das homerische *ὁ ἡ τό*, was ja auch relativische Funktionen ausübt, und das deutsche *der, die, das*, hat man sich ziemlich allgemein für die Annahme entschieden, dass das Relativum aus dem Demonstrativum hervorgegangen sei. Diese schon oft ausgesprochene Ansicht hat nun Windisch in seinen grundlegenden Untersuchungen über den Ursprung des Relativpronomens in den indogermanischen Sprachen in Curtius Studien 2, 201—419 im Allgemeinen als stichhaltig erwiesen, sie aber doch wesentlich neu geschaffen, indem er den Weg, den diese Bedeutungsverwandlung genommen hat, nachweist. Das pron. dem. hat die Aufgabe, in die Aussenwelt zu weisen: wie aus einem solchen Pronomen das relative entstehen konnte, ist zunächst unverständlich. Von der *δεῖξις* führt kein directer Weg zur Verknüpfung zweier Sätze. Es muss eine Mittelstufe zwischen den beiden Extremen gefunden werden. Eine solche hat nun Windisch in der Fähigkeit mehrerer Pronominalstämme erkannt, auf etwas in der Rede schon vorher erwähntes hinzuweisen. Ein Pronomen, das diese Fähigkeit hat, nennt er mit Apollonios Dyskolos anaphorisches Pronomen. Schon aus diesen Andeutungen geht hervor, dass das anaphorische Pronomen dem deiktischen nicht gleichgeordnet, sondern aus ihm entstanden ist. Alle einfachen Pronominalstämme hatten ursprünglich deiktischen Sinn, an einigen Pronominibus ist er in den Einzelsprachen immer geblieben, wie an *ὅδε* im klassischen Griechisch, bei andern ist er ganz verschwunden, wie an

αὐτός ebenda, in der Mitte stehen *οὗτος* und *ἐκεῖνος* (Windisch 394). Auch der Pronominalstamm, welcher im Sanskrit und Griechischen relativischen Sinn hat, ist diesen Weg gegangen. Auch der Pronominalstamm *ja* — oder wenigstens sein am meisten charakteristischer Bestandtheil: *i* — hat einmal echt deiktischen Sinn gehabt (Windisch 316). Sehr früh, schon vor der Völkertrennung, hat er dann die anaphorische Bedeutung angenommen, wie aus dem anaphorischen Gebrauch im griechischen, litauischen, slavischen und auch lateinischen und deutschen (Windisch 250) hervorgeht. Aus der anaphorischen Bedeutung hat sich die relative im Sanskrit, Zend und Griechischen entwickelt.

Doch stehen das Sanskrit und Griechische in dieser Beziehung nicht auf einer Stufe. Während schon in der Vedensprache yas yâ yad und alles was dazu gehört, erstens ausschliesslich Nebensätze einleitet, und zweitens diese Funktion mit keinem anderen Pronomen theilt, kann ὅς ἥ ὅ in der homerischen Sprache auch an der Spitze von Hauptsätzen stehn, und kann neben ihm auch *ὁ ἡ τό* zur Einführung von relativen Nebensätzen verwendet werden. Die Beweise für diese Behauptungen, so weit sie das Griechische betreffen, stehen Jedermann zur Verfügung, ich begnüge mich daher mit wenigen Bemerkungen. Dass ὅς ἥ ὅ noch rein anaphorisch gebraucht werden kann, beweisen z. B.

τόν γ' εἴ πως σὺ δύναιο λοχησάμενος λελαβέσθαι,
ὅς κέν τοι εἴπῃσιν ὁδὸν καὶ μέτρα κελεύθου
νόστον θ', ὡς ἐπὶ πόντον ἐλεύσεαι ἰχθυόεντα
καὶ δέ κέ τοι εἴπῃσι δ 389.

An dieser Stelle steht ὅς sogar an der Spitze eines Nachsatzes. Anderweitige Beispiele sind *Μ* 344 *Ψ* 9 *ω* 190. Noch bekannter ist, dass *ὁ ἡ τό* auch relativisch verwendet werden, z. B. *Α* 321

ἀλλ' ὅγε Ταλθύβιόν τε καὶ Εὐρυβάτην προσέειπεν,
τώ οἱ ἔσαν κήρυκε καὶ ὀτρηρὼ θεράποντε.

An dieser Stelle sei nur noch darauf hingewiesen, dass die Hauptsätze mit *ὁ ἡ τό* von den Relativsätzen nicht immer durch ein äusseres Kennzeichen geschieden sind. Während allerdings *ὁ ἡ τό*, sobald es Hauptsätze einleitet, gewöhnlich die Partikel *δέ* oder *μέν* hinter sich hat, kommen auch Fälle vor, wo es ganz allein steht, z. B. *Η* 148

αὐτὰρ ἐπεὶ Λυκόοργος ἐνὶ μεγάροισιν ἐγήρα,
δῶκε δ' Ἐρευθαλίωνι, φίλῳ θεράποντι, φορῆναι·
τοῦ ὅγε τεύχε' ἔχων, προκαλίζετο πάντας ἀρίστους

vgl. auch *α* 31.

Der einzige Unterschied zwischen dem Hauptsatz *Η* 150 und dem Relativsatz *Α* 322 ist der, dass das in dem letzteren ausgesagte dem Sprechenden und Hörenden als untergeordnet erscheint.

Die Relativsätze der Vedensprache, über die hier zur vorläufigen Orientirung einiges bemerkt werden mag, unterscheiden sich von dem Gros der homerischen dadurch, dass sie häufig mit dem Hauptsatz in eigenthümlicher Weise verquickt sind. Während es die Natur des anaphorischen Pronomens eigentlich mit sich bringt, dass der Relativsatz dem Hauptsatze, der das Bezugswort enthält, nachfolge, geht der Relativsatz im Sanskrit in den meisten Fällen voraus. Dieser Gebrauch, der sich ja auch im Griechischen findet, ist offenbar jünger als das Nachfolgen des Relativsatzes. Man darf darum diese Eigenschaft, auch auf etwas zu nennendes hinzuweisen, nicht mit in die Definition des anaphorischen Pronomens hineinziehen, denn sie ist aus der Fähigkeit das genannte wieder aufzunehmen, erst secundär entwickelt. Der Relativsatz wird nur einstweilen vorangestellt: er wird im Gedächtniss behalten, bis der Hauptsatz vorüber ist, und dann anknüpfend an das Bezugswort nun hinter dem Hauptsatz an seiner eigentlichen Stelle noch einmal flüchtig reproducirt. Es giebt solche Satzgestaltungen, auf die ich noch zurückkommen werde, auch im Deutschen, z. B. *und die einen so infamirenden Titel führet — was enthält diese Goezische Scharteke?* (Lessing). In diesem Beispiel wird augenscheinlich durch die Voranstellung des Relativsatzes eine Spannung erzeugt und damit kommt eine gewisse Leidenschaftlichkeit in die ganze Periode. Durch die sehr häufige Anwendung dieser Figur kommt denn auch in den vedischen Hymnenstil ein energischer Schwung. Die Eintönigkeit des vedischen Satzbau's, der auch durch die strophische Gliederung des Metrums auf kleine Satz gebilde hingewiesen ist, würde noch viel auffallender sein, wenn alle Verse mit einem kraftvollen Hauptsatze begönnen, und in einen mehr oder weniger tonlosen Relativsatz ausklängen. Natürlich fehlen derartige Verbindungen nicht durchaus in der Vedensprache, z. B.

agníṃ sūktébhir vácobhir īmahe yáṃ sīm íd anyá īḷate *„Agni gehen wir an mit Liedern und Gebeten, den ja auch andere preisen“* RV. 1, 36, 1.

Oder es kann der Relativsatz vorangestellt werden. Das Bezugswort bleibt im Hauptsatze:

yā́bhiḥ síndhum ávatha yā́bhis tū́rvatha yā́bhir daçasyáthā krívim, máyo no bhūtotíbhir mayobhuvaḥ *„mit welchen (nämlich Hülfen, ūtíbhiḥ) ihr den Sindhu unterstützt, mit welchen ihr ihm zum Siege verhelft, mit welchen ihr dem Krivi beisteht, mit (den) Hülfen seid uns Trost ihr Trostreichen“* RV. 8, 20, 24.

Doch sind diese beiden Formen nicht eben sehr häufig. Das gewöhnliche ist vielmehr, dass das Bezugswort in den Relativsatz aufgenommen

wird. Im Hauptsatz steht dann entweder das Substantivum noch einmal, z. B.

yé te pánthâḥ savitaḥ pûrvyâso 'renávaḥ súkṛitâ antárikshe, tébhir no adyá pathíbhiḥ sugébhî rákshâ ca no ádhi ca brûhi deva *„welche alten staublosen wohlbereiteten Pfade dir sind, o Savitar, in der Luft, mittels dieser wohlgangbaren Pfade rette und segne uns heute“* RV. 1, 35, 11,

oder ein Synonymon des Bezugswortes, z. B.

sá ghâ vîró ná rishyati, yám índro bráhmaṇaspátiḥ sómo hinóti mártyam *„der Mann leidet nicht Schaden, welchen Sterblichen Indra Brahmanaspati Soma fördern“* RV. 1, 18, 4 vgl. 1, 94, 9.

Oder — und dies ist bei weitem das häufigste — das Bezugswort steht nur im Relativsatze. Folgt in diesem Falle der Relativsatz nach, so steht im Hauptsatze gar keine Hinweisung auf das Bezugswort, z. B.

sthirair áṅgais tushṭuvấṅsas tanû́bhir vy àçema deváhitaṃ yád ấyuḥ *„mit festen Gliedern und Körpern möchten wir lobsingend erreichen, welches Alter von den Göttern festgesetzt ist“* RV. 1, 89, 8.

Geht aber, was das gewöhnliche ist, der Relativsatz mit dem Bezugswort, das er in sich aufgenommen hat, dem Hauptsatz voran, so pflegt das Bezugswort durch eine Form des Stammes *ta* noch einmal in Erinnerung gebracht zu werden, z. B.

sóma yấs te mayobhúva ûtáyaḥ sánti dâçúshe tấbhir no 'vitấ bhava *„Soma! welche Hülfen von dir dem Opferer erquicklich sind, mit denen sei uns ein Helfer“* RV. 1, 91, 9.

yó naḥ çáçvat purấ 'vithấ 'mṛidhro vấjasâtaye sá tváṃ na indra mṛiḷaya *„der du uns früher stets unablässig unterstützt hast zur Beuteerlangung, du Indra sei uns gnädig“* RV. 8, 69, 2.

Uebrigens ist ein Wiederaufnehmen des Substantivum durch *ta* nicht nöthig:

yó rấjâ carshaṇînấṃ yấtâ ráthebhir ádhriguḥ, víçvâsâṃ tarutấ pṛitanấnâṃ jyéshṭho yó vṛitrahấ, gṛiṇé *„welcher König der Menschen ist, unaufhaltsamer Wagenfahrer, aller Feinde Ueberwinder, welcher der vornehmste Vritratödter, (den) preise ich“* RV. 8, 69, 1.

Von der Häufigkeit der die Periode beginnenden Relativsätze kann man sich eine ungefähre Vorstellung machen, wenn man die Verzeichnisse der vedischen Versanfänge von Pertsch, Whitney, Weber durchsieht.

Nach diesen einleitenden Betrachtungen wenden wir uns zu der Eintheilung der conjunctivischen und optativischen Relativsätze. Dass der Eintheilungsgrund von dem Verhältniss, das zwischen dem Hauptsatz einerseits und dem Relativsatz andererseits besteht, hergenommen werden müsse, ist klar, man kann nur zweifeln, ob von der Form oder dem

Inhalt. Den ersteren Gedanken, so nahe er zu liegen scheint, sieht man sich bei näherem Nachdenken gezwungen, aufzugeben. Es liegt nicht fern, die Relativsätze in solche die dem Hauptsatz vorangehen, und solche, die ihm nachfolgen, einzutheilen. Aber wir haben schon gesehen, dass die Stellung nicht sowohl von grammatischen, als von ästhetisch-stilistischen Rücksichten beherrscht wird. Man könnte auch nach der Beschaffenheit des Bezugswortes eintheilen wollen, indess dieser Gesichtspunkt ist doch, wie sich herausstellen wird, nur von ziemlich untergeordnetem Werthe. Es muss uns angelegen sein, eine Formel zu finden, unter die sich alle Beziehungen, die der Gedanke des Relativsatzes zu dem des Hauptsatzes haben kann, vollständig und ungezwungen unterbringen lassen. Wenn wir z. B. die Stelle:

καὶ ἅμ' ἡγεμόν' ἐσθλὸν ὄπασσον,
ὅς κέ με κεῖσ' ἀγάγῃ ο 311

auf ihren Gedankeninhalt hin prüfen, so ergiebt sich als unzweifelhaft, dass in dem *ὅς κέ με κεῖσ' ἀγάγῃ* eine Absicht ausgedrückt ist, und ebenso klar ist, dass z. B. in

οἷς δ' ὁ γέρων μετέῃσιν, ἅμα πρόσσω καὶ ὀπίσσω
λεύσσει Γ 109

in dem Relativsatz eine Bedingung enthalten ist.

Dass weder der Gedanke der Absicht, noch der der Bedingung in dem Pronomen relativum oder dem Conjunctiv als solchem eingekapselt liegt, versteht sich von selbst. Absicht und Bedingung sind Bezeichnungen für die Stellung, die die Gedanken des Haupt- und des Relativsatzes zu einander einnehmen. Aber sie sind nicht die einzigen: Voraussetzung, Folge u. a. kommen hinzu. Es handelt sich darum, die natürliche Formel zu finden, aus welcher diese zu speciellen und zu abstrakten Kategorieen sich ungezwungen ableiten lassen. Diese Formel nun braucht man nicht weit zu suchen: Entweder setzt die Handlung des Nebensatzes die des Hauptsatzes voraus, oder umgekehrt die Handlung des Hauptsatzes setzt die des Nebensatzes voraus. Mit besonderer Anwendung auf den Relativsatz: Die Handlung des Relativsatzes ist entweder das Posterius oder das Prius zu der des Hauptsatzes.

Dies ist der allgemeinste Gesichtspunkt, nach welchem wir die conjunctivischen wie die optativischen Relativsätze eingetheilt haben (vgl. noch Cap. X). Das zweite Capitel jedes Modus zerfällt in der Beispielsammlung in zwei Paragraphen, deren erster die Relativsätze umfasst, welche das Posterius zur Handlung des Hauptsatzes enthalten, der zweite diejenigen, welche das Prius enthalten. Ich will die ersteren, aus Mangel an einer besseren Bezeichnung die posteriorischen, die zweiten die priorischen Relativsätze nennen. Im Uebrigen ist in

unserer Beispielsammlung die Anordnung nach der Bedeutung des Modus vorgenommen, während in diesem einleitenden Capitel die Hauptaufmerksamkeit auf das Pronomen gerichtet sein soll. Indessen werde ich mich der Uebersichtlichkeit wegen bemühen, so selten als möglich von der im zweiten Buche befolgten Eintheilung abzuweichen.

Ich behandle also auch hier unter

§ 1

die posteriorischen Relativsätze mit Conjunctiv und Optativ

und mache in diesem Paragraphen dieselben Unterabtheilungen wie in den entsprechenden Paragraphen der Beispielsammlung. Wie dort der wollende Conjunctiv und der wünschende Optativ vorangestellt sind, so mag es auch hier geschehen. Ich handle demgemäss hier unter

I.

über die im Conjunctiv Cap. II. § 1, I zusammengestellten Relativsätze, in welchen der Conjunctiv der wollende ist. Vom Optativ kommt natürlich zunächst auch Cap. II. § 1, I in Betracht, welche Rubriken den wünschenden Optativ enthalten, es tritt aber noch die Abtheilung II, 1 desselben Paragraphen hinzu, in welcher die Optative behandelt sind, die zwar schon abgeschwächte genannt werden mögen, in denen aber der Wunsch noch nicht erloschen ist.

Die das Posterius enthaltenden Relativsätze sind deswegen vorangestellt, weil sie den Hauptsätzen noch am nächsten stehen. Desshalb lassen sie auch die Bedeutung der Modi leicht erkennen. Der Conjunctiv bezeichnet in allen Fällen, auf die wir hier Rücksicht zu nehmen haben, die Willensäusserung einer redenden oder denkenden Person, z. B. — um das schon vorher gebrauchte Beispiel wieder anzuwenden —

καὶ ἅμ' ἡγεμόν' ἐσθλὸν ὄπασσον
ὅς κέ με κεῖσ' ἀγάγῃ ο 311

„und gieb mir einen guten Führer mit, der soll mich dorthin bringen“. Meist nämlich erst dann, wenn wir die Nebensätze zunächst als selbständige behandeln, können wir uns in der deutschen Uebersetzung die ursprüngliche Bedeutung der Modi wieder zur Anschauung bringen. Denn, wenn man in dem obigen Satze die Form des Relativsatzes beibehält, also übersetzt: *„gieb mir einen Führer mit, der mich dorthin bringe“,* so lässt uns die veränderte Wortstellung den Satz nur in seiner Beziehung zum Hauptsatze empfinden, ohne dass uns dabei klar würde, was denn eigentlich der Satz an und für sich bedeute. Gerade

dieses wiederzugeben sind wir in unseren Uebersetzungen bemüht gewesen und bitten, sie aus diesem Gesichtspunkte zu beurtheilen.

Die Worte *ὅς κέ με κεῖσ' ἀγάγῃ* also bilden zunächst einen unabhängigen Satz, „der soll mich dahin führen". Das *ὅς* weist auf etwas vorhergenanntes hin: *ἡγεμόν' ἐσθλὸν ὄπασσον*. Wir nennen diesen Satz nach althergebrachter Terminologie Hauptsatz. Das Verhältniss des Relativsatzes zu diesem Hauptsatz ist nun in diesem Falle das, dass der Inhalt des Relativsatzes nothwendig den des Hauptsatzes voraussetzt. Denn ehe ein Führer da ist, kann er auch nicht führen sollen. Aber damit ist das Verhältniss der beiden Sätze zu einander nur ganz allgemein bezeichnet. Das specielle Gedankenverhältniss ergiebt sich aus einer Betrachtung der Situation, welche in den unserem Beispiel vorangehenden Versen so bezeichnet ist:

τοῖς δ' Ὀδυσεὺς μετέειπε συβώτεω πειρητίζων
ἤ μιν ἔτ' ἐνδυκέως φιλέοι μεῖναί τε κελεύοι
αὐτοῦ ἐνὶ σταθμῷ ἢ ὀτρύνειε πόλινδε.
κέκλυθι νῦν Εὔμαιε καὶ ἄλλοι πάντες ἑταῖροι.
ἠῶθεν προτὶ ἄστυ λιλαίομαι ἀπονέεσθαι
πτωχεύσων, ἵνα μή σε κατατρύχω καὶ ἑταίρους
ἀλλά μοι εὖ θ' ὑπόθευ καὶ ἅμ' ἡγεμόν' etc.

Odysseus will also zur Stadt gehen, darum soll ihm Eumaios einen Führer mitgeben. Ein Wollen, das einem anderen Gedanken untergeordnet ist, pflegen wir nun wohl als Absicht zu bezeichnen. *Ὅς κέ με κεῖσ' ἀγάγῃ* ist also ein Absichtssatz. Es sei aber ausdrücklich noch einmal bemerkt, dass die Art der Verbindung zwischen den beiden Sätzen sprachlich gar nicht besonders ausgedrückt ist, nur die Verbindung selbst durch die Thatsache, dass ein anaphorisches Pronomen in dem einen Satz auf ein Nomen in dem anderen verweist.[1])

Dergleichen Absichtssätze sind alle hier in Betracht kommenden Conjunctivsätze. Die wenigen, von denen in der Beispielsammlung gesagt ist, sie seien den Consecutivsätzen innerlich verwandt, drücken nicht die reine Folge, sondern die beabsichtigte Folge aus.

Die natürlichen Grenzen und der sprachliche Werth dieser Relativsätze lassen sich durch eine Vergleichung mit den die Absicht ausdrückenden Conjunctionssätzen am besten veranschaulichen. Das Gebiet der Relativsätze ist natürlich enger als das der Conjunctionssätze. Ueberall, wo wir das Relativpronomen fanden, könnten auch Absichtspartikeln wie *yáthā* und *ἵνα* stehen. Dagegen sind die Relativpronomina nur

---

1) Ueber die Accentverhältnisse im Sanskrit siehe das zehnte Capitel, in welchem ein Rückblick auf die Satzlehre gethan wird.

anwendbar, wenn in beiden Sätzen dieselbe Person oder Sache betheiligt ist. Sätze wie:

λῦσον, ἵν' ὀφθαλμοῖσιν ἴδω Ω 555

könnten mit dem Relativpronomen nicht ausgedrückt werden. Dazu kommt noch ein zweites, das Gebiet der Relativsätze verengende Moment. Alle von uns angeführten relativen Absichtssätze haben die gemeinsame Eigenthümlichkeit, dass sich das Relativum stets auf eine unbestimmte Person bezieht, z. B.

vindásva tvám putrám nāri yás túbhyam çám ásat „*erlange o Weib einen Sohn, der soll dir zum Heile gereichen*" AV. 3, 23, 5

καί μοι τεὸν οὔνομα εἰπέ
αὐτίκα νῦν, ἵνα τοι δῶ ξείνιον, ᾧ κε σὺ χαίρῃς ι 356
ein Gastgeschenk, über das sollst du dich freuen.

Handelt es sich aber um eine bestimmte, etwa eine angeredete Person, so pflegt die Form des Conjunctionssatzes gewählt zu werden, z. B.

gṛbhṇā́mi te saubhagatvā́ya hástam, máyā pátyā jarádashṭir yáthā́'saḥ „*ich ergreife zu Glück deine Hand, damit du mit mir als deinem Gatten Greisin werdest*" RV. 10, 85, 36.

δεῦρ' ἴθι, νύμφα φίλη, ἵνα θέσκελα ἔργα ἴδηαι Γ 130.

Auch diese Gebietsabgrenzung ist leicht verständlich. Denn eine unbestimmte Person oder Sache bedarf am meisten einer an sie selbst sich anschliessenden näheren Bestimmung, die in dem relativen Satze enthalten ist.

Der sprachliche Werth der relativen Absichtssätze steht insofern unter dem der Conjunctionssätze, als in letzteren die Absicht durch ein nur diesem Zwecke dienendes Wort unzweideutig ausgedrückt wird, was, wie wir gesehen haben, bei den Relativsätzen nicht der Fall ist.

Hinsichtlich der äusseren Erscheinung der posteriorischen conjunctivischen Relativsätze sei noch bemerkt, dass in allen von uns angeführten griechischen Beispielen der Relativsatz nachsteht und das Bezugswort genannt ist, während es im Sanskrit auch vorkommt, dass der Relativsatz vorsteht und das Bezugswort zu ergänzen ist. Das Griechische ist also in dieser Beziehung einfacher und primitiver als das Sanskrit.

Die Relativsätze des Optativs sind für die Entwickelung des posteriorischen Satzgefüges lange nicht so wichtig geworden, als die des Conjunctivs. Die Verbindung mit dem Hauptsatze ist besonders bei den wünschenden Optativen im Griechischen sehr lose, wofür auch die Bemerkung charakteristisch ist, dass in den fünf Beispielen, die uns vorliegen, allemal der Hauptsatz ein erzählender Aussagesatz ist, während wir beim Conjunctiv durchweg Heischesätze oder futurische Sätze

haben, und dass zweitens in vier Stellen der Stamm *to* als Relativum fungirt. Bei den schon mehr abgeschwächten Optativen des Griechischen zeigt sich wie beim Conjunctiv deutlich, dass der Relativsatz ganz nahe an den Conjunctionssatz streifen kann. Man vergleiche

ἔκτοσθεν δὲ βαθεῖαν ὀρύξομεν ἐγγύθι τάφρον
ἥ χ' ἵππους καὶ λαὸν ἐρυκάκοι ἀμφὶς ἐοῦσα H 342

mit

ἐν δ' αὐτοῖσι πύλας ποιήσομεν εὖ ἀραρυίας
ὄφρα δι' αὐτάων ἱππηλασίη ὁδὸς εἴη ebenda 339

II.

Unter II. kommen diejenigen **posteriorischen Relativsätze** zur Besprechung, in welchen der **Conjunctiv** die **Erwartung**, und der **Optativ** die **Vermuthung, Annahme** und ähnliches bezeichnet. Die Beispiele stehen Conjunctiv Cap. II. § 1, II und Optativ Cap. II. § 1, II, 2.

Zunächst finden sich unter dem Conjunctiv wie Optativ eine Anzahl griechischer Beispiele, in denen das Verhältniss der beiden Sätze ein ziemlich loses ist. Zu ihrem Verständniss ist nichts weiter zu bemerken. Dagegen verlangen diejenigen Sätze eine Besprechung, in denen der Hauptsatz negativ ist, und der Relativsatz sich also auf etwas nicht vorhandenes bezieht. Ich meine Sätze, wie:

ὡς οὐκ ἔσθ' ὃς σῆς γε κύνας κεφαλῆς ἀπαλάλκοι X 318.

Bäumlein, Untersuchungen über die griech. Modi 283 formulirt **unsere** gedankliche Auffassung solcher Sätze gewiss richtig, wenn er sagt, „sie seien recht eigentlich als innere Bestimmung eines Abstractums zu betrachten". Aber es fragt sich nur, wie ein Relativsatz einen solchen Sinn hat annehmen können.

Man gelangt nun sofort zu einem Verständniss dieser Entwickelung, wenn man auch hier, wie immer, von der Thatsache ausgeht, dass der Relativsatz ursprünglich Hauptsatz, und das Relativpronomen anaphorisches Pronomen war. Dies ist noch am deutlichsten dann, wenn ein Bezugswort für das Relativum vorhanden ist. Ich führe dafür zunächst das einzige Sanskritbeispiel an, was mir bekannt ist, das aber natürlich nicht das einzige seiner Art ist:

té ho' cuḥ: ná vaí sā́ manushyèshv agnér yajñíyā tanū́r asti, yáye' shṭvā́ 'smā́kam ékaḥ syā́d íti, Çat. Br. 11, 5, 1, 13, d. h. die Götter sprachen: *„nicht ist unter den Menschen die opferwürdige Gestalt des Feuers vorhanden. Mit ihr (der Gestalt) opfernd könnte man vielleicht einer von uns werden"*.

Wir können uns die Hauptsatznatur des Relativsatzes noch deutlicher machen, wenn wir einen Nebengedanken hinzusetzen: *„Mit ihr, wenn*

sie vorhanden wäre, opfernd, könnte man einer von uns werden". Diese Gestalt des Feuers ist nun freilich nicht vorhanden, und folglich gehört der weitere Gedanke, der sich anschliesst, in das Reich der Phantasie. Dies Sachverhältniss aber ist weder in dem Relativum, noch in dem Modus ausgedrückt. Das Relativum nimmt einfach ein genanntes Wort auf, mag dieses Wort nun ein Ding der Wirklichkeit oder der Gedankenwelt bezeichnen; und der Optativ bezeichnet etwas, was an sich als möglich gedacht wird, unbekümmert darum, ob diese Möglichkeit, nachdem sie einmal angenommen ist, etwa durch andere hinzukommende Gedanken ausgeschlossen wird. Wenn wir mit unserem entwickelteren Denkvermögen, und wenn vielleicht auch die Inder und Griechen dieser Art von Relativsätzen die abstrakte Natur anzufühlen glaubten, so legten sie und legen wir einen geistigen Gehalt in die Sprachformen, der ursprünglich nicht darin liegt. Genau so sind die griechischen Beispiele der Art aufzufassen, so:

ἵπποι δ' οὐ παρέασι καὶ ἅρματα τῶν κ' ἐπιβαίην E 192

„*Pferde sind nicht da und Wagen. Auf sie (wenn sie nämlich da wären) könnte ich vielleicht steigen*".

Einen Schritt weiter geht die Satzverbindung, wenn kein Bezugswort für das Relativum vorhanden ist, z. B.

ὣς οὐκ ἔσθ' ὃς σῆς γε κύνας κεφαλῆς ἀπαλάλκοι X 348.

In diesen Fällen muss, wie das auch sonst bei dem Relativum, besonders in priorischen Relativsätzen sehr häufig, aber auch in posteriorischen (z. B. asmé dhattam yád ásad áskṛdhoyu „*gebet uns etwas, das reichlich sei*" RV. 7, 53, 3) geschehen muss, ein Indefinitum als Bezugswort ergänzt werden. Man muss also, wenn man sich die Genesis des obigen Beispiels deutlich machen will, übersetzen: *nicht ist jemand vorhanden; er könnte vielleicht (wenn er da wäre) dir die Hunde abwehren.* Durch diese Ergänzung stehen dann diese Sätze auf demselben Standpunkt, wie diejenigen, welche im Hauptsatz ein Bezugswort haben.

Noch ist ein Wort zu sagen über die Wahl des Modus in diesen Relativsätzen. Es kommt sowohl der Ind., besonders der des Fut., als der Conj., als der Opt. vor. Der letztere ist, da er das, was an sich möglich ist, bezeichnet, besonders geeignet zum Ausdruck des nur Phantasirten zu dienen. Wir haben desshalb unten besonders viel Stellen dieser Art mit dem Optativ zu verzeichnen gehabt. Der Conjunctiv, der das Geschehen fordert, erscheint weniger geeignet und ist auch seltener. Um zu zeigen, wie die homerische Sprache auch in diesen Relativsätzen die Modi, deren Sinn für unsere Auffassung zusammenzufallen scheint, doch fein zu scheiden weiss, sei zum Schluss

noch ein Beispiel mit dem Conjunctiv analysirt. Odyssee 2, 25 spricht Aigyptios folgendes:

κέκλυτε δὴ νῦν μευ, Ἰθακήσιοι, ὅττι κεν εἴπω.
οὔτε ποθ' ἡμετέρη ἀγορὴ γένετ' οὔτε θόωκος
ἐξ οὗ Ὀδυσσεὺς δῖος ἔβη κοίλῃς ἐνὶ νηυσίν.
νῦν δὲ τίς ὧδ' ἤγειρε; τίνα χρειὼ τόσον ἵκει
ἠὲ νέων ἀνδρῶν ἢ οἳ προγενέστεροί εἰσιν;
ἠέ τιν' ἀγγελίην στρατοῦ ἔκλυεν ἐρχομένοιο
ἥν χ' ἡμῖν σάφα εἴποι ὅτε πρότερός γε πύθοιτο;

„Oder hat er eine Kunde von dem entfernten Heere gehört? Die könnte er uns wohl sagen, angenommen er erführe sie zuerst".

Darauf erwidert nun Telemachos:

οὔτε τιν' ἀγγελίην στρατοῦ ἔκλυον ἐρχομένοιο
ἥν χ' ὑμῖν σάφα εἴπω, ὅτε πρότερός γε πυθοίμην

„und ich habe keine Kunde von dem entfernten Heere vernommen. Die will ich euch wohl sagen, angenommen, ich erführe sie zuerst".

Um seine Bereitwilligkeit recht energisch auszudrücken, wählt der Redende den Conjunctiv der Willenserklärung, als könnte er diesen Willen verwirklichen. Die Durchführung des Gewollten ist aber in diesem Falle unmöglich. Daher kommt es, dass wir dem Conjunctiv *εἴπω* beim Lesen die Nichtwirklichkeit anzufühlen meinen.

Hiermit ist der Kreis der Erscheinungen, die gleicher Weise in den conjunctivischen wie in den optativischen posteriorischen Relativsätzen auftreten, geschlossen. Es bleibt, ehe wir diesen Paragraphen verlassen, noch übrig, über eine Art von Relativsätzen zu berichten, die sich nur beim Conjunctiv finden, nämlich diejenigen, welche sich dem Sinne nach den abhängigen Fragen nähern, z. B.

κλήρῳ νῦν πεπάλαχθε διαμπερές, ὅς κε λάχῃσιν H 171.

Wer diesen Satz aus dem Zusammenhang mit den übrigen Relativsätzen herausreisst, dürfte geneigt sein, ihn so zu analysiren: „schüttelt jetzt mit dem Loose, indem ihr denkt, wer wird es erlangen?" Es lässt sich nicht leugnen, dass es auch eine Anzahl von Sanskritstellen giebt, in denen Ableitungen vom Stamme des Relativpronomens in interrogativem Sinne gebraucht zu werden scheinen. So werden Çat. Br. 14, 9, 1, 1 flgd. eine Anzahl Fragen an *vid* „wissen" mit *yáthâ* „wie" angeknüpft, z. B.

vettha yathâ imâḥ prajâḥ prayatyo vipratipadyante Dost thou know how these creatures when departing, proceed in different directions? (Muir. O. S. T. I², 434).

çrûyatâm yad asmi hariṇâ bhavatprakâçam preshitaḥ *„höre, weswegen ich von Indra zu dir geschickt bin"* Çakuntala Böhtlingk pag. 95 (vgl. ebenda pag. 145 flgd.).

Die Stellen aus Homer, die etwa zur Erwägung kommen könnten, finden sich bei Windisch, Relativpronomen pag. 211 Anm. Es fragt sich nun, wie diese Sätze zu erklären sind. Ganz verwerflich ist die Annahme, dass das Relativum ursprünglich ein interrogatives Pronomen gewesen sei. Diese Annahme ist in etymologischer Beziehung ebenso abenteuerlich wie in syntaktischer (vgl. Windisch a. a. O.). Wir müssen natürlich auch hier das Relativum als anaphorisches Pronomen fassen, und zwar stehen diese Sätze den zuletzt erwähnten ganz nahe. Auch in ihnen ist als Bezugswort für das Relativum ein indefinites Pronomen zu ergänzen. Unser griechisches Beispiel

κλήρῳ νῦν πεπάλαχθε διαμπερὲς ὅς κε λάχῃσιν

ist also so aufzufassen: *„schüttelt jetzt mit dem Loose in Betreff eines, der wird es ja wohl* („Erwartung") *erhalten"*. Da aber dieser eine, in Betreff dessen geloost werden soll, ein zu Suchender ist, so kommt in den ganzen Gedankencomplex der Sinn der Frage, und nur darum erscheint uns der Relativsatz als abhängiger Fragesatz. Auf dieselbe Weise erklären sich einige priorische Relativsätze, die wir hier gleich anschliessen wollen, nämlich Sätze wie *μ* 189, *ψ* 110, *Β* 365.

Besonders interessant ist das letzte Beispiel:

γνώσῃ ἔπειτ' ὅς θ' ἡγεμόνων κακὸς ὅς τέ νυ λαῶν
ἠδ' ὅς κ' ἐσθλὸς ἔῃσι Β 365.

Wer diesen Satz „durch die lateinische Brille" ansieht, wird ihn freilich entschieden für einen abhängigen Fragesatz erklären. Der Sinn ist damit auch richtig getroffen, aber nicht die Genesis. Um dieser gerecht zu werden, muss man so übersetzen: *„Es soll einer feige, es soll einer tapfer sein, du wirst sie kennen lernen"* (vgl. noch in diesem Capitel § 2 Nr. 3, wo die Uebersetzung *„einer"* gerechtfertigt ist).

§ 2.

Die priorischen Relativsätze mit Conjunctiv und Optativ.

Während in den bis jetzt besprochenen Sätzen der Relativsatz das Posterius enthielt, enthält er von nun an (Conj. und Opt. Cap. II § 2) das Prius zu der Handlung des Hauptsatzes. Dieses Prius ist je nach der Situation zeitlich oder logisch zu verstehen. Zeitlich z. B. in folgendem Falle:

οὐδέ κεν ἐς δεκάτους περιτελλομένους ἐνιαυτοὺς
ἕλκε' ἀπαλθήσεσθον ἅ κεν μάρπτῃσι κεραυνός Θ 405

„und nicht sollen bis zum zehnten Jahre die Wunden heilen, die soll der Blitz schlagen".

Nun müssen aber die Wunden erst geschlagen sein, ehe sie heilen können, der Relativsatz enthält also das zeitliche Prius zum Hauptsatze. Wir können etwa umschreiben: „wenn der Blitz sie geschlagen hat“. Oder das Prius ist logisch. Das heisst, der eine Gedanke ist die nothwendige Grundlage für den anderen, der ohne den ersteren nicht in dieser Form würde ausgesprochen werden können, z. B.

ἀντί νυ πολλῶν

λαῶν ἐστὶν ἀνήρ, ὅν τε Ζεὺς κῆρι φιλήσῃ I 117

„viele Schaaren wiegt ein Mann auf, es soll ihn nur Zeus lieben“.

Die Behauptung, dass ein Mann viele Schaaren aufwiegt, kann nur ausgesprochen werden unter der Voraussetzung, dass Zeus diesen Mann liebt.

Schon aus diesen beiden Beispielen ergiebt sich, was es zu bedeuten hat, wenn man solche Conjunctive Conjunctive der Voraussetzung nennt. Ursprünglich lag natürlich der Gedanke der Voraussetzung nicht in dem Conjunctiv, sondern auch diese Conjunctive sind Ausdruck einer Forderung. Die Situation der hier in Betracht kommenden Satzverbindungen ist stets die, dass der Hauptsatz mit mehr oder weniger Sicherheit das Bevorstehen oder die Natürlichkeit einer Handlung oder eines Gedankens verkündigt oder ausspricht, vorausgesetzt, dass etwas anderes sich erfülle. Diese Voraussetzung nun wurde sprachlich ausgedrückt als Forderung, dass sich das andere erfülle. Wir können noch jetzt denselben Ausdruck anwenden in Sätzen wie: „es soll einer kommen, und er wird mich bereit finden“ u. a. m. (Vgl. auch Max Müller Rigveda transl. I, 79). Das sind Sätze, in denen eine gewisse Leidenschaft sich ausspricht. Man wird aber von ihnen aus begreifen, dass bei geringerer persönlicher Erregung aus dergleichen Herausforderungen ein Postulat werden konnte.

In diesen priorischen Sätzen nun entwickelt sich das relative Satzgefüge bei weitem mannichfaltiger und freier, als in den posteriorischen. Um diese Entwickelung zur Anschauung zu bringen, wollen wir von der Eintheilung, die in der Beispielsammlung gewählt ist, abweichen. Dort wird es sich darum handeln, vorzugsweise die Bedeutung des Modus, hier vorzugsweise die Bedeutung des Relativums zu erläutern. Wir werden demnach an dieser Stelle das Verhältniss des Relativums zu seinem Bezugswort zum Eintheilungsgrund machen. Dabei ergeben sich, wenn man, wie billig, von dem primitivsten Verhältniss anhebt und zu dem entwickeltsten fortzuschreiten sucht, folgende Stufen:

1. Der Hauptsatz mit dem Bezugswort geht voran.
2. Der Hauptsatz mit dem Bezugswort folgt.
3. Der Hauptsatz ohne Bezugswort, das also ergänzt werden muss, geht voran.

4. Der Hauptsatz ohne Bezugswort, das also ergänzt werden muss, folgt.

Schliesslich werde ich über diejenigen anakoluthischen Satzformationen zu sprechen haben, in denen das Bezugswort fehlt, und nicht leicht zu ergänzen ist.

Zwischen Sanskrit und Griechisch waltet wiederum im Allgemeinen der Unterschied ob, dass im Sanskrit der Relativsatz weit häufiger als im Griechischen voran steht.

1. Der Hauptsatz mit dem Bezugswort geht voran. Unter dieser Rubrik seien zunächst die homerischen Gleichnisse erwähnt, z. B.

ὁ δ' αὖτ' ἔπεσεν μελίη ὥς
ἥ τ' ὄρεος κορυφῇ ἕκαθεν περιφαινομένοιο
χαλκῷ ταμνομένη τέρενα χθονὶ φύλλα πελάσσῃ N 178.

Es wird ein zum Tode getroffener Held mit einer Esche verglichen. Ein solcher Vergleich an sich ist aber nicht anschaulich, es kommt erst im Relativsatz der Zug hinzu, der das Bild anschaulich macht. Dieser Zug nun wird ausgesprochen in einem Conjunctivsatz, also als Forderung, und zwar als Forderung an die Phantasie des Hörers: *Er fiel wie eine Esche, die soll auf des Berges Gipfel gefällt ihre Blätter zur Erde betten.* Insofern nun diese Forderung die Grundlage für das Zutreffen des Bildes und damit für das rechte Verständniss des durch das Bild erläuterten Vorganges abgiebt, ist der Relativsatz ein priorischer. In dem angeführten Falle ist der der Phantasie des Hörers nahe gelegte Zug das tertium comparationis. Das ist nicht immer der Fall. Oefter wird nur das in dem Relativsatz ausgedrückt, was das Bild besonders plastisch und lebendig macht, z. B.

τὼ δ' οὔτ' ἂψ ἐπὶ νῆας ἐπὶ πλατὺν Ἑλλήσποντον
ἠθελέτην ἰέναι οὔτ' ἐς πόλεμον μετ' Ἀχαιούς,
ἀλλ' ὥς τε στήλη μένει ἔμπεδον, ἥ τ' ἐπὶ τύμβῳ
ἀνέρος ἑστήκῃ τεθνηότος ἠὲ γυναικός,
ὣς μένον ἀσφαλέως P 432 flgd.

Für alle diese Gleichnisse aber ist das charakteristisch, dass der Hörer aufgefordert wird, dem Bilde einen Zug kraft seiner Phantasie beizulegen, so dass also der Zug so zu sagen beweglich ist. Dem scheint zu widersprechen, dass bisweilen Gleichnisse vorkommen, die im Relativsatze eine dauernde Eigenschaft enthalten, z. B.

δαῖέ οἱ ἐκ κόρυθός τε καὶ ἀσπίδος ἀκάματον πῦρ
ἀστέρ' ὀπωρινῷ ἐναλίγκιον, ὅς τε μάλιστα
λαμπρὸν παμφαίνῃσι λελουμένος Ὠκεανοῖο E 4.

Allerdings ist es eine allgemeine Eigenschaft des Sternes, dass er besonders hell glänzt, wenn er sich im Okeanos gebadet hat, aber in dem Gleichniss wird der Hörer eben aufgefordert, sich diese allgemeine Eigenschaft als in einem speciellen Falle wirksam zu denken. Der Conjunctiv individualisirt die bleibende Eigenschaft. Darum pflegt denn auch nur der wesentlichste Zug des Bildes im Conjunctiv zu stehen, die weiter ausmalenden dagegen im Indicativ, z. B.

βῆ ῥ' ἴμεν ὥς τε λέων ὀρεσίτροφος, ὅς τ' ἐπιδευὴς
δηρὸν ἔῃ κρειῶν, κέλεται δέ ἑ θυμὸς ἀγήνωρ
μήλων πειρήσοντα καὶ ἐς πυκινὸν δόμον ἐλθεῖν M 299.

An die Gleichnisse schliessen sich die übrigen Relativsätze, die dem das Bezugswort enthaltenden Hauptsatz nachfolgen, z. B.

καὶ γάρ τίς τ' ἀλλοῖον ὀδύρεται ἄνδρ' ὀλέσασα
κουρίδιον τῷ τέκνα τέκῃ φιλότητι μιγεῖσα τ 266.
Τρωϊάδας δὲ γυναῖκας ἐείκοσιν αὐτὸς ἑλέσθω
αἵ κε μετ' Ἀργείην Ἑλένην κάλλισται ἔωσιν I 139
ἀντί νυ πολλῶν
λαῶν ἐστὶν ἀνὴρ ὅν τε Ζεὺς κῆρι φιλήσῃ I 117
οὐδέ τιν' οἴω
Τρώων χαιρήσειν ὅς τις σχεδὸν ἔγχεος ἔλθῃ Υ 362
οἴσω γὰρ καὶ χρυσὸν ὅτις χ' ὑποχείριος ἔλθῃ ο 448.

In allen diesen Beispielen ist deutlich der Begriff der Voraussetzung enthalten, auch in dem ersten; denn nach antiker Anschauung liegt in dem Relativsatze das ausgesprochen, was den Gatten erst als wirklichen Gatten erscheinen lässt. Ueber die verschiedenen Gestalten des Relativpronomens in diesen Beispielen werde ich noch unten handeln. Aus dem Sanskrit führe ich zur Parallele ein interessantes Beispiel an, das das Bezugswort so zu sagen zwischen Haupt- und Relativsatz getheilt hat:

mā́ hiṅsishṭa pitaraḥ kéna cin no yád va ā́gaḥ purushátā kárāma „*bestraft uns nicht, ihr Väter, um irgend einer Sünde willen, wir sollen nur eine gegen euch nach Menschenweise begehen*“ RV. 10, 15, 6.

Hier steht das indefinite Pronomen *kena cit* im Hauptsatz, das Substantivum *ā́gas* ist in den Relativsatz hineingeschlungen. Im Griechischen würde das Substantivum im Hauptsatz stehen und *ὅς τις* im Relativsatz. Genau den griechischen Beispielen entsprechend ist:

asyá 'gne vittā́d dhavísho yád yájāma „*gieb Acht o Agni auf das Opfer, wir sollen es nur opfern*“ RV. 5, 60, 6.

2. Der Hauptsatz mit dem Bezugswort folgt.

Der Unterschied von den unter 1. behandelten Perioden ist unerheblich. Das Relativum tritt voran, ohne darum seine Natur zu verändern. Es soll nur einstweilen im Gedächtniss behalten werden, gleich-

sam um seinen Platz zu suchen. Erst nachdem das Bezugswort gefunden ist, kommt das Relativum zur Ruhe, indem man hinter dem Bezugswort den vorher frei schwebenden Relativsatz in Gedanken noch einmal, wenn auch undeutlich, reproducirt, etwa wie man bei dem zweiten Reimwort des correspondirenden ersten sich noch einmal erinnert.

Im Sanskrit sind dergleichen Sätze wohl nicht sehr häufig, aber doch häufiger als im Griechischen, z. B.

yó na ágo abhy éno bhárāty ádhīd aghám agháçaṅse dadhāta *„er soll Frevel oder Sünde gegen uns im Schilde führen, dem Böswilligen legt Böses auf"* RV. 5, 3, 7,

yó yájāti yájāta ít sunávac ca pácāti ca, brahméd índrasya cākanat *„er soll nur für sich oder für andere opfern und pressen und backen, der Priester gefällt dem Indra"* RV. 8, 31, 1.

Aus dem Homer wüsste ich nur η 74 anzuführen:

οἷσίν τ' εὖ φρονέῃσι καὶ ἀνδράσι νείκεα λύει

„vorausgesetzt dass sie ihnen wohl will, löst sie auch Männern die Streitigkeiten".

3. **Der Hauptsatz ohne Bezugswort, das also ergänzt werden muss, geht voran.**

Das Bezugswort fehlt natürlich deshalb, weil der Gegenstand ein unbestimmter ist, der erst durch den Relativsatz irgendwie charakterisirt werden soll. Will man diesen unbestimmten Gegenstand sprachlich bezeichnen, so kann es am einfachsten geschehen durch ein indefinites Pronomen. Ein solches indefinites Pronomen, das sich jeder Hörer leicht ergänzt, ist dann das Bezugswort des Relativums. So ist z. B. der Satz:

οὐ δηναιός, ὃς ἀθανάτοισι μάχηται E 406

so aufzulösen: *Nicht langlebig ist einer, er soll nur mit den Göttern kämpfen, (vorausgesetzt, dass er mit den Göttern kämpft).* Damit ist nicht behauptet, dass die Griechen sich in Gedanken jeden derartigen Satz ähnlich analysirten, vielmehr ist anzunehmen, dass sie in dem Relativum dasselbe fühlten was wir, nämlich sowohl die Satzverbindung als das Indefinitum; aber man muss festhalten, dass diese beiden Vorstellungen sich erst im Laufe der Sprachentwicklung in dem Relativum vereinigt haben, ursprünglich war es auch in solchen Verbindungen nur ein anaphorisches Pronomen, welches seinen zu ergänzenden Vorgänger, das indefinite Pronomen, wieder aufnahm.

Das zu ergänzende pron. indef. kann nun je nach der Situation entweder ein einzelner von der durch den Relativsatz charakterisirten Gattung sein, oder die Gesammtheit. Für das erste ist ein Beispiel:

ἀλλ' ἄγε σὺ τάδε μητρὶ παρεζόμενος κατάλεξον
γήμασθ' ὅς τις ἄριστος ἀνὴρ καὶ πλεῖστα πόρῃσιν ν 334

„sie möge einen heirathen, vorausgesetzt, dass er der beste ist und das meiste bringt“

ebenso: νῦν μὲν παῦσαι τόξον, ἐπιτρέψαι δὲ θεοῖσιν.
ἠῶθεν δὲ θεὸς δώσει κράτος ᾧ κ' ἐθέλῃσιν φ 279

„morgen wird der Gott einem (von euch) den Sieg geben, vorausgesetzt, dass er ihn ihm geben will“.

Das allgemeine Indefinitum dagegen ist zu ergänzen:

ἴδμεν δ' ὅσσα γένηται ἐπὶ χθονὶ πουλυβοτείρῃ μ 191

„wir wissen Alles, es soll nur geschehen, lass es nur erst geschehen“ vgl. *K* 67, *T* 235.

Aus dem Sanskrit darf man anführen:

nîcaíḥ padyantâm ádhare bhavantu yé naḥ sûrím maghávânaṃ pṛitanyâ'n *„nieder sollen fallen, unterliegen sollen (alle), vorausgesetzt, dass sie unseren weisen Herrn bekämpfen“* AV. 3, 19, 3.

Bisweilen ist im Griechischen πᾶς wirklich genannt, z. B.

πάντα δὲ καλὰ θανόντι περ, ὅ ττι φανήῃ Χ 73.

Alle diese Ergänzungen kann man sachliche nennen, insofern sie den Sinn des zu Ergänzenden wieder zu geben suchen. Uns Deutschen von heute liegt es überall näher, eine rein formale Ergänzung eintreten zu lassen, ein Wort, das an sich gar keinen Gedankeninhalt hat, sondern einzig auf das kommende Relativum hinweist, unser *derjenige, diejenige, dasjenige*. Im älteren Deutsch können die Stämme *i* und *ta* in gleicher Weise verwendet werden. Dergleichen rein formale Hinweisungen auf das Relativum finden sich nun auch im Sanskrit und Griechischen. In beiden Sprachen findet sich das Pronomen sa sâ tad ὁ ἡ τό so verwendet, z. B.

sá ghâ virό ná rishyati yám índro bráhmaṇas pátiḥ sómo hinóti mártyam *„derjenige Mensch leidet keinen Schaden, welchen Sterblichen Indra Brahmanaspati Soma beschützen“* RV. 1, 18, 4.

te dhanyâs te vivekajñâs te sabhyâ iha bhûtale, âgacchanti gṛihe yeshâṃ kâryârthaṃ suhṛido janâḥ *„Diejenigen sind hier auf Erden glücklich, haben die rechte Einsicht und sind Leute aus guter Gesellschaft, in deren Haus befreundete Männer in ihren Angelegenheiten kommen“* Böhtlingk Sprüche 1056.

τὰ φρονέουσ' ἀνὰ θυμὸν ἅ οἱ πέρι δῶκεν Ἀθήνη β 116
γιγνώσκων ὅτ' ἄναλκις ἔην θεός, οὐδὲ θεάων
τάων αἵ τ' ἀνδρῶν πόλεμον κάτα κοιρανέουσιν Ε 331 vgl. Λ 554 α 352

In derselben Bedeutung wird ausserdem κεῖνος verwendet, entsprechend unserem *derjenige* in der Stelle:

ἄφρων δὴ κεῖνός γε καὶ οὐτιδανὸς πέλει ἀνήρ,
ὅς τις ξεινοδόκῳ ἔριδα προφέρηται ἀέθλων
δήμῳ ἐν ἀλλοδαπῷ Θ 210.

Ich gehe an dieser Stelle nicht auf die interessante Untersuchung über diese vorwärts in die Rede weisenden Pronomina ein. Nur die eine Bemerkung darf hier nicht übergangen werden, dass dieser Gebrauch von sa sā tad *ὁ ἡ τό, ἐκεῖνος* u. a. **jünger ist als die Ausprägung des relativen Pronomens.** Das erhellt aus folgender Erwägung: Aus allen Relativperioden, die wir bis jetzt analysirten, konnten wir einen Hauptsatz abscheiden, der, wie unvollständig er auch dem Sinne nach sein mochte, doch kein Zeichen an sich trug, dass er gerade durch einen **Relativsatz** ergänzt werden müsse. Es war z. B. oft ebenso gut möglich den Sinn durch ein Adjectivum oder Participium zu vervollständigen. Dagegen in diesen Perioden zeigt der Hauptsatz durch das vorwärts in die Rede verweisende Pronomen, dass er nur durch einen Relativsatz ergänzt werden kann. Nur unter dieser Voraussetzung haben die betreffenden Pronomina einen Sinn. Folglich muss ihrem Entstehen die Ausbildung des relativen Satzgefüges vorangegangen sein.

4. **Der Hauptsatz ohne Bezugswort, das also ergänzt werden muss, folgt.**

Diese Rubrik verhält sich zur dritten, wie die zweite zur ersten. Es fehlt das Bezugswort wie in der dritten Rubrik, und darum zieht wie bei dieser, der Sinn des Indefinitums in das Relativum ein. Der Unterschied von 3. ist nur, dass der Relativsatz voransteht. Dieser Umstand übt nicht nothwendig einen Einfluss auf den Hauptsatz aus, wie man z. B. an folgenden Beispielen sieht:

ὅς μέν κε βάλῃ τρήρωνα πέλειαν
πάντας ἀειράμενος πελέκεας οἴκαδε φερέσθω Ψ 855

vgl. *Τ* 71 *Θ* 10 (RV. 8, 59, 1).

In den allermeisten Fällen aber tritt in den Hauptsatz der Deutlichkeit wegen ein dem Relativum correspondirendes Pronomen, nur zum Unterschied von 3. natürlich nicht ein vorwärts, sondern ein rückwärts weisendes. Dieses Pronomen ist natürlich ebenso gut verhältnissmässig jüngeren Ursprungs, wie das nach vorn weisende, da beide ohne ein festes relatives Satzgefüge nicht zu denken sind. Für diesen rückwärts in die Rede weisenden Gebrauch kann ich im Sanskrit und Griechischen nur den Stamm *ta* oder doch Zusammensetzungen mit *ta* belegen.

Im Sanskrit ist diese vierte Art der Relativsätze die häufigste von allen. Wir führen hier nur ein paar Beispiele an:

yás túbhyam dā́çān ná tám áṅho açnavat *„es soll dir einer dienen (wer dir etwa dient) den soll keine Noth treffen“* RV. 2, 23, 4.

yó naḥ pṛtanyā́d ápa tám-tam íd dhatam *„es soll uns einer bekämpfen, den schlagt, wer er auch sei“* RV. 1, 132, 6.

yad âha vacanaṃ samyag etat kâryam *„er hat ein Wort gesagt (= was er gesagt hat), das ist durchaus zu thun“* Râmâyaṇa 1, 60, 5 (Schlegel).

Es können auch mehrere Relativa verbunden werden:

yo yatra satataṃ yâti bhuṅkte câi 'va nirantaram, sa tatra laghutâṃ yâti yadi çakrasamo bhavet *„wohin jemand beständig geht und wo er regelmässig speist, da büsst er sein Ansehen ein, stünde er auch so hoch wie Indra“* Böhtlingk Sprüche 4911.

Weitere Beispiele bei Böhtlingk-Roth unter *ya*. Auf die pronominalen Erscheinungen des Brâhmaṇastiles gehe ich hier absichtlich nicht ein, weil ich diese einmal im Zusammenhang zu behandeln denke.

Auch im homerischen Griechisch ist diese Satzform häufig, z. B.

ὃς μὲν ἀπηνὴς αὐτὸς ἔῃ καὶ ἀπηνέα εἰδῇ
τῷ δὲ καταρῶνται πάντες βροτοὶ ἄλγε' ὀπίσσω τ 329

vgl. *Α* 409, *Ρ* 229, *Ψ* 805, *μ* 41, *σ* 276 u. a. m.

Seltener sind andere pronominale Verbindungen:

ὃν (scil. *μῦθον*) *δέ κ' ἐγὼν ἀπάνευθε θεῶν ἐθέλωμι νοῆσαι*
μή τι σὺ ταῦτα ἕκαστα διείρεο μηδὲ μετάλλα *Α* 549
ὅς κε θεοῖς ἐπιπείθηται μάλα τ' ἔκλυον αὐτοῦ *Α* 218.

Wer die angeführten Beispiele überschaut, wird sicherlich den Eindruck gewinnen, dass das rückwärts weisende Pronomen zur Befestigung des Satzgefüges und zur Ermöglichung einer genauen Auffassung des Sinnes sehr wesentlich beiträgt, und dass es in den auf Seite 48 citirten Fällen nur darum nicht sehr vermisst wird, weil es leicht und nur auf eine Weise zu ergänzen ist. Nun giebt es aber im Sanskrit Satzbildungen dieser Art, in denen das rückwärts weisende Pronomen zwar vorhanden ist, aber nur sehr ungenau zurückweist, z. B.

yâṃ (scil. ajâm) prasahya vṛko hanyât, pâle tat kilbishaṃ bhavet.

Manu 8, 235. Wenn wir dem Sinne nach übersetzen, so müssen wir sagen: *„wenn der Wolf die Ziege raubt und tödtet, so ist die Schuld auf Seiten des Hüters“*. Wörtlich: *„der Wolf soll eine Ziege tödten, die Schuld ist auf Seiten des Hüters“*, oder wenn man tatkilbisham als Compositum betrachtet: *„die darauf bezügliche Schuld“*. Aber das Sanskrit geht noch weiter. Es beginnt bisweilen Vordersätze mit dem Relativum, obgleich im Nachsatz ein entsprechendes rückwärts weisendes Pronomen keine Stelle findet, z. B.

yaḥ kâmân âpnuyât sarvân yaç cai'tân kevalâṅs tyajet prâpaṇât sarvakâmânâṃ parityâgo viçishyate *„wenn Einer alle seine Wünsche erreicht, ein Anderer aber allen insgesammt entsagt, (so sage ich), dass das Aufgeben aller Wünsche besser sei als das Erreichen derselben“* Böhtlingk Sprüche 4756.

Dieses letzte Beispiel zeigt eine entschiedene Ausschreitung des relativen Satzgefüges und wird deshalb nebst ähnlichen mit Recht unter die Anakoluthien gerechnet (vgl. **Böhtlingk-Roth** s. v. *ya* 3).

Somit haben wir das Relativum von dem natürlichen primitiven Gebrauch als eines anaphorischen Pronomens, das etwas genanntes wieder aufnimmt, verfolgt bis zu dem complicirtesten Gebrauch als eines satzverbindenden Pronomens, das auf etwas folgendes hinweist, und haben uns bemüht zu zeigen, wie diese beiden letzterwähnten Eigenschaften ursprünglich durchaus nicht im Relativum liegen, sondern erst allmälig gewissermassen als Extract der bei der Satzentwickelung sich einstellenden Gedanken in dasselbe einziehen.

Es bleibt nur noch übrig, auf den Sinn der priorischen Relativsätze mit einigen Worten hinzuweisen. Es ist keinem Leser entgangen, dass wie die posteriorischen conjunctivischen Relativsätze mit den Finalsätzen, so die priorischen mit den **Bedingungssätzen** eine innere Verwandtschaft haben. Die Grenzen und der Werth der relativen Satzgestaltung bestimmen sich hier ebenso, wie oben Seite 37. Nach unserem Gefühl wären statt mancher Relativsätze besser Conditionalsätze gewählt, so: § 65, *Λ* 230, *ο* 422, *Ξ* 81, *Ψ* 103 u. a. m.

Die **optativischen** Relativsätze zeigen keine Erscheinungen, die nicht den conjunctivischen durchaus entsprächen, so weit es nämlich das Relativum angeht. Der Sinn des Modus ist natürlich ein anderer. Darüber wird im Optativ Cap. II, § 2 am Anfange gehandelt, wo gezeigt wird, dass der **Voraussetzung** in conjunctivischen Sätzen die **Annahme** in optativischen entspricht.

Anhang.

Τις und *τι* hinter dem Relativpronomen.

Τις und *τι* gehören zu demselben Pronominalstamme, demjenigen, der in allen indogermanischen Sprachen den interrogativen und indefiniten Sinn in sich vereinigt. Eine umfassende Untersuchung über ihn, nach Art der von **Windisch** über das Relativpronomen, besitzen wir nicht. Diese soll natürlich auch hier nicht angestellt werden, ich beabsichtige nicht einmal *τις* und *τι*, so weit sie mit dem Relativpronomen Verbindungen eingehen, vollständig zu behandeln. Nur einige Andeutungen über ihr Verhältniss zum Stamme *ja* seien mir gestattet.

Das indefinite *τι* kann sich mit dem Relativstamme auf doppelte Weise verbinden, einmal durch Zusammensetzung: *ὅτις*, sodann durch

Zusammenrückung: ὅστις. Der Sinn beider Verbindungen ist derselbe. Da das Relativum die Bestimmung hat, etwas Genanntes aufzunehmen, so sagt das mit dem Relativum verbundene Indefinitum aus, dass dieses Genannte etwas Unbestimmtes sei. Nun ist aber in den meisten Fällen das Wort, an welches sich ein relativer Nebensatz anschliesst, in gewissem Sinne schon an sich unbestimmt, und man könnte daher das τι gewöhnlich hinter dem Relativum erwarten. In der That lässt sich auch ein scharf durchgeführtes Princip hinsichtlich der Setzung oder Nichtsetzung des τι nicht erkennen. Nur so viel lässt sich behaupten: In einer Classe von conjunctivischen Relativsätzen findet τι sich nie, nämlich bei den Relativsätzen in Gleichnissen. Das Nomen, welches den Mittelpunkt des Bildes ausmacht, existirt ja immer nur in der Phantasie, und kann daher auch als indefinites bezeichnet werden (τίς τε λέων P 133). Wenn es aber einmal genannt ist, soll seine Unbestimmtheit nicht weiter hervorgehoben werden, weil dadurch die Deutlichkeit und Anschaulichkeit beeinträchtigt werden würde.

In den übrigen Relativsätzen wird sich im einzelnen Falle stets nachempfinden lassen, warum τι gesetzt ist. Dagegen findet sich in nicht ganz wenigen Fällen das blosse ὅς, wo wir vielmehr ὅςτις erwarten, z. B.

ὃς τὸ καταβρόξειεν, ἐπὴν κρητῆρι μιγείη,
οὔ κεν ἐφημέριός γε βάλοι κατὰ δάκρυ παρειῶν δ 222

u. a. m. In solchem ὅς ist der indefinite Sinn gewiss eben so gut empfunden, wie in ὅςτις, er ist aber nicht zum sprachlichen Ausdruck gelangt. Die Sprache ist eben ein fortdauerndes Streben nach Ausdruck, und jeder zeitliche Querdurchschnitt einer Sprache zeigt Bestrebungen verschiedener Epochen neben einander.

Τε hat augenscheinlich die Aufgabe, eine Verbindung auszudrücken wie das mit τε identische sanskritische *ca*. Ob es, wie Sonne K. Z. 12, 273 annimmt (vgl. BR. s. v. *ca*), ursprünglich bei beiden zu verbindenden Gliedern gestanden hat, ebenso die Frage, wie der Stamm *ka* dazu kommen konnte, satzverbindend zu werden, lassen wir hier unerörtert. Diese Fragen können nur im Zusammenhange mit einer Untersuchung über das lateinische und deutsche Relativpronomen zum Austrag gebracht werden. Ich begnüge mich hier mit einer Andeutung über den Gebrauch von τε in den conjunctivischen und optativischen Relativsätzen.

Die copulative Kraft des τε ist ganz deutlich, wenn es einen zweiten Relativsatz an einen ersten fügt, wie:

τιμὴν δ' Ἀργείοις ἀποτινέμεν ἥν τιν' ἔοικεν
ἥ τε καὶ ἐσσομένοισι μετ' ἀνθρώποισι πέληται Γ 287.

Die copulative Kraft ist aber nach unserer Empfindung nicht vorhanden, wenn τε in einem Relativsatz steht, der sich unmittelbar an einen Hauptsatz anschliesst, z. B.

ἀντί νυ πολλῶν
λαῶν ἐστὶν ἀνὴρ ὅν τε Ζεὺς κῆρι φιλήσῃ *I* 117.

Wenn man diesen letzteren Gebrauch des τε in den conjunctivischen und optativischen Relativsätzen überschaut, so fällt sofort ein augenscheinlich nicht gleichgültiger Umstand in die Augen: τε in dieser Verbindung mit dem Relativum steht nur in priorischen Sätzen. Die posteriorischen Sätze nun sind, wie oben (pag. 36) ausgeführt ist, den Hauptsätzen noch am ähnlichsten, τε steht also offenbar mit der Degradirung der Hauptsätze zu Nebensätzen im Zusammenhang. Innerhalb der priorischen Relativsätze nun bilden das eigentliche Feld der Partikel τε die Gleichnisssätze. Unter 26 in unserer Beispielsammlung angeführten relativen Gleichnisssätzen, sind zwei, welche hinter dem Relativpronomen kein τε zeigen, zwölf, welche τε unmittelbar dem Pronomen anfügen, zwölf, welche zwischen dem Pronomen und τε die Partikel ῥα zeigen. Nun enthalten die conjunctivischen Relativsätze bei Gleichnissen stets den Zug, welcher das Bild besonders anschaulich macht (pag. 44) den unentbehrlichen Zug, der mit dem Nomen eng verknüpft gedacht werden soll. Somit ist es einleuchtend, dass auch in diesen Sätzen τε Zeichen einer besonders nahen Verbindung ist.

Eine Copulativpartikel in Relativsätzen hat nun nichts Auffallendes, wenn man bedenkt, dass ja die Relativsätze auch Hauptsätze waren. Zur Verbindung zweier Hauptsätze schlug die Sprache mehrere Wege ein, sie verband den zweiten Satz mit einem Worte des ersten durch das anaphorische Pronomen, und verwies die ganzen Sätze an einander durch das copulative τε. Oft hat man sich selbst mit dieser doppelten Verbindung nicht begnügt, sondern als Zeichen einer dritten ῥα hinzugefügt, welches andeuten soll, dass der zweite Satz als Explication (dieses Wort im weitesten Sinne gefasst) des ersten diene.

Wer freilich τε mit unserem modernen „und" schlecht und recht identificirt, und einen Relativsatz für gänzlich und ursprünglich von einem Hauptsatz verschieden ansieht, wird in der Verbindung von ὅς mit dem copulativen τε einen Widerspruch finden müssen.

Cap. VI.

Die Nebensätze mit Conjunctionen.

Den Erörterungen dieses Capitels liegen die Thatsachen zu Grunde, welche Conjunctiv Cap. III und Optativ Cap. III zusammengestellt sind.

Die Conjunctionen zerfallen in solche, welche vom Relativstamme, und solche, welche von anderen Stämmen abzuleiten sind. Demnach zerlegt sich dieses Capitel in zwei Abschnitte.

A.

Die Sätze mit Conjunctionen vom Relativstamme.

Hierher gehören: *yád yā́t yéna yā́bhis yā́vat yáthā yádā yátra yárhi yádi*, ὅ ὅτι ὅτε ὁπότε εἶτε εἰς ὅ ἵνα ἕως ὄφρα ἦμος.

In diesem Abschnitt A. ist nach einigen allgemeinen Bemerkungen über die Conjunctionssätze, und zwar vorzüglich über die Nothwendigkeit, auch sie in posteriorische und priorische einzutheilen, von der Etymologie der Relativconjunctionen zu handeln. Sodann folgen in § 1 die posteriorischen Conjunctionssätze, in § 2 die priorischen.

Alle eben genannten Conjunctionen sind Ableitungen desselben Pronominalstammes *ja*, aus dem auch das Relativum sich entwickelt hat. Es gilt also hinsichtlich der Frage, ob sie mit Recht als „satzverbindend“ bezeichnet werden können, dasselbe, was eben über das Relativum gesagt worden ist. Sie unterscheiden sich nun insgesammt von dem Relativum dadurch, dass sie nicht flectirt werden können, während das Relativum flectirt wird. Sie können also nicht wie dieses die Sätze dadurch aneinander ketten, dass sie sich auf ein einzelnes vorher genanntes Nomen beziehen, sondern sie nehmen allemal den ganzen vorher ausgesprochenen Satz auf. D e r I n h a l t d e r C o n j u n c t i o n i s t d e r S a t z, a n d e n d e r C o n j u n c t i o n s s a t z s i c h a n s c h l i e s s t. Während also in

ἀμ' ἡγεμόν' ἐσθλὸν ὄπασσον
ὅς κέ με κεῖσ' ἀγάγῃ ο 311

das ὅς nur ἡγεμόνα ἐσθλόν wieder vergegenwärtigt, so enthält in

κρῖν' ἄνδρας κατὰ φῦλα κατὰ φρήτρας Ἀγάμεμνον
ὡς φρήτρη φρήτρηφιν ἀρήγῃ B 363

das ὡς ein Bild des ganzen vorhergehenden Satzes. Will man die ursprüngliche Selbständigkeit der beiden Sätze zur Geltung bringen, so muss man übersetzen: *scheide die Männer nach Geschlechtern, in Folge davon soll ein Geschlecht dem anderen helfen.*

Es ist schon bei den Relativsätzen darauf hingewiesen, dass durch diese Eigenschaft der Conjunctionen eine Beschränktheit der Relativsätze

jener sehr frühen Anwendung durch, nach welcher er der allgemeine Casus obliquus war" (ebenda pag. 252). Der „allgemeine Casus obliquus" nun konnte nur bezeichnen sollen, dass ein Nomen zu einem andern Satztheil in irgend einer Beziehung steht. Einen so ganz allgemeinen Sinn hat freilich der Accusativ im Sanskrit wie im Griechischen nur noch in Resten. Zu diesen Resten scheint mir aber der hier vorliegende Gebrauch von *yád* und ὅ zu gehören. Auch in diesen Conjunctionen kann der Accusativ schwerlich etwas anderes bedeuten, als dass der Hauptsatz zu dem Conjunctionssatz in irgend einer, nicht deutlich bezeichneten Beziehung steht.

Accusative sind auch *yâvad* und ἕως. Dass diese beiden Partikeln der Form nach identisch sind, ist längst anerkannt, ebenso *tâvad* und τέως (vgl. Curtius Studien 2, 193 flgd.). Auch der Bedeutung und, wie sich noch zeigen wird, dem Gebrauche nach stimmen sie durchaus überein. Die Bedeutungsentwickelung wird man sich am besten an dem Demonstrativum deutlich machen können. *tâvad* ist das Neutrum des Adjectivums *tâvant*, welches aus dem Stamme *ta* und dem Suffix *vant* (Fεντ) gebildet ist, welches die Bedeutung des mit etwas Versehenseins hat. (Leo Meyer vgl. Gr. 2, 602). Aus diesem allgemeineren Begriff entwickelt sich leicht der besondere des in ausgezeichnetem Masse Versehenseins, so dass wir die genannten Adjective auch durch „reich an, voll von" übersetzen. So heisst denn *tâvant* „reich an diesem", d. h. so gross, so viel, so lange etc. Die Uebertragung auf die Zeit dürfte schon der gemeinsamen Entwickelung der beiden Sprachen angehören. Es bedeuten also die Accusative *yâvad* und ἕως, dass zwei Sätze in irgend einer Weise durch die Zeitdauer verbunden gedacht werden sollen. Unter welchen Conjuncturen sich die Bedeutungen „wie lange" und „bis" entwickeln, wird unten gezeigt werden.

Ablativische Form haben *yâ't*, ὡς und ὅπως. Seitdem Bopp einmal erkannt hatte, dass das -ως der griechischen Adverbien dem -*ât* des Ablativs im Sanskrit entspricht, war es nicht schwer, auszusprechen, dass ὡς der Ablativ des Relativstammes sei. Dass im Sanskrit ein genau auf dieselbe Weise — nicht nach der gewöhnlichen mit Hülfe von sma — gebildeter Ablativ in der vedischen Conjunction *yâ't* vorliege, hat zuerst Kuhn in Hoefers Zeitschrift 2, 171 f. nachgewiesen. Die Identität der Form kann nicht bezweifelt werden (vgl. Curtius Grundzüge[2] 551). Auch der Gebrauch ist von der ursprünglich vorauszusetzenden Identität nur in durchaus in den Entwickelungsgesetzen der beiden Sprachen begründeter Weise abgewichen. Die Grundbedeutung des Ablativs ist das apâdâna, d. h. der Punkt, von dem aus eine Bewegung anhebt (vgl. Delbrück abl. loc. instr. pag. 3), und zwar ist dieser

Grundbegriff bei dem satzverbindenden *yā́t* und *ὡς* sowohl zeitlich als logisch gewendet. Die zeitliche Anwendung liegt nur im Sanskrit vor, wo *yā́t* also bedeuten kann, dass der zeitliche Ausgangspunkt des einen Satzes in dem anderen liege, ein Verhältniss, das wir durch „seit" ausdrücken, z. B.

yá ā́'kshiyan pṛithivī́m, yā́d ájāyata *„der die Erde beherrscht, seit er geboren wurde"* AV. 12, 1, 57.

Das Beherrschen hat seinen zeitlichen Ausgangspunkt in dem Geborenwerden. Im Griechischen hat der reine Ablativ in dieser Bedeutung dem Genitiv-Ablativ mit Präpositionen Platz gemacht, daher im Griechischen in dieser Bedeutung nicht *ὡς* sondern *ἐξ οὗ*. Die logische Anwendung liegt besonders deutlich im Griechischen vor, wo *ὡς* in posteriorischen Sätzen „damit" bedeutet, d. h. andeutet, dass das Motiv zu dem Conjunctionssatz im Hauptsatz zu suchen sei. Dass auch im Sanskrit wenigstens an einer Stelle *yā́t* ebenso gebraucht sei, hoffe ich unten nachzuweisen (pag. 61). Schliesslich kann nun der Ablativ auch so weit abblassen, dass er, wie die Adverbien, die Art und Weise bezeichnet. Daher *yā́t* und *ὡς* in dem Sinne von „soweit als", „wie" gebraucht werden, z. B.

árcāmasi yā́d evá vidmá tā́'t tvā mahā́ntam *„wir preisen wie wir wissen so dich den grossen"* RV. 6, 21, 6, wörtlich: *„gesetzt wir wissen irgendwie, so preisen wir dich"* (vidmá ist Indicativ).

Ueber *ὡς* mit dem Conjunctiv, der statt des Begriffes der Setzung, der dem Indicativ zukommt, den der Voraussetzung einführt, s. unten.

Von *ὡς* ist *ὅπως* nur durch den Zusatz des indefiniten Stammes *πο* verschieden. Es verhält sich zu *ὡς* wie *ὅτε* zu *ὁπότε*.

Instrumentalisch ist ausser dem häufigen *yéna*, für das ich aber in der vedischen Sprache keine Belege in conjunctivischen oder optativischen Sätzen zur Hand habe, das vereinzelte *yā́bhis*, das der Form nach instr. plur. fem. ist, in der Stelle RV. 8, 1, 8 aber in einem posteriorischen Conjunctivsatz durch „damit" zu übersetzen ist:

prá' 'smai gāyatrám arcata, yā́'bhiḥ kānvásyó' pa barhír āsā́dam yā́sad vajrī́ *„singet ihm ein Lied, damit der Keilträger in das Haus des Kanviden komme, um sich auf die Opferstreu zu setzen"*.

Im Griechischen wird *ἵνα* als Instrumentalis angesehen (Curtius Erläuterungen² 195), was die Form allerdings an die Hand giebt. Dann muss man annehmen, dass die Bedeutung „wo" auf *ἵνα* ebenso erst übertragen worden ist, wie dieselbe Bedeutung auf yéna. Die Grundbedeutung des Instrumentalis nun ist das Zusammensein, das Mittel wird sprachlich als der Genosse aufgefasst (vgl. Delbrück a. a. O. pag. 50). In *ἵνα* liegt

also ausgedrückt, dass der eine Satz mit dem anderen in einer Verbindung von Ursache und Wirkung steht.

Damit ist die Reihe der Conjunctionen, die man als casuelle Bildungen zu betrachten hat, geschlossen.

A d v e r b i e l l e B i l d u n g e n sind im Sanskrit *yáthá*, *yadá*, *yátra*, *yárhi*. Und zwar ist *yáthá* durch das die Art und Weise bezeichnende Suffix *-thá* gebildet, welches ausserdem in *táthá so*, *anyáthá auf andere Weise*, *kathá* neben *katham wie? itthá* neben *ittham so* auftritt. Es dürfte eine alte Instrumentalform sein. *yáthá* zeigt also an, dass in dem einen Satz die Art und Weise ausgedrückt liegt, wie die Handlung des anderen vor sich gehend gedacht wird.

In *yadá* liegt das temporale Suffix *-dá* vor, welches in demselben Sinn in *tadá dann*, *kadá wann? idá jetzt*, *anyadá zu einer andern Zeit*, *kadá einmal*, *sarvadá jedesmal* auftritt. *yadá* bleibt ganz genau in dieser Sphäre; es erscheint nur in Sätzen, die wir Temporal- oder Bedingungssätze nennen.

Yátra dagegen geht über diese Grenze hinaus. Es ist mit dem Suffix *-tra* gebildet, das für den Localis vicarirt, wie *tas* für den Ablativ. Seine Aufgabe ist also, den ruhenden Punkt, das „Wo" zu bezeichnen. *Yátra* wird denn auch gewöhnlich im Sinne unseres *wo*, *wann*, *wenn*, *da* gebraucht. Es hat aber der Sprache gefallen, es einzeln auch da anzuwenden, wo wir *damit* gebrauchen, nämlich nach B ö h t l i n g k - R o t h an den folgenden Stellen:

> rákshá sú no árarushaḥ svanā́t samasya kásya cit, nido yátra mumucmáhe *„rette uns vor dem kargen, vor dem Geschrei eines jeden (Feindes), damit wir von dem Neider befreit werden"* RV. 9, 29, 5.

In diesem Verse ist auffallend, dass nach der im späteren Sanskrit üblichen Weise der Indicativ steht, wo man den Conjunctiv erwarten sollte. Ausserdem:

> stávai purā́ pā́ryād indram áhnaḥ, áṅhaso yátra pipárad yáthā naḥ *„ich will Indra vor dem entscheidenden Tage preisen, damit er uns vor Noth rette"* RV. 3, 32, 14,

eigentlich *„darin, auf diese Weise soll er"* etc. Es ist also in diesen beiden Stellen die Handlung, die sich an eine andere anschliessen soll, als in ihr liegend bezeichnet, wie auch wir wohl sagen „das liegt nicht darin", statt „das folgt nicht daraus".

Verschiedene Ansichten existiren über die Bildung von *yádi*. B o p p im Glossar sagt „ut mihi videtur a stirpe relat. ya suff. di pro ti cf. iti, nisi a neutro yat adjecto i." Der ersten der angedeuteten Ansichten schliesst sich B e n f e y Vollst. Sanskrit Gramm. § 613 CXLVII Nr. 1

(Seite 237 oben) am nächsten an, indem er *yádi* für eine Kürzung aus *yadyâ ansieht und dies auf *yatyâ zurückführt, was ein alter Instrumentalis des Suffixes tya sein soll. Pott (zuletzt Wurzel-Wörterbuch I, 2, 1047) sieht in *di* einen Abkömmling von *div*, und übersetzt „*an welchem Tage*". Lassen endlich Gitagov. 108 betrachtet yadi als Locativ von *yad*. Die Erklärungen von Bopp und Benfey nehmen Lautübergänge zu Hülfe, welche ich nicht anerkennen kann, gegen Lassen lässt sich einwenden, dass der Stamm *yad* nur in Compositis vorhanden ist; so dürfte wohl die Ableitung Potts sich am meisten empfehlen.

Ganz undeutlich ist mir die Bildung des vedischen *yárhi wann*, das als Genossen *tárhi dann* und *etárhi jetzt* aufzuweisen hat.

Von den griechischen Conjunctionen bleiben noch *ὄφρα* und *ἧμος* übrig. Hinsichtlich beider scheint mir sicher, dass sie von dem Stamme *ja* abzuleiten sind. Das beweisen die correspondirenden Demonstrativa *τόφρα* und *τῆμος*. Im Uebrigen ist ihre Bildung nicht sicher ermittelt (vgl. Curtius Grundzüge³, pag. 638 und 544).

Nach diesen Vorbereitungen können wir nunmehr in

§ 1

die posteriorischen Conjunctionssätze mit Conjunctionen vom Relativstamme

betrachten. Wir gehen auch hier zunächst den Conjunctiv durch, der für die Satzverknüpfung, wie schon bemerkt, weit wichtiger ist als der Optativ, und behandeln auch hier, wie bei den Relativsätzen

I.

diejenigen posteriorischen Conjunctionssätze, in denen der Conjunctiv der wollende ist.

Man nennt die hier in Betracht kommenden Sätze gewöhnlich Absichtssätze, und zwar mit Recht, wie bei den Relativsätzen dargelegt ist. Wir können auch hier wie dort zwei Classen der Absichtssätze unterscheiden. Wenn der Anschluss des zweiten Gedankens an den ersten nur als aus unserem Willen hervorgehend gedacht ist, so haben wir den reinen Absichtssatz, wenn auch noch als in der Natur der Dinge liegend, wobei also der Conjunctiv mehr ein erwartender ist, den Satz der beabsichtigten Folge.

Solchen reinen Absichtssätzen darf man die sanskritischen Sätze mit *yád* und *yáthâ* zurechnen, ebenso die griechischen mit *ἵνα* und

ὄφρα. Nur ganz selten scheint ἵνα nach unserem Gefühl einen Folge- und nicht einen Absichtssatz einzuleiten, nämlich:

καὶ σύ, φίλος — μάλα γάρ σ' ὁρόω καλόν τε μέγαν τε —
ἄλκιμος ἔσσ', ἵνα τίς σε καὶ ὀψιγόνων εὖ εἴπῃ α 301

und γ 199. Aber nach der Absicht des Dichters soll wohl ausgesprochen sein, dass Telemachos seine Kraft besitze, damit er sich Ruhm erwerbe.

Bei Sätzen mit ὡς ist ebenfalls in der Majorität der Fälle der Conjunctiv der wollende, dagegen in manchen findet sich ein schon ein wenig abgeschwächter, in welchem mehr eine Erwartung als ein kräftiges Wollen liegt, so dass in dem Nebensatz nicht sowohl die Absicht, als die beabsichtigte Folge ausgesprochen ist. Das ist z. B. der Fall

Τηλέμαχον δὲ σὺ πέμψον ἐπισταμένως — δύνασαι γάρ —
ὥς κε μάλ' ἀσκηθὴς ἣν πατρίδα γαῖαν ἵκηται ε 25

„geleite den Telemachos, in Folge davon mag er dann unversehrt in sein Vaterland gelangen". Wir treffen den Sinn vielleicht am besten, wenn wir sagen: *„soll und wird er gelangen"*. Ebenso

μὴ μὰν ἀσπουδί γε νεῶν ἐπιβαῖεν ἕκηλοι
ἀλλ' ὥς τις τούτων γε βέλος καὶ οἴκοθι πέσσῃ Θ 513.

Wenn man die Nebengedanken, die in diesen Sätzen unterdrückt sind, weil sie zum Verständniss der Sache nicht nöthig sind, deren Ergänzung aber zum Verständniss der Satzform nöthig ist, hinzusetzt, muss man diese Sätze etwa so auflösen: *„sie sollen nicht ohne Gefahr ihre Schiffe besteigen, sondern sie sollen sie mit Gefahr besteigen, in Folge davon soll und wird noch mancher an unserem Geschoss zu Hause zu kauen haben"*. Man lasse sich nicht durch unsere moderne Empfindung verleiten zu sagen, es sei vielmehr zu ergänzen: *„sie sollen so auf die Schiffe kommen, dass mancher etc."* Denn ein solches vorwärts weisendes Pronomen ist, wie wir bei den Relativsätzen sahen (pag. 48) erst ein Erzeugniss einer späteren Periode, welches noch nicht dagewesen sein kann, als beide Sätze noch unabhängig waren. Ein derartiges Pronomen findet sich allerdings auch bei Sätzen mit ὡς, z. B.

καὶ Πρίαμον κοίλας ἐπὶ νῆας Ἀχαιῶν
ὣς ἄγαγ', ὡς μήτ' ἄρ τις ἴδῃ μήτ' ἄρ τε νοήσῃ Ω 337,

aber es ist, wie gesagt, erst aus der engeren Verbindung der beiden Sätze entsprossen, und man darf nicht sagen, dass das zweite ὡς nur dies erste aufzunehmen habe, sondern das zweite ὡς hat als Inhalt den ganzen vorhergehenden Satz, das erste ist erst nachträglich in diesen hineingekommen, um auf die Art wie der Nebensatz an den Hauptsatz geknüpft werden soll, schon im Voraus die Aufmerksamkeit des Hörers zu lenken. Uebrigens ist es sehr auffallend, dass in diesem Falle als

vorwärts in die Rede weisendes Pronomen der Stamm *jo* gebraucht ist, und nicht der Stamm *το*. Ich sehe darin natürlich nicht einen Rest der uralterthümlichen Bedeutung, sondern eine späte Entwickelung, deren Grund mir aber nicht klar ist. So wie ὡς in diesen Sätzen dürfte auch *yā't* RV. 10, 68, 10 anzusehen sein:

anānukrityám apunáç cakāra yā't sū'ryāmā'sā mithá uccárātaḥ „*das Unnachahmliche hat er ein für alle Mal gethan, dass Sonne und Mond wechselweise aufgehen sollen*".

Ich schliesse mich dieser Auffassung (Kuhn's) an, weil, wenn man mit Roth *yā't* als *seit* nimmt, sich meiner Meinung nach der Conjunctiv nicht erklären lässt.

Von ὡς ist ὅπως dadurch unterschieden, dass zu *jo* noch der indefinite Stamm πο hinzutritt. ὅπως bedeutet also „in Folge von diesem, was es nun auch sei". Es deutet also an, dass der vorhergehende Gedanke ein unbestimmter sei, und in der That sind alle Hauptsätze zu Nebensätzen mit ὅπως der Ergänzung besonders bedürftig, wovon man sich in der Beispielsammlung überzeugen kann.

Es stehen in den Hauptsätzen fast lauter ergänzungsbedürftige Verba wie φράζεσθαι ἀκούειν etc. ὅπως verhält sich also zu ὡς wie ὅστις zu ὅς, und wird ganz unter denselben Bedingungen wie dieses gebraucht.

Hier nun sind zwei Einwände zu berücksichtigen, von denen der eine uns schon bei den Relativsätzen begegnet ist (pag. 41). Auch hier scheint es so viel natürlicher, die Sätze mit ὅπως in Fragesätze mit πῶς zurückzuübersetzen. Stellen wie

φραζώμεθα μῆτιν ἀρίστην
ἡμὲν ὅπως τὸν νεκρὸν ἐρύσσομεν ἠδὲ καὶ αὐτοὶ
χάρμα φίλοις ἑτάροισι γενώμεθα νοστήσαντες P 634

scheinen viel natürlicher so aufgelöst werden zu müssen: „*Wir wollen uns den besten Rath darüber ersinnen*, wie *werden wir den Leichnam retten?*" etc. Man könnte dann sagen, der Stamm πο in ὅπως sei fragend zu nehmen, und ὁ als Zeichen für die Abhängigkeit der Frage vorgetreten. Aber dieses nahe liegende Raisonnement wird dadurch widerlegt, dass ὡς genau so wie ὅπως gebraucht wird, z. B.

ἀλλ' ἔτι καὶ νῦν
φραζώμεσθ' ὥς κέν μιν ἀρεσσάμενοι πεπίθωμεν I 112

und ebenso in vielen andern Stellen. Ὡς aber enthält doch schlechterdings nichts Fragendes. Ebenso wird yáthā im Sanskrit verwendet, z. B.

té ho' cuḥ tébhyo vā'i nas tvám evá tád brūhi, yáthā te sárvāṇi rūpā'ny upadádhāmé'ti Çat. Br. 10, 4, 3, 7 dem Sinne nach zu übersetzen: „*sie sprechen, sage uns das, wie wir dich in allen deinen*

Gestalten feiern sollen" (die Götter hatten Prajâpati vorher nicht richtig in allen seinen Gestalten gefeiert).

Diese Anwendung von ὡς und yáthâ beweist, dass wir an eine ursprüngliche Frage nicht denken können. Die genannten Sätze sind vielmehr so zu erklären:

P 634: „*wir wollen den besten Rath ersinnen, in Folge davon wollen wir den Todten retten*". ὅπως ist aber nicht etwa auf μῆτιν ἀρίστην zu beziehen, sondern auf den ganzen Satz „*wir wollen den besten Rath ersinnen*", denn die Conjunctionen nehmen stets den ganzen Satz auf. Ebenso das Sanskritbeispiel, was wir uns etwa so näher bringen können: „*sprich zu uns und so wollen wir dich denn in allen Gestalten feiern*".

Ein zweiter Einwand könnte dahin gerichtet sein, dass, wenn nicht alle, doch einige der vorliegenden Sätze als **Inhaltssätze** aufgefasst werden müssen. So z. B.

manâmahe, yád îm nv índram vṛshabham sácâ suté sákhâyam kṛṇávâmahâi „*wir denken daran, dass wir uns Indra den Spender beim Opfer zum Freunde machen*" RV. 8, 50, 11,

oder im Griechischen:

τῇ σ' ὀΐω κατανεῦσαι ἐτήτυμον ὡς Ἀχιλῆα
τιμήσῃς, ὀλέσῃς δὲ πολέας ἐπὶ νηυσὶν Ἀχαιῶν A 558,

wo uns der Satz mit ὡς als Inhalt des Schwurs erscheint. Aber „Inhaltssatz" ist eine rein logische Kategorie, für welche das ältere Sanskrit und Griechisch, so weit ich sehe, gar keine eigene Form hat. Vielmehr sind auch die vorliegenden Sätze so zu fassen:

„*Wir wollen nachsinnen, dadurch wollen wir uns denn Indra zum Freunde machen*" und „*Ich glaube, du hast ihr ein Versprechen gegeben: weil du das gethan hast (ὡς), willst du Achilleus ehren*"

Solche Auflösungen kommen uns bisweilen im einzelnen Falle unnatürlich vor, aber die Gesammtheit des vorliegenden Gebrauches zeigt doch, dass so in der That die ursprüngliche Auffassung der Sprache war (vgl. auch **Curtius**, Erläuterungen² 193).

II.

Posteriorische Sätze, in denen ein Conjunctiv der Erwartung steht.

Ich weiss nur Sätze beizubringen, welche ausdrücken, dass sich die Handlung des Conjunctionssatzes **zeitlich** an die Handlung des Hauptsatzes anschliessen wird.

Zunächst sind Sätze mit ὅτε in Betracht zu ziehen. Ὅτε ist, wie oben gezeigt ist, aus ὅ und τε zusammengesetzt. ὅ ist das Neutrum,

des Relativums, es ist weiter nichts als ein zweiter Ausdruck dafür, dass die Sätze zusammengehören. Es liegt also in ὅτε schlechterdings nichts von temporalem Charakter. Dieser Sinn hat sich erst mit der Zeit, und bekanntlich nicht ausschliesslich, in ὅτε festgesetzt.

Wir treffen diesen mit der Zeit in ὅτε einheimisch gewordenen, nicht den ursprünglichen Sinn, wenn wir es durch „wann" übersetzen, z. B.

ἔσσεται ἦμαρ ὅτ' ἄν ποτ' ὀλώλῃ Ἴλιος ἱρή Z 448

„ein Tag wird da sein, dann (wenn er da sein wird) soll die heilige Ilios zu Grunde gehen".

Sodann folgen die Sätze mit ὄφρα ἕως εἰς ὅ, in denen wir diese Conjunctionen mit b i s übersetzen. Die Etymologie von ὄφρα weiss man leider nicht, wir müssen also suchen, uns diese Satzgebilde an ἕως und εἰς ὅ klar zu machen. Ἕως nun, wie oben bemerkt gleich dem sanskritischen *yâvat*, bedeutete sicherlich schon in uralter Zeit *„wie lange"*. Von dieser Bedeutung müssen wir auch hier ausgehen. Die Hauptsätze zu den Sätzen mit ἕως drücken stets eine Handlung aus, die sich über eine gewisse Zeitdauer erstreckt, z. B.

αὐτὰρ ἐγὼ καὶ ἔπειτα μαχήσομαι εἵνεκα ποινῆς
αὖθι μένων, εἷος κε τέλος πολέμοιο κιχείω Γ 291.

Wenn wir nun bedenken, dass ἕως ein Accusativ ist, und dass, wie wir sahen, die accusativische Conjunction die Aufgabe hat, irgend welche Verbindung der beiden Sätze zu bezeichnen, so ergiebt sich folgende Uebersetzung: *„Ich werde wegen des Weibes kämpfen, hier bleibend, in Verbindung mit dieser langen Zeit werde ich ja wohl das Ende von Ilios erleben"*. Diese Uebersetzung ist natürlich vom ästhetischen Standpunkte betrachtet schauderhaft, giebt aber das ursprüngliche Gedankenverhältniss der Sätze wohl ziemlich richtig an. Gelenker aber undeutlicher können wir vielleicht sagen *„ich werde hier bleiben und kämpfen, so lange werde ich ja wohl das Ende Ilions erleben"*. Dass das Bleiben des Diomedes durch den Fall Ilions seinen Abschluss finden soll, ist nirgends sprachlich ausgedrückt, diesen Gedanken supplirt jeder Hörer, weil er sachlich natürlich ist, und wir Deutschen drücken ihn in der Uebersetzung mit aus, wenn wir ἕως durch „bis" wiedergeben.

Ganz so wie ἕως ist in dem vorliterarischen Griechisch wohl auch ὅτε gebraucht worden. In den homerischen Gedichten finde ich es einmal auch bei einem Hauptsatz, der eine dauernde Handlung enthält, also ganz wie ἕως, nämlich:

ἤδη γὰρ Πηλῆά γ' ὀΐομαι ἢ κατὰ πάμπαν
τεθνάμεν, ἢ που τυτθὸν ἔτι ζώοντ' ἀκάχησθαι

γήραΐ τε στυγερῷ καὶ ἐμὴν ποτιδέγμενον αἰεὶ
λυγρὴν ἀγγελίην, ὅτ' ἀποφθιμένοιο πύθηται Τ 334,

„*wartend auf die traurige Botschaft, dann wird er ja wohl erfahren*". Aber diese Undeutlichkeit ist den Griechen doch unerträglich geworden, und sie haben daher durch ein zugefügtes *εἰς* dem Gedankenausdruck nachgeholfen. Dieses *εἰς ὅ* wird uns unten (pag. 68) noch einmal beschäftigen.

Im Sanskrit wird *yâvad* ganz so wie *ἕως* gebraucht, ich weiss es aber nicht mit dem Conjunctiv, sondern nur mit dem Indicativ (vgl. Böhtlingk-Roth s. v.) zu belegen.

Die optativischen Conjunctionssätze (Opt. cap. III) zeigen keine neuen Erscheinungen. Man muss nur festhalten, dass, wie es der Grundbegriff des Optativs mit sich bringt, alle optativischen Nebensätze loser an den Hauptsatz angefügt sind, als die conjunctivischen.

§ 2.

Die priorischen Conjunctionssätze mit Conjunctionen vom Relativstamme.

Der Relativstamm hat die Aufgabe, auf etwas vorher in der Rede Dagewesenes hinzuweisen. Darum ist es das Naturgemässe, dass der Satz, in welchem der Relativstamm vorkommt, nachstehe. Ich habe daher oben bei der Behandlung auch der priorischen Relativsätze den Fall, dass der Relativsatz voransteht, an das Ende gesetzt. Bei den Conjunctionssätzen tritt aber eine Erwägung hinzu, welche ein Abweichen von dieser Ordnung verlangt. Es ist nichts Unnatürliches, dass man eine Bestimmung zu einem einzelnen Begriff, welche ihm aus logischen Gründen hätte vorangehen müssen, nachholt, daher hat das Nachstehen priorischer Relativsätze nichts Auffallendes. Unnatürlich aber wäre, den Satz nachfolgen zu lassen, der die Grundlage zu dem gesammten Gedanken des Hauptsatzes enthält, wie das bei den priorischen Conjunctionssätzen der Fall ist.

Ich sehe daher das Voranstehen des priorischen Conjunctionssatzes als das Natürliche an und suche an dieser Satzconstellation die Bedeutung der Conjunctionen deutlich zu machen. Die Fähigkeit, auch priorische Conjunctionssätze nachzustellen, kann sich erst eingestellt haben, als die Satzverbindung schon hoch entwickelt und der Sinn der Conjunctionen in hohem Grade befestigt war.

Wenn denn die Conjunctionen im voranstehenden priorischen Satze ihren eigenthümlichen Sinn erworben haben, so muss man sie mit dem Relativum, welches unter den priorischen Relativsätzen die vierte Stelle

einnimmt, vergleichen. Sie haben die Bestimmung, auszusagen, dass der Conjunctionssatz mit einem noch unbekannten Hauptsatze in der Richtung zu verbinden sei, welche die Conjunction angiebt. Ihr Gedankeninhalt ist also ein indefiniter.

Die Richtigkeit dieses allgemeinen Raisonnements hat sich nun im Einzelnen zu bewähren.

I.

Ich habe hier, indem ich der Ordnung, welche Conjunctiv cap. III, § 2, und Optativ cap. III, § 2 eingehalten ist, folge, zuerst von den Vergleichssätzen zu handeln. Dass diese Sätze zu den priorischen gehören, kann nicht zweifelhaft sein, da ja das Bild die Grundlage für das Verständniss des durch ein Bild Verdeutlichten sein soll.

Die den Vergleich vermittelnde Partikel ist in den conjunctivischen Sätzen ὡς, wozu auch ὅτε treten kann, in den optativischen ebenfalls ὡς, wozu noch εἰ treten kann. Was zunächst die conjunctivischen betrifft, so steht unter 64 mir vorliegenden Fällen 68 mal der Satz mit ὡς oder ὡς ὅτε voran. Ein Beispiel für ὡς ist:

> *ὡς δ' ὄρνις ἀπτῆσι νεοσσοῖσι προφέρῃσιν*
> *μάστακ' ἐπεί κε λάβῃσι κακῶς δ' ἄρα οἱ πέλει αὐτῇ*
> *ὣς καὶ ἐγὼ πολλὰς μὲν ἀΰπνους νύκτας ἴαυον* I 323.

Ὡς nun ist Ablativ des Relativstammes. Der Ablativ bezeichnet auch die Art und Weise (vgl. Adverbium), ὡς ist also hier „irgendwie" zu übersetzen: „*Es soll irgendwie ein Vogel seinen Jungen Nahrung bringen, nachdem er sie erbeutet, ihm selbst aber geht es elend, so brachte auch ich viele Nächte schlaflos zu*". Ὅτε nun muss demgemäss durch „irgendwann" verdeutscht werden, z. B.

> *ὡς δ' ὅτε κινήσῃ Ζέφυρος βαθὺ λήϊον ἐλθών*
> *λάβρος ἐπαιγίζων, ἐπί τ' ἠμύει ἀσταχύεσσιν*
> *ὣς τῶν πᾶσ' ἀγορὴ κινήθη* B 147,

„*es soll irgendwie irgendwann der Zephyros u. s. w., so u. s. w.*"

Ueber den Sinn des Conjunctivs in diesen Sätzen vgl. die Relativsätze (pag. 44).

Die Sätze mit ὡς stehen immer voran, dagegen sind mir sechs Fälle bekannt, in denen der Satz mit ὡς ὅτε nachsteht, z. B.

> *τὼ δ' ἀν' ὅμιλον ἰόντε κυδοίμεον, ὡς ὅτε κάπρω*
> *ἐν κυσὶ θηρευτῇσι μέγα φρονέοντε πέσητον* Λ 325.

Man darf ὅτε nicht einfach-anaphorisch auf den vorhergehenden Satz beziehen, denn sonst würde ja die Gleichzeitigkeit der beiden Handlungen ausgedrückt sein, vielmehr muss man auch dieses Beispiel übersetzen: „*sie stürmten durch die Schlacht hin, es sollen nur zwei Eber irgendwie*

irgendwann sich auf Hunde stürzen" (zu ergänzen: *so stürmten sie.* Es muss also der vorangestellte Hauptsatz hinter dem Conjunctionssatz flüchtig reproducirt werden). Aus dem Umstande, dass ὅτε, wenn man den Sinn nicht gänzlich zerstören will, durch irgendwann übersetzt werden muss, und aus der Erwägung, dass sich in einer Conjunction, welche ja einen ganzen Satzgedanken zum Inhalt hat, der indefinite Sinn nur entwickeln konnte, wenn der Hauptsatz dem Conjunctionssatz nicht vorangegangen ist — aus diesen zwei Prämissen ziehe ich in diesem einzelnen Falle den schon durch allgemeine Erwägungen nahe gelegten Schluss, dass die Nachstellung des Vergleichssatzes wie Λ 325 unursprünglicher ist als die Voranstellung. Man mag zur Befestigung dieser Anschauung auch noch die Thatsache hinzunehmen, dass die nachstehenden Vergleichssätze alle die vollkommenere Satzverbindung, nämlich ὡς ὅτε, nicht die einfache, nämlich ὡς zeigen.

In einem für die Bedeutung der Modi charakteristischen Gegensatz zu den eben behandelten stehen die optativischen Vergleichssätze. Der Optativ ist in ihnen der abgeschwächte, der etwas als möglich hinstellt. Eine solche Behauptung nennen wir in priorischen Sätzen Annahme, entsprechend der Voraussetzung des Conjunctivs. Solche Annahmesätze im Gegensatze zu den Forderungen oder Voraussetzungen sind nun besonders dazu geeignet, dasjenige zu bezeichnen, was sich nach der Vermuthung des Redenden wohl verwirklichen möchte, z. B.

ἀμφί μ' Ὀδυσσῆος ταλασίφρονος ἵκετ' ἀϋτή
τῷ ἰκέλη, ὡς εἴ ἑ βιῴατο μοῦνον ἐόντα Λ 467,

„*man könnte annehmen, dass sie ihn bedrängten, dem ähnlich kam die Stimme zu mir*".

Oder was überhaupt nur als Annahme ausgesprochen wird:

οἱ δ' ἄρ ἴσαν ὡς εἴ τε πυρὶ χθὼν πᾶσα νέμοιτο B 780

„*angenommen, die Erde brennte, so erschien ihr Gehen*".

Endlich drittens kann die Annahme als im Gegensatz zur Wirklichkeit stehend gedacht werden, z. B. in dem Satze:

βῆ δ' ἴμεν αἰτήσων ἐνδέξια φῶτα ἕκαστον
πάντοσε χεῖρ' ὀρέγων ὡς εἰ πτωχὸς πάλαι εἴη ρ 366

eigentlich: „*angenommen er wäre längst ein Bettler, so etc.*"

Im Sanskrit steht an Stelle des doppelten griechischen ὡς εἰ das einfache yáthâ. Das Verständniss dieser optativischen Sätze ist nicht ganz leicht. Man darf vielleicht annehmen, dass sie erst den conjunctivischen nachgebildet sind. In den allmählichen Aufbau der Satzgliederung können erst fortgesetzte Specialuntersuchungen einen deutlichen Einblick gewähren.

II.

Die Conjunctive in den Gleichnissen stellen eine Forderung an die Phantasie des Hörers. Sie postuliren nur und haben mit dem Eintreffen nichts zu thun. Ὡς kann aber auch zu Conjunctiven mehr futurischen Inhalts treten, z. B.

πείθεο δ' ὥς τοι ἐγὼ μύθου τέλος ἐν φρεσὶ θείω Π 83,
„vorausgesetzt, dass ich dir irgendwie zurede, so gehorche".

So auch ὅπως:

Ζεὺς δ' αὐτὸς νέμει ὄλβον Ὀλύμπιος ἀνθρώποισιν
ἐσθλοῖς ἠδὲ κακοῖσιν ὅπως ἐθέλῃσιν ἑκάστῳ ζ 189

III.

Es folgen sodann die priorischen Conjunctivsätze mit den Conjunctionen yád, yádi, yadā́, *ὅτε, ὁπότε, εὖτε, ἦμος, ὄφρα, εἰς ὅ,* die man gewöhnlich als Temporal- und als Bedingungssätze bezeichnet.

Man kann drei Arten der Voraussetzung unterscheiden.

1. Die Handlung des Conjunctionssatzes ist das zeitliche Prius zur Handlung des Hauptsatzes.
2. Die beiden Handlungen sind gleichzeitig gedacht, aber die des Hauptsatzes ist nicht möglich ohne die des Conjunctionssatzes. Diese ist ihre logische Grundlage.
3. Die Handlung des Conjunctionssatzes bildet den Hintergrund für die des Hauptsatzes.

1. Aus der grossen Menge von Belegstellen führe ich nur folgende bezeichnende an:

mái'nam agne ví daho mā́'bhí çoco mā́'sya tvácam cikshipo mā́' çáriram, yadā́ çṛitám kṛiṇávo jātavedó 'the'm enam prá hiṇutāt pitṛíbhyaḥ *„verbrenne ihn (den Todten) nicht, thue ihm kein Leid o Agni, zerstückle nicht die Haut und seine Glieder, wenn du ihn gar gekocht o Jâtavedas, magst du ihn hin zu unsern Vätern senden"* RV. 10, 16, 1.
Ich mache gelegentlich darauf aufmerksam, dass kṛiṇávas Conjunctiv des Präsens sei. Niemand wird annehmen, dass der Conjunctiv Präsentis an und für sich die Bedeutung eines Fut. exactums habe. Dieser Sinn kommt nur zeitweilig durch die Situation in ihn hinein.

ὁππότε κεν τούτους κτείωμεν πατέρ' ἠδὲ καὶ υἱόν,
ἐν δὲ σὺ τοῖσιν ἔπειτα πεφήσεαι χ 216.

2. vacyánte vām kakuhā́so jūrṇā́yām ádhi vishṭápi, yád vām rátho víbhiḥ pátāt *„es schwanken eure Sitze über der zerbrechlichen Grund-*

lage, wenn euer Wagen durch die Kraft der Vögel fliegt (euer Wagen soll nur durch die Kraft der Vögel fliegen)" RV. 1, 46, 3.
Die Sitze könnten nicht schwankend genannt werden, wenn der Wagen nicht durch die Luft flöge.

αὐτὸς νῦν ἴδε πῶμα θοῶς δ' ἐπὶ δεσμὸν ἴηλον
μή τίς τοι καθ' ὁδὸν δηλήσεται, ὁππότ' ἂν αὖτε
εὕδῃσθα γλυκὺν ὕπνον ἰὼν ἐν νηὶ μελαίνῃ ϑ 443

ἐπεὶ οὔ μ' ἔτι δεύτερον ὧδε
ἵξετ' ἄχος κραδίην, ὄφρα ζωοῖσι μετείω Ψ 46,

„*vorausgesetzt dass ich unter den Lebenden weile, die ganze Zeit über wird nicht zum zweiten Male ein solches Leid mich treffen*".

Auch *εἰς ὅ* wird in dem Sinne gebraucht, dass es die gleiche Zeitdauer der beiden Handlungen bezeichnet, was wir durch so lange als ausdrücken, wie man auch sagt *εἰς ἐνιαυτόν* auf ein Jahr. Dahin gehört z. B. folgende interessante Stelle:

πεπταμένας ἐν χερσὶ πύλας ἔχετ' εἰς ὅ κε λαοὶ
ἔλθωσι προτὶ ἄστυ πεφυζότες Φ 531.

Wenn wir unserer Anschauungsweise folgen, so sind wir geneigt, so zu übersetzen: „*haltet die Thüren offen, bis die flüchtigen hereingekommen sind*". Aber der Conj. Aor. enthält so wenig etwas Perfectisches, als der des Präsens. Man muss also übersetzen: „*haltet die Thüren offen, während sie herein kommen*". Dies Beispiel unterscheidet sich von ähnlichen wie:

μίμνετ' ἐπειγόμενοι τὸν ἐμὸν γάμον εἰς ὅ κε φᾶρος
ἐκτελέσω β 98

dadurch, dass in ihm auch die Handlung des Conjunctionssatzes eine dauernde ist, während das *ἐκτελεῖν* als etwas punktuelles zu denken ist. Freilich ist immer wieder geltend zu machen, dass dieser Unterschied sprachlich nicht ausgedrückt ist, und es lässt sich daher rechtfertigen, wenn man die Beispiele für *εἰς ὅ* lieber alle unter eine Kategorie bringen will.

3. Die Handlung des Conjunctionssatzes bildet den Hintergrund für die des Hauptsatzes.

Unter diese nicht sehr deutliche Ueberschrift bringe ich Sätze mit *ὄφρα* wie den folgenden:

μνήσασθε δὲ θούριδος ἀλκῆς
ὄφρ' ἂν ἐγὼν Ἀχιλῆος ἀμύμονος ἔντεα δύω P 185.

Man könnte auf den ersten Blick geneigt sein, zu glauben, hier passe die Bezeichnung „priorischer Nebensatz" gar nicht, indem ja die Handlungen einfach aneinandergereiht seien. Aber das ist ja gerade das Wesentliche an der conjunctionellen Verbindung, soweit sie uns bei den

conjunctivischen und optativischen Sätzen entgegengetreten ist, dass die Sätze in einer innerlichen Verbindung stehen, der Art, dass der eine Gedanke dem andern untergeordnet ist. Und in der That sind auch in unserem Falle die Gedanken der beiden Sätze sich gegenseitig nicht gleichgültig und nicht gleichberechtigt, sondern der Gedanke des Nebensatzes soll als eine Art von Motiv für den Gedanken des Hauptsatzes wirken. „*Ich werde meine Pflicht thun, so thut denn auch ihr die eurige*". Aehnlich bei allen hierhergehörigen Satzgebilden.

Die Optativsätze dieser Art sind wiederum sofort verständlich, wenn man bedenkt, dass statt des Begriffes der Voraussetzung der der Annahme eintritt. Wie sich in derartigen Sätzen der Gedanke der Wiederholung einstellen konnte, ist Optativ Cap. III, § 2 entwickelt.

Von den Sätzen, die man ausschliesslich Bedingungssätze zu nennen pflegt, wird noch in dem jetzt folgenden Abschnitt gelegentlich die Rede sein.

B.

Die Sätze mit satzverbindenden Partikeln von anderer Herkunft.

Indem ich einige allgemeine Bemerkungen über die Nebensätze im Sanskrit dem zehnten Capitel vorbehalte, erwähne ich hier nur die Conjunctionen *ca* und *céd* in dem Gebrauch, wo man sie durch „wenn" zu umschreiben pflegt.

ca entspricht dem griechischen τε, seine Aufgabe ist: zu verbinden. Es verbindet also zwei Sätze einfach mit einander, ohne über die Art der Verbindung das geringste auszusagen. Wir können es durch „wenn" übersetzen, sobald es in priorischen Sätzen steht, z. B. in folgendem optativischen Annahmesatz:

sá cā 'tisṛjéj juhuyā̆n, na cā' tisṛjén ná juhuyāt „*angenommen er (Vrâtya) giebt die Erlaubniss, so soll er (der Hausherr) opfern, angenommen er giebt sie nicht, so soll er nicht opfern*" AV. 15, 12, 3.

Von *ca* ist *ced* nur durch den Hinzutritt des deiktischen *id* verschieden, was auch in *ned* erscheint; es liegt also in ihm nicht die Spur mehr von satzverbindender Kraft. Aus dem lehrreichen Artikel von Böhtlingk-Roth sieht man, dass das Wort sowohl in posteriorischen als in priorischen Nebensätzen vorkommt. In den ersteren pflegen wir es durch „damit" zu umschreiben, obgleich dieser Sinn natürlich nur aus dem Gedankenzusammenhange der Sätze übertragen ist (Beispiele aus dem Râmâyaṇa siehe BR. *ced* (II pag. 1054). Sehr viel häufiger ist es in priorischen Sätzen, wo wir es dann wieder durch „wenn" verdeutschen.

Ich führe einige Belege für optativische Annahmesätze an.

etáṃ céd anyásmâ anubrûyâs, táta evá te çíraç chindyâm *„wenn du das einem andern sagen solltest, so würde ich dir das Haupt abschlagen“* Çat. Br. 14, 1, 1, 19.

ṛṇam asminî saṃnayaty amṛitatvaṃ ca gacchati pitâ putrasya jâtasya paçyec cej jîvato mukham *„Eine Schuld löst er in ihm, und zur Unsterblichkeit geht er ein, wenn der Vater des neugeborenen lebenden Sohnes Antlitz sieht“* Ait. Br. 7, 13.

kshetrâc ced ubhayataḥsasyâd gṛihṇiyâd anuavaty asyâḥ prajâ bhavishyati *„wenn sie von dem zweimal tragenden Felde (einen Kloss) nimmt, so wird ihre Nachkommenschaft speisereich sein“* Âçv. gr. 1, 5, 5.

Für das Griechische kommt hauptsächlich *εἰ* [1]) und was damit zusammenhängt in Betracht.

Leider steht die Etymologie dieses wichtigen Wörtchens nicht vollkommen fest. Nur das negative Ergebniss scheint mir sicher, dass es nicht, wie Bopp im Glossar meint, gleich dem sanskritischen *yadi* ist, denn abgesehen von allen anderen Gegengründen ist der Ausfall eines δ zwischen Vokalen nicht nachgewiesen. Als wahrscheinliche positive Vermuthung darf man aufstellen, dass *εἰ* zu dem Stamme *sva* gehört. Auf diese Ansicht führen das oskische svaí = lat. si, wonach also *εἰ* vorn *σϝ* verloren hätte, wie z. B. *ἴδιος*. Eine Spur der anlautenden Consonantengruppe findet Curtius nach Hugo Weber (die dorische Partikel ΚΑ 110) in dem von Hesychius als kretisch bezeichneten *βαίκαν*, das als *εἴ κεν* aufgefasst werden könnte. Aber da bei Hesychius die Bedeutung von *βαίκαν* nicht angegeben ist, so kann möglicher Weise ein Nomen oder sonst etwas anderes dahinter verborgen sein. Ein sanskritisches *svai*, wovon Weber spricht, existirt nicht, und ist auch nach den Gesetzen dieser Sprache unmöglich.

Es fragt sich nun, ob und wie die formell mögliche Ableitung des *εἰ* von dem Stamme *sva* sich dem Sinne nach rechtfertigen lasse. Glücklicherweise kommt mir an dieser Stelle wieder eine Untersuchung von Windisch zu Statten, die er in seiner Arbeit über das Relativpronomen S. 329—373 angestellt hat. Die Hauptresultate seiner, im wesentlichen mit den Ansichten von Miklosich und Curtius zusammentreffenden Darlegung, sind, so weit sie uns hier interessiren, die folgenden.

Die reflexive Bedeutung im engeren Sinne ist nicht der ursprüngliche Inhalt des Stammes *sva*. Vielmehr bedeutete dieser aller Wahr-

---

1) Ich schreibe mit der zweiten Dekker'schen Ausgabe bei Homer stets *εἰ*, nicht *αἰ*, was übrigens mit *εἰ* natürlich dem Ursprunge nach identisch ist.

scheinlichkeit nach als substantivisches Pronomen „die genannte Person selbst“, als adjectivisches „zum Selbst der genannten Person gehörig, eigen“. Es war also ein anaphorisches Pronomen, das sich nur auf schon genannte **Personen** bezog, gleichsam ein emphatisches anaphorisches Pronomen. Es hat sich nun von diesem Grunde aus nach zwei Seiten hin entwickelt. Einerseits ist der Kreis der Personen, auf die es sich zurückbeziehen kann, verengert worden, so dass das Reflexivpronomen im engsten Sinne entstehen konnte, welches nur das Subject des Satzes im Casus obliquus wieder aufnimmt, andererseits ist der Kreis der Nomina, die es aufnehmen kann, erweitert, so dass die Formen des Stammes *sva* — in den homerischen Gedichten — als einfaches anaphorisches Pronomen gebraucht werden.[1])

Dieser letzteren Phase des Gebrauches dürfte *εἰ* angehören. Da nun *εἰ* als Locativ des Stammes *sva* angesehen werden muss, so darf man als Grundbedeutung von *εἰ* „am genannten Orte“ „zur genannten Zeit“ „auf die genannte Weise“ angeben.

Ist diese Entwickelung richtig, so steht der Stamm *sva* in dieser Beziehung durchaus auf einer Linie mit dem Stamm *ja*. Beide sind anaphorisch und können darum beide zur Satzverbindung gebraucht werden.

Sonach befinden wir uns auch bei *εἰ* auf bekanntem Boden. Die Sätze mit *εἰ* müssen ebenso behandelt werden, wie Sätze mit Conjunctionen vom Stamme *ja*. **Sie müssen also ebenfalls in posteriorische und priorische eingetheilt werden.**

1. Posteriorische Sätze mit *εἰ*.

Sie sind am nächsten den posteriorischen mit *ὡς* zu vergleichen. Der **Conjunctiv**, um von diesem wieder zunächst zu reden, ist weniger ein wollender, als ein erwartender. Als Beispiele mögen dienen:

ἐπὶ δ' αὐτῷ πάντες ἔχωμεν
ἀθρόοι, εἴ κέ μιν οὐδοῦ ἀπώσομεν ἠδὲ θυράων,
ἔλθωμεν δ' ἀνὰ ἄστυ χ 76.

Wenn wir die Genesis dieser Periode erkennen wollen, so müssen wir übersetzen: *„wir wollen doch alle auf ihn zielen, auf diese Weise wollen wir ihn von der Schwelle und der Thür wegstossen und in die Stadt gelangen“.*

βάλλ' οὕτως, εἴ κέν τι φόως Δαναοῖσι γένηαι Θ 282
„wirf zu, auf diese Weise sollst du ein Licht den Danaern werden“.

---

1) Eine interessante Parallele zu *sva* gewährt das sanskritische *svija* (vgl. Böhtlingk-Roth s. v.).

Eine Anzahl von Sätzen mit *εἰ* ist man wieder, ähnlich wie es uns bei *ὅπως* begegnet ist, geneigt als Fragesätze aufzufassen. Ich habe mich in der Beispielsammlung selbst bemüht nachzuweisen, wie dieser Sinn in die Sätze und damit in das *εἰ* hineingekommen ist. Eine griechische Specialsyntax würde nun nachzuweisen haben, ob und wann dieser Sinn in dem *εἰ* fest geworden ist, und ob es auch bei *εἰ* mit dem Indicativ noch möglich ist, *εἰ* anaphorisch zu fassen, oder ob die Indicativconstructionen vielleicht erst den Conjunctiv- und Optativconstructionen nachgebildet sind.

Die posteriorischen Optativsätze mit *εἰ* sind ganz so aufzufassen wie die Conjunctivsätze. Der Erwartung des Conjunctivs entspricht die Hoffnung des Optativs. Doch darf man zwei Bemerkungen nicht übersehen, erstens dass die Grenzlinien zwischen Erwartung und Hoffnung überhaupt nicht sehr scharf sind, und zweitens dass man nicht wissen kann, ob nicht die grösste Anzahl der optativischen Sätze mit *εἰ* auf die im achten Capitel zu erörternde Weise aus conjunctivischen entstanden sind.

2. Priorische Sätze mit *εἰ*.

Dies sind die sogenannten Bedingungssätze. Ich kann es nicht als meine Aufgabe betrachten, auf die griechischen Bedingungssätze hier ausführlicher einzugehen. Man wird diese nur dann gründlich verstehen können, wenn die Lehre vom Indicativ und damit die Tempuslehre vorliegen wird. Daher hier nur wenige Bemerkungen.

Eine besondere Form, die den Bedingungssätzen allein zukäme, giebt es nicht. Sie sind priorische Nebensätze. Wir haben oben gesehen, dass in diesen beim Conjunctiv der Gedanke der Voraussetzung, beim Optativ der der Annahme entsteht. Diesen Sinn haben der Conjunctiv und Optativ auch in den Bedingungssätzen. Die Conjunction giebt nun an, auf welche Weise die Voraussetzung oder Annahme des Nebensatzes mit dem Hauptsatze verbunden gedacht sein soll. Zur Bezeichnung des Gedankens, dass der Nebensatz als die logische Grundlage des Hauptsatzes zu betrachten sei, hat das ältere Sanskrit und Griechisch keine eigene Form. Wir haben schon bei *yadi* und *ὅτε* gesehen, wie eine Partikel die gewöhnlich temporalen Sinn hat, in rein bedingendem verwendet wird. Danach zu schliessen dürfte auch *εἰ* in Bedingungssätzen ursprünglich als temporal zu fassen sein. Die zeitliche Grundlage ist die Form, in welcher die logische mit ausgedrückt wird. Eine genauere Scheidung der temporalen und der rein logischen Bedingtheit ist erst eine Errungenschaft des Atticismus.

Der Sinn der Partikel *εἰ* entwickelt sich in den priorischen Sätzen ganz ebenso, wie der der Partikeln vom Stamme *ja*, es kommt nämlich ein indefiniter Bestandtheil hinzu. Wir werden demnach *εἰ* am besten durch „irgendwann" „irgendwie" übersetzen, z. B.

εἰ δ' αὖ τις ῥαίῃσι θεῶν ἐνὶ οἴνοπι πόντῳ
τλήσομαι ἐν στήθεσσιν ἔχων ταλαπενθέα θυμόν ε 221,

„ein Gott soll mir das Schiff irgendwann zerschmettern im Meere, ich werde es dann ertragen".

εἰ τούτω κε λάβοιμεν, ἀροίμεθά κε κλέος ἐσθλόν E 273,

„wir könnten sie etwa irgendwann in unsere Gewalt bekommen, wir würden dann trefflichen Ruhm erlangen".

Wenn der Satz mit *εἰ* nachsteht, ist die Auffassung ganz dieselbe. Denn auch hier gilt, was von den Conjunctionen des Stammes *ja* in priorischen Sätzen gilt. Die Voranstellung des Nebensatzes ist das natürliche, und an dieser Satzform hat sich der Sinn der Conjunction entwickelt.

Auf einige Einzelheiten, z. B. auf den Sinn der Unmöglichkeit, die man wohl fälschlich in dem Modus gesucht hat u. a. ist in der Beispielsammlung selbst gelegentlich hingewiesen. Hier will ich nur noch eine Schwierigkeit zur Sprache bringen, deren ich nicht völlig Herr geworden bin.

Es wird in der Beispielsammlung bei den optativischen Sätzen mit *εἰ* darauf hingewiesen, dass man bei manchen Bedingungsperioden den Satz mit *εἰ* noch nicht als Annahme, sondern geradezu als Wunsch auffassen kann, z. B. kann man

εἰ κεῖνόν γε ἴδοιμι κατελθόντ' Ἄϊδος εἴσω
φαίην κε φρέν' ἀτέρπου ὀϊζύος ἐκλελαθέσθαι Z 284

noch geradezu übersetzen: *„sähe ich doch jenen irgendwann in den Hades steigen, dann würde ich glauben mein Elend vergessen zu können".* Ei heisst nach der Auffassung, die sich uns als die einzig mögliche ergeben hat, „irgendwann" und hat nur eine Berechtigung und einen Sinn in der Periode; nur dadurch, dass ein Satz auf den Satz mit *εἰ* folgt, der zu ihm in einem bestimmten Gedankenverhältniss steht, entwickelt sich die Bedeutung „irgendwann". Nun aber giebt es, wie schon oben erwähnt ist, Hauptsätze, an deren Spitze *εἰ* steht, wo es nichts zu sein scheint, als eine den Wunsch einleitende Partikel, z. B.

εἰ γὰρ ἐμοὶ τοιόσδε πόσις κεκλημένος εἴη ζ 244
εἴθε μοι ὣς μαλακὸν θάνατον πόροι Ἄρτεμις ἁγνή σ 202

und viele ähnliche.

Auch conjunctivische Hauptsätze derart sind vielleicht anzuerkennen θ 72 φ 260.

Zur Erklärung dieser Sätze kann man einen doppelten Weg einschlagen. Entweder muss man annehmen, dass εἰ in ihnen die Bedeutung hat, wie in posteriorischen Sätzen, „auf diese Weise", dass sie also den Wunsch an die Situation ebenso anknüpfen wie ὡς das thut. Oder man muss diese Satzart für verhältnissmässig jung ansehen, und annehmen, dass sie erst den Bedingungsperioden ihr Dasein verdanken, in der Weise, dass der Nachsatz **verschwiegen** ist. Gegen die erste Annahme spricht die Erwägung, dass man dann das εἰ in selbständigen Wunschsätzen anders fassen muss, als in Wunschsätzen, die den ersten Theil einer Bedingungsperiode bilden. Die zweite ist auch nicht eben einladend. Ich weiss nicht zu entscheiden.

Cap. VII.

Fragesätze.

Wenn man etwas, was man wissen möchte, nicht weiss, so entsteht eine Stockung im Verlaufe der Gedanken, die als Spannung empfunden wird. Zur Beseitigung dieser Spannung wendet man sich entweder an seinen eigenen übrigen Gedankenvorrath: man besinnt sich; oder man adressirt den Gedankencomplex, bei dem die Spannung eintritt, an eine zweite Person, von der man Aufklärung erwartet. Diese letztere Operation nennt man bekanntlich **Frage**. Und zwar ist die eben beschriebene Art der Frage die natürlichste. Es giebt noch einige Modificationen der Frage, die aber alle dieselbe Grundform zeigen. Es kann nämlich der Fall eintreten, dass man sich nicht an eine bestimmte anwesende, sondern an eine abwesende oder fingirte Person wendet, von der man eine Antwort nicht erwarten kann. Dann entstehen die rhetorischen Fragen, welche sich dem Ausruf nähern. Oder man kann auch die Operation des Besinnens, Nachdenkens u. s. w. in Frageform kleiden. Man richtet Fragen an sich selbst. In einem solchen Falle scheidet sich das Ich in zwei Personen, eine fragende und eine gefragte.

Es ist also zum Zustandekommen der Frage nöthig: Eine gewisse Vorstellungsmasse, eine Spannung, eine Hinwendung zu einer zweiten Person.

Sprachlich finden diese Bestandtheile der Frage folgenden Ausdruck: Die Vorstellungsmasse wird durch Worte ausgedrückt, ebenso wie im Aussagesatz. Die Spannung findet ihren Ausdruck in einer Modification des Satzaccentes, dem sogenannten Frageton. Während nämlich in der Regel die letzte Silbe des Satzes die am tiefsten betonte ist, ist in der Frage die letzte Silbe besonders hoch betont. Ueber den Rhythmus der

Rede, den ästhetischen und logischen Werth des Satzaccentes sind, so viel ich weiss, noch wenig ins Detail gehende Untersuchungen gemacht. Auch ich bin nicht in der Lage, auf alle Einzelheiten des Fragetons einzugehen, sondern begnüge mich mit der Bemerkung, dass die Spannung der Frage durch die unnatürliche, nach Beruhigung verlangende Betonung trefflich gekennzeichnet ist (vgl. noch Westphal, Philosophisch-historische Grammatik der deutschen sprache pag. 11). Die Inder haben einen Versuch gemacht, den Frageton durch die Schrift zu bezeichnen, indem sie dem letzten Vocal des Satzes das Zeichen der „pluti" d. h. der verschwimmenden gedehnten Aussprache hinzufügen, z. B.

adhâḥ svid âsî3d upári svid âsî3d *„war es unten, war es oben?"* RV. 10, 129, 5 (vgl. Max Müller, Rigveda-Prâtiçâkhya pag. 16). Doch dient die 3, das Zeichen der Plutirung nicht allein dem Frageton, sondern die Inder versuchen überhaupt dadurch allerhand declamatorische Betonungen schriftlich zu bezeichnen, z. B. in Sätzen, welche Drohungen, Versprechungen, Grüsse, Lobeserhebungen und ähnliches enthalten. (Die einheimische Literatur über die Plutirung findet sich bei Böhtlingk-Roth s. v. *pluta*, eine Darstellung, die auf diesen Angaben fusst, bei Benfey Vollst. Sanskrit. Gramm. pag. 71).

Die Hinwendung zu einer zweiten Person findet ihren Ausdruck in Geberden oder den gewöhnlichen sprachlichen Mitteln (Pronomen der zweiten Person) oder muss in der Erzählung aus dem Zusammenhange erschlossen werden.

Dies sind, so weit ich sehe, die Eigenthümlichkeiten der Frageform. Nun können die Fragen noch nach der Beschaffenheit des Gedankens, bei welchem die Stockung stattfindet, eingetheilt werden; dieser kann an sich ganz vollständig sein, die Spannung tritt nur ein, weil man nicht weiss, ob er mit der Meinung eines andern oder aller (d. h. der Wirklichkeit) übereinstimmt. Auf solche Fragen, die man Bestätigungsfragen nennen könnte, weil sie eine Bestätigung oder Widerlegung verlangen, erwarten wir die Antwort ja oder nein, z. B. *„Ist das dein Sohn?"* Oder der Gedanke ist nur zum Theil deutlich, zum anderen Theil undeutlich. Wenn ich frage: *„Wie heisst du?"* so ist mir klar, dass der Angeredete irgendwie heisst, (Namenlosigkeit setze ich bei ihm nicht einmal als Möglichkeit voraus, sonst würde ich fragen: *„Heisst du irgendwie?"*), mir ist aber unklar, welchen bestimmten Namen er hat. Solche Fragen könnte man Verdeutlichungsfragen nennen.

Die Bestätigungsfragen waren ursprünglich durch nichts anderes, als die allgemeinen Zeichen der Frage charakterisirt. Im Laufe der sprachlichen Entwickelung treten aber bisweilen gewisse Zeichen hinzu, entweder besondere Wörtchen, oder die Wortstellung.

Die Verdeutlichungsfragen haben für den in Frage gestellten undeutlichen Theil des Gedankens ein bestimmtes sprachliches Gefäss: den **Interrogativstamm**.

Für diesen Stamm hat man im Indogermanischen als Urgestalt wohl *ka* anzunehmen. Im Sanskrit erscheint er als *ka ki ku*, z. B. in dem älteren *kas kâ kád*, wofür das jüngere *kas kâ kim*, und in *kutra*, ec. Im Griechischen tritt er als *πο* und *τι* auf, *πο:* in *πότερος ὅπως* etc. *τι* in dem deklinirbaren Fragepronomen (Curtius Grundz.^{3} 440). Neben dem fragenden Sinne hat dieser Stamm auch den indefiniten, und dieser kann zum indefinit-anaphorischen werden. Auf den Streit darüber, ob der fragende oder unbestimmte Sinn der ältere sei, gehe ich hier nicht ein, weil er nur durch eine umfassende Untersuchung über den Pronominalstamm *ka* nach Art der von Windisch über *ja* zu entscheiden ist.

Vielmehr gehe ich sofort zu der speciellen hier vorliegenden Aufgabe über, indem ich untersuche, wie die Grundbedeutungen des Conjunctivs und Optativs sich im Fragesatze gestaltet haben.

Was wird aus dem conjunctivischen Wollen im Fragesatze? Vergegenwärtigen wir uns die Entstehung der Frage. Wenn bei einer Willensbestimmung, der ich eben Folge zu geben im Begriff bin, eine Stockung eintritt, so kann dies geschehen, weil ich im Zweifel bin, ob ich auch wirklich **will**, was ich zu thun oder zu lassen mich anschicke. Wer etwas seiner Natur Fremdes zu thun sich anschickt, kann sich wohl fragen: *„will ich wirklich das und das unternehmen?“* Aber dieser Fall ist doch sehr selten. Bei weitem häufiger tritt die Stockung ein, **weil wir nicht wissen, ob wir unsere Absicht durchführen dürfen oder können.** Um Aufklärung hierüber zu bekommen, wenden wir uns an eine zweite Person. So kommt auch in die erste Person des Conjunctivs der Gedanke des **Sollens, Dürfens, Könnens** aber nicht durch selbständige Evolution des Grundbegriffes, sondern nur durch die Eigenthümlichkeit der Situation, aus welcher die Frage hervorgeht, z. B.

πῶς γάρ μοι μύθῳ ἐπιτέλλεαι ἠδὲ κελεύεις;
αὖθι μένω μετὰ τοῖσι δεδεγμένος εἰς ὅ κεν ἔλθῃς,
ἦε θέω μετά σ' αὖτις, ἐπὴν εὖ τοῖς ἐπιτείλω K 61.

Wir übersetzen: *„soll ich bleiben, oder soll ich gehen?“* Ursprünglich aber bedeuten die Conjunctive *μένω* und *θέω* *„ich will bleiben, ich will gehen“*. Da aber Menelaos die Aufführung seines Anerbietens von dem Willen eines anderen abhängig macht, so wird durch Rückwirkung dieses zweiten mächtigeren Wollens aus dem ersten Wollen ein Sollen.

In unserer Beispielsammlung (Conjunctiv Cap. IV) finden sich aus dem Sanskrit keine Bestätigungsfragen, dagegen einige aus dem Grie-

chischen. Diese haben nicht immer, aber meist ein ἦ an ihrer Spitze. Die Ueberlieferung (der Bekker folgt) versieht es mit einem Akut, z. B.

ἀλλ' ἄγε μοι τόδε εἰπὲ καὶ ἀτρεκέως κατάλεξον
ἤ καὶ Λαέρτῃ αὐτὴν ὁδὸν ἄγγελος ἔλθω; π 137,

„sag mir, soll ich auch zu Laertes diesen Botengang gehen?“ Das ἤ kann nicht das disjunctive „oder“ sein, sondern scheint vielmehr mit dem versichernden ἦ identisch zu sein, das circumflectirt wird. Man könnte desshalb geneigt sein, auch π 137 und an ähnlichen Stellen vielmehr ἦ zu schreiben. Die beiden ἠ des Griechischen verlangen eine eingehendere Untersuchung von Seiten der Sprachwissenschaft, als ihnen bis jetzt zu Theil geworden ist. Ich möchte als bis jetzt feststehend Folgendes betrachten. Das disjunctive und das versichernde ἦ sind nicht gleichen Ursprunges. Das disjunctive möchte ich nicht direct mit *vâ* und *ve* identificiren, sondern wegen ἠέ, mit Ebel K. Z. 5, 70, auf den Pronominalstamm *ava* zurückführen. Dagegen das versichernde ἦ scheint mir mit unserem *ja* identisch. Man vergleiche Ahrens K. Z. 8, 357, der auch schon darauf hingewiesen hat, dass das ahd. *ja* auch Fragen einleiten kann. In Doppelfragen scheint es mir vernünftig, an erster Stelle das die Frage einleitende ἦ (Stamm *ja*) zu setzen, und an zweiter das disjunctive (Stamm *ava*), also z. B. zu schreiben:

σὺ δέ μοι νημερτὲς ἐνίσπες
ἦ μιν ἀποκτείνω, εἴ κε κρείσσων γε γένωμαι
ἠὲ σοὶ ἐνθάδ' ἄγω, ἵν' ὑπερβασίας ἀποτίσῃ χ 166.

Die Ueberlieferung aber lehrt an erster Stelle ἤ, an zweiter ἠὲ zu schreiben. Ich bin nicht im Stande zu entscheiden, wie viel Werth der Ueberlieferung in diesem Falle beigemessen werden muss. Ausser der speciell philologischen Literatur ist über diese Frage noch Misteli K. Z. 17, 99 zu vergleichen.

Bei den Verdeutlichungsfragen sieht man recht deutlich, wie die Frage in den Ausruf übergehen, und wie in die Frage durch die Situation ein negativer Sinn hineinkommen kann, z. B.

πῶς τ' ἄρ' ἴω μετὰ μῶλον; ἔχουσι δὲ τεύχε' ἐκεῖνοι Σ 188.

Besonders interessant sind die Fragesätze der zweiten und dritten Person, in welchen der ursprüngliche Sinn der Aufforderung noch deutlich durchscheint, z. B.

kadā' gachātha maruta itthā' vípraṃ hávamānam *„wann, o Maruts, werdet ihr hierher kommen zum rufenden Sänger?“* (des Sinnes: *kommt doch recht bald*) RV. 8, 7, 30.

Wenn solche auffordernde Fragesätze einem Hauptsatz ihrem Gedankeninhalt nach untergeordnet sind, so kann man sie als eine Art Absichtssätze auffassen. Diese Unterordnung ist mir bekannt bei Sätzen, die

das Fragewort *kuvid* an der Spitze tragen, das ich mit Böhtlingk-Roth aus *ku* und *id* deute und mit „irgendwie" „etwa" übersetze. Dies *kuvid* ist natürlich nicht von vorn herein satzverbindende Conjunction, und steht desshalb durchaus an seiner Stelle, wenn es einen unabhängigen Fragesatz einleitet, z. B. in dem Refrain von RV. 10, 119:

kuvíd sómasyâ' 'pâm íti *„in dem Gedanken: bin ich denn von Soma trunken?"*

Die indischen Diaskeuasten betrachten auch diesen Satz als abhängig, aber doch schwerlich mit Recht. Dagegen ist der Gedanke des Satzes mit *kuvid*, z. B. in der folgenden Stelle allerdings untergeordnet:

tám indra mádam â' gahi barhiḥṣṭhâ'm grâvabhiḥ sutám, kuvín nv àsya tṛpṇávaḥ *„zu diesem Trank komm heran, dem auf der Opferstreu stehenden, mit Steinen gepressten, wirst du dich wohl daran ergötzen?"* RV. 8, 42, 2.

Da aber die als Frage ausgedrückte Möglichkeit als Motiv für Indra wirken soll, so trifft man den Sinn des Ganzen richtig, wenn man wie Kuhn K. Z. 15, 416 solche *kuvid* durch „damit" umschreibt.

Im Optativ (Cap. IV) sind ebenfalls die Bestätigungsfragen von den Erläuterungsfragen getrennt. Die Modificationen, die der Grundbegriff durch die Frage empfängt, sind die analogen wie beim Optativ. Eine Besprechung verdienen die nicht seltenen Fragen der ersten Art mit *οὐ* (bei welcher der Optativ stets mit *ἄν* verbunden ist), z. B.

οὐκ ἄν μοι δόμον ἀνέρος ἡγήσαιο η 22.

In diesem Satze gehört das *οὐ* nicht dem ursprünglichen Wunsche an, denn Odysseus wünscht ja gerade zu dem Hause geführt zu werden. Das *οὐ* verdankt vielmehr seine Entstehung der Frage. Wenn jemand im Zweifel ist, ob der Wunsch, den er hat, sich erfüllen werde, kann er bei der Fragestellung ebenso gut von der negativen als von der positiven Voraussetzung ausgehen, wie auch wir ebenso wohl sagen können: *„Willst du mir nicht den Weg zeigen?"* als *„Willst du mir wohl den Weg zeigen?"*

Anders ist es bei einem in Frageform gekleideten Gedanken, dessen Eintreten man abwehren möchte. In einem solchen Falle muss allemal im Griechischen *μή* gebraucht werden, z. B.

οὐ σῖγ' ἀνέξει μηδὲ δειλίαν ἀρεῖ Aias 75.

An den Verdeutlichungsfragen lässt sich eine ähnliche Wandlung des Optativbegriffes wie in den aussagenden Hauptsätzen beobachten. Man sehe, wie in folgenden vier Beispielen der Wunsch und das individuell-futurische immer mehr zurücktritt.

1. té hâ' 'surâḥ sámûdire: pâpám vata no' yám ṛishabháḥ sacate, katháṃ nv imáṃ dabhnuyâmé' ti *„die Asuras sprachen: wehe, Uebles*

thut uns dieser Stier an, wie könnten wir ihn doch unschädlich machen?" Çat. Br. 1, 1, 4, 14.

2. kathā' dāçemā' gnáye „*wie könnten wir wohl dem Agni dienen?*" RV. 1, 77, 1.

3. Bharadvâjo ha tribhir âyubhir brahmacaryam uvâsa. tám ha jîrṇiṃ sthaviraṃ çayânam indra upavrajyo' vâca: „Bharadvâja yat te caturtham âyur dadyâṃ, kim etena kuryâḥ" iti. brahmacaryam evai 'nena careyam iti ho' vâca „*Bharadvaja war durch drei Menschenalter Brahmacârin. Zu ihm, als er alt und krank lag, kam Indra und sprach: Bh., wenn ich dir ein viertes Leben gäbe, was würdest du damit machen? Ich würde das Leben eines Brahmacârin führen, antwortete er*" Taitt. Br. 3, 10, 11, 3 (bei Muir 3², 17).

4. sa hi jâtânâm veda. yâvatâṃ vâi sa jâtânâṃ veda, te bhavanti. yeshâm u na veda, kim u te syuḥ „*Jatavedas weiss von den geborenen, von wie vielen er weiss, die existiren, von welchen er aber nicht weiss, wie könnten die existiren?*" Ait. Br. 2, 39.

Cap. VIII.

Personen- und Modusverschiebung.

Während bis hierhin die Wege der indischen und griechischen Syntax parallel gingen, scheiden sie sich an dieser Stelle. Man kann in dem Gebrauch des Griechischen Optativs eine deutliche Scheidung in eine ältere und eine jüngere Abtheilung vornehmen. Zu der älteren gehört, was wir bisher erörterten, unter die jüngere fällt der Optativ der erzählten Rede, welcher erst in der Zeit des Einzellebens der griechischen Sprache aus dem Conjunctiv oder Indicativ entstanden ist.

Von diesem spätgeborenen Optativ ist im Folgenden die Rede. Er kommt nur vor in solchen Nebensätzen, welche die Worte oder Gedanken jemandes erzählen. Indessen ist der aus einem andern Modus entstandene Optativ nicht das einzige, und nicht einmal das wichtigste Zeichen der erzählten Rede. Die erzählte Rede im Gegensatz zu der directen wird vielmehr wesentlich charakterisirt durch die Personenverschiebung. Von dieser muss daher hier zunächst gehandelt werden.

Der gesammte Wurzelvorrath des Indogermanischen zerfällt in qualitative und demonstrative, wie Steinthal, oder nennende und deutende Wurzeln, wie Curtius sie bezeichnet. Die nennenden Wurzeln enthalten in sich keine Hindeutung auf eine nennende Person. Was ich Baum nenne, nennst du so und nennt er so. Dagegen die Deutewurzeln

dienten dem Sprechenden ursprünglich dazu, sich als Mittelpunkt seiner Umgebung zu nennen und weiterhin auf gewisse Punkte seiner Umgebung zu deuten, welche zu dem sprechenden Mittelpunkte in einer Beziehung stehen. Das Pronomen der ersten Person bezeichnet den Sprechenden, den Herrn der Situation, das der zweiten den Angeredeten, das dem Sprechenden ebenbürtige Wesen der Umgebung, die mannigfachen Pronomina der dritten die übrigen Punkte der Umgebung, sofern die Aufmerksamkeit des Sprechenden sich auf sie richtet. Alle Pronominalwurzeln dienen ursprünglich nur dem Augenblick, nur einer einzigen Situation, wer sich eben ich nannte, wird unter der Herrschaft eines anderen Redenden zum du und zum er. Die Pronomina der dritten Person haben diesen ursprünglichen Gebrauch nicht durchweg festgehalten, z. B. in das lateinische ille im Sinne von „jener berühmte" ist etwas von der Stetigkeit der nennenden Wurzeln hineingekommen, das Pronomen der ersten und zweiten Person dagegen sind von den nennenden Wurzeln immer völlig verschieden geblieben. Sie haben immer nur Sinn für e i n e ganz bestimmte Situation. So lange sich die Rede nun nur mit der Gegenwart beschäftigt, kann ein Missverständniss aus dieser Natur der Pronomina nicht entstehen, um so weniger als die Worte durch Gesten erläutert werden können. Wohl aber entsteht eine Schwierigkeit, wenn etwas Vergangenes erzählt, das heisst der Phantasie als gegenwärtig vorgestellt werden soll. Dann stossen zwei Situationen, die in Wahrheit gegenwärtige, und die in der Phantasie gegenwärtige zusammen, in beiden können dieselben Pronomina aber bezogen auf verschiedene Personen auftreten, z. B. A fragt mich (B): „*wie heisst du?*" Dieses Erlebniss erzähle ich einer dritten Person C mit den Worten: „*denke dir, A fragt mich „wie heisst du?*" In dieser Erzählung treten zwei „d u" auf, bezogen auf die Personen C und B. Das ist eine nicht zu duldende Undeutlichkeit. Wir helfen dieser ab durch eine V e r s c h i e b u n g d e r P e r s o n e n. Wir lassen stets den wirklich gegenwärtigen Redner die Personen bestimmen, und sagen: „*denke dir, er fragte mich, wie* i c h *hiesse*". Das ist auch die Art, wie das Griechische die Zweideutigkeit, wo sie ihm vorhanden zu sein scheint, aufhebt. Das Sanskrit dagegen schlägt einen völlig anderen Weg ein. Es behält die Personen der direkten Rede bei, auch wenn sie erzählt wird, und braucht, wenn eine Undeutlichkeit entstehen könnte, als Zeichen der Anführung das Wörtchen *iti* (*so*). Der Inder sagt also nicht: „Er fragte, wo e r bleiben solle", sondern: sa ho' vâca: kvâ 'ham bhavâni iti „*er sprach: wo soll ich bleiben? So*".

Die Gewohnheit, die Rede jemandes in der direkten Form anzuführen, dürfte im klassischen Sanskrit keine Ausnahme leiden. Aus der vedischen

Literatur ist mir dagegen ein höchst interessantes Beispiel bekannt, in dem sich wie im Griechischen und Deutschen Personenverschiebung zeigt, nämlich:

çunahçépo hy áhvad gṛibhitás trishv ādityáṃ drupadéshu baddháḥ, ávai' naṃ rā́jā váruṇaḥ sasṛijyād vidvā́n ádabdho ví mumoktu pā́çān „*Çunahçepa, als er ergriffen und an die drei Hölzer gebunden war, rief den Aditya an, der König Varuna (= Aditya) möge ihn* (enam) *befreien, der weise, untrügliche soll die Fesseln lösen*" RV. 1, 24, 13.

Vielleicht werden sich noch mehr Beispiele für diesen Gebrauch finden. Das aber darf man jedenfalls behaupten, dass die Personenverschiebung im Sanskrit nur in den allerschwächsten Anfängen vorhanden ist. Das Gebräuchliche ist die Anführung in der directen Rede. In der Brahmanaliteratur, wo solche Anführungen ausserordentlich häufig sind, habe ich durchweg *iti* als Zeichen der Anführung gefunden. Dagegen im Epos und besonders in der späteren Prosa ist häufig nicht einmal *iti* angewendet, z. B.

Sāvitry āha bhartāraṃ: „nai 'kas tvam gantum arhasi „*Savitri sprach zu ihrem Gatten: „gehe doch nicht allein" (er möge doch nicht allein gehen)*" Sāvitryupākhyānam (Bopp) 4, 19.

Das Wörtchen *iti*, über dessen Verwendung hier noch einige Worte zu sagen sind, wird, um mit Böhtlingk-Roth zu reden, gebraucht „bei Anführungen aller Art, um das Gesprochene, Gedachte, Gewusste, Beabsichtigte als Jemandes verba ipsissima, die er wirklich gesprochen oder unter den gegebenen Verhältnissen hat sprechen können, kenntlich zu machen". Die Verwendung dieses *iti* ist eine ausserordentlich freie und vielartige, wie aus der Gebrauchsübersicht bei Böhtlingk-Roth zu ersehen ist. Hier seien nur einige Sätze angeführt, in welchen das Verbum declarandi oder sentiendi wirklich vorhanden oder doch sofort zu ergänzen ist.

yád ná marā́ íti mányase, utó tát satyám ít táva „*wenn du denkst, ich werde nicht sterben, so ist das dein wahrhaftiges Vorrecht*" RV. 8, 82, 5,

te devāḥ Prajāpatim abruvan: „prajāyāmahāi" iti, so'bravīd: „yathā 'haṃ yushmāṅs tapasā 'sṛikshy, evaṃ tapasi prajananam ichadhvam" iti „*die Götter sprachen zu Prajāpati: „wir wollen uns fortpflanzen". Er sprach: „wie ich euch durch Büssung erschaffen habe, so sucht auch durch Büssung Fortpflanzung*" Taitt. Sanh. 7, 1, 5, 1 (bei Muir 1², 52),

taṃ devā abruvann: „ayaṃ vāi Prajāpatir akṛitam akar, imaṃ vidhya" iti. sa „tathā" ity abravīt „*die Götter sprachen zu ihm (Rudra): „dieser Prajāpati that Unziemliches, tödte ihn". Er sprach „ja*" Ait. Br. 3, 33.

Bei Gesprächen, in denen die Wechselrede sich öfter wiederholt, pflegt das Verbum des Sagens nur bei der ersten Rede gesetzt zu werden, z. B.

tā́u hā́ 'gátyo 'catur: máno yājayāva tvā́ íti. kéna íti. anénarshabhéna íti. tathā́' íti *„die beiden sprachen: „o Mann wir wollen für dich opfern". (Er fragte) „womit denn?" (Sie antworteten) „mit diesem Stier". (Er sagte) „ja"* Çat. Br. 1, 1, 4, 15.

tāç ca drishṭvai 'va tam dūrād āyāntam kāçyapātmajam pratyudgamyā 'bruvan vākyam 'prahasantya idam tadā: ehy āçramapadam ramyam paçyā 'smākam iti *„und sie, den Sohn des Kaçjapa von fern herankommen sehend, sprachen, indem sie zu ihm herantraten, lächelnd folgendes Wort: „komm zu einer lieblichen Einsiedelei, beschaue auch die unsrige"* Râmâyaṇa (Schlegel) 1, 9, 53.

Oefter besteht die Rede, welche durch *iti* als erzählte bezeichnet wird, nur aus einem Worte, z. B.

akanyā iti yah kanyām brūyāt *„wer zu einer Jungfrau sagt „Nicht-jungfrau" (d. h. sie sei nicht Jungfrau) u. s. w.* Manu 8, 225.

Sâvitri ity eva nâmā 'syāç cakrur viprāḥ *„Heisse Savitri, so machten ihren Namen die Weisen"* Sâvitr. 1, 21.

In all den angeführten Sätzen würden wir die Personenverschiebung eintreten lassen. Man muss gestehen, dass das Verfahren des Sanskrit hinsichtlich der Deutlichkeit vor unserem den Vorzug verdient. Trotzdem aber stehen das Griechische und Deutsche in dieser Beziehung auf einer höheren Stufe syntaktischer Entwickelung, denn im Sanskrit bleibt die angeführte Rede mit ihren einer anderen Situation angehörigen Pronominibus doch nur ein eingekapselter fremder Körper, während sie im Griechischen, Lateinischen und Deutschen ein Glied des Gesammtorganismus wird.

Auf die Personenverschiebung des Griechischen näher einzugehen, liegt nicht in meiner Absicht. Es bleibt zu untersuchen, welche Pronomina in der indirecten Rede des Griechischen gebraucht werden, wiefern diese Verwendung aus ihrem ursprünglichen Sinne zu erklären ist, und es wird besonders lehrreich sein, eine Vergleichung des Griechischen mit dem Lateinischen und Deutschen vorzunehmen. Dagegen ist über die Modi der erzählten Rede im Griechischen einiges zu bemerken. Die Wahl des Modus steht bekanntlich im Zusammenhang mit dem Tempus des Verbums im Hauptsatze. Wenn dieses ein tempus praesens ist, so bleibt der Modus der directen Rede, z. B.

μητρὶ δ' ἐμῇ δίχα θυμὸς ἐνὶ φρεσὶ μερμηρίζει,
ἢ αὐτοῦ παρ' ἐμοί τε μένῃ καὶ δῶμα κομίζῃ etc. π 73,

wo die dritte Person des Conjunctivs aus der ersten entstanden ist. Wenn aber das Verbum des Hauptsatzes ein historisches Tempus ist, so können

bei conjunctivischen Sätzen (und diese allein haben wir hier genauer zu untersuchen) zwei Fälle eintreten. Entweder die Handlung des abhängigen Satzes hat eine deutliche Beziehung zur Gegenwart: dann bleibt der Conjunctiv, z. B.

ἀχλὺν δ' αὖ τοι ἀπ' ὀφθαλμῶν ἕλον, ἣ πρὶν ἐπῆεν,
ὄφρ' εὖ γιγνώσκῃς ἠμὲν θεὸν ἠδὲ καὶ ἄνδρα E 128.

Oder die Nebenhandlung soll, ebenso wie die Haupthandlung in der Vergangenheit gedacht worden: dann tritt statt des Conjunctivs der Optativ ein, z. B.

βῆ δ' ἴμεναι κατὰ δώμαθ', ἵν' ἀγγείλειε τοκεῦσιν ζ 50.

Dieser im Griechischen, wie bekannt, ausserordentlich häufige, aber doch auf den ersten Blick sehr auffallende Vorgang der Modusverschiebung erfordert nun eine Erklärung. Es soll bezeichnet werden, dass etwas in der Vergangenheit zu denken sei, und dazu findet eine Verschiebung des Modus statt! Ein Deutscher könnte geneigt sein zu fragen, warum denn das Griechische nicht einfach in solchem Falle den Conjunctiv eines historischen Tempus angewendet hat. Die Antwort ist, weil es keinen besitzt. Dass die Modi des Aorist von denen des Präsens nicht der Zeitstufe nach verschieden sind, ist aus jeder Seite unserer Beispielsammlung ersichtlich, und wird hoffentlich in einer Arbeit über die Tempusstämme nach nicht zu langer Zeit näher ausgeführt werden. Wenn also das Griechische nicht eine Verschiebung des Tempus eintreten lassen konnte, so musste es sich auf andere Weise helfen, und hat dies in sehr sinniger Weise gethan. Es setzte statt des Conjunctivs, welcher, wie unsere ganze Darstellung gezeigt hat, immer eine „Tendenz zur Wirklichkeit“ hat, den von der Wirklichkeit viel weiter entfernten Modus, den Modus des Wunsches, der Vermuthung, der Annahme, den Optativ ein. Es drückt also nicht direct die Vergangenheit aus, sondern deutet nur an, dass die Handlung nicht eben nah mit der Wirklichkeit verknüpft sei.

Diese Modusverschiebung ist, so weit ich sehe, eine Errungenschaft des Griechischen. In dem einen oben angeführten sanskritischen Beispiel, das die Personenverschiebung zeigt, steht freilich auch der Optativ, aber er könnte dort auch ursprünglich sein.

Ich möchte also, bis etwa aus dem Sanskrit Beispiele beigebracht werden, die anderer Natur sind, als die mir bekannten, behaupten, dass die Personenverschiebung im Sanskrit zwar vorhanden war, aber bis auf geringe Spuren wieder verdrängt ist, also vielleicht in ihren Anfängen schon in „proethnische“ Zeiten zurückgeht, dass dagegen die Modusverschiebung erst in griechischer Zeit entstanden ist.

Cap. IX.

ΚΕΝ und ΑΝ.

Man pflegt die beiden in der Ueberschrift genannten Partikeln wohl als gleichbedeutend zu betrachten, ich mache auch nicht darauf Anspruch, den Unterschied in deutlichen Worten angeben zu können; um indessen der Untersuchung nicht vorzugreifen, so sollen sie im Folgenden, so weit es möglich ist, abgesondert behandelt werden.

Was zunächst *κέν* betrifft, so ist seine Identität mit dem indischen *kám* unzweifelhaft, und der Zusammenhang beider mit dem Interrogativ- und Indefinitstamme sehr wahrscheinlich. Da indessen der Gebrauch des indischen *kám* schon sehr verwischt ist, und ich die Untersuchung über die Grundbedeutung des Stammes *ka* ablehnen möchte, so scheint es mir angemessen, zunächst den relativen, d. h. sich aus dem Gebrauche ergebenden Grundbegriff von *κέν* zu ermitteln, so weit er in conjunctivischen und optativischen Sätzen zu Tage tritt.

Ich beginne mit dem Conjunctiv und zwar zunächst bei den Hauptsätzen. Diese theilten wir in zwei Classen, den Conjunctiv des Wollens und der Erwartung. Bei der Erwartung ist die subjective Erregung geringer, weil der Eintritt der in Aussicht genommenen Handlung durch ausserhalb des wollenden Subjects liegende Gründe befördert wird. Zu diesen zwei Classen nun stellt sich *κέν* so, dass es bei dem Conjunctiv des Wollens nie, bei dem Conjunctiv der Erwartung meist erscheint, z. B.

τὴν μὲν ἐγὼ σὺν νηΐ τ' ἐμῇ καὶ ἐμοῖς ἑτάροισιν
πέμψω ἐγὼ δέ κ' ἄγω Βρισηΐδα καλλιπάρῃον Α 189
ἦδ' ἔτι καὶ νῦν
πείθευ ἐγὼ δέ κέ τοι ἰδέω χάριν ἤματα πάντα Ξ 234
εἰ δέ κε μὴ δώῃσιν, ἐγὼ δέ κεν αὐτὸς ἕλωμαι Α 324.

In keinem dieser drei Sätze, die als Repräsentanten sehr häufiger Satzconstellationen gewählt sind, ist die conjunctivische Aussage etwa eine besonders milde oder schwankende, sondern sie ist emphatisch drohend und feierlich vorsprechend. In dem Verse:

τὴν δέ κε τοι πνοιὴ Βορέαο φέρῃσιν κ 504

könnte man die Aussage beruhigend nennen und anderswo anders. Alle diese Nüançen liegen natürlich nicht in *κέν*, das folgt schon daraus, dass der blosse Conjunctiv ebenso gebraucht wird (vgl. unsere Beispielsammlung), sondern *κεν* kann nur das noch ausdrücklich hervorheben sollen, was der gemeinsame Zug aller dieser Conjunctive ist. Das gemeinsame ist, dass sie eine Beziehung auf das Eintreten der

Handlung haben, und so muss man auch von κέν behaupten, dass es auf das Eintreten der Handlung hinweist.

Bei den Relativsätzen unterscheiden wir posteriorische und priorische. Was zunächst die posteriorischen betrifft, in welchen der wollende Conjunctiv steht, also die Absichtssätze, so haben wir gegen drei reine Conjunctive fünfzehn κέν. Der scheinbare Widerspruch, dass der wollende Conjunctiv in Hauptsätzen κέν gar nicht kennt, in Relativsätzen aber häufig zeigt, hebt sich, wenn man bedenkt, dass die Kraft des Wollens durch die Degradirung des Satzes zum Nebensatze geschwächt wird. Die Conjunctive der Erwartung in posteriorischen Sätzen zeigen den reinen Conjunctiv 1 mal, κεν 8 mal.

In den priorischen Sätzen ist der Conjunctiv der Gleichnisse immer rein, denn er enthält stets Phantasieforderungen, an deren Eintreten zu denken eine Absurdität wäre; in den sonstigen priorischen Nebensätzen zeigt sich ein ähnliches Verhältniss wie in den Hauptsätzen. κέν überwiegt bedeutend den reinen Conjunctiv (126 Fälle gegen 45). Es ist seltsam, dass auf die bis jetzt erwähnten 149 Fälle von κέν in Relativsätzen nur 3 ἄν kommen.

Es folgen die Conjunctionssätze und zwar erstens die Sätze mit Conjunctionen vom Relativstamme. Wir erwähnen zunächst die posteriorischen: Bei ἵνα findet sich stets der reine Conjunctiv ausser μ 156, bei ὄφρα 140 reine Conjunctive gegen 9 κέν, also bei ἵνα und ὄφρα ein ungeheures Uebergewicht der reinen Conjunctive. Natürlich! denn ἵνα und ὄφρα leiten eben Sätze ein, in denen ganz ausschliesslich das Wollen, die Absicht, und nicht die Folge ausgesprochen ist. Anders steht es bei ὡς, das ja gewöhnlich Sätze der beabsichtigten Folge einleitet. Gegen 8 reine Conjunctive habe ich 32 mal κεν, 6 mal ἄν, ähnlich ὅπως. Bei denjenigen posteriorischen Sätzen dagegen, welche den erwartenden Conjunctiv enthalten, ist die Herrschaft von κέν (und ἄν) vollendet. Bei ὄφρα bis findet sich kaum der reine Conjunctiv, 6 mal κέν, 6 mal ἄν, bei ἕως nur κέν, bei εἰς ὅ nur κέν.

Unter den priorischen Conjunctionssätzen mit Conjunctionen vom Relativstamme findet sich bei Gleichnissen mit ὡς nur der reine Conjunctiv, aus demselben Grunde wie bei den Relativsätzen in Gleichnissen. Bei Gleichnissen mit ὡς ὅτε dagegen habe ich gegen 39 reine Conjunctive kein κέν, aber 10 ἄν. Diese auffällige Thatsache dürfte sich wohl so erklären, dass ὅτε eine temporale Bestimmung hinzufügt, also der Voraussetzung etwas von Idealität benimmt. Bei ὡς und ὅπως, welche einen futurischen auf einen einzelnen Fall weisenden Conjunctiv einleiten, dürfte die Vertheilung von reinen Conjunctiven einerseits und κέν und ἄν andererseits etwa gleich sein. Sehr

charakteristisch ist ὅτε und ὁπότε. Bei den Sätzen, welche nicht eine einzelne futurische Erwartung, sondern eine ganz allgemeine Voraussetzung aussprechen, finde ich 30mal den reinen Conjunctiv, 6mal κέν, 4mal ἄν. Bei den Sätzen dagegen, welche eine futurische Erwartung aussprechen 3 reine Conjunctive, 28mal κέν, 14mal ἄν. Also κέν und ἄν weisen auf das Eintreten der Handlung hin.

Bei den Bedingungssätzen ist das Verhältniss durchaus dem bisher Ausgeführten entsprechend, so dass ich auf eine genauere Darstellung verzichten kann. Auch im Optativ ist das Verhältniss durchaus das, was sich nach der Analogie des Conjunctivs erwarten lässt. Es sei nur einiges besonders Charakteristische herausgehoben. Bei dem wünschenden Optativ steht nie κέν, fast nie in den priorischen Relativsätzen, welche eine Annahme ausdrücken. Auffallend dagegen ist, dass in den posteriorischen Relativsätzen bei negativem Hauptsatz 11 κέν gegen einen reinen Optativ belegt sind.

Wie manches indessen auch im Einzelnen noch der Erklärung bedürftig sein mag, im Allgemeinen steht das Resultat durchaus fest: κέν beim Conjunctiv und Optativ weist auf das Eintreten der Handlung hin.

Dies ist der relative Grundbegriff von κέν. Es entsteht nunmehr die Frage nach dem absoluten. Versuchen wir zunächst, ob das identische altindische *kám* uns weiter bringt. Hugo Weber (die dorische Partikel KA, Halle 1864) hat erwiesen, dass dem dorischen κά und dem epischen κέν eine ältere Form κάν mit kurzem a-Laut zu Grunde liegt. Diese Form ist aus dem arkadischen Dialekte überliefert in den beiden inschriftlichen Stellen: εἴ κάν τι γίνηται und εἴ καν κελεύωνσι (a. a. O. pag. 17). Dass mit diesem κάν die vedische Partikel *kám* identisch sei, ist zuerst von Kuhn, Hallische A. L. Z. 1846 II pag. 846 ausgesprochen. Benfey im Glossar zum Sâmaveda pag. 46 fügte noch die Parallele *nú kam* = νύ κεν hinzu, die denn auch von Kuhn, Beiträge I, 364 anerkannt worden ist. Ueber die Bedeutung dieses *kam* äussert sich Kuhn so: „Das Wort *kam* wird von Yâska bedeutungslos genannt und Sâyaṇa stimmt ihm öfters bei, indess werden wir nicht allzusehr fehlgehen, wenn wir ihm an den meisten Stellen eine verstärkende Bedeutung, etwa die unseres *ja* beilegen". Benfey schreibt ihm hervorhebende und verstärkende Kraft zu, und übersetzt es durch „*sicher*", Böhtlingk-Roth durch „*wohl, ja*", und sie fügen zugleich hinzu, es sei so abgeschwächt, dass es von den indischen Grammatikern mit Recht zu den Füllwörtern gezählt werde. Es ist eben ein nur in den ältesten vedischen Schriften vorkommendes Wort, dass vielleicht schon von manchen Verfassern vedischer Hymnen als Antiquität empfunden, und nicht mehr seiner

ursprünglichen Bedeutung nach verstanden wurde. Versuchen wir durch eine Uebersicht des Gebrauches uns das Material, aus dem Kuhn, Benfey und Roth die Bedeutung das Wörtchens erschlossen haben, zu vergegenwärtigen.

kam kommt ortholonirt und enklitisch vor, im letzteren Falle angelehnt an die Versicherungspartikeln *nú sú hí*. Wir gehen von dieser Hälfte des Gebrauches aus, weil von ihr die andere Hälfte Licht empfängt. Zuerst sei *hí kam* und *nú kam* erwähnt in indicativischen Sätzen, die eine allgemeine, zeitlich nicht näher definirte Handlung enthalten:

vāiçvānarásya sumatāú syāma, rā́jā hí kam bhúvanānām abhiçrī́ḥ „*in des Vaiçvānara Wohlwollen möchten wir sein, er ist ja der Wesen ordnender Herrscher*" RV. 1, 98, 1, ähnlich 2, 28, 8.

vidád gávyaṃ sarámā dṛḷhám ūrvám, yéna nú kam mā́nushī bhójate víṭ „*Saramā fand den festen Rinderstall (die Wolken), durch den ja die Menschen ihre Nahrung bekommen*" RV. 1, 72, 8.

Ferner stehen *hí kam* und *nú kam* in einem indicativischen erzählenden Satze:

ukthébhir arvā́g ávase purūvásū arkāíç ca ní hvayāmahe, çáçvat káṇvānāṃ sádasi priyé hí kaṃ sómam papā́thur açvinā „*mit Gebeten hierher zur Hülfe, ihr Gutspender, und mit Liedern rufen wir euch, immer in der Kaṇviden liebem Hause habt ihr ja den Soma getrunken, ihr Açvinen*" RV. 1, 47, 10, ähnlich 7, 33, 3.

In der Verbindung mit dem Conjunctiv des Willens steht *nú kam*:

víshṇor nú kaṃ vīryā́ṇi prá vocam „*ich will doch preisen die Heldenthaten des Vishṇu*" RV. 1, 154, 1 (im Anfange eines Hymnus).

hárī nú kaṃ rátha índrasya yojam „*ich will doch die Hari's an den Wagen des Indra anschirren*" RV. 2, 18, 3.

Endlich steht *sú kam* und *hí kam* auch in der Verbindung mit dem Imperativ, also eine Aufforderung verstärkend:

tíshṭha sú kaṃ maghavan mā́ párā gāḥ „*halt doch an, Mächtiger, geh nicht bei Seite*" RV. 3, 53, 2 vgl. 1, 191, 6 und 2, 37, 5 (hí kam).

Diese Anwendung des *kam* bei dem Conjunctiv und Imperativ, wo es in einem Satze steht, der etwas Herbeizuführendes, Futurisches ausdrückt, leitet hinüber zu dem Gebrauche des betonten *kám*. Dieses steht nämlich, was auf den ersten Blick sehr auffallend erscheint, nur hinter Dativen. Bedenkt man aber, dass der Dativ in den meisten Fällen (unter 9 von BR. aus dem Rigveda angeführten 6 mal) finalen Sinn hat, also auf etwas Herbeizuführendes, Futurisches weist, so zeigt sich die Einheit

des Gebrauchs. Es dürfte als eine missverständliche Ausdehnung dieser Anwendung anzusehen sein, dass *kám* auch hinter Dativen anderer Art vorkommt.

Man begreift aus dieser Uebersicht zunächst, dass es nicht absolut unvernünftig ist, von Füllwörtern zu reden. Hinter *nú sú hí* möchte sich schwerlich ein specifischer Sinn für *kam* ermitteln lassen. Denn das versichernde, was in *nú kam, sú kam, hí kam* unzweifelhaft steckt, kann ja auch von *nú sú hí* allein herrühren. In dem isolirten Gebrauch von *kám* möchte ich eine Hinweisung auf die Zukunft finden, indessen ist das Material doch zu gering, um einen sichern Schluss zu gestatten.

Ich möchte also — das ergiebt sich mir als Resultat — aus dem Gebrauch von *kám* einen Schluss über die absolute Grundbedeutung von *κέν* nicht ziehen.

So bleibt denn nur die Etymologie. Ich habe es oben als sehr wahrscheinlich bezeichnet, dass *kám* und *κέν* zu dem Pronominalstamme *ka* gehören. Der Grund, warum ich nicht die Gewissheit für diese Ableitung in Anspruch nehme, ist folgender. Es giebt in der ältesten indischen Prosa ein Wort *kám* mit der Bedeutung *wohl, gut, bene*, dass man von der Wurzel *kam, lieben* nicht wird trennen können. Man könnte nun geneigt sein, dieses *kam* und unsere Partikel für dasselbe Wort zu halten, und könnte an das deutsche „wohl" erinnern, das in einem gleichen Verhältniss zu der Wurzel *var* steht. Aber der Identificirung der beiden *kám* stehen doch die gewichtigsten Bedenken entgegen. Es wäre im höchsten Grade befremdlich, dass ein Wort in der älteren Literatur (*kám* im Veda) mit ganz blasser, beinahe absterbender, in der jüngeren mit der ursprünglichen kräftigen Bedeutung erschiene (*kám* in der Prosa), und es wäre der Gewohnheit der älteren indogermanischen Sprachen nicht entsprechend, eine derartige Partikel aus einer nennenden Wurzel zu bilden. Nach der Analogie der übrigen Partikeln muss man eine Deutewurzel vermuthen.

Der Pronominalstamm *ka* nun, der sich somit mit hoher Wahrscheinlichkeit als Erzeuger von *kám* und *κέν* ergeben hat, hat sowohl fragenden als indefiniten Sinn. Fragend kann *kam* und *κέν* nicht genommen werden, folglich indefinit. Der Form nach ist es Accusativ, also der am wenigsten eng begrenzte Casus. Man trifft vielleicht den Sinn am besten, wenn man „irgendwann, irgendwie" übersetzt. Daraus entwickelt sich nun leicht der relative Grundbegriff, wie er uns in den conjunctivischen und optativischen Sätzen entgegengetreten ist. *κα* bezeichnet irgend eine Modalität der Handlung, und ist daher geeignet, die Handlung, deren Verwirklichung in Aussicht genommen wird, von der bloss phantasirten zu unterscheiden.

Ich komme nunmehr zu ἄν. Es ist schon oben bemerkt, dass es schwer sein möchte, den Unterschied von κέν und ἄν deutlich anzugeben. Indessen ganz gleichbedeutend sind sie sicherlich nicht gewesen. Was sich jetzt noch an Verschiedenheiten ausmitteln lässt, möchte folgendes sein: 1) ἄν hat eine Neigung zu negativen Sätzen. So haben wir — um nur eins anzuführen — im Conjunctiv der Erwartung mit κεν lauter positive Sätze, mit ἄν 2 positive, 7 negative. 2) κέν hat eine entschiedene Vorliebe für die conjunctivischen Relativsätze (149 κέν gegen 3 ἄν). 3) κέν wird bisweilen in disjunctiven Satzgliedern wiederholt, ἄν nicht, z. B.

Ἕλοιμί κεν, ἤ κεν ἀλοίην Χ 253 u. a. m.

Folgerungen möchte ich aus diesen Thatsachen zunächst nicht ziehen, immerhin sind sie aber wichtig genug, um erwähnt zu werden.

Um nun über die Etymologie von ἄν zur Klarheit zu gelangen, knüpfen wir wie bei κέν an eine Aufstellung von Kuhn an. Dieser Gelehrte hat auch für ἄν eine indische Parallele in Anspruch nehmen zu dürfen geglaubt, indem er sich Beiträge 1, 361 dahin ausspricht, dass ἄν mit dem lateinischen *an* und dem altindischen *ú* identisch sei, welches sich aus *an* entwickelt habe. Es scheint mir auch nach den widersprechenden Ausführungen von Sonne (K. Z. 12, 287 flgd.) nicht zu leugnen, dass ein Uebergang von *an* in *u* im Sanskrit als möglich zugelassen werden müsse. Aber wir haben nicht nur im Sanskrit, sondern auch im Griechischen, Lateinischen, Slavischen, Deutschen (vgl. Sonne K. Z. 12, 278 flgd. Windisch Relativpronomen 2, 263) einen Pronominalstamm *u* anzunehmen, den erst von *an* abzuleiten wir keinen Grund haben, sondern den wir, ehe besondere Gründe dagegen vorgebracht sind, für ebenso ursprünglich halten müssen als die Stämme *a* und *i*. Zu diesem weit verbreiteten Pronominalstamme *u* nun gehört die altindische Partikel *u*. Man dürfte sie nur dann von diesem trennen und zu *an* ziehen, wenn die Bedeutungsgleichheit zwischen ἄν und *u* ganz besonders schlagend wäre. Dass sie das nicht ist, zeigen die Ausführungen von Kuhn selbst, die Aehnlichkeit ist nur eine solche, wie sie überhaupt zwischen Pronominalstämmen der dritten Person stattfindet.

Ich komme also zu dem Schlusse, dass das griechische ἄν im Sanskrit keine unmittelbare Parallele hat. Ob das lateinische *an* mit dem griechischen identisch sei, will ich hier nicht untersuchen. Für diese Annahme spricht sich ausser Bopp, Grimm, Hartung auch Pott Etym. Forsch. II[1], 135 und Präpositionen 424 sehr bestimmt aus. Einen überzeugenden Beweis aber finde ich nirgends.

Resumiren wir nun die Ergebnisse. κέν und ἄν sind etymologisch durchaus verschieden. κέν gehört zu dem Stamme *ka*, ἄν zu dem

Stamme *an* (*na*). κέν ist identisch mit dem sanskritischen *kim*, ἄν hat keine unzweifelhafte ausländische Parallele neben sich.

Zur Ermittelung der Bedeutung trägt aber weder die Parallele mit *kim*, noch die Etymologie viel bei. Sie muss aus dem Gebrauche abstrahirt werden. An dieser Stelle handelt es sich aber nur um einen Theil des Gebrauches, nämlich um das Auftreten von κέν und ἄν in conjunctivischen und optativischen Sätzen.

Zu dem Zwecke der Ermittelung dieses Gebrauches sei hier aus dem Capitel über die Grundbegriffe folgendes in Erinnerung gebracht. Die Grundbegriffe der beiden Modi sind Wille und Wunsch. Diese Begriffe entwickeln sich in der Art, dass die subjective Erregung der Begierde immer mehr zurücktritt, und dadurch das Futurische mehr hervortritt. Sie nähern sich dadurch beide dem Indicativ. Diese ganze Entwickelungsscala, mit Ausschluss allein des energischen Willens und Wunsches, ist das Gebiet von κέν und ἄν. Sie begleiten den Conjunctiv und Optativ durch alle inneren Wandlungen, aber sie erzeugen dieselben nicht. Sie sind nur ein beredterer Ausdruck dessen, was auch durch den blossen Conjunctiv und Optativ ausgedrückt wird. Wie es nun als allgemeiner Charakter der bezeichneten Conjunctive und Optative angesehen werden muss, dass sie das Futurische mehr als die Begierde betonen, so muss es auch als die allgemeine Aufgabe von κέν und ἄν bezeichnet werden, auf den Eintritt der Handlung hinzuweisen. Ferner ist aber gezeigt worden, wie mannigfache Modificationen der futurische Sinn des Conjunctiv und Optativ im einfachen und zusammengesetzten Satz erleidet; nicht durch innere Evolution des Begriffes, sondern durch Einflüsse von aussen. Allen diesen Einflüssen sind auch κέν und ἄν ausgesetzt, und erhalten daher im Laufe der Zeit die verschiedensten Nüancen der Bedeutung. Alle aber gehen auf den einfachen Grundbegriff zurück.

Eine weitere Verfolgung der angedeuteten Ideen liegt nicht in dem Plan dieser Arbeit. Es kam hier wesentlich darauf an, die geschichtlichen Grundlagen für das Verständniss von κέν und ἄν zu legen.

Cap. X.

Rückblick auf die Satzeintheilung.

Gräcoarisch?

Wir haben in den vorhergehenden Capiteln die Entwickelung der an dem Conjunctiv und Optativ haftenden Grundbegriffe durch alle in dem ältesten Sanskrit und Griechischen sich darbietenden Arten von Sätzen

hindurch verfolgt. Es hat sich dabei herausgestellt, dass die Satzgestaltung, welche unsere Quellen zeigten, zum grössten Theile nicht etwas Gegebenes und Fertiges, sondern etwas sich fortdauernd Erzeugendes und Entwickelndes ist, nicht ein *ἔργον*, sondern eine *ἐνέργεια*. Nur von dem Gegensatze der Aussage- und Fragesätze muss man behaupten, dass er ein natürlich und unvermeidlich in allen Sprachen vorhandener ist. Denn wie sollte eine menschliche Gesellschaft bestehen ohne Frage und Antwort? Dagegen die mannigfachen Arten der Aussagesätze sahen wir sich aus einer Urgestalt, dem einfachen unabhängigen Satze allmälig entwickeln. Wir versuchten nachzuweisen, wie ein Pronominalstamm, dessen Aufgabe ursprünglich auch nur die gewesen sein kann, in die Umgebung des Sprechenden hinauszuweisen, sich durch mancherlei Stufen zum Relativpronomen gestaltete. Wir haben ferner gezeigt, wie gleichsam in einer zweiten Schicht der Entwickelung sich aus demselben Stamme gebildete Casus und Adverbia zur Satzverbindung gebrauchen liessen, und wie andere Pronominalstämme denselben Weg gewandert sind wie der Relativstamm. Bei dieser Flüssigkeit, die allen satzverbindenden Elementen eigen ist, scheint es ein gewagter Versuch, die Sätze gerade mit Hülfe dieser Elemente classificiren zu wollen, wie wir es doch gethan haben. Es muss die Frage aufgeworfen werden, ob wir nicht doch der Sprache etwas aufdrängen, was nicht in ihr ist, wenn wir die Aussagesätze in Hauptsätze, relative Nebensätze und Nebensätze mit Conjunctionen eintheilen.

Um auf diese Frage eine Antwort zu geben, bemerken wir zunächst, dass die beiden letzten Gruppen sich unter den Begriff des Nebensatzes vereinigen, dass also nur der Gegensatz von Haupt- und Nebensätzen übrig bleibt. Wir haben diese beiden Begriffe bis jetzt als bekannt vorausgesetzt. Es handelt sich nun darum, sie etwas eingehender zu definiren.

Dass äussere Zeichen nicht genügen, um die Nebensätze von den Hauptsätzen zu unterscheiden, davon überzeugt man sich bald. Es giebt, wie wir schon Seite 32 bemerkten im Griechischen Sätze mit dem Relativpronomen, die wir dennoch ihrem Gedankenwerthe nach zu den Hauptsätzen rechnen, z. B.

τόν γ' εἴ πως σὺ δύναιο λοχησάμενος λελαβέσθαι
ὅς κέν τοι εἴπῃσιν ὁδὸν καὶ μέτρα κελεύθου δ 389,

und wir haben ferner (S. 20 und 74) gesehen, dass gewisse Sätze, welche *ὡς* und *εἰ* an der Spitze haben, zu den Hauptsätzen gezählt werden müssen. Andererseits finden sich Sätze, die kein Zeichen der Verbundenheit oder Abhängigkeit an sich tragen, sowohl im Sanskrit als im Griechischen wie Nebensätze gebraucht. Ein Beispiel aus dem Sanskrit gewährt:

alaṃkṛitya kanyâm udakapûrvâṃ dadyâd: esha brâhmo vivâhas, tasyâṃ jâto dvâdaçâ' varân dvâdaça parân punâty ubhayataḥ. ṛitvije vitate karmaṇi dadyâd alaṃkṛitya, sa dâivaḥ *„wenn der Vater die Jungfrau weggiebt, nachdem sie geschmückt und gebadet worden, so ist das die brahmanische Ehe. Ein Sohn, der von einer solchen Frau geboren wird, reinigt zwölf spätere und zwölf frühere nach beiden Seiten. Wenn er sie dem Opferpriester in ausgebreitetem Opfer giebt, nachdem sie geschmückt worden, so ist das die göttliche Ehe“* Âçv. gṛih. 1, 6, 1—2.

Aus dem Griechischen sei erwähnt:

εἴη μὲν νῦν νῶϊν ἐπὶ χρόνον ἠμὲν ἐδωδὴ
ἠδὲ μέθυ γλυκερὸν κλισίης ἔντοσθεν ἐοῦσιν
δαίνυσθαι ἀκέοντ', ἄλλοι δ' ἐπὶ ἔργον ἕποιεν,
ῥηϊδίως κεν ἔπειτα καὶ εἰς ἐνιαυτὸν ἅπαντα
οὔ τι διαπρήξαιμι λέγων ἐμὰ κήδεα θυμοῦ ξ 193.

Natürlich sind die drei ersten Verse dieser Stelle ursprünglich als Wunsch gefasst, aber durch das Verhältniss zu dem Gedanken der beiden nächsten Verse kommt in den Wunsch ein deutlicher Anklang an eine Bedingung hinein, der durch nichts sprachlich ausgedrückt ist. Bekannt und oft angeführt ist auch die euripideische Stelle:

καὶ δὴ τεθνᾶσι· τίς με δέξεται πόλις; Medea 386 (Nauck).

Wir können freilich in der Uebersetzung dieser Stelle den Hauptsatz ganz wohl nachbilden, wir fühlen ganz deutlich, wie der erste Hauptsatz erst durch den folgenden herabgedrückt wird. Aber dadurch unterscheidet sich diese Art der Nebensätze nicht von allen übrigen, welche ja auch — wenn unsere ganze Untersuchung nicht auf Sand gebaut ist — nur heruntergekommene Nebensätze sind.

Dass die Nebensätze nicht nothwendig durch ein äusseres Zeichen von den Hauptsätzen geschieden sind, haben wir auch bei den Conjunctivsätzen mit *mā́* und *μή* Seite 21 flgd. gesehen.

Aus diesen Thatsachen, die sich leicht vermehren liessen, ergiebt sich der Schluss, dass, wenn auch die Mehrzahl der Nebensätze von den Hauptsätzen äusserlich geschieden sind, doch ein durchgehendes und untrügliches, in artikulirter Rede ausgedrücktes Unterscheidungszeichen nicht vorhanden ist.

Wir müssen also den wesentlichen Unterschied des Haupt- und Nebensatzes in der Bedeutung suchen. Es ist nun nicht möglich, dies Gedankenverhältniss von Haupt- und Nebensatz in einer, alle Stadien der Satzentwickelung umfassenden Definition zu vereinigen, wenn diese einen materiellen Inhalt haben soll, sondern es ist durchaus nöthig,

die verschiedenen Schichten des Satzgefüges zu unterscheiden. Wir vergegenwärtigen uns diese am bequemsten an den Relativsätzen. Das Pronomen *ja* ist, wie schon öfter ausgeführt ist, ein anaphorisches Demonstrativpronomen, das auch an der Spitze von Hauptsätzen stehen kann, z. B.

τόν γ' εἴ πως σὺ δύναιο λοχησάμενος λελαβέσθαι,
ὅς κέν τοι εἴπῃσιν ὁδὸν καὶ μέτρα κελεύθου δ 389,

wo es einen Nachsatz einleitet. Als Hauptsatz fasse ich auch auf:

τοῖσι δ' ἀνέστη
δῖος Ἀλέξανδρος, Ἑλένης πόσις ἠϋκόμοιο·
ὅς μιν ἀμειβόμενος ἔπεα πτερόεντα προσηύδα H 356,

denn der Satz mit ὅς enthält eine an das Vorhergehende sich anschliessende Handlung, welche die Erzählung weiter führt. In vielen Fällen aber tritt die Handlung des Satzes, der den Stamm *ja* enthält, an Wichtigkeit hinter demjenigen, an den er sich anschliesst, zurück, z. B.

τοῖσι δ' ἔπειτ' ἥρως Αἰγύπτιος ἦρχ' ἀγορεύειν
ὃς δὴ γήραϊ κυφὸς ἔην καὶ μυρία ᾔδη β 16.

Durch den Satz mit ὅς wird in diesem Falle die Erzählung nicht weiter geführt, er tritt völlig in den Schatten gegenüber dem Hauptsatz, der den weitaus wichtigeren Gedanken enthält.

Aehnliche Sätze sind ausserordentlich häufig. Man vergleiche α 106, 153, 199, 282, 304, 341, 349, β 16 etc. Diese erst nennen wir Relativsätze. Sie unterscheiden sich, wie man sieht, von den zuerst angeführten nur durch den Werth, den der Gedanke, den sie ausdrücken, in der Erzählung beanspruchen darf.

Unter Nebengedanke verstehen wir also in der primitivsten Art der Relativsätze einen solchen Gedanken, der einen für die gerade vorliegende Aussage aus irgend welchem Grund minder wichtigen Zug enthält. Er sagt das aus, worauf es dem Redenden weniger ankommt, was allenfalls auch wegbleiben könnte, ohne dass das Verständniss geradezu verloren ginge. Niemals steht in einem solchen Relativsatz ein Gedanke, der von dem Verstande besonders stark betont, oder von der Leidenschaft besonders stark beleuchtet würde. Wir dürfen zusammenfassend sagen, diese Nebensätze enthalten den Gedanken, der aus praktischen Gründen zurücktritt.

Das Verhältniss erscheint aber anders, sobald wir diejenigen Relativsätze in Betracht ziehen, die man nothwendige genannt hat, d. h. diejenigen, die für das Verständniss des Sinnes so unentbehrlich sind, dass nach ihrem Wegfall das Uebrigbleibende nicht verständlich sein würde. Diese Art von Sätzen repräsentiren einen Fortschritt in

der Satzverknüpfung, ja mit ihnen erst, kann man sagen, beginnt das eigentliche Satzgefüge. Solche Sätze sind, z. B.

ἐκ δ' ἔθορε κλῆρος κυνέης, ὃν ἄρ' ἤθελον αὐτοί H 181.

Der Relativsatz ist aus praktischen Gründen hier gerade so wichtig wie der Hauptsatz, beide können ohne einander nicht bestehen, ja man muss vielmehr sagen, dass auf dem Relativsatz ein besonderer Accent ruht, denn die Handlung des Hauptsatzes, die Thatsache, dass überhaupt ein Loos aus dem Helme springt, nachdem er geschüttelt ist, ist nicht eben merkwürdig, der Inhalt aber des Relativsatzes, dass dies Loos das von allen erwünschte des Aias war, ist merkwürdig und trägt entschieden einen Accent der Empfindung. Noch auffälliger ist das praktische Uebergewicht des Relativsatzes in folgendem Beispiel:

τοῖος γάρ τοι ἑταῖρος ἐγὼ πατρώϊός εἰμι
ὅς τοι νῆα θοὴν στελέω καὶ ἅμ' ἕψομαι αὐτός β 286,

wo der Relativsatz dasjenige specielle Anerbieten enthält, was für die Entwickelung der Geschichte von weit grösserer Wichtigkeit ist, als die allgemeine Freundschaftsversicherung des Hauptsatzes. Namentlich im Sanskrit, wo das relative Satzgefüge, wie wir schon mehrfach zu bemerken Gelegenheit hatten, straffer ist als im Griechischen, empfindet man ausserordentlich häufig das praktische Uebergewicht des Relativsatzes über den Hauptsatz, oder doch wenigstens die Ebenbürtigkeit mit demselben, eine Beobachtung, der die indischen Grammatiker, wie wir unten zeigen werden, auch in der Satzbetonung Ausdruck gegeben haben. So wird — um nur eine Art von Sätzen anzuführen, in denen von einem tieferen Werthe des Relativsatzes schlechterdings nicht die Rede sein kann — im Sanskrit häufig das hochbetonte Subject durch einen Relativsatz umschrieben, z. B.

yas tvaṃ kathaṃ vettha *„der du bist, wie weisst du etwas"* d. h. *„wie weisst du etwas"* Ait. Br. 7, 27.

yan maraṇam so' sya viçrāmaḥ (viçvāsaḥ) *„der Tod ist seine Erholung"* Böhtlingk Sprüche 2616.

Es fragt sich, ob wir nach diesen Beispielen, die sich in's Unendliche vermehren lassen, noch den Namen Nebensatz für die Relativsätze als treffend zugeben können. Gewiss nicht in dem Sinne, wie wir die nicht nothwendigen Relativsätze so nannten, wohl aber in einem andern und höhern Sinne. Es treten nämlich bei dem entwickelteren Satzgefüge andere geistige Motoren auf, als bei dem primitiven. Während bei diesem die unmittelbare Empfindung für den bestimmten Fall dem Satze seinen Grad zuerkennt, kommt bei dem eigentlichen Satzgefüge die aufstrebende Logik in Thätigkeit, es beginnt das Anordnen nach mehr

formalen Gesichtspunkten. Prüfen wir die vorliegenden Beispiele, so finden wir, dass bei allen der Hauptsatz das Allgemeinere enthält, der Nebensatz das Speciellere. In dem Verse:

ἐκ δ' ἔθορεν κλῆρος κυνέης, ὃν ἄρ' ἤθελον αὐτοί

spricht der Hauptsatz ganz allgemein von einem Loose, der Relativsatz bezeichnet das specielle, von dem hier die Rede ist. Und so bei allen griechischen Beispielen. Schwierigkeiten machen nur die Sanskritbeispiele, welche gleichsam den äussersten Gipfel der relativen Satzverbindung darstellen. In „yas tvam, katham vettha?“ ist das Subject des Hauptsatzes dasselbe wie das des Nebensatzes, aber trotzdem darf man auch hier von einer Specialisirung durch den Relativsatz reden, denn das Relativum hebt das „du“ aus dem Niveau der gewöhnlichen Betonung, der jedes in der zweiten Person des Verbums steckende Du unterworfen ist, zu einer höheren und energischeren empor, und specialisirt es somit in gewissem Sinne. Man darf also auch mit Rücksicht auf diese Sanskritbeispiele behaupten, dass in den nothwendige Relativsätze enthaltenden Perioden der Hauptsatz das Allgemeinere, also den höheren Begriff, der Relativsatz das Speciellere, also den tieferen Begriff enthält. Somit ist auch für diese Art von Relativsätzen der Name Nebensatz, freilich in anderem Sinne, gerechtfertigt.

Nur muss man sich hüten, die eben eingeführten Kategorien in dem Sinne aufzufassen, wie die philosophiche Logik sie lehrt. Die Begriffe der Logik existiren nirgend rein in der Seele des Ungelehrten, sie sind überhaupt psychologische Ideale, und am wenigsten darf man vermuthen, sie in den ersten Entwickelungsstadien der Satzlehre angewendet zu finden. Wir sind von der Logik her gewohnt, uns unter einem höheren Begriffe einen solchen vorzustellen, der verhältnissmässig inhaltslos ist, und aus dem durch Hinzufügung neuer Merkmale ein niedrigerer derivirt werden kann; diese Vorstellung passt hier natürlich nicht, wir dürfen uns vielmehr, wenn wir der Sprach- und Denkentwickelung nicht Gewalt anthun wollen, hier unter höherem Begriff nur eine solche Gesammtvorstellung denken, welche wegen ihrer verhältnissmässigen Unvollständigkeit zu Ergänzungen herausfordert. Natürlich genügt die verhältnissmässige Undeutlichkeit des Gedankens nicht allein, um ihn zum Gedanken des Hauptsatzes geschickt zu machen. Dabei hat die Rücksicht auf den Verlauf der gesammten Rede, von der eine Periode vielleicht nur ein kleiner Theil ist, mitzusprechen. Wenn z. B. der oben angeführte Satz: „*Es sprang das Loos heraus, welches sie wünschten*“ allein stände, so könnte man ihn auch umdrehen und sagen: „*Sie hatten gerade das Loos gewünscht, welches heraussprang*“. So wäre der jetzige Nebensatz zum Hauptsatz geworden und umgekehrt.

Wenn man aber den unmittelbar vorhergehenden Vers hinzunimmt, welcher lautet:

ὣς ἄρ ἔφαν, πάλλεν δὲ Γερήνιος ἱππότα Νέστωρ Η 180,

so sieht man ein, dass *θρώσκειν* deswegen das Hauptverbum geworden ist, weil es sich unmittelbar an das *πάλλειν* anschliesst, und also von dem Verlaufe der Erzählung gefordert wird.

Wir dürfen also, wenn wir die Belehrung, die wir aus einer Revue über die Relativsätze geschöpft haben, zusammenfassen, uns etwa so ausdrücken: Zum Hauptsatz wird derjenige Gedankencomplex, welcher wegen seines praktischen Werthes oder seiner logischen Beschaffenheit geeignet ist, an einer bestimmten Stelle der Rede zum Anknüpfungspunkt für andere Gedanken zu werden, während der Gedankencomplex mit den entgegengesetzten Eigenschaften zum Nebensatz wird. Ich kann sogleich hinzufügen, dass diese Definition, die nur aus den relativen Nebensätzen gewonnen war, auch auf die conjunctionellen passt.

Dieses Gedankenverhältniss der Sätze sucht nun die Sprache im Laufe ihrer Entwickelung immer deutlicher auszudrücken. Und zwar sind es nicht die Pronomina und Conjunctionen, überhaupt nicht die Wörter allein, die in der lebendigen Sprache zum Zeichen der Satzbedeutung werden können, sondern auch — etwas, worauf man weniger zu achten pflegt — die von allem Gesprochenen untrennbare Melodie, der sogenannte Satzton, welcher nicht etwa bloss bei der Unterscheidung von Aussage- und Fragesätzen, sondern gerade auch bei der Rangbestimmung der Aussagesätze eine Rolle spielt. Freilich sind die indischen Grammatiker die einzigen, die auf diesen Punkt ihre Aufmerksamkeit gerichtet haben, aber man überzeugt sich bald, dass das, was sie an ihrer Sprache beobachtet haben, mutatis mutandis auch auf die übrigen passt.

Die Inder betrachten mit Recht das Verbum als die Seele des Satzes und haben desshalb der Betonung des Verbums in den verschiedenen Arten der Sätze besondere Aufmerksamkeit zugewendet. Sie haben nun gefunden, und dieser Beobachtung auch in den accentuirt auf uns gekommenen Texten graphischen Ausdruck gegeben, dass in ihrer Sprache das Verbum des Hauptsatzes enklitisch in Bezug auf jedes vorangehende Wort, das des Nebensatzes dagegen orthotonirt ist. So wird z. B. in dem Verse:

yé sómāsaḥ parāváti yé arvāváti sunviré, sárvāṅs tā́ṅ indra gacchasi
„welche Somatränke in der Ferne, welche in der Nähe gepresst werden, zu denen allen o Indra kommst du“ RV. 8, 82, 6,

das erste Verbum betont, das zweite unbetont gelassen. Dabei ist hin-

sichtlich der Hauptsätze zu bemerken, dass natürlich ein Verbum, welches am Anfang des Satzes steht, nicht enklitisch sein kann, z. B.

yuñjánti bradhnám arushám *„sie schirren die rothe Sonne an"* RV. 1, 6, 1,

und dass jeder Imperativ als ausserhalb des Satzes stehend, gleichsam als selbständiger Körper betrachtet wird, hinter dem jedes Mal ein neuer Satz beginnt, z. B.

súsamiddho na â' vaha devâ'ñ agne havíshmate hótaḥ pâvaka yákshi ca *„wohl angezündet bringe o Agni uns die Götter, und opfere für uns flammender Priester"* RV. 1, 13, 1,

wo *yákshi*, weil es hinter einem Imperativ steht, accentuirt ist. Bei den Nebensätzen ihrerseits muss man beachten, dass die indischen Gelehrten manche Sätze als untergeordnet ansehen, die wir beigeordnet nennen, z. B. begründende Sätze mit *hí* „denn", so dass z. B. in dem folgenden Verse das Verbum des zweiten Satzes orthotonirt wird.

úpa naḥ sutám â' gahi háribhir indra keçíbhiḥ suté hí tvâ hávâmahe *„komm zu unserem Saft heran, o Indra, mit den Falben, denn beim Saft rufen wir dich"* RV. 1, 16, 4.

Weiteren Aufschluss über die Accentuation, zunächst des Atharvaveda findet man in einem höchst interessanten Aufsatz von Whitney, den Kuhn in den Beiträgen 1, 187 in deutschem Gewande veröffentlicht hat.

Dieses Accentgesetz nun hat auf den ersten Blick etwas sehr Befremdliches. Wir, die wir uns so gern von dem Namen gefangen nehmen lassen, finden es auffällig, dass das Verbum des Nebensatzes so hoch geehrt, und das des Hauptsatzes zur Tonlosigkeit herabgedrückt werden soll. Indessen, irre ich nicht, so ist die Erklärung für diese Thatsache im Vorhergehenden enthalten. Wir sahen, wie der Nebensatz sehr oft gerade das enthält, was im Zusammenhange der Rede das Allerwichtigste ist, und im Sanskrit, wo z. B. die Relativsätze zum allergrössten Theile „nothwendige" sind, ist das besonders häufig der Fall. Dadurch allein schon ist eine stärkere Betonung des Nebensatzverbums gerechtfertigt. Nun kommt noch die Gewohnheit des Sanskrit hinzu, die Nebensätze voranzustellen, wodurch unläugbar in dem Hörenden eine Spannung auf den Hauptsatz hervorgerufen wird. Wenn die zwei Bedingungen, welche im Sanskrit so ausserordentlich häufig zusammentreffen, Unentbehrlichkeit und Voranstellung des Nebensatzes, im Deutschen ebenfalls eintreten, so betonen auch wir das Verbum des Nebensatzes weit kräftiger und höher, als das des Hauptsatzes. Wer hört z. B. diese Betonung nicht heraus in dem Satze:

„Was man nicht nützt, ist eine schwere Last"!

In diesem Verse ist „nützt“ unzweifelhaft das Wort, was am meisten durch die Betonung ausgezeichnet ist, und das Verbum des Hauptsatzes tritt dagegen bedeutend in den Schatten. Aehnlicher Art nun ist im Sanskrit die Majorität der Nebensätze. Von dieser Majorität haben die indischen Sprachgelehrten die Regel abgeleitet, dass allemal das Verbum des Nebensatzes zu betonen sei. Das Verbum des Hauptsatzes musste natürlich im Gegensatz dazu unbetont bleiben. Man kann bei diesem Verfahren allenfalls tadeln wollen, dass sie eine Accentuation, die nur auf fast alle Sätze Anwendung fand, auf alle ausdehnten, und besonders auch auf die einzeln stehenden Hauptsätze. Aber man bedenke, dass die indischen Philologen mit dieser Accentuation zugleich etwas ausgedrückt haben, wozu wir die Interpunktion verwenden, die sie in dieser Art nicht kannten. Wenn man diesen Gesichtspunkt nicht aus den Augen lässt, wird sich das Urtheil wohl auch in diesem Falle dahin zusammenfassen lassen, dass die indischen Grammatiker feine Beobachtungen zu machen und sie klug zu gebrauchen verstanden.

Hiermit ist denn das hauptsächlichste Material vereinigt, um die Entstehung der Relativ- und Conjunctionssätze zu verstehen.

Ich vermeide es, an dieser Stelle eine Untersuchung über den Begriff des Satzes, die Nothwendigkeit des Verbum finitum in ihm, und Aehnliches vorzunehmen, sondern betrachte den einfachen unabhängigen Aussagesatz als gegeben. Jeder dieser Sätze ist der Ausdruck eines Vorstellungsinhaltes, der dem Sprechenden als ein Ganzes erschien. Nun liegen die Gedankencomplexe, welche in der Sprache zu Sätzen werden, nicht gleichgültig in der Seele neben einander, sondern wirken auf einander, fördernd und hemmend, und erleiden Einfluss von allen übrigen Gedanken und Empfindungen. Der eine Gedanke wird gehoben, der andere gedrückt, der eine mit Pathos, der andere mit Gleichgültigkeit ausgesprochen. Auch logische Beziehungen der Gedanken fehlten natürlich nicht, selbstverständlich von einfacher Art. Von Grund und Folge und Aehnlichem werden die ersten Ahnungen doch sehr früh aufschimmern. Mit einem Worte: Haupt- und Nebengedanken und folglich Haupt- und Nebensätze existirten schon in der Periode des einfachen Satzes vor der Entstehung des Relativums und der Conjunctionen, nur dass sie kein sprachliches Zeichen hatten, ausser dem freilich sehr mächtigen und mannigfaltigster Nüançen fähigen der Satzbetonung. Allmälig rückte dann die Sprache dem geistigen Processe der Satzunterscheidung nach, und schuf in besonderen Wörtern Zeichen und Hebel des Satzgefüges. Die thätigsten Helfer bei dieser Arbeit waren die Pronomina. Alle Pronomina nun dienten — wie wir oben sahen — zuerst nur einer Situation; sie konnten nur bezeichnen, was dem Sprecher gegenwärtig

erschien. Es war ein wichtiger Schritt, als man anfing, einige Pronomina auch zur Hinweisung auf Gedankenbilder von früher dagewesenen Dingen zu verwenden, als man anfing, das deiktische Pronomen zum anaphorischen umzuformen. Aus dem anaphorischen Pronomen entstand ausser den Wörtchen, welche die Verbindung der Hauptsätze zum Zweck haben, wie *und*, *oder*, auf welche ich hier nicht näher eingehen kann, das Relativpronomen.

In den ältesten Zeiten — so darf man aus der Verschiedenheit der Relativstämme in den indogermanischen Sprachen schliessen — konnten wohl zur Anfügung von Haupt- und Nebensätzen die gleichen anaphorischen Pronominalstämme verwendet werden. Mit der Zeit aber trat eine Scheidung ein. Man gewöhnte sich, nur ganz bestimmte Pronomina zur Anknüpfung von Nebensätzen zu verwenden. Diese Gewohnheit ward die Quelle des Relativums. Ausserdem ist das anaphorische Pronomen, aus welchem das Relativum entstand, noch durch eine Eigenschaft vor anderen ausgezeichnet, welche die Wörter wie *ca*, *te* und ähnliche hervorbrachten. Das Relativum ist deklinirbar. Schon daraus ist zu folgern, was die Beobachtung bestätigt, dass das Relativum in der Regel auf einen vorangegangenen Nominalbegriff hinweist. Zwar können auch ganze Sätze substantivirt und es kann auf diese Quasi-Substantiva verwiesen werden, aber dieser Gebrauch des Relativums ist auf wenige Casus des Singulars eingeschränkt. Seine Hauptaufgabe bleibt immer, ein Nomen des vorangehenden Satzes zu reproduciren. Durch diese Reproduktion bindet das Relativum den zweiten Satz an den ersten, und mit dieser Beschäftigung scheint auch die natürliche Stellung des Relativums an der Spitze des Satzes gegeben. Freilich finden sich, und besonders im Sanskrit, zahlreiche Ausnahmen von der natürlichen Wortstellung; ich möchte aber glauben, dass sie erst, als der Begriff des Relativums sich schon fest eingebürgert hatte, möglich geworden sind. Demgemäss definire ich das ursprünglichste Relativum als ein an der Spitze eines Nebensatzes stehendes anaphorisches Pronomen, welches auf ein Nomen des vorangehenden Hauptsatzes hinweist. Man sieht, dass schon das allerprimitivste Relativum eine auf dem Zusammentreffen mehrerer Bedingungen beruhende Schöpfung ist, die schon eine nicht geringe Sprachentwickelung voraussetzt; und doch wie steif und arm ist dieser primitive Gebrauch des Relativums gegenüber der Geschmeidigkeit und Freiheit des Relativums der vedischen und homerischen Sprache, das ich im fünften Capitel zu schildern versucht habe!

Das Relativum, in welcher Weise es auch gebraucht sein mag, vermittelt immer eine Verbindung zwischen zwei Sätzen. Welcher Art diese Verbindung sei, ob etwa der eine Satz als Grund des anderen,

oder als Folge oder Aehnliches anzusehen sei, davon enthält das Relativum nichts. Ein Versuch, auch diese sich nothwendig einstellenden Gedanken zum Ausdruck zu bringen, liegt in den Conjunctionen vor. Ich habe im sechsten Capitel darzulegen versucht, wie weit dieser Versuch in der uns vorliegenden Sprachperiode gelungen ist. Es hat sich dort ergeben, dass die conjunctionelle Verbindung für gewisse feinere Gedankenverhältnisse genauer und bequemer ist als die relative, und schon desshalb darf sie wohl als die jüngere Schicht betrachtet werden.

Wir kommen nun auf die Frage zurück, ob wir die in der Sprache selbst gegebenen Andeutungen in der von uns vorgeschlagenen Satzeintheilung richtig befolgt haben. Es hat sich gezeigt, dass der Gegensatz von Haupt- und Nebensätzen unvermeidlich durch die Natur des menschlichen Denkens gegeben ist. Es hat sich ferner gezeigt, dass der Nebensatz nicht von allem Anfang an ein lautliches Zeichen gehabt, sondern erst bekommen hat. Man muss also die Nebensätze in solche eintheilen, die kein lautliches Zeichen haben, und solche, die eins haben. Aus der Beobachtung der uns beschäftigenden Spracherscheinungen haben wir nun entnommen, dass die lautlichen Zeichen folgende sind: erstens das Relativum, zweitens die Conjunctionen. Somit ergäbe sich folgende Classification der Aussagesätze.

A. Hauptsätze,
B. Nebensätze,
1) solche ohne lautliches Abzeichen,
2) solche mit lautlichem Abzeichen,
a. mit dem Relativum,
b. mit Conjunctionen.

In unserer Beispielsammlung fehlt nun die Gruppe B. 1, weil diese Sätze in dem uns vorliegenden Sprachzustand verhältnissmässig selten sind, und sie theils unter den Hauptsätzen (vgl. *mā́* und *mā́*) theils in der Einleitung aus Gründen der Uebersichtlichkeit Erwähnung gefunden haben. Im übrigen ist die eben gewonnene rationelle Eintheilung befolgt.

Nach diesen Ausführungen über Satzeintheilung im Allgemeinen habe ich nun noch über die conjunctivischen und optativischen Sätze im besondern ein paar Worte zu sagen.

Auf die Hauptsätze, überhaupt auf das ganze Gebiet der Correlation, sind wir in der vorliegenden Arbeit nicht näher eingegangen. Dagegen haben die Nebensätze eine neue Classification erfahren, die ich zwar schon Cap. V, Seite 35 gerechtfertigt habe, auf die ich aber ihrer Wichtigkeit wegen hier noch einmal zurückkommen muss.

Die conjunctivischen und optativischen Nebensätze zerfallen natürlich wie die indicativischen in relativische und conjunctionelle, aber jede

dieser beiden grossen Gruppen zerlegt sich nach unserer Darstellung wiederum in 1) posteriorische, 2) priorische Sätze. Diese zweite Theilung ist hier noch einmal zu begründen.

Der Conjunctiv und Optativ erzählen nicht etwas Thatsächliches, draussen Gegebenes, sondern enthalten Begehrungen des Subjects. Der Inhalt conjunctivischer und optativischer Sätze steht also in höherem Grade unter der Botmässigkeit des Subjects, als der Inhalt indicativischer Sätze. Darum sind die conjunctivischen und optativischen Nebensätze ganz besonders geeignet, auf das Engste an den Hauptsatz angeknüpft zu werden, sie sind das eigentlichste Gebiet der Satzunterordnung, in ihnen kommen alle jene Kategorieen wie Absicht, Folge, Bedingung u. a. zur Anwendung. Es gilt nun zu ermitteln, was von diesen Kategorieen, die wir in dergleichen Sätzen finden, wohl schon den Indern und Griechen der ältesten Zeit vorgeschwebt haben mag. Unsere ganze Untersuchung hat uns gezeigt, dass das Griechische in den Nebensätzen die Spuren eines primitiveren Zustandes weit treuer bewahrt hat als das Sanskrit. Wir werden uns also bei der vorliegenden Frage zunächst an das Griechische zu halten haben, und zwar sollen an dieser Stelle, da Seite 35 schon die Relativsätze herangezogen worden sind, besonders die Conjunctionssätze befragt werden. Bei den griechischen Conjunctionssätzen nun fällt auf, dass gewisse Arten dem Hauptsatz zu folgen, andere ihm voranzugehen pflegen. Zwar ist diese Scheidung nicht ganz durchgreifend, weil die Satzstellung von mehreren, sich bisweilen durchkreuzenden Rücksichten beherrscht wird, aber doch so deutlich, dass sie nicht als zufällig oder gleichgültig angesehen werden kann. Die gewöhnlich nachstehenden Sätze nun enthalten Absicht, Folge u. ähnl., die gewöhnlich voranstehenden Bedingung, Voraussetzung u. ähnl. Die ältere Sprache hat also Absicht u. ähnl. unter der Kategorie des Posterius, Bedingung u. ähnl. unter der Kategorie des Prius gedacht. Dabei muss Posterius und Prius im weitesten Sinne genommen werden. Entweder ein Gedanke folgt dem Hauptgedanken, sei es zeitlich, sei es logisch, oder er bildet die Stufe, über die man zum Hauptgedanken hinaufgelangt, in jedem Falle aber muss der Nebengedanke durch eine Seelenregung des Subjects an den Hauptsatz geknüpft sein. Diese Eintheilung in posteriorische und priorische beherrscht nun die gesammten von uns behandelten Nebensätze, und es ist in der vorliegenden Arbeit des Ausführlicheren erwiesen, wie die Grundbegriffe der Modi, der Sinn des Relativums und der Conjunctionen sich unter der wesentlichen Mitwirkung dieser Kategorie gestaltet haben.

Graecoarisch.

Die vorliegende Untersuchung hat neben einigen unbedeutenderen Differenzen eine überwiegende Anzahl wichtiger Uebereinstimmungen zwischen Sanskrit und Griechisch zu Tage gefördert. Die wesentlichen lassen sich unter folgende vier Nummern zusammenfassen.

1) Das Sanskrit und Griechische haben die Geschiedenheit der beiden Modi bewahrt, ebenso das Zend und Altpersische, in den übrigen Sprachen sind die Modi zusammengeflossen.

2) Das Sanskrit und Griechische haben als Relativpronomen den Stamm *ja*, ebenso das Zend, das Altpersische zeigt ihn in y a t h â *wie*, y a d'i y *wenn*, y â t â *während*, y â v â *wie lange*, während als flectirtes Relativum t y a verwendet wird. Als specielle Uebereinstimmungen zwischen Sanskrit und Griechisch ist der conjunctionelle Gebrauch von yád = *ὅ*, yā́t = *ὡς*, yā́vad = *Fως* zu erwähnen. In den übrigen indogermanischen Sprachen finden sich keine sicheren Spuren von dem relativen Gebrauch des Stammes *ja*, ausser etwa in der gotischen Conjunction *ei*, die ich mit S c h e r e r (ZGDS. 382) auf unseren Stamm zurückführen möchte.

3) Das Sanskrit und Griechische besitzen die Prohibitivnegation *mâ*, ebenso das Zend und Altpersische. In den übrigen Sprachen keine Spur. Denn es liegt kein Grund vor, das lateinische *ne* von dem Stamme *na* zu trennen.

4) Das Sanskrit und Griechische besitzen eine vom indefiniten Pronominalstamme gebildete Conjunction, Sanskrit *kím*, griechisch *κέν*, von der die übrigen Sprachen nichts wissen.

Diese vier Parallelen lassen sich zu der Behauptung vereinigen, welche wohl Jeder als Totaleindruck aus diesen Studien mitnehmen wird, dass das Griechische in der Moduslehre dem Sanskrit näher steht, als zum Beispiel dem Lateinischen und Deutschen. Wenn man allein die Moduslehre zu berücksichtigen hätte, würde man die indogermanischen Sprachen in zwei Gruppen theilen, nämlich die asiatische Gruppe sammt dem Griechischen einerseits, und die übrigen europäischen Sprachen andererseits.

Es fragt sich, ob man aus der auffallenden Uebereinstimmung in diesem Theile der Syntax historische Schlüsse ziehen kann, Schlüsse, welche auf die successive Lösung der Einzelsprachen aus der indogermanischen Grundsprache Licht zu werfen geeignet sind? Prüfen wir darauf hin die vier Punkte.

Aus der ersten Thatsache lässt sich ein solcher Schluss nicht ziehen, denn es ist keinem Zweifel unterworfen, dass das Indogermanische

alle die Modi besass, welche das Sanskrit und Griechische zeigen, und dass die übrigen Sprachen nur verarmt sind. Das Sanskrit und Griechische haben das älteste Sprachgut am treuesten bewahrt, aber nichts zwingt uns anzunehmen, dass sie es zusammen gethan haben.

Gewichtiger scheint der zweite Punkt. Wie auffällig die Uebereinstimmung zwischen *yás yā́ yád* ὅς ἥ ὅ, *yā́t* ὡς, *yā́vad* ἕως. Sollte man aus solchen Uebereinstimmungen nicht auf eine gräcoarische Zeit schliessen dürfen? Allein dass man aus der Gemeinsamkeit des Relativums nicht sehr viel auf die Frage der Verwandtschaft schliessen darf, beweist das Altpersische, welches ein anderes flectirtes Relativpronomen hat als seine Zwillingsschwester das Zend. Macht diese Analogie schon bedenklich, so entzieht der Gebrauch des Relativums bei Homer einem etwaigen Schluss in gräcoarischer Richtung allen Boden. Der Stamm *ja* ist bei Homer noch hin und wieder rein anaphorisch, kann also, als das Griechische sich von einer grösseren Sprachgruppe trennte, noch nicht rein relativ gewesen sein. Zu demselben Resultat führt die Betrachtung des Stammes *ja* in den übrigen Sprachen. Es scheint mir ein sicheres Resultat von Windisch's Untersuchungen, dass vor der Sprachtrennung der Stamm *ja* noch nicht relativ, sondern erst anaphorisch war. Wenn man bedenkt, wie verschieden der Relativstamm in den Einzelsprachen ist, so wird die Vermuthung nahe gelegt, dass in der Grundsprache mehrere Pronominalstämme in ganz ähnlichem anaphorischen Sinne gebraucht wurden und also mehrere Stämme dem relativen Gebrauche zutrieben. Vielleicht haben auch schon Adverbia wie **jāt* und **jāvad* bestanden, und sind in den Sprachen erhalten geblieben, welche den Stamm *ja* zum Relativum ausbildeten. Warum nun das Sanskrit, Zend und Griechische gerade diesen Stamm begünstigten, weiss ich freilich nicht zu sagen, und ebenso wenig, warum das Altpersische ihn mied oder vielleicht wieder aufgab. Jedenfalls darf man die Ausbildung des Relativums nicht in eine etwaige gräcoarische Epoche legen, denn bei Homer ist es noch nicht fertig, und selbst wenn die homerische Sprache nicht zu uns redete, würde das gotische *ei* beweisen, dass auch eine Sprache aus eigenen Mitteln lernen konnte, das anaphorische Pronomen *ja* zur engeren Satzverbindung anzuwenden.

Die dritte Nummer bietet eine der allermerkwürdigsten Uebereinstimmungen. Die asiatischen Sprachen haben eine eigene Prohibitivnegation *mā́*, der in Europa nur das Griechische sein μή an die Seite zu setzen hat. Und damit nicht genug. Wir sehen auch die deutlichen Spuren einer uralten Construction dieses *mā́* mit dem Conjunctiv des Aorist. Der Conjunctiv des Aorist ist nun in den übrigen Sprachen verloren gegangen, soll man dasselbe von *mā́* vermuthen? Diese Frage

möchte ich aus allgemeinen sprachlichen Analogien bejahen. Die Existenz einer besonderen Prohibitivnegation neben der allgemeinen scheint mir ein ähnlicher Reichthum, wie der Besitz des Dual neben dem Plural, der des Mediums neben dem Activum. Die Tendenz der Sprachen geht auf Vereinfachung des Materials. Darum ist mir die Annahme, dass das Indogermanische die zwei Negationen schon besass, wahrscheinlicher als die entgegengesetzte, dass es sie noch nicht besass, *mā* vielmehr erst in einer gräcoarischen Zeit ausgebildet worden wäre. Somit ist auch aus dieser Uebereinstimmung nur zu folgern, dass sowohl die asiatische Gruppe wie das Griechische in der Bewahrung des indogermanischen Sprachgutes sehr zähe sind.

Ueber den vierten Punkt, die Gleichheit von *kim* und *κιν*, wird man, wenn das über den dritten Punkt Gesagte richtig ist, ähnlich urtheilen müssen.

Ich glaube also, dass die entscheidenden Gründe für die Beurtheilung der Stellung des Griechischen anderswo als in der Syntax zu suchen sind.

Beispiel-Sammlung.

CONJUNCTIV.

A. Der Conjunctiv in Aussagesätzen.

Cap. I.

Der Conjunctiv in Hauptsätzen.

Zu diesem Capitel ist Einleitung Seite 17 bis 25 zu vergleichen. Hier bemerke ich nur, dass auch diejenigen Sätze mit *má* und *ná*, welche, wenn sie auch äusserlich sich von den Hauptsätzen nicht unterscheiden, doch aus inneren Gründen als Nebensätze betrachtet werden müssen, mit den Hauptsätzen zusammen behandelt sind, weil es unthunlich schien, die Belege für *má* und *ná* in zwei Capitel zu zerstreuen.

Nach Einleitung 17 zerfällt dieses Capitel in zwei Paragraphen, deren erster den Conjunctiv des Wollens, der zweite den der Erwartung enthält.

§ 1.

Der Conjunctiv des Wollens.

I. In positiven Sätzen.

1) Erste Person.

a. *des Singularis.*

Man vergleiche Einleitung Seite 17—19. Zunächst seien hier sanskritische Beispiele angeführt.

Sanskritische Beispiele.

Voran stehen Sätze ohne ermunternde Partikeln, dann folgen Sätze mit ermunternden Partikeln.

brahmacâry âsâni „*ich will Br. werden*" Çat. Br. 11, 5, 4, 1 sagt jemand, der sich entschlossen hat, Brahmanenschüler zu werden, und sich zum Zweck der Aufnahme bei dem Lehrer meldet. Aham etad asâni yat tvam, aham mahân asâni *(Indra sprach zu Prajâpati)* „*ich will das sein, was du bist, ich will gross sein*" Ait. Br. 3, 21 vergl.

Ait. Br. 1, 23. 3, 23. 2, 19 u. s. w. Urvaçi spricht zu ihrem Geliebten: *„die Gandharven werden dir morgen eine Wahlgabe geben (freistellen, etwas zu wählen), die wähle dir“. „Wähle du für mich“. „Nun so sage“:* yushmā'kam evā'i 'ko 'sānī''ti *„ich will einer von euch werden“* Çat. Br. 11, 5, 1, 12. tam ho' vāca: „rishe' ham te çatam dadāmy, aham eshām ekenā'tmānam nishkrīṇā“ iti *„er sprach zu ihm: „Rishi, ich gebe dir hundert Kühe, ich will mich mit einem von diesen (deinen Söhnen) loskaufen“* Ait. Br. 7, 15.

Abruvann aditim: „tvaye 'mam yajnam prajānāme' ti, sā „tathe“ 'ty abravīt, sā vāi vo varam vriṇā“ iti *„die Götter sprachen zu Aditi: „durch dich lass uns dies Opfer finden (wollen wir dies Opfer finden); sie sprach „ja“, aber ich will mir von euch einen Wunsch ausbitten“* Ait. Br. 1, 7.

Devāpiç cā 'rshtisheṇaḥ çantanuç ca kāuravyāu bhrātarāu babhūvatuḥ; sa çantanuḥ kanīyān abhishecayām cakre, devāpis tapas pratipede. tataḥ çantano rājye dvādaça varshāṇi devo na vavarsha. tam ūcur brāhmaṇā: „adharmas tvayā carito jyeshṭham bhrātaram antaritya 'bhishecitam, tasmāt te devo na varshatī 'ti. sa çantanur devāpim çiçiksha rājyena. tam uvāca devāpiḥ: „purohitas te 'sāni yājayāni ca tve“ 'ti *„Devāpis, der Sohn des Rishtishenas und Çantanus, beide aus dem Geschlechte der Kuru waren Brüder. Çantanus, der jüngere, liess sich zum König machen, Devāpis wandte sich zur Frömmigkeit. Darauf regnete der Gott zwölf Jahre lang nicht in dem Reiche des Çantanus. Zu dem sprachen die Brahmanen: „Unrecht ist von dir verübt, du hast dich mit Uebergehung deines erstgeborenen Bruders zum König machen lassen. Deswegen regnet dir der Gott nicht. Çantanus bot dem Devāpis das Reich an, aber Devāpis sprach, ich will dein Hauspriester werden und für dich opfern“* Yāska Nirukta 2, 10 (Roth pag. 44).

Von den ermunternden Partikeln sind die häufigsten *nú* und *hánta:*

prá nū' mahitvám vrishabhásya vocam *„ich will die Grösse des Stieres preisen“* RV. 1, 59, 6 vgl. 1, 32, 1. 1, 154, 1. 2, 15, 1. 6, 8, 1 (wo zweimal *nū*) u. s. w. hári nú kam rátha índrasya yojam āyā́i sūkténa vácasā návena *„ich will mit einem wohlgesungenen neuen Liede die beiden Falben an den Wagen des Indra schirren, dass sie herankommen“* RV. 2, 18, 3 und ähnliche Wendungen in grosser Menge. „hante 'mān bhīshayā“ iti tān abhiprāçvasīt *„(die Götter eilten auf Vritra zu, um ihn zu tödten), in dem Gedanken „wolan ich will sie erschrecken“ schnob er sie an“* Ait. Br. 3, 20. hante' mān asminn ukthe ābhajā iti *(Indra dachte) „wolan ich will (die Maruts) an diesem Opfer theilnehmen lassen“* Ait. Br. 3, 20 vgl. Çat. Br. 10 1, 2, 22 u. s. w.

Griechische Beispiele.

Im Griechischen wird der Conjunctiv stets durch eine aufmunternde Phrase wie *εἰ δ' ἄγε*, *ἀλλ' ἄγε* eingeleitet. Doch ist durchaus nicht immer eine Selbstaufmunterung des Redenden anzunehmen, vielmehr kann dieser auch die Hörer aufmerksam machen oder auffordern, seinem Entschlusse nichts in den Weg zu legen. So kommt es, dass eine Willenserklärung in der ersten Person Singularis auch durch *ἄγετε* eingeleitet werden kann:

ἀλλ' ἄγεθ', ὑμῖν τεύχε' ἐνείκω θωρηχθῆναι χ 139.

Ferner mit *ἀλλ' ἄγε*:

ἀλλ' ἄγε οἱ καὶ ἐγὼ δῶ ξείνιον υ 296.
ἀλλ' ἄγ' ἐγών, ὃς σεῖο γεραίτερος εὔχομαι εἶναι,
ἐξείπω καὶ πάντα διίξομαι I 61, vgl. χ 429, 487.
ἀλλ' ἄγ', ἐγὼν αὐτὸς πειρήσομαι ἠδὲ ἴδωμαι ζ 126.

Mit *εἰ δ' ἄγε*:

εἰ δ' ἄγε τοι καὶ νόστον ἐμὸν πολυκηδέ' ἐνίσπω ι 37, vgl. φ 217, ω 337.

Mit erweiterter auffordernder Phrase:

ἀλλ' ἄγε νῦν ἐπίμεινον, ἀρήϊα τεύχεα δύω Z 340.
δεῦτε, δύω μοι ἕπεσθον, ἴδωμ' ὅτιν' ἔργα τέτυκται X 450 vgl. Λ 418.

b. *des Dualis und Pluralis.*

Man vergleiche Einleitung Seite 19 – 20.

Sanskritische Beispiele.

Die erste Person Dualis oder Pluralis wird in doppelter Weise gebraucht, entweder so, dass statt der einen Person mehrere das gleiche sprechend gedacht werden, oder so, dass eine oder einige die übrigen auffordern.

Für den ersten Fall sind Beispiele:

yát te divo duhitar martabhójanaṃ tád râsva bhunájâmahâi *„was du o Himmelstochter Menschenerquickendes besitzest, das gieb uns, wir wollen es geniessen (lass es uns geniessen)“* RV. 7, 81, 5. abruvann áditim: „tváye 'maṃ yajuam prajânâme'ti *„die Götter sprachen zu Aditi: „durch dich wollen wir finden (lass uns finden)“* Ait Br. 1, 7. â' yâhi kṛṇávâma ta índra bráhmâṇi várdhanâ *„komm heran, wir wollen dir, Indra, Gebete, Stärkungen bereiten“* RV. 8, 51, 4 vergl. 5, 45, 6. 6, 16, 16 u. s. w. svastáye vâyúm úpa bravâmahâi *„zum Heile wollen wir Vâyu anrufen“* RV. 5, 51, 12. máno yâjayâva tvé'ti *„Manu, wir wollen für dich opfern“* Çat. Br. 1, 1, 4, 15. té hó 'cuḥ: „hánte 'mâ'm

pṛithivī́m vibhajâmahâi *„die sprachen: „wolan, wir wollen diese Erde unter uns vertheilen“* Çat. Br. 1, 2, 5, 2. te devấ abruvann „arājatâyâ vâi no jayanti, rā́jânam karavâmahâ íti *„die Götter sprachen: „wegen unserer Königslosigkeit besiegen sie uns, wir wollen uns einen König wählen“* Ait. Br. 1, 14.

Den zweiten Fall verdeutlichen folgende Beispiele:

Purûravas erkennt Urvaçî in dem Wasservogel und spricht: *„o Gattin halt, grausame, sinnberaubte,* vácâṅsi miçrā́ kṛiṇavâvahâi nú“ *„wolan, lass uns Worte wechseln“* Çat. Br. 11, 5, 1, 6 vgl. RV. 1, 25, 17. hánâmâi' nấ íti tvā́shṭā yád ábravît *„als Tvashtar sprach, wolan, lasst sie uns tödten“* RV. 1, 161, 5. Einleitung Seite 20 ist entwickelt worden, bei welcher Situation der Gedanke der Aufforderung in die erste Person, in der er ursprünglich nicht liegt, hineinkommen konnte.

Griechische Beispiele.

Aus dem Homer ist nur die zweite Art zu belegen. Immer wird einer sprechend gedacht, der die übrigen auffordert. Der Conjunctiv steht entweder allein, oder nach einem auffordernden Wort.

Allein:

Ἕκτορος ὄρσωμεν κρατερὸν μένος ἱπποδάμοιο H 38.

τοὺς ξείνους .... ἐς Σικελοὺς πέμψωμεν υ 382.

ἡμεῖς δὲ φραζώμεϑ' ὅπως ὄχ' ἄριστα γένηται ψ 117 vgl. π 371. Ι 14, Ξ 61.

ἔνϑ' ἴομεν κείοντες Ξ 340, vgl. P 340, H 328.

οἴκαδέ περ σὺν νηυσὶ νεώμεϑα ποντοπόροισιν H 205 vgl. B 236, Γ 283

ἡμεῖς δ', ὡς τὸ πάρος περ ἐπιστρεψώμεϑα πομπήν ϑ 31 vgl. α 85.

νῦν δ' ἰϑὺς μεμαῶτε μαχώμεϑα N 243 vgl. Φ 160.

νῦν δὲ μνησώμεϑα δόρπου Ω 601 vgl. T 148.

μίνυνϑά περ ἀμφιβαλόντε, ἀλλήλους ὀλοοῖο τεταρπώμεσϑα γόοιο Ψ 98 vgl. ο 399, α 369.

νῦν μὲν παυσώμεσϑα μάχης καὶ δηϊοτῆτος H 290, vgl. H 29 und ausserdem H 333 flgd., Θ 110, K 108, Φ 309, Ψ 244, Ω 208, α 372. ϑ 100, μ 321, ν 271, υ 485.

Durch *ἀλλά* eingeführt:

ἀλλ' ἴομεν ρ 194, vgl. Z 526, Λ 126, Σ 266, Ω 469, β 404, ζ 31, κ 549, ω 358 u. 437.

ἀλλὰ φραζώμεϑα ϑᾶσσον κ 192 vgl. β 168.

ἀλλ' ἤ τοι νῦν μὲν πειϑώμεϑα νυκτὶ μελαίνῃ I 65 vgl. Θ 502, Ψ 48. μ 291 (mit folgendem Futurum).

ἀλλὰ μνησώμεϑα δαιτός υ 246 vgl. χ 73.

ἀλλ' ὁπλιζώμεθα θᾶσσον ω 495, man vergleiche noch κ 228 u. 269, π 384 (der Optativ ausmalend) und 402, σ 39, Υ 136, Φ 467, Ψ 9. Mittelbar ist der Conjunctiv durch *ἀλλά* eingeführt: § 45 und 168.

Durch *ἄγε* und *ἄγετε* eingeführt:

δῶρα δ' ἄγ' ἀλλήλοισι περικλυτὰ δώομεν ἄμφω Η 299.

νῦν δ' ἄγεθ', ὡς ἂν ἐγὼν εἴπω, πειθώμεθα πάντες μ 213 vgl. Χ 392, Λ 140—144.

Durch *ἀλλ' ἄγε* und *ἀλλ' ἄγετε* eingeführt:

ἀλλ' ἄγεθ', ὡς ἂν ἐγὼν εἴπω πειθώμεθα πάντες Σ 297 vgl. Β 139, Ι 26, Μ 75, Ο 295 flgd., ν 179.

ἀλλ' ἄγετ' αὐτοί περ φραζώμεθα μῆτιν ἀρίστην Ρ 634 vgl. α 76, ρ 274.

ἀλλ' ἄγε οἱ δῶμεν τρίποδα μέγαν ἠδὲ λέβητα ν 13 vgl. θ 389.

ἀλλ' ἄγε δὴ καὶ νῶϊ μεδώμεθα θούριδος ἀλκῆς Ε 718, Δ 418 vgl. Ω 618. Man vergleiche noch Δ 62, Γ 441, Λ 348, Υ 119 und 300, Χ 231 und 251, Ω 356, δ 776, κ 44 und 177, φ 135 und folgende Stellen, an denen der Conjunctiv durch *ἀλλ' ἄγε* oder *ἄγετε* **mittelbar** eingeleitet wird: Β 140, Μ 78, Ξ 76 flgd. und 374, Σ 304, θ 394, κ 334, σ 420, ω 432.

Durch *εἰ δ' ἄγετε* ist der Conjunctiv eingeleitet in der Stelle:

εἰ δ' ἄγετ' ἀμφὶ πόλιν σὺν τεύχεσι πειρηθῶμεν Χ 381.

Durch *δεῦρο*, *δεῦτε* eingeleitet:

δεῦτε, φίλοι, ἤια φερώμεθα β 410 vgl. Κ 97, Ξ 128, Ψ 485, θ 133 und 292. Durch *δεῦτ' ἄγετε*: Η 351.

2) Zweite und dritte Person.

Die Unterscheidung nach dem Numerus ist hier überflüssig, weil die Natur der **Aufforderung** dieselbe bleibt, ob sie nun an einen oder an mehrere gerichtet ist.

Man vergleiche zu diesem Abschnitt Einleitung Seite 20 und 21.

Sanskritische Beispiele.

ā́ vahāsi tā́ñ ihá devā́n *„du sollst die Götter hierher bringen"* RV. 1, 74, 6 vgl. 6, 2, 11. índreṇa sáṃ hí dṛ́kshase *„du sollst dich mit Indra zusammen sehen lassen"* RV. 1, 6, 7 (vgl. M. **Müller** Rigv. transl. 1 pag. 32). ásaç ca tvám dakshiṇatáḥ sákhā me 'dhā vṛtrā́ṇi jaṅghanāva bhū́ri *„sei du mein Freund (du sollst mein Freund sein) zu meiner rechten Hand, und wir werden manchen Feind schlagen"* RV. 8, 89, 2, man vergleiche noch 5, 82, 4. 6, 8, 7. 6, 19, 6. 10, 47, 1. tā́ no mṛḷāta īdṛ́çe *„seid beide unseresgleichen gnädig"* RV. 1, 17, 1, man vergleiche noch 3, 35, 2. 5, 74, 1. yádi tā́n né'va háryatha tṛtī́ye ghā́ sávane mādayādhvāi *„wenn ihr das nicht wollt, so ergötzt euch

prithivī'm vibhajāmahāi „*die sprachen: „wohl[...] unter uns vertheilen*" Çat. Br. 1, 2, 5, 2. te [...] vāi no jayanti, rājānam karavāmahā iti „*die [...] unserer Königslosigkeit besiegen sie uns, [...] wählen*" Ait. Br. 1, 14.

Den zweiten Fall verdeutlichen folgen[...]

Purûravas erkennt Urvaçî in dem Wass[...] *halt, grausame, sinnberaubte,* vácānsi mi[...] *lass uns Worte wechseln*" Çat. Br. 11, [...] hánāmāi' nāū iti tváshṭā yád ábruvit [...] *lasst sie uns tödten*" RV. 1, 161, 5. Ei[...] worden, bei welcher Situation der Gedan[...] Person, in der er ursprünglich nicht li[...]

Griechische P[...]

Aus dem Homer ist nur die zw[...] einer sprechend gedacht, der die ü[...] steht entweder allein, oder nach ein[...]

Allein:

Ἕκτορος ὄρσωμεν κρατερὸν μένο[ς ...]
τοὺς ξείνους .... ἐς Σικελοὺς [...]
ἡμεῖς δὲ φραζώμεθ' ὅπως ὄχ[...]
Δ 14, Ξ 61.
ἔνθ' ἴομεν κείοντες Ξ 340, [...]
οἴκαδέ περ σὺν νηυσὶ νεώμεθ[α]
ἡμεῖς δ', ὡς τὸ πάρος περ [...]
νῦν δ' ἰθὺς μεμαῶτε μαχώ[...]
νῦν δὲ μνησώμεθα δόρπο[υ]
μίνυνθά περ ἀμφιβαλόντ[...].

vgl. ο 399, α 369.

νῦν μὲν παυσώμεσθα [...]

ausserdem Η 333 flgd., [...] Θ 100, μ 321, υ 271, [...]

Durch ἀλλά einge[...]

[illegible] ρ 194, [...] [illegible] 437 [illegible] θα [illegible]

[...] besonders in Vedi[...]

[...] Conjunctiv in Haupt- [...] zweite Person habe ich aus [...] Einleitung Seite 20 und

[...] sätzen.

[...] Conjunctiven des Wollens nur [...] begegnet, wenigstens [...] abhängigen Sätzen [...] ist mir bei [...] nicht

[...] sprachliches Zeichen [...] Nebensatz zu betrachten sei, nicht [...] 1 und 2 erörtert. Deswegen habe [...] mit [...] und [...] zusammen zu [...] dass man [...] der grossen

———

ele einige ausscheiden könne, die
dere, die man Befürchtungssätze
egorieen nicht durch besondere Wörter
h lediglich aus dem Zusammenhang
sind sie zur Gliederung der sonst
e brauchbar. Sie sind für die erste
weiten und dritten dagegen bleibt eine
e man nur als **negative Aufforderung**

1) Erste Person.

a. *des Singularis.*

die Sätze, in welchen die durch *mā́* und *μή*
einer auf den Sprechenden selbst bezüglichen
eht.

n gehören hierher: mā́' hám rājann anyákṛitena
, *o Gott, fremde That zu büssen haben*" RV. 2,
die Energie der Willensäusserung, welche in der
onjunctivs liegt, durch die Thatsache, dass die
ns nicht von dem Redenden, sondern von einem
Wir pflegen deshalb zu übersetzen: „*dass ich nur*
, so der Modus etwas von seinem specifischen Sinn
nicht auffällig, wenn Optative vorkommen, die sich
unctiven dem Sinne nach kaum unterscheiden, z. B.
52, 2. 4, 3, 13. Andere Beispiele des in Rede stehenden
uches sind: mó (= mā́ u) ahám dvishaté radham „*dass*
dem Feinde unterliege" RV. 1, 50, 13. mó shú varuṇa
mám rājann ahám gamam „*dass ich nur nicht, o Varuna,*
on Erde (das Grab) eingehe" RV. 7, 89, 1 vgl. AV. 1, 1, 14
. Stud. 4, 393).

Griechischen darf als eine ganz unabhängig gedachte
g angesehen werden:

ἀλλὰ τίη μοι ταῦτα φίλος διελέξατο θυμός;
μή μιν ἐγὼ μὲν ἵκωμαι ἰών· ὁ δέ μ' οὐκ ἐλεήσει Χ 121.

Dagegen nennt man abhängig oder untergeordnet die folgenden:

δείδω μὴ θήρεσσιν ἕλωρ καὶ κύρμα γένωμαι ε 473,

man Einleitung Seite 23 vergleiche, und

μή μοι οἶνον ἄειρε μελίφρονα, πότνια μῆτερ,
μή μ' ἀπογυιώσῃς, μένεος δ' ἀλκῆς τε λάθωμαι Ζ 264,

ωμαι als Motiv für *μὴ ἄειρε* wirken soll, folglich diesem
m untergeordnet ist.

wenigstens am dritten Opfer" RV. 1, 161, 8 vgl. 1, 37, 14. 5, 77, 1. idám janâso — vidátha — mahád bráhma vadishyati *„jetzt ihr Leute — gebt acht — wird er ein grosses Gebet sprechen*" AV. 1, 32, 1. (Der Conjunctiv vidátha ist parenthetisch und behält deshalb seinen Ton, vgl. Weber Ind. stud. 4, 427).

Die dritte Person im auffordernden Sinne ist besonders im Veda häufig:

vṛitrám hanati vṛitrahá' *„den Vritra soll der Vritratödter tödten (tödte der Vritratödter)*" RV. 8, 78, 3 vgl. 6, 16, 34 u. ö. agním íle sá u çravat *„den Agni flehe ich an, er soll hören (höre)*" RV. 8, 43, 24. sá no víçvâni hávanâni joshat *„er soll freundlich alle unsere Opfer in Empfang nehmen (nehme in Empfang)*" RV. 10, 81, 7. prá ṇa ấyûṅshi târishat *„er (der Gott Vâyu) soll unser Leben verlängern (verlängere)*" RV. 10, 186, 1 u. ö. jâtávedase sunavâma sómam arâtîyató ní dahâti védaḥ *„dem Jâtavedas wollen wir Soma pressen, er soll verbrennen des Kargen (parcus deorum cultor) Habe (verbrenne)*" RV. 1, 99, 1. uvấsa 'shâ' ushâ'c ca nú *„gestrahlt hat Ushas und soll auch jetzt strahlen (strahle)*" RV. 1, 48, 3. tó asmábhyaṃ çárma yaṅsan *„die sollen uns Schutz verleihen (mögen verleihen)*" RV. 1, 90, 3. asmé vṛiddhâ' asann ihá *„hier bei uns sollen die Grossen sein (seien)*" RV. 1, 38, 15. sá naḥ pápriḥ pârayâti svasti *„er, der Retter soll uns herüberführen zum Heile*" RV. 8, 16, 11. â' te vatsó máno yamat *„Vatsa (der Sänger) soll deinen Sinn (den des Gottes) herziehen (ziehe her)*" RV. 8, 11, 7. Man vergleiche noch RV. 5, 2, 5. 5, 9, 7. 5, 14, 5. 5, 31, 12. 5, 42, 3. 5, 46, 5. 5, 60, 1. 5, 82, 3 u. s. w.

Das Griechische kennt den auffordernden Conjunctiv in Hauptsätzen in der dritten Person nicht, für die zweite Person habe ich nur Sophocles Phil. 300 anzuführen, worüber Einleitung Seite 20 und 21 gesprochen worden ist.

II. In negativen Sätzen.

Im Griechischen tritt bei den Conjunctiven des Wollens nur μή als Negation auf, im Sanskrit gewöhnlich *mâ'*, doch begegnet, wenigstens bei der zweiten und dritten Person auch *ná*, und in abhängigen Sätzen häufig *néd*. Der Conjunctiv des Präsensstammes ist mir bei *mâ'* nicht begegnet.

Dass bei den Sätzen mit *mâ'* und μή ein sprachliches Zeichen dafür, ob der Satz als Haupt- oder Nebensatz zu betrachten sei, nicht vorhanden ist, ist Einleitung Seite 21 und 22 erörtert. Deswegen habe ich es für besser gehalten, alle Sätze mit *mâ'* und μή zusammen zu behandeln. Ebenda ist darauf hingedeutet, dass man aus der grossen

Masse der hierher gehörigen Beispiele einige ausscheiden könne, die man passend Warnungssätze, andere, die man Befürchtungssätze nennen kann. Freilich sind diese Kategorieen nicht durch besondere Wörter ausgedrückt, sondern ergeben sich lediglich aus dem Zusammenhang der Gedanken. Immerhin aber sind sie zur Gliederung der sonst ziemlich unübersichtlichen Masse brauchbar. Sie sind für die erste Person ausreichend, bei der zweiten und dritten dagegen bleibt eine Anzahl von Beispielen übrig, die man nur als negative Aufforderung charakterisiren kann.

I) Erste Person.

a. *des Singularis.*

Voran stellen wir die Sätze, in welchen die durch *mā́* und *μή* eingeleitete Abwehr aus einer auf den Sprechenden selbst bezüglichen Befürchtung hervorgeht.

Aus dem Sanskrit gehören hierher: mā́' hám rājann anyákṛitena bhojam *„nicht will ich, o Gott, fremde That zu büssen haben"* RV. 2, 28, 9. Freilich leidet die Energie der Willensäusserung, welche in der ersten Person des Conjunctivs liegt, durch die Thatsache, dass die Erfüllung des Willens nicht von dem Redenden, sondern von einem Anderen abhängt. Wir pflegen deshalb zu übersetzen: *„dass ich nur nicht u. s. w."*. Da so der Modus etwas von seinem specifischen Sinn verliert, so ist es nicht auffällig, wenn Optative vorkommen, die sich von diesen Conjunctiven dem Sinne nach kaum unterscheiden, z. B. RV. 6, 51, 7. 7, 52, 2. 4, 3, 13. Andere Beispiele des in Rede stehenden Conjunctivgebrauches sind: mó (= mā́ u) ahám dvishaté radham *„dass ich nur nicht dem Feinde unterliege"* RV. 1, 50, 13. mó shú varuṇa mṛinmáyam gṛihám rājann ahám gamam *„dass ich nur nicht, o Varuna, in das Haus von Erde (das Grab) eingehe"* RV. 7, 89, 1 vgl. AV. 1, 1, 14 (Weber Ind. Stud. 4, 393).

Im Griechischen darf als eine ganz unabhängig gedachte Befürchtung angesehen werden:

ἀλλὰ τίη μοι ταῦτα φίλος διελέξατο θυμός;
μή μιν ἐγὼ μὲν ἵκωμαι ἰών· ὁ δέ μ' οὐκ ἐλεήσει X 121.

Dagegen nennt man abhängig oder untergeordnet die folgenden:

δείδω μὴ θήρεσσιν ἕλωρ καὶ κύρμα γένωμαι ε 473,

wozu man Einleitung Seite 23 vergleiche, und

μή μοι οἶνον ἄειρε μελίφρονα, πότνια μῆτερ,
μή μ' ἀπογυιώσῃς, μένεος δ' ἀλκῆς τε λάθωμαι Z 264,

wo *μὴ λάθωμαι* als Motiv für *μὴ ἄειρε* wirken soll, folglich diesem Hauptgedanken untergeordnet ist.

Auf die Befürchtungssätze lasse ich die **Warnungssätze** folgen. Ich gebe ihnen die zweite Stelle, nicht wie es in der Einleitung S. 22 geschehen ist, die erste, weil die Situation, in der sie auftreten, eine complicirtere ist, als bei den Befürchtungssätzen. Denn eine Warnung entsteht erst dann, wenn wir einen Gedanken in der ostensiblen Absicht von uns fernhalten, dass ein Anderer sich aus dieser Abwehrung eine Lehre entnehme.

Aus dem **Sanskrit** gehört ein Wort der Urvaçi hierher, das sie an ihren Geliebten Purûravas richtet: mò sma tvâ nagnám darçam *„dass ich dich nur nicht nackt sehe!“* Çat. Br. 11, 5, 1, 1.

Aehnlich, nur etwas drohender, ist das einzige **homerische** Beispiel, in dem man einen solchen Warnungssatz unabhängig nennen muss:

μή σε γέρον κοίλῃσιν ἐγὼ παρὰ νηυσὶ κιχείω Α 26.

In den übrigen Beispielen steht der Satz mit *μή* allemal in solcher Gedankenverbindung mit dem vorhergehenden Satze, dass wir ihn als abhängig bezeichnen. Wenn wir nach unserer modernen Auffassung den Satz mit *μή* als Inhaltssatz betrachten, pflegen wir *μή* durch *„dass“* zu übersetzen:

φράζεο νῦν, μή τοί τι θεῶν μήνιμα γένωμαι Χ 358.

Es bedarf aber keiner Ausführung mehr, dass die moderne Kategorie des Inhaltssatzes dem Griechischen nicht aufgezwungen werden darf. Will man den ursprünglichen Sinn des Griechischen treffen, so muss man übersetzen: *„denke nach! dass ich dir nur nicht Ursache des Götterzornes werde“!*

In den Sätzen, welche wir als Absichtssätze auffassen, übersetzen wir *μή* durch *„damit“*. Die Griechen sind primitiver als wir, indem sie einfach den abwehrenden Satz an den vorhergehenden anreihen, ohne von dem Gedankenverhältniss etwas anzudeuten. Dahin gehören:

ἄττα πρόσω φέρε τόξα· τάχ' οὐκ εὖ πᾶσι πιθήσεις·
μή σε καὶ ὁπλότερός περ ἐὼν ἀγρόνδε δίωμαι φ 369
μή τι λίην προκαλίζεο μή με χολώσῃς
μή σε γέρων περ ἐὼν στῆθος καὶ χείλεα φύρσω σ 20
τῷ νῦν μή μοι μᾶλλον ἐν ἄλγεσι θυμὸν ὀρίνῃς
μή σε, γέρον, οὐδ' αὐτὸν ἐνὶ κλισίῃσιν ἐάσω
καὶ ἱκέτην περ ἐόντα Ω 575 vgl. λ 73, Ρ 17, Γ 114.
τέτλαθι, μῆτερ ἐμή, καὶ ἀνάσχεο, κηδομένη περ,
μή σε, φίλην περ ἐοῦσαν, ἐν ὀφθαλμοῖσιν ἴδωμαι
θεινομένην Α 587

(eine aus liebevoller Besorgniss hervorgegangene Warnung).

b. *des Dualis und Pluralis.*

Hier ist dieselbe Doppelheit des Gebrauches anzuerkennen wie bei den positiven Sätzen. Entweder die Abwehr wird gemeinsam von allen ausgesprochen, oder von einem an die übrigen gerichtet (vgl. oben S. 109). Im Sanskrit liegt mir nur der erste Fall vor:

sakhyé mā́ rishāmā vayáṃ táva „*lass uns in deiner Freundschaft nicht Schaden leiden (dass wir nur nicht)*" RV. 1, 94, 1. mā́ tvā vayáṃ sahasāvann avīrā́ mā́'psavaḥ pári shadāma mā́'duvah „*lass uns nie, o Held, dich umsitzen ohne Mannen, ohne Lebensmittel, ohne Opfergaben*" RV. 7, 4, 6 vgl. 1, 11, 2 u. a. m.

Im Griechischen kommt dieser selbe Gebrauch auch vor, z. B.

μή τι κακὸν ῥέξωσι καὶ ἡμέας ἐξελάσωσιν,
γαίης ἡμετέρης, ἄλλων δ' ἀφικώμεθα δῆμον π 378,

häufiger bei den sog. abhängigen Sätzen mit *μή*: *μηδέ τιν' ὕπνος*
αἱρείτω, μὴ χάρμα γενώμεθα δυσμενέεσσιν K 192.
τῶν δὲ βοῶν ἀπεχώμεθα, μή τι πάθωμεν μ 321.
τῷ δὲ δὴ αἰνότατον περιδείδια, μή τι πάθωμεν N 52.

Gewöhnlich dagegen wird *μή* mit der ersten Pluralis des Conjunctivs in dem zweiten Sinne gebraucht.

μηκέτι νῦν δήθ' αὖθι λεγώμεθα, μηδ' ἔτι δηρὸν
ἀμβαλλώμεθα ἔργον B 435 vgl. N 292, Y 244, γ 240, ν 296.
μὴ ἴομεν Δαναοῖσι μαχησόμενοι περὶ νηῶν M 216 vgl. ω 462.
μή τιν' ἔτ' ἀγγελίην ὀτρύνομεν π 355. Man vergleiche noch Ψ 7, β 404, κ 177, π 389.

2) Zweite und dritte Person.

Im Sanskrit finden sich, wie bei der ersten Person, nur unabhängige Sätze angeführt, wegen der seltneren abhängigen sei auf die Einleitung S. 21 verwiesen. Im Griechischen sind wieder die unabhängigen Sätze von den abhängigen geschieden.

Sanskritische Beispiele.

Die Prohibition mit *mā́* und dem Conjunctiv bezieht sich gewöhnlich auf einen einzelnen Fall, allgemeine negative Vorschriften haben gewöhnlich *mā́* mit dem Optativ, selten auch *mā́* mit dem Conjunctiv, z. B. divā́ mā́ svāpsīḥ „*schlafe nicht bei Tage*" Āçv gṛih. 1, 22, 2. Wir führen aus der ungemein grossen Zahl vedischer Beispiele einige an, zunächst für die zweite Person.

mā́ naḥ samáraṇe vadhīḥ „*schlage uns nicht im Kampfe*" RV. 1, 170, 2.
mā́ na ā́yuḥ prá moshīḥ „*stiehl uns nicht das Leben*" RV. 1, 24, 11.
mā́ nas toké tánaye mā́ na āyaú mā́ no góshu mā́ no áçveshu ririshaḥ „*beschädige uns nicht an unserer Nachkommenschaft, nicht an*

Leben, nicht an den Rindern, nicht an den Rossen" RV. 1, 111, 8. mā' bibher, ná marishyasi „*fürchte dich nicht, du wirst nicht sterben*" AV. 5, 30, 8. mā' purā' jaráso mṛithāḥ „*stirb nicht vor dem Alter*" AV. 30, 17 (eine Beschwörung, also Aufforderung, kein Wunsch). tám vṛikshā' ápa sedhanti chāyā́ṃ no mó'pa gā íti, yó brāhmaṇásya sáddhanam abhi nārada, mányate „*den treiben die Bäume fort, indem sie sprechen: komm nicht in unseren Schatten, wer, o Narada, eines Brahmanen Besitzthum begehrt*" AV. 5, 19, 9. uttudás tvó 'ttudatu mā' dhṛithāḥ çáyane své „*der Aufstachler stachle dich auf, nicht sollst du dich halten können auf dem eigenen Lager*" AV. 3, 25, 1. mā' vi yaushṭam „*trennt euch nicht*" RV. 10, 85, 42 u. s. f.

Sodann für die zweite Person:

mó shú ṇaḥ párā-parā nírṛitir durhánā vadhīt „*nicht schlage uns unablässig die schwer zu wehrende Nirriti*" RV. 1, 38, 6. mā' no márta abhí druhan tanū́nām „*nicht mögen uns die Sterblichen beschädigen an unseren Leibern*" RV. 1, 5, 10. urv àçyām ábhayaṃ jyótir indra mā no dīrghā' abhí naçan támisrāḥ „*ich möchte erlangen breites furchtlösendes Licht, nicht treffe uns die lange Finsterniss*" RV. 2, 27, 14. mā' no jāishur idáṃ dhánam „*mögen sie nicht ersiegen unseren Reichthum*" AV. 4, 38, 3. atrāi 'naṃ pipāsā hantu sarasvatyā udakam mā pāt „*da soll ihn der Durst tödten, das Wasser der Sarasvati soll er nicht trinken*" Ait. Br. 1, 19. mā' mṛita „*er sterbe nicht*" (in einem Gebete, das der Lehrer um des Schülers willen an Savitar richtet) Açv. gṛih. 1, 20, 7.

Griechische Beispiele.

Wir stellen wie bei der ersten Person diejenigen Sätze voran, welche wir als Befürchtungssätze betrachten. Bei ihnen ist fast nur die dritte Person vertreten, da eine Befürchtung, die an eine zweite Person gerichtet ist, meist den Charakter der Warnung trägt. Doch ist das nicht nothwendig, denn π 254 wird man schwerlich als Warnung bezeichnen können. Innerhalb dieser Rubrik unterscheiden wir die unabhängigen Sätze von den abhängigen. Die letzteren sind nach dem Verbum des Hauptsatzes geordnet. Darauf folgen die Warnungssätze mit derselben Eintheilung. An das Ende habe ich diejenigen Sätze gestellt, in denen der Conjunctiv mit μή einfach eine negative Aufforderung ausdrückt. Es wäre, wenn allein die zweite und dritte Person zu ordnen gewesen wären, besser gewesen, mit der dritten Nummer zu beginnen, aber der Anschluss an die erste Person ist bei der hier gewählten Anordnung besser. Uebrigens ist die Reihenfolge der Gruppen in diesem Falle nicht so sehr wichtig, weil sie nicht historische Bedeu-

lang hat. Diese Erwägung entschuldigt es, wenn ich auch hier beginne mit den **Befürchtungssätzen**.

1) unabhängige:

τῶν εἴ κεν πάντων ἀντήσομεν ἔνδον ἐόντων,
μὴ πολύπικρα καὶ αἰνὰ βίας ἀποτίσεαι ἐλθών π 254.
μή μ' ἀπαειρόμενον πόλιος πεδίονδε νοήσῃ,
καί με μεταΐξας μάρψῃ ταχέεσσι πόδεσσι Φ 563.
ὤ μοι ἐγώ, μή τίς μοι ὑφαίνῃσιν δόλον αὖτε,
ἀθανάτων ε 356.
μή με δαμάσσῃ στίβη ὑπηοίη ρ 24 vgl. ε 168.
μή μιν κερτομέωσιν, ἐμοὶ δ' ἄχος ἔσσεται αἰνόν π 87.
μή πώς μ' ἐκβαίνοντα βάλῃ λίθακι ποτὶ πέτρῃ
κῦμα μέγ' ἁρπάξαν ε 415.
μή τίς μοι δμώων νεμεσήσεται τ 121 (Fut.?),
μὴ δή μοι τελέσωσι θεοὶ κακὰ κήδεα θυμῷ Σ 8.
μὴ δὴ νῆας ἕλωσι καὶ οὐκέτι φυκτὰ πέλωνται Π 128.
ἄξετε δὲ Πριάμοιο βίην, ὄφρ' ὅρκια τάμνῃ
αὐτός, ἐπεί οἱ παῖδες ὑπερφίαλοι καὶ ἄπιστοι,
μή τις ὑπερβασίῃ Διὸς ὅρκια δηλήσηται Γ 107.

2) abhängige.

Man darf bei diesen Sätzen nicht ausser Acht lassen, dass wir Deutschen viele Gedanken in die Form eines Inhaltssatzes kleiden (z. B. nach *δείδω*) oder eines abhängigen Fragesatzes (z. B. nach *ἰδεῖν*) wo der Grieche einfach einen Prohibitivsatz anwendet ohne anzugeben, in welchem Zusammenhange der abgewehrte Gedanke mit dem Hauptgedanken stehen soll (vgl. Einleitung S. 23). Wir haben natürlich auf diese deutsche Gewohnheit bei der Anordnung der griechischen Beispiele keine Rücksicht genommen, sondern den formalen Gesichtspunkt walten lassen, indem wir die Sätze mit *μή* nach dem Modus und Tempus des Hauptsatzes eintheilen. In diesem kann stehen:

a. ein Imperativ oder imperativisch gebrauchter Infinitiv:

παύεσθον κλαυθμοῖο γόοιό τε, μή τις ἴδηται φ 228.
φυλακὴ δέ τις ἔμπεδος ἔστω,
μὴ λόχος εἰσέλθῃσι πόλιν λαῶν ἀπεόντων Θ 522 vgl. 511.
ἀλλ' ἄνα μὴ τάχα ἄστυ πυρὸς δηΐοιο θέρηται Ζ 331 vgl. σ 13.
μίμνετ' ἐπειγόμενοι τὸν ἐμὸν γάμον εἰς ὅ κε φᾶρος
ἐκτελέσω, μή μοι μεταμώνια νήματ' ὄληται β 98.
ἀλλά με νηὸς ἔφεσσαι, ἐπεί σε φυγὼν ἱκέτευσα,
μή με κατακτείνωσι ο 278 vgl. ο 199.
θεῶν δ' ὑποδείσατε μῆνιν,
μή τι μεταστρέψωσιν ἀγασσάμενοι κακὰ ἔργα β 67.

εἰπὲ δὲ πατρί,

μή με περισθενέων δηλήσεται ὀξέϊ χαλκῷ χ 367.

„sprich mit deinem Vater. Dass er mich nur nicht tödtet“ (vgl. S. 114).

αὐτὴ νῦν φράζευ σὺ λόχον θείοιο γέροντος,

μή πώς με προϊδὼν ἠὲ προδαεὶς ἀλέηται δ 396. Man vergleiche noch *Κ* 348, *Ο* 426, *Ψ* 575, *ο* 442, *χ* 107, *ψ* 137, *I* 38.

b. Conjunctiv:

ἀλλ' ἄγεθ' ἡμεῖς πέρ μιν ὑπὲκ θανάτου ἀγάγωμεν,

μή πως καὶ Κρονίδης κεχολώσεται Υ 301.

ἀλλ' ἴομεν, μὴ φθέωσι περαιωθέντες ἐκεῖνοι ω 437.

μὴ ἴομεν, μή πού τις ἐπίσπαστον κακὸν εὕρῃ ω 462.

ἀλλ' ἄγε δὴ τὰ χρήματ' ἀριθμήσω καὶ ἴδωμαι,

μή τί μοι οἴχωνται κοίλης ἐπὶ νηὸς ἄγοντες ν 216

„wohlan, ich will die Güter überzählen und nachsehen! Dass sie mir nur nichts weggenommen haben“!

Wenn wir *μή* in solchen Fällen durch „ob auch nicht“ übersetzen, so umschreiben wir. Im Griechischen folgt einfach ein Befürchtungssatz auf *ἴδωμαι*, dem Hörer bleibt es überlassen, den Zusammenhang zwischen den beiden Gedanken zu finden, vgl. *Κ* 99.

c. Optativ:

ἐξελθών τις ἴδοι μὴ δὴ σχεδὸν ὦσι κιόντες ω 491,

„gehe doch jemand hinaus und sehe nach! Dass sie nur nicht schon nahe sind“ (der letzte Satz ist ursprünglich ein selbständiger Befürchtungssatz).

d. Futurum:

οὐδέ μιν αὐτοῦ

καλλείψω μή πώς μοι ἕλωρ ἄλλοισι γένηται ν 208 vgl. *Π* 343.

e. Ein Tempus praesens:

τῶν ἀλεείνω φῆμιν ἀδευκέα, μή τις ὀπίσσω

μωμεύῃ ζ 271.

man vergleiche auch *Ω* 136.

δείδω μή τι πάθῃσιν ἐνὶ Τρώεσσι μονωθείς,

ἐσθλὸς ἐών, μεγάλη δὲ ποθὴ Δαναοῖσι γένηται Λ 470.

ἀλλὰ μάλ' αἰνῶς

δείδω μὴ οὔ τις τοι ὑπόσχηται τόδε ἔργον Κ 39. Ausserdem findet sich *δείδω* *Ν* 745, *Ξ* 44, *Υ* 30, *Χ* 455, *ε* 420, *μ* 122.

ταῦτ' αἰνῶς δείδοικα κατὰ φρένα, μή οἱ ἀπειλὰς

ἐκτελέσωσι θεοί Ι 245.

νῦν δ' αἰνῶς δείδοικα κατὰ φρένα μή σε παρείπῃ

ἀργυρόπεζα Θέτις Α 555. Ausserdem findet sich *δείδοικα* *Κ* 538, *ϑ* 230, *ω* 353.

δείδια γὰρ μὴ οὖλος ἀνὴρ ἐς τεῖχος ἅληται Φ 536. Ausserdem findet sich *δείδια* P 242, δ 820, ρ 188.

οὐδέ τι ἴδμεν,
μή πως καὶ διὰ νύκτα μενοινήσωσι μάχεσθαι K 101.

f. ein historisches Tempus.

πρὸς δ' ἔτι καὶ τόδε μεῖζον ἐνὶ φρεσὶν ἔμβαλε δαίμων,
μή πως οἰνωθέντες, ἔριν στήσαντες ἐν ὑμῖν,
ἀλλήλους τρώσητε τ 10 und π 292.
ἂψ δ' ἑτάρων ἐς ἔθνος ἐχάζετο κῆρ' ἀλεείνων,
πάντοσε παπταίνων, μή τις χρόα χαλκῷ ἐπαύρῃ N 649.

Diese Verbindungen sind als Antiquitäten von Interesse. In der Regel hat das historische Tempus sich so weit geltend gemacht, dass der Conjunctiv in den Optativ verwandelt wurde (vgl. Cap. VIII).

Die **Warnungssätze** sind genau so zu behandeln wie die Befürchtungssätze. Auch bei ihnen schicken wir die unabhängigen voran, und lassen die abhängigen folgen. Letztere schliessen sich nur an solche Hauptsätze an, welche einen Imperativ oder imperativisch gebrauchten Infinitiv als Verbum haben. Sie sind deswegen, da von der Verbalform des Hauptsatzes ein Eintheilungsgrund nicht hergenommen werden kann, nach den Personen in zwei Classen eingetheilt.

1) unabhängige Warnungssätze.

μή πως, ὡς ἁψῖσι λίνου ἁλόντε πανάγρου,
ἀνδράσι δυσμενέεσσιν ἕλωρ καὶ κύρμα γένησθε·
οἱ δὲ τάχ' ἐκπέρσουσ' εὖ ναιομένην πόλιν ὑμήν E 488.
τῷ νῦν μή ποτε καὶ σύ, γύναι, ἀπὸ πᾶσαν ὀλέσσῃς
ἀγλαΐην, τῇ νῦν γε μετὰ δμῳῇσι κέκασσαι.
μή πώς τοι δέσποινα κοτεσσαμένη χαλεπήνῃ
ἢ Ὀδυσεὺς ἔλθῃ τ 83.
μή νύ τοι οὐ χραίσμῃ σκῆπτρον καὶ στέμμα θεοῖο A 28.
Μέντορ μή σ' ἐπέεσσι παραιπεπίθῃσιν Ὀδυσσεύς χ 213.
μή τι χολωσάμενος ῥέξῃ κακὸν υἷας Ἀχαιῶν B 195.
μή νύ τι σεῦ ἀέκητι δόμων ἐκ κτῆμα φέρηται ο 19.
μή τοι κατὰ πάντα φάγωσιν ο 12.

2) abhängige Warnungssätze.

a. zweite Person.

εἶκε γέρον προθύρου, μὴ δὴ τάχα καὶ ποδὸς ἕλκῃ σ 10.
ἀλλ' ἄγε δὴ χαζώμεθ' ἐφ' ἵππων, μηδέ μοι οὕτως
θῦνε διὰ προμάχων, μή πως φίλον ἦτορ ὀλέσσῃς E 250.
λίθου δ' ἀλέασθαι ἐπαυρεῖν
μή πως ἵππους τε τρώσῃς κατὰ δ' ἅρματα ἄξῃς Ψ 341.
ἀλλ' ἀναχωρῆσαι, ὅτε κεν συμβλήσεαι αὐτῷ,

μὴ καὶ ὑπὲρ μοῖραν δόμον Ἄϊδος εἰσαφίκηαι Υ 336.
μηδὲ σύ γε ξείνων καὶ πτωχῶν κοίρανος εἶναι,
λυγρὸς ἐών, μή πού τι κακὸν καὶ μεῖζον ἐπαύρῃ σ 106, ρ 595, Γ 136.

b. dritte Person.

σίγα νῦν, μή τίς σευ Ἀχαιῶν ἄλλος ἀκούσῃ ξ 493.
σὺ δὲ σκοπέλου ἐπιμαίεο, μή σε λάθῃσι,
κεῖσ' ἐξορμήσασα καὶ ἐς κακὸν ἄμμε βάλησθα μ 220.
ἀλλὰ σὺ μὲν νῦν αὖτις ἀπόστιχε, μή τι νοήσῃ
Ἥρη Α 522.
ὦ γέρον εἰ δ' ἄγε δὴ μαντεύεο σοῖσι τέκεσσιν,
οἴκαδ' ἰών, μή πού τι κακὸν πάσχωσιν ὀπίσσω β 179.
δαιμόνιοι, μύθους μὲν ὑπερφιάλους ἀλέασθε
πάντας ὁμῶς, μή πού τις ἐπαγγείλῃσι καὶ εἴσω δ 775.
ἀλλ' ἀκέουσα κάθησο, ἐμῷ δ' ἐπιπείθεο μύθῳ,
μή νύ τοι οὐ χραίσμωσιν ὅσοι θεοί εἰσ' ἐν Ὀλύμπῳ Α 566.
ἢ ἄπιθ' ἄλλῃ
μή σε νέοι διὰ δώματ' ἐρύσσωσι ρ 478. Man vergleiche noch Π 515, Ψ 408, γ 315, ε 117, Ω 651, Ε 111, Π 416 (*φράζεσθαι*), Κ 510, Υ 378, χ 301, ω 511.

μηδὲ σὺ δηθύνειν, μή τίς σ' ἔκτοσθε νοήσας
ἢ βάλῃ ἢ ἐλάσῃ ρ 278
ἐπὶ δ' οὔατ' ἄλειψα ἑταίρων
κηρὸν δεψήσας μελιηδέα μή τις ἀκούσῃ
τῶν ἄλλων μ 48 vgl. Π 91.

Auch die auf *ὄμνυμι* folgenden Sätze mit *μή*, welche nach unserer deutschen Auffassung den Inhalt des Schwures enthalten, sind nach der griechischen Auffassung ursprünglich Warnungssätze. Die Stelle

ἀλλ' ἄγε νῦν μοι πάντες ὀμόσσατε καρτερὸν ὅρκον
μή τις ἐπ' Ἴρῳ ἦρα φέρων ἐμὲ χειρὶ βαρείῃ
πλήξῃ ἀτασθάλλων σ 56

ist zu übersetzen: „*schwört mir einen Eid! Dass mir Niemand dem Iros helfe!* Ebenso μ 301. Die erste Stelle könnte man auch allenfalls den Befürchtungssätzen zutheilen.

Schliesslich sei eine Stelle erwähnt, welche man erst wieder in die ursprüngliche directe Rede zurückübersetzen muss, damit der Imperativ des Hauptverbums zu Tage komme:

αὐτὰρ τοὺς ἄλλους κελόμην ἐρίηρας ἑταίρους
σπερχομένους νηῶν ἐπιβαινέμεν ὠκειάων
μή πώς τις λωτοῖο φαγὼν νόστοιο λάθηται ι 102.

An das Ende stellen wir die Sätze, welche einfach eine negative Aufforderung enthalten.

Wir theilen sie ebenso wie die anderen Gruppen in unabhängige und abhängige.

a. unabhängige.

Πριαμίδη, μὴ δή με ἕλωρ Δαναοῖσιν ἐάσῃς,
κεῖσθαι, ἀλλ' ἐπάμυνον E 684.
τῷ νῦν μή μοι μᾶλλον ἐν ἄλγεσι θυμὸν ὀρίνῃς Ω 568.
τῶν μὴ σύ γε μῦθον ἐλέγξῃς μηδὲ πόδας I 522.
σὺ δὲ μή τι χολωθῇς I 33.
ἵππους δ' Ἀτρείδαο κιχάνετε μηδὲ λίπησθον Ψ 407.
εἰπέ μοι εἰρομένῳ νημερτέα μηδ' ἐπικεύσῃς ο 263.
νῦν δ' ἔρχευ πρὸς δῶμα καὶ ἴσχεο μηδ' ὀνομήνῃς λ 251.
κλῦθι Ποσείδαον γαιήοχε μηδὲ μεγήρῃς
ἡμῖν εὐχομένοισι τελευτῆσαι τάδε ἔργα γ 55.
ἄξετε νῦν, Τρῶες, ξύλα ἄστυδε, μηδέ τι θυμῷ
δείσητ' Ἀργείων πυκινὸν λόχον Ω 779.

b. abhängige:

μηδ' ἐμὸν ἐξερέεινε γένος καὶ πατρίδα γαῖαν,
μή μοι μᾶλλον θυμὸν ἐνιπλήσῃς ὀδυνάων τ 117.
καὶ αὐτοῦ μίμν' ἐπὶ πύργῳ
μὴ παῖδ' ὀρφανικὸν θήῃς χήρην τε γυναῖκα Z 433.

Anhang.

ná und *néd* in prohibitivem Sinne.

Das Sanskrit gebraucht auch im prohibitiven Sinne bisweilen *ná*, gewöhnlich freilich *mā́*. Als sichere Beispiele für *ná* in diesem Sinne darf man ansehen:

sá mandasvā hy ándhaso rā́dhase tanvā̀ mahé, ná stotā́ram nidé karaḥ *„berausche dich mit deinem Leibe an dem Trank zu grossem Gedeihen, überlass deinen Lobsänger nicht der Missgunst“* RV. 3, 41, 6. ná no gṛhā́ṇām úpa titapāsi *„verbrenne nicht eins von unsern Häusern“* AV. 6, 32, 1. índraç ca mṛḷáyāti no ná naḥ paçcā́d aghám naçat, bhadrám bhavāti naḥ puráḥ *„Indra sei uns gnädig, nicht möge uns von hinten Unglück treffen, vor uns sei Heil“* RV. 2, 41, 11. gámat sá çiprī́ ná sá yoshat *„es komme heran der Bärtige, nicht bleibe er fern“* RV. 8, 1, 27. Man vergleiche noch 1, 158, 5. 2, 30, 7. 4, 2, 9. 8, 33, 9. 8, 32, 15.

Aus einer Zusammensetzung von *na* und dem deiktischen *id* ist *néd* entstanden.

Néd ist in selbständigen Sätzen nicht prohibitiv, sondern eine starke objective Verneinung. Im Satzgefüge aber bekommt es den Sinn, den

μή im Griechischen und selten auch *μά* bekommen kann, den wir durch damit nicht wiedergeben. Nur dieser Gebrauch hat für uns Interesse.

Nét ist eine spätvedische Partikel, die im Rigveda uns nur an drei Stellen bekannt ist, nämlich ausser den beiden von BR. angeführten noch:

vy ùchâ duhitar divo, mâ' cirám tanuthâ ápaḥ, nét tvâ stenám yáthâ ripúm tápâti sû'ro arcíshâ „*verglimme Tochter des Himmels, dehne nicht lange aus dein Werk, damit dich nicht wie einen räuberischen Dieb die Sonne senge mit ihrem Strahl*" RV. 5, 79, 9.

Wir führen noch einige Stellen aus dem Çat. Br. an, wo diese überhaupt seltene Partikel noch am häufigsten ist:

Videghó ha mâthavó 'gním vâiçvânarám múkhe babhâra, tásya gótamo râhugaṇá ṛ́shiḥ puróhita âsa, tásmâi ha smâ 'mantryámâṇo na prátiçṛṇoti, nén me'gnír vâiçvânaró múkhân nishpádyâtâ íti „*Mâthava, der Videghakönig, trug den Agni Vâiçvânara im Munde; der Rishi Gotama Râhûgana war sein Hauspriester. Diesem, obwohl von ihm angeredet, antwortete er nicht, „damit mir nicht der Agni Vâiçvânara aus dem Munde falle*" (so denkend), Çat. Br. 1, 4, 1, 10. tâ' nâ' 'ntareṇa sáṃcareyuḥ, nén mithunám caryámâṇam ántareṇa saṃcárân íti „*dazwischen gehe man nicht hindurch, damit man nicht zwischen eine gepflogene Begattung trete*" Çat. Br. 1, 1, 1, 21.

§ 2.

Der Conjunctiv der Erwartung.

Der nicht völlig zutreffende, aber bequeme Name ist Einleitung Seite 23 gerechtfertigt. Ebenda ist der Grund angegeben, warum in diesem Paragraphen die Beispiele aus dem Griechischen nach einem anderen Princip angeordnet sind, als die aus dem Sanskrit. Im Sanskrit sind die Grade und Bedingungen der Bedeutungsabschwächung zur Anschauung gebracht, im Griechischen überwog das Interesse, den Gebrauch von *κέν* und *ἄν* deutlich hervortreten zu lassen.

Sanskritische Beispiele.

1) Die im Conjunctiv ausgedrückte Forderung bezieht sich auf eine etwas entferntere Zukunft (Einl. S. 24 Nr. 1).

tân mâ nâ'vam upakalpyó 'pâsâsâi „*dann sollst du ein Schiff zimmern und zu mir dich im Geiste wenden*" Çat. Br. 1, 8, 1, 4 (eine Instruction bezüglich auf ein nach Jahren bevorstehendes Ereigniss). sá âughá úttthite nâ'vam âpadyâsâi „*wenn die Fluth sich erhoben hat,*

sollst du das Schiff besteigen" Çat. Br. 1, 8, 1, 4. gandharvấ vấi te prâtár váram dâtấras, tám vṛiṇâsâ'íti „*die Gandharven werden dir morgen einen Wunsch erlauben, den sollst du wählen*" Çat. Br. 11, 5, 1, 12. yajno vâi devebhya udâkrâmat. te devâ na kiñcanâ 'çaknuvan kartum. na prajânanta. te'bruvann aditim: tvaye'mam yajnaṃ prajânâme'ti. sâ tathe'ty abravit, sâ vâi vo varam vṛiṇâ iti. vṛiṇishve'ti. sâi'tam eva varam avṛiṇita: matprâyaṇâ yajnâḥ santu, madudayanâ iti. tathe'ti. tasmâd âdityaç caruḥ prâyaṇiyo bhavaty, âditya udayaniyo, varavṛito hy asyâ. atho etaṃ varam avṛiṇita: mayâi'va prâcîṃ diçaṃ prajânâthâ'gninâ dakshiṇam etc. „*das Opfer entfernte sich von den Göttern. Die Götter konnten nicht irgend etwas thun* (keine Cerimonie vollziehen). *Sie konnten es nicht finden. Sie sprachen zu Aditi: lass uns durch dich dies Opfer finden. Sie sprach: ja, ich will mir aber etwas Wünschenswerthes ausbitten. Bitte es dir aus. Sie wählte sich folgendes: mit mir sollen die Opfer beginnen, mit mir endigen. Ja. Darum ist der Caru für Aditi der Beginnende und der Endende, denn das ist ihr Erbetenes. Darauf wählte sie folgenden Wunsch: „Durch mich sollt ihr die östliche Himmelsgegend kennen lernen, durch Agni die südliche etc.*" Ait. Br. 1, 7. yo'to jâyâtâi, asmâkam sa eko 'sat „*der von ihr geboren werden wird, der soll einer von uns sein*" Taitt. Sanh. 6, 5, 6, 1 (Muir 1², 26).

2) Der Conjunctiv bezeichnet ein in der Zukunft zu erwartendes Ereigniss. (Einleitung Seite 24 Nr. 3)[1].

Sichere Belege werden sich uns besonders bei den Relativsätzen ergeben. Hier führe ich einen Vers an aus dem Gespräche des Yama und der Yami. Sie fordert ihn auf, ihr Gatte zu werden, er lehnt es ab, mit Hinweis auf ihre Verwandtschaft, und fährt fort: ấ ghâ tấ gachân úttarâ yugấni yátra jâmáyaḥ kriṇávann ájâmi „*sie werden (früh genug) herankommen die späteren Zeiten, wann Verwandte thun werden, was ihrer Verwandtschaft nicht ziemt*" RV. 10, 10, 10. Wahrscheinlich richtig ist die futurische Auffassung RV. 1, 124, 11. 6, 37, 1. 8, 85, 7. 10, 14, 8.

Wenn zu einer solchen futurischen Aussage eine Negation tritt, so kann es natürlich nur *ná* sein.

yád adyá kác ca vṛitrahann udágâ abhí sûrya, sárvam tád indra te váçe. yád vâ pravṛiddha satpate ná marâ íti mányase, utó tát satyám ít táva „*was du irgend heute, o Vritratödter Sonne! aufgehend erblickst, das alles, o Indra, ist dir unterthänig, oder wenn du, ehrwürdiger*

---

1) Für die Einleitung Seite 24 Nr. 2 angegebene Kategorie steht mir ein Beispiel aus dem Sanskrit nicht zu Gebote.

Herr, denkst, ich werde nicht sterben (= nie sterben), so ist auch das dein eigenthümlicher Besitz (dein Vorrecht)" RV. 8, 82, 4—6. ná nūn mántrā ánuditāsa eté máyas karan páratare caná 'han *„nicht wird uns der Umstand, dass wir jetzt das Gespräch ungesprochen lassen, in Zukunft Freude bringen"* Çat. Br. 11, 5, 1, 6.

Unter dieselbe Nummer ist nach Einleitung Seite 24 und 25 zu bringen, wenn der Conjunctiv etwas nach allgemeiner Ansicht unter Umständen zu Erwartendes, Natürliches bezeichnet, doch sind die Beispiele nicht eben zahlreich. Sicher scheinen mir:

yáthā váçanti devā́s, táthé'd asat, tád eshām nákir ā́ minat *„wie die Götter es wollen, so wird es sein*, d. h. *so geschieht es immer, niemand kann ihnen das nehmen"* RV. 8, 28, 4. nákir hí dā́nam parimárdhishat tvé *„bei dir wird (kann) das Geben nicht nachlassen* (Roth einfach: *lässt nicht nach)"* RV. 8, 50, 6, vgl. auch 8, 47, 1. 8, 57, 8. 6, 23, 9 u. a. m.

Griechische Beispiele.

Im Griechischen behandeln wir zunächst den reinen Conjunctiv, darauf den mit κέν und endlich den mit ἄν.

Reiner Conjunctiv.

a. *Erste Person.*

ἀλλ' ἐπεὶ ἀασάμην φρεσὶ λευγαλέῃσι πιθήσας
ἂψ ἐθέλω ἀρέσαι, δόμεναί τ' ἀπερείσι' ἄποινα
ὑμῖν δ' ἐν πάντεσσι περικλυτὰ δῶρ' ὀνομήνω,

worauf sogleich die Aufzählung der Geschenke folgt, I 121. Das *ὀνομήνω* leitet nicht einen selbständigen Entschluss ein, sondern der Entschluss des Agamemnon, die Geschenke zu nennen, ist die natürliche Consequenz des Hauptentschlusses, Geschenke zu geben.

Ebenso bezeichnet der Conjunctiv in:

εἰ δέ μοι οὐ τίσουσι βοῶν ἐπιεικέ' ἀμοιβήν
δύσομαι εἰς Ἀΐδαο καὶ ἐν νεκύεσσι φαείνω μ 383

die natürliche Consequenz der im Futurum ausgedrückten Handlung.

b. *Zweite Person.*

οὐ γάρ τι πρήξεις ἀκαχήμενος υἷος ἑῆος
οὐδέ μιν ἀνστήσεις πρὶν καὶ κακὸν ἄλλο πάθῃσθα

„eher wirst du ein anderes Unglück erleben" (keine Drohung), Ω 550.

c. *Dritte Person.*

Die mehrfach wiederkehrende Formel *καί ποτέ τις εἴπῃσι* Η 87. Ζ 459 (auch ζ 275) wird stets an andere Vorstellungen derart ange-

schlossen, dass sie als etwas Natürliches und zu Erwartendes erscheint. Wenn das *καί ποτέ τις εἴπῃσι* wiederum aufgenommen wird durch *ὥς ποτέ τις ἐρέει* (*H* 91, *Z* 462), so ist der Gedanke noch einmal, aber nun wegen seiner Wichtigkeit als selbständiger ausgedrückt.

Wird ein solcher Conjunctiv negirt, so geschieht es durch *οὐ*, wie im Sanskrit durch *ná*.

Er schliesst sich an ein paralleles Futurum an:

οὐκ ἔσθ' οὗτος ἀνὴρ οὐδ' ἔσσεται οὐδὲ γένηται
ὅς κεν Τηλεμάχῳ σῷ υἱέι χεῖρας ἐποίσει π 438
αὐτοῦ οἱ θάνατον μητίσομαι, οὐδέ νυ τόν γε
γνωτοί τε γνωταί τε πυρὸς λελάχωσι θανόντα O 349.

An ein paralleles Präsens:

οὐκ ἔσθ' οὗτος ἀνὴρ διερὸς βροτὸς οὐδὲ γένηται
ὅς κεν Φαιήκων ἀνδρῶν ἐς γαῖαν ἵκηται
δηιοτῆτα φέρων ζ 200.

An einen parallelen Aorist:

οὐ γάρ πω τοίους ἴδον ἀνέρας, οὐδὲ ἴδωμαι
οἷον Πειρίθοόν τε Δρύαντά τε ποιμένα λαῶν A 262.

Ohne Anknüpfung an einen vorhergehenden parallelen Satz oder ein derartiges Satzglied:

οὐ γάρ τίς με βίῃ γε ἑκὼν ἀέκοντα δίηται H 197
(*„niemand soll mich etc."*)

Conjunctiv mit *κέν*.

1) Conjunctive, die sich an ein vorhergehendes Futurum anschliessen.

a. *Erste Person.*

τὴν μὲν ἐγὼ σὺν νηΐ τ' ἐμῇ καὶ ἐμοῖς ἑτάροισιν
πέμψω, ἐγὼ δέ κ' ἄγω Βρισηΐδα καλλιπάρῃον A 184,

wo Agamemnon gewiss nicht darüber im Zweifel ist, ob er Briseis holen lassen will, vielmehr dies drohend mit grosser Emphase in Aussicht stellt. A 137 folgt das Futurum nach, aber es ist sehr die Frage, ob 138 und 139 nicht als späterer Zusatz zu betrachten sind.

b. *Zweite Person.*

σήμερον ἢ δοιοῖσιν ἐπεύξεαι Ἱππασίδῃσιν
ἢ κεν ἐμῷ ὑπὸ δουρὶ τυπεὶς ἀπὸ θυμὸν ὀλέσσῃς Λ 433

„von den beiden angenommenen Möglichkeiten ist die zweite im Conjunctiv mit *κε* ausgedrückte diejenige, welche, als dem Selbstgefühl

des Redenden am meisten entsprechend, einen zuversichtlicheren Ausdruck verlangt" (Hentze Philologus XXIX, Bd. 1, pag. 138).

Diesen Stellen, in denen der Conjunctiv sich an das Futurum anschliesst, ist gemeinsam, dass die im Conjunctiv ausgedrückte Aussage diejenige ist, auf deren Eintreten dem Redenden am meisten ankommt. Es wird mit dem *κέν* gleichsam auf dies Eintreten hingewiesen (S. 86).

2) Der conjunctivische Satz enthält eine nahe Beziehung zu einem imperativischen.

a. *Erste Person.*

ἠδ' ἔτι καὶ νῦν
πείθευ· ἐγὼ δέ κέ τοι ἰδέω χάριν ἤματα πάντα Ξ 234.
δός φίλος· οὐ μέν μοι δοκέεις ὁ κάκιστος Ἀχαιῶν
ἔμμεναι, ἀλλ' ὤριστος, ἐπεὶ βασιλῆϊ ἔοικας·
τῶ σε χρὴ δόμεναι καὶ λώϊον ἠέ περ ἄλλοι
σίτου· ἐγὼ δέ κέ σε κλείω κατ' ἀπείρονα γαῖαν ρ 418
δύσεο τεύχεα θᾶσσον, ἐγὼ δέ κε λαὸν ἀγείρω Π 129.

In diesen drei Stellen wird auf das, was der Redende selbst zu thun gedenkt, mit besonderem Nachdruck hingewiesen. Die Form ist bei allen dreien: thue du das, ich will das thun. Bei den beiden ersten ist deutlich, dass die mit Emphase in Aussicht gestellte Dankbarkeit des Redenden auf die Bereitwilligkeit des Angeredeten einwirken soll. Es wird dasjenige besonders scharf hervorgehoben, was, wenn die ganze Rede in der Form einer Bedingung gesprochen wäre, den Nachsatz bilden würde. Ein wichtiger Wink für das Verständniss der Bedingungsperioden.

b. *Dritte Person.*

διογενὲς Λαερτιάδη, πολυμήχαν' Ὀδυσσεῦ
μή τί τοι ἡγεμόνος γε ποθὴ παρὰ νηὶ μελέσθω,
ἱστὸν δὲ στήσας ἀνά δ' ἱστία λευκὰ πετάσσας
ἧσθαι· τὴν δέ κε τοι πνοιὴ Βορέαο φέρῃσιν κ 504.

Auf die Thätigkeit des Boreas, der seine Pflicht schon von selbst thun wird, wird mit Nachdruck hingewiesen.

3) Er schliesst sich an einen Satz mit *εἰ*, wovon bei den Bedingungssätzen mehr Beispiele beizubringen sind.

a. *Erste Person.*

εἰ δέ κε μὴ δώωσιν, ἐγὼ δέ κεν αὐτὸς ἕλωμαι Α 324.

Es ist klar, dass, wie schon die Hervorhebung der Person durch *ἐγὼ δέ* zeigt, mit Nachdruck auf das, was der Redende zu thun denkt, hingewiesen wird.

b. *Dritte Person*

> τόν γ' εἴ πως σὺ δύναιο λοχησάμενος λελαβέσθαι
> ὅς κέν τοι εἴπῃσιν ὁδὸν καὶ μέτρα κελεύθου δ 388.

Man beachte auch hier den Wechsel der Person: *„Thue du nur das Deine, er wird dir dann zeigen“.*

Eine Bedingung ist nicht sprachlich ausgedrückt, soll aber verstanden werden in dem folgenden interessanten Satze:

> μή μ' ἔρεθε σχετλίη, μὴ χωσαμένη σε μεθείω
> τὼς δέ σ' ἀπεχθήρω ὡς νῦν ἔκπαγλ' ἐφίλησα,
> μέσσῳ δ' ἀμφοτέρων μητίσομαι ἔχθεα λυγρά,
> Τρώων καὶ Δαναῶν, σὺ δέ κεν κακὸν οἶτον ὄληαι

„dann soll es dir übel ergehen“ Γ 414.

Für das Verständniss des Conjunctivs im Gegensatz zum Optativ ist Ω 655 interessant. In folgenden Stellen muss der Conjunctiv mit κέν in concessivem Sinne genommen werden (Einl. S. 24).

> ἀλλ' ἤτοι βασιλῆες Ἀχαιῶν εἰσὶ καὶ ἄλλοι
> πολλοὶ ἐν ἀμφιάλῳ Ἰθάκῃ, νέοι ἠδὲ παλαιοί
> τῶν κέν τις τόδ' ἔχῃσιν, ἐπεὶ θάνε δῖος Ὀδυσσεύς·
> αὐτὰρ ἐγὼν οἴκοιο ἄναξ ἔσομ' ἡμετέροιο κτλ. α 394.

Daran schliessen sich drei Beispiele von disjunctiven Sätzen, welche in beiden Satztheilen κέν haben. Zunächst I 701, wo in beiden Conjunctive, und wo jeder Conjunctiv im Gegensatz gegen den andern an seiner ursprünglichen Kraft einbüsst.

> ἀλλ' ἤτοι κεῖνον μὲν ἐάσομεν, ἤ κεν ἴῃσιν
> ἤ κε μένῃ I 701.

Ferner zwei Fälle, wo im zweiten Theil ein Optativ steht:

> οἷος Ὀδυσσεὺς ἔσκε μετ' ἡμετέροισι τοκεῦσιν
> οὔτέ τινα ῥέξας ἐξαίσιον οὔτέ τι εἰπών
> ἐν δήμῳ, ἥ τ' ἐστὶ δίκη θείων βασιλήων·
> ἄλλον κ' ἐχθαίρῃσι βροτῶν, ἄλλον κε φιλοίη.
> κεῖνος δ' οὔ ποτε πάμπαν ἀτάσθαλον ἄνδρα ἐώργει δ 689 flgd.

„ihr wisst nicht mehr, wie Odysseus unter euren Eltern sich erwies, er fügte niemand im Volke etwas Leides zu durch Thaten oder Worte, und doch ist das das Recht der Könige, den einen soll er feindlich behandeln, den andern freundlich“.

Im Conjunctiv steht das, was dem Gedankengange nach am nächsten liegt, denn zunächst ist von dem ἐξαίσιον ῥέζειν die Rede.

Ganz analog ist

οὔ μιν ἔγωγε
φεύξομαι ἐκ πολέμοιο δυσηχέος, ἀλλὰ μάλ' ἄντην
στήσομαι, ἤ κε φέρῃσι μέγα κράτος ἦ κε φεροίμην Σ 308,

dass Achilles den Hector besiegen wird, ist das nächstliegende, und der wenig individualisirende Dichter lässt diese Ansicht den Hector so gut aussprechen wie einen anderen.

Conjunctiv mit ἄν.

In keinem der vorliegenden Fälle handelt es sich um eine schwankende, sondern überall um eine sehr bestimmte Aeusserung.

Positiv sind folgende zwei Sätze:

ἀλλ' ἔκ τοι ἐρέω τὸ δὲ καὶ τελέεσθαι ὀίω
ἧς ὑπεροπλίῃσι τάχ' ἄν ποτε θυμὸν ὀλέσσῃ Λ 205,

„er soll noch verlieren", aber in dem Sinne *„es ist vorauszusetzen, dass er noch verlieren wird"*.

νῦν δ' ἂν πολλὰ πάθῃσι φίλου ἀπὸ πατρὸς ἁμαρτών Χ 505,

„er soll noch viel erdulden, er wird dem nicht entgehen".

Sonst steht ἄν nur in negativen Sätzen mit οὐ, und zwar zunächst anschliessend an ein Futurum:

πάντα μὲν οὐκ ἂν ἐγὼ μυθήσομαι οὐδ' ὀνομήνω δ 240,

vgl. Π 438, λ 328, 517 *(ich will, werde nicht)*, sodann in Verbindung mit einer imperativischen Aufforderung an andere Personen:

στῆθ' οὕτω ἀποπρόθεν, ὄφρ' ἐγὼ αὐτὸς
ἅλμην ὤμοιιν ἀπολούσομαι, ἀμφὶ δ' ἐλαίῳ
χρίσομαι· ἦ γὰρ δηρὸν ἀπὸ χροός ἐστιν ἀλοιφή.
ἄντην δ' οὐκ ἂν ἔγωγε λοέσσομαι ζ 218 *(ich will nicht)*.

endlich in Verbindung mit Bedingungssätzen:

εἰ μὲν δὴ ἀντίβιον σὺν τεύχεσι πειρηθείης
οὐκ ἄν τοι χραίσμῃσι βιὸς καὶ ταρφέες ἰοί Λ 386

„dann soll dir nichts helfen". Ebenso Γ 54.

Cap. II.

Der Conjunctiv in relativen Nebensätzen.

Ueber das Relativpronomen ist Einleitung Cap. V und sodann in dem Rückblick auf die Satzlehre Cap. X gehandelt. An diesen beiden Stellen hat sich als nothwendige Eintheilung der conjunctivischen und optativischen Nebensätze die in posteriorische und priorische ergeben. Demgemäss zerfällt dieses Capitel in zwei Paragraphen.

§ 1.

Die posteriorischen Relativsätze.

Dieser Paragraph umfasst unter sich zwei Nummern: I. die Conjunctive des Wollens, II. die der Erwartung. Der Auseinandersetzung Einleitung S. 36 flgd. ist hier nur noch folgende Bemerkung hinsichtlich des Tempus im Hauptsatze hinzuzufügen:

Da die Handlung des Hauptsatzes die des Relativsatzes unmittelbar nach sich zieht, so kann der Natur der Sache nach letztere nur so lange als gewollt bezeichnet werden, als die Handlung des Hauptsatzes selbst noch nicht der Vergangenheit angehört. Daher steht im Hauptsatze in der Regel kein Tempus der Vergangenheit, sondern Imperativ, Conjunctiv, Optativ oder die Indicative des Futurums und des Präsens.

I. Conjunctiv des Wollens.

Vgl. Einleitung S. 36—39.

Sanskritische Beispiele.

Rayím . . . bhara, ní yéna mushṭihatyáyâ ní vṛitrâ' ruṇádhâmahâi „*bring Reichthum (Kraft), durch ihn wollen wir im Faustkampf die Feinde besiegen*" RV. 1, 8, 2, vgl. 6, 19, 8. vindásva tvám putrám nâri, yás túbhyam çam asat „*erlange, o Weib, dir einen Sohn, der soll dir zum Heile gereichen*" AV. 3, 23, 5, vgl. ebenda 6, 33, 1. 7, 8, 6. tát savitúr várenyam bhárgo devásya dhîmahi dhíyo yó naḥ pracodáyât „*möchten wir empfangen den herrlichen Glanz des Savitar, der soll unsere Gebete fördern*" RV. 3, 62, 10.

asmábhyam tád . . . râdha â' gât çam yát stotṛíbhya âpáye bhávâti „*zu uns komme dieser Reichthum, der soll den Sängern, dem Freunde zum Heile sein*" RV. 2, 38, 11.

Der Relativsatz geht voraus:

yâ' naḥ pîparad açvinâ jyótishmatî támas tiráḥ tâ'm asmé râsâthâm ísham „*die uns hinüberbringen soll, die lichte über die Finsterniss, solche Kraft schenket uns*" RV. 1, 46, 6.

Während die bisher angeführten Relativsätze leicht in Finalsätze verwandelt werden könnten, so ist dagegen der folgende den Consecutivsätzen innerlich verwandt:

asmé dhattam yád ásad áskṛidhoyu „*gebt uns etwas, das reichlich sei*" RV. 7, 53, 3.

Griechische Beispiele.

Wir ordnen danach, ob der Conjunctiv rein ist, oder von κέν begleitet. Ἄν ist uns nicht begegnet.

1) **Stellen mit reinem Conjunctiv:**

τιμὴν δ' Ἀργείοις ἀποτινέμεν ἥν τιν' ἔοικεν,
ἥ τε καὶ ἐσσομένοισι μετ' ἀνθρώποισι πέληται

„eine Busse aber sollen sie den Argeiern zahlen, die sich geziemt und die auch unter den kommenden Geschlechtern fortleben soll“ (Wille des redenden Agamemnon) Γ 286. 460.

μή τίς τοι τάχα Ἴρου ἀμείνων ἄλλος ἀναστῇ,
ὅς τίς σ' ἀμφὶ κάρη κεκοπὼς χερσὶ στιβαρῇσιν
δώματος ἐκπέμψῃσι

„dass nur nicht bald ein anderer, der besser ist als Iros, sich erhebt, der soll dich um das Haupt mit gewaltigen Fäusten schlagen und dich aus dem Hause werfen“ σ 334. Beide Sätze könnte man in Consecutivsätze verwandeln.

2) **Stellen mit Conjunctiv und beigefügtem κέν:**

αὐτὸς νῦν ὄνομ' εὕρεο ὅττι κε θῆαι
παιδὸς παιδὶ φίλῳ

„selbst überlege dir jetzt einen Namen, den sollst du dem lieben Enkelkinde geben“ τ 403.

καί μοι ἅμ' ἡγεμόν' ἐσθλὸν ὄπασσον
ὅς κέ με κεῖσ' ἀγάγῃ

„und gieb mir einen guten Führer mit, der soll mich dorthin führen“ ο 311.

ἀλλ' ἄγετε, κλητοὺς ὀτρύνομεν, οἵ κε τάχιστα
ἔλθωσ' ἐς κλισίην Πηληϊάδεω Ἀχιλῆος

. . . *„die sollen schnell gehen“* . . I 166.

ἀλλ' εἴπ' ἤ σφωιν καταλύσομεν ὠκέας ἵππους,
ἦ ἄλλον πέμπωμεν ἱκανέμεν, ὅς κε φιλήσῃ

„aber sag', sollen wir ihm die schnellen Rosse ausspannen, oder sollen wir ihn zu einem andern schicken, der sie willkommen heissen soll“ δ 29, vgl. θ 213, ζ 37, κ 288, π 348.

καί μοι τεὸν οὔνομα εἰπὲ
αὐτίκα νῦν, ἵνα τοι δῶ ξείνιον, ᾧ κε σὺ χαίρῃς

„und sage mir jetzt gleich deinen Namen, damit ich dir ein Gastgeschenk gebe, über das sollst du dich freuen“ ι 356, vgl. Ω 119. 147. 196.

ἀμφὶ δὲ λαῖφος
ἕσσω, ὅ κε στυγέῃσιν ἰδὼν ἄνθρωπος ἔχοντα

„in lumpiges Gewand will ich dich kleiden, vor dem soll sich jeder ekeln, der es an dir sieht“ ν 400.

πέμψω σ' ἤπειρόνδε, βαλὼν ἐν νηῒ μελαίνῃ,
εἰς Ἔχετον βασιλῆα ..
ὅς κ' ἀπὸ ῥῖνα τάμῃσι ..

.. *„der soll dir die Nase abschneiden“* .. (Wille des drohenden Antinoos) σ 84.

τίς γὰρ δὴ ξεῖνον καλεῖ ἄλλοθεν αὐτὸς ἐπελθὼν
ἄλλον γ' εἰ μὴ τῶν οἳ δημιοεργοὶ ἔασιν,
μάντιν ἢ ἰητῆρα κακῶν ἢ τέκτονα δούρων,
ἢ καὶ θέσπιν ἀοιδόν, ὅ κεν τέρπῃσιν ἀείδων;

.. *„oder auch den gottbegeisterten Sänger, der soll mit seinem Gesange erfreuen“* ρ 382.

II. Conjunctiv der Erwartung.

Vgl. Einleitung S. 39—42.

Sanskritische Beispiele.

Im Sanskrit tritt die Erwartung mehr zurück, und also das Futurische mehr hervor, als im Griechischen.

iyúḥ ṭé yé pū́rvatarām ápaçyan vyuchántīm ushásam mártyâsaḥ, asmā́'bhir û nu praticákshyâ'bhūd, ó té yanti yé aparishu páçyân *„es kamen die Sterblichen, welche die frühere Morgenröthe glänzen sahen, uns war sie eben sichtbar; heran kommen, die sie in Zukunft sehen sollen (werden)“* RV. 1, 113, 11, vgl. yā́' vyūchúr yā́ç ca nūnám vyuchā́n *„welche geleuchtet haben und welche von jetzt an leuchten sollen (werden)“* ebenda 10.

Griechische Beispiele.

Alle die bisher angeführten griechischen Relativsätze zeigten noch durchaus den Conjunctiv des Wollens.

In den folgenden Stellen macht sich eine Annäherung des Conjunctivs an das Futur bemerklich, nur dass das erwartete Ereigniss des Relativsatzes eben als von dem Redenden gefordert (aber nicht von ihm allein abhängig) hingestellt wird:

θρώσκων τις κατὰ κῦμα μέλαιναν φρῖχ' ὑπαΐξει
ἰχθύς, ὅς κε φάγῃσι Λυκάονος ἀργέτα δημόν

.. *„der soll (wird) fressen des Lykaon weisses Fett“* Φ 126.

ἔνθα τοι αὐτίκα μάντις ἐλεύσεται, ὄρχαμε λαῶν,
ὅς κέν τοι εἴπῃσιν ὁδόν ..

.. *„der soll (wird) dir den Weg sagen“* .. κ 539.

θάνατος δέ τοι ἐξ ἁλὸς αὐτῷ
ἀβληχρὸς μάλα τοῖος ἐλεύσεται, ὅς κέ σε πέφνῃ

. . „*der soll (wird) dich tödten*“ λ 134 (ψ 282).

ἀλλ' ἔτι πού τις ἐπέσσεται, ὅς κεν ἔχῃσιν
δώματα θ' ὑψερεφέα . .

„*sondern es wird noch irgendwo jemand übrig sein, der soll (wird) besitzen das hohe Haus*“ . . δ 756.

Besondere Beachtung verdienen noch zwei Arten von griechischen Sätzen.

1) Solche, in denen der Hauptsatz negativ ist, mag nun das Bezugswort genannt sein, wie:

οὔτε τιν' ἀγγελίην στρατοῦ ἔκλυον ἐρχομένοιο
ἥν χ' ὑμῖν σάφα εἴπω, ὅτε πρότερός γε πυθοίμην β 43, vgl. ζ 200,

oder zu ergänzen sein, wie:

νῦν οὐκ ἔσθ' ὅς τις θάνατον φύγῃ Φ 113.
οὐκ ἔσθ' ὅς κε σ' ἕλῃσι Ψ 345.

Man vergleiche über diese Sätze Einleitung Seite 39.

2) Solche, welche dem Sinne nach Fragesätzen gleichkommen:

κλήρῳ νῦν πεπάλασθε διαμπερὲς ὅς κε λάχῃσιν Η 171.

Ueber diese scheinbaren Fragesätze ist Einleitung S. 41 gehandelt.

§ 2.

Die priorischen Relativsätze.

Der Relativsatz enthält gleichfalls die Willensäusserung einer ersten Person, aber diese gewollte oder geforderte Handlung soll sich nicht an die des Hauptsatzes anschliessen (§ 1), sondern es hängt umgekehrt das Eintreten der letztern von der Erfüllung jener Willensäusserung des Relativsatzes ab. So bringen es die Verhältnisse mit sich, dass der Relativsatz als Voraussetzung des Hauptsatzes erscheint. Ebenso sehr ist es in den Verhältnissen begründet, dass die Handlung des Hauptsatzes nicht als bereits eingetreten, sondern erst als in der Gegenwart oder in der Zukunft eintretend hingestellt wird. Es findet sich also auch hier im Hauptsatze in der Regel entweder ein Imperativ, oder ein Conjunctiv, oder ein Optativ, oder der Indicativ des Futurs, oder der des Präsens.

Ueber diese Sätze ist Einleitung Cap. V § 2 (S. 42 flgd.) gehandelt, und zwar, wie es die Sache mit sich bringt, dort mit überwiegender Rücksicht auf das Relativum, während für die hier befolgte Eintheilung überwiegend der Modus maassgebend gewesen ist.

Sanskritische Beispiele.

1) Im Hauptsatz steht der Imperativ.

a. Der Relativsatz folgt nach:

nicấḥ padyantâm ádhare bhavantu yé naḥ sûrím maghávânam pṛitanyấn *„nieder sollen fallen, unterliegen sollen, die unsern weisen Herrn bekämpfen sollten“* AV. 3, 19, 3. asyấ 'gne vitấd dhavísho yad yâjâma *„gieb acht auf das Opfer, wir sollen es nur opfern“* RV. 5, 60, 6, vgl. Einleitung pag. 44.

b. Der Relativsatz geht voraus:

yó naḥ pṛitanyấd ápa táṃ-tam íd dhataṃ *„es soll uns einer bekämpfen, den schlagt, wer es auch sei“* RV. 1, 132, 6.

yás túbhyaṃ dấçâd yó vâ te çíkshât tásmâi cikitvấn rayíṃ dayasva *„es soll einer dir opfern, oder es soll einer dir spenden, dem schenke wohlbedacht Reichthum“* RV. 1, 68, 6, vgl. 1, 71, 6. 1, 93, 8. 2, 23, 7. 3, 51, 11. 4, 2, 7. 6, 5, 4. 7, 70, 6. 8, 8, 16.

Ein Imperativ ist zu ergänzen:

yad atra sukṛitaṃ kṛiṇavathâ 'smâsu tad, yad dushkṛitam anyatra tat *„was ihr Gutes thun solltet, das sei bei uns; was Böses, das sei anderswo“* Ait. Br. 2, 7.

Indicativ und Conjunctiv stehen neben einander:

áti vâ yó maruto mányate no bráhma vâ yáḥ kṛiyámâṇaṃ nínitsât tápûṅshi tásmai vṛijinấni santu *„wer uns, o Maruts, verachtet, oder wer einen, der euch Verehrung darbringt, schmähen sollte, dem sollen seine Sünden heiss sein“* RV. 6, 52, 2.

2) Im Hauptsatze steht der Conjunctiv.

a. Der Relativsatz folgt nach:

púmâṅsam putráṃ janaya, táṃ púmân ánu jâyatâm, bhávâsi putrấṇâṃ mâtấ jâtấnâm janáyâç ca yấn *„gebier einen Sohn, nach diesem soll wieder ein Sohn geboren werden; so sollst du Mutter von Söhnen werden, von geborenen und von solchen, die du noch gebären sollst“* AV. 3, 23, 3.

mấ hiṅsishṭa pitaraḥ kéna cin no yád va ấgaḥ purushátâ kárâma *„bestraft uns nicht, ihr Väter, um einer Sünde willen, sollten wir eine gegen euch nach Menschenweise begehen“* RV. 10, 15, 6 (vgl. Einleitung Seite 45).

b. der Relativsatz geht voraus:

kathó nú te pári carâṇi vidvấn vîryầ maghavan yấ cakártha, yấ co nú návyâ kṛiṇávaḥ çavishṭha préd u tấ te vidátheshu bravâma *„wie soll ich denn umwandeln mit meinem Wissen die Heldenthaten, die du,

o Mächtiger, gethan hast; du sollst neue vollbringen, die wollen wir bei den Opfern preisen" RV. 5, 29, 13. yás tvâ doshâ' yá ushási praçáṅsât priyáṃ vâ tvâ kṛṇávate havíshmân, tám áṅhasaḥ piparo dâçvấṅsam *„es soll dich einer am Abend oder am Morgen preisen oder opfernd soll er dir Liebes thun, den Spender rette aus der Noth"* RV. 4, 2, vgl. 9. yó na ấgo abhy éno bhárâty ádhî́d aghám agháçaṅse dadhâta *„er soll Frevel oder Sünde gegen uns im Schilde führen, dem Böswilligen legt Böses auf"* (d. h. *dem Böswilligen, welcher* u. s. w.) RV. 5, 3, 7. yá eshâm bhṛtyấm ṛṇádhat sá jîvât *„es soll einer ihre Nahrung mehren* (Roth: *in ihrer Pflege Erfolg haben*), *der soll leben"* RV. 1, 84, 10.

utá nûnáṃ yád indriyáṃ karishyâ' indra paúṅsyam, adyâ' nákish ṭád â' minat *„du sollst jetzt eine Heldenthat thun wollen, die soll (wird) dir heute niemand wehren"* RV. 4, 30, 23.

yás túbhyam dấçân ná tám áṅho açnavat *„es soll dir einer dienen, den soll keine Noth treffen"* RV. 2, 23, 4 (Einleitung S. 48). viçấç ca yásyâ átithir bhávâsi sa yajnéna vanavad deva mártân *„du sollst bei einem Gau zu Gaste sein, der überwindet die Menschen durch des Opfers Kraft"* RV. 5, 3, 5. yó yájâti yájâta ít sunávac ca pácâti ca, brahméd índrasya câkanat *„er soll nur für andere oder für sich opfern* (zu dem Medium vgl. Açv. gr. 4, 7, 18) *und pressen und backen, der Priester gefällt dem Indra"* RV. 8, 31, 1, vgl. 1, 93, 3. 6, 37, 5 u. ö. (vgl. Einleitung S. 46).

té ho'cuḥ: „yó naḥ çrámena tápasâ çraddháyâ yajnénâ''hûtibhir yajnásyo 'dṛçaṃ pû'rvo'vagácchât, sá naḥ çréshṭo'sat, *„sie sprachen: „es soll einer von uns durch Anstrengung, durch Busse, durch Glauben, durch Opfer, durch Anrufungen das Ziel des Opfers zuerst erreichen, der soll der beste unter uns sein"* Çat. Br. 14, 1, 1, 4.

3) Im Hauptsatze steht der Indicativ:

nâ' márto dayate sanishyán yó vishṇava urugâyấya dấçât, prá yáḥ satrấcâ mánasâ yájâte *„nie bereut es der nach einem Gute strebende Mensch, der dem weitschreitenden Vischnu opfern, der mit ganzem Herzen ihm dienen sollte"* RV. 7, 100, 1. pâpám âhur yáḥ svásâram nigácchât *„sie nennen es ein Unrecht, sollte einer seine Schwester beschlafen"* RV. 10, 10, 12 (vgl. Einleitung S. 49).

Es stehen Conjunctiv und Indicativ im Hauptsatze neben einander:

çnáthad vṛtrám uta sanoti vấjam índrâ yó agnî́ sáhurî saparyất *„es soll den Vritra schlagen und es erringt die Beute, wer Indra und Agni, die Sieger, verehren sollte"* RV. 6, 60, 1.

Griechische Beispiele.

I. Stellen mit dem reinen Conjunctiv ohne κέν oder ἄν.

Wir beginnen hier mit den in Gleichnissen befindlichen Relativsätzen, weil sich in ihnen am deutlichsten die fordernde Kraft des Conjunctivs erkennen lässt.

Man vergleiche über die Gleichnisssätze Einleitung S. 45.

ὥς τίς τε λέων περὶ οἷσι τέκεσσιν,
ᾧ ῥά τε νήπι' ἄγοντι συναντήσωνται ἐν ὕλῃ
ἄνδρες ἐπακτῆρες

.. „*dem sollen, wie er seine Jungen führt, im Walde die Jäger begegnen*“ *P* 134.

ὀλοοίτροχος ὣς ἀπὸ πέτρης
ὅν τε κατὰ στεφάνης ποταμὸς χειμάρροος ὤσῃ

... „*den soll herabstossen*“ .. *N* 138.

ὁ δ' αὖτ' ἔπεσεν μελίη ὥς,
ἥ τ' ὄρεος κορυφῇ ἕκαθεν περιφαινομένοιο
χαλκῷ ταμνομένη τέρενα χθονὶ φύλλα πελάσσῃ

„.. *die soll .. vom Eisen getroffen, ihr zartes Laub zur Erde betten*“ *N* 178, vgl. *E* 138, *O* 580. 680, *Π* 260, *P* 110. 726, *Σ* 319, *Φ* 283, *X* 23, τ 108.

ἀλλ' ὥς τε στήλη μένει ἔμπεδον, ἥ τ' ἐπὶ τύμβῳ
ἀνέρος ἑστήκῃ τεθνηότος ἠὲ γυναικός

... „*die soll stehen auf dem Grabe eines Mannes*“ ... *P* 435.

ὡς δ' ὅτ' ἀνὴρ δόρποιο λιλαίεται, ᾧ τε πανῆμαρ
νειὸν ἀν' ἕλκητον βόε οἴνοπε πηκτὸν ἄροτρον

.. „*dem sollen zwei dunkelfarbige Rinder den ganzen Tag den Pflug auf dem Felde ziehen*“ ν 31, vgl. π 19.

ὅσση δ' αἰγανέης ῥιπὴ ταναοῖο τέτυκται
ἥν ῥά τ' ἀνὴρ ἀφέῃ

.. „*den soll ein Mann schleudern*“ *Π* 590, vgl. *O* 411, *Ψ* 517, ρ 518.

δαῖέ οἱ ἐκ κόρυθός τε καὶ ἀσπίδος ἀκάματον πῦρ
ἀστέρ' ὀπωρινῷ ἐναλίγκιον, ὅς τε μάλιστα
λαμπρὸν παμφαίνῃσι λελουμένος Ὠκεανοῖο

.. „*gleich dem herbstlichen Gestirne, das soll besonders hell glänzen, auftauchend aus dem Okeanos*“ *E* 5 (vgl. Einleitung S. 45).

Charakteristisch ist, dass eben nur eine Vorstellung, welche den Vergleich besonders zu einem plastischen Bilde macht, im Conjunctiv zu stehen pflegt, während die andern Angaben im Indicativ gemacht werden (Einleitung S. 45).

αἰεί τοι κραδίη πέλεκυς ὥς ἐστιν ἀτειρής
ὅς τ' εἶσιν διὰ δουρὸς ὑπ' ἀνέρος, ὅς ῥά τε τέχνῃ
νήϊον ἐκτάμνῃσιν, ὀφέλλει δ' ἀνδρὸς ἐρωήν

. . *„der soll kunstgerecht einen Schiffsbalken behauen"* Γ 60.

ὁ δ' ἐν κονίῃσι χαμαὶ πέσε, αἴγειρος ὥς,
ἥ ῥά τ' ἐν εἱαμενῇ ἕλεος μεγάλοιο πεφύκῃ
λείη, ἀτάρ τέ οἱ ὄζοι ἐπ' ἀκροτάτῃ πεφύασιν

. . *„die soll in der Niederung eines grossen Sumpfes gewachsen sein, glatt, aber an der Spitze sind ihr Zweige entsprossen"* Δ 482, vgl. Μ 299. 423.

Seltner findet sich der Conjunctiv zugleich in mehreren Sätzen:

ὡς δὲ κύνες περὶ μῆλα δυσωρήσωσιν ἐν αὐλῇ
θηρὸς ἀκούσαντες κρατερόφρονος, ὅς τε καθ' ὕλην
ἔρχηται δι' ὄρεσφι

„Wie aber die Hunde schlimme Wacht über die Schafe im Gehöfte haben sollen, nachdem sie ein wildes Thier gehört haben, das soll durch den Wald im Gebirge daher kommen" Κ 184, vgl. Ο 80, ε 395.

Die übrigen Relativsätze mit Conjunctiv ohne κέν oder ἄν ordnen wir nach der Verbalform des Hauptsatzes.

1) Ein Imperativ geht im Hauptsatze voraus:

Hierher könnte man höchstens rechnen:

ἀλλ' ἄγε, σῇ τάδε μητρὶ παρεζόμενος κατάλεξον,
γήμασθ' ὅς τις ἄριστος ἀνὴρ καὶ πλεῖστα πόρῃσιν

. . *„einen zu heirathen, vorausgesetzt, dass der Mann der beste sei und das Meiste bringe"* υ 334 (Einleitung S. 46).

2) Für den Conjunctiv im Hauptsatze steht uns kein Beispiel zu Gebote, wohl aber für den Optativ:

ἀλλ' αὖθι κυνῶν μέλπηθρα γένοιτο,
ὅς τις ἐπ' ἤματι τῷδε ἑκὼν μεθίῃσι μάχεσθαι

„ein Frass der Hunde möge einer werden, er soll (nur) an diesem Tage freiwillig nachlassen im Kämpfen" Ν 234.

3) Auch der Indicativ des Futurums ist im Hauptsatze nicht nachweisbar, sondern nur der Infinitiv:

οὐδέ τιν' οἴω
Τρώων χαιρήσειν, ὅς τις σχεδὸν ἔγχεος ἔλθῃ

. . *„es soll (nur) einer in die Nähe meiner Lanze kommen"* Υ 362.

4) Der Indicativ des Präsens steht im Hauptsatze.

a. der Relativsatz folgt nach:

τὴν γὰρ ἀοιδὴν μᾶλλον ἐπικλείουσ' ἄνθρωποι
ἥ τις ἀκουόντεσσι νεωτάτη ἀμφιπέληται

„denn das Lied preisen die Menschen um so mehr, es soll (nur) bei ihnen als das neueste in Aufnahme sein" α 351, vgl. § 105.

Φαίηκές μ' ἄγαγον ναυσίκλυτοι, οἵ τε καὶ ἄλλους
ἀνθρώπους πέμπουσι, ὅ τίς σφεας εἰσαφίκηται

.. *„die auch andere Menschen geleiten, es soll (nur) einer zu ihnen kommen"* π 227, vgl. μ 40, Χ 73, κ 39, ο 400, *Α* 230, *Β* 294.

εἰ δέ τι τῶνδ' ἐπίορκον, ἐμοὶ θεοὶ ἄλγεα δοῖεν
πολλὰ μάλ', ὅσσα διδοῦσιν, ὅ τίς σφ' ἀλίτηται ὀμόσσας

.. *„es soll nur einer freveln gegen seinen Eid"* *Τ* 264, vgl. ν 214.

οὔτε θεοπροπίης ἐμπάζομαι, ἥν τινα μήτηρ
ἐς μέγαρον καλέσασα θεοπρόπον ἐξερέηται

.. *„die Mutter soll nur eine erfragen"* α 416.

ὡς δ' ὅτ' ὀπωρινὸς Βορέης νεοαρδέ' ἀλωὴν
αἶψ' ἀγξηράνῃ· χαίρει δέ μιν, ὅς τις ἐθείρῃ

.. *„es freut sich aber, es soll es nur einer pflegen"* Φ 346, vgl. ω 286.

οὐδέ τι πώ μοι
πρόφρων τέτληκας εἰπεῖν ἔπος, ὅ ττι νοήσῃς

.. *„du sollst nur etwas vorhaben"* *Α* 543, vgl. *Α* 554.

τόν κεν ἄγοιμ' ἐπὶ νηός, ὁ δ' ὕμιν μύριον ὦνον
ἄλφοι, ὅπῃ περάσητε κατ' ἀλλοθρόους ἀνθρώπους

.. *„der würde euch unermesslichen Gewinn einbringen, ihr sollt ihn (nur) wohin verkaufen unter die fremdredenden Menschen"* ο 452, vgl. ϑ 45.

βέλτερον ὃς φεύγων προφύγῃ κακὸν ἠὲ ἁλώῃ

„es soll einer fliehend dem Unglück entrinnen, so ist's (ihm) besser, als wenn er gefangen werden sollte" Ξ 81.

ἀντί νυ πολλῶν
λαῶν ἐστιν ἀνήρ, ὅν τε Ζεὺς κῆρι φιλήσῃ

„viele Schaaren wiegt ein Mann auf, es soll ihn (nur) Zeus lieben" *Ι* 117.

οὐδὲ τὸ οἶδε κατὰ φρένα Τυδέος υἱός,
ὅττι μάλ' οὐ δηναιὸς, ὃς ἀθανάτοισι μάχηται

.. *„dass einer nicht lange lebt, er soll (nur) mit Göttern kämpfen"* *Ε* 406 (Einleitung S. 46).

ἀντὶ κασιγνήτου ξεῖνός θ' ἱκέτης τε τέτυκται
ἀνέρι, ὅς τ' ὀλίγον περ ἐπιψαύῃ πραπίδεσσιν

„einem Manne, er soll sonst auch nur wenig fassen mit seinem Verstande, gilt der Fremdling und der Schutzflehende einem Bruder gleich" ϑ 546 (vgl. ϑ 585, mit κέν).

καὶ μὲν δυσμενέες καὶ ἀνάρσιοι, οἵ τ' ἐπὶ γαίης
ἀλλοτρίης βῶσιν καί σφι Ζεὺς ληΐδα δώῃ

„Bösewichte und schlimme Gäste sind es, es sollen (nur) welche fremdes Land betreten und Zeus soll ihnen Beute gewähren" ξ 85, vgl. ϑ 210, λ 128, ζ 287.

οὐ μὲν γὰρ μεῖζον κλέος ἀνέρος, ὄφρα κ' ἔῃσιν,
ἤ ὅ τι ποσσίν τε ῥέξῃ καὶ χερσὶν ἑῇσιν

„ein Mann soll etwas mit seinen Händen oder Füssen leisten, und so lange er lebt, ist kein grösserer Ruhm für ihn“ ϑ 147, vgl. ε 447.

ῥεῖα δ' ἀρίγνωτος Διὸς ἀνδράσι γίγνεται ἀλκή,
ἠμὲν ὁτέοισιν κῦδος ὑπέρτερον ἐγγυαλίξῃ,
ἠδ' ὅτινας μινύθῃ τε καὶ οὐκ ἐθέλῃσιν ἀμύνειν

„leicht erkennbar ist die Stärke des Zeus den Männern, er soll ihnen nun hohen Ruhm verleihen, oder er soll sie demüthigen und sie nicht schützen wollen“ Ο 490, vgl. δ 208.

καὶ γάρ τίς τ' ἄλλοιον ὀδύρεται ἄνδρ' ὀλέσασα
κουρίδιον, τῷ τέκνα τέκῃ φιλότητι μιγεῖσα
ἢ Ὀδυσῆ'..

„wenn sie ihren rechtmässigen Eheherrn verloren hat, dem sie Kinder gebären soll“.. (Was zum Begriff von κουρίδιος gehört, ist hier als Forderung ausgesprochen, vgl. Einleitung S. 45). τ 265.

Mit Unrecht wird als abhängige Frage betrachtet:

ἴδμεν γάρ τοι πάνθ' ὅσ' ἐνὶ Τροίῃ εὐρείῃ
Ἀργεῖοι Τρῶές τε θεῶν ἰότητι μόγησαν·
ἴδμεν δ' ὅσσα γένηται ἐπὶ χθονὶ πουλυβοτείρῃ

.. *„wir wissen alles, es soll (nur) etwas auf der vielnährenden Erde geschehen“* μ 189, vgl. ψ 140, Β 365 und Einleitung S. 47.

b. der Relativsatz geht voran.

ὅς μὲν ἀπηνὴς αὐτὸς ἔῃ καὶ ἀπηνέα εἰδῇ,
τῷ δὲ καταρῶνται πάντες βροτοὶ ἄλγε' ὀπίσσω

„es soll einer unfreundlich sein und unfreundliche Gesinnung haben, dem wünschen alle Menschen Schlimmes an“ τ 329.

ὅς τις ἀιδρείῃ πελάσῃ καὶ φθόγγον ἀκούσῃ
Σειρήνων, τῷ δ' οὔ τι γυνὴ καὶ νήπια τέκνα
οἴκαδε νοστήσαντι παρίσταται οὐδὲ γάνυνται

„es soll sich nur einer in Unwissenheit nahen und den Gesang der Sirenen hören, dem“ ... μ 41.

οἵ τ' ἀγαθήν τε γυναῖκα καὶ ἀφνειοῖο θύγατρα
μνηστεύειν ἐθέλωσι καὶ ἀλλήλοις ἐρίσωσιν,
αὐτοὶ τοί γ' ἀπάγουσι βόας καὶ ἴφια μῆλα

„es sollen (Männer) ein gutes Weib, die Tochter eines Reichen freien wollen und unter einander wetteifern, sie selbst bringen (dann) Rinder und fette Schafe herbei“ σ 276.

καὶ γάρ τίς θ' ἕνα φῶτα κατακτείνας ἐνὶ δήμῳ
ᾧ μὴ πολλοὶ ἔωσιν ἀοσσητῆρες ὀπίσσω
φεύγει πηούς τε προλιπὼν καὶ πατρίδα γαῖαν

„und wenn einer einen Mann im Volke getödtet hat, es sollen ihm (nur) nicht viele Schützer sein, der verlässt Verwandte und Vaterland und flieht“ ψ 118.

ὅππῃ τ' ἰθύσῃ, τῇ τ' εἴκουσι στίχες ἀνδρῶν

„er soll sich irgendwohin wenden, da weichen die Reihen der Männer zurück“ M 48.

οἷς δ' ὁ γέρων μετέῃσιν, ἅμα πρόσσω καὶ ὀπίσσω
λεύσσει

„es soll aber der Greis unter den Leuten sein, zugleich vorwärts und rückwärts sieht er für die“ Γ 109.

οἷσίν τ' εὖ φρονέῃσι, καὶ ἀνδράσι νείκεα λύει

„sie soll (nur) ihnen nur wohlwollen, sogar Männern löst sie dann den Streit“ η 74 (Einleitung S. 46).

5) An einigen Stellen geht im **Hauptsatze** der **Aorist** voraus, doch sind es Erfahrungssätze, die auch für die Gegenwart und Zukunft Geltung haben.

τῇ δ' οὔ πώ τις νηῦς φύγεν ἀνδρῶν, ἥ τις ἵκηται,
ἀλλά θ' ὁμοῦ πίνακάς τε νεῶν καὶ σώματα φωτῶν
κύμαθ' ἁλὸς φορέουσι πυρός τ' ὀλοοῖο θύελλαι

„noch nie entkam da ein Schiff der Männer, es soll (nur) eins kommen . .“ (man beachte den Ind. Präs. in den darauf folgenden Worten) μ 66.

ἦ γὰρ τοῦ γε θεοὶ κατὰ νόστον ἔδησαν,
ὅς κεν ἔμ' ἐνδυκέως ἐφίλει καὶ κτῆσιν ὄπασσεν,
οἷά τε ᾧ οἰκῆϊ ἄναξ εὔθυμος ἔδωκεν,
ὅς οἱ πολλὰ κάμῃσι, θεὸς δ' ἐπὶ ἔργον ἀέξῃ

. . *„wie ein gütiger König seinem Sklaven (immer) gab, es soll sich derselbe (nur) viel für ihn abmühen und die Gottheit die Arbeit gedeihen lassen“* ξ 61.

II. Der Conjunctiv mit *κέν*.

1) Im Hauptsatze steht der Imperativ.

a. der Relativsatz folgt nach:

τῷ νῦν μηδὲ σὺ κεῦθε νοήμασι κερδαλέοισιν
ὅ ττι κέ σ' εἴρωμαι θ 548.

κέκλυτε δὴ νῦν μευ, Ἰθακήσιοι, ὅ ττι κεν εἴπω

„ich will etwas sagen, das hört jetzt von mir“ β 25. 161. 229, ω 454, ι 378. 406, υ 115.

An allen den erwähnten Stellen führt die redende Person ihre Absicht alsbald wirklich aus. Trotzdem aber ist der Relativsatz als Voraussetzung zu dem vorausgehenden Hauptsatze aufzufassen.

φθέγγεο δ' ᾗ κεν ἴῃσθα

„rufe überall, du sollst (nur) wo hinkommen" K 67.

τῶν ἄλλος μὲν ἀποφθίσθω, ἄλλος δὲ βιώτω
ὅς κε τύχῃ

„der eine lebe, der andere sterbe, es soll (nur) das Schicksal an einen herantreten" Θ 430.

τῷ ἔχεθ' ὅ ττί κεν ὔμμι κακὸν πέμπῃσιν ἑκάστῳ

„nehmet das Unglück auf euch, er soll (nur) euch allen welches schicken" O 109.

τούσδε δ' ἔα φθινύθειν, ἕνα καὶ δύο, τοί κεν Ἀχαιῶν
νόσφιν βουλεύωσι...

„die da aber lass verderben, einen oder zwei, sie sollen (nur) getrennt von den Achäern Beschluss fassen" B 346.

Τρωιάδας δὲ γυναῖκας ἐείκοσιν αὐτὸς ἑλέσθω,
αἵ κε μετ' Ἀργείην Ἑλένην κάλλισται ἔωσιν

„troische Weiber aber soll er sich zwanzig selbst auswählen, nach der Argeierin Helene, wobei vorausgesetzt ist, dass es die schönsten sind u. s. w." I 139. 281 (vgl. K 305).

Der Infinitiv steht an Stelle des Imperativs:

ἔπειτα δὲ καὶ τὸν Ἀχαιοὶ
εὐρύν θ' ὑψηλόν τε τιθήμεναι, οἵ κεν ἐμεῖο
δεύτεροι ἐν νήεσσι πολυκλήισι λίπησθε

„dann aber sollen den Grabhügel weit und hoch machen die Achäer, die ihr nach mir bei den vielruderigen Schiffen zurückbleiben sollet" Ψ 246, vgl. Λ 442.

b. der Relativsatz ist eingeschoben:

δῶρον δ' ὅ ττί κέ μοι δοῦναι φίλον ἦτορ ἀνώγῃ,
αὖτις ἀνερχομένῳ δόμεναι οἶκόνδε φέρεσθαι

„sollte dein Herz dich treiben mir irgend ein Geschenk zu machen, so gieb es dem rückkehrenden.." α 316, vgl. I 146. 288, σ 47. 286.

c. der Relativsatz geht voraus:

ὃς μέν κε βάλῃ τρήρωνα πέλειαν,
πάντας ἀειράμενος πελέκεας οἶκόνδε φερέσθω

„es soll einer die zitternde Taube treffen, und er nehme alle Beile und trage sie nach Hause" Ψ 855, vgl. Δ 306, O 495, Ψ 661.

ὁππότερος δέ κε νικήσῃ κρείσσων τε γένηται
κτήμαθ' ἑλὼν εὖ πάντα γυναῖκά τε οἴκαδ' ἀγέσθω

„es soll einer von den beiden siegen und die Oberhand gewinnen, der ergreife seine Schätze und führe das Weib nach Hause“ Γ 71. 92, vgl. ο 46.

ὃν δέ κ' ἐγὼν ἀπάνευθε θεῶν ἐθέλωμι νοῆσαι,
μή τι σὺ ταῦτα ἕκαστα διείρεο μηδὲ μετάλλα

„ich soll aber einen verborgen vor den Göttern ausdenken wollen, dann frage und forsche du nicht nach allem dem einzelnen“ Α 549. (Das Sollen kommt durch den Umstand, dass der Satz eine Voraussetzung enthält, auch in die erste Person, welche in Hauptsätzen nur das Wollen bezeichnet).

2) Ein Conjunctiv in einem Nebensatze geht voraus:

νῦν δ' οὐκ ἔσθ' ὅστις θάνατον φύγῃ, ὅν κε θεός γε
Ἰλίου προπάροιθεν ἐμῇς ἐν χερσὶ βάλῃσιν

„jetzt aber ist keiner, der dem Tode entrinnen soll, es soll ihn (nur) ein Gott vor Ilios in meine Hände liefern“ Φ 103.

ἀλλ' ὅτε κεν δή σ' αὐτὸς ἀνείρηται ἐπέεσσιν,
τοῖος ἐὼν οἷόν κε κατευνηθέντα ἴδησθε,
καὶ τότε δὴ σχέσθαι τε βίης λῦσαί τε γέροντα

„aber wenn er dich wieder selbst mit Worten fragt, in der Gestalt, wie ihr ihn schlafend sehen sollt, dann haltet ein mit der Gewalt und gebt den Greis frei“ δ 420.

ὄφρα τις ἐρρίγῃσι καὶ ὀψιγόνων ἀνθρώπων
ξεινοδόκον κακὰ ῥέξαι, ὅ κεν φιλότητα παράσχῃ

„damit jeder auch der spätern Menschen sich scheue, einem gastfreien Menschen Böses anzuthun, sollte dieser Freundschaft gewährt haben“ Γ 353, vgl. Φ 296.

3) Im Hauptsatze steht der Optativ.

a. der Relativsatz folgt nach:

ἦ γάρ κεν δειλός κε καὶ οὐτιδανὸς καλεοίμην
εἰ δὴ σοὶ πᾶν ἔργον ὑπείξομαι, ὅττι κεν εἴπῃς

„denn feig und nichtsnutzig würde ich wohl genannt werden, wenn ich dir in jeder Sache weichen werde, du sollest nur etwas anordnen“ Α 294, vgl. Ξ 127.

b. der Relativsatz geht voraus:

ὃς δέ κε ῥηΐτατ' ἐντανύσῃ βιὸν ἐν παλάμῃσιν
καὶ διοϊστεύσῃ πελέκεων δυοκαίδεκα πάντων,
τῷ κεν ἅμ' ἑσποίμην

„es soll aber (nur) einer den Bogen in seinen Händen recht leicht spannen und durch alle zwölf Beile hindurchschiessen, dem würde ich wohl folgen“ τ 577, φ 76.

ὁπποῖόν κ' εἴπῃσθα ἔπος, τοῖόν κ' ἐπακούσαις
„du sollst (nur) irgend ein Wort sprechen, ein solches würdest du wieder hören" Y 250.

4) Der Indicativ des Futurs steht im Hauptsatze.

a. der Relativsatz folgt nach:

ἠῶθεν δὲ θεὸς δώσει κράτος, ᾧ κ' ἐθέλῃσιν,
„am Morgen aber wird der Gott Kraft geben, er soll es (nur) einem wollen" φ 280.

δώσει δέ οἱ ὅς κ' ἐθέλῃσιν
πύρνον καὶ κοτύλην
„es wird aber mancher, er soll es (nur) wollen, Waizenbrod und einen Becher geben" ρ 11, vgl. 19. 559, § 444.

τὸν μὲν δὴ ϝέταρον γ' αἱρήσεαι ὅν κ' ἐθέλῃσθα
„den einen wirst du dir zum Freunde wählen, du sollst ihn (nur) wollen" K 235.

ὥς οἱ τεύχεα καλὰ παρέσσεται, οἷά τις αὖτε
ἀνθρώπων πολέων θαυμάσσεται, ὅς κεν ἴδηται
. . *„wie sie mancher bewundern wird, er soll sie (nur) sehen"* Σ 466. vgl. P 93. 100.

ἦ ἔτι καὶ χρυσοῦ ἐπιδεύεαι, ὅν κέ τις οἴσει
Τρώων ἱπποδάμων ἐξ Ἰλίου υἷος ἄποινα,
ὅν κεν ἐγὼ δήσας ἀγάγω ἢ ἄλλος Ἀχαιῶν
„bedarfst du auch noch des Goldes, das mancher der rossebändigenden Troer aus Ilios bringen wird als Lösegeld für den Sohn, ich soll ihn nur gebunden wegführen, oder ein anderer der Achäer" B 229, vgl. I 75.

νῦν αὖ τοὺς ἄλλους ἐπιείσομαι, ὅν κε κιχείω
„jetzt aber werde ich die andern angreifen, ich soll (nur) einen finden" Λ 367, Y 454, vgl. Λ 139.

οἴσω γὰρ καὶ χρυσόν, ὅ τις χ' ὑποχείριος ἔλθῃ
„denn ich werde auch Gold bringen, es soll mir (nur) welches unter die Hände kommen" ο 448, vgl. Σ 271, T 110.

Ζεῦ πάτερ, ἦ ῥά τι μοι κεχολώσεαι, ὅ ττί κεν εἴπω;
„Vater Zeus, wirst du mir wohl zürnen, sollte ich dir etwas sagen" E 421, vgl. B 361, α 158, Ω 92.

ἐπεὶ πλεόνεσσι μαχήσεται, ὅς κέ σε θείνῃ
„da mit mehreren zu kämpfen haben wird, es soll dich (nur) einer schlagen" σ 63, vgl. ι 27, Θ 405.

σέο δ' ἕξεται, ὅ ττί κεν ἄρχῃ
„von dir aber wird abhängen, er soll (nur) etwas vorschlagen" I 102.

ἥδε γὰρ ὀτρυντὺς κακὸν ἔσσεται, ὅς κε λίπηται
νηυσὶν ἔπ' Ἀργείων

„dieser Befehl wird (jedem) zum Verderben gereichen, er soll (nur) bei den Schiffen der Argeier zurückbleiben“ T 235.

νῦν δὲ δὴ Αἰνείαο βίη Τρώεσσιν ἀνάξει
καὶ παίδων παῖδες, τοί κεν μετόπισθε γένωνται

. . „sie sollen (nur) geboren werden“ Υ 307 (vgl. ω 29).

δώσω γὰρ δίφρον τε δύω τ' ἐριαύχενας ἵππους
οἵ κεν ἄριστοι ἔωσι θοῇς ἐπὶ νηυσὶν Ἀχαιῶν

„denn ich werde geben einen Wagen und zwei starkhalsige Rosse, vorausgesetzt, es seien die besten bei den schnellen Schiffen der Achäer“ K 305 (vgl. I 139).

ἔνθα δ' ἔπειτα
φρασσόμεθ', ὅ ττί κε κέρδος Ὀλύμπιος ἐγγυαλίξῃ

„da werden wir denn überlegen, es soll (nur) der Olympier einen klugen Plan eingeben“ ψ 139, vgl. B 365.

εἰ δέ κεν ὣς ἔρξῃς καί τοι πείθωνται Ἀχαιοί,
γνώσῃ ἔπειθ', ὅς θ' ἡγεμόνων κακὸς ὅς τέ νυ λαῶν
ἠδ' ὅς κ' ἐσθλὸς ἔῃσι

„es soll nun der eine der Führer, das eine von den Völkern feige, und es soll der andere tapfer sein, du wirst sie kennen lernen“ B 364, vgl. Einleitung Seite 42 und 46.

b. der Relativsatz ist eingeschoben:

τάων, ἥν κ' ἐθέλωμι, φίλην ποιήσομ' ἄκοιτιν

„von diesen werde ich eine, ich soll (nur) wollen, zu meiner lieben Gattin machen“ I 397, vgl. Ψ 554. (Ueber das Sollen der ersten Person s. oben Seite 141 und B 229 u. s. w. auf Seite 142).

c. der Relativsatz geht voran:

ὃς δέ κε Πάτροκλον καὶ τεθνηῶτά περ ἔμπης
Τρῶας ἐς ἱπποδάμους ἐρύσῃ, εἴξῃ δέ οἱ Αἴας,
ἥμισυ τῷ ἐνάρων ἀποδάσσομαι, ἥμισυ δ' αὐτὸς
ἕξω ἐγώ

„es soll aber (nur) einer den Patroklos, und sei es auch nur den todten, zu den rossebändigenden Troern ziehen, Aias aber soll ihm weichen: die Hälfte werde ich dem von der Waffenbeute geben, die andere Hälfte aber werde ich selbst behalten“ P 229, vgl. Ψ 857, λ 147.

ὁππότερός κε φθῇσιν ὀρεξάμενος χρόα καλόν,
ψαύσῃ δ' ἐνδίνων διά τ' ἔντεα καὶ μέλαν αἷμα,
τῷ κεν ἐγὼ δώσω τόδε φάσγανον ἀργυρόηλον

„einer von diesen beiden soll (nur) zuerst die schöne Haut erreichen, und durch die Rüstung und das schwarze Blut hindurch in die

innern Theile treffen, dem werde ich das silberbeschlagene Schwert geben" Ψ 805.

5) Der Indicativ des Präsens steht im Hauptsatze.

a. der Relativsatz folgt nach:

τὸν δ' οὔ περ ἔχει θράσος, ὅς κεν ἴδηται
ἐγγὺς ἐών

. . *„es soll es (nur) einer in der Nähe ansehen"* Ξ 416.

καὶ οἳ ὑπένερθε καμόντας
ἀνθρώπους τίνυσθον, ὅ τίς κ' ἐπίορκον ὀμόσσῃ,

„und die ihr da drunten die todten Menschen straft, es soll (nur) einer einen Meineid schwören" Γ 279, vgl. Τ 260, ο 65.

μάλα γάρ τε κατεσθίει ὅν κε λάβῃσιν

„denn er frisst, er soll (nur) einen erfassen" Φ 24, vgl. Τ 228, δ 196.

νεμεσσῶμαι δὲ καὶ ἄλλῳ
ἀνδρὶ ξεινοδόκῳ, ὅς κ' ἔξοχα μὲν φιλέῃσιν
ἔξοχα δ' ἐχθαίρῃσι

„ich zürne auch jedem andern Gastgeber, er soll nun über die Massen gastfrei sein, oder über die Massen gehässig" ο 69, vgl. ο 421.

ἦ τ' ἄρα καὶ σοὶ πρῶτα παραστήσεσθαι ἔμελλεν
μοῖρ' ὀλοή, τὴν οὔ τις ἀλεύεται ὅς κε γένηται

„und doch sollte an dich zuerst das verderbliche Geschick herantreten, dem Niemand entrinnt, er soll (nur) einmal geboren sein" ω 29 (vgl. Υ 307).

κείνου βούλεται οἶκον ὀφέλλειν, ὅς κεν ὀπυίῃ

„es soll sie (nur) einer ehelichen, dessen Haus will sie bereichern" ο 21.

ἀλλ' ἕνεκ' οὐλομένης γαστρὸς κακὰ κήδε' ἔχουσιν
ἀνέρες, ὅν κεν ἵκηται ἄλη καὶ πῆμα καὶ ἄλγος

„aber wegen des bösen Magens haben die Männer schlimme Sorgen, es sollen nur an einen die Leiden und Qualen einer Irrfahrt herantreten" η 33, ρ 312, υ 295.

ἀλλ' ἔμπης Δαναῶν ὀλοφυρόμεθ' αἰχμητάων,
οἵ κεν δὴ κακὸν οἶτον ἀναπλήσαντες ὄλωνται

„aber sehr beklagen wir die lanzenschwingenden Danaer, sollten sie ein böses Geschick erfüllend zu Grunde gehen" Θ 33.

οὔ τοι ἀπόβλητ' ἐστὶ θεῶν ἐρικυδέα δῶρα,
ὅσσα κεν αὐτοὶ δῶσιν, ἑκὼν δ' οὐκ ἄν τις ἕλοιτο

„denn nicht zu verachten sind dir alle die herrlichen Gaben der Götter, sie selbst sollen sie nur geben, denn aus eigner Kraft könnte sie keiner sich nehmen" Γ 65.

ὀτρύνεις δὲ καὶ ἄλλον, ὅθι μεθιέντα ἴδηαι

„du treibst jeden an, du sollst (nur) wo einen nachlassen sehen" Ν 229.

ἐπεὶ οὐ μέν τι κασιγνήτοιο χερείων
γίγνεται, ὅς κεν ἑταῖρος ἐὼν πεπνυμένα εἰδῇ

„denn nicht dem Bruder steht ein Freund nach, er soll (nur) besonnenen Sinn haben" ϑ 585 (vgl. ϑ 546, ohne κέν).

ἐχθρὸς γάρ μοι κεῖνος ὁμῶς Ἀΐδαο πύλῃσιν,
ὅς χ' ἕτερον μὲν κεύθῃ ἐνὶ φρεσίν, ἄλλο δὲ εἴπῃ

„es soll einer das eine im Innern verbergen, etwas anderes aber sagen, und er ist mir verhasst gleich den Pforten des Hades" Ι 312, vgl. ζ 158.

οὐ γὰρ ἐμὸν παλινάγρετον οὐδ' ἀπατηλὸν
οὐδ' ἀτελεύτητον, ὅ τι κεν κεφαλῇ κατανεύσω

„denn nichts von mir ist zurücknehmbar, noch trügerisch, noch unvollendbar, ich soll es (nur) einmal unter Neigen des Hauptes zugesagt haben" Α 526.

Hierher gehören auch die Fälle, in denen ein abhängiger Infinitiv des Präsens vorausgeht:

πολλοὶ μὲν γὰρ ἐμοὶ Τρῶες κλειτοί τ' ἐπίκουροι,
κτείνειν ὅν κε θεός γε πόρῃ καὶ ποσσὶ κιχείω,
πολλοὶ δ' αὖ σοὶ Ἀχαιοί, ἐναιρέμεν ὅν κε δύνηαι

„denn mir sind viele Troer und treffliche Hülfsvölker zu tödten, es soll (nur) ein Gott einen entgegen bringen, und ich soll ihn (nur) mit meinen Füssen erreichen. Du aber hast viele Achäer zu erlegen, du sollst (nur) einen können" Ζ 227, vgl. γ 355, κ 22, χ 66.

καλόν τοι σὺν ἐμοὶ τὸν κήδειν ὅς κ' ἐμὲ κήδῃ

„es ziemt sich für dich, mit mir zu kränken, es soll mich (nur) einer kränken" Ι 615, vgl. Ρ 99, ζ 28, κ 74.

Ein Infinitiv des Aorist, der hier gleich mit erwähnt werden mag, geht voraus:

ἡμεῖς δ' οὔτ' ἐπὶ ἔργα πάρος γ' ἴμεν οὔτε πῃ ἄλλῃ,
πρίν γ' αὐτὴν γήμασθαι Ἀχαιῶν ᾧ κ' ἐθέλῃσιν

.. *„ehe sie sich vermählt hat einem der Achäer, sie soll (nur) einen wollen"* β 127, vgl. υ 341, Ο 46.

Αἰνεία, χαλεπόν σε καὶ ἴφθιμόν περ ἐόντα
πάντων ἀνθρώπων σβέσσαι μένος, ὅς κε σεῦ ἄντα
ἔλθῃ ἀμυνόμενος

„es ist dir schwer, obwohl du stark bist, allen Menschen das Lebenslicht auszulöschen, es soll dir (nur) einer kämpfend entgegenkommen" Π 620.

b. der Relativsatz ist eingeschoben:

τῶν οἳ μέν κ' ἔλθωσι διὰ πριστοῦ ἐλέφαντος,
οἵ ῥ' ἐλεφαίρονται

„die einen von diesen sollen durch das elfenbeinerne Thor kommen, die trügen" τ 565.

οὐδὲ γὰρ οὐδέ τις ἄλλος, ὅ τίς κ' ἐμὰ δώμαθ' ἵκηται
ἐνθάδ' ὀδυρόμενος δηρὸν μένει εἵνεκα πομπῆς

„auch kein anderer, es soll (nur) einer zu meinem Hause kommen, bleibt lange hier klagend wegen der Entsendung" θ 32, vgl. φ 344.

c. der Relativsatz geht voraus:

ὃς δέ κ' ἀριστεύῃσι μάχῃ ἔνι, τὸν δὲ μάλα χρέω
ἑστάμεναι κρατερῶς

„es soll einer im Kampfe der trefflichste sein, der muss besonders fest stehen" Λ 409, vgl. Ψ 322.

ὃς μέν τ' αἰδέσεται κούρας Διὸς ἆσσον ἰούσας,
τὸν δὲ μέγ' ὤνησαν, καί τ' ἔκλυον εὐχομένοιο·
ὃς δέ κ' ἀνήνηται καί τε στερεῶς ἀποείπῃ,
λίσσονται δ' ἄρα ταί γε Δία Κρονίωνα κιοῦσαι
τῷ ἄτην ἅμ' ἕπεσθαι

„es soll aber einer abschlagen und starr sich weigern, dann gehen sie zu Zeus Kronion und flehen ihn an, dass dem die Schuld nachfolgen möge" I 518, vgl. Γ 167, § 127.

6) Der Indicativ eines historischen Tempus steht selten im Hauptsatze, und immer nur dann, wenn die Handlung in ihren Folgen bis in die Gegenwart und Zukunft reicht.

a. der Relativsatz folgt nach:

ἡ δ' ἔξοχα λυγρὰ ἰδυῖα
οἷ τε κατ' αἶσχος ἔχευε καὶ ἐσσομένῃσιν ὀπίσσω
θηλυτέρῃσι γυναιξί, καὶ ἥ κ' εὐεργὸς ἔῃσιν

„sie brachte Schande sich und allen Frauen in Zukunft, es soll eine auch (sonst) tüchtig sein" λ 432, vgl. ω 201 (ο 421).

ἐπεί σε λέοντα γυναιξὶν
Ζεὺς θῆκεν καὶ ἔδωκε κατακτάμεν ἥν κ' ἐθέλῃσθα

„da dich Zeus zur Löwin unter den Frauen machte und dir es verlieh zu tödten, du sollst (nur) eine wollen" Φ 483, vgl. Ω 335.

οὐδὲ γὰρ οὐδέ τις ἄλλος ἀνὴρ τάδε φάρμακ' ἀνέτλη,
ὅς κε πίῃ καὶ πρῶτον ἀμείψεται ἕρκος ὀδόντων

„denn nie ertrug ein anderer Mann diesen Zaubertrank, es soll ihn (nur) einer trinken und über die Lippen bringen" κ 327.

b. der Relativsatz geht voraus:

ὅς κε θεοῖς ἐπιπείθηται μάλα τ' ἔκλυον αὐτοῦ

„es soll nur einer den Göttern folgen, und sie hörten bisher sehr auf ihn" Α 218.

III. Stellen mit Conjunctiv und beigefügtem ἄν.

a. der Relativsatz folgt nach:

οἶνός σε τρώει μελιηδής, ὅς τε καὶ ἄλλους
βλάπτει, ὃς ἄν μιν χανδὸν ἕλῃ μηδ' αἴσιμα πίνῃ

.. „*der jedem schadet, er soll ihn (nur) massenweise zu sich nehmen und nicht mit Mass trinken*“ φ 293.

b. der Relativsatz geht voran:

ὃν δ' ἂν ἐγὼν ἀπάνευθε θεῶν ἐθέλοντα νοήσω
ἐλθόντ' ἢ Τρώεσσιν ἀρηγέμεν ἢ Δαναοῖσιν,
πληγεὶς οὐ κατὰ κόσμον ἐλεύσεται Οὔλυμπόνδε

„*ich soll (nur) einen fern von den Göttern bemerken .., geschlagen nicht mit Ehren wird er in den Olymp kommen*“ Θ 10.

ὅσσοι δ' ἂν πολέμοιο περὶ στυγεροῖο λίπωνται,
μεμνῆσθαι πόσιος καὶ ἐδητύος

„*es sollen aber welche vom grausen Kampfe übrig bleiben, alle die sollen an Speise und Trank denken*“ Τ 230.

Cap. III.

Der Conjunctiv in Nebensätzen mit Conjunctionen.

Einleitung Seite 53 flgd. ist dargelegt, dass die Conjunctionen ihrer Herkunft nach in zwei grosse Gruppen zerfallen, und dass deshalb auch dieses Capitel in folgende zwei Hauptabschnitte zu zerlegen ist: A. die Sätze mit Conjunctionen vom Relativstamme, B. die Sätze mit Conjunctionen von anderer Herkunft.

A.

Die Sätze mit Conjunctionen vom Relativstamme.

Die allgemeine Eintheilung dieser Sätze ist dieselbe wie bei der entsprechenden Partie der Relativsätze. Sie zerfallen in posteriorische und priorische. Auch über das Tempus des Hauptsatzes gilt dasselbe wie bei den Relativsätzen.

§ 1.

Die posteriorischen Sätze mit Conjunctionen vom Relativstamme.

Wiederum, wie bei den Relativsätzen, scheiden wir den wollenden von dem erwartenden Conjunctiv.

I. Der Conjunctiv ist der wollende.

Ueber diese Sätze ist Einleitung Seite 59 flgd. gehandelt. Sie sind dort bezeichnet als Sätze der Absicht oder der beabsichtigten Folge. Es kommen von Conjunctionen in Betracht *yád yáthā* ἵνα ὄφρα ὡς ὅπως. Ueber die vereinzelt vorkommenden *yā́bhis* und *yátra* ist Einleitung Seite 57 und 58, über *yā́t* = ὡς Seite 57 und 61 gesprochen.

Sanskritische Beispiele.

Yád ist in der Verbindung mit dem wollenden Conjunctiv nicht eben häufig, obgleich es sonst eine der gebräuchlichsten Sanskritconjunctionen ist.

Im Hauptsatze steht:

1) Imperativ:

sá ā́ vaha devátātim yavishṭha çárdho yád adyá divyám yájāsi *„bringe heran die Götterschaft o jüngster (Agni), damit du heute die himmlische Schaar verehrst"* RV. 3, 19, 4. bhadrám-bhadram na ā́ bharé' sham ū́rjam çatakrato, yád indra mṛiḷáyāsi naḥ *„Glanz auf Glanz bringe uns, Kraft und Stärke, damit du Indra uns beglückest"* RV. 8, 82, 28.

2) Conjunctiv:

távé'd u tā́ḥ sukirtáyó'sann utá práçastayaḥ, yád indra mṛiḷáyāsi naḥ *„dir sollen diese Preis- und Lobgesänge gehören, damit du Indra uns beglückest"* RV. 8, 45, 33.

3) Optativ:

ā́ te agna idhimahi dyumántam devā́'járam, yád dha syā́' te pániyasi samíd didáyati dyávi *„wir möchten entzünden deine glänzende nie alternde (Flamme), damit deine preiswerthe Lohe am Himmel glänze"* RV. 5, 6, 4, vgl. 1, 166, 14 (Max Müller Rigv. transl. 1, 201).

4) Indicativ, und zwar habe ich nur Belege für den Indicativ praesentis:

índram náro nemádhitā havante, yát pā́ryā yunájate dhíyas tā́ḥ *„den Indra rufen die Menschen beim Kampfe an, damit er richtig füge die schützenden Gebete"* RV. 7, 27, 1. ná pāpā́so manāmahe nā́'rāyā́so ná jáḷhavaḥ, yád ín nv índram vṛíshaṇam sácā suté sákhāyam kṛiṇávāmahāi *„nicht als schlechte, nicht als Knicker, nicht als jáḷhavaḥ [1]), denken wir daran, dass wir uns Indra beim Opfer zum Freunde machen"* RV. 8, 50, 11 (vgl. Einleitung Seite 62).

1) jáḷhavaḥ weiss ich nicht zu übersetzen.

Yáthâ ist weit häufiger.

Im Hauptsatz steht:

1) Imperativ:

havísh kṛiṇushva subhágo yáthâ''sasi *„bereite ein Opfer, damit du guter Gabe theilhaftig werdest“* RV. 2, 26, 2. yónish ṭa indra sádane akâri tám â' nṛíbhiḥ puruhûta prá yâhi, áso yáthâ no 'vitâ' vṛidhéca dádo vásûni mamádaç ca sómaiḥ *„ein Schoos ist dir zum Sitzen bereitet, zu dem komm, Vielgerufener, mit den Männern, damit du uns ein Helfer zum Gedeihen seiest, Gut gebest und dich an den Tränken berauschest“* RV. 7, 24, 1. gṛihâ'n gacha gṛihápatnî yáthâ''saḥ *„geh ins Haus, damit du Hausherrin seiest“* RV. 10, 85, 26. âram me gantam hávanâyâ'smâí, gṛiṇânâ' yáthâ píbâtho ándhaḥ *„kommt heran zu diesem meinem Opfer, damit ihr gepriesen trinket den Trank“* RV. 6, 63, 2. Man vergleiche noch RV. 1. 89, 1. 5, 61, 4. 6, 4, 1. 6, 36, 5.

2) Indicativ und zwar

a. präsentis:

gṛibhṇâ'mi te sâubhagatvâ'ya hástam, máyâ pátyâ jarádashṭir yáthâ'saḥ *„ich ergreife zu Glück deine Hand, damit du mit mir als deinem Gatten Greisin werdest“* RV. 10, 85, 36. imâ' rudrâ'ya taváse kapardíne kshayádvîrâya prá bharâmahe matî'ḥ, yáthâ çám ásad dvipáde cátushpade *„diese Lieder bringen wir dar dem kräftigen, dem lockigen Männerbeherrscher, damit es wohl gehe unsern Zweifüsslern und Vierfüsslern“* RV. 1, 114, 1, vgl. 1, 89, 5, AV. 1, 16, 4. yáthe'dám bhûmyâ ádhi tṛíṇam vâ'to mathayáti, evâ' mathnâmi te máno, yáthâ mâ'm kâmíny áso, yáthâ mán nâ''pagâ ásaḥ *„wie der Wind hier das Gras auf der Erde schüttelt, so schüttle ich deinen Geist, damit du mich liebest, damit du nicht von mir gehest“* AV. 2, 30, 1, vgl. AV. 1, 34, 5. 6, 8, 1. 7, 37, 1.

b. des Aorist:

idám tyát pâ'tram indrapâ'nam índrasya priyám amṛítam apâyi, mátsad yáthâ sâumanasâ'ya devám vy àsmád dvésho yuyávad vy áṅhaḥ *„diese Schaale dient Indra zum trinken, getrunken ist des Indra geliebtes Ambrosia, damit es den Gott zu Wohlwollen begeistre, und von uns abwende Hass und Noth“* RV. 6, 44, 16. úd asâú sû'ryo agâd, úd idám mâmakám vácaḥ, yáthâ'hám çatruhó'sâni *„auf stieg diese Sonne, auf dies mein Lied, damit ich Feindesieger werde“* AV. 1, 29, 5. â' vo yakshy amṛitatvám suvíram yáthâ vo devâ várivaḥ kárâṇi *„ich habe euch Unsterblichkeit, Heldenthum eropfert, damit ich euch, ihr Götter, etwas Liebes erweise“* (die Uebersetzung nicht zweifellos), RV. 10, 52, 5. Weitere Belege für die erste Person des Conjunctivs auf *-âni* mit Conjunctionen giebt Bollensen Z. D. M. G. 22, 577.

Tritt zu *yathâ* eine Negation, so kann diese entweder *mâ* sein, wofür Blt. aus Praçnopanishad eine Stelle anführen, oder *na* z. B.:

agnir aitu prathamo devatânâm, so'syâi prajâm muñcatu mṛityupâçât tad ayaṃ râjâ varuṇo'numanyatâm, yathe'yaṃ strî pâutram aghaṃ na rodât *„Agni komme heran, als der erste der Götter, er möge dieser Frau Nachkommenschaft befreien von den Fesseln des Todes, und das möge der König Varuṇa gnädig verleihen, dass dieses Weib nicht Sünde ihrer Söhne zu beweinen habe“* Pâr. gṛih. 1, 5 bei Weber J. St. 5, 314.

Diese Constructionen sind selten. „Damit nicht“ wird gewöhnlich durch *ned* oder *mâ* ausgedrückt (vgl. oben Seite 122).

Griechische Beispiele.

Ἵνα.

Ausser einer Stelle steht bei Homer ἵνα nur beim reinen Conjunctiv (vgl. Einleitung Seite 57, 60, 85).

Im Hauptsatz steht:

1) Imperativ:

ἀλλὰ τάχιστα
λῦσον, ἵν' ὀφθαλμοῖσιν ἴδω Ω 555, vgl. κ 387.

ἀλλ' ἕπεο προτέρω, ἵνα τοι πὰρ ξείνια θείω Σ 387, vgl. ι 517.

καί μοι τεὸν οὔνομα εἰπὲ
αὐτίκα νῦν, ἵνα τοι δῶ ξείνιον ι 356.

ἄξεθ' ὑῶν τὸν ἄριστον, ἵνα ξείνῳ ἱερεύσω ξ 414.

μηδέ τι δούρων
ἔστω φειδωλή, ἵνα εἴδομεν Χ 244, vgl. Δ 363, Π 19.

νῦν δ' ἔρχεσθ' ἐπὶ δεῖπνον, ἵνα ξυνάγωμεν Ἄρηα Β 381, vgl. Τ 275.

ἀλλ' ἴληθ', ἵνα τοι κεχαρισμένα δώομεν ἱρά π 184. Man vergleiche noch η 164. 180, ϑ 642, ρ 175.

ἀλλ' ἄγε δεῦρο ἄναξ, ἵν' ἔπος καὶ μῦθον ἀκούσῃς
ἡμέτερον λ 561, vgl. μ 185.

ταῦτα δὲ πάντα
ἴσθ', ἵνα καὶ μετόπισθε τεῇ εἴπῃσθα γυναικί λ 224.

δεῦρ' ἴθι νύμφα φίλη, ἵνα θέσκελα ἔργα ἴδηαι
Τρώων Γ 130. Man vergleiche noch Τ 180, Χ 39, Ω 467. ϑ 461.

εἰ δ' ἄγε πειρήσασθε θεοὶ ἵνα εἴδετε πάντες Θ 18. Man vergleiche noch Δ 290, ϑ 307.

μηδέ τι θυμῷ
δευέσθω, ἵνα εἰδῇ Υ 122.

ἔρχεο, δεῦρο κάλεσσον, ἵν' ἀντίον αὐτὸς ἐνίσπῃ ρ 529.

παῖδες ἐμοί, ἄγε Τηλεμάχῳ καλλίτριχας ἵππους

ζεύξαθ' ὑφ' ἅρματ' ἄγοντες, ἵνα πρήσσῃσιν ὁδοῖο γ 476.
εἰ δ' ἄγε μὴν πείρησαι, ἵνα γνώωσι καὶ οἵδε Α 302, vgl. σ 30. Man vergleiche noch Ψ 314, υ 267. Λ 410, Η 196, Τ 174, δ 252, ι 512.

Im Sinne des Imperativs steht der Infinitiv:

μητρὸς περὶ γούνασι χεῖρας
βάλλειν ἡμετέρης, ἵνα νόστιμον ἦμαρ ἴδηαι ζ 311.
τῶν οἱ ἔπειτ' ἀνελὼν δόμεναι καὶ μεῖζον ἄεθλον,
ἠὲ καὶ αὐτίκα νῦν, ἵνα σ' αἰνήσωσιν Ἀχαιοί Ψ 552.
λίσσεσθαι δέ μιν αὐτός, ἵνα νημερτὲς ἐνίσπῃ γ 317.

2) Conjunctiv:

αὐτοί τ' ἀμβαίνωμεν, ἵνα πρήσσωμεν ὁδοῖο ο 219.
ἵστορα δ' Ἀτρείδην Ἀγαμέμνονα θείομεν ἄμφω,
ὁππότεροι πρόσθ' ἵπποι, ἵνα γνώῃς ἀποτίνων Ψ 487.
θείομεν αὐτίκα νῦν, ἵνα περ τάδε τοι σόα μίμνῃ ν 364. Man vergleiche noch Θ 515, σ 373.

3) Optativ:

εἴθε μοι ὣς μαλακὸν θάνατον πόροι Ἄρτεμις ἁγνὴ
αὐτίκα νῦν, ἵνα μηκέτ' ὀδυρομένη κατὰ θυμὸν
αἰῶνα φθινύθω σ 202.
πάππα φίλ', οὐκ ἂν δή μοι ἐφοπλίσσειας ἀπήνην
ὑψηλὴν εὔκυκλον, ἵνα κλυτὰ εἵματ' ἄγωμαι
ἐς ποταμὸν πλυνέουσα ζ 58, vgl. Ω 261.

4) Indicativ, und zwar

a. des Futurums:

σπείσομαι εἰς Ἀχιλῆα, ἵν' ὀτρύνω πολεμίζειν Ο 402.
τῶν σ' αὖτις μνήσω, ἵν' ἀπολλήξῃς ἀπατάων Ο 31.
πέμψω δ' ἐς Σπάρτην τε καὶ ἐς Πύλον ἠμαθόεντα
νόστον πευσόμενον πατρὸς φίλου, ἤν που ἀκούσῃ
ἠδ' ἵνα μιν κλέος ἐσθλὸν ἐν ἀνθρώποισιν ἔχῃσιν α 95.
ἠδὲ καὶ ἵππον
δώσω ἐμήν περ ἐοῦσαν, ἵνα γνώωσι καὶ οἵδε Ψ 610. Man vergleiche noch β 307, δ 591, μ 27, σ 339.

b. des Präsens oder Perfectums:

ἠῶθεν προτὶ ἄστυ λιλαίομαι ἀπονέεσθαι
πτωχεύσων, ἵνα μή σε κατατρύχω καὶ ἑταίρους ο 308.
ἀλλά με γαστὴρ
ὀτρύνει κακοεργός, ἵνα πληγῇσι δαμείω σ 63.
σὲ δὲ κερτομέουσαν ὀίω
ταῦτ' ἀγορευέμεναι, ἵν' ἐμὰς φρένας ἠπεροπεύῃς ν 326.
σοὶ δ' ὧδε μνηστῆρες ὑποκρίνονται, ἵν' εἰδῇς

αὐτὸς σῷ θυμῷ, εἰδῶσι δὲ πάντες Ἀχαιοί β 111.
ἥ τε σταθμὸν ἔχουσα καὶ εἴριον ἀμφὶς ἀνέλκει
ἰσάζουσ', ἵνα παισὶν ἀεικέα μισθὸν ἄρηται Μ 435.
ἐθέλω περικαλλέα νῆα
ῥαῖσαι, ἵν' ἤδη σχῶνται ν 149 vgl. 157.
τίπτ' αὖτ', αἰγιόχοιο Διὸς τέκος εἰλήλουθας,
ἦ ἵνα ὕβριν ἴδῃ Ἀγαμέμνονος Ἀτρείδαο Α 203. Man vergleiche noch Β 232, Ι 614, Ξ 365 und 484, Ω 44 und 382, δ 710.

c. eines historischen Tempus:
νῦν δ' αὖ δεῦρ' ἱκόμην, ἵνα τοι σὺν μῆτιν ὑφήνω ν 303.
ἐμίμνομεν ἠῶ δῖαν
Τηλέμαχον λοχόωντες, ἵνα φθίσωμεν ἑλόντες π 368.
ἀλλά σε παῖδα, θεοῖς ἐπιείκελ' Ἀχιλλεῦ,
ποιεύμην, ἵνα μοί ποτ' ἀεικέα λοιγὸν ἀμύνῃς Ι 495.
τὸν δέ θεοὶ μὲν τεῦξαν, ἐπεκλώσαντο δ' ὄλεθρον
ἀνθρώποις, ἵνα ᾖσι καὶ ἐσσομένοισιν ἀοιδή θ 580. Man vergleiche noch Η 26, Ι 99, Υ 126, κ 21, ν 418.

Die einzige Stelle, an der ἵνα mit κέν auftritt ist:
ἀλλ' ἐρέω μὲν ἐγών, ἵνα εἰδότες ἤ κε θάνωμεν
ἤ κεν ἀλευάμενοι θάνατον καὶ κῆρα φύγοιμεν μ 156.

Ὄφρα.

Unter 140 mir vorliegenden Fällen folgt 124 mal der blosse Conjunctiv, 9 mal κέν und 7 mal ἄν. Doch sind diese 16 Fälle nicht alle gleich sicher. Die Etymologie von ὄφρα ist unbekannt (vgl. Einleitung S. 85).

Im Hauptsatze steht:

1) Imperativ:

Zunächst erwähne ich den blossen Conjunctiv:
κέκλυτε Φαιήκων ἡγήτορες ἠδὲ μέδοντες
ὄφρ' εἴπω, τά με θυμὸς ἐνὶ στήθεσσι κελεύει θ 27.
κάλεσον τροφὸν Εὐρύκλειαν,
ὄφρα ἔπος εἴπωμι χ 391, vgl. Η 68. 349. 369, Θ 6, η 187, λ 96, μ 272.
καί μοι τοῦτ' ἀγόρευσον ἐτήτυμον, ὄφρ' εὖ εἰδῶ α 174, vgl. Λ 515. δ 645, ξ 186, ω 297. 405.
διειπέ μοι, ὄφρα δαείω Κ 425, vgl. ι 280, φ 282, ρ 529.
σῆμά τι μοι νῦν εἰπὲ ἀριφραδές, ὄφρα πεποίθω ω 329.
νῶιν δ' ὧδ' ἐπ' ἀριστέρ' ἔχε στρατοῦ, ὄφρα τάχιστα
εἴδομεν Ν 327. Man vergleiche noch Β 299, Δ 269, Κ 146, Π 525, γ 334, δ 295, θ 42, μ 161, ο 47, φ 265. 336.
Κύκλωψ τῆ πίε οἶνον, ἐπεὶ φάγες ἀνδρόμεα κρέα
ὄφρ' εἰδῇς, οἷόν τι ποτὸν τόδε νηῦς ἐκεκεύθει

ἡμετέρῃ ι 348, vgl. χ 234.

ἔγρεο Πηνελόπεια φίλον τέκος ὄφρα ἴδηαι ψ 5, vgl. Γ 163, Δ 249, Ε 221, Θ 105, Ν 449, κ 426.

εἰ δ' ἄγε δεῦρο διοτρεφές, ὄφρα πύθηαι Ρ 685.

ἀλλ' ἄγε νῦν ἐμέθεν ξυνίει ἔπος, ὄφρα καὶ ἄλλῳ
εἴπῃς ἡρώων ϑ 242. Man vergleiche noch Α 158, Ε 110, Ω 295 (= 313), α 311, ζ 33, ψ 62.

ἄξετε δὲ Πριάμοιο βίην, ὄφρ' ὅρκια τάμνῃ Γ 105.

εἷς δ' αὖ χρυσοχόον Λαερκέα δεῦρο καλέσθω
ἐλθεῖν, ὄφρα βοὸς χρυσὸν κέρασιν περιχεύῃ γ 426.

ἔρχεο νῦν μετὰ φῦλα θεῶν καὶ δεῦρο κάλεσσον
Ἶρίν τ' ἐλθέμεναι καὶ Ἀπόλλωνα κλυτότοξον,
ὄφρ' ἣ μὲν μετὰ λαὸν Ἀχαιῶν χαλκοχιτώνων
ἔλθῃ καὶ εἴπῃσι Ποσειδάωνι ἄνακτι
παυσάμενον πολέμοιο τὰ ἃ πρὸς δώμαθ' ἱκέσθαι
Ἕκτορα δ' ὀτρύνῃσι μάχην ἐς Φοῖβος Ἀπόλλων,
αὖτις δ' ἐμπνεύσῃσι μένος, λελάθῃ δ' ὀδυνάων etc. Ο 56 flgd. Man vergleiche noch Β 359, Δ 195 (vgl. 205), Ι 428. 691, γ 422, ϑ 429. 477. 556, Γ 354.

ὄφρα μή mit der ersten Person Singularis Conjunctivi findet sich Α 119.

Sodann folgt der Conjunctiv mit κέν:

ἀλλά μοι Αὐτονόην τε καὶ Ἱπποδάμειαν ἄνωχθι
ἐλθέμεν, ὄφρα κέ μοι παρστήετον ἐν μεγάροισιν σ 182.

λέξον νῦν με τάχιστα διοτρεφές, ὄφρα κεν ἤδη
ὕπνῳ ὕπο γλυκερῷ ταρπώμεθα κοιμηθέντες Ω 636.

Die Lesart wird aber dadurch zweifelhaft, dass in den beiden genau entsprechenden Stellen δ 295 und ψ 255 ὄφρα καὶ ἤδη steht. An drei Stellen Ζ 258, Υ 24, Ω 431 bin ich zweifelhaft, ob man ὄφρα durch „damit" oder „bis" übersetzen soll, vgl. unten.

Endlich der Conjunctiv mit ἄν findet sich:

τὸν ξεῖνον δύστηνον ἄγ' ἐς πόλιν, ὄφρ' ἂν ἐκεῖθι
δαῖτα πτωχεύῃ ρ 10.

Gleichbedeutend mit dem Imperativ steht der Infinitiv:

τῷ πάντ' ἀγορευέμεν ὡς ἐπιτέλλω
ἀμφαδόν, ὄφρα καὶ ἄλλοι ἐπισκύζωνται Ἀχαιοί Ι 370.

σῶμα δὲ οἴκαδ' ἐμὸν δόμεναι πάλιν, ὄφρα πυρός με
Τρῶες καὶ Τρώων ἄλοχοι λελάχωσι θανόντα Χ 343. Man vergleiche noch ϑ 12, ξ 400. Der Conjunctiv mit κέν findet sich:

ἔνθα σὺ μηκέτ' ἔπειτ' ἀπανήνασθαι θεοῦ εὐνήν,
ὄφρα κέ τοι λύσῃ θ' ἑτάρους αὐτόν τε κομίσσῃ κ 298.

2) Im Hauptsatze steht der Conjunctiv:

ἀλλ' ἔμπης ἴομεν μετὰ παῖδ' ἐμόν, ὄφρα ἴδωμεν ψ 83, vgl. K 97.

ἀλλ' ἔρχευ λέκτρονδ' ἴομεν γύναι, ὄφρα καὶ ἤδη
ὕπνῳ ὕπο γλυκερῷ ταρπώμεθα κοιμηθέντε ψ 256. Man vergleiche noch κ 335.

ἐγὼ δέ κ' ἄγω Βρισηΐδα καλλιπάρῃον
αὐτὸς ἰὼν κλισίηνδε τὸ σὸν γέρας, ὄφρ' εὖ εἰδῇς
ὅσσον φέρτερός εἰμι σέθεν, στυγέῃ δὲ καὶ ἄλλος
ἶσον ἐμοὶ φάσθαι καὶ ὁμοιωθήμεναι ἄντην A 185. Man vergleiche noch B 237, H 300, Θ 376, O 32, α 86, ϑ 395, ι 296.

Der Conjunctiv mit κέν findet sich:

εἰ δ' ἄγετ' ἀμφὶ πόλιν σὺν τεύχεσι πειρηθῶμεν,
ὄφρα κέ τι γνῶμεν Τρώων νόον X 382 (bis ?).

ἴομεν ὄφρα κε θᾶσσον ἐγείρομεν ὀξὺν Ἄρηα B 440.

3) Im Hauptsatze steht der Optativ:

ἀλλ' εἴ τις καλέσειε θεῶν Θέτιν ἆσσον ἐμεῖο
ὄφρα τί οἱ εἴπω πυκινὸν ἔπος Ω 75. Man vergleiche Π 100, δ 738.

ἦ ῥά κε νῦν πάλιν αὖτις ἅμ' ἡμῖν οἴκαδ' ἕποιο
ὄφρα ἴδῃ πατρὸς καὶ μητέρος ὑψερεφὲς δῶ ο 431.

4) Im Hauptsatze steht der Indicativ und zwar

a. des Futurums:

καὶ γὰρ ἐγὼν οἶκόνδ' ἐσελεύσομαι, ὄφρα ἴδωμαι
οἰκῆας ἄλοχόν τε φίλην Z 365, vgl. Σ 63, Φ 61.

ἀντήσω γὰρ ἐγὼ τοῦδ' ἀνέρος, ὄφρα δαείω Π 423.

ἐγὼ δ' ἵππων ἀποβήσομαι, ὄφρα μάχωμαι P 480, vgl. Λ 524, E 227, Σ 114, α 88, ν 344, ρ 52.

τὸν δὲ νέκυν ἐπὶ νῆας ἐυσσέλμους ἀποδώσω,
ὄφρα γε ταρχύσωσι κάρη κομόωντες Ἀχαιοί
σῆμά δέ οἱ χεύωσιν ἐπὶ πλατεῖ Ἑλλησπόντῳ H 85. Man vergleiche noch T 144, ϑ 432. Z 231 ist es mir zweifelhaft, ob ἐπαμείψομεν Conjunctiv Aoristi oder Indicativ Futuri ist.

Der Conjunctiv mit κέν findet sich:

ἐγὼ δ' ὑπολείψομαι αὐτοῦ
ὄφρα κ' ἔτι δμωὰς καὶ μητέρα σὴν ἐρεθίζω τ 45.

ἀλλ' οὗτος μὲν νῦν σοὶ ἅμ' ἕψεται, ὄφρα κεν εὕδῃ
σοῖσιν ἐνὶ μεγάροισιν γ 359. Ob sich Conjunctiv mit ἄν findet, muss zweifelhaft bleiben, denn in

νῦν δ' ὄνομα πρῶτον μυθήσομαι, ὄφρα καὶ ὑμεῖς
εἴδετ' ἐγὼ δ' ἂν ἔπειτα φυγὼν ὕπο νηλεὲς ἦμαρ
ὑμῖν ξεῖνος ἔω καὶ ἀπόπροθι δώματα ναίων ist es zweifelhaft, ob der Conjunctiv mit ἄν zu dem Satze mit ὄφρα gehört.

b. eines Tempus präsens:

ἀλλά με δαίμων
θέλγεις, ὄφρ' ἔτι μᾶλλον ὀδυρόμενος στεναχίζω π 195.

σέθεν δ' ἕνεκ' ἐνθάδ' ἱκάνω
ὄφρα σέ τ' ὀφθαλμοῖσιν ἴδω καὶ μῦθον ἀκούσω π 31.
πομπὴν δ' ἐς τόδ' ἐγὼ τεκμαίρομαι, ὄφρ' εὖ εἰδῇς η 317.

καὶ ὑπίσχεται ἱερὰ καλὰ
ὄφρα πυρὴν ὄρσητε καήμεναι Ψ 210.

κικλήσκει σε πατὴρ ἐμὸς ὄφρα τι εἴπῃ χ 397.

κοιμήσας δ' ἀνέμους χέει ἔμπεδον, ὄφρα καλύψῃ
ὑψηλῶν ὀρέων κορυφὰς M 281. Man vergleiche noch M 317, Ξ 98, Π 10, T 232, β 329, κ 341, λ 212.

Der Conjunctiv mit μή findet sich Λ 579 und Y 303, der mit ἄν:

ἀλλὰ πτώσσειν κατὰ δῆμον
βούλεαι, ὄφρ' ἂν ἔχῃς βόσκειν σὴν γαστέρ' ἄναλτον σ 363.

c. eines Augmenttempus:

νῦν δ' αὖ δεῦρ' ἱκόμην ὑποθημοσύνῃσιν Ἀθήνης
ὄφρα κε δυσμενέεσσι φόνου πέρι βουλεύσωμεν π 234.
τοὔνεκα γὰρ καὶ πόντον ἐπέπλως, ὄφρα πύθηαι
πατρός, ὅπου κύθε γαῖα καὶ ὅν τινα πότμον ἐπέσπεν γ 15.
ἠνώγει Πετεῶο διοτρεφέος φίλος υἱός
κεῖσ' ἴμεν, ὄφρα πόνοιο μίνυνθά περ ἀντιάσητον M 356.
τὴν μέν τ' ἁρματοπηγὸς ἀνὴρ αἴθωνι σιδήρῳ
ἐξέταμ', ὄφρα ἴτυν κάμψῃ περικαλλέϊ δίφρῳ Δ 486. Man vergleiche noch Ξ 87, X 282, Ψ 52, δ 713, ι 13, λ 94, χ 373 und E 128 (s. unten).

Der Conjunctiv mit ἄν findet sich:

ἦ μέν σ' ἐνδυκέως ἀπεπέμπομεν ὄφρ' ἂν ἵκηαι
πατρίδα σὴν καὶ δῶμα κ 65.

ὃν δὲ λάβοιμι
ῥίπτασκον τεταγὼν ἀπὸ βηλοῦ, ὄφρ' ἂν ἵκηται
γῆν ὀλιγηπελέων O 23.

Ὡς.

Von 48 mir vorliegenden Fällen ist mit ὡς 8 mal der einfache Conjunctiv vertreten, 32 mal der Conjunctiv mit κέν, 8 mal der mit ἄν. (Ueber ὡς vergleiche Einleitung Seite 56, 60, 65).

Im Hauptsatze steht:

1) Imperativ:

κρῖν' ἄνδρας κατὰ φῦλα κατὰ φρήτρας Ἀγάμεμνον
ὡς φρήτρη φρήτρηφιν ἀρήγῃ B 363.

αἶψ' ὄτρυνον ἐμὸν ποτὶ δῶμα γυναῖκας
ὥς τοι δῶρ' ἀποπέμψω, ἅ μοι Μενέλαος ἔδωκεν ρ 75.

Der Conjunctiv mit κέν findet sich:

εὖ δέ τις ἅρματος ἀμφὶς ἰδὼν πολέμοιο μεδέσθω
ὥς κε πανημέριοι στυγερῷ κρινώμεθ' Ἄρηϊ B 385.
ἀλλ' ἴθι μή μ' ἐρέθιζε, σαώτερος ὥς κε νέηαι A 32.
ἆσσον ἴθ', ὥς κεν θᾶσσον ὀλέθρου πείραθ' ἵκηαι Z 143, Y 429.
κάτθετε δ' εὐνὴν
ὥς κ' εὖ θαλπιόων χρυσόθρονον ἠῶ ἵκηται τ 317. Man vergleiche noch Z 69. 364, Θ 508, ε 25 (beabsichtigte Folge, vgl. Einl. S. 60), ϑ 251.

Der Conjunctiv mit ἄν findet sich:

μηδ' ἐπίκευθε
ὡς ἂν μνηστῆρσιν θάνατον καὶ κῆρ' ἀράροντε
ἔρχησθον προτὶ ἄστυ π 168. Man vergleiche Π 84 flgd. und 271 flgd.

In imperativischem Sinne steht der Infinitiv:

ἀτὰρ ἴκρια πῆξαι ἐπ' αὐτῆς
ὑψοῦ, ὥς σε φέρῃσιν ἐπ' ἠεροειδέα πόντον ε 164.

Der Conjunctiv mit κέν findet sich:

ἠῶθεν δὲ μάλ' ἦρι λοέσσαι τε χρῖσαί τε
ὥς κ' ἔνδον παρὰ Τηλεμάχῳ δείπνοιο μέδηται τ 321.
πελάσαι τε δοκοῖσιν
ὥς κεν δηθὰ ζωὸς ἐὼν χαλέπ' ἄλγεα πάσχῃ χ 117. Man vergleiche noch Δ 66. 71, H 463, ε 31.

Einen imperativischen Sinn hat auch:

οὐ γὰρ χρὴ κλοτοπεύειν ἐνθάδ' ἐόντας
οὐδὲ διατρίβειν· ἔτι γὰρ μέγα ἔργον ἄρεκτον
ὥς κέ τις αὖτ' Ἀχιλῆα μετὰ πρώτοισιν ἴδηται etc. T 151.

2) Im Hauptsatz Conjunctiv.

Für blossen Conjunctiv nur ein Beleg:

ἀλλὰ μέν' ὄφρα κέ τοι μελιηδέα οἶνον ἐνείκω
ὡς σπείσῃς Διὶ πατρὶ Z 259.

Sonst Conjunctiv mit κέν:

ἀλλ' ἔτι καὶ νῦν
φραζώμεσθ', ὥς κέν μιν ἀρεσσάμενοι πεπίθωμεν I 112. Man vergleiche noch Ω 76, α 87, ϑ 101.

Für ἄν ein Beleg, nämlich δ 672.

3) Im Hauptsatz (zu ergänzender) Optativ:

μὴ μὰν ἀσπουδί γε νεῶν ἐπιβαῖεν ἕκηλοι
ἀλλ' ὥς τις τούτων γε βέλος καὶ οἴκοθι πέσσῃ Θ 512 (vgl. Einleitung Seite 60).

4) Im Hauptsatz Indicativ und zwar

a. des Futurums, wobei nur der Conjunctiv mit *κέν* vorkommt: *πειρήσω, ὥς κ' ὔμμι κακὰς ἐπὶ κῆρας ἰήλω* β 316.
οἵ δέ τοι αὐτίκ' ἰόντι κακὰ φράσσονται ὀπίσσω
ὥς κε δόλῳ φθίῃς β 368.
αὐτάρ οἱ πρόφρων ὑποθήσομαι οὐδ' ἐπικεύσω
ὥς κε μάλ' ἀσκηθὴς ἣν πατρίδα γαῖαν ἵκηται ε 144. 168.
φράσσεται ὥς κε νέηται, ἐπεὶ πολυμήχανός ἐστι α 205. Man vergleiche noch *Ο* 235, η 193.

b. des Präsens:

ἀγαθὸν καὶ νυκτὶ πιθέσθαι (sc. *ἐστίν*)
ὡς σύ τ' ἐυφρήνῃς πάντας παρὰ νηυσὶν Ἀχαιούς *Η* 295.

Conjunctiv mit *κέν* findet sich:

οὐ δὲ μεθ' ἡμέων
πειρᾷ ὥς κε Τρῶες ὑπερφίαλοι ἀπόλωνται
πρόχνυ κακῶς *Φ* 459.

c. eines Augmenttempus:

Der blosse Conjunctiv findet sich *Λ* 559, vgl. Einleitung Seite 62, der Conjunctiv mit *ἄν* in folgendem positiven Satze:
ἔνθα δὲ Τηλέμαχον καὶ βουκόλον ἠδὲ συβώτην
προύπεμψ', ὡς ἂν δεῖπνον ἐφοπλίσσωσι τάχιστα ω 360.

ὡς μή findet sich *Ι* 311:
χρὴ μὲν δὴ τὸν μῦθον ἀπηλεγέως ἀποειπεῖν
ᾗπερ δὴ φρονέω τε καὶ ὡς τετελεσμένον ἔσται
ὡς μή μοι τρύζητε. Man vergleiche noch *Ω* 337.

ὡς ἂν μή findet sich:
εἵματα δ' ἐνθάδ' ἐγὼ πέμψω καὶ σῖτον ἅπαντα
ἔδμεναι, ὡς ἄν μή σε κατατρύχῃ καὶ ἑταίρους π 84, ausserdem β 376 und γ 749.

Ὅπως.

Ueber *ὅπως* ist Einleitung Seite 61 gehandelt. Es ist daselbst auseinandergesetzt, dass *ὅπως* aus dem Relativ- und Indefinitstamme zusammengesetzt ist, dass man folglich die Sätze mit *ὅπως* durchaus nicht als Fragesätze, sondern als relative Sätze betrachten muss, in welche freilich, wie wir dies auch bei anderen relativen Sätzen gesehen haben, durch die Eigenthümlichkeit des ganzen Gedankencomplexes, in dem sie stehen, ein fragender Sinn hineinkommen kann.

Voran stellen wir den blossen Conjunctiv:

λίσσεσθαι δέ μιν αὐτὸς ὅπως νημερτέα εἴπῃ γ 19
„flehe ihn an, in Folge davon soll er die Wahrheit sagen" (vergleiche die Parallelstelle mit *ἵνα* γ 327).

ἀλλ' ἄγεθ' ἡμεῖς οἵδε περιφραζώμεθα πάντες
νόστον ὅπως ἔλθῃσι α 76

„wir wollen über seine Heimkunft berathen, in Folge davon soll er zurückkehren“.

αὐτοὶ δὲ φραζώμεθ' ὅπως ὄχ' ἄριστα γένηται ν 365

„wir selbst abr wollen überlegen, in Folge davon soll das Beste sich ereignen“. Man vergleiche die Parallelstelle mit ὡς *I* 112.

φραζώμεθα μῆτιν ἀρίστην
ἠμὲν ὅπως τὸν νεκρὸν ἐρύσσομεν ἠδὲ καὶ αὐτοὶ
χάρμα φίλοις ἑτάροισι γενώμεθα νοστήσαντες *P* 634.

ὄφρα θεοῖο
ἐκ δρυὸς ὑψικόμοιο Διὸς βουλὴν ἐπακούσαι
ὅππως νοστήσῃ Ἰθάκης ἐς πίονα δῆμον ξ 329.

Ein Ind. Präs. steht im Hauptsatze in folgenden Beispielen:

τὸν δὲ μνηστῆρες ἀγαυοὶ
οἴκαδ' ἰόντα λοχῶσιν, ὅπως ἀπὸ φῦλον ὄληται ξ 181

„sie legen ihm einen Hinterhalt, in Folge davon soll zu Grunde gehen“

οἷς δ' ὁ γέρων μετέῃσιν ἅμα πρόσσω καὶ ὀπίσσω
λεύσσει ὅπως ὄχ' ἄριστα μετ' ἀμφοτέροισι γένηται *Γ* 110.

„er sieht vorwärts und rückwärts, in Folge davon soll gut ablaufen“

οὐδέ ἑ λήθει
ὅπως τὸ πρῶτον τανύσῃ βοέοισιν ἱμᾶσιν Ψ 324

„er ist nicht in Ungewissheit, in Folge davon soll er (wird er) mit dem Zügel anziehen“.

Sodann folgt der Conjunctiv mit κέν:

ἀλλὰ τάχιστα
πείρα ὅπως κεν δὴ σὴν πατρίδα γαῖαν ἵκηαι δ 545 (vgl. ὡς β 316).
αὐτόν σε φράζεσθαι ἐν Ἀργείοισιν ἄνωγεν
ὅπως κεν νῆάς τε σόῳς καὶ λαὸν Ἀχαιῶν *I* 681.
φράζεσθαι δὲ ἔπειτα κατὰ φρένα καὶ κατὰ θυμὸν
ὅππως κε μνηστῆρας ἐνὶ μεγάροισι τεοῖσι
κτείνῃς ἠὲ δόλῳ ἢ ἀμφαδόν α 296.

II. Der Conjunctiv ist der erwartende.

Vergleiche Einleitung Seite 62 flgd. Ich weiss nur griechische Sätze beizubringen, welche ausdrücken, dass sich die Handlung des Conjunctionssatzes zeitlich an die Handlung des Hauptsatzes anschliessen wird. Ist die Handlung des Hauptsatzes eine momentane, so übersetzen wir die Conjunction durch *„wenn“*, ist sie eine dauernde, durch *„bis“*.

Es kommen für den ersten Fall ὅτε und ὁπότε, für den zweiten ὄφρα ἕως εἰς ὅ ὅτε in Betracht.

1) ὅτε und ὁπότε im Sinne von „*wann*“:

ἔσσεται ἢ ἠὼς ἢ δείλη ἢ μέσον ἦμαρ
ὁππότε τις καὶ ἐμεῖο Ἄρει ἐκ θυμὸν ἕληται Φ 112.
ἔσσεται ἦμαρ ὅτ' ἄν ποτ' ὀλώλῃ Ἴλιος ἱρή Z 448, Δ 164.
ἔσται μὰν ὅτ' ἂν αὖτε φίλην γλαυκώπιδα εἴπῃ Θ 373.

2) ὄφρα, ἕως und εἰς ὅ im Sinne von „*bis*“.

ὄφρα

a. der reine Conjunctiv:

ἀλλά τε καὶ μετόπισθεν ἔχει κότον, ὄφρα τελέσσῃ Α 82. Oder ist ὄφρα durch „*damit*“ zu übersetzen?

b. Conjunctiv mit κέν:

ἀλλ' ἄγε νῦν ἐπίμεινον ἐνὶ μεγάροισιν ἐμοῖσιν
ὄφρα κεν ἑνδεκάτη τε δυωδεκάτη τε γένηται δ 588.
ἠέ με δήσαντες λίπετ' αὐτόθι νηλέι δεσμῷ
ὄφρα κεν ἔλθητον καὶ πειρηθῆτον ἐμεῖο Κ 444.
ἀλλά τ' ἀνιχνεύων θέει ἔμπεδον, ὄφρα κεν εὕρῃ Χ 192. Man vergleiche noch Z 259 und Τ 191, wo man aber vielleicht „*damit*“ zu übersetzen hat.

c. Conjunctiv mit ἄν:

Im Hauptsatz

α) Imperativ:

τόφρα δ' ἐπὶ Τρώεσσι τίθει κράτος, ὄφρ' ἂν Ἀχαιοὶ
υἱὸν ἐμὸν τίσωσιν, ὀφέλλωσίν τέ ἑ τιμῇ Α 510.

Das Beispiel ist insofern interessant, als es sehr leicht missverstanden werden kann, indem man ὄφρα durch „*so lange als*“ übersetzt.

τόφρα γὰρ οὖν οἱ ἔγειρε μένος μέγα, ὄφρ' ἂν Ἀχαιοὶ
φεύγοντες νῆάς τε καὶ Ἑλλήσποντον ἵκωνται Ο 233, vgl. ζ 304 *(damit?)*

β) Futurum:

οἵ δ' ἐλόωσι γαλήνην, ὄφρ' ἂν ἵκωμαι
νῆ' Ἀγαμεμνονέην Κ 325.

γ) Präsens:

ὃ δ' ἀσφαλέως θέει ἔμπεδον, ὄφρ' ἂν ἵκηται
ἰσοπέδον Ν 141, vgl. Φ 558.

ἕως immer mit κέν:

αὐτὰρ ἐγὼ καὶ ἔπειτα μαχήσομαι εἵνεκα κούρης
αὖθι μένων, εἵως κε τέλος πολέμοιο κιχείω Γ 291.
μάστιε νῦν εἵως κε θοὰς ἐπὶ νῆας ἵκηαι Ρ 622, vgl. Ω 154.

εἰς ὅ, immer mit unmittelbar folgendem *κέν*.

Im Hauptsatz

1) Imperativ:

μίμνετ' ἐπειγόμενοι τὸν ἐμὸν γάμον, εἰς ὅ κε φᾶρος
ἐκτελέσω β 98, τ 141.

ἀλλὰ μέν' εἰς ὅ κε δῶρα φέρων ἐπιδίφρια θείῃ ο 51. 75, vgl. auch Η 332, λ 352, Ξ 7, ι 378, κ 461, ν 59.

τὸν ξεῖνον ἄγων ἐν δώμασι σοῖσιν
ἐνδυκέως φιλέειν καὶ τιέμεν, εἰς ὅ κεν ἔλθω ο 542. Imperativische Infinitive ausserdem Π 455, ζ 296, ι 139, λ 122.

Ein von einem historischen Tempus abhängiger Infinitiv, der, aufgelöst, ein Imperativ wird:

Πείραιον δέ μιν ἠνώγεα προτὶ οἶκον ἄγοντα
ἐνδυκέως φιλέειν καὶ τιέμεν, εἰς ὅ κεν ἔλθω ρ 56, vgl. Φ 231, ψ 269.

Ein Optativ der höflichen Ermahnung geht vorher:

ἀλλὰ σύ γ' ἐλθὼν αὐτὸς ἐπιτρέψειας ἕκαστα
δμῳάων ἥ τίς τοι ἀρίστη φαίνεται εἶναι,
εἰς ὅ κέ τοι φήνωσι θεοὶ κυδρὴν παράκοιτιν ο 24.

2) Conjunctiv:

καὶ τὰ μὲν ἐν χρυσέῃ φιάλῃ καὶ δίπλακι δημῷ
θείομεν, εἰς ὅ κεν αὐτὸς ἐγὼν Ἄϊδι κεύθωμαι Ψ 244, fragender Conjunctiv: Κ 62.

3) Indicativ und zwar

a. Futuri:

νῶι δ' ἐγὼ Σθένελός τε μαχησόμεθ' εἰς ὅ κε τέκμωρ
Ἰλίου εὕρωμεν Ι 49, vgl. Η 31, 292 und 378.
ὕψι δ' ἐπ' εὐνάων ὁρμίσσομεν, εἰς ὅ κεν ἔλθῃ
νὺξ ἀβρότη Ξ 77.
ἐς τί ἔτι κτείνεσθαι ἐάσετε λαὸν Ἀχαιοῖς;
ἦ εἰς ὅ κεν ἀμφὶ πύλῃς εὐποιήτῃσι μάχωνται; Ε 466. Man vergleiche noch Λ 193 und 208, Ρ 454, Θ 318, χ 59 und 73, ψ 358. Futurischen Sinn haben auch die Hauptsätze Η 71. 377. 396.

b. Präsentis:

ἦ μένει εἰς ὅ κε δὴ νῆες θοαὶ ἄγχι θαλάσσης
Ἀργείων ἀέκητι, πυρὸς δηΐοιο θέρωνται
αὐτοί τε κτεινώμεθ' ἐπισχερώ Λ 667.

ὑπαὶ δέ τε κόμπος ὀδόντων
γίγνεται, εἰς ὅ κέ τίς τε βαλὼν ἐκ θυμὸν ἕληται Μ 150.

Ueber *ὅτε* in diesem Sinne vergleiche Einleitung Seite 63 und 64.

§ 2.

Die priorischen Sätze mit Conjunctionen vom Relativstamme.

Man vergleiche zu diesem Paragraphen Einleitung Seite 64 flgd. Er zerfällt in drei durch I., II. und III. bezeichnete Abtheilungen. I. enthält die Vergleichssätze, II. die Sätze futurischen Inhalts mit ὡς, III. die Temporal- und Bedingungssätze. Für I. und II. weiss ich nur griechische Beispiele beizubringen, für III. dagegen sanskritische und griechische.

I.

ὡς und ὡς ὅτε in Gleichnissen (Einleitung Seite 65—66).

1) ὡς.

Ich kann bei ὡς nur den reinen Conjunctiv belegen. Der Stellung des ὡς nach scheiden sich die Belege in zwei Gruppen. Entweder nämlich beginnt ὡς das Gleichniss, z. B.

ὡς δ' ὄρνις ἀπτῆσι νεοσσοῖσι προφέρῃσιν
μάστακ' ἐπεί κε λάβῃσι, κακῶς δ' ἄρα οἱ πέλει αὐτῇ
ὣς καὶ ἐγὼ πολλὰς μὲν ἀΰπνους νύκτας ἴαυον *I* 323.

Genau ebenso sind geformt *E* 161, *K* 183. 486, *N* 199, *X* 93, *ε* 369, *ϑ* 523. Oder es wird ein auf den verglichenen Gegenstand hinweisendes Demonstrativum an die erste Stelle gesetzt. Diesem folgt ὡς, welches immer ein τέ hinter sich hat.

οἱ δ' ὥς ϑ' ἡμίονοι κρατερὸν μένος ἀμφιβαλόντες
ἕλκωσ' ἐξ ὄρεος κατὰ παιπαλόεσσαν ἀταρπόν
ἢ δοκὸν ἠὲ δόρυ μέγα νήιον· ἐν δέ τε ϑυμός
τείρεϑ' ὁμοῦ καμάτῳ τε καὶ ἱδρῷ σπευδόντεσσιν·
ὣς οἵ γ' ἐμμεμαῶτε νέκυν φέρον *P* 742.
τοὺς δ' ὥς τ' αἰπόλια πλατέ' αἰγῶν αἰπόλοι ἄνδρες
ῥεῖα διακρίνωσιν, ἐπεί κε νομῷ μιγέωσιν
ὣς τοὺς ἡγεμόνες διεκόσμεον ἔνϑα καὶ ἔνϑα
ὑσμίνηνδ' ἰέναι *B* 474.

Genau ebenso sind geformt *Λ* 67, *M* 168, *O* 324, *Π* 429, *χ* 302.

2) ὡς ὅτε und ὡς ὁπότε.

Unter 49 mir vorliegenden Fällen findet sich 39mal der reine Conjunctiv. Gewöhnlich steht der Satz mit ὡς ὅτε dem Hauptsatz voran. Nur 6mal folgt er ihm.

a. Der Vergleichungssatz steht voran (ὡς δ' ὅτε).

Unter 32 mir vorliegenden Fällen wird das ὡς 31mal durch ὣς aufgenommen, nur 1mal durch τοῖο-, nämlich:

ὡς δ' ὅτε τίς τ' ἐλέφαντα γυνὴ φοίνικι μιήνῃ
Μῃονὶς ἠὲ Κάειρα, παρήιον ἔμμεναι ἵππῳ·

κεῖται δ' ἐν θαλάμῳ πόλεες τέ μιν ἠρήσαντο
ἱππῆες φορέειν ...
τοῖοί τοι Μενέλαε μιάνθην αἵματι μηροί Δ 141.
ὡς δ' ὅτε κινήσῃ Ζέφυρος βαθὺ λήιον ἐλθών,
λάβρος ἐπαιγίζων, ἐπί τ' ἠμύει ἀσταχύεσσιν
ὣς τῶν πᾶσ' ἀγορὴ κινήθη Β 147. Die Fälle sind alle ganz gleichförmig. Man vergleiche Β 147, Ε 598, Ζ 507, Θ 339, Κ 362, Λ 155. 292. 415, Ν 334. 589, Ξ 16. 414, Ο 264, Π 212. 298. 365, Ρ 62. 390, Σ 207, Υ 495, Φ 258. 347. 522, Χ 189, ε 328, ι 392, τ 519, υ 25, ψ 158, mit ὁπότε: δ 337, ϱ 128.

Der Conjunctiv mit ἄν bei ὡς ὅτε kommt 10mal vor, der mit κέν gar nicht:

ὡς δ' ὅτ' ἂν ἀμφὶ ἄνακτα κύνες δαίτηθεν ἰόντα
σαίνωσ'· αἰεὶ γάρ τε φέρει μειλίγματα θυμοῦ·
ὣς τοὺς .. κ 217. Das ἄν steht immer unmittelbar hinter ὡς ὅτε. Man vergleiche noch Κ 5, Λ 269, Ο 170, Ρ 522, Τ 375, Ω 480, ε 394, χ 468, ψ 233.

b. Der Vergleichungssatz folgt:

τὼ δ' ἀν' ὅμιλον ἰόντε κυδοίμεον, ὡς ὅτε κάπρω
ἐν κυσὶ θηρητῆρσι μέγα φρονέοντε πέσητον Λ 325.
ἡ δὲ τόσον μὲν ἔεργεν ἀπὸ χροός, ὡς ὅτε μήτηρ
παιδὸς ἐέργῃ μυῖαν, ὅθ' ἡδέι λέξεται ὕπνῳ Δ 130.
τοὺς ἄρ' ὅ γ' ἡγεμόνας Δαναῶν ἕλεν, αὐτὰρ ἔπειτα
πληθύν, ὡς ὁπότε νέφεα Ζέφυρος στυφελίξῃ
ἀργεστᾶο Νότοιο, βαθείῃ λαίλαπι τύπτων Λ 306. Man vergleiche noch Ο 606. 624, Π 642.

II.

ὡς und ὅπως auf einen in Aussicht genommenen Fall, nicht einen blos fingirten, wie bei den Gleichnissen, bezogen. (Einleitung Seite 67).

μνημοσύνη τις ἔπειτα πυρὸς δηΐοιο γενέσθω
ὡς πυρὶ νῆας ἐνιπρήσω κτείνω δὲ καὶ αὐτούς

„vorausgesetzt, dass ich irgendwie die Schiffe verbrenne, von dem Feuer soll eine Erinnerung bleiben“ Θ 182.

πείθεο δ' ὥς τοι ἐγὼ μύθου τέλος ἐν φρεσὶ θείω

„vorausgesetzt, dass ich dir irgendwie zurede, so gehorche“ Π 83.

νῦν δ' ἄγεθ', ὡς ἂν ἐγὼν εἴπω, πειθώμεθα πάντες μ 213, vgl. Ι 26. 704, Ξ 74. 370, Σ 297.

Ζεὺς δ' ἀρετὴν ἄνδρεσσιν ὀφέλλει τε μινύθει τε
ὅππως κεν ἐθέλῃσιν Υ 243.
Ζεὺς δ' αὐτὸς νέμει ὄλβον Ὀλύμπιος ἀνθρώποισιν
ἐσθλοῖς ἠδὲ κακοῖσιν ὅπως ἐθέλῃσιν ἑκάστῳ ζ 189, vgl. α 349.

Man vergleiche die analoge Verwendung von *yā́t* bei dem Indicativ Einleitung Seite 57.

III.

Temporal- und Bedingungssätze.

Einleitung Seite 67 sind die hierher gehörigen Beispiele nach der Satzbedeutung in drei Gruppen geschieden:

1) Die Handlung des Conjunctionssatzes ist das zeitliche Prius zur Handlung des Hauptsatzes.
2) Die beiden Handlungen sind gleichzeitig gedacht, aber die des Hauptsatzes ist nicht möglich ohne die des Conjunctionssatzes. Diese ist ihre logische Grundlage.
3) Die Handlung des Conjunctionssatzes bildet den Hintergrund für die des Hauptsatzes.

Diese Eintheilung ist, weil sie von einem geistigen nicht durchweg in der Sprache zum Ausdruck gelangten Moment ausgeht, zur übersichtlichen Anordnung zahlreicher Beispiele nicht brauchbar. Wir entnehmen vielmehr an dieser Stelle die Anordnung dem Sinne des Modus, insofern dieser mit dem Verbum des Hauptsatzes in Zusammenhang steht. Wir unterscheiden den Conjunctiv der individuell-futurischen und der zeitlosen Voraussetzung. Die Conjunctive der ersten Art sind mit solchen Hauptsätzen verbunden, welche Imperativ, Conjunctiv, Optativ, Indicativ Futuri zeigen, während in den Hauptsätzen zu Conjunctivsätzen der zweiten Art der Indicativ eines Präsens oder historischen Tempus steht. Wo auch durch diese Eintheilung die Uebersicht noch nicht recht hergestellt scheint, sind die einzelnen Conjunctionen zu Hülfe genommen.

Es kommen aber von Conjunctionen in Betracht: *yád yádi yadā́ ὅτε ὁπότε εὖτε ἦμος ὄφρα* (vgl. Einleitung Seite 54 flgd.).

Sanskritische Beispiele.

1) Conjunctive der futurischen Voraussetzung. Im Hauptsatz Conjunctiv oder Imperativ:

kumbhyā̂'m mā̂''gre bibharâsi, sá yadâ' tâ'm ativárdhâ, átha karshûm khâtvâ' tásyâm mâ bibharâsi *„du sollst mich zuerst in einer Schüssel halten, vorausgesetzt, dass ich diese einmal überwachse (wenn ich sie*

überwachsen sollte), dann sollst du eine Grube graben, und mich darin halten" Çat. Br. 1, 8, 1, 3.

maí'nam agne ví daho mā''bhí çoco mā''sya tvácaṃ cikshipo mā' çáriram, yadā' çritáṃ kriṇávo jātavedó'them enaṃ prá hinutāt pitṛ́bhyaḥ *„verbrenn' ihn nicht, thu ihm kein Leid, o Agni, zerstückle nicht die Haut und seine Glieder, wenn du ihn gar gekocht, o Jâtavedas, magst du ihn hin zu unsern Vätern senden"* RV. 10, 16, 1 (übersetzt von Max Müller Z. D. M. G. 9, 14). sá mṛityúr devā́n abravīd: „itthám eva sárve manushyā̀ amṛ́tā bhavishyanty, átha kó máhyaṃ bhāgó bhavishyaty?" íti. té ho'cur: „nā'tó'paraḥ káç caná sahá çárireṇá 'mṛíto'sad; yadā́i'va tvám etáṃ bhāgáṃ hárāsā, átha vyāvṛ́tya çárireṇá 'mṛíto'sad, yò'mṛitó'sad vidyáyā vā kármaṇā vā" íti *„der Tod sprach zu den Göttern: „so werden alle Menschen unsterblich werden und welcher Theil soll dann mir gehören?" Sie sprachen: „hinfort soll niemand mit dem Körper unsterblich werden; wenn du deinen Antheil hinnehmen wirst, dann soll, wer durch Wissen oder That unsterblich werden soll, ohne Körper unsterblich werden"* Çat. Br. 10, 4, 3, 9 (bei Muir Or. sanskr. Texts 4, 50, andere, aber schwerlich richtige Satzverbindung).

yádi stómam máma çrávad asmā́kam índram índavaḥ tiráḥ pavítraṃ sasṛivā́ṅsa āçávo mándantu *„wenn er mein Loblied hört, so mögen unseren Indra die Tropfen, welche durch das Seihtuch fliessen, berauschen"* RV. 8, 1, 15.

yád vā marutvaḥ paramé sadhásthe yád vā' vamé vṛijáne mādáyāse. áta ā' yāhy adhvaráṃ no ácha *„magst du nun im grössten Palast oder in der untersten Hütte dich erfreuen, komm heran zu unserem Opfer"* RV. 1, 101, 8.

yád ūrdhvás tíshṭhā dráviṇe'há dhattād yád vā kshayo mātúr asyá upásthe *„gieb hierher Schätze, magst du nun aufrecht stehen, oder magst du im Schoosse deiner Mutter liegen"* RV. 3, 8, 1 (die letzten Worte werden im Ait. Br. glossirt: yadi ca tishṭhāsi yadi ca çayāsai).

yádi stotúr maghávā çriṇávad dhávaṃ, né'ndro yoshaty ā' gamat *„wenn des Sängers Ruf der Mächtige hört, so gehe Indra nicht weg, er komme heran"* RV. 8, 33, 9, vgl. 1, 30, 8.

yájāma devā́n yádi çaknávāma *„opfern wir den Göttern wann wir können"* RV. 1, 27, 13.

yadā' kadā' ca sunávāma sómam agnísh ṭvā dūtó dhanvāty ácha *„wann immer wir Soma pressen werden, soll Agni zu dir eilen als Bote"* RV. 3, 53, 4.

2) Conjunctive der zeitlosen Voraussetzung. Im Hauptsatz Indicativ des Präsens und gnomischen Aorists:

ihé'va çriṇva, eshāṃ káçā hásteshu yád vádān *„als ob es hier wäre, höre ich es, wenn die Peitschen in ihren Händen knallen (es sollen*

nur knallen)“ RV. 1, 37, 3. vacyánte vâṃ kakuhâso jûrṇấyâm ádhi vishṭápi, yád vâṃ rátho víbhiḥ pátât *„es schwanken eure Sitze über der zerbrechlichen Grundlage, wenn euer Wagen durch die Kraft der Vögel fliegt“* RV. 1, 46, 3 (Benfey übersetzt ganz anders). vṛíshṇe yát te vṛíshaṇo arkám árcân índra grấvâṇo áditiḥ sajóshâḥ, anaçvấso yè'paváyo'rathấ índreshitâ abhy àvartanta dásyûn *„wann immer dir dem Regner die Opferer ein Lied singen, die Steine und Aditi mit, dann besiegen* (gnomisch) *die Rosselosen, Schienenlosen, Wagenlosen von Indra getrieben die Feinde“* RV. 5, 31, 5 [1]), vgl. 8, 5, 22 und 7, 88, 2, wozu Roths Uebersetzung Z. D. M. G. 6, 71, die mir nicht klar ist.

Griechische Beispiele.

Für das Griechische empfiehlt es sich, da die homerischen Gedichte eine grosse Zahl von Belegen zu Gebote stellen, der Uebersichtlichkeit wegen den Haupteintheilungsgrund von den Conjunctionen herzunehmen. Wir behandeln demnach zuerst

Ὅτε und Ὁπότε.

1) Der Conjunctiv der futurischen Voraussetzung.

Der Conjunctiv ist rein:

Im Hauptsatz Futurum:

οὐδέ τί μιν χρεὼ
ἔσται τυμβοχοῆσ' ὅτε μιν θάπτωσιν Ἀχαιοί Φ 323.
εὐνὴ μὲν δή σοί γε τότ' ἔσσεται ὁππότε θυμῷ
σῷ ἐθέλῃς ψ 258. Man vergleiche noch π 267.

Dem Conjunctiv ist *κέν* beigefügt:

Im Hauptsatz

a. Imperativ:

νῆα ἅλις χρυσοῦ καὶ χαλκοῦ νηησάσθω
εἰσελθών, ὅτε κεν δατεώμεθα ληΐδ' Ἀχαιοί Ι 138 — 279.
πομπῆς μὲν παύσασθε βροτῶν, ὅτε κέν τις ἵκηται ν 180.
ἀλλ' ὅτε κεν δὴ νηῦς πλείη βιότοιο γένηται
ἀγγελίη μοι ἔπειτα θοῶς ἐς δώμαθ' ἱκέσθω ο 446.
ὁππότε κεν Κίρκη σ' ἐλάσῃ περιμήκεϊ ῥάβδῳ
δὴ τότε σὺ ξίφος ὀξὺ ἐρυσσάμενος παρὰ μηροῦ
Κίρκῃ ἐπαΐξαι ὥς τε κτάμεναι μενεαίνων κ 293. Man vergleiche noch Ι 40, Θ 180, δ 420, λ 128 (vgl. ψ 275), ν 155 (wo *θεῖναι* wohl imperativisch zu fassen ist), π 287. Imperativischen Sinn haben die Hauptsätze auch Δ 230 und τ 6.

---

1) yè'paváyo ist meine Conjectur statt yó paváyo.

b. Conjunctiv:

μή νύ τοι οὐ χραίσμωσιν ὅσοι θεοί εἰσ' ἐν Ὀλύμπῳ
ἆσσον ἰόνθ', ὅτε κέν τοι ἀάπτους χεῖρας ἐφείω Α 667.
ἀλλ' ἄγε νῦν ἐμέθεν ξυνίει ἔπος, ὄφρα καὶ ἄλλῳ
εἴπῃς ἡρώων, ὅτε κεν σοῖς ἐν μεγάροισι
δαινύῃ παρὰ σῇ τ' ἀλόχῳ καὶ σοῖσι τέκεσσιν θ 243. Man vergleiche noch Χ 360.

a. Futurische Wendungen:

κῆρα δ' ἐγὼ τότε δέξομαι ὁππότε κεν δὴ
Ζεὺς ἐθέλῃ τελέσαι ἠδ' ἀθάνατοι θεοὶ ἄλλοι Χ 366, vgl. Σ 116.
τότε δ' αὖτε μαχήσεται ὁππότε κέν μιν
θυμὸς ἐνὶ στήθεσσιν ἀνώγῃ καὶ θεὸς ὄρσῃ Ι 703.
ἑσπέριος γὰρ ἐγὼν αἱρήσομαι, ὁππότε κεν δὴ
μήτηρ εἰς ὑπερῷ' ἀναβῇ κοίτου τε μέδηται β 358.
δείσεθ' ἔπειθ', ὅτε κέν τις ἐναντίβιον θεὸς ἔλθῃ
ἐν πολέμῳ Υ 130.
οὐδὲ γὰρ ἡ Προμάχοιο δάμαρ Ἀλεγηνορίδαο
ἀνδρὶ φίλῳ ἐλθόντι γανύσσεται, ὁππότε κεν δὴ
ἐκ Τροίης σὺν νηυσὶ νεώμεθα κοῦροι Ἀχαιῶν Ξ 505.
καὶ λίην τοι ἔγωγε παρέσσομαι, οὐδέ με λήσεις
ὁππότε κεν δὴ ταῦτα πενώμεθα ν 394.
ὁππότε κεν τούτους κτέωμεν πατέρ' ἠδὲ καὶ υἱόν
ἐν δὲ σὺ τοῖσιν ἔπειτα πεφήσεαι χ 216 (*wenn wir getödtet haben werden*). Man vergleiche noch λ 106, Ζ 455.

An eine mehrmalige Handlung ist zu denken:

οὕτως οὔ τίς οἱ νεμεσήσεται οὐδ' ἀπιθήσει
Ἀργείων, ὅτε κέν τιν' ἐποτρύνῃ καὶ ἀνώγῃ Κ 130.

Dem Conjunctiv ist *ἄν* beigefügt:

Im Hauptsatz

a. Imperativ:

ἄγρει μήν, ὅτ' ἂν αὖτε κάρη κομόωντες Ἀχαιοὶ
οἴχωνται Η 459.
ἀλλ' ὁπότ' ἄν σε δόμοι κεκύθωσι καὶ αὐλή
ὦκα μάλα μεγάροιο διελθέμεν ζ 303. Man vergleiche noch κ 508.

Auf eine mehrmalig gedachte Handlung bezieht sich:

τὰς διαπέρσαι, ὅτ' ἄν τοι ἀπέχθωνται περὶ κῆρι Δ 55.

b. Conjunctiv:

αὐτὸς νῦν ἴδε πῶμα, θοῶς δ' ἐπὶ δεσμὸν ἴηλον
μή τίς τοι καθ' ὁδὸν δηλήσεται, ὁππότ' ἂν αὖτε
εὕδῃσθα γλυκὺν ὕπνον ἰὼν ἐν νηὶ μελαίνῃ θ 445.

οὐδέ κεν ἐς δεκάτους περιτελλομένους ἐνιαυτοὺς
ἕλκε' ἀπαλθήσεσθον ἅ κεν μάρπτῃσι κεραυνός,
ὄφρ' εἰδῇ γλαυκῶπις ὅτ' ἂν ᾧ πατρὶ μάχηται Θ 406 (das Kämpfen geht dem Innewerden voraus).

c. Futurische Wendungen:

ἐκ γὰρ Ὀρέσταο τίσις ἔσσεται Ἀτρεΐδαο
ὁππότ' ἂν ἡβήσῃ τε καὶ ἧς ἱμείρεται αἴης α 40, vgl. τ 410.

In der indirecten Rede findet sich ὁπότε mit dem Conjunctiv mit ἄν Π 62 und Υ 317:

ἤτοι ἔφην γε
οὐ πρὶν μηνιθμὸν καταπαυσέμεν, ἀλλ' ὁπότ' ἂν δὴ
νῆας ἐμὰς ἀφίκηται ἀϋτή τε πτόλεμός τε Π 62.
ἤτοι μὲν γὰρ νῶϊ πολέας ὠμόσσαμεν ὅρκους
πᾶσι μετ' ἀθανάτοισιν, ἐγὼ καὶ Παλλὰς Ἀθήνη
μή ποτ' ἐπὶ Τρώεσσιν ἀλεξήσειν κακὸν ἦμαρ,
μηδ' ὁπότ' ἂν Τροίη μαλερῷ πυρὶ πᾶσα δάηται
δαιομένη, δαίωσι δ' ἀρήιοι υἷες Ἀχαιῶν Υ 316, ebenso πρίν γ' ὅτ' ἂν β 374. Dagegen πρὶν ὅτ' ἂν in directer Rede:

οὐ γάρ τοι πρὶν μοῖρα φίλους τ' ἰδέειν καὶ ἱκέσθαι
οἶκον ἐϋκτίμενον καὶ σὴν ἐς πατρίδα γαῖαν,
πρίν γ' ὅτ' ἂν Αἰγύπτοιο διιπετέος ποταμοῖο
αὖτις ὕδωρ ἔλθῃς ῥέξῃς θ' ἱερὰς ἑκατόμβας δ 478.

2) Der Conjunctiv der zeitlosen Voraussetzung.

Der Conjunctiv ist rein:

Im Hauptsatz Präsens, Perfect, gnomischer Aorist:

οἵ μευ φθινύθουσι φίλον κῆρ
ἀμφ' ἔμ' ὀδυρόμενοι, ὅτε που σύ γε νόσφι γένηαι κ 486.
σὸν δὲ πλεῖον δέπας αἰεὶ
ἕστηχ' ὥς περ ἐμοί πιέειν ὅτε θυμὸς ἀνώγῃ Δ 263, vgl. Δ 344.
οἵ μίν ῥα θεὸν ὣς εἰσορόωντες
δειδέχαται μύθοισιν, ὅτε στείχῃσ' ἀνὰ ἄστυ η 72.
καὶ οὔ πω χερσὶ πέποιθα
ἄνδρ' ἀπαμύνασθαι, ὅτε τις πρότερος χαλεπήνῃ π 72, φ 132, vgl. Ω 369, Τ 183.
οἵ ῥ' ἔτυμα κραίνουσι βροτῶν ὅτε κέν τις ἴδηται τ 567.
ἦ μέν μιν περὶ σῆμα ἑοῦ ἑτάροιο φίλοιο
ἕλκει ἀκηδέστως, ἠὼς ὅτε δῖα φανήῃ (jedesmal wenn) Ω 417.
ἦ γὰρ θυμὸς ἐνὶ στήθεσσιν ἐμοῖσιν
ἄχνυται, ὁππότε τις μνήσῃ κεδνοῖο ἄνακτος ξ 169.
ἀλλὰ τόδ' αἰνὸν ἄχος κραδίην καὶ θυμὸν ἱκάνει

ὁππότε ἰσόμορον καὶ ὁμῇ πεπρωμένον αἴσῃ
νεικείειν ἐθέλῃσι χολωτοῖσιν ἐπέεσσιν O 210, vgl. *Π* 53.

Besonders häufig in Sentenzen und Gleichnissen:

οὐ γὰρ ἐγώ γέ τί φημι τέλος χαριέστερον εἶναι
ἢ ὅτ' ἐυφροσύνη μὲν ἔχῃ κατὰ δῆμον ἅπαντα
δαιτυμόνες δ' ἀνὰ δώματ' ἀκουάζωνται ἀοιδοῦ
ἥμενοι ἑξείης, παρὰ δὲ πλήθωσι τράπεζαι
σίτου καὶ κρειῶν, μέθυ δ' ἐκ κρητῆρος ἀφύσσων
οἰνοχόος φορέῃσι καὶ ἐγχείῃ δεπάεσσι ι 6 flgd.
ἀλλ' ὅτε δὴ καὶ λυγρὰ θεοὶ μάκαρες τελέσωσιν
καὶ τὰ φέρει ἀεκαζόμενος τετληότι θυμῷ σ 134, vgl. ο 411.
ἐσθλὸν καὶ τὸ τέτυκται, ὅτ' ἄγγελος αἴσιμα εἰδῇ O 207.
ἡ γὰρ δμώων δίκη ἐστὶν
αἰεὶ δειδιότων ὅτ' ἐπικρατέωσιν ἄνακτες
οἱ νέοι ξ 59, vgl. τ 169.
οὐ μὰν οὔτ' ἄχος ἐστὶ μετὰ φρεσὶν οὔτε τι πένθος
ὁππότ' ἀνὴρ περὶ οἷσι μαχειόμενος κτεάτεσσιν
βλήεται ρ 470.
ὁππότ' ἀνὴρ ἐθέλῃ πρὸς δαίμονα φωτὶ μάχεσθαι
ὅν κε θεὸς τιμᾷ, τάχα οἱ μέγα πῆμα κυλίσθη P 98.

In Gleichnissen findet es sich:

γαῖα δ' ὑπεστενάχιζε Διὶ ὣς τερπικεραύνῳ
χωομένῳ ὅτε τ' ἀμφὶ Τυφωέι γαῖαν ἱμάσσῃ B 782.
ὥς τε ψαρῶν νέφος ἔρχεται ἠὲ κολοιῶν
οὖλον κεκλήγοντες, ὅτε προΐδωσιν ἰόντα κίρκον P 756.
ὥς τε μέγα κῦμα θαλάσσης εὐρυπόροιο
νηὸς ὑπὲρ τοίχων καταβήσεται, ὁππότ' ἐπείγῃ
ἲς ἀνέμου O 382. Man vergleiche noch *B* 395, *M* 286, *Π* 386 flgd., δ 792, *E* 601.

Im Hauptsatz steht ein Optativ:

τί κεν ῥέξειε καὶ ἄλλος
ὁππότ' ἀνὴρ τοιοῦτος ἔχων μελιδήματα θυμῷ
αἰτίζῃ δ 651.

Ein historisches Tempus:

οὐ γάρ οἵ τις ὁμοῖος ἐπισπέσθαι ποσὶν ἦεν
ἀνδρῶν τρεσσάντων, ὅτε τε Ζεὺς ἐν φόβον ὄρσῃ Ξ 522.

Dem Conjunctiv ist *κέν* beigefügt.

Im Hauptsatz Präsens oder gnomischer Aorist:

τῷ νῦν σοὶ μὲν ἐγὼ ξεῖνος φίλος Ἄργεϊ μέσσῳ
εἰμί, σὺ δ' ἐν Λυκίῃ, ὅτε κεν τῶν δῆμον ἵκωμαι Z 225.

καί μιν τοὺς θυέεσσι καὶ εὐχωλῇς ἀγανῇσιν
λοιβῇ τε κνίσῃ τε παρατρωπῶσ' ἄνθρωποι
λισσόμενοι, ὅτε κέν τις ὑπερβήῃ καὶ ἁμάρτῃ *I* 501.
ἀλλ' αὕτη δίκη ἐστὶ βροτῶν, ὅτε τίς κε θάνησιν λ 218.
καὶ φίλῳ ἀνδρὶ δύνανται ἀλαλκέμεν, ὁππότε κεν δὴ
μοῖρ' ὀλοὴ καθέλῃσι τανηλεγέος θανάτοιο γ 238.
ἀλλὰ τὸ μὲν καὶ ἀνεκτὸν ἔχει κακόν, ὁππότε κέν τις
ἤματα μὲν κλαίῃ πυκινῶς ἀκαχήμενος ἦτορ
νύκτας δ' ὕπνος ἔχῃσιν υ 83.
ἀλλ' ὅτε κέν τις ἀριθμόων αἰζηῶν
δουρὶ βάλῃ, ἑάλη τε χανών, περί τ' ἀφρὸς ὀδόντας
γίγνεται *Y* 168.

Dem Conjunctiv ist ἄν beigefügt:

ἔντοσθεν δέ τ' ἄνευ δεσμοῖο μένουσιν
νῆες ἐύσσελμοι ὅτ' ἂν ὅρμου μέτρον ἵκωνται ν 100.
τὸν δ' οὔ ποτε κύματα λείπει
παντοίων ἀνέμων, ὅτ' ἂν ἔνθ' ἢ ἔνθα γένωνται *B* 397.
οὐδέ ποτ' αὐτοὺς
ἠέλιος φαέθων καταδέρκεται ἀκτίνεσσιν
οὔθ' ὁπότ' ἂν στείχῃσι πρὸς οὐρανὸν ἀστερόεντα
οὔθ' ὅτ' ἂν ἂψ ἐπὶ γαῖαν ἀπ' οὐρανόθεν προτράπηται λ 17. Man vergleiche noch *I* 101.

Εὖτε.

Der Conjunctiv ist rein:

αἰεὶ γὰρ τὸ πάρος γε θεοὶ φαίνονται ἐναργεῖς
ἡμῖν εὖτ' ἔρδωμεν ἀγακλειτὰς ἑκατόμβας η 202.

Dem Conjunctiv ist ἄν beigefügt und zwar steht er

a. im Sinne einer bestimmten futurischen Erwartung:

ἀλλὰ σὺ σῇσιν ἔχε φρεσὶ μηδέ σε λήθη
αἱρείτω, εὖτ' ἄν σε μελίφρων ὕπνος ἀνήῃ *B* 34.
ἐπεὶ οὐκ ὀλίγον χρόνον ἔσται
φύλοπις, εὖτ' ἂν πρῶτον ὁμιλήσωσι φάλαγγες
ἀνδρῶν, ἐν δὲ θεὸς πνεύσῃ μένος ἀμφοτέροισιν *T* 158. Man vergleiche noch *Λ* 243.

b. im Sinne einer allgemeinen Erwartung:

πολλαὶ δὲ γυναῖκες
εἰσὶν ἐνὶ κλισίῃς ἐξαίρετοι, ἅς τοι Ἀχαιοὶ
πρωτίστῳ δίδομεν, εὖτ' ἂν πτολίεθρον ἕλωμεν *B* 228.
ἢ οἱ βρῶσίν τε πόσιν τε
παρτιθεῖ, εὖτ' ἄν μιν κάματος κατὰ γυῖα λάβῃσιν α 192.

δμῶες δ', εὖτ' ἂν μηκέτ' ἐπικρατέωσιν ἄνακτες
οὐκέτ' ἔπειτ' ἐθέλουσιν ἐναίσιμα ἐργάζεσθαι ρ 320. Man vergleiche noch ρ 323 und σ 194.

ἦμος kommt nur einmal mit dem Conjunctiv vor im Sinne einer allgemeinen Erwartung (jedesmal wenn):

ἦμος δ' ἠέλιος μέσον οὐρανὸν ἀμφιβεβήκῃ
τῆμος ἄρ' ἐξ ἁλὸς εἶσι γέρων ἅλιος νημερτής δ 400.

Ὄφρα und *εἰς ὅ κεν* im Sinne von „*so lange als*“ und „*während*“, vgl. Einleitung Seite 68.

Ὄφρα.

1) Der Conjunctiv ist rein:

ἐπεὶ οὔ μ' ἔτι δεύτερον ὧδε
ἵξετ' ἄχος κραδίην, ὄφρα ζωοῖσι μετείω Ψ 47.
ἔνθα φίλ' ὀπταλέα κρέα ἔδμεναι ἠδὲ κύπελλα
οἴνου πινέμεναι μελιηδέος, ὄφρ' ἐθέλῃσιν Δ 346.
ἦ ἐθέλεις, ὄφρ' αὐτὸς ἔχῃς γέρας, αὐτὰρ ἔμ' αὔτως
ἧσθαι δευόμενον Α 133.
τὸν μέν τ' ἤλυξε πόδεσσιν
φεύγων, ὄφρ' αἷμα λιαρὸν καὶ γούνατ' ὀρώρῃ Λ 477.
οὐ μὲν γάρ ποτέ φησι κακὸν πείσεσθαι ὀπίσσω
ὄφρ' ἀρετὴν παρέχωσι θεοί σ 132.

2) Dem Conjunctiv ist *κέν* beigefügt:

ἔρυξον ἐνὶ μεγάροισι γυναῖκας
ὄφρα κεν ἐς θάλαμον καταθείομαι ἔντεα πατρός τ 16.
μή μέ πω ἐς θρόνον ἵζε, διοτρεφές, ὄφρα κεν Ἕκτωρ
κῆται ἐνὶ κλισίῃσιν ἀκηδής Ω 551. Dahin wohl auch μ 52.
τόφρα γὰρ οὖν βίοτόν τε τεὸν καὶ κτήματ' ἔδονται
ὄφρα κε κείνη τοῦτον ἔχῃ νόον, ὅν τινά οἱ νῦν
ἐν στήθεσσι τιθεῖσι θεοί β 124, vgl. 204.
οὐ μὲν γὰρ μεῖζον κλέος ἀνέρος ὄφρα κεν ᾖσιν
ἢ ὅ τι ποσσίν τε ῥέξῃ καὶ χερσὶν ἑῇσιν θ 147.

3) Dem Conjunctiv ist *ἄν* beigefügt. Nur Beispiele, in denen die erste Person steht:

τοῦ δ' οὐκ ἐπιλήσομαι, ὄφρ' ἂν ἔγωγε
ζωοῖσιν μετέω καί μοι φίλα γούνατ' ὀρώρῃ Χ 388, vgl. γ 354.
ἀλλὰ σὺ μὲν νῦν οἱ παράθες ξεινήια καλά,
ὄφρ' ἂν ἐγὼ φύσας ἀποθείομαι ὅπλα τε πάντα Σ 409.
μνήσασθε δὲ θούριδος ἀλκῆς
ὄφρ' ἂν ἐγὼν Ἀχιλῆος ἀμύμονος ἔντεα δύω Ρ 186, vgl. Ζ 113, Θ 376 (Imperativ), ν 411 (imperativischer Infinitiv).

4) Dem Conjunctiv ist κέν und ἄν beigefügt:
ὄφρ' ἂν μέν κεν ὁρᾷς Ἀγαμέμνονα ποιμένα λαῶν
θύνοντ' ἐν προμάχοισιν, ἐναίροντα στίχας ἀνδρῶν
τόφρ' ὑπόεικε μάχης Λ 202.
ὄφρ' ἂν μέν κ' ἀγροὺς ἴομεν καὶ ἔργ' ἀνθρώπων
τόφρα σὺν ἀμφιπόλοισι μεθ' ἡμιόνους καὶ ἄμαξαν
καρπαλίμως ἔρχεσθαι ζ 259.
ὄφρ' ἂν μέν κεν δούρατ' ἐν ἁρμονίῃσιν ἀρήρῃ
τόφρ' αὐτοῦ μενέω καὶ τλήσομαι ἄλγεα πάσχων ε 361.

Von εἰς ὅ κεν liegen folgende Beispiele vor:
γνώσεαι Ἀτρεΐδην Ἀγαμέμνονα τὸν περὶ πάντων
Ζεὺς ἐνέηκε πόνοισι διαμπερές, εἰς ὅ κ' ἀϋτμὴ
ἐν στήθεσσι μένῃ καί μοι φίλα γούνατ' ὀρώρῃ K 90, vgl. I 610.

B.

Die Sätze mit satzverbindenden Partikeln von anderer Herkunft.

Ueber diese Sätze ist Einleitung Seite 69 gehandelt. Daselbst sind einige sanskritische Belege angeführt, so dass wir hier nur noch die griechischen zu verzeichnen haben.

Aus dem Griechischen nun kommen εἰ, ἐπεί, πρίν in Betracht. Aus dem Einleitung Seite 70 über εἰ Beigebrachten erhellt, dass auch die Sätze mit εἰ in posteriorische und priorische eingetheilt werden müssen. Zum Hauptanordnungsgrund wähle ich die Conjunctionen.

Εἰ.

1) Posteriorische Sätze mit εἰ:

Wir unterscheiden zwei Gruppen: 1) die Sätze, in denen unzweideutig eine Erwartung oder Hoffnung des Subjects ausgedrückt ist; 2) diejenigen, welche vielmehr eine abhängige Frage zu enthalten scheinen, in Wahrheit aber denselben Gedanken wie die unter 1), nur etwas durch die Umstände modificirt, enthalten. Innerhalb der ersten Gruppe theilen wir wieder dreifach, je nachdem der einfache Conjunctiv oder der Conjunctiv mit κέν, oder der mit ἄν vorliegt.

Für den einfachen Conjunctiv sind nur zwei Beispiele anzuführen:
εἰ δέ κεν ἐς κλιτὺν ἀναβὰς καὶ δάσκιον ὕλην
θάμνοις ἐν πυκινοῖσι καταδράθω, εἴ με μεθείῃ
ῥῖγος καὶ κάματος, γλυκερὸς δέ μοι ὕπνος ἐπέλθῃ
δείδω μὴ θήρεσσιν ἕλωρ καὶ κύρμα γένωμαι ε 470 flgd.

ἥδε δέ οἱ κατὰ θυμὸν ἀρίστη φαίνετο βουλή,
ἐλθεῖν εἰς Ἴδην εὖ ἐντύνασαν ἓ αὐτήν,
εἴ πως ἱμείραιτο παραδραθέειν φιλότητι
ᾗ χροιῇ, τῷ δ' ὕπνον ἀπήμονά τε λιαρόν τε
χεύῃ ἐπὶ βλεφάροισιν Ξ 161 flgd., wo χεύῃ durch Personenverschiebung aus χεύω entstanden ist.

Am häufigsten ist der Conjunctiv mit κέν. Die Belege werden wieder aufgeführt nach Anleitung des Verbums im Hauptsatze. Dieses ist nämlich

a. Conjunctiv:

ἐπὶ δ' αὐτῷ πάντες ἔχωμεν
ἀθρόοι, εἴ κέ μιν οὐδοῦ ἀπώσομεν ἠδὲ θυράων
ἔλθωμεν δ' ἀνὰ ἄστυ χ 76 (Einleitung Seite 71).

περὶ Πατρόκλοιο θανόντος
σπεύσομεν, εἴ κε νέκυν περ Ἀχιλλῆι προφέρωμεν
γυμνόν P 120.

b. Imperativ:

βάλλ' οὕτως, εἴ κέν τι φόως Δαναοῖσι γένηαι Θ 282, eigentlich: „*schiess zu, so sollst du werden ein Licht für die Danaer*". Was der Redende (Agamemnon) als Forderung an den Angeredeten (Teukros) ausspricht, soll diesem ein Ideal werden, in Hinblick auf das er handeln soll. Man muss also auch hier sagen, dass der Satz mit *εἰ* dem inneren Gedankenzusammenhange nach als Erwartung der Hauptperson (des Teukros) erscheint, vgl. Λ 797.

σκέπτεο νῦν Μενέλαε διοτρεφές, εἴ κεν ἴδηαι
ζωὸν ἔτ' Ἀντίλοχον P 652.

ἀλλ' ἄγε Πατρόκλῳ ἔφεπε κρατερώνυχας ἵππους
εἴ κέν πώς μιν ἕλῃς, δώῃ δέ τοι εὖχος Ἀπόλλων Π 725.

εὔχεο πᾶσι θεοῖσι τεληέσσας ἑκατόμβας
ῥέξειν εἴ κέ ποθι Ζεὺς ἄντιτα ἔργα τελέσσῃ ρ 50, nicht: „*für den Fall, dass Zeus Rache gewährt* (Voraussetzung), sondern: *ob er etwa etc.* (Hoffnung, Erwartung).

τῶν νῦν μιν μνήσασα παρέζεο καὶ λαβὲ γούνων
εἴ κέν πως ἐθέλῃσιν ἐπὶ Τρώεσσιν ἀρήξειν Α 407, vgl. Ι 172, Ρ 692, Η 375, Μ 275, χ 252, μ 216, Π 41, Λ 799, Σ 199.

c. ein Optativ der Bitte:

ἀλλ' ἔτι καὶ νῦν
ταῦτ' εἴποις Ἀχιλῆι δαΐφρονι εἴ κε πίθηται Λ 791.

d. Futurum:

νῦν αὖτε σκοπὸν ἄλλον, ὃν οὔ πώ τις βάλεν ἀνήρ
εἴσομαι, εἴ κε τύχωμι, πόρῃ δέ μοι εὖχος Ἀπόλλων χ 6.

ἄλλο δέ τοι ἐρέω καὶ ἐφήσομαι εἴ κε πίθηαι Ψ 82, vgl. Φ 293, α 279, Λ 420.

ἐγὼ δὲ θεοὺς ἐπιβώσομαι αἰὲν ἐόντας
εἴ κέ ποθι Ζεὺς δῷσι παλίντιτα ἔργα γενέσθαι β 144, α 378.
Ποσειδάωνι δὲ ταύρους
δώδεκα κεκριμένους ἱερεύσομεν, εἴ κ' ἐλεήσῃ
μηδ' ἡμῖν περίμηκες ὄρος πόλει ἀμφικαλύψῃ ν 181.
εἶμι παρ' Ἥφαιστον κλυτοτέχνην, εἴ κ' ἐθέλῃσιν
υἱεῖ ἐμῷ δόμεναι κλυτὰ τεύχεα παμφανόωντα Σ 143, vgl. Κ 55, Ζ 281, Ω 357, ο 311.

e. Eine Präsensform mit in die Zukunft weisendem Sinne:
τοὔνεκα νῦν τὰ σὰ γούναθ' ἱκάνομαι, εἴ κ' ἐθέλῃσθα
κείνου λυγρὸν ὄλεθρον ἐνισπεῖν δ 322, γ 92, vgl. Σ 457.
ἀλλ' οὐ γάρ σ' ἐθέλω βαλέειν τοιοῦτον ἐόντα
λάθρῃ ὀπιπεύσας, ἀλλ' ἀμφαδόν, εἴ κε τύχωμι Η 243.
ταῦτα δ' ἅμα χρή
σπεύδειν, εἴ κ' ὄφελός τι γενώμεθα καὶ δύ' ἐόντε Ν 235.

f. Ein Präteritum geht vorher, die Wirkungen der vergangenen Handlung sind aber noch in der Gegenwart sichtbar:
καὶ δὲ τόδ' ἠνώγει εἰπεῖν ἔπος, εἴ κ' ἐθέλητε
παύσασθαι πολέμοιο δυσηχέος Η 394.
ἦ μὲν δὴ νῶι ξεινήια πολλὰ φαγόντε
ἄλλων ἀνθρώπων δεῦρ' ἱκόμεθ', εἴ κέ ποθι Ζεὺς
ἐξοπίσω περ παύσῃ ὀιζύος δ 35.

Ein Tempus, in dem keine bestimmte Zeitstufe ausgedrückt ist, geht an folgenden Stellen vorher:
ὡς ὅτε τις τροχὸν ἄρμενον ἐν παλάμῃσιν
ἑζόμενος κεραμεὺς πειρήσεται, εἴ κε θέῃσιν Σ 601.
ἐσθλὸν γὰρ Διὶ χεῖρας ἀνασχέμεν, εἴ κ' ἐλεήσῃ Ω 301, vgl. Σ 213, Ω 116, β 186.

Seltener als der Conjunctiv mit *κέν* ist der **Conjunctiv mit** *ἄν*. Wir ordnen die Belege in derselben Weise:
λίσσωμ' ἀνέρα τοῦτον ἀτάσθαλον ὀβριμοεργόν
ἤν πως ἡλικίην αἰδέσσεται ἠδ' ἐλεήσῃ
γῆρας Χ 418.
εἰ δέ κ' ἔτι προτέρω παρανήξομαι, ἤν που ἐφεύρω
ἠιόνας τε παραπλῆγας λιμένας τε θαλάσσης
δείδω μή… ε 417.
ἅμα δ' ἄλλον λαὸν ὄπασσον
Μυρμιδόνων, ἤν πού τι φόως Δαναοῖσι γένωμαι Π 38.
ἔρχεο πευσόμενος πατρὸς δὴν οἰχομένοιο

ἥν τίς τοι εἴπῃσι βροτῶν ἢ ὄσσαν ἀκούσῃς
ἐκ Διός α 281, vgl. *P* 215, β 216. 360.
ὕψι δ' ἐπ' εὐνάων ὁρμίσσομεν, εἰς ὅ κεν ἔλθῃ
νὺξ ἀβρότη, ἤν καὶ τῇ ἀπόσχωνται πολέμοιο
Τρῶες Ξ 78, vgl. α 94, γ 83.

Um nun zu dem zweiten Abschnitt überzuleiten, in welchem die scheinbaren Fragesätze mit *εἰ* behandelt werden sollen, führen wir zunächst einige Stellen an, in welchen zwar der Satz mit *εἰ* durchaus wie in den bisherigen die Erwartung der Hauptperson ausdrückt, in denen aber durch die Lage der Dinge diese Hoffnung wenig zuversichtlich, also schon fast zur Ungewissheit herabgedrückt erscheint. Dies ist der Fall in dem Satze:

ἀλλ' ἤτοι μὲν ταῦτα θεῶν ἐν γούνασι κεῖται,
εἴ κέ σε χειρότερός περ ἐὼν ἀπὸ θυμὸν ἕλωμαι
δουρὶ βαλών Υ 436.

Für unsere Auffassung erscheint der Satz mit *εἰ* als der Inhalt dessen, was im Schoosse der Götter liegt, nach der Auffassung der Sprache aber ist die Gesammtsituation — *ταῦτα* — ungewiss, und an diese Ungewissheit knüpft ein Erwartungssatz an, der aber natürlich, nachdem er dem Gedankenzusammenhange eingefügt ist, an zuversichtlicher Energie einbüsst. Aehnlich ist

εἰπέ μοι, εἴ κέ ποθι γνώω τοιοῦτον ἐόντα ξ 118
„nenne ihn mir nur, so will ich ihn schon kennen". Man vergleiche auch Λ 67.

Auch äusserlich wird die Ungewissheit ausgedrückt, sobald es sich um zwei Möglichkeiten handelt, von denen indessen immer die erste als die erhoffte erscheint.

αὐτὰρ ἐγὼ πατρὸς πειρήσομαι ἡμετέροιο
εἴ κέ μ' ἐπιγνώῃ καὶ φράσσεται ὀφθαλμοῖσιν
ἦέ κεν ἀγνοιῇσι πολὺν χρόνον ἀμφὶς ἐόντα ω 218.
γλαυκιόων δ' ἰθὺς φέρεται μένει, ἤν τινα πέφνῃ
ἀνδρῶν ἢ αὐτὸς φθίεται πρώτῳ ἐν ὁμίλῳ Υ 172. Dahin gehört auch σ 265, wenn, wie Savelsberg K. Z. 16, 407 sehr wahrscheinlich macht, *ἀνέσει* (= *ἀνέσῃ*) Conjunctiv Aoristi ist.

Der Schein, dass man es mit einer abhängigen Frage zu thun habe, liegt am nächsten, sobald der erste Satz eine Form des Stammes *Fιδ* enthält.

τίς δ' οἶδ' εἴ κ' Ἀχιλεὺς Θέτιδος παῖς ἠϋκόμοιο
φθήῃ ἐμῷ ὑπὸ δουρὶ τυπεὶς ἀπὸ θυμὸν ὀλέσσαι Π 861.

In Wahrheit aber sind auch in diesem Falle zwei unabhängige Sätze nebeneinander gestellt: *„wer weiss! möge er umkommen, d. h. vielleicht wird er doch noch umkommen“.*

τίς δ' οἶδ' εἴ κέν οἱ σὺν δαίμονι θυμὸν ὀρίνω
παρειπών O 403 (vgl. den Optativ *Λ* 792).
τίς δ' οἶδ', εἴ κε καὶ αὐτὸς ἰὼν κοίλης ἐπὶ νηὸς
τῆλε φίλων ἀπόληται ἀλώμενος ὥς περ Ὀδυσσεύς β 333.
οὐ μὰν οἶδ' εἰ αὖτε κακορραφίης ἀλεγεινῆς
πρώτη ἐπαύρηαι καί σε πληγῇσιν ἱμάσσω O 17, wo *οὐ μὰν οἶδα* bedeutet: *„ich bin noch unschlüssig, glaube aber, dass ich es thun werde“.*

Schliesslich bleiben noch zwei Fälle übrig, in denen die abhängige Frage auf den ersten Blick die einzig natürliche Auffassung zu sein scheint:

ἦ μένετε Τρῶας σχεδὸν ἐλθέμεν, ἔνθα τε νῆες
εἰρύατ' εὔπρυμνοι, πολιῆς ἐπὶ θινὶ θαλάσσης
ὄφρα ἴδητ' εἴ κ' ὔμμιν ὑπέρσχῃ χεῖρα Κρονίων Δ 247.
τῶν σ' αὖτις μνήσω, ἵν' ἀπολλήξῃς ἀπατάων
ὄφρα ἴδῃς ἤν τοι χραίσμῃ φιλότης τε καὶ εὐνή O 32.

Diese beiden Beispiele haben das Gemeinsame, dass die redende Person aus der Seele der angeredeten Person herausspricht. Der Satz mit *εἰ* nun ist im Sinne der redenden Person allerdings kein Hoffnungssatz, wohl aber im Sinne der angeredeten, der er ursprünglich angehört. Mithin gehören auch diese Sätze ihrem Ursprunge nach nicht zu den Fragesätzen.

2) Priorische Sätze mit *εἰ*.

Die sogenannten Bedingungssätze.

Wir entnehmen die Haupteintheilung wie oben von der Beschaffenheit des Modus. Man vergleiche über diese Sätze Einleitung S. 72 flgd.

I. Der Conjunctiv ist rein.

1) Der Conjunctiv der futurischen Erwartung.

Im Hauptsatz

a. Futurum:

εἰ δ' αὖ τις ῥαίῃσι θεῶν ἐνὶ οἴνοπι πόντῳ
τλήσομαι ἐν στήθεσσιν ἔχων πολυπενθέα θυμόν ε 221.
ὣς ἡμεῖς, εἴ πέρ τε πύλας καὶ τεῖχος Ἀχαιῶν
ῥηξόμεθα σθένεϊ μεγάλῳ, εἴξωσι δ' Ἀχαιοί
οὐ κόσμῳ παρὰ ναῦφιν ἐλευσόμεθ' αὐτὰ κέλευθα M 224.
εἴ περ γάρ σε κατακτάνῃ, οὔ σ' ἔτ' ἔγωγε
κλαύσομαι ἐν λεχέεσσι X 86.

Der Bedingungssatz steht nach in den folgenden Beispielen:

τούτω δ' οὐ πάλιν αὖτις ἀποίσετον ὠκέες ἵπποι
ἄμφω ἀφ' ἡμείων, εἴ γ' οὖν ἕτερός γε φύγῃσι Ε 258.
οὔ τοι ἔτι δηρόν γε φίλης ἀπὸ πατρίδος αἴης
ἔσσεται, οὐδ' εἴ πέρ τε σιδήρεα δέσματ' ἔχῃσι α 204.

Futurischen Sinn, wenn auch nicht futurische Form hat der Hauptsatz:

εἰ δὲ χολωσάμενός τι βοῶν ὀρθοκραιράων
νῆ' ἐθέλῃ ὀλέσαι, ἐπὶ δ' ἕσπωνται θεοὶ ἄλλοι
βούλομ' ἅπαξ πρὸς κῦμα χανὼν ἀπὸ θυμὸν ὀλέσσαι
ἢ δηθὰ στρεύγεσθαι ἐὼν ἐν νήσῳ ἐρήμῃ μ 349.

Ein futurischer Satz, nähmlich *„was du erfahren wirst“* ist zu ergänzen:

ξεῖνοι δ' ἀλλήλων πατρώιοι εὐχόμεθ' εἶναι
ἐξ ἀρχῆς, εἴ πέρ τε γέροντ' εἴρηαι ἐπελθὼν
Λαέρτην ἥρωα α 168.

b. Imperativ:

τὼ δ' αὐτὼ μάρτυροι ἔστων
πρός τε θεῶν μακάρων πρός τε θνητῶν ἀνθρώπων
καὶ πρὸς τοῦ βασιλῆος ἀπηνέος, εἴ ποτε δ' αὖτε
χρειὼ ἐμεῖο γένηται ἀεικέα λοιγὸν ἀμῦναι Α 311.

2) Der Conjunctiv der allgemeinen Erwartung.

Im Hauptsatz Präsens oder Perfectum:

εἴ περ γάρ τ' ἄλλοι γε περικτεινώμεθα πάντες
νηυσὶν ἐπ' Ἀργείων, σοὶ δ' οὐ δέος ἔστ' ἀπολέσθαι Μ 245 (Hektor setzt nur den sehr möglichen Fall, keine Todesahnung).

οὐδὲ πόλινδε
ἔρχομαι, εἰ μή πού τι περίφρων Πηνελόπεια
ἐλθέμεν ὀτρύνῃσιν ξ 372.

τῶν δ' οὔ τι μετατρέπομ' οὐδ' ἀλεγίζω
εἴ τ' ἐπὶ δεξί' ἴωσι πρὸς ἠῶ τ' ἠέλιόν τε
εἴ τ' ἐπ' ἀριστερὰ Μ 239.
εἰ δ' ἄρα τις καὶ μοῦνος ἰὼν ξύμβληται ὁδίτης
οὔ τι κατακρύπτουσιν η 204.
εἴ περ γάρ τε χόλον γε καὶ αὐτῆμαρ καταπέψῃ
ἀλλά τε καὶ μετόπισθεν ἔχει κότον, ὄφρα τελέσσῃ Α 81, vgl. noch α 168.

μοῦνος δ' εἴ πέρ τι νοήσῃ
ἀλλά τέ οἱ βράσσων τε νόος λεπτὴ δέ τε μῆτις Κ 225.
τὸν δ' εἴ πέρ τε λάθῃσι καταπτήξας ὑπὸ θάμνῳ

ἀλλά τ' ἀνιχνεύων θέει ἔμπεδον X 191, in einem Gleichniss, wie auch Λ 116, M 302, Π 263, Ψ 676, wo ebenfalls der Bedingungssatz nach steht.

Der nachstehende Bedingungssatz beginnt mit *καὶ εἰ*:

οἷσί περ ἀνὴρ
μαρναμένοισι πέποιθε καὶ εἰ μέγα νεῖκος ὄρηται π 98. 116.
αὐτοῦ δ' ἰχθυάᾳ, σκόπελον περιμαιμώωσα
δελφῖνάς τε κύνας τε, καὶ εἴ ποθι μεῖζον ἕλῃσι μ 96.

Den Sinn eines Gegensatzes bekommt das *εἴ περ* in folgendem Falle, obgleich es natürlich ursprünglich nur *„irgendwann“* ist:

εἴ περ γάρ τ' ἄλλοι γε κάρη κομόωντες Ἀχαιοί
δαιτρὸν πίνωσιν, σὸν δὲ πλεῖον δέπας αἰεί
ἕστηχ' ὥς περ ἐμοί Δ 262.

II. Dem Conjunctiv ist *κέν* beigefügt.

Bei *εἰ* mit dem Conjunctiv und *κέν* überwiegt die futurische Erwartung so sehr die allgemeine, dass gegen 111 Fälle der futurischen Erwartung wir nur einen der allgemeinen, nämlich Λ 391 belegen können.

Im Hauptsatz

a. Imperativ,

α) der Bedingungssatz steht voran:

εἴ κε ζῶν πέμψῃς Σαρπηδόνα ὅνδε δόμονδε
φράζεο μή etc. Π 445.
εἰ δέ κε λίσσηαι ἑτάρους λῦσαί τε κελεύῃς
οἱ δέ σ' ἔτι πλεόνεσσι τότ' ἐν δεσμοῖσι διδέντων μ 53, vgl. I 136. 278.
εἰ μέν κεν ἐμὲ κεῖνος ἕλῃ ταναήκεϊ χαλκῷ
τεύχεα συλήσας φερέτω κοίλας ἐπὶ νῆας
εἰ δέ κ' ἐγὼ τὸν ἕλω, δώῃ δέ μοι εὖχος Ἀπόλλων
τεύχεα συλήσας οἴσω προτὶ Ἴλιον ἱρήν H 77, vgl. Γ 281 und 284.
εἰ δέ κε λίσσωμαι ὑμέας λῦσαί τε κελεύω,
ὑμεῖς δὲ πλεόνεσσι τότ' ἐν δεσμοῖσι πιέζειν μ 163.
τῷ νῦν, εἴ κε θεὸς πειρώμενος ἐνθάδ' ἵκηται
μή τι σύ γ' ἀθανάτοισι θεοῖς ἀντικρὺ μάχεσθαι
τοῖς ἄλλοις· ἀτὰρ εἴ κε Διὸς θυγάτηρ Ἀφροδίτη
ἔλθῃσ' ἐς πόλεμον, τήν γ' οὐτάμεν ὀξέϊ χαλκῷ E 129, vgl. E 132. 821, ι 503, α 289, E 260.
δῶρα μέν, εἴ κ' ἐθέλῃσθα παρασχέμεν, ὡς ἐπιεικές,
ἤ τ' ἐχέμεν T 147, vgl. ρ 79, ξ 395.

εἰ δέ κεν αὖ τοι
δώῃ κῦδος ἀρέσθαι ἐρίγδουπος πόσις Ἥρης
μὴ σύ γ' ἄνευθεν ἐμεῖο λιλαίεσθαι πολεμίζειν Π 88.

β) der Bedingungssatz steht nach:

μή μοι Πάτροκλε σκυδμαινέμεν, εἴ κε πύθηαι
εἰν Ἄϊδός περ ἐών, ὅτι Ἕκτορα δῖον ἔλυσα Ω 592.
ἀτὰρ αὐτὸς ἀκουέμεν εἴ κ' ἐθέλῃσθα
δησάντων σ' ἐν νηὶ θοῇ χεῖράς τε πόδας τε μ 49.
αὐτὰρ ἐγὼν ἐμέθεν περιδώσομαι αὐτῆς·
εἴ κέν σ' ἐξαπάφω, κεῖναί μ' οἰκτίστῳ ὀλέθρῳ ψ 79, gehört wohl auch zu den Bedingungssätzen mit imperativischem Hauptsatz, denn ich glaube, dass so wie ich geschrieben habe, zu interpungiren ist.

b. Futurum.

α) der Bedingungssatz geht voran:

εἴ κ' αὐτὸν γνώω νημερτέα πάντ' ἐνέποντα
ἕσσω μιν χλαῖνάν ρ 549. 556, vgl. Χ 99.
αὐτὰρ ἔμ', εἴ κε θάνω, κτεριοῦσί γε δῖοι Ἀχαιοί Λ 455, vgl. β 220.
εἰ μέν κ' αὖθι μένων Τρώων πόλιν ἀμφιμάχωμαι
ὤλετο μέν μοι νόστος, ἀτὰρ κλέος ἄφθιτον ἔσται Ι 412, vgl. 414.
εἰ μὲν γάρ κέ σε νῦν ἀπολύσομεν ἠὲ μεθῶμεν
ἦ τε καὶ ὕστερον εἶσθα θοὰς ἐπὶ νῆας Ἀχαιῶν Κ 449.
εἴ κε νεώτερον ἄνδρα παλαιά τε πολλά τε εἰδώς
παρφάμενος ἐπέεσσιν ἐποτρύνῃς χαλεπαίνειν
αὐτῷ μέν οἱ πρῶτον ἀνιηρέστερον ἔσται β 189 (es ist ein bestimmter jüngerer Mann, Telemachos, gemeint), vgl. Υ 181.
εἰ δέ κ' ἐμῇς ὑπὸ χερσὶ δαμεὶς ἀπὸ θυμὸν ὀλέσσῃς
οὐκέτ' ἔπειτα σὺ πῆμά ποτ' ἔσσεαι Ἀργείοισιν Κ 452.
δούρατα δ' εἴ κ' ἐθέλῃσθα καὶ ἓν καὶ εἴκοσι δήεις
ἑσταότ' ἐν κλισίῃ Ν 260.
εἰ δέ κεν ὣς ἔρξῃς καί τοι πείθωνται Ἀχαιοί
γνώσῃ ἔπειθ' ὅς θ' ἡγεμόνων κακὸς etc. Β 364, vgl. Ι 604.
αὐτὸς δ' εἴ πέρ κεν ἀλύξῃς
ὀψὲ κακῶς νεῖαι ὀλέσας ἄπο πάντας ἑταίρους μ 140 (λ 113), vgl. ϑ 496.
εἴ χ' ὑπ' ἔμοιγε θεὸς δαμάσῃ μνηστῆρας ἀγαυούς
οὐδὲ τροφοῦ οὔσης σεῦ ἀφέξομαι τ 490, vgl. τ 496, φ 212, Θ 287.
Ἥφαιστ' εἴ περ γάρ κεν Ἄρης χρεῖος ὑπαλύξας
οἴχηται φεύγων, αὐτός τοι ἐγὼ τάδε τίσω ϑ 356.

Der cavirende setzt seine Bereitwilligkeit durch die Annahme, dass der eigentliche Schuldner sich vielleicht der Pflicht entziehen würde, in ein noch helleres Licht.

αὐτὸς δ' εἴ κ' ἐθέλῃσ' ἰήσεται ι 520, vgl. Θ 142, Σ 306, ρ 230.
εἴ κεν σ' οὗτος νικήσῃ κρείσσων τε γένηται
πέμψω σ' ἤπειρόνδε σ 82, vgl. φ 338, Υ 138.
εἰ μέν κ' αἰνήσωσι Διὸς μεγάλοιο θέμιστες
αὐτός τε κτενέω τούς τ' ἄλλους πάντας ἀνώξω
εἰ δέ κ' ἀποτρωπῶσι θεοί, παύσασθαι ἄνωγα π 403.

β) der Bedingungssatz folgt nach:

κείνου δ' οὔ τι λίην ποθὴ ἔσσεται, εἴ κεν οἱ ἄλλοι
ἡμεῖς ὀτρυνώμεσθ' ἀμυνέμεν ἀλλήλοισιν Ξ 369.
τοῦτο μὲν οὕτω δὴ ἔσται ἔπος, εἴ κεν ἐγώ γε
ζωὸς Φαιήκεσσι φιληρέτμοισιν ἀνάσσω λ 349.
τῶν οὔτις μ' ἀέκοντα βιήσεται, εἴ κ' ἐθέλωμι etc. φ 348, vgl. Ι 255.
ὣς θήν καὶ σὸν ἐγὼ λύσω μένος, εἴ κέ μευ ἄντα
στήῃς Ρ 30.
μάλα τοι κεχολώσομαι, εἴ κε τελέσσῃς
τοῦτο ἔπος Ψ 543, vgl. Ν 829.
σοῖσιν δ' ὀφθαλμοῖσιν ἐπόψεαι, εἴ κ' ἐθέλῃσθα υ 233, vgl. ω 511.
ἀλλά μοι αἰνὸν ἄχος σέθεν ἔσσεται ὦ Μενέλαε
αἴ κε θάνῃς καὶ πότμον ἀναπλήσῃς βιότοιο Δ 170, vgl. χ 345.
οὐ γὰρ ἐγώ σ' ἔκπαγλον ἀεικιῶ, αἴ κεν ἐμοὶ Ζεὺς
δώῃ καμμονίην, σὴν δὲ ψυχὴν ἀφέλωμαι Χ 257, vgl. Π 500.
αὐτὰρ Ἀχαιοί
τριπλῇ τετραπλῇ τ' ἀποτίσομεν, αἴ κέ ποθι Ζεὺς
δῷσι πόλιν Τροίην εὐτείχεον ἐξαλαπάξαι Α 128, vgl. Ζ 527, ν 358.
τάχ' αὖ σ' ἐφ' ὕεσσι κύνες ταχέες κατέδονται
οἶον ἀπ' ἀνθρώπων, οὓς ἔτρεφες, εἴ κεν Ἀπόλλων
ἡμῖν ἱλήκῃσι φ 363.
τούτῳ μὲν γὰρ κῦδος ἅμ' ἕψεται, εἴ κεν Ἀχαιοὶ
Τρῶας δῃώσωσιν ἕλωσί τε Ἴλιον ἱρήν Δ 416.
αὔριον ἣν ἀρετὴν διαείσεται, εἴ κ' ἐμὸν ἔγχος
μείνῃ ἐπερχόμενον Θ 536, vgl. Λ 315.

Der Bedingungssatz beginnt mit οὐδ' εἰ:

οὐ γὰρ ἔτ' ἄλλον
ἤπιον ὧδε ἄνακτα κιχήσομαι, ὁππόσ' ἐπέλθω
οὐδ' εἴ κεν πατρὸς καὶ μητέρος αὖτις ἵκωμαι
οἶκον ξ 138.

Der Hauptsatz hat Frageform:

Ζεῦ πάτερ, ἦ ῥά τί μοι κεχολώσεαι, εἴ κεν Ἄρηα
λυγρῶς πεπληγυῖα μάχης ἐξαποδίωμαι Ε 763, vgl. Π 32, τ 325.

Abhängige Infinitive Futuri im Hauptsatz:

ἀλλά μιν οἴω
κήδεσι μοχθήσειν καὶ πλείοσιν, εἴ κεν Ἀχιλλεύς
ἐκ χόλου ἀργαλέοιο μεταστρέψῃ φίλον ἦτορ K 107, vgl. M 71, E 351, φ 73.

Präsentia, die eine dem Futurum ähnliche Bedeutung haben, stehen im Hauptsatz:

ὣς καὶ ἐγὼ μέγα πῆμα πιφαύσκομαι, εἴ κε τὸ τόξον
ἐντανύσῃς φ 305.
εἰ δέ κε σίνηαι τότε τοι τεκμαίρομ' ὄλεθρον λ 112 (μ 139).

Ein Futurum ist im Hauptsatz zu ergänzen:

πατὴρ δ' ἐμὸς ἄλλοθι γαίης,
ζώει ὅ γ' ἢ τέθνηκε· κακὸν δέ με πόλλ' ἀποτίνειν
Ἰκαρίῳ, εἴ κ' αὐτὸς ἐγὼν ἀπὸ μητέρα πέμψω β 131.
μέγα μὲν κακόν, εἴ κε φέβωμαι
πληθὺν ταρβήσας, τὸ δὲ ῥίγιον, εἴ κεν ἁλώω Λ 404.
σοὶ λώβη, εἴ κέν τι νέκυς ᾐσχυμμένος ἔλθῃ Σ 180, vgl. 278. O 499, Φ 438.

c. Conjunctiv:

α) der Bedingungssatz geht voran:

εἰ δέ κε μὴ δώωσιν, ἐγὼ δέ κεν αὐτὸς ἕλωμαι Α 137 und 324.
εἴ κέ τιν' ἠὲ βοῶν ἀγέλην ἢ πῶυ μέγ' οἰῶν
εὕρωμεν, μή πού τις ἀτασθαλίῃσι κακῇσιν
ἢ βοῦν ἠέ τι μῆλον ἀποκτάνῃ μ 300. Ferner mit μή: P 93 und 94. ε 466. 471, ι 417.

β) der Bedingungssatz folgt nach:

μή πως καὶ Κρονίδης κεχολώσεται, εἴ κεν Ἀχιλλεὺς
τόνδε κατακτείνῃ Y 302, vgl. β 102.
νῦν δὲ σεῦ εἵνεκα δεῦρο κατ' Οὐλύμποιο ἱκάνω
μή πώς μοι μετέπειτα χολώσεαι, εἴ κε σιωπῇ
οἴχωμαι πρὸς δῶμα βαθυρρόου Ὠκεανοῖο Ξ 311.
ἀλλὰ μέν', ὄφρα κέ τοι μελιηδέα οἶνον ἐνείκω
ὡς σπείσῃς Διὶ πατρὶ καὶ ἄλλοις ἀθανάτοισιν
πρῶτον, ἔπειτα δέ κ' αὐτὸς ὀνήσεαι, εἴ κε πίῃσθα Z 260, vgl. ε 169.

Der Conjunctiv ist umschrieben:

εἰ γάρ κ' ἐν νύσσῃ γε παρεξελάσῃσθα διώκων
οὐκ ἔσθ', ὅς κέ σ' ἕλῃσι μετάλμενος Ψ 344.

d. Optativ mit κέν oder ἄν:

α) der Bedingungssatz geht voran:

εἰ δέ κεν ἐντανύσω διοϊστεύσω τε σιδήρου
οὔ κέ μοι ἀχνυμένῳ τάδε δώματα πότνια μήτηρ
λείποι φ 114.

τὰς εἰ μέν κ' ἀσινέας ἐάᾳς νόστου τε μέδηαι
καί κεν ἔτ' εἰς Ἰθάκην κακά περ πάσχοντες ἵκοισθε λ 110, μ 137.
εἰ δέ κε εὐπλοίην δώῃ κλυτὸς εἰνοσίγαιος
ἤματί κεν τριτάτῳ Φθίην ἐρίβωλον ἱκοίμην Ι 362.
εἰ μέν κεν πατρὸς βίοτον καὶ νόστον ἀκούσω
ἦ τ' ἂν τρυχόμενός περ ἔτι τλαίην ἐνιαυτόν β 218, vgl. α 287.

β) der Bedingungssatz folgt nach:

ἦ κέ σφιν δειλοῖσι γόου κατάπαυμα γενοίμην
εἴ κεν ἐγὼ κεφαλήν τε τεὴν καὶ τεύχε' ἐνείκας
Πάνθῳ ἐν χείρεσσι βάλω καὶ Φρόντιδι δίῃ Ρ 40.
ἀλλ' ἔτι μέν κε καὶ ὧς κακά περ πάσχοντες ἵκοισθε
εἴ κ' ἐθέλῃς σὸν θυμὸν ἐρυκακέειν καὶ ἑταίρων λ 105, vgl. Δ 98, Ν 380, Ω 688.

Der Bedingungssatz beginnt mit οὐδ' εἰ:

ὡς οὐκ ἔσθ', ὃς σῆς γε κύνας κεφαλῆς ἀπαλάλκοι
οὐδ' εἴ κεν δεκάκις τε καὶ εἰκοσινήριτ' ἄποινα
στήσωσ' ἐνθάδ' ἄγοντες, ὑπόσχωνται δὲ καὶ ἄλλα Χ 350.

c. Ein Tempus Präsens:

ἐπεὶ οὐδ' ἐμὲ θυμὸς ἄνωγεν
ζώειν οὐδ' ἄνδρεσσι μετέμμεναι, εἴ κε μὴ Ἕκτωρ
πρῶτος ἐμῷ ὑπὸ δουρὶ τυπεὶς ἀπὸ θυμὸν ὀλέσσῃ
Πατρόκλοιο δ' ἕλωρα Μενοιτιάδεω ἀποτίσῃ Σ 92.
σέθεν δ' ἐγὼ οὐκ ἀλεγίζω
χωομένης, οὐδ' εἴ κε τὰ νείατα πείραθ' ἵκηαι
γαίης καὶ πόντοιο Θ 478.
αἰδέομαι Τρῶας καὶ Τρῳάδας ἑλκεσιπέπλους
εἴ κε κακὸς ὣς νόσφιν ἀλυσκάζω πολέμοιο Ζ 443.

Das einzige Beispiel einer allgemeinen Annahme bei εἰ κέν ist schon erwähnt. Es lautet:

ἤ τ' ἄλλως ὑπ' ἐμεῖο καὶ εἴ κ' ὀλίγον περ ἐπαύρῃ
ὀξὺ βέλος πέλεται Λ 391.

III. Dem Conjunctiv ist ἄν beigefügt, welches mit εἰ sehr häufig zu ἤν verschmilzt.

Im Hauptsatz

a. Imperativ, wobei der Conjunctiv immer im Sinne einer futurischen Erwartung:

ἢν δέ τις ἢ στοναχῆς ἠὲ κτύπου ἔνδον ἀκούσῃ
ἀνδρῶν ἡμετέροισιν ἐν ἕρκεσι, μή τι θύραζε
προβλώσκειν φ 237. 383.

εἰ δέ μ' ἀτιμήσουσι δόμον κάτα, σὸν δὲ φίλον κῆρ
τετλάτω ἐν στήθεσσι κακῶς πάσχοντος ἐμεῖο·
ἤν περ καὶ διὰ δῶμα ποδῶν ἕλκωσι θύραζε
ἢ βέλεσιν βάλλωσι, σὺ δ' εἰσορόων ἀνέχεσθαι π 274 (so zu interpungiren).

b. Futurum, wobei der Conjunctiv immer im Sinne einer futurischen Erwartung:

ἢν γάρ δή με σόωσι θεοὶ καὶ οἴκαδ' ἵκωμαι
Πηλεύς θήν μοι ἔπειτα γυναῖκα γε μάσσεται αὐτός I 394, vgl. X 487.
ἤν περ γάρ κ' ἐθέλωσιν εὔθρονον ἠῶ μίμνειν
οὔ τί με νικήσουσι σ 318.
εἰ δ' ἂν ἐμοὶ τιμὴν Πρίαμος Πριάμοιό τε παῖδες
τίνειν οὐκ ἐθέλωσιν Ἀλεξάνδροιο πεσόντος
αὐτὰρ ἐγὼ καὶ ἔπειτα μαχήσομαι εἵνεκα ποινῆς Γ 289.
μᾶλλον ὑφ' ἡνιόχῳ εἰωθότι καμπύλον ἅρμα
οἴσετον, εἴ περ ἂν αὖτε φεβώμεθα Τυδέος υἱόν E 232, vgl. E 225. X 55, Λ 90, O 504.

ἂν und *κέν* sind vereinigt:

ὄψεαι ἢν ἐθέλῃσθα καὶ εἴ κέν τοι τὰ μεμήλῃ Δ 353, I 359.

c. Optativ:

πῇ κέν τις ὑπεκφύγοι αἰπὺν ὄλεθρον
ἤν πως ἐξαπίνης ἔλθῃ ἀνέμοιο θύελλα μ 288.

d. ein Tempus Präsens

α) der Conjunctiv im Sinne einer futurischen Erwartung:

ἢν γὰρ δηθύνῃσθα κορυσσάμενος παρὰ πέτρῃ
δείδω, μή σ' ἐξαῦτις ἐφορμηθεῖσα κίχῃσι μ 121.
οὐδ' ἢν ἔνθ' ἀφίκηαι ἀλωμένη, οὔ σευ ἐγώ γε
σκυζομένης ἀλέγω Θ 482.

β) im Sinne einer allgemeinen Erwartung:

αὐτὰρ ἤν ποτε δασμὸς ἵκηται
σοὶ τὸ γέρας πολὺ μεῖζον Α 166.
τὸν οὔπως ἔστι περῆσαι
πεζὸν ἐόντ' ἢν μή τις ἔχῃ εὐεργέα νῆα λ 159.
μάλα γάρ τε κατεσθίει, εἴ περ ἂν αὐτόν
σεύωνται ταχέες τε κύνες θαλεροί τ' αἰζηοί Γ 26.

Ἐπεί

ist höchst wahrscheinlich aus *ἐπί* und *εἰ* entstanden. Das *ἐπί* gleich Sanskrit *ápi* dürfte nur noch einmal die Zusammengehörigkeit der Sätze ausdrücken (vgl. Curtius Grundz.[3], 249). *Ἐπεί* steht nur in priorischen Sätzen. Wir scheiden wieder den reinen Conjunctiv von dem Conjunctiv mit *κέν* und *ἄν*.

I. Der Conjunctiv ist rein.

Mir liegen nur zwei Beispiele vor. In ihnen steht der Conjunctiv im Sinne einer allgemeinen Erwartung.

Im Hauptsatz gnomischer Aorist:

ὁ (scil. *ὕπνος*) *γάρ τ' ἐπέλησεν ἁπάντων*
ἐσθλῶν ἠδὲ κακῶν, ἐπεὶ ἄρ βλέφαρ' ἀμφικαλύψῃ υ 85.
ἔρειπε δὲ τεῖχος Ἀχαιῶν
ῥεῖα μάλ', ὡς ὅτε τις ψάμαθον παῖς ἄγχι θαλάσσης
ὅς τ' ἐπεὶ οὖν ποιήσῃ ἀθύρματα νηπιέῃσιν
ἂψ αὖτις συνέχευε ποσὶν καὶ χερσὶν ἀθύρων O 361.

II. Dem Conjunctiv ist *κέν* beigefügt.

1) Der Conjunctiv der futurischen Erwartung:

Im Hauptsatz steht:

a. Imperativ:

εὐαγγέλιον δέ μοι ἔστω
αὐτίκ' ἐπεί κεν κεῖνος ἰὼν τὰ ἃ δώμαθ' ἵκηται ξ 154.
ἄλλως δὴ φράζεσθε σαωσέμεν ἡνιοχῆα
ἂψ Δαναῶν ἐς ὅμιλον, ἐπεί χ' ἕωμεν πολέμοιο T 402.
αὐτὰρ ἐπεί κε φανῇ καλὴ ῥοδοδάκτυλος Ἠώς,
καρπαλίμως πρὸ νεῶν ἐχέμεν λαόν τε καὶ ἵππους I 707. Man vergleiche noch Y 337 und Φ 534, wo ebenfalls imperativische Infinitive.

b. futurische Wendungen:

κτενέει δέ με γυμνὸν ἐόντα
αὔτως ὥς τε γυναῖκα, ἐπεί κ' ἀπὸ τεύχεα δύω X 125.
αὐτὰρ ἐπεί κ' ὀλοοῖο τεταρπώμεσθα γόοιο
ἵππους λυσάμενοι δορπήσομεν ἐνθάδε πάντες Ψ 10.

Der Satz mit *ἐπεί* steht voran: Z 83, folgt dem futurischen nach Σ 121. 281, X 66. 509, ρ 22. Er schliesst sich an einen abhängigen Infinitiv des Futurums:

ἦ τέ μιν οἴω
πολλὰ μετακλαύσεσθαι, ἐπεί κ' ἀπὸ λαὸς ὄληται Λ 764, vgl. σ 150

und:

οὐδέ σε φημι
δὴν ἄκλαυτον ἔσεσθαι ἐπεί κ' εὖ πάντα πύθηαι δ 494.

2) Der Conjunctiv der allgemeinen Erwartung (Voraussetzung), wobei im Hauptsatz Präsens oder gnomischer Aorist steht:

ἐγὼ δ' ὀλίγον τε φίλον τε
ἔρχομ' ἔχων ἐπὶ νῆας, ἐπεί κε κάμω πολεμίζων Α 173.
τοῦ δ' ἀγαθοῦ οὔτ' ἂρ τρέπεται χρώς, οὔτε τι λίην
ταρβεῖ, ἐπεί κεν πρῶτον ἐσίζηται λόχον ἀνδρῶν N 285.

ἀλλ' ἐπὶ πᾶσι τίθενται, ἐπεί κε τέκωσι τοκῆες ϑ 554. Man vergleiche noch *Η* 410, λ 221.

In Gleichnissen stehen die folgenden Belege:

ὡς τίς τε λέων ἀπὸ μεσσαύλοιο
ὅς τ' ἐπεὶ ἄρ κε κάμῃσι κύνας τ' ἄνδρας τ' ἐρεθίζων etc. *Ρ* 658.
οὐδέ τι θυμῷ
ταρβεῖ οὐδὲ φοβεῖται, ἐπεί κεν ὑλαγμὸν ἀκούσῃ *Φ* 575. Man vergleiche noch *Β* 475, *Η* 5, *Ι* 324, ω 7.

III. Dem Conjunctiv ist ἄν beigefügt.

Ἐπεὶ ἄν findet sich nur *Ζ* 412, sonst immer das aus ἐπεὶ ἄν durch die Mittelstufe ἐπεάν entstandene ἐπήν.

1) Der Conjunctiv der futurischen Erwartung:

Im Hauptsatz steht:

a. Imperativ:

τὸν μὲν ἐπὴν δὴ πρῶτα κατευνηθέντα ἴδησθε
καὶ τότ' ἔπειθ' ὑμῖν μελέτω κάρτος τε βίη τε δ 414.
αὐτὰρ ἐπὴν τόξου πειρήσεται ἠδὲ ἴδηται
ἄλλην δή τιν' ἔπειτα Ἀχαιιάδων εὐπέπλων
μνάσθω φ 159.
αὐτὰρ ἐπὴν μνηστῆρας ἐνὶ μεγάροισι τεοῖσι
κτείνῃς ἠὲ δόλῳ ἢ ἀμφαδὸν ὀξέι χαλκῷ
ἔρχεσθαι δὴ ἔπειτα λαβὼν εὐῆρες ἐρετμόν λ 120. Ganz gleich gebildet, nämlich mit αὐτὰρ ἐπήν im Vordersatz und dem imperativischen Infinitiv im Nachsatz sind ausserdem: *Ο* 147, *Π* 453, α 294, ε 348 (?), ζ 297, κ 526, ο 37, σ 270, χ 440.

Der Satz mit ἐπήν steht nach:

ἀλλὰ πάλιν τρωπᾶσθαι, ἐπὴν φάος ἐν νήεσσιν
θήῃς *Π* 96.

b. futurische Wendungen:

οὐ γάρ ἔτ' ἄλλη
ἔσται θαλπωρή, ἐπεὶ ἂν σύ γε πότμον ἐπίσπῃς *Ζ* 412.
αἶψα δ' ἐλεύσομαι αὖτις ἐπὴν εὖ τοῖς ἐπαμύνω *Μ* 369, *Ν* 753. Man vergleiche noch *Δ* 239, *Ι* 358, *Ψ* 76.
αὐτὰρ ἐπὴν πάσας πεμπάσσεται ἠδὲ ἴδηται
λέξεται ἐν μέσσῃσι νομεὺς ὣς πώεσι μήλων δ 412, wozu man vergleiche *Ω* 185, ε 363, μ 55, ξ 515 (vgl. ο 338), χ 219.

Futurischen Sinn muss man auch in folgenden Wendungen anerkennen:

αἶσα γὰρ ἦν ἀπολέσθαι, ἐπὴν πόλις ἀμφικαλύψῃ
δουράτεον μέγαν ἵππον ϑ 511.

τῶν δ' ἄλλων οὐ κῆδος, ἐπὴν αὐτός γε πέσῃσιν χ 254.
ἦ θέω μετὰ σ' αὖτις, ἐπὴν εὖ τοῖς ἐπιτείλω; Κ 63.

2) Der Conjunctiv im Sinne einer allgemeinen Annahme:

οὐ μὲν γάρ τις πάμπαν ἀνώνυμός ἐστ' ἀνθρώπων
οὐ κακὸς οὐδὲ μὲν ἐσθλός, ἐπὴν τὰ πρῶτα γένηται θ 553 vgl. Ζ 489.
ἣ θέμις ἐστὶ γυναικός, ἐπὴν πόσις ἄλλοθ' ὄληται ξ 130.
ἥν τ' Εὖρος κατέτηξεν, ἐπὴν Ζέφυρος καταχεύῃ τ 206.
ὡς δ' ὅτ' ἂν ἄγραυλοι πόριες περὶ βοῦς ἀγελαίας
ἐλθούσας ἐς κόπρον, ἐπὴν βοτάνης κορέσωνται,
πᾶσαι ἅμα σκαίρουσιν ἐναντίαι κ 411. Man vergleiche noch Τ 223, λ 192, τ 515 (die beiden letzten mit αὐτὰρ ἐπήν).

Πρίν.

Ueber die Etymologie von πρίν vergleiche man Curtius Grundzüge[4], 267. Es steht dabei immer der reine Conjunctiv. In einem Falle wenigstens ist der Satz mit πρίν dem vorhergehenden seinem Gedankenwerthe nach nur beigeordnet, nämlich:

οὐ γάρ τι πρήξεις ἀκαχήμενος υἷος ἑῆος
οὐδέ μιν ἀνστήσεις, πρὶν καὶ κακὸν ἄλλο πάθῃσθα „eher wird dir selbst ein Unglück passiren" Ω 551.

In den übrigen Beispielen erscheint der Satz mit πρίν seinem Gedankenwerthe nach als Vorbedingung für das Eintreten oder Nichteintreten des durch den Hauptsatz Ausgedrückten. Es hat also πρίν seine Stelle nur in priorischen Sätzen.

Im Hauptsatz steht:

a. Imperativ:

ἀλλὰ σὺ μὲν μή πω καταδύσεο μῶλον Ἄρηος
πρίν γ' ἐμὲ δεῦρ' ἐλθοῦσαν ἐν ὀφθαλμοῖσιν ἴδηαι Σ 135.

In den beiden folgenden Sätzen ergiebt sich bei der Zurückführung auf die directe Rede ebenfalls ein Imperativ:

ἦ γὰρ Ἀχιλλεύς
πέμπων μ' ὧδ' ἐπέτελλε μελαινάων ἀπὸ νηῶν
μὴ πρὶν πημανέειν πρὶν δωδεκάτη μόλῃ ἠώς Ω 781, vgl. Σ 190.

b. Futurum:

ὦ φίλοι, οὐ γάρ πω καταδυσόμεθ' ἀχνύμενοί περ
εἰς Ἀΐδαο δόμους πρὶν μόρσιμον ἦμαρ ἐπέλθῃ κ 175.

Ein Infinitiv Futuri:

οὐ γάρ μιν πρόσθεν παύσεσθαι ὀΐω
κλαυθμοῦ τε στυγεροῖο γόοιό τε δακρυόεντος
πρίν γ' αὐτόν με ἴδηται ρ 7.

c. Präsens:

σοὶ δ' οὔ πω φίλον ἐστὶ δαήμεναι οὐδὲ πυθέσθαι
πρίν γ' ἔτι σῆς ἀλόχου πειρήσεαι ν 335.

B. Der Conjunctiv in Fragesätzen.

Cap. IV.

Ueber die Fragesätze ist Einleitung Cap. VII (Seite 74—79) gehandelt. Gemäss der dort vorgenommenen Erörterung theilen wir die Fragen in Bestätigungsfragen einerseits und Verdeutlichungsfragen andererseits.

I. Bestätigungsfragen.

Aus dem Sanskrit sind mir keine hierher gehörigen Sätze zur Hand. Im Griechischen finden sie sich häufig. Bei Homer sind sie gewöhnlich durch die Partikel ἤ eingeleitet, die Bekker in diesem Falle mit dem Acut versieht: ἦ (vgl. darüber Einleitung Seite 77). Doch steht *K* 62 eine an eine Verdeutlichungsfrage sich anschliessende Bestätigungsfrage ohne ἤ:

πῶς γάρ μοι μύθῳ ἐπιτέλλεαι ἠδὲ κελεύεις;
αὖθι μένω μετὰ τοῖσιν; etc.

Ἤ findet sich in einer einfachen Frage:

ἀλλ' ἄγε μοι τόδε εἰπὲ καὶ ἀτρεκέως κατάλεξον
ἢ καὶ Λαέρτῃ αὐτὴν ὁδὸν ἄγγελος ἔλθω π 137.

In einer einfachen Bestätigungsfrage, die sich an eine Verdeutlichungsfrage anschliesst:

πῇ γὰρ ἐγὼ φίλε τέκνον ἴω; τεῦ δώμαθ' ἵκωμαι
ἀνδρῶν οἳ κραναὴν Ἰθάκην κάτα κοιρανέουσιν;
ἦ ἰθὺς σῆς μητρὸς ἴω καὶ σοῖο δόμοιο; ο 509,

obwohl man das ἤ an dieser Stelle auch als „*oder*" auffassen könnte, ebenso wie φ 193.

Das eigentliche Gebiet von ἤ sind die Doppelfragen. Ich bemerke nur vorübergehend, dass ein Unterschied zwischen sogenannten abhängigen und unabhängigen Fragen hier in keiner Weise sprachlich ausgedrückt ist und führe zunächst die Doppelfragen in erster Person an:

σὺ δέ μοι νημερτὲς ἐνίσπες
ἤ μιν ἀποκτείνω, εἴ κε κρείσσων γε γένωμαι
ἦε σοὶ ἐνθάδ' ἄγω, ἵν' ὑπερβασίας ἀποτίσῃ χ 166.

ἀλλ' εἴπ' ἢ σφῶιν καταλύσομεν ὠκέας ἵππους
ἢ ἄλλον πέμπωμεν ἱκανέμεν δ 28, vgl. Δ 15, Π 437, ι 524.

In solchen Doppelfragen findet sich auch *κέν* beim Conjunctiv, das uns bis jetzt in den Fragesätzen nicht begegnet ist:

φρασσόμεθ' ἤ κε νεώμεθ' ἐφ' ἡμέτερ' ἦ κε μένωμεν I 619, vgl. N 742.

Bei der dritten Person sind zwei Fälle zu unterscheiden, indem nämlich entweder die dritte Person ursprünglich ist, oder auf die erste zurück geht.

Für den ersten Fall führen wir an:

μηδέ τι δούρων
ἔστω φειδωλή, ἵνα εἴδομεν, ἤ κεν Ἀχιλλεὺς
νῶϊ κατακτείνας ἔναρα βροτόεντα φέρηται
νῆας ἔπι γλαφυράς, ἦ κεν σῷ δουρὶ δαμήῃ X 245, vgl. Π 650.

Für den zweiten Fall:

μητρὶ δ' ἐμῇ δίχα θυμὸς ἐνὶ φρεσὶ μερμηρίζει
ἢ αὐτοῦ παρ' ἐμοί τε μένῃ καὶ δῶμα κομίζῃ
εὐνήν τ' αἰδομένη πόσιος δήμοιό τε φῆμιν
ἦ ἤδη ἅμ' ἕπηται Ἀχαιῶν ὅς τις ἄριστος etc. π 73.

II. Verdeutlichungsfragen.

Wir ordnen, um die Veränderung des Grundbegriffs zur Anschauung zu bringen (Einleitung Seite 76 flgd.) nach den Personen.

a. *Erste Person.*

Sanskritische Beispiele.

sá ho' vâca videghó mâthaváḥ: „kvà 'háṃ bhavânî' 'ty? áta evá te prâcînaṃ bhúvanam íti *„der Videgherkönig Máthava sprach: „wo soll ich bleiben? von hier östlich sei deine Wohnung"* (ist die Antwort) Çat. Br. 1, 4, 1, 17. kím etâ' vâcâ' kriṇavâ távâ'hám? *„was soll ich thun mit dieser deiner Rede"* Çat. Br. 11, 5, 1, 7. kadâ' nv àntár váruṇe bhavâni, kím me havyám áhriṇâno jusheta (Optativ) kadâ' mṛḷîkáṃ sumánâ abhí khyam *„wann werde ich in Varuna eindringen, was für ein Opfer von mir möchte er wohl gnädig aufnehmen, wann werde ich ruhigen Gemüthes Gnade schauen?"* RV. 7, 86, 2.

kéna mahâ' mánasâ rîramâma *„mit welcher grossen Andacht sollen wir sie erfreuen?"* RV. 1, 165, 2. kathâ' râdhâma sakhâyaḥ stómam mitrásyâ 'ryamṇáḥ *„wie werden wir bereiten, o Freunde, einen dem Mitra und Aryaman gebührenden Lobgesang?"* RV. 1, 41, 7, vgl. 5, 41, 11 und 16, in welcher letzteren Stelle der Optativ.

kathó nú te pári carâṇi vidvâ'n vîryâ' maghavan yâ' cakártha, yâ' co nú návyâ kriṇávaḥ çavishṭha préd u tâ' te vidátheshu bravâma *„wie*

kann ich mit dem Geiste umwandeln alle Heldenthaten, die du o Mächtiger vollbracht hast? die neuen, die du vollbringen wirst, die wollen wir bei den Opfern preisen" RV. 5, 29, 13.

Griechische Beispiele.

Μέντορ πῶς τ' ἄρ' ἴω, πῶς τ' ἄρ προσπτύξομαι αὐτόν γ 22.

πῇ γὰρ ἐγώ φίλε τέκνον ἴω; τεῦ δώματ' ἵκωμαι ο 509, wohl auch ν 203.

ὤ μοι ἐγώ, τί πάθω; was wird mir passiren? Λ 404, ε 465 (Bäumlein Unters. 183) vgl. ε 299.

Ein negativer Sinn kommt in folgende Frage:

πῶς τ' ἄρ' ἴω κατὰ μῶλον „ich kann unmöglich in den Kampf gehen". Der Grund wird angegeben in den folgenden Worten: *ἔχουσι δὲ τεύχε' ἐκεῖνοι* Σ 188 (vgl. Einleitung Seite 77).

b. *Zweite und dritte Person.*

Voran stellen wir diejenigen Sätze, in welchen die Frage einen ermunternden Sinn hat.

Sanskritische Beispiele.

kadā́ gachātha maruta itthā́ vípram hávamānam *„wann o Maruts werdet ihr hierher kommen zum rufenden Sänger?"* (des Sinnes: *komm doch ja recht bald!"*) RV. 8, 7, 30. vgl. 8, 13, 22 (Einleitung Seite 77). ká imám nā́hushishv ā́ índram sómasya tarpayāt, sá no vásūny ā́ bharat *„wer unter den Nahushas ersättigt den Indra an Soma? er (Indra) wird uns Schätze herbeibringen"* (des Sinnes: *„ersättige doch einer!"*) Sāmaveda 1, 190.

Besonders deutlich ist der ermunternde Sinn in solchen Sätzen mit *kuvid* (vgl. Einleitung Seite 77—78), welche ihrem Gedankeninhalt nach untergeordnet sind. Die Umschreibung des *kuvid* durch *damit* ist an der angezogenen Stelle der Einleitung gerechtfertigt.

Wir ordnen diese Sätze mit *kuvid* nach ihrer Stellung zum Hauptsatze:

1) Der Satz mit *kuvid* schliesst sich an einen vorhergehenden Hauptsatz an:

tám indra mádam ā́ gahi barhiḥshṭhā́m grā́vabhiḥ sutám, kuvín nv àsya tripṇávaḥ *„zu diesem Trank komme heran, dem auf der Opferstreu stehenden, mit Steinen gepressten, damit du dich daran ergötzest"* (eigentlich: *„wirst du dich wohl daran ergötzen?"*) RV. 3, 43, 2. índram sómasya pītáye stómair ihá havāmahe, ukthébhiḥ kuvíd āgámat *„den Indra rufen wir zum Trinken des Soma heran durch*

unsere Gesänge, damit er um unserer Lieder willen komme" RV. 3, 42, 4. návam nú stómam agnáye diváḥ çyenā́ya jījanam, vásvaḥ kuvíd vanā́ti naḥ *„ein neues Lied habe ich dem Agni, des Himmels Falken erzeugt, damit er uns des Gutes schenke"* RV. 7, 15, 4, vgl. 2, 35, 1. 6, 23, 9. 8, 26, 10. 8, 85, 10. Auch die Verse 3, 43, 5 und 8, 80, 4 sind an die vorhergehenden in derselben Weise anzuschliessen.

2) Der Hauptsatz steht nach:

codā́ḥ kuvít tutujyā́t sātáye dhíyaḥ çucipratīkam tám ayā́ dhiyā́ gṛṇe *„damit der Begeisternde meine Gebete zur Erfüllung befördere* (Conjunctiv des Causativums), *preise ich ihn mit diesem Gebete"* RV. 1, 143, 6, vgl. 2, 16, 7.

Andere Fragen zweiter und dritter Person, in denen der auffordernde Sinn nicht mehr so deutlich ist:

kás tokā́ya ká íbhāyo'tá rāyé'dhi bravat *„wer wird Fürbitte einlegen für Kind und Gesinde und Habe?"* RV. 1, 84, 17 (vgl. 1, 84, 10 bei Kuhn K. Z. 15, 415. Als Antwort ist zu suppliren: *„die Priester"* vgl. Benfey Or. u. Occ. 2, 246). Man vergleiche noch 6, 47, 15. 4, 43, 1. kó devayántam açnavaj jánam *„wer kommt dem frommen Manne gleich?"* RV. 1, 40, 7. kó addhā́ veda, ká ihá prá vocat *„wer fürwahr weiss es, wer kann es sagen?"* RV. 10, 129, 6. ápāma sómam amṛ́tā abhūmā́'ganma jyótir ávidāma devā́n, kíṃ nūnám asmā́n kṛṇavad árātiḥ *„wir haben Soma getrunken, sind unsterblich geworden, in das Licht eingegangen, haben die Götter gesehen, was kann uns jetzt die Missgunst thun?"* RV. 8, 48, 3, vgl. 10, 10, 11.

Griechische Beispiele.

Im Griechischen scheinen conjunctivische Fragesätze dieser Art in der zweiten und dritten Person selten zu sein. Mir sind nur zur Hand:

ὤ μοι ἐγώ, τί πάθω, τί νύ μοι μήκιστα γένηται ε 465.
ὤ μοι ἐγὼ δειλός, τί νύ μοι μήκιστα γένηται ε 299.
πῶς τίς τοι πρόφρων ἔπεσιν πείθηται Ἀχαιῶν Α 150.

OPTATIV.

A. Der Optativ in Aussagesätzen.

Cap. I.

Der Optativ in Hauptsätzen.

Der Optativ in Hauptsätzen ist Einleitung Seite 25 flgd. erörtert worden. Daselbst ist gezeigt, dass der Optativ, ebenso wie der Conjunctiv nach dem Grade der subjectiven Erregung in zwei grosse Gruppen zerfällt. Die erste nennen wir Optative des Wunsches, die zweite, aus Mangel an einer besseren Bezeichnung, abgeschwächte Optative. Die Beispiele für die Optative des Wunsches finden sich im § 1 dieses Capitels. Die Anordnung des § 1 entspricht dem § 1 im ersten Capitel des Conjunctivs. Nur ist bei der ersten Person eine Scheidung nach dem Numerus nicht nöthig, da die erste Person Pluralis des Optativs sich eben nur durch den Numerus von der ersten des Singularis unterscheidet, während wir beim Conjunctiv die erste Pluralis in zwei Gebrauchsweisen vorfanden. Wir ordnen also hier folgendermaassen:

§ 1.

Der Optativ des Wunsches.

I. In positiven Sätzen.

1) Erste Person.

Sanskritische Beispiele.

ástam ivé'j jarimā́ṇam jagamyām *„wie in eine Heimath möchte ich in das Alter eingehen“* RV. 1, 116, 25, vgl. 2, 33, 2. prajā́'bhir agne amṛtatvám açyām *„möchte ich, o Agni, mit meiner Nachkommenschaft Unsterblichkeit erlangen“* RV. 5, 4, 10, vgl. 1, 92, 8. 6, 1, 13. víçvābhir girbhír abhí pūrtím açyām, mádema çatáhimāḥ suvī́rāḥ *„möchte ich durch alle Gebete Erfüllung erlangen, möchten wir froh leben hundertjährig heldenreich“* RV. 6, 13, 6, vgl. auch 6, 26, 7 (Max Müller

transl. 1, 253). bhakshīyá vó'vaso daivyasya *„möchte ich geniessen eurer göttlichen Hülfe"* RV. 5, 57, 7. yáthā vṛiksháṃ açánir viçvā'hā hánty aprati, evā'hám adyá kitavā'n akshā'ir badhyāsam aprati *„wie der alles tödtende Blitz den Baum unwiderstehlich niederschlägt, so möchte ich heute mit dem Würfel die Spieler unwiderstehlich schlagen"* AV. 7, 50, 1. ágne vratapate vratáṃ carishyāmi, tác chakeyam, tán me rādhyatām *„Agni, Herr des Gottesdienstes, ich will den Gottesdienst halten, möchte ich es können, es gelinge mir"* V. S. 1, 5*. açyā'mā' 'yūṅshi súdhitāni pū'rvā *„möchten wir das glückliche lange Leben unserer Vorfahren erlangen"* RV. 2, 27, 10, vgl. 3, 11, 8. smát sūríbhis táva çármant syāma *„möchten wir sammt den Sängern in deinem Schutze sein"* RV. 1, 51, 15, vgl. 5, 70, 2. 6, 5, 7. jáyema sáṃ yudhí spṛídhaḥ *„möchten wir die Feinde in der Schlacht besiegen"* RV. 1, 8, 3. ayā' dhiyā' syāma devágopā, ayā' dhiyā' tuturyāmā''ty áṅhaḥ *„kraft dieses Gebetes seien wir götterbeschützt, kraft dieses Gebetes möchten wir die Noth überwinden"* RV. 5, 45, 11, vgl. 6, 8, 6. 6, 11, 6. 9, 61, 29. 10, 105, 8 etc. bhadráṃ kárṇebhiḥ çṛiṇuyāma devā, bhadrám paçyemā 'kshábhiḥ *„erfreuliches möchten wir hören mit den Ohren, ihr Götter, erfreuliches sehen mit den Augen"* RV. 1, 89, 8. tám íd vócema vidátheshu çambhúvam mántraṃ devā anehásam *„den heilbringenden Spruch, den unvergleichlichen ihr Götter, möchten wir sprechen bei den Opfern"* RV. 1, 40, 6. Die Götter werden in diesem Falle gebeten, den heilbringenden Spruch dem Betenden in den Mund zu legen, daher ist *vocema* reiner kräftiger Wunsch (vgl. 2, 24, 1. 3, 27, 15 etc.). Anders ist *vocema* z. B. 10, 81, 7 zu fassen, was unter der Rubrik der abgeschwächten Optative erwähnt werden wird. Aus den Brāhmaṇas mögen folgende Beispiele angeführt werden:

prajāpatir vā idam eka evā'gra āsa, so'kāmayata: „prajāyeya bhūyānt syām" iti *„Prajāpati war im Anfang allein das Existirende, er wünschte: „ich möchte mich fortpflanzen, ich möchte mehr werden"* Ait. Br. 2, 33 und ähnlich oft in den Br. Devā vāi somasya rājño 'grapeye na samapādayann: „ahaṃ prathamaḥ pibeyam, ahaṃ prathamaḥ pibeyam" ity evā'kāmayanta. te sampādayanto'bruvan: „hantā'jim ayāma, sa yo na ujjeshyati sa prathamaḥ somasya pāsyati" 'ti *„die Götter konnten sich über den Vorrang im Somatrinken nicht einigen, sie wünschten (alle): „ich möchte zuerst trinken, ich möchte zuerst trinken. Sie einigten sich und sprachen: „wolan wir wollen einen Wettlauf anstellen, wer von uns siegen wird, der wird zuerst vom Soma trinken"* Ait. Br. 2, 25. sárve ha vā'i devā' ágre sadṛíçā āsuḥ, sárve púṇyās, téshām.. tráyo'kāmayantā „'tishṭhā'vānaḥ syāmé" 'ty agnír índraḥ sū'ryaḥ *„alle Götter waren im Anfang gleich, alle rein,*

von ihnen wünschten drei: „wären wir doch hervorragend“, nämlich *Agni, Indra, Sûrya*“ Çat. Br. 4, 5, 4, 1. yat te agne tejas, tenâ'ham tejasvî bhûyâsam *„welcher dein Glanz ist o Agni, mit dem möchte ich glänzend sein“* Âçv. gr. 1, 21, 3, vgl. 3, 8, 16. 2, 10, 8. vivahâvahâi, prajâṃ prajanayâvahâi, sampriyâu rociṣṇû sumanasyamânâu jîvema çaradaḥ çatam *„wir wollen heirathen, wir wollen Kinder zeugen, möchten wir in Liebe vereint glänzend gutes Muthes leben hundert Jahre“* Âçv. gr. 1, 7, 6.

Griechische Beispiele.

ἤδη γὰρ τετέλεσται, ἅ μοι φίλος ἤθελε θυμός
πομπὴ καὶ φίλα δῶρα, τά μοι θεοὶ Οὐρανίωνες
ὄλβια ποιήσειαν· ἀμύμονα δ' οἴκοι ἄκοιτιν
νοστήσας εὕροιμι σὺν ἀρτεμέεσσι φίλοισιν.
ὑμεῖς δ' αὖθι μένοντες ἐυφραίνοιτε γυναῖκας
κουριδίας καὶ τέκνα· θεοὶ δ' ἀρετὴν ὀπάσειαν
παντοίην, καὶ μή τι κακὸν μεταδήμιον εἴη μ 40 flgd.
νῦν δὲ κλέος ἐσθλὸν ἀροίμην Σ 121.
ὣς νῦν ἡβώοιμι „so möchte ich jetzt kräftig sein“ ξ 503.
ὡς δ' ὅτ' ἂν ἀΐξῃ νόος ἀνέρος, ὅς τ' ἐπὶ πολλὴν
γαῖαν ἐληλουθὼς φρεσὶ πευκαλίμῃσι νοήσῃ
ἔνθ' εἴην ἢ ἔνθα Ο 80 (die Lesart Aristarchs).
αὐτίκα τεθναίην, ἐπεὶ οὐκ ἄρα μέλλον ἑταίρῳ
κτεινομένῳ ἐπαμῦναι Σ 98.

2) Zweite Person.

Bei der zweiten Person des Optativs muss man, wie Einleitung Seite 16 und 17 gezeigt worden ist, die Bitte von dem Wunsch unterscheiden. An dieser Stelle sollen nur Wünsche angeführt werden, die Bitten erst am Ende des § 1.

Aus dem Sanskrit sei angeführt:
vánaspate vîḍvàngo hí bhûyâ'ḥ *„o Waldesherr, möchtest du starkgliedrig sein“* RV. 6, 47, 26. ádhâ hí takmann arasó hí bhûyâ'ḥ *„möchtest du nun o Takman kraftlos sein“* AV. 5, 22, 2 (Takman ist eine Krankheit, vgl. Webers Indische Studien 9, 380 flgd.).

Aus dem Griechischen:

σὺ δὲ τῶνδ' ἀπόναιο καὶ ἔλθοις
σὴν ἐς πατρίδα γαῖαν Ω 556.
σὺ δέ μοι χαίρων ἀφίκοιο
οἶκον ἐυκτίμενον καὶ σὴν ἐς πατρίδα γαῖαν ο 129.
κτήματα δ' αὐτὸς ἔχοις καὶ δώμασι σοῖσιν ἀνάσσοις α 402.

ἀλλ' ὑμεῖς μὲν πάντες ὕδωρ καὶ γαῖα γένοισθε Η 99.
ὦ φίλ' ἐπεί σε πρῶτα κιχάνω τῷδ' ἐνὶ χώρῳ
χαῖρέ τε καὶ μή μοί τι κακῷ νόῳ ἀντιβολήσαις ν 388 („*mögen die Götter geben, dass du mir freundlich gesinnt seist*“).

3) Dritte Person.

Hinsichtlich der Unterscheidung von Wunsch und Bitte gilt bei der dritten Person dasselbe wie bei der zweiten.

Sanskritische Beispiele.

áyor íd ávasâ vayáṃ sanéma ní ca dhîmahi, syấd utá prarécanam „*möchten wir durch euer beider Hülfe erwerben und für uns aufbewahren, und möchte auch noch Ueberschuss sein*“ RV. 1, 17, 6. asmé tád indrâvaruṇâ vásu shyât „*möchte uns dies Gut zu Theil werden, o Indra und Varuna*“ RV. 3, 62, 3. syấn naḥ sûnús tánayo vijấvấ 'gne sấ te sumatír bhûtv asmé „*möchte uns ein Sohn zu Theil werden, ein das Geschlecht fortpflanzender Zeuger, das sei deine Gnade gegen uns*“ RV. 3, 1, 23. práti me stómam áditir jagṛbhyât sûnúṃ ná mâtấ „*möchte Aditi mein Gebet aufnehmen, wie die Mutter den Sohn*“ RV. 5, 42, 2. utá naḥ subhágẫ arír vocéyur dasma kṛishṭáyaḥ, syấmé 'd índrasya çármaṇi „*möchten uns Feind und Leute glücklich nennen, möchten wir im Schutze Indras sein*“ RV. 1, 4, 6. vidyúr me asya devấ índro vidyât sahá ṛ́shibhiḥ „*möchten mir des die Götter Zeugen sein, Zeuge sein Indra sammt den Rishis*“ RV. 1, 23, 24. ấ no agne sumatíṃ sambhaló gamed imấṃ kumârî́ṃ „*möchte uns zur Freude der Werber herankommen zu diesem Mädchen*“ AV. 2, 36, 1 (aus einem Spruche für ein Mädchen, das heirathsfähig wird, Weber Ind. Stud. 5, 219). abhayaṃ naḥ prâjâpatyebhyo bhûyâd ity agnim îkshamâṇo japati „*Sicherheit sei uns vor den Söhnen Prajâpatis, so murmelt er, das Feuer anblickend*“ Açv. gr. 2, 3, 5.

Griechische Beispiele.

σοὶ δὲ θεοὶ τῶνδ' ἀντὶ χάριν μενοεικέα δοῖεν ψ 650, vgl. Α 18, Δ 363, ζ 180, ϑ 411 und 413, ξ 53, ο 112, σ 112, ω 402.

ἀλλ' αὐτοῦ γαῖα μέλαινα
πᾶσι χάνοι Ρ 417, Δ 182.

τόδε μοι κρήηνον ἐέλδωρ·
τίσειαν Δαναοὶ ἐμὰ δάκρυα σοῖσι βέλεσσιν Α 41, vgl. Γ 300.
Ἀντίνοον πρὸ γάμοιο τέλος θανάτοιο κιχείη ρ 476, vgl. α 47.
ὀψὲ κακῶς ἔλθοι ὀλέσας ἄπο πάντας ἑταίρους ι 534.
ἔπος δ' εἴ πέρ τι βέβακται

δεινόν, ἄφαρ τὸ φέροιεν ἀναρπάξασαι ἄελλαι θ 409.
μνηστῆρες πύματόν τε καὶ ὕστατον ἤματι τῷδε
ἐν μεγάροις Ὀδυσῆος ἑλοίατο δαῖτ' ἐρατεινήν („*möchten sie einnehmen, nicht: möchten sie eingenommen haben*") υ 117, vgl. Π 418, Z 480, Ξ 142, Π 247, Ψ 91, γ 346, δ 668, ν 213, ξ 172 und 408, ρ 355 und 597, σ 123 und 147, υ 79 und 199.

Satzverbindungen wie
οὕτω νῦν Ζεὺς θείη, ἐρίγδουπος πόσις Ἥρης
τῷ κέν τοι καὶ κεῖθι θεῷ ὣς εὐχετοῴμην ο 180,
an denen man lernen kann, wie aus dem Wunschsatz ein Bedingungssatz wird, werden uns noch unten beschäftigen.

II. In negativen Sätzen.

Im Sanskrit erscheint neben *mā́* auch die Negation *ná* und ihre vedische Nebenform *nú* (*nū́*), von welcher letzteren bei dem Conjunctiv nur zufällig kein Beispiel angeführt ist. Im Griechischen kommt nur *μή* vor. Die Belege für den wünschenden Optativ mit der Negation sind weit seltener, als die für den wollenden Conjunctiv. Auch habe ich bei dem Optativ mit *mā́* und *μή* nicht jenen Uebergang des unabhängigen in den abhängigen Satz gefunden, der bei dem Conjunctiv (S. 112) besprochen worden ist.

Sanskritische Beispiele.

1) Mit *mā́*:

mā́ va éno anyákṛitam bhujema, mā́ tát karma vasavo yác cáyadhve „*möchten wir nicht euch gegenüber fremde Sünden zu büssen haben, mögen wir nicht das thun, was ihr hasset o Vasus*" RV. 6, 51, 7, vgl. 4, 3, 13. 5, 70, 4. 7, 52, 2. 7, 88, 6 und Conjunctiv Cap. I. Seite 19). mṛtyór mukshīya mā́ 'mṛ́tāt „*möchte ich vom Tode loskommen, nicht von der Unsterblichkeit*" RV. 7, 59, 12.

2) Mit *ná* (*nú*):

Böhtlingk-Roth führen aus der späteren Sprache einige Belege für diesen Gebrauch an. Er dürfte aber auch an manchen Stellen des Veda anzuerkennen sein, z. B.:

pū́shan táva vraté vayáṃ ná rishyema kádā caná „*o Pushan, möchten wir unter deinem Schutze nicht Schaden leiden*" RV. 6, 54, 9. nú rishyet tvā́vataḥ sákhā „*möchte ein Freund von deinesgleichen nicht Schaden leiden*" RV. 1, 91, 8. nū́ cin nú vāyór amṛ́tam ví dasyet „*möchte nicht Vajus Lebenstrank ausgehen*" RV. 6, 37, 3 (Roth Nirukta X, 3 fasst den Satz als abhängig, worauf nichts ankommt).

Griechische Beispiele.

μὴ μὰν ἀσπουδί γε καὶ ἀκλειῶς ἀπολοίμην X 304.

μὴ μὲν δὴ καθαρῷ θανάτῳ ἀπὸ θυμὸν ἑλοίμην
τάων, αἳ δὴ ἐμῇ κεφαλῇ κατ' ὀνείδεα χεῦαν
μητέρι θ' ἡμετέρῃ παρά τε μνηστῆρσιν ἴαυον χ 462,

„Gott verhüte, dass ich auf den Gedanken komme" u. s. w.

μὴ σύ γε κεῖθι τύχοις ὅτε ῥοιβδήσειεν μ 106.
μὴ τοῦτο θεὸς τελέσειεν υ 344.
μὴ κεῖνος ἀνὴρ ἔτι νοστήσειεν N 232.

Weitere Beispiele sind: *Z* 59, *Θ* 512, *N* 232, *O* 476, *Π* 30, *α* 387. 403, *δ* 685, *η* 316, *ϑ* 414, *ο* 359, *ϱ* 399.

Charakteristisch ist der Gegensatz zu einem vorhergehenden Conjunctiv:

ἡμεῖς δ' ἐνθάδε οἱ φραζώμεθα λυγρὸν ὄλεθρον
Τηλεμάχῳ μηδ' ἧμας ὑπεκφύγοι π 371, vgl. *P* 341.

zu einem Imperativ:

ἀλλὰ σὺ μή μοι ταῦτα νόει φρεσί, μηδέ σε δαίμων
ἐνταῦθα τρέψειε, φίλος *I* 600, vgl. *Γ* 160.

Wunschsätze mit ὡς und εἰ.

An die positiven und negativen einfachen Wunschsätze schliessen sich die Wunschoptative in solchen Hauptsätzen, welche durch die Conjunctionen *ὡς* und *εἰ* eingeleitet sind. Es ist über diese Sätze Einleitung Seite 26 und 73 gesprochen, und daselbst gezeigt, dass *ὡς* sicher und *εἰ* wahrscheinlich keine andere Aufgabe hat, als den Wunsch an die Situation anzuknüpfen. Ich will hier noch erwähnen, dass das Sanskrit einen ähnlichen Gebrauch von *yád* kennt, z. B. tásmād devā́ abibhayur: „yád vā́i no 'yáṃ ná hiṅsyā́d" íti *„vor dem (Rudra) fürchteten sich die Götter, (indem sie dachten): „möchte er uns nur nicht vernichten"* Çat. Br. 9, 1, 1, 1, vgl. Çat. Br. 10, 4, 3, 3. Doch bedarf diese Redeweise noch einer genaueren Untersuchung.

Ich führe zunächst die Belege für *ὡς* an:

ὡς ἔρις ἔκ τε θεῶν ἔκ τ' ἀνθρώπων ἀπόλοιτο Σ 107 (Einleitung Seite 26).

ὡς δή μιν σῷ ἐν χροῒ πᾶν κομίσαιο X 286.

Ebendahin gehört auch *Z* 281, wenn man mit der neuesten Bekkerschen Ausgabe *ὡς δέ οἱ αὖθι γαῖα χάνοι* lesen darf (nicht *κέ*). Die Stellen, welche man sonst wohl für diesen Gebrauch angeführt hat, nämlich *α* 45 und *ξ* 503 lassen eine andere Erklärung zu.

Die zweite der in Betracht kommenden Conjunctionen ist *εἰ* [1]. Ich schreibe mit der neuesten Bekkerschen Ausgabe überall *εἰ*, während früher an vielen Stellen *αἴ* gelesen wurde. Am häufigsten ist die Verbindung *εἰ γάρ*, z. B.

εἰ γὰρ ἐμοὶ τοιόσδε πόσις κεκλημένος εἴη ζ 244, vgl. *Δ* 189, *Θ* 538, *K* 536, *Π* 97, *Σ* 272. 464, *X* 346. 454, *γ* 205, *δ* 697, *ϑ* 339, *ι* 523, *ο* 156, *ρ* 251, *σ* 235, *τ* 22, *φ* 402.

Demnächst folgt an Häufigkeit *εἴϑε*, d. h. *εἰ* mit einem Zusatz, über den ich nichts zu sagen weiss.

εἴϑ' ὣς ἡβώοιμι βίη δέ μοι ἔμπεδος εἴη *Λ* 670, vgl. *Ψ* 629, *ξ* 468.
εἴϑ' οὕτως Εὔμαιε φίλος Διὶ πατρὶ γένοιο
ὡς ἐμοί ξ 440, vgl. *ο* 341.
εἴϑε μοι ὣς μαλακὸν ϑάνατον πόροι Ἄρτεμις ἁγνή σ 202, vgl. *Δ* 178. 313, *ρ* 494, *v* 61.

Auch das blosse *εἰ* tritt auf, aber nicht ganz in demselben Sinne, wie *εἰ γάρ* und *εἴϑε*, sondern bei dem Wunsch, der nahe an die Aufforderung streift:

κεῖται ἀνὴρ ὃς πρῶτος ἐσήλατο τεῖχος Ἀχαιῶν
Σαρπηδών· ἀλλ' εἴ μιν ἀεικισσαίμεϑ' ἑλόντες,
τεύχεά τ' ὤμοιιν ἀφελοίμεϑα καί τιν' ἑταίρων
αὐτοῦ ἀμυνομένων δαμασαίμεϑα νηλέι χαλκῷ Π 558 flgd.
ἀλλ' εἴ τις καλέσειε ϑεῶν Θέτιν ἆσσον ἐμεῖο Ω 74, vgl. *K* 111.

Die letzten Beispiele leiten hinüber zu den

Optativen der Bitte.

Ueber den Begriff der Bitte ist Einleitung Seite 16 gehandelt. Hier seien zuerst zweite, sodann dritte Personen ausgeführt.

a. *Zweite Person.*

Sanskritische Beispiele.

imā́m me agne samídham imā́m upasádaṃ vaneḥ imā́ u ṣú çrudhi gíraḥ *„möchtest du o Agni dieses mein Opfer, meine Aufwartung freundlich annehmen, höre gern diese meine Lieder“* RV. 2, 6, 1. nṛ́bhir vṛtrám̐ hanyā́ma çūçuyā́ma cā́ver indra prá ṇo dhíyaḥ *„möchten wir mit unseren Mannen den Vritra schlagen, und gedeihen, und möchtest du Indra an unseren Gebeten Gefallen finden“* RV. 8, 21, 12. yás te nūnáṃ çatakratav indra dyumnítamo mádaḥ, téna nūnáṃ máde madeḥ *„welcher für dich jetzt der kraftvollste Rausch ist, o Indra,*

---

1) Was hier an Citaten vermisst wird, suche man unter den Bedingungssätzen.

möchtest du dich mit dem jetzt im Rausche berauschen“ RV. 8, 81, 16. yé cid dhí mṛtyubándhava ấdityā mánavaḥ smási | prá sū́ na ấyur jīváse tiretana *„möchtet ihr Adityas verlängern unsere Zeit, so dass wir leben, uns, die wir Todesgenossen, Menschen, sind“* RV. 8, 18, 22, vgl. 1, 165, 3. 2, 10, 2. 6, 11, 1.

Aus dem H o m e r gehören in diese Kategorie:

καὶ νῦν εἴ τί που ἔστι πίθοιο μοι δ 192.

ἀλλὰ σύ γ' ἐλθὼν αὐτὸς ἐπιτρέψειας ἕκαστα ο 24.

ἀλλ' ἔτι καὶ νῦν
ταῦτ' εἴποις Ἀχιλῆι Λ 891.

Ein negativer Beleg ist:

μηδ' ἔτι σοῖσι πόδεσσιν ὑποστρέψειας Ὄλυμπον
ἀλλ' αἰεὶ περὶ κεῖνον ὀΐζυε Γ 407.

b. *Dritte Person.*

Für die dritte Person ist uns aus dem Sanskrit — wohl zufällig — kein Beispiel zur Hand. Aus dem Griechischen führen wir an:

ἀλλά τις ὀτρηρῶς Δολίον καλέσειε γέροντα δ 735,

ein Wunsch, dessen Gewährung im Nothfalle erzwungen werden könnte, der also dem Angeredeten anders gegenüber gestellt wird, als etwa ein Gebet den Göttern.

ἐξελθών τις ἴδοι ω 491.

εἴη δ' ὅστις ἑταῖρος ἀπαγγείλειε τάχιστα
Πηλεΐδῃ Ρ 640.

ἀλλ' ἄγεθ' ἡμεῖς πέρ μιν ἀποτρωπῶμεν ὀπίσσω
αὐτόθεν· ἤ τις ἔπειτα καὶ ἡμείων Ἀχιλῆι
παρσταίη, δοίη δὲ κράτος μέγα Υ 121, vgl. § 496.

Immer ist, wie sich für die bescheidene Form der Bitte geziemt, nicht ein bestimmter genannt, sondern nur allgemein gewünscht, dass ein *τις* dies und das thun möge.

§ 2.

Die abgeschwächten Optative.

Ueber diese Optative ist Einleitung Seite 27 flgd. gehandelt. Es sind dort drei Gruppen aufgestellt: die Optative des allgemeinen nicht auf einen bestimmten Fall bezüglichen Gebotes oder Verbotes, die concessiven Optative, die futurischen Optative. Diese Eintheilung, welche auf das genaueste mit der bei den entsprechenden Conjunctiven aufgestellten übereinstimmt, dürfte nicht gerade anzufechten sein. Dagegen ist der Name „abgeschwächte Optative“ augenscheinlich mangelhaft,

insofern er keine selbständige Bestimmtheit ausdrückt. Aber ich habe die Bezeichnung „potentialer Optativ“ nicht anwenden wollen, weil diese Kategorie nur auf die letzte Gruppe der dritten Abtheilung passt. Einen anderen passenden Namen habe ich nicht gefunden.

I. Optative des allgemeinen Gebotes oder Verbotes, das sich nicht auf einen bestimmten Fall bezieht.

Sanskritische Beispiele.

prātár agníḥ purupriyó viçáḥ stavetā́'tithiḥ *„früh werde gepriesen Agni, des Hauses vielgeliebter Gast“* RV. 5, 18, 1.

áhar-ahar dadyāt *„Tag für Tag soll man geben“* Çat. Br. 11, 5, 6, 2 flgd. tásmāt putrásya jātásya nā́ma kuryāt, pāpmā́nam evā́'syá tád ápahanti *„darum soll man einem Knaben, wenn er geboren ist, einen Namen geben, das nimmt die Sünde hinweg“* Çat. Br. 6, 1, 3, 9. tásmāt sáṃsthite yajñé brāhmaṇā́m tárpayitavā́'i brūyāt *„darum soll man am Ende des Opfers einen Brahmanen sich sättigen heissen“* Çat. Br. 1, 7, 3, 28. bāilvaṃ yūpaṃ kurvītā́'nnādyakāmaḥ *„einen Opferpfosten von Bilvaholz soll der machen, der Speise wünscht“* Ait. Br. 2, 1. buddhimate kanyāṃ prayacchet *„einem Einsichtigen soll man seine Tochter zur Frau geben“* Açv. gr. 1, 5, 2. atha sāyaṃ prātaḥ siddhasya havishasya juhuyāt *„nun Abends und Morgens opfere er von zubereiteter opfermässiger Speise“* Açv. gr. 1, 2, 1. mantravido mantraṃ japeyuḥ *„die Spruchkundigen sollen die Sprüche hersagen“* Açv. gr. 2, 3, 10 (vgl. noch Açv. gr. 1, 8, 1).

Aus dem Griechischen lässt sich vergleichen:

μή τις ἔτι πρόφρων ἀγανὸς καὶ ἤπιος ἔστω
σκηπτοῦχος βασιλεύς, μηδὲ φρεσὶν αἴσιμα εἰδώς,
ἀλλ' αἰεὶ χαλεπός τ' εἴη καὶ αἴσυλα ῥέζοι ε 8.

Die Negation ist im Sanskrit *ná*, nicht *mā́*.

tád u táthā ná kuryāt *„das nun soll man so nicht machen“* Çat. Br. 1, 1, 1, 10. tásmād ná brāhmaṇó mlechet *„darum soll ein Brahmane nicht schlecht sprechen“* Çat. Br. 3, 2, 1, 24. ná sahasré'dhi kíṃ caná dadyāt *„nicht gebe man je mehr als Tausend“* Çat. Br. 4, 5, 8, 13, vgl. 4, 3, 4, 3 u. 5. na mā́ṅsam açnīyur na striyam upeyur ā krator apavargāt *„sie sollen kein Fleisch essen, sie sollen ihre Frau nicht besuchen bis zur Vollendung des Opfers“* Açv. gr. 1, 23, 23.

Im Griechischen ist die Negation *μή*:

τῷ μή τις ποτε πάμπαν ἀνὴρ ἀθεμίστιος εἴη
ἀλλ' ὅ γε σιγῇ δῶρα θεῶν ἔχοι, ὅττι διδοῖεν σ 141.

II. Concessive Optative.

Ueber den Begriff der Concession vergleiche Einleitung Seite 27. Im Sanskrit sind die concessiven Optative nicht eben häufig, doch darf man anführen: adyā́ muriya yádi yātudhā́no ásmi „*heutigen Tages will ich sterben, wenn ich ein Gespenst bin*“ (gemeint ist „*ich bin aber keines*“) RV. 7, 104, 15. Die

Griechischen Beispiele

ordne ich so, dass zuerst die reinen Optative, sodann die mit κέν angeführt werden. Ἄν ist mir nicht begegnet. Von reinen Optativen führe ich an, in der ersten Person:

Ζεῦ πάτερ ὥς οὔ τις με θεῶν ἐλεεινὸν ὑπέστη
ἐκ ποταμοῖο σαῶσαι· ἔπειτα δὲ καί τι πάθοιμι Φ 274. Achilleus wünscht Hülfe in der Gefahr um jeden Preis, selbst um den Preis, dass es ihm nachher an's Leben gehe.

In der zweiten Person:

ὁππότερος δέ κε νικήσῃ κρείσσων τε γένηται
κτήμαθ' ἑλὼν εὖ πάντα γυναῖκά τε οἴκαδ' ἀγέσθω·
οἱ δ' ἄλλοι φιλότητα καὶ ὅρκια πιστὰ ταμόντες
ναίοιτε Τροίην ἐριβώλακα, τοὶ δὲ νεέσθων
Ἄργος ἐς ἱππόβοτον καὶ Ἀχαιίδα καλλιγύναικα Γ 71 flgd. (vgl. 255)
εἰ γὰρ τοῦτο γένοιτο ἄναξ ἑκατηβόλ' Ἄπολλον
δεσμοὶ μὲν τρὶς τόσσοι ἀπείρονες ἀμφὶς ἔχοιεν
ὑμεῖς δ' εἰσορόῳτε θεοὶ πᾶσαί τε θέαιναι
αὐτὰρ ἐγὼν εὕδοιμι παρὰ χρυσέῃ Ἀφροδίτῃ Θ 339,

wo εὕδοιμι ein wünschender, ἔχοιεν und εἰσορόῳτε concessive Optative sind.

In der dritten Person:

αὐτίκα γάρ με κατακτείνειεν Ἀχιλλεύς
ἀγκὰς ἑλόντ' ἐμὸν υἱόν, ἐπὴν γόου ἐξ ἔρον εἵην Ω 226.
αὐτίκ' ἔπειτ' ἀπ' ἐμεῖο κάρη τάμοι ἀλλότριος φώς
εἰ μὴ ἐγὼ τάδε τόξα φαεινῷ ἐν πυρὶ θείην E 214.
ἰδόντα με καὶ λίποι αἰών
κτῆσιν ἐμήν η 224. Man vergleiche noch B 340, Γ 102, Z 464, Θ 150, Ω 139 und 149 (wo κῆρύξ τίς οἱ ἕποιτο heisst „*dagegen will ich nichts haben, dass ihm ein alter Diener begleite*“) T 264, Φ 359, π 101.

Ein negativer concessiver Optativ liegt vor:

μηκέτ' ἔπειτ' Ὀδυσῆι κάρη ὤμοισιν ἐπείη
μηδ' ἔτι Τηλεμάχοιο πατὴρ κεκλημένος εἴην
εἰ μὴ ἐγώ σε λαβὼν ἀπὸ μὲν φίλα εἵματα δύσω B 259 flgd.

Von Optativen mit *κέν* stehen mir zu Gebote:

νῦν αὖτέ με θυμὸς ἀνῆκεν
στήμεναι ἀντία σεῖο, ἕλοιμί κεν ἤ κεν ἁλοίην Χ 253.

ἁλοίην ist eine Concession, die aus heroischem Gleichmuth entspringt *„mag ich immerhin sterben“*. Das *ἕλοιμι* fasst man wohl am besten als gemilderte futurische Aussage *„ich werde dich, denke ich, jetzt tödten, oder ich mag meinetwegen sterben“*. Aehnlich Ν 486.

ἔπειτά κεν αὖτε φίλον παῖδα κλαίοισθα „dann magst du immerhin beklagen“ Ω 619.

ἡ δέ κ' ἔπειτα
γήμαιθ' ὅς κε πλεῖστα πόροι καὶ μόρσιμος ἔλθοι φ 162, vgl. π 392.

τὰ δέ κεν θεὸς ἢ τελέσειεν
ἤ κ' ἀτέλεστ' εἴη ὥς οἱ φίλον ἔπλετο θυμῷ θ 570.

III. Futurische Optative.

Ich schicke zunächst die nicht eben zahlreichen mir zu Gebote stehenden Sanskritbelege voraus, um dann die grosse Masse der griechischen als ein in sich zusammenhängendes Ganzes behandeln zu können.

Sanskritische Beispiele.

Voran stelle ich diejenigen Sätze, in denen der Optativ noch etwas von seiner Wunschnatur hat. Die Lebhaftigkeit des Wunsches braucht aber deswegen nicht eben gross zu sein, weil der Redende sich selbst die Kraft zutraut den Wunsch zu verwirklichen. Zunächst sei die erste Person erwähnt:

vayáṃ te agna ukthaír vidhema *„wir möchten dir, Agni, dienen mit Gebeten“* RV. 6, 4, 7. tvā́m indra vayáṃ huvema *„dich Indra möchten wir rufen“* RV. 2, 17, 8, und so an sehr vielen Stellen. Man vergleiche z. B. 1, 184, 1. 6, 1, 6. 6, 1, 10. 6, 15, 10. 6, 19, 4. 8, 22, 6.

Das Futurische tritt mehr hervor in folgenden Fällen:

Eine unbedingte futurische Aeusserung enthält: ná vā́ u te tanvā̀ tanvàm sám papṛcyām *„ich will meinen Leib nicht mit dem deinigen vermischen“* RV. 10, 10, 12 (eine entschlossene Abweisung).

Eine bedingte futurische Aeusserung, die sich auf eine vorliegende bestimmte Situation bezieht: tā́ ha vamryà ūcuḥ: „yò 'sya jyā́m apyadyā́t, kím asmā́i prā́yacheta“ 'ty? annā́dyam asmā́i prā́yachema *„die Ameisen sprachen zu den Göttern: „wer seinen (Rudras) Bogen annagte, was würdet ihr dem geben“? Die Götter antworteten: „wir würden ihm Speise geben“* Çat. Br. 14, 1, 1, 8.

Eine bedingte futurische Aeusserung, die sich auf eine fingirte Situation bezieht, ist: mahé caná tvā́m adrivaḥ párā çulkā́ya deyām

„selbst für einen grossen Preis würde ich dich, o Keilträger, nicht hingeben“ RV. 8, 1, 5.

Da von der zweiten Person mir nicht ganz sichere Beispiele futurischer Optative vorliegen (man erwäge etwa Çat. Br. 14, 9, 1, 6), so füge ich hier sogleich einige Belege für die dritte Person an: Eine an eine bestimmte Situation sich anschliessende futurische Aeusserung ist folgende:

Purûravas hat Urvaçî durch seine Verschuldung verloren, er findet sie als einen Wasservogel wieder und will sich ihr wieder nähern. Sie aber spricht: *„für dich bin ich jetzt schwer zu erlangen, geh wieder heim“*. Nun heisst es: átha hâ'yám páridyûna uvâca: „sudevó'dyá prapáted ánâvṛit parâvátam paramấṃ gántavấ u, ádhâ çayîta nírṛiter upasthé'adhâi'náṃ vṛ́kâ rabhasấso'dyur“ íti *„da sprach er wehklagend: „dein Gespiele wird jetzt hinfallen, zu wandeln ohne Umkehr fort in die fernste Ferne, da wird er entweder in der Nirriti Schoos liegen, oder die wüthigen Wölfe werden ihn fressen“* (die Uebersetzung nach Weber Ind. streifen pag. 17) Çat. Br. 11, 5, 1, 8.

An eine unbestimmte Situation: víçvo devásya netúr márto vurîta sakhyám, víçvo râyá ishudhyati dyumnáṃ vṛiṇîta pushyáse *„jeder Sterbliche wird wohl des führenden Gottes Freundschaft wünschen, jeder bittet um Reichthum, jeder erwählt sich Kraft zum Gedeihen“* RV. 5, 50, 1. yaḥ sakṛit pâtakaṃ kuryât kuryât enat tato'param *„wer einmal Sünde thut, der thut sie auch wieder“* Ait. Br. 7, 17. Man vergleiche noch Açv. gr. 4, 1, 3 und Einleitung Seite 30.

Griechische Beispiele.

Die Eintheilung in sechs Gruppen, die bei den griechischen futurischen Optativen versucht ist, ist Einleitung Seite 28 gerechtfertigt. Es muss zugestanden werden, dass man bei nicht wenigen Beispielen zweifelhaft sein kann, in welche Gruppe sie zu stellen seien. Vielleicht ist dies Theilen zu weit getrieben. Das aber scheint mir nach mehreren vergeblichen Versuchen anderer Art fest zu stehen, dass der gewählte Eintheilungsgrund der richtige ist. Da es allen hier vorzuführenden Optativen gemeinsam eigenthümlich ist, dass sie futurischen Inhalt haben, so kann nur der Begriff des Futurischen den Eintheilungsgrund liefern. Dieser Begriff nun entwickelt sich in durchaus natürlicher Weise, so, dass das Individuelle immer mehr zurück- und das Allgemeine hervortritt. Die folgenden sechs Gruppen bilden Stationen auf dem Wege vom Individuell-Futurischen zum Allgemeinmöglichen.

I. Das im Optativ ausgesprochene findet, von dem Augenblicke des Sprechens an gerechnet, in der Zukunft

statt. Das Eintreten des in Aussicht genommenen ist nicht ausdrücklich von Bedingungen abhängig gedacht.

Wir führen zunächst Belege für den reinen Optativ, dann für den Optativ mit κέν, endlich für den Optativ mit ἄν an. Innerhalb jeder dieser Abtheilungen ist nach Personen geordnet.

Reiner Optativ.

Erste Person.

a. Positiv:

νῦν δ' ἐπεὶ οὐ νέομαί γε φίλην ἐς πατρίδα γαῖαν
Πατρόκλῳ ἥρωι κόμην ὀπάσαιμι φέρεσθαι Ψ 151 *„ich werde mitgeben“*, welchem Versprechen die Erfüllung sofort auf dem Fusse folgt.

αὐτάρ τοι καὶ κείνῳ ἐγὼ παραμυθησαίμην O 45 *„ich werde ihm zureden“*.

b. Negativ:

οὐ μὲν γάρ τι κακώτερον ἄλλο πάθοιμι „es wird mir nie etwas Traurigeres begegnen“ T 321, eine Prophezeiung, deren pathetische Kraft durch die folgende Bedingung nicht aufgehoben wird.

Zweite Person.

τεθναίης ὦ Προῖτ' ἢ κάκτανε Βελλεροφόντην Z 164, d. h. *„tödte den Bellerophontes, oder du wirst selbst sterben müssen“*. Befremdlich ist für unser Gefühl, dass das, was Proitos als nothwendige Folge seiner Unterlassung empfinden soll, vorangestellt wird. Das ist aber geschehen, um durch plötzliche Vorführung der eigenen Gefahr Proitos in die rechte Stimmung zum Morde zu versetzen.

Dritte Person.

ὦ γέρον, οὔ τις κεῖνον ἀνὴρ ἀλαλήμενος ἐλθὼν
ἀγγέλλων πείσειε γυναῖκά τε καὶ φίλον υἱόν ξ 121, *„niemand wird überreden“*.

Optativ mit κέν.

Erste Person.

Wir trennen die Numeri und behandeln daher zunächst die erste Singularis.

Voran stellen wir die Fälle, wo der Optativ mit κέν sich an ein vorhergehendes Futurum anschliesst:

λέξομαι εἰς εὐνήν, ἥ μοι στονόεσσα τέτυκται
αἰεὶ δάκρυσ' ἐμοῖσι πεφυρμένη, ἐξ οὗ Ὀδυσσεὺς
ᾤχετ' ἐποψόμενος Κακοΐλιον οὐκ ὀνομαστήν.
ἔνθα κε λεξαίμην τ 595.

κατὰ δὲ πτόλιν αὐτὸς ἀνάγκῃ
πλάγξομαι, εἴ κέν τις κοτύλην καὶ πύρνον ὀρέξῃ
καί κ' ἐλθὼν πρὸς δώματ' Ὀδυσσῆος θείοιο
ἀγγελίην εἴποιμι etc. ο 311.
ἑσπέριος δ' εἰς ἄστυ ἰδὼν ἐμὰ ἔργα κάτειμι.
ἠῶθεν δέ κεν ὔμμιν ὁδοιπόριον παραθείμην ο 505.
ἄσω γὰρ καὶ χρυσόν, ὅ τίς χ' ὑποχείριος ἔλθῃ
καὶ δέ κεν ἄλλ' ἐπίβαθρον ἐγὼν ἐθέλουσά γε δοίην ο 448, vgl. 452.
ἐγὼ δ' ἐπὶ νῆα μέλαιναν
εἶμ' ἵνα θαρσύνω θ' ἑτάρους εἴπω τε ἕκαστα
. . .
ἔνθα κε λεξαίμην γ 361.
ἀλλ' ἐγὼ οὐδέν σε ῥέξω κακά, καὶ δέ κεν ἄλλον
σεῦ ἀπαλεξήσαιμι Ω 370.

Zwar nicht an ein Futurum, aber doch an ein Präsens, welches einen Entschluss ausspricht, schliesst sich der Optativ mit κέν in folgendem Beleg:

Εὐρυνόμη, θυμός μοι ἐέλδεται, οὔ τι πάρος γε
μνηστήρεσσι φανῆναι ἀπεχθομένοισί περ ἔμπης·
παιδὶ δέ κεν εἴποιμι ἔπος τό κε κέρδιον εἴη σ 164.

Folgende drei Fälle schliessen sich hier an, in welchen der Optativ mit κέν auf einen Imperativ folgt. Es ist ihnen gemeinsam, dass durch den Imperativ der Angeredete auf seine Obliegenheiten verwiesen wird, während der Redende in dem Optativ mit κέν seinen Entschluss emphatisch hervorhebt.

ἀλλ', ἤτοι μὲν σὺ μετ' ἀθανάτοισι φάεινε
καὶ θνητοῖσι βροτοῖσιν ἐπὶ ζείδωρον ἄρουραν·
τῶν δέ κ' ἐγὼ τάχα νῆα θοὴν ἀργῆτι κεραυνῷ
τυτθὰ βαλὼν κεάσαιμι μέσῳ ἐνὶ οἴνοπι πόντῳ μ 385.
ἀλλ' ἄγε μὴ μνηστῆρσι παρέλκετε, μηδ' ἔτι τόξου
δηρὸν ἀποτρωπᾶσθε τανυστύος, ὄφρα ἴδωμεν.
καὶ δέ κεν αὐτὸς ἐγὼ τοῦ τόξου πειρησαίμην φ 114.
μήτε τι τὸν ξεῖνον στυφελίζετε μήτε τιν' ἄλλον
δμώων, οἳ κατὰ δώματ' Ὀδυσσῆος θείοιο·
Τηλεμάχῳ δέ κε μῦθον ἐγὼ καὶ μητέρι φαίην υ 324.

Die Worte des Odysseus χ 262 flgd.

ὦ φίλοι, ἤδη μέν κεν ἐγὼν εἴποιμι καὶ ἄμμιν

setzen gewissermaassen emphatisch die Rede des Ageleos fort, der 248 seinerseits die Freier aufgefordert hatte. Negativ: § 155 (vgl. II.)

Von den Beispielen zur ersten Person Pluralis dieses Optativs sind diejenigen übereinstimmend, in welchen sich der Optativ

an einen vorhergehenden auffordernden Conjunctiv der ersten Person anschliesst:

ἀλλὰ σὺν τοίσδεσσι θᾶσσον
φεύγωμεν· ἔτι γάρ κεν ἀλύξαιμεν κακὸν ἦμαρ κ 269.
ἀλλ' οἶοι σύ τ' ἐγώ τε γυναικῶν γνώομεν ἰθύν·
καί κέ τεο δμώων ἀνδρῶν ἔτι πειρηθεῖμεν π 304.
ἀλλ' ἐῶμέν μιν πρῶτα παρεξελθεῖν πεδίοιο
τυτθόν· ἔπειτα δέ κ' αὐτὸν ἐπαΐξαντες ἕλοιμεν
καρπαλίμως K 344. Man vergleiche auch Ξ 79 flgd. Π 44 (Λ 800).

Eigenthümlich ist Ω 664, wo das Futurum nachfolgt:

ἐννῆμαρ μέν κ' αὐτὸν ἐνὶ μεγάροις γοάοιμεν
τῇ δεκάτῃ δέ κε θάπτοιμεν δαινῦτό τε λαός
ἑνδεκάτῃ δέ κε τύμβον ἐπ' αὐτῷ ποιήσαιμεν
τῇ δὲ δυωδεκάτῃ πολεμίξομεν, εἴ περ ἀνάγκη.

Zweite Person

anschliessend an ein Futurum:

σὺ δ' ἄλλους περ Παναχαιοὺς
τειρομένους ἐλέαιρε κατὰ στρατόν, οἵ σε θεὸν ὣς
τίσουσ'· ἦ γάρ κέ σφι μάλα μέγα κῦδος ἄροιο
νῦν γάρ χ' Ἕκτορ' ἕλοις, ἐπεὶ ἂν μάλα τοι σχεδὸν ἔλθοι I 301.

In ähnlicher Weise an einen Conjunctiv futurischen Sinnes anschliessend:

ὅτε κέν τις Ἀχαιῶν χαλκοχιτώνων
δακρυόεσσαν ἄγηται, ἐλεύθερον ἦμαρ ἀπούρας·
καί κεν ἐν Ἄργει ἐοῦσα πρὸς ἄλλης ἱστὸν ὑφαίνοις
καί κεν ὕδωρ φορέοις Μεσσηΐδος ἢ Ὑπερείης
πόλλ' ἀεκαζομένη, κρατερὴ δ' ἐπικείσετ' ἀνάγκη Z 454 (vielleicht unter II. zu setzen).

Im Sinne einer drohenden Vorherverkündigung:
οὕτω κεν τῆς μητρὸς ἐρινύας ἐξαποτίνοις Φ 412.

Im Sinne einer auf die Zukunft bezüglichen Vermuthung:
αἶψά κε καὶ σὺ γεραιέ, ἔπος παρατεκτήναιο „du wirst dann gewiss auch schnell etwas erfinden“ ξ 131.

Dritte Person.

Wir erwähnen zunächst einen Fall, wo der Optativ sich an ein vorhergehendes Futurum anschliesst:

οὕτω δὴ οἶκόνδε φίλην ἐς πατρίδα γαῖαν
Ἀργεῖοι φεύξονται ἐπ' εὐρέα νῶτα θαλάσσης,
κὰδ δέ κεν εὐχωλὴν Πριάμῳ καὶ Τρωσὶ λίποιεν
Ἀργείην Ἑλένην etc. B 158, vgl. Δ 171.

Sodann zwei Beispiele, die Prophezeiungen enthalten:

τῷ κε καὶ οὐκ ἀτελὴς θάνατος μνηστῆρσι γένοιτο
πᾶσι μάλ', οὐδέ κέ τις θάνατον καὶ κῆρας ἀλύξοι ρ 546.
ἦ κε πολὺ φθαίη εὐναιομένη πόλις ὑμὴ
χερσὶν ὑφ' ἡμετέρῃσιν ἁλοῦσά τε περθομένη τε Ν 815.

Eine Vermuthung liegt vor:

κείνω γάρ κε μάλιστα πιθοίατο Κ 57.

Es fragt sich, ob auch Β 12 hierher gehört, an das sich dann 29 und 66 anschliessen.

Optativ mit ἄν.

Erste Person.

a. Positiv:

In einigen Beispielen bezeichnet der Optativ eine entferntere Zukunft als das daneben stehende Futurum. Das bestimmtere Futurum dient dem nahe Bevorstehenden, der subjectivere Optativ dem Entfernteren.

Nach einer Reihe von Futuris heisst es Ο 68:

τοῦ δὲ χολωσάμενος κτενεῖ Ἕκτορα δῖος Ἀχιλλεύς·
ἐκ τοῦ δ' ἄν τοι ἔπειτα παλίωξιν παρὰ νηῶν
αἰὲν ἐγὼ τεύχοιμι διαμπερές etc. und:
ὤ μοι ἐγών· εἰ μέν κεν ὑπὸ κρατεροῦ Ἀχιλῆος
φεύγω, τῇ περ οἱ ἄλλοι ἀτυζόμενοι φοβέονται,
αἱρήσει με καὶ ὡς καὶ ἀνάλκιδα δειροτομήσει·
εἰ δ' ἂν ἐγὼ τούτους μὲν ὑποκλονέεσθαι ἐάσω
Πηλείδῃ Ἀχιλῆϊ, ποσὶν δ' ἀπὸ τείχεος ἄλλῃ
φεύγω πρὸς πεδίον Ἰλήϊον, ὄφρ' ἂν ἵκωμαι
Ἴδης τε κνημοὺς κατά τε ῥωπήϊα δύω·
ἑσπέριος δ' ἂν ἔπειτα λοεσσάμενος ποταμοῖο
ἱδρῶ ἀποψυχθεὶς προτὶ Ἴλιον ἀπονεοίμην Φ 553 flgd.

In anderen Fällen liegt nicht eine Hindeutung auf eine entferntere Zukunft, sondern überhaupt nur auf die Zukunft vor, wobei das subjective Element, was in dem Optativ liegt, der futurischen Aussage verschiedenartige Färbung geben kann, die aus der Verschiedenheit der Situation entspringt. Die Lust des Sprechenden etwas zu thun, während sein Entschluss noch schwankend ist, ob er es thun soll, liegt z. B. in folgenden Stellen:

ἦ τ' ἂν ἔγωγε
νῦν μὲν ἀνώγοιμι πτολεμίζειν υἷας Ἀχαιῶν Τ 206.
καὶ δ' ἂν τοῖς ἄλλοισιν ἐγὼ παραμυθησαίμην Ι 416.

Dagegen die Möglichkeit des Eintreffens von etwas Erwünschtem ist betont in folgender Stelle:

ἀλλ' ἀναχασσάμενος κάλει ἐνθάδε πάντας ἀρίστους·
ἔνθεν δ' ἂν μάλα πᾶσαν ἐπιφρασσαίμεθα βουλήν N 740.

b. Negativ:

ταῦτα δ' ἅ μ' εἰρωτᾷς καὶ λίσσεαι, οὐκ ἂν ἔγωγε
ἄλλα παρὲξ εἴποιμι παρακλιδὸν οὐδ' ἀπατήσω δ 347, vgl. Φ 357 *(ich werde nicht).*

ἐγγὺς ἀνὴρ ὃς ἐμόν γε μάλιστ' ἐσεμάσσατο θυμόν,
ὅς μοι ἑταῖρον ἔπεφνε τετιμένον· οὐδ' ἂν ἔτι δὴν
ἀλλήλους πτώσσοιμεν ἀνὰ πτολέμοιο γεφύρας Y 425.

Zweite Person.

Ich weiss nur negative Sätze zu belegen. Es sind Optative, welche die Vermuthung aussprechen, dass etwas nicht geschehen werde. Eine derartige an eine zweite Person gerichtete Vermuthung kann nun leicht indirect als Aufforderung wirken. Aus der Anrede *„du wirst das gewiss nicht thun"* kann der Angeredete die Aufforderung *„thue das doch ja nicht"* leicht entnehmen. Ebenso kann die Vermuthung, dass etwas nicht geschehen werde, den Sinn der Drohung oder Prophezeiung annehmen. Diese verschiedenen Nüançen finden sich denn auch bei den hier zu erwähnenden Optativen vertreten:

οὐκ ἄν μιν νῦν, τέκνον, ἀναίτιον αἰτιόῳο υ 135

„du wirst doch nicht ungerecht beschuldigen, d. h. *beschuldige nur nicht"*.

τῷ οὐκ ἄν με γένος γε κακὸν καὶ ἀνάλκιδα φάντες
μῦθον ἀτιμήσαιτε πεφασμένον, ὅν κ' ἐῢ εἴπω Ξ 126

etwa: *„ich hoffe, dass ihr nicht verachten werdet"*.

τῶν δ' ἄλλων ἅ μοί ἐστι θοῇ παρὰ νηῒ μελαίνῃ
τῶν οὐκ ἄν τι φέροις ἀνελὼν ἀέκοντος ἐμεῖο A 301

etwa: *„davon sollst du mir nichts fortnehmen"*.

Eine drohende Prophezeiung:

τῷ οὐκ ἂν θάνατόν γε δυσηλεγέα προφύγοισθα χ 325.

Dritte Person.

a. Positiv

als Fortsetzung eines Futurums:

ὣς ἐρέουσιν, ἐμοὶ δὲ τότ' ἂν πολὺ κέρδιον εἴη X 108, vgl. φ 329 und ζ 285, wo *κέν* in genau derselben Verbindung steht.

b. Negativ:

Ἥρη, μήτε θεῶν τό γε δείδιθι μήτε τιν' ἀνδρῶν
ὄψεσθαι· τοῖόν τοι ἐγὼ νέφος ἀμφικαλύψω
χρύσεον· οὐδ' ἂν νῶϊ διαδράκοι Ἠέλιός περ Ξ 342.

πρὶν δ' οὔ πως ἂν ἔμοιγε φίλον κατὰ λαιμὸν ἰείη
οὐ πόσις οὐδὲ βρῶσις Τ 209.
ἐκ γὰρ δή μ' ἀπάτησε καὶ ἤλιτεν· οὐδ' ἂν ἔτ' αὖτις
ἐξαπάφοιτ' ἐπέεσσιν Ι 375.

II. Das Eintreten in der Zukunft ist in Aussicht genommen, aber abhängig gemacht von dem Eintreten eines anderen Ereignisses, das aber mit grösserer oder geringerer Sicherheit erwartet wird.

Die Grenzlinie gegen die vorhergehende Nummer ist nicht überall ganz scharf zu ziehen, weil wenige Aeusserungen unbedingt gethan werden, vielmehr meistens eine Beschränkung durch andere Gedanken eintritt, so dass der Unterschied zwischen I. und II. häufig nur ein Unterschied in dem Grade der Bedingtheit ist. Darum kann man bei manchen Belegen zweifeln, ob man sie zu I. oder II. stellen soll, z. B.

πρὶν δέ κε καὶ μάλα περ κεχρημένος οὔ τι δεχοίμην § 156,

was ich nebst ähnlichen Beispielen unter I. angeführt habe, was aber, weil in dem *πρίν* eine gewisse Bedingtheit ausgedrückt ist, allenfalls auch zu II. gestellt werden könnte. In den allermeisten Fällen aber dürfte ein solcher Zweifel nicht stattfinden.

Ich theile auch in dieser Gruppe dreifach: Reiner Optativ, Optativ mit *κέν*, Optativ mit *ἄν*. Innerhalb jeder Gruppe stelle ich, wo mehrere Beispiele vorhanden sind, die in der Form selbständigeren voran, und lasse diejenigen folgen, welche auch äusserlich als Glieder eines grösseren Complexes erscheinen.

Reiner Optativ.

Ich weiss nur ein Beispiel anzuführen:

τούτου γ' ἑσπομένοιο καὶ ἐκ πυρὸς αἰθομένοιο
ἄμφω νοστήσαιμεν Κ 247. (Diomedes setzt voraus, dass Odysseus mitgehen wird).

Optativ mit *κέν*.

Erste Person.

ταῦτά κέ οἱ τελέσαιμι μεταλλήξαντι χόλοιο Ι 157 (299). (Agamemnon setzt voraus, dass Achilles seinen Anerbietungen nicht widerstehen werde).

τότε κέν μιν ἱλασσάμενοι πεπίθοιμεν Α 100.

In Verbindung mit einem conjunctivischen Relativsatz steht:

ὃς δέ κε ῥηΐτατ' ἐντανύσῃ βιὸν ἐν παλάμῃσιν
καὶ διοϊστεύσῃ πελέκεων δυοκαίδεκα πάντων
τῷ κεν ἅμ' ἑσποίμην φ 75 (τ 589). (Penelope macht den Freiern gegenüber natürlich die Voraussetzung, dass einer den Bogen wird spannen können).

Mit conjunctivischen Bedingungssätzen stehen in Verbindung[1]:

ἀλλά μοι αἰνὸν ἄχος σέθεν ἔσσεται ὦ Μενέλαε,
αἴ κε θάνῃς καὶ πότμον ἀναπλήσῃς βιότοιο
καί κεν ἐλέγχιστος πολυδίψιον Ἄργος ἱκοίμην Δ 169.
καί κέ τοι ἡμεῖς ταῦτά γ' ὑποσχόμενοι τελέσαιμεν
δοῖμεν δ' Ἀτρείδαο θυγατρῶν εἶδος ἀρίστην,
Ἄργεος ἐξαγάγοντες, ὀπυιέμεν, αἴ κε σὺν ἄμμιν
Ἰλίου ἐκπέρσῃς εὐναιόμενον πτολίεθρον Ν 377.

Zweite Person.

ἀλλ' ἔτι μέν κε καὶ ὣς κακά περ πάσχοντες ἵκοισθε,
αἴ κ' ἐθέλῃς σὸν θυμὸν ἐρυκακέειν καὶ ἑταίρων λ 104. 111. Dem Odysseus wird ja die Rückkehr unter einer Bedingung in Aussicht gestellt. Vgl. μ 138, Ω 661.

Dritte Person.

καί κεν Τηλέμαχος τάδε γ' εἴποι χ 350. Phemios hofft, dass Telemachos für ihn das Wort ergreifen werde.

An einen futurischen Bedingungssatz angeschlossen:

τό κεν ὔμμιν ὄνειαρ πολὺ κέρδιον εἴη,
εἰ τοῦτον Τρώεσσι μεθήσομεν ἱπποδάμοισιν ρ 418.

Es ist besonders eindrucksvoll, dass die Erwartung ausgesprochen wird, die Griechen würden den Leichnam des Patroklos den Troern lassen müssen. Die blosse Andeutung der Möglichkeit würde sie nicht so stark anfeuern.

Zweifelhaft, ob hierher gehörig Χ 287.

Optativ mit ἄν.

Erste Person.

εἰ μή τις γρηῦς ἔστι παλαιή, κεδνὰ ἰδυῖα
ἥ τις δὴ τέτληκε τόσα φρεσὶν ὅσσα τ' ἐγώ περ·
τῇ δ' οὐκ ἂν φθονέοιμι ποδῶν ἅψασθαι ἐμεῖο τ 346. (Odysseus setzt voraus, dass eine derartige alte Dienerin im Hause sei).

In näherer Verbindung mit Bedingungssätzen:

εἰ μέν κεν πατρὸς βίοτον καὶ νόστον ἀκούσω
ἦ τ' ἂν τρυχόμενός περ ἔτι τλαίην ἐνιαυτόν β 218.
εἰ δ' ἔτ' ἀκουέμεναί γε λιλαίεαι, οὐκ ἂν ἔγωγε
τούτων σοι φθονέοιμι καὶ οἰκτρότερ' ἄλλ' ἀγορεῦσαι λ 380.

---

1) Was hier und im Folgenden an Belegen vermisst wird, suche man bei den Bedingungssätzen.

Zweite Person.

Hier ist die Parallelstelle zu der oben erwähnten Stelle β 218 anzuführen:

εἰ μέν κεν πατρὸς βίοτον καὶ νόστον ἀκούσῃς
ἦ τ' ἂν τρυχόμενός περ ἔτι τλαίης ἐνιαυτόν α 287.

Die Vermuthung, dass etwas geschehen werde, wirkt hier als Aufforderung, so wie wir es unter I. Seite 206 sahen.

Dritte Person.

μή σε γέρων περ ἐὼν στῆθος καὶ χείλεα φύρσω
αἵματος· ἡσυχίη δ' ἂν ἐμοὶ καὶ μᾶλλον ἔτ' εἴη
αὔριον σ 21.

III. **Das im Optativ Ausgesagte ist abhängig gedacht von einer Annahme, deren Eintreten in der Zukunft erhofft oder als möglich angesehen wird.**

Optativ mit *κέν*.

Ich weiss nur positive Sätze beizubringen.

An eine Annahme, deren Eintreten erhofft wird, schliessen sich:

εἰ δέ που Αἴαντός γε βοὴν ἀγαθοῖο πυθοίμην
ἄμφω κ' αὖτις ἰόντες ἐπιμνησαίμεθα χάρμης,
καὶ πρὸς δαίμονά περ, εἴ πως ἐρυσαίμεθα νεκρὸν
Πηλείδῃ Ἀχιλῆϊ· κακῶν δέ κε φέρτατον εἴη P 102.
ἔρχεο δῖε Θοῶτα, θέων Αἴαντα κάλεσσον
ἀμφοτέρω μὲν μᾶλλον· ὃ γάρ κ' ὄχ' ἄριστον ἁπάντων
εἴη, ἐπεὶ τάχα τῇδε τετεύξεται αἰπὺς ὄλεθρος M 343, vgl. 357 und Λ 204 flgd.

An eine Annahme, deren Eintreten wenigstens als möglich angenommen wird, schliessen sich:

πῶς νῦν εἴ τι ξεῖνος ἐν ἡμετέροισι δόμοισιν
ἥμενος ὧδε πάθοι ῥυστακτύος ἐξ ἀλεγεινῆς;
σοί κ' αἶσχος λώβη τε μετ' ἀνθρώποισι πέλοιτο σ 223.
καί κεν ἐς ἠῶ δῖαν ἀνασχοίμην, ὅτε μοι σὺ
τλαίης ἐν μεγάρῳ τὰ σὰ κήδεα μυθήσασθαι λ 376. (Die Bereitwilligkeit des Odysseus, seine Schicksale zu erzählen, wird von Alkinoos als möglich angenommen).

Eine durch *σήμερον* ausdrücklich auf die Zukunft verwiesene Annahme ist σ 380 flgd.

εἰ δ' αὖ καὶ πόλεμόν ποθεν ὁρμήσειε Κρονίων
σήμερον, αὐτὰρ ἐμοὶ σάκος εἴη καὶ δύο δοῦρε
καὶ κυνέη πάγχαλκος, ἐπὶ κροτάφοις ἀραρυῖα,

τῷ κέ μ' ἴδοις πρώτοισιν ἐνὶ προμάχοισι μιγέντα
οὐδ' ἄν μοι τὴν γαστέρ' ὀνειδίζων ἀγορεύοις, vgl. 375. Man vergleiche noch *Α* 294, *Ζ* 411.

Optativ mit ἄν.

Von **positiven** Sätzen dürfte hierher gehören:

τότ' ἂν τιτὰ ἔργα γένοιτο *Ω* 213

und vielleicht ζ 298, obwohl man zweifelhaft sein kann, ob an dieser Stelle nicht von der gerade gegenwärtigen Situation ganz abgesehen ist.

Von **negativen** Sätzen führe ich an:

λίην γὰρ μέγα εἶπες· ἄγη μ' ἔχει· οὐκ ἂν ἔμοιγε
ἐλπομένῳ τὰ γένοιτ' οὐδ' εἰ θεοὶ ὣς ἐθέλοιεν γ 227.
λώβη γὰρ τάδε γ' ἐστὶ καὶ ἐσσομένοισι πυθέσθαι
εἰ δὴ μὴ παίδων τε κασιγνήτων τε φονῆας
τεισόμεθ'· οὐκ ἂν ἔμοιγε μετὰ φρεσὶν ἡδὺ γένοιτο
ζωέμεν ἀλλὰ τάχιστα θανὼν φθιμένοισι μετείην ω 433, vgl. auch *Ξ* 244 flgd. und *Φ* 462, *Ω* 297.

IV. Es ist allerdings ein bestimmtes futurisches Ereigniss in Aussicht genommen, aber die Kraft der futurischen Aussage ist dadurch gebrochen, dass das Eintreten durch ein anderes Ereigniss oder einen anderen Gedanken gehindert wird.

Hierher gehört ein

Reiner Optativ.

θυγατέρεσσιν γάρ τε καὶ υἱάσι βέλτερον εἴη
ἐκπάγλοις ἐπέεσσιν ἐνισσέμεν *Ο* 197 (das Hinderniss des Eintretens ist der Umstand, dass Zeus nicht die richtige Einsicht hat).

Optativ mit κέν.

καὶ γάρ κ' εἰς ἐνιαυτὸν ἐγὼ παρὰ σοί γ' ἀνεχοίμην
ἥμενος, οὐδέ κε μ' οἴκου ἕλοι πόθος οὐδὲ τοκήων·
αἰνῶς γὰρ μύθοισιν ἔπεσσί τε σοῖσιν ἀκούων
τέρπομαι· ἀλλ' ἤδη μοι ἀνιάζουσιν ἑταῖροι δ 595, vgl. ρ 561.

Der beschränkende Gedanke, der in diesen Fällen durch ἀλλά eingeleitet ist, in ähnlichen z. B. α 236 durch νῦν, enthält in anderen ein οὐ:

κεῖσε δ' ἐγὼν οὐκ εἶμι, νεμεσσητὸν δέ κεν εἴη *Γ* 410.
οὐδ' Ἀχιλῆος
ὀφθαλμοὺς εἴσειμι· νεμεσσητὸν δέ κεν εἴη *Ω* 462.
ἀλλ' ἐμοὶ οὐκ ἐντεῦθεν ὀίομαι αἰνὸν ὄνειρον
ἐλθέμεν· ἦ κ' ἀσπαστὸν ἐμοὶ καὶ παιδὶ γένοιτο τ 568.

Oder der beschränkende Gedanke kann in einem Bedingungssatz ausgedrückt werden, dessen Eintreten als unmöglich angesehen wird:

εἰ μέν τις τὸν ὄνειρον Ἀχαιῶν ἄλλος ἔνισπεν
ψεῦδός κεν φαῖμεν καὶ νοσφιζοίμεθα μᾶλλον B 81.
πάσας δ' οὐκ ἂν ἐγὼ μυθήσομαι οὐδ' ὀνομήνω
ὅσσας ἡρώων ἀλόχους ἴδον ἠδὲ θύγατρας·
πρὶν γάρ κεν καὶ νὺξ φθῖτ' ἄμβροτος λ 328, vgl noch *I* 601.

Dazu kann dann noch kommen, dass die ganze Situation in die Vergangenheit verlegt werden muss, was aber nicht in dem Optativ angedeutet, sondern aus dem Zusammenhange zu entnehmen ist.

καί νύ κεν ἔνθ' ἀπόλοιτο ἄναξ ἀνδρῶν Ἀγαμέμνων
εἰ μὴ ἄρ' ὀξὺ νόησε E 311.
καί νύ κεν ἔνθ' ἀπόλοιτο Ἄρης ἆτος πολέμοιο
εἰ μὴ μητρυιὴ περικαλλὴς Ἠερίβοια
Ἑρμέᾳ ἐξήγγειλεν E 388.
ἔνθα κε ῥεῖα φέροι κλυτὰ τεύχεα Πανθοΐδαο
Ἀτρεΐδης, εἰ μή οἱ ἀγάσσατο Φοῖβος Ἀπόλλων P 70.

Der Optativ mit *ἄν* ist seltener. Interessant ist folgendes Beispiel, in dem *κέν* und *ἄν* gleichbedeutend vorkommen:

οὐκ ἂν τόσσα θεοπροπέων ἀγόρευες
οὐδέ κε Τηλέμαχον κεχολωμένον ὧδ' ἀνιείης β 184.

Hierher dürfte auch zu rechnen sein:
τῷ οὐκ ἂν βασιλῆας ἀνὰ στόμ' ἔχων ἀγορεύοις B 250 *„wenn du nicht so erbärmlich wärest, würdest du nicht“* u. s. w. (Das Hinderniss des Eintreffens der negativen Behauptung ist die Erbärmlichkeit des Thersites).

V. **Die Situation ist nicht mehr, wie unter I.—IV. gegeben, sondern wird fingirt. Das Futurum wird also nicht von dem Augenblicke des jedesmaligen Sprechens, sondern von einem fingirten Punkte an gerechnet. Die Situation wird aber doch noch als eine bestimmte oder von einem genauer bezeichneten Träger ausgehende gekennzeichnet.**

Optativ mit *κέν*.

Erste Person.

μὴ δή μοι θάνατόν γε παραύδα φαίδιμ' Ὀδυσσεῦ·
βουλοίμην κ' ἐπάρουρος ἐὼν θητευέμεν ἄλλῳ
ἀνδρὶ παρ' ἀκλήρῳ ᾧ μὴ βίοτος πολὺς εἴη λ 488

eine Stimmungsäusserung, die sich nicht auf ein vorliegendes Anerbieten bezieht, sondern für jede beliebige Zeit Geltung haben soll.

Zweite Person.

Hier ist die Anrede *φαίης κε* (*οὐδέ κε φαίης*) zu verzeichnen, gerichtet an eine unbestimmte Person. Diese Person wird aufgefordert, sich in eine gewisse Situation zu versetzen, und sich vorzustellen, was sie in dieser fingirten Lage sagen oder empfinden würde.

αὖτις δὲ δριμεῖα μάχη παρὰ νηυσὶν ἐτύχθη,
φαίης κ' ἀκμῆτας καὶ ἀτειρέας ἀλλήλοισιν
ἄντεσθ' ἐν πολέμῳ· ὡς ἐσσυμένως ἐμάχοντο O 696. Anrede des Dichters an den Hörer: „*wenn du dabei wärest, du könntest glauben*".

Ebenso mit der Negation:

ὣς οἱ μὲν μάρναντο δέμας πυρὸς οὐδέ κε φαίης
οὔτε ποτ' ἠέλιον σῶν ἔμμεναι οὔτε σελήνην P 366.
κέλευε δὲ οἷσιν ἕκαστος
ἡγεμόνων· οἱ δ' ἄλλοι ἀκὴν ἴσαν — οὐδέ κε φαίης
τόσσον λαὸν ἕπεσθαι ἔχοντ' ἐν στήθεσιν αὐδήν Δ 428.

Auch wo nicht der Dichter, sondern eine andere Person redet, muss man das *οὐδέ κε φαίης* auf einen beliebigen anderen, nicht auf den gerade Angeredeten beziehen. Das folgt aus γ 120 flgd., wo Nestor zu Telemachos redet:

ἔνθ' οὔ τίς ποτε μῆτιν ὁμοιωθήμεναι ἄντην
ἤθελ' ἐπεὶ μάλα πολλὸν ἐνίκα δῖος Ὀδυσσεὺς
παντοίοισι δόλοισι πατὴρ τεός, εἰ ἐτεόν γε
κείνου ἔκγονός ἐσσι· σέβας μ' ἔχει εἰσορόωντα·
ἦτοι γὰρ μῦθοί γε ἐοικότες, οὐδέ κε φαίης
ἄνδρα νεώτερον ὧδε ἐοικότα μυθήσασθαι

Nestor kann doch nicht wohl sagen: „*du redest so vernünftig, dass du nicht glauben solltest, ein junger Mann könne so vernünftige Worte führen*", sondern unzweifelhaft ist die mit *οὐδέ κε φαίης* angeredete Person eine unbestimmte. Denselben Gebrauch muss man denn auch Γ 218 und 392 anerkennen.

Dritte Person.

a. Positiv.

Die Situation ist nicht in der Vergangenheit zu denken in folgenden Stellen:

ἄγχι γὰρ αἰνῶς
αὐλῆς καλὰ θύρετρα καὶ ἀργαλέον στόμα λαύρης·
καί χ' εἷς πάντας ἐρύκοι ἀνὴρ ὅς τ' ἄλκιμος εἴη χ 138.
αὐτὸς ἑκὼν οἱ δῶκα· τί κεν ῥέξειε καὶ ἄλλος
ὁππότ' ἀνὴρ τοιοῦτος ἔχων μελεδήματα θυμῷ

αἰτίζῃ; χαλεπόν κεν ἀνήνασθαι δόσιν εἴη *„schwer würde es in solchem Falle sein"* δ 649.

νεμεσσήσαιτό κεν ἀνήρ
αἴσχεα πόλλ' ὁρόων ὅς τις πινυτός γε μετέλθοι α 228.
κερδαλέος κ' εἴη καὶ ἐπίκλοπος ὅς σε παρέλθοι
ἐν πάντεσσι δόλοισι ν 292.

Die Situation ist in der Vergangenheit zu denken:

ἔνθα κ' ἔπειτα καὶ ἀθάνατός περ ἐπελθών
θηήσαιτο ἰδών ε 73.

μάλα κεν θρασυκάρδιος εἴη
ὃς τότε γηθήσειεν ἰδὼν πόνον οὐδ' ἀκάχοιτο N 343.

b. Negativ:

Die Situation ist nicht in der Vergangenheit zu denken:

οὐδέ κεν ἐκ νηὸς γλαφυρῆς αἰζήιος ἀνήρ
τόξῳ ὀιστεύσας κοῖλον σπέος εἰσαφίκοιτο μ 83.

μὴ σύ γε κεῖθι τύχοις ὅτε ῥοιβδήσειεν·
οὐ γάρ κεν ῥύσαιτό σ' ὑπὲκ κακοῦ οὐδ' ἐνοσίχθων μ 106.

οὐδέ κεν ἄλλως
κρινάμενος λέξαιτο ω 107.
οὐδέ κ' Ἄρης ὅς περ θεὸς ἄμβροτος οὐδέ κ' Ἀθήνη
τοσσῆσδ' ὑσμίνης ἐφέποι στόμα Y 358.
ἀνδρῶν δ' οὔ κέν τις ζωὸς βροτὸς οὐδὲ μάλ' ἡβῶν
ῥεῖα μετοχλίσσειεν ψ 187, vgl. Ξ 54.

τὸν δ' οὔ κε δύ' ἀνέρε δήμου ἀρίστω
ῥηιδίως ἐπ' ἄμαξαν ἀπ' οὔδεος ὀχλίσσειαν
οἷοι νῦν βροτοί εἰσιν M 447, vgl. 382 (man vergleiche die beiden Relativsätze E 303, Y 286, in denen der blosse Optativ steht), vgl. Ω 565.

οὔ κεν ἀλήιος εἴη ἀνὴρ ᾧ τόσσα γένοιτο I 125.
οὐ μέν κ' ἄλλη γ' ὧδε γυνὴ τετληότι θυμῷ
ἀνδρὸς ἀφεσταίη ὅς οἱ κακὰ πολλὰ μογήσας
ἔλθοι ψ 100 und 168.
οὐδέ κεν ἀμβαίη βροτὸς ἀνὴρ οὐ καταβαίη
οὐδ' εἴ οἱ χεῖρές τε ἐείκοσι καὶ πόδες εἶεν μ 77.

οὐδέ κέ τίς μιν
γηθήσειεν ἰδὼν οὐδ' εἰ θεὸς ἀντιάσειεν μ 87.

Die Situation ist in der Vergangenheit zu denken in folgenden Fällen:

ἔνθα κεν οὐκέτι ἔργον ἀνὴρ ὀνόσαιτο μετελθών
ὅς τις ἔτ' ἄβλητος καὶ ἀνούτατος ὀξέι χαλκῷ
δινεύοι κατὰ μέσσον Δ 539.

ἡ δὲ μάλ' ἀσφαλέως θέεν ἔμπεδον· οὐδέ κεν ἴρηξ
κίρκος ὁμαρτήσειεν ν 86.
ἔνθ' οὔ κεν ῥέα ἵππος ἐΰτροχον ἅρμα τιταίνων
ἐσβαίη, πεζοὶ δὲ μενοίνεον εἰ τελέουσιν M 58.

Optativ mit ἄν.

Erste Person.

οὐδ' ἂν ἔγωγε
ἀνδρὶ μαχεσσαίμην ὅς τις πολέμοιο μεθείη
λυγρὸς ἐών N 118.

Zweite Person.

Ἄν kommt in dem unter *κέν* an der entsprechenden Stelle (Seite 212) erwähnten Gebrauche nur in negativen Sätzen vor. Dem *οὐδέ κε φαίης* entsprechen die Wendungen *οὐκ ἂν γνοίης, οὐκ ἂν ἔλποιο, οὐκ ἂν ἴδοις*:

ὣς οἱ μὲν πονέοντο κατὰ κρατερὴν ὑσμίνην·
Τυδεΐδην δ' οὐκ ἂν γνοίης, ποτέροισι μετείη E 85

„wenn du dabei wärest, du würdest nicht erkennen“.

ἔνθ' οὐκ ἂν βρίζοντα ἴδοις Ἀγαμέμνονα δῖον Δ 223.
ἡ δ' οὔ τι νοήματος ἤμβροτεν ἐσθλοῦ
ὡς οὐκ ἂν ἔλποιο νεώτερον ἀντιάσαντα
ἐρξέμεν η 292

„*du* (ein unbestimmter Angeredeter) *wirst nicht glauben, dass ein jüngerer so handeln wird*“. Nun kommt aber hinzu, das die Anwesenheit der Person bloss fingirt wird, und es entsteht also der Sinn: „*wenn dir das begegnete, du würdest nicht glauben*“. Da aber die ganze Situation vergangen ist, so heisst es: „*wenn einem das passirt wäre, er würde nicht geglaubt haben*“. Dieser Sinn der Vergangenheit liegt in allen bisher angeführten Stellen ausser γ 120. Aber er steckt natürlich weder in dem Optativ noch in ἂν oder κέν, sondern kommt in diese hinein, wo die Situation es mit sich bringt; wo dies nicht der Fall ist, wie γ 120, kommt er nicht hinein.

An eine bestimmte Person ist die Anrede gerichtet:

οὐ σύ γ' ἂν ἐξ οἴκου σῷ ἐπιστάτῃ οὐδ' ἅλα δοίης

„*gesetzt einer bettelte dich an, da würdest ihm auch nicht ein Salzkorn geben*“ ρ 455, wohl auch Ξ 58?

Dritte Person.

Nur in negativen Sätzen:

κείνοισι δ' ἂν οὔ τις
τῶν οἳ νῦν βροτοί εἰσιν ἐπιχθόνιοι μαχέοιτο Α 271.

οὐκ ἂν τόν γε δύω καὶ εἴκοσ' ἅμαξαι
ἐσθλαὶ τετράκυκλοι ἀπ' οὔδεος ὀχλίσσειαν ι 241.
ἔστι γὰρ ἀμφοτέροισιν ὀνείδεα μυθήσασθαι
πολλὰ μάλ', οὐδ' ἂν νηῦς ἑκατόζυγος ἄχθος ἄροιτο Υ 217.
δαιμόνι' οὐκ ἄν τίς τοι ἀνὴρ ὃς ἐναίσιμος εἴη
ἔργον ἀτιμήσειε μάχης Ζ 521.

In die Vergangenheit ist wohl zu versetzen:

ἀλλ' ὅτε δὴ ῥ' ὄπα τε μεγάλην ἐκ στήθεος ἵει
οὐκ ἂν ἔπειτ' Ὀδυσῆΐ γ' ἐρίσσειε βροτὸς ἄλλος Γ 221.

Wahrscheinlich ist zu dieser Abtheilung noch *P* 360 zu rechnen.

VI. Während wir in der letzten Abtheilung Optative zusammenstellten, welche zwar nicht mehr in die Zukunft weisen, aber doch eine bestimmte Situation mehr oder minder deutlich vor Augen halten, so haben wir jetzt schliesslich diejenigen Optative zu erwähnen, welche auch diese Bestimmtheit eingebüsst haben, welche also nur noch ausdrücken, dass etwas irgendwann und bei irgend jemand sich ereignen möchte, mithin nur die Möglichkeit ausdrücken. Eine besondere Klasse dieser die Möglichkeit bezeichnenden Optative sind die der bescheidenen Behauptung, bei der man statt zu sagen, dass etwas wirklich sei, sich auf die Angabe beschränkt, dass es möglich sei.

Wir führen zunächst den reinen Optativ in der Sentenz an:

ῥεῖα θεός γ' ἐθέλων καὶ τηλόθεν ἄνδρα σαώσαι γ 231 (vgl. *K* 556).

Sodann Optative mit *κέν*, und zwar zunächst positive. Von der ersten Person liegt eine bescheidene Behauptung vor:

κρείσσων εἷς ἐμέθεν καὶ φέρτερος οὐκ ὀλίγον περ
ἔγχει, ἐγὼ δέ κε σεῖο νοήματί γε προβαλοίμην Τ 218.

Zweite Person.

ἦ μὴν καὶ νέος ἐσσί, ἐμὸς δέ κε καὶ πάϊς εἴης
ὁπλότατος γενεῆφιν „du könntest mein Sohn sein" (wenn wir wirklich nur das Alter berücksichtigen) Ι 57.

Hierher ist auch zu rechnen:

τὸν δ' ἕτερον σκόπελον χθαμαλώτερον ὄψει Ὀδυσσεῦ
πλησίον ἀλλήλων· καί κεν διοϊστεύσειας μ 101,

„*man könnte* (nicht du könntest s. Seite 212) *hinüberschiessen*". Man vergleiche dieses *κεν διοϊστεύσειας* einerseits mit den Wendungen wie *κε φαίης*, welche behaupten, dass bei einer gewissen Situation jemand sicher sagen würde, und andererseits mit μ 83, wo die Situation des

Schiessens genauer ausgemalt ist, und wird nicht zweifeln, dass μ 101 in der That zu dieser Gruppe gehört.

Dritte Person.

οὐ μὲν γάρ τι κακή γε, φέροι δέ κεν ὥρια πάντα ι 131.

Etwas anders ist aufzufassen:

καί νύ κεν ἐς δεκάτην γενεὴν ἕτερόν γ' ἔτι βόσκοι ξ 323 und τ 294.

Hierher scheint mir auch

οὔ τί σ' ἀτιμάζουσι θεοί· χαλεπὸν δέ κεν εἴη ν 141 zu gehören.

Es ist, wie schon das Präsens *ἀτιμάζουσι* zeigt, viel allgemeiner als die ähnlichen Stellen, wie Γ 410. Man vergleiche auch δ 644 und Λ 653. Von negativen Sätzen mit *κέν* seien angeführt:

σὴν γὰρ ἀρίστην
μῆτιν ἐπ' ἀνθρώπους φάσ' ἔμμεναι οὐδέ κέ τίς τοι
ἄλλος ἀνὴρ ἐρίσειε καταθνητῶν ἀνθρώπων ψ 124.

οὐδέ κεν εἴη
ἄνδρε δύω πολλοῖσι καὶ ἰφθίμοισι μάχεσθαι, was doch wohl als Sentenz zu fassen ist, π 244.

ἀνὴρ δέ κεν οὔ τι Διὸς νόον εἰρύσσαιτο
οὐδὲ μάλ' ἴφθιμος Θ 143, eine Sentenz allgemeineren Inhalts als z. B. ψ 187.

Der Optativ mit *ἄν*

kommt nur in negativen Sätzen vor:

θύραι δ' εὐεργέες εἰσίν
δικλίδες· οὐκ ἄν τίς μιν ἀνὴρ ὑπεροπλίσσαιτο ρ 267.

Die ganz ähnliche Stelle ψ 187 führt doch eine genauer specialisirte Situation vor Augen:

οὐκ ἄν τίς σε βροτῶν ἐπ' ἀπείρονα γαῖαν
νείκεοι „*niemand wird dich schelten*“, aber nicht im Sinne der Zukunft, τ 107, vgl. ρ 387?

ὣς περὶ κέρδεα πολλὰ καταθνητῶν ἀνθρώπων
οἶδ' Ὀδυσεύς, οὐδ' ἄν τις ἐρίσσειε βροτὸς ἄλλος τ 285, vgl. ο 321.

οὐ γάρ πως ἂν θνητὸς ἀνὴρ τάδε μηχανόῳτο
ᾧ αὐτοῦ γε νόῳ ὅτε μὴ θεὸς αὐτὸς ἐπελθών
ῥηιδίως ἐθέλων θείη νέον ἠδὲ γέροντα π 196 mit unlogischer Satzverbindung!

Ferner zwei Sentenzen:

οὐκ ἂν δή τις ἐπὶ ῥηθέντι δικαίῳ
ἀντιβίοις ἐπέεσσι καθαπτόμενος χαλεπαίνοι σ 414, wenn man diese Worte als Sentenz fassen darf.

τέκνα φίλ', ἦ τοι Ζηνὶ βροτῶν οὐκ ἄν τις ἐρίζοι δ 78.

Cap. II.

Der Optativ in relativen Nebensätzen.

Die optativischen Relativsätze zerfallen in dieselben Gruppen wie die conjunctivischen. Man vergleiche darüber Einleitung Cap. V. Wir behandeln daher auch hier zunächst in

§ 1.

Die posteriorischen Relativsätze.

Dieser Paragraph zerfällt, wie der entsprechende des Conjunctivs in zwei Abtheilungen und zwar:

I. Die wünschenden Optative.

Sanskritische Beispiele.

a. der Relativsatz ist positiv:

idáṃ sú me maruto haryatā váco yásya tárema tárasā çatáṃ hímāḥ *„[N]ehmet freundlich an, ihr Maruts, dieses mein Wort, durch dessen Kraft wir erreichen möchten hundert Jahre“* RV. 5, 54, 15.

yás te mádaḥ pṛitanāshā́l ámṛidhra índra táṃ na ā́ bhara çūçuvā́ṅsam, yéna tokásya tánayasya sātaú maṅsīmáhi jigīvā́ṅsas tvótāḥ *„welcher [d]ein Rausch ist, der Feinde besiegende, unermüdliche, o Indra, den bringe uns heran, den schwellenden, durch den wir unter Erlangung von Nachkommenschaft lebend erscheinen möchten von dir beschützt“* RV. 6, 19, 7 (vgl. den Conjunctiv 8), vgl. 5, 31, 13. 8, 42, 3 u. ö.

b. der Relativsatz ist negativ; als Negation können wir nur [n]á belegen:

mṛiḍīkéna sákhyā saceya, yó mā ná rishyed, haryaçva, pītáḥ *„mit dem milden Freunde (dem Somatranke) möchte ich zusammenkommen, der mich, wenn getrunken, o Herr der falben Rosse, nicht beschädigen möge“* RV. 8, 48, 10, vgl. 6, 63, 2.

Griechische Beispiele.

An allen Stellen, wo der Optativ rein wünschend ist, kann man den Relativsatz noch als selbständigen Satz auffassen.

a. der Relativsatz ist positiv:

ἤδη γὰρ τετέλεσται ἅ μοι φίλος ἤθελε θυμός,
πομπὴ καὶ φίλα δῶρα, τά μοι θεοὶ Οὐρανίωνες
ὄλβια ποιήσειαν ν 41, vgl. η 148, ρ 597, Ω 212.

b. der Relativsatz ist negativ, als Negation dient *μή*:

ἀλλὰ πολὺ μεῖζόν τε καὶ ἀργαλεώτερον ἄλλο
μνηστῆρες φράζονται, ὃ μὴ τελέσειε Κρονίων δ 698.

II. Die abgeschwächten Optative.

Wie schon Einleitung S. 36 angedeutet ist, haben wir es passend gefunden, die Optative dieser Nummer — bis auf eine Ausnahme alle dem Griechischen entlehnt — in zwei Classen zu theilen. Die erste (1) umfasst diejenigen Optative, welche man zwar schon abgeschwächte nennen mag, in denen der Wunsch aber noch durchscheint, die zweite (2) die mehr futurischen Optative.

Der Optativsatz tritt nicht so lose an den Hauptsatz, wie unter I, sondern zwischen Hauptsatz und Relativsatz besteht ein engeres innerliches Band. Die Handlung des Hauptsatzes wird in vielen Fällen geradezu nur in dem Gedanken unternommen, dass dann möglicher Weise die Handlung des Relativsatzes geschehen könnte.

1) Die abgeschwächten Optative, in denen der Wunsch (der Hauptperson) noch durchscheint.

Ich weiss nur griechische Beispiele beizubringen. Ueberall ist dem Optativ die Partikel *κέν* beigegeben:

ἀλλ' ἄγε δή τινα μάντιν ἐρείομεν ἢ ἱερῆα
ὅς κ' εἴποι

„aber wolan, wir wollen einen Seher fragen, oder einen Priester, der könnte vielleicht sagen .. Α 64.

ἔκτοσθεν δὲ βαθεῖαν ὀρύξομεν ἐγγύθι τάφρον,
ἥ χ' ἵππους καὶ λαὸν ἐρυκάκοι ἀμφὶς ἐοῦσα

„draussen aber wollen wir dicht daran einen tiefen Graben aufwerfen, der könnte vielleicht ringsumlaufend Ross und Mann abhalten“ Η 342. vgl. ε 166.

ἥ κεν ἅπαντας
ἢ σῦς ἠὲ λύκους ποιήσεται ἠὲ λέοντας
οἵ κέν οἱ μέγα δῶμα φυλάσσοιμεν καὶ ἀνάγκῃ

„die wird alle zu Schweinen oder zu Wölfen machen oder zu Löwen, die wir ihr vielleicht den grossen Palast bewachen könnten auch wider unsern Willen“ κ 432.

ὑπὸ δὲ θρῆνυν ποσὶν ἥσει,
τῷ κεν ἐπισχοίης λιπαροὺς πόδας εἰλαπινάζων

„darunter aber wird er einen Schemel setzen, auf den könntest du die Füsse setzen beim Schmausen“ Ξ 241, Θ 291.

εἶσομαι ἐξ ἁλόθεν χαλεπὴν ὄρσουσα θύελλαν,
ἥ κεν ἀπὸ Τρώων κεφαλὰς καὶ τεύχεα κήαι
φλέγμα κακὸν φορέουσα

„ich gehe hin, vom Meere her einen heftigen Sturm zu erregen, der könnte vielleicht die Häupter der Troer und ihre Waffen verbrennen“ Φ 335.

Das Präsens geht voraus:

ἀλλά τοι ἄλλον φῶτα πιφαύσκομαι ὅν κεν ἵκοιο

„aber ich nenne dir einen andern Mann, zu dem könntest du gehen“ ο 518.

2) Die mehr futurischen Optative.

Auch für diese Gattung haben wir fast nur griechische Belege. Ein sehr instruktives Beispiel aus dem Sanskrit folgt weiter unten.

Wir ordnen die Belege nach dem Innigkeitsgrade der Verknüpfung zwischen Haupt- und Nebensatz, doch wird diese Eintheilung von anderen Rücksichten, wie sich aus dem Texte ergiebt, bisweilen durchschnitten.

Die Verknüpfung zwischen Hauptsatz und Relativsatz ist eine mehr äusserliche:

a. der Optativ ist rein:

ὁ δὲ χερμάδιον λάβε χειρὶ
Αἰνείας, μέγα ἔργον, ὃ οὐ δύο γ' ἄνδρε φέροιεν

„eine gewaltige Last, die schwerlich zwei Männer tragen könnten“ Υ 286, § 303.

νῦν δ' εἴη, ὃς τῆσδέ γ' ἀμείνονα μῆτιν ἐνίσποι

„nun möge es einen geben, der einen besseren Rath als diesen wüsste“ Ξ 107 (vgl. Κ 170).

b. dem Optativ ist κέν beigefügt:

ἦ δή, πολλὸν ἀποιχομένου Ὀδυσῆος
δεύῃ, ὅ κε μνηστῆρσιν ἀναιδέσι χεῖρας ἐφείη

„wahrlich gar sehr fehlt dir der abwesende Odysseus, der würde (schon) Hand anlegen an die schamlosen Freier“ α 253.

νῦν δ' ἄλλους μὲν πάντας ὁρῶ ἑλίκωπας Ἀχαιούς,
οὕς κεν ἐῢ γνοίην καί τ' οὔνομα μυθησαίμην·
δοιὼ δ' οὐ δύναμαι ἰδέειν κοσμήτορε λαῶν

„jetzt sehe ich alle andern Achäer, die könnte ich recht wohl erkennen und mit Namen nennen; aber zwei Fürsten kann ich nicht sehen“ Γ 235.

παιδὶ δέ κεν εἴποιμι ἔπος, τό κε κέρδιον εἴη,
μὴ πάντα μνηστῆρσιν ὑπερφιάλοισιν ὁμιλεῖν

„meinem Sohne könnte ich etwas sagen, das könnte (ihm) nützlich sein, (nämlich) nicht so sehr mit den übermüthigen Freiern zu verkehren“ σ 166.

εἰσὶν μέν μοι παῖδες ἀμύμονες, εἰσὶ δὲ λαοὶ
καὶ πολέες, τῶν κέν τις ἐποιχόμενος καλέσειεν

„*wohl habe ich treffliche Söhne, wohl habe ich viele Krieger, von denen könnte einer hingehen und rufen, aber* . ." K 170, vgl. 165 (s. unter d).

An Stelle des gewöhnlichen ὅς steht das Adverb ἔνθα relativ:

σὺ δ' αὖ τέκος, ἢ ἐμοὶ αὐτῇ
ἕψεαι, ἔνθα κεν ἔργα ἀεικέα ἐργάζοιο

„*du aber, o Kind, wirst mir entweder folgen (dahin), wo du schimpfliche Arbeiten verrichten würdest* . ." Ω 732.

Der Relativsatz ist negativ (οὐ):

ἐπεὶ νοέω κακὸν ὔμμιν
ἐρχόμενον, τό κεν οὔ τις ὑπεκφύγοι οὐδ' ἀλέαιτο

„*da ich das Unglück auf euch herankommen sehe, dem vielleicht keiner entrinnen oder ausweichen dürfte*" υ 368.

σίγα, μή τις δ' ἄλλος Ἀχαιῶν τοῦτον ἀκούσῃ
μῦθον, ὃν οὔ κεν ἀνήρ γε διὰ στόμα πάμπαν ἄγοιτο
ὅς τις ἐπίσταιτο ᾗσι φρεσὶν ἄρτια βάζειν

„*schweig, damit nicht ein anderer der Achäer dies Wort höre, das schwerlich ein Mann in den Mund nehmen dürfte, verstände er Vernünftiges zu reden*" Ξ 90.

e. dem Optativ ist ἄν beigefügt:

λίην ἄχθομαι ἕλκος, ὅ με βροτὸς οὔτασεν ἀνήρ
Τυδεΐδης, ὃς νῦν γε καὶ ἂν Διὶ πατρὶ μάχοιτο

„*schmerzlich empfinde ich die Wunde, die mir ein sterblicher Mann schlug, der Tydide, der jetzt vielleicht gar mit Vater Zeus kämpfen dürfte*" E 362. 457.

ὢ πόποι, ὡς ὁ μολοβρὸς ἐπιτροχάδην ἀγορεύει,
γρηῒ καμινοῖ ἶσος· ὃν ἂν κακὰ μητισαίμην
κόπτων ἀμφοτέρῃσιν . . .

„*o, wie der Fresser geläufig redet* . ., *ich könnte ihm schon Schlimmes anstiften ihn schlagend mit beiden Fäusten* . . ." σ 26.

μυθεῖται κατὰ μοῖραν, ἅ περ κ' οἴοιτο καὶ ἄλλος

„*er spricht nach Gebühr, es dürfte ihm wohl auch ein anderer beistimmen (so dass ihm beistimmen dürfte)*" ρ 586, vgl. ι 188.

ἡμεῖς δ' εἰμὲν τοῖοι οἳ ἂν σέθεν ἀντιάσαιμεν

„*wir aber sind solche, die dir recht wohl entgegengehen könnten*" H 231.

Der Relativsatz ist negativ (οὐ):

. . *καὶ νωΐτερον λέχος αὐτῶν*
κουρίδιον, τὸ μὲν οὐκ ἂν ἐγώ ποτε μὰψ ὀμόσαιμι

. . . „*bei dem würde ich schwerlich trügerisch schwören*" O 40.

d. dem Optativ ist *ἄν* und *κέν* beigefügt:

ἀμφὶ δ' ἄρ' Αἴαντας δοιοὺς ἵσταντο φάλαγγες
καρτεραί, ἃς οὔτ' ἄν κεν Ἄρης ὀνόσαιτο μετελθών N 127.

An den Schluss stellen wir die Fälle, in denen der Hauptsatz negativ ist. Zunächst sei ein Beispiel aus dem Sanskrit erwähnt, zufällig das einzige, was uns zu Gebote steht. Man vergleiche Einleitung Seite 39 flgd.:

té ho'cuḥ: ná vâi sā́ manushyèshv agnér yajñíyā tanū́r asti, yáye 'ṣṭvā́ 'smā́kam ékaḥ syā́d íti „die Götter sprachen: „*unter den Menschen ist die opferwürdige Gestalt des Feuers nicht vorhanden, mit welcher opfernd man einer von uns werden könnte*“ Çat. Br. 11, 5, 1, 13.

In den uns vorliegenden homerischen Beispielen steht bei dem Optativ *κέν* ausser X 348, was den reinen Optativ zeigt. Sie sind die folgenden:

οὐ γάρ πω ἴσασι φίλοι κατὰ δώμαθ' ἑκάστου
οἵ κ' ἀπονίψαντες μέλανα βρότον ἐξ ὠτειλέων
κατθέμενοι γοάοιεν

„*denn nicht wissen es daheim die Freunde eines jeden, die würden gewiss das schwarze Blut von den Wunden abwaschen, und sie bestatten und sie beklagen*“ ω 188, vgl. μ 280.

Besonders häufig steht im Hauptsatze eine Form von *εἰμί*, oder ist eine solche zu ergänzen:

ὡς οὐκ ἔσθ' ὃς σῆς γε κύνας κεφαλῆς ἀπαλάλκοι

„*denn keinen giebt es, der die Hunde von deinem Haupte abwehren könnte, (der könnte sonst u. s. w.)* X 348, vgl. δ 167.

ἵπποι δ' οὐ παρέασι καὶ ἅρματα τῶν κ' ἐπιβαίην

„*Ross und Wagen sind nicht da, die ich etwa besteigen könnte*“ E 192, Ξ 299.

οὐ μέν τι σχεδόν ἐστι πόλις πύργοις ἀραρυῖα,
ᾗ κ' ἀπαμυναίμεσθ' ἑτεραλκέα δῆμον ἔχοντες

„*keine Stadt, mit Thürmen versehen, ist in der Nähe, durch die wir uns etwa schützen könnten*“ O 737.

οὐ γάρ οἱ πάρα νῆες ἐπήρετμοι καὶ ἑταῖροι,
οἵ κέν μιν πέμποιεν ἐπ' εὐρέα νῶτα θαλάσσης

„*denn nicht stehen ihm berunderte Schiffe und Gefährten zu Gebote, die ihn etwa geleiten könnten auf dem weiten Rücken des Meeres*“ δ 559, vgl. ι 126.

ἀτὰρ οὔ τί μοι ἐνθάδε τοῖον
οἷόν κ' ἠὲ φέροιεν Ἀχαιοὶ ἤ κεν ἄγοιεν

„*aber nicht habe ich hier solche Dinge, die die Achäer forttragen oder treiben könnten*“ E 483 (vgl. H 231).

Eine Frage, die negativen Sinn hat, geht voraus:

ἦέ τινάς φαμεν εἶναι ἀοσσητῆρας ὀπίσσω,
ἦέ τι τεῖχος ἄρειον, ὅ κ' ἀνδράσι λοιγὸν ἀμύναι;

„sagen wir, dass noch Helfer uns im Rücken stehen, oder eine stärkere Mauer, die den Männern vielleicht das Verderben abwehren könnte“ O 735.

Die richtige Auffassung aller dieser Beispiele wird uns erleichtert, wenn wir uns die unter b. verzeichneten ähnlichen Beispiele mit vorausgehendem positiven Hauptsatze vergegenwärtigen:

εἰσὶν μέν μοι παῖδες ἀμύμονες, εἰσὶ δὲ λαοὶ
καὶ πολέες, τῶν κέν τις ἐποιχόμενος καλέσειεν K 170.
οὔ νυ καὶ ἄλλοι ἔασι νεώτεροι υἷες Ἀχαιῶν,
οἵ κεν ἔπειτα ἕκαστον ἐγείρειαν βασιλήων
πάντῃ ἐποιχόμενοι K 165, vgl. H 231 mit E 483 und Einleitung Seite 39 flgd.).

§ 2.

Die priorischen Relativsätze.

Der wünschende Optativ ist hier im Relativsatze nicht nachweisbar, immer finden wir den futurischen Optativ. Der Relativsatz enthält also gleichfalls die Meinung oder Vermuthung einer redenden Person, aber die in ihm als möglich hingestellte Handlung würde nicht, wenn sie einträte, der im Hauptsatze ausgesprochenen Handlung nachfolgen, sondern es hängt umgekehrt das Eintreten der letztern von der Erfüllung jener möglichen Handlung des Relativsatzes ab. Den Optativ in solcher Situation pflegt man wohl den Optativ der Annahme zu nennen. Annehmen bedeutet eben zunächst abgesehen von der Wirklichkeit sich irgend einen Gedanken nur vorstellen, und zwar um ihn als Grundlage weiterer Gedanken zu betrachten; an ein *„angenommen, dass..“* schliesst sich stets ein weiterbauender Satz mit *„so..“* an.

Wenn aber das Eintreten der Handlung des Hauptsatzes von der nur möglicher Weise stattfindenden Handlung des Relativsatzes abhängig gemacht wird, so darf man wohl erwarten, dass auch die Handlung des Hauptsatzes als nur möglich hingestellt wird, dass also auch im Hauptsatze der abgeschwächte Optativ sich findet. Dieses, wir können sagen, natürlichste Verhältniss ist aber nur im Griechischen als ein gewöhnliches nachzuweisen; es ist hier nicht nur in den relativen, sondern auch in zahlreichen hypothetischen Satzgefügen vertreten (*εἴ μοί τι πίθοιο, τό κεν πολὺ κέρδιον εἴη* H 28). Im Sanskrit weist der Hauptsatz in den meisten Stellen den wünschenden Optativ auf, und auch im Griechischen finden sich entsprechende Beispiele.

Ein Wort der Erklärung verlangen diejenigen Optative, welche man nach alter Terminologie Optative der Wiederholung nennt. Natürlich liegt der Gedanke der Wiederholung nicht im Optativ, sondern nur die Beliebigkeit der Annahme. Befindet sich aber im Hauptsatz ein Tempus, das von einer wiederholt vorgekommenen Handlung erzählt, so liegt es nahe, den Gedankeninhalt des Hauptsatzes derart nach vorwärts oder rückwärts wirken zu lassen, dass man dem Optativ einen iterativen Sinn unterlegt. Es mag sein, dass die Griechen diesen Sinn in dem Optativ empfunden haben, das steht aber fest, dass er nur momentan durch die umgebenden Gedanken in den Optativ hineinkommt. Ein Optativ in einem selbständigen Satze hat nie den Sinn der Wiederholung.

Sanskritische Beispiele.

1) Ein fragender Optativ steht im Hauptsatze:

yo hi'mâni na vidyât, katham so'nuçishṭo bruvîta *„es könnte einer dies nicht wissen (wer dies nicht weiss), wie könnte der sich unterrichtet nennen?“* Chând. Upan. 5, 3, 4 (Muir 1², 435).

2) Der Indicativ (des Präsens) steht im Hauptsatze:

sûryâṃ yó brahmâ' vidyâ't, sá íd vâdhûyam arhati *„es könnte ein Priester das Sûryâlied kennen (welcher kennt), der verdient das Brautkleid“* RV. 10, 85, 34 (vgl. Weber, Ind. St. 5, 189).

prâṇenâi'vâi'naṃ tad vyardhayati yaṃ kâmayeta *„auf diese Weise beraubt der Priester den des Lebens, wen er etwa will (angenommen, er will einen)“* Ait. Br. 3, 3.

Pronominale Adverbia leiten den Relativsatz ein:

sa yâvan manyeta tâvad adhityâi'tayâ paridadhâti *„nachdem er so viel gelesen, als ihm gut dünken dürfte, schliesst er mit folgendem Verse… (es könnte ihm etwas gut dünken, so viel gelesen habend schliesst er…)“* Âçv. gr. 3, 3, 4.

yatra sarvata âpaḥ prasyanderann etad âdahanasya lakshaṇaṃ çmaçânasya *„wo von allen Seiten Wasser herabströmen (es könnte wo von allen Seiten Wasser herabströmen), das ist die Beschaffenheit der Verbrennungsstätte“* ebendas. 4, 1, 15. Solche Wendungen sind im Sûtrastile häufig.

3) Der wünschende Optativ steht im Hauptsatze:

tád yásyâi'váṃ vidvâ'n vrâ'tyo râ'jñò'tithir gṛhâ'n âgáchet, çréyâṃsam enam âtmáno mânayet *„es könnte der also wissende Vrâtya in das Haus eines Königs eintreten (in wessen Haus eintritt), der möge ihn höher schätzen als sich selbst“* AV. 15, 10, 1.

yo'nnâdyam ichet prayâjâhutibhir dakshiṇâ sa iyâd *„es könnte jemand Speise zu erlangen wünschen (wer wünscht), der möge nach Süden gehen“* Ait. Br. 1, 8.

yam dvishyât, tam dhyâyet *„es könnte jemand einen hassen (wen einer hasst), den möge er im Sinne haben* (bei einer gewissen Ceremonie)" Ait. Br. 3, 6.

yác chaknuyā́t tád dadyân nā́'dakshinám havíḥ syât *„gesetzt man könnte etwas (was man etwa kann), das möge man thun; nicht gabenlos (d. h. nicht ohne, dass ein Brahmane etwas bekommt) soll ein Opfer sein"* Çat. Br. 2, 4, 3, 14.

yó nv èvá jñâtás tásmâi brûyâd, átha yò'nûcâno'tha yò'sya priyáḥ syā́n, nét tv èvá sárvasmā'iva *„es könnte einer bekannt sein (wer bekannt ist), dem möge er es mittheilen, oder es könnte einer gelehrt sein, oder es könnte einer sein Freund sein, nicht aber jedem beliebigen"* Çat. Br. 13, 6, 2, 20, vgl. 2, 1, 4, 27 u. ö.

Solche Constructionen sind im Brâhmaṇastil unzählig. Eine Anzahl aus Taitt. Sanh. finden sich Ind. Stud. 10, 51.

yad yad upadiçeyus, tat tat kuryuḥ *„gar manches könnten (alte Brâhmanenfrauen) befehlen, alles das mögen (die jungen Eheleute) thun (was, das)"* Âçv. gr. 1, 11, 9.

Ein relatives Adverbium leitet den Relativsatz ein:

yatamáthâ kāmáyeta táthâ kuryât *„auf welche Weise er etwas will (er könnte es auf irgend eine Weise wollen), so möge er es thun"* Çat. Br. 2, 1, 4, 27.

4) Ein Imperativ steht im Hauptsatze:

prā́ṅ putraka vrajatât tátra yát páçyes tád dṛishṭvā́ dakshinā́ vrajatât *„du sollst nach Osten wandern, Sohn; dort könntest du etwas sehen (was du dort siehst), das gesehen habend sollst du nach Süden wandern"* Çat. Br. 11, 6, 1, 2.

Griechische Beispiele.

1) Im Hauptsatze der futurische Optativ.

a. der Relativsatz folgt nach:

οὐδ' ἂν ἔγωγε
ἀνδρὶ μαχησαίμην ὅς τις πολέμοιο μεθείη
λυγρὸς ἐών

„angenommen, es liesse ein Schwächling vom Kampfe ab, mit dem würde ich nicht kämpfen" N 117.

ἔνθα κεν οὐκέτι ἔργον ἀνὴρ ὀνόσαιτο μετελθών,
ὅς τις ἔτ' ἄβλητος καὶ ἀνούτατος ὀξέϊ χαλκῷ
δινεύοι κατὰ μέσσον, ἄγοι δέ ἑ Παλλὰς Ἀθήνη,
χειρὸς ἑλοῦσ', αὐτὰρ βελέων ἀπερύκοι ἐρωήν

„da würde jetzt keiner mehr, käme er dazu, den Kampf schmähen. angenommen, er wandelte noch ungetroffen und unverwundet vom scharfen

Eisen mitten umher, Athene aber führte ihn an der Hand, und hielt der Geschosse Gewalt von ihm ab“ Δ 539, vgl. Θ 240.

νεμεσσήσαιτό κεν ἀνὴρ
αἴσχεα πόλλ' ὁρόων, ὅς τις πινυτός γε μετέλθοι

„*zürnen würde ein Mann, das viele Unziemliche sehend, angenommen, er käme dazu*“ α 228.

ἀνδρὶ δέ κ' οὐκ εἴξειε μέγας Τελαμώνιος Αἴας,
ὃς θνητός τ' εἴη καὶ ἔδοι Δημήτερος ἀκτήν

„*einem Manne würde Aias, der gewaltige Telamonier, nicht weichen, angenommen, er wäre sterblich und nährte sich von der Frucht der Demeter*“ N 321.

ὧδέ γ' ὑποκρίναιτο θεοπρόπος, ὃς σάφα θυμῷ
εἰδείη τεράων καί οἱ πειθοίατο λαοί

„*so würde ein Wahrsager deuten, angenommen, er verstände sich gut auf Zeichen und das Volk traute ihm*“ M 228, vgl. Ξ 92.

καί χ' εἷς πάντας ἐρύκοι ἀνήρ, ὅς τ' ἄλκιμος εἴη

„*ein Mann könnte alle abhalten, angenommen, er wäre stark*“ χ 138.

οὔ κεν ἀλήιος εἴη ἀνήρ, ᾧ τόσσα γένοιτο

„*nicht arm würde ein Mann sein, angenommen, es fiele ihm so viel zu*“ I 125, vgl. Z 521, κ 383, ν 291, ψ 101 (169).

Eine Negation steht im Relativsatze, und zwar ist μή und οὐ zu belegen:

βουλοίμην κ' ἐπάρουρος ἐὼν θητευέμεν ἄλλῳ
ἀνδρὶ παρ' ἀκλήρῳ, ᾧ μὴ βίοτος πολὺς εἴη,
ἢ πᾶσιν νεκύεσσι καταφθιμένοισιν ἀνάσσειν

„*angenommen, er hätte nicht viel Gut*“ λ 489.

μάλα κεν θρασυκάρδιος εἴη,
ὃς τότε γηθήσειεν ἰδὼν πόνον οὐδ' ἀκάχοιτο

„*überaus kühn würde einer sein, angenommen, er freute sich beim Anblick der Drangsal und betrübte sich nicht*“ N 343.

b. der Relativsatz geht voraus:

ὃς τὸ καταβρόξειεν ἐπὴν κρητῆρι μιγείη
οὔ κεν ἐφημέριός γε βάλοι κατὰ δάκρυ παρειῶν . . .

„*es könnte vielleicht einer das herunterschlucken . ., der würde an dem nämlichen Tage keine Thräne vergiessen . .*“ δ 222.

2) Im Hauptsatz steht der wünschende Optativ.

a. der Relativsatz folgt nach:

ὡς ἀπόλοιτο καὶ ἄλλος, ὅ τις τοιαῦτά γε ῥέζοι

„*so möge verderben jeder andere, angenommen, er handelte so*“ α 47, vgl. σ 142.

b. der Relativsatz geht voraus:

ὁππότεροι πρότεροι ὑπὲρ ὅρκια πημήνειαν
ὧδέ σφ' ἐγκέφαλος χαμάδις ῥέοι ὡς ὅδε οἶνος

„*die einen könnten gegen den Vertrag mit Feindseligkeiten beginnen (angenommen, die einen begönnen), denen möge das Gehirn auf die Erde fliessen, wie dieser Wein*“ Γ 299.

Der Optativ im Hauptsatze ist negativ:

τῶν μή τις ὑπεκφύγοι αἰπὺν ὄλεθρον
χεῖράς θ' ἡμετέρας, μηδ' ὅν τινα γαστέρι μήτηρ
κοῦρον ἐόντα φέροι

„*auch nicht dann, angenommen, die Mutter trüge ihn als Kind noch im Leibe*“ Z 57, vgl. ο 359.

3) Der Indicativ des Präsens steht im Hauptsatze:

καὶ δ' ἄλλῃ νεμεσῶ, ἥ τις τοιαῦτά γε ῥέζοι

„*auch zürne ich einer andern, angenommen, sie thäte solches*“ ζ 286. Ψ 494 (vgl. χ 315 unter 5a).

τῶν μὲν γὰρ πάντων βέλε' ἅπτεται, ὅς τις ἀφήῃ

„*denn bei allen treffen die Geschosse, angenommen, es wirft einer* (hier im Sinne von: *so oft einer wirft*)“ P 631.

4) Der Indicativ des Futurs steht im Hauptsatz:

καὶ γὰρ δὴ κοίτοιο τάχ' ἔσσεται ἡδέος ὥρη
ὅν τινά γ' ὕπνος ἕλοι γλυκερὸς καὶ κηδόμενόν περ

„*denn bald wird da sein die Zeit der sanften Ruhe, angenommen, es überwältigt einen der süsse Schlaf, auch wenn man betrübt ist*“ τ 510.

5) Der Indicativ eines historischen Tempus steht im Hauptsatze.

a. der Relativsatz folgt nach:

ἔγχει δ' αἰεὶ
Τρῶας ἄμυνε νεῶν, ὅς τις φέροι ἀκάματον πῦρ

„*mit der Lanze wehrte er die Troer von den Schiffen ab, angenommen, es brächte einer Feuer (so oft einer brachte)*“ O 730.

ἄλλον μειλιχίοις, ἄλλον στερεοῖς ἐπέεσσιν
νείκεον, ὅν τινα πάγχυ μάχης μεθιέντα ἴδοιεν

„*den einen schalten sie mit freundlichen, den andern mit harten Worten, angenommen, sie sähen ihn ganz vom Kampfe ablassen (so oft sie sahen)*“ M 267.

οὔ τινα γὰρ τίεσκον ἐπιχθονίων ἀνθρώπων,
οὐ κακὸν οὐδὲ μὲν ἐσθλόν, ὅ τις σφέας εἰσαφίκοιτο

„*keinen Menschen ehrten sie, weder einen schlechten, noch einen edlen, angenommen, er käme zu ihnen (so oft einer kam)*“ χ 414, ψ 65, vgl. μ 331, ρ 317.

ἀλλὰ καὶ ἄλλους
παύεσκον μνηστῆρας, ὅ τις τοιαῦτά γε ῥέζοι

.. „angenommen, es thäte einer solches (so oft einer solches that)" χ 315 (vgl. ζ 286 unter 3).

καὶ πολλάκι δόσκον ἀλήτῃ
τοίῳ ὁποῖος ἔοι καὶ ὅτευ κεχρημένος ἔλθοι

„und oft gab ich einem Bettler, wie er auch sein mochte, angenommen, es käme einer, der etwas brauchte (so oft einer kam)" ρ 420, τ 77, vgl. δ 204.

ὃς ῥ' ἔπεα φρεσὶν ᾗσιν ἄκοσμά τε πολλά τε ᾔδη,
μάψ, ἀτὰρ οὐ κατὰ κόσμον, ἐριζέμεναι βασιλεῦσιν
ἀλλ' ὅ τι οἱ εἴσαιτο γελοίιον Ἀργείοισιν
ἔμμεναι

„angenommen, es schiene ihm etwas lächerlich für die Achäer zu sein (so oft ihm schien)" Β 213, vgl. Μ 428.

b. der Relativsatz geht voraus:

ὃν δὲ λάβοιμι,
ῥίπτασκον τεταγὼν ἀπὸ βηλοῦ

„angenommen, ich hätte einen ergriffen (so oft ich einen ergriff), den packte ich und schleuderte ihn von der Schwelle.." Ο 23.

ὅν τινα μὲν βασιλῆα καὶ ἔξοχον ἄνδρα κιχείη,
τὸν δ' ἀγανοῖς ἐπέεσσιν ἐρητύσασκε παραστάς

„angenommen, er träfe einen König und einen hervorragenden Mann (so oft er einen traf), zu dem trat er und hielt ihn zurück mit freundlichen Worten" Β 188, vgl. 198.

καὶ ῥ' οὓς μὲν σπεύδοντας ἴδοι Δαναῶν ταχυπώλων,
τοὺς μάλα θαρσύνεσκε παριστάμενος ἐπέεσσιν

„und angenommen, er hätte welche von den schnellrossigen Danaern dahineilen sehen, zu denen trat er und ermuthigte sie mit Worten" Δ 232, vgl. 240.

τῶν δ' ὅς τις λωτοῖο φάγοι μελιηδέα καρπόν,
οὐκέτ' ἀπαγγεῖλαι πάλιν ἤθελεν οὐδὲ νέεσθαι

„angenommen, es hätte einer von diesen die süsse Frucht genossen, so wollte er nicht mehr Botschaft zurückbringen und zurückkommen" ι 94, vgl. Ο 713.

6) Ein Imperativ steht im Hauptsatze:

δῶρον δ' ὅττι κέ μοι δοίης κειμήλιον ἔστω

„das Geschenk, angenommen, du gäbest mir eines, soll mir ein Schatz sein".

Cap. III.

Der Optativ in Nebensätzen mit Conjunctionen.

Entsprechend dem dritten Capitel des Conjunctivs zerfällt auch das dritte Capitel des Optativs in zwei grosse Abtheilungen. Die erste umfasst die Sätze mit Conjunctionen vom Relativstamme, die zweite die Sätze mit Conjunctionen von anderer Herkunft.

A.

Die Sätze mit Conjunctionen vom Relativstamme.

Sie zerfallen natürlich wie die entsprechende Partie der Conjunctivsätze in posteriorische und priorische.

§ 1.

Die posteriorischen Sätze mit Conjunctionen vom Relativstamme.

Es kommen in Betracht die Conjunctionen *yád yáthâ*, *ἵνα ὄφρα ὡς ὅπως ἕως*, über welche Einleitung Seite 53 flgd. zu vergleichen ist.

Sanskritische Beispiele.

Yáthâ.

ápa prấca indra viçvâṅ amítrân, ápâ'pâco abhibhûte nudasva, ápô'dîco ápa çûrâ'dharấca, urâú yáthâ táva çárman mádema „*schlag o mächtiger Indra unsere Feinde fort, mögen sie vorn oder hinten, oben oder unten sein, damit wir uns tummeln in deinem breiten Schutze*, wörtlich: *auf diese Weise (wenn du unsere Feinde schlägst) möchten wir uns tummeln etc.*" RV. 10, 131, 1.

ấ dấivyâ vṛiṇîmahé 'vâṅsi bṛ́haspátir no maha ấ sakhâyaḥ, yáthâ bhávema mîḷhúshe ánâgâ yó no dâtấ parâvátaḥ pitế'va „*wir bitten heran die göttlichen Hülfen, Brihaspati wird von uns gefeiert, ihr Freunde, damit wir schuldlos seien vor dem gnädigen, der aus der Ferne giebt wie ein Vater*" RV. 7, 97, 2.

úpajânîta yáthe'yám púnar âgáchet „*denkt nach, auf diese Weise möchte sie dann wohl wieder zu uns zurückkehren (= denkt etwas aus, wie sie wieder zurückgebracht werden könnte)*" Çat. Br. 11, 5, 1, 2. vgl. Einleitung Seite 61.

sa vâi yathâ no jñapayâ, râjaputra, tathâ vada, yathâi'vâ'ṅgirasaḥ sann upeyâṃ tava putratâm „*du, damit du uns belehrest, sprich o Königssohn, auf diese Weise (= in Folge davon) möchte ich, obgleich*

Angirase seiend, wohl eingehen in deine Sohnschaft" d. h. *sage, wie ich eingehen könnte*" Ait. Br. 7, 17 (vgl. Einleitung Seite 62).

Yád liegt mir vor in folgender Stelle:

yán nūnám açyā́ṃ gátim mitrásya yāyām pathā́ „*möchte ich, damit ich einen guten Weg erlange, auf dem Pfade des Mitra wandeln*" RV. 5, 64, 3.

Während in den bisher angeführten Sätzen der Optativ des Nebensatzes dem Wunsch-Optative, wie er uns in Hauptsätzen begegnet ist, am nächsten steht, ist er in dem folgenden Beispiel den Hauptsatz-Optativen des nicht auf einen bestimmten Fall bezüglichen allgemeinen Gebotes (Seite 198) zu vergleichen:

tád hy èvá brāhmaṇénai'shṭávyaṃ yád brahmavarcasí' syā́t Çat. Br. 1, 9, 3, 16. Wenn man die Genesis dieser Periode verständlich machen will, muss man so übersetzen: „*ein Brahmane muss sich Mühe geben, in Folge davon soll er Brahmavarcasin sein*". Das vorwärts weisende *tád* ist erst hinzugekommen, nachdem die beiden Sätze ihre ursprüngliche Selbständigkeit verloren hatten (vgl. Einleitung Seite 40).

Griechische Beispiele.

Wie an der entsprechenden Stelle des Conjunctivs kommen hier Sätze zur Sprache, die eine Absicht oder beabsichtigte Folge enthalten, doch ist gemäss der von dem Conjunctiv abweichenden specifischen Bedeutung des Optativs nie eine so bestimmte Absicht oder eine so nothwendige Folge ausgedrückt, wie in den Conjunctivsätzen.

Ἵνα.

τόν ποτ' ἐγὼν ἐπὶ νηὸς ἐυσσέλμοιο μελαίνης
ἄξω τῆλ' Ἰθάκης ἵνα μοι βίοτον πολὺν ἄλφοι

„*auf diese Weise könnte er mir viel einbringen*" ρ 249.

τάχιστά μοι ἔνδον ἑταῖροι
εἶεν ἵν' ἐν κλισίῃ λαρὸν τετυκοίμεθα δόρπον ξ 408.
νῦν δ' ἵνα καὶ σοὶ πένθος ἐνὶ φρεσὶ μυρίον εἴη
παιδὸς ἀποφθιμένοιο, τὸν οὐχ ὑποδέξεαι αὖτις
οἴκαδε νοστήσαντα Σ 88.

Ὄφρα.

ἐν δ' αὐτοῖσι πύλας ποιήσομεν εὖ ἀραρυίας
ὄφρα δι' αὐτάων ἱππηλασίη ὁδὸς εἴη H 340,

„*durch die würde auf diese Weise ein Weg gehen*". H 349 könnte der Optativ aus dem Conjunctiv entstanden sein.

ὣς ἔμ' ἀϊστώσειαν Ὀλύμπια δώματ' ἔχοντες
ἠέ μ' ἐϋπλόκαμος βάλοι Ἄρτεμις ὄφρ' Ὀδυσῆα
ὀσσομένη καὶ γαῖαν ὕπο στυγερὴν ἀφικοίμην
μηδέ τι χείρονος ἀνδρὸς ἐϋφραίνοιμι νόημα υ 79.

Ὡς und Ὅπως.

Die optativischen Sätze mit *ὡς* bieten noch manche Schwierigkeit und bedürfen vor allem einer über die homerischen Gedichte hinausgehenden Untersuchung. Mir haben sie sich folgendermassen dargestellt:

Für den reinen Optativ habe ich nur das Beispiel:

Ζεὺς τό γ' ἀλεξήσειε καὶ ἀθάνατοι θεοὶ ἄλλοι
ὡς ὑμεῖς παρ' ἐμεῖο θοὴν ἐπὶ νῆα κίοιτε γ 346.

Wenn man diese Sätze in ihre Selbständigkeit zurückübersetzt, so kommt ein dem beabsichtigten entgegengesetzter Sinn heraus. Man muss also annehmen, dass diese Periode nach Analogie solcher mit einem Hauptsatz positiven Sinnes gebildet sei. Wenn da stände: „*Zeus gebe*", so wäre das *ὡς* wohl verständlich: „*Zeus gebe, in Folge davon könntet ihr*".

Dem Optativ ist *κέν* beigefügt:

αὐτὰρ θεῖος ἀοιδὸς ἔχων φόρμιγγα λίγειαν
ἡμῖν ἡγείσθω φιλοπαίγμονος ὀρχηθμοῖο
ὥς κεν τις φαίη γάμον ἔμμεναι

„*in Folge davon könnte dann wohl jemand meinen*" ψ 135.

ἴσχεσθε πτολέμου Ἰθακήσιοι ἀργαλέοιο
ὥς κεν ἀναιμωτί γε διακρινθεῖτε τάχιστα

„*in Folge dessen könntet ihr noch ohne Blutvergiessen auseinanderkommen*" ω 532.

οἳ πατρὸς μὲν ἐς οἶκον ἀπερρίγασι νέεσθαι
Ἰκαρίου, ὥς κ' αὐτὸς ἐεδνώσαιτο θύγατρα

„*sie scheuen sich in das Haus des Vaters zu gehen, in Folge davon (nämlich in Folge ihres Kommens) möchte er wohl selbst die Tochter verloben*" β 52. Dieser Satz ist mit den Relativsätzen zu vergleichen, welche „zur Ergänzung von etwas nicht Vorhandenem" dienen (vgl. Einleitung Seite 39).

Auch der Satz mit *ὅπως*, der hierher gehört, ist ebenso zu erklären:

οὐδέ τι οἶδε νοῆσαι ἅμα πρόσσω καὶ ὀπίσσω
ὅπως οἱ παρὰ νηυσὶ σόοι μαχέοιντο Ἀχαιοί

„*nicht weiss er irgend etwas auszudenken, in Folge davon (wenn er nämlich etwas wüsste), könnten die Achäer unverletzt bei den Schiffen kämpfen*" Α 343.

In folgendem Satze mit ὡς scheint ὡς so weit seine specifische Bedeutung verloren zu haben, dass es wie *yád* nur eine Verbindung irgend welcher Art bezeichnet:

οἶσθα γὰρ ὥς κ' ἀσπαστὸς ἐνὶ μεγάροισι φανείη

„du weist es, er würde erscheinen“ ψ 60.

Dem Optativ ist ἄν beigefügt:

κνυζώσω δέ τοι ὄσσε πάρος περικαλλέ' ἐόντε
ὡς ἂν ἀεικέλιος πᾶσι μνηστῆρσι φανείης

„in Folge dessen möchtest du wohl allen Freiern armselig erscheinen“ ν 402.

τῷ κε τάχα γνοίης φιλότητά τε πολλά τε δῶρα
ἐξ ἐμεῦ ὡς ἄν τίς σε συναντόμενος μακαρίζοι ο 538.

Bei dem Conjunctiv hatte ich Einleitung Seite 64 noch Sätze zu erwähnen, die zeitlich mit dem Hauptsatze verknüpft waren, Sätze mit ὅτε, ὄφρα, ἕως, εἰς ὅ. Diesen weiss ich aus dem Optativ nur folgendes an die Seite zu setzen:

τόφρα γὰρ ἂν κατὰ ἄστυ ποτιπτυσσοίμεθα μύθῳ
χρήματ' ἀπαιτίζοντες ἕως κ' ἀπὸ πάντα δοθείη β 78.

§ 2.

Priorische Sätze mit Conjunctionen vom Relativstamme.

In dem entsprechenden Paragraphen des Conjunctivs unterschieden wir drei Gruppen. Die mittlere auch dort nur durch wenige Beispiele belegte kommt bei dem Optativ in Wegfall. Es bleibt also nur übrig: I. Der Optativ in Gleichnissen, II. Der Optativ in Bedingungs- und Temporalsätzen.

I.

Der Optativ in Gleichnissen.

Ueber diese Sätze vergleiche man Einleitung Seite 66 und 67.

Sanskritische Beispiele.

yánti vā́ ā́pa, éty ādityá, éti candrámā, yánti nákshatrāṇi. yáthā ha vā́ etā́ devátā nè'yur ná kuryur, evám hái'vá tád áhar brāhmaṇó bhavati yád áhaḥ svādhyāyám ná'dhīte *„es wandeln die Wasser, es wandelt die Sonne, es wandelt der Mond, es wandeln die Sterne. Als ob diese Gottheiten nicht wandelten und handelten, so ist ein Brahmane an dem Tage, wo er nicht studirt“* Çat. Br. 11, 5, 6, 10. yáthā'nyásyām yónāu rétaḥ siktám tád anyásyām prajánayishet *„wie wenn er den Samen, der in einen Schoos gegossen ist, in einem andern sich zur Frucht entwickeln lassen wollte“* Çat. Br. 12, 5, 1, 13. sa yáthā nadyā̀'i pā́rám

... er sah das gan
... Ufer eines F
... im Su
... aus der sich
... im Su
... ausgedrückt, z.
... Fichtenzweigen
... Ait. Br. 7, 1

Die op
und bedürfe
gehenden Un
Für de

Wenn
so kommt ein
muss also an
einem Hauptsa
gebe", so wäre
könntet ihr".
Dem Op
αὐ
ἡμῖν
ὡς
„in Folge davo
ἐογε
ὡς
„in Folge dess
kommen" ω 532
οἱ
Ἰκαρί
„sie scheuen sich
(nämlich in Folg
verloben" β 52.
welche „zur Ergä
leitung Seite 30).
Auch der Sa
erklären:
οὐδέ τι
ὅππως
„nicht weiss er i

... 3010. vgl. B

II.

... sätze mit Conjunctio
... stamma

... verweise, mache

... bedeutet die Anna
... Praxis zu dem Hauptgeda
... Conjunction zu sehen. So k
... in temporalen Annah
... reinen Bedingungssä
... der bei
... Periode ni
... Annahmesätze. In
... ist besonders
... sich der Geda
... Andere Beisp
... möglich wäre. Di
... ausgedrückt.

... in Betrac
... welche bei
... in nichts v

Im Hauptsatz steht der Optativ und zwar

a. der Hauptsatz folgt nach:

yád indrâ'hám yáthâ tvám íçîya vásva éka ít, stotá' me góshakhâ ... „wenn ich wie du Indra verfügte über Gut allein, so würde mein ...nger rinderbesitzend sein" RV. 8, 14, 1. yád agne syâm ahám ..., tvám vâ ghâ syâ' ahám, syúsh ṭe satyâ' ihâ''çíshah „wenn ich ...ni du wäre, oder du ich wärest, so würden deine Wünsche erfüllt ...den" RV. 8, 44, 23.

yád agne mártyas tvám, syâ'm ahám mitramaho ámartyah sáhasah ...v âhuta, ná tvâ râsîyâ'bhíçastaye vaso ná pâpatvâ'ya santya, ná ... stotâ' matîvâ' ná dúrhitah syât „wenn du o Agni ein Sterblicher ...rest) und ich du Freundereicher (so BR.) ein Unsterblicher, du ...gener Sohn der Kraft, so würde ich dich nicht dem Fluche über...fern oder der Armuth, mein Sänger würde nicht arm, nicht unglück... sein" RV. 8, 19, 25 und 26. Dass diese beiden Verse im Verhält... von Vorder- und Nachsatz stehen, hat Muir journ. R. A. S. ner. ...r. II, 381 nachgewiesen, vgl. noch RV. 7, 32, 18 (in der entsprechenden ...lle des Sâmaveda im Nachsatz Conjunctiv), vgl. noch RV. 8, 59, 5 und ...38, 4; worüber Muir a. a. O. und Max Müller Rigv. transl. I, 70.

yádi vîró ánu shyâ'd agním índhîta mártyah, âjúhvad dhavyám ...shák, çárma bhakshîta dâ'ivyam „wenn der Held dem Gotte nach..., der Sterbliche das Feuer anzündet, opfernd das Opfer der Reihe ..., so erlangt er den göttlichen Schutz" Sâmaveda I, 82 sá hô'vâca ...avalkyo „brâhmaṇâ' vâ'î vayám smo, râjanyàbandhur asâ'u. yády ... vayám jáyema, kám ajaishmé'ti brûyâma''tha yády asâ'v asmâ'n ... brâhmaṇân râjanyàbandhur ajâishîd íti no brûyuh „Y. sprach: ... sind Brâhmanen, er ist ein Laie. Gesetzt, wir besiegten ihn, so ...den wir sprechen, wen haben wir besiegt? aber gesetzt, er besiegte ..., so... man zu uns sagen: ein Laic hat Brâhmanen besiegt" ... Br... 6.

... ...dam atîyâd; yan nividah padam atîyâd, yajñasya tac ... (der Opfernde) soll kein Versglied der Nivid über... eins, so würde das eine Unterbrechung des Opfers ... Br. 3, 11. yadi kîrtayed upâñçu kîrtayed (es ist ... die Rakshas anrufen soll) „wenn man sie aber ... leise anrufen" Ait. Br. 2, 7. sa yad ekadevatyah ... íti brûyât „wenn das Thier für einen Gott ... rmel „medhapataye u. s. w." gebrauchen"

...ini vasîran „wenn sie Gewänder anziehen, Âçv. gr. 1, 19, 11.

parâpáçyed evám svásyâ' 'yushaḥ párám pârâcakhyâu *„er sah das jenseitige Ende seines Lebens, wie wenn einer das jenseitige Ufer eines Flusses erblickte“* Çat. Br. 11, 1, 6, 6. Diese Construction scheint im Sanskrit ziemlich selten zu sein. BR. führen nur zwei Stellen aus der nichtvedischen Literatur an. Gewöhnlich werden solche Gedanken im Sanskrit nicht mit Verbalen, sondern mit nominalen Mitteln ausgedrückt, z. B.

amânusham iva vâi mâ viçasishyanti *„wie einen Nichtmenschen (als ob ich kein Mensch wäre) wollen sie mich schlachten“* Ait. Br. 7, 16.

Griechische Beispiele.

οὐκ ἀλέγω, ὡς εἴ με γυνὴ βάλοι ἢ πάϊς ἄφρων Λ 389.

ἀμφί μ' Ὀδυσσῆος ταλασίφρονος ἵκετ' ἀϋτή
τῷ ἰκέλη, ὡς εἴ ἑ βιῷατο μοῦνον ἐόντα Λ 467.

βῆ δ' ἴμεν αἰτήσων ἐνδέξια φῶτα ἕκαστον
πάντοσε χεῖρ' ὀρέγων, ὡς εἰ πτωχὸς πάλαι εἴη ρ 366, vgl. B 780, X 411, ι 314, κ 416 (cf. 420).

II.

Die Temporal- und Bedingungssätze mit Conjunctionen vom Relativstamme.

Indem ich auf Einleitung Seite 68 und 72 verweise, mache ich hier nur folgende zwei Bemerkungen:

1) Der Optativ in priorischen Nebensätzen bedeutet die Annahme. Ob diese Annahme zeitlich oder logisch das Prius zu dem Hauptgedanken bilden soll, ist nicht immer an der Conjunction zu sehen. So kann namentlich *yadấ* und *ὅτε*, welche gewöhnlich in temporalen Annahmesätzen ihre Stelle haben, auch in sogenannten reinen Bedingungssätzen stehen. Ein durchgehendes äusseres Unterscheidungszeichen der beiden genannten Satzarten existirt in der von uns behandelten Periode nicht.

2) Die optativischen Bedingungssätze sind Annahmesätze. In der Mehrzahl der von mir beigebrachten Sanskritbeispiele ist besonders die Beliebigkeit der Annahme betont. Daraus entwickelt sich der Gedanke des voraussichtlichen Nicht-Eintretens der Annahme. Andere Beispiele wieder zeigen Annahmen, deren Eintreten wohl möglich wäre. Diese Nüançen des Sinnes sind sprachlich durch nichts ausgedrückt.

Sanskritische Beispiele.

Es kommen die Conjunctionen *yád yádi yadấ yárhi* in Betracht. Wir führen zunächst Beispiele für *yád* und *yádi* an, welche beiden Conjunctionen, wie es scheint, dem Gebrauch nach in nichts verschieden sind.

Im Hauptsatz steht der Optativ und zwar

a. der Hauptsatz folgt nach:

yád indrā'hám yáthā tvám íçīya vásva éka ít, stotā' me góshakhā syāt „*wenn ich wie du Indra verfügte über Gut allein, so würde mein Lobsänger rinderbesitzend sein*" RV. 8, 14, 1. yád agne syām ahám tvám, tvám vā ghā syā' ahám, syúsh ṭe satyā' ihā''çíshah „*wenn ich o Agni du wäre, oder du ich wärest, so würden deine Wünsche erfüllt werden*" RV. 8, 44, 23.

yád agne mártyas tvám, syām ahám mitramaho ámartyaḥ sáhasaḥ sūnav āhuta, ná tvā rāsīyā'bhíçastaye vaso ná pāpatvā'ya santya, ná me stotā''matīvā' ná dúrhitaḥ syāt „*wenn du o Agni ein Sterblicher (wärest) und ich du Freundereicher* (so BR.) *ein Unsterblicher, du besungener Sohn der Kraft, so würde ich dich nicht dem Fluche überliefern oder der Armuth, mein Sänger würde nicht arm, nicht unglücklich sein*" RV. 8, 19, 25 und 26. Dass diese beiden Verse im Verhältniss von Vorder- und Nachsatz stehen, hat Muir journ. R. A. S. new. ser. II, 381 nachgewiesen, vgl. noch RV. 7, 32, 18 (in der entsprechenden Stelle des Sāmaveda im Nachsatz Conjunctiv), vgl. noch RV. 8, 59, 5 und 1. 38, 4; worüber Muir a. a. O. und Max Müller Rigv. transl. I, 70.

yádi vīró ánu shyā'd agním índhītá mártyaḥ, ājúhvad dhavyám ānushák, çárma bhakshīta dā'ivyam „*wenn der Held dem Gotte nachgeht, der Sterbliche das Feuer anzündet, opfernd das Opfer der Reihe nach, so erlangt er den göttlichen Schutz*" Sāmaveda I, 82 sá hô'vāca yā'jnavalkyo „brāhmaṇā' vā'i vayám smo, rājanyābandhur asā'u. yády amúm vayám jáyema, kám ajaishmé'ti brūyāmā''tha yády asā'v asmā́n jáyed brāhmaṇā́n rājanyābandhur ajāishīd íti no brūyuḥ „*Y. sprach: wir sind Brāhmanen, er ist ein Laie. Gesetzt, wir besiegten ihn, so würden wir sprechen, wen haben wir besiegt? aber gesetzt, er besiegte uns, so würde man zu uns sagen: ein Laie hat Brāhmanen besiegt*" Çat. Br. 11, 6, 2, 6.

na nividaḥ padam atiyād; yan nividaḥ padam atiyād, yajñasya tac chidram kuryāt „*er* (der Opfernde) *soll kein Versglied der Nivid übergehen; überginge er eins, so würde das eine Unterbrechung des Opfers verursachen*" Ait. Br. 3, 11. yadi kīrtayed upāṅçu kīrtayed (es ist zweifelhaft, ob man die Rakshas anrufen soll) „*wenn man sie aber anruft, soll man sie leise anrufen*" Ait. Br. 2, 7. sa yad ekadevatyaḥ paçuḥ syān „medhapataye" iti brūyāt „*wenn das Thier für einen Gott bestimmt ist, soll man die Formel* „medhapataye u. s. w." *gebrauchen*" Ait. Br. 2, 6.

yadi vāsāṅsi vasiran, raktāni vasiran „*wenn sie Gewänder anziehen, sollen sie gefärbte anziehen*" Âçv. gr. 1, 19, 11.

Die Negation dieser Sätze ist wohl *nú*, vgl. Açv. gr. 1, 13, 2.

Auch Fragesätze finden sich als Hauptsätze:

tad âhur: yad dhiraṇyam na vidyeta katham syâd iti *„so wendet man ein: Gesetzt nun, es wäre kein Gold aufzutreiben, wie würde es dann sein?“* Ait. Br. 2, 14.

b. der Hauptsatz steht voran:

aṅgushṭham eva gṛihṇiyât yadi kâmayeta pumâṅsa eva me putrâ jâyerann iti *„nur ihren Daumen ergreife er, wenn er wünscht, möchten mir nur Söhne geboren werden“* Açv. gr. 1, 7, 4.

kê tátaḥ syâma yád asyâ'i ná bhájemahi *„was sollte dann aus uns werden, wenn wir an ihr (der Erde) keinen Theil hätten“* Çat. Br. 1, 2, 5, 3.

kvà té syur, yán meghâḥ syâ't *„was soll aus ihnen werden, wenn schlechtes Wetter ist?“* Çat. Br. 3, 2, 2, 5. (Es handelt sich um eine Cerimonie, die nur bei heiterem Himmel vorgenommen werden darf).

Optativischen Sinn hat auch folgender Hauptsatz:

sa yadi na jâyeta, yadi ciram jâyeta râkshoghnyo gâyatryo'nûcyâḥ *„wenn Agni etwa nicht erzeugt werden sollte oder zu langsam erzeugt werden sollte, so sind die rakschastödtenden Verse zu sprechen“* Ait. Br. 1, 16.

Yadâ'.

Im Hauptsatz steht der Optativ.

a. der Hauptsatz folgt nach:

yadâ.. uttarakurûn jayeyam, tvam u hâi'va pṛithivyâi râjâ syâḥ *„wenn ich das Land der Uttarakurus erobern sollte, dann würdest du König werden“* Ait. Br. 8, 23. (Diese Eroberung ist aber ein Ding der Unmöglichkeit, man vergleiche die ganze Erzählung bei Muir 1², 493).

yadâ' kadâ' ca milhúshe stotâ' járeta mártyaḥ, âd íd vandeta Várunam *„wann immer irgend ein sterblicher Lobsänger einem Spender singt, so preise er den Varuna“* Sâmaveda 1, 288.

b. der Optativ ist in folgendem voranstehenden Hauptsatz zu ergänzen:

caturthe garbhamâse simantonnayanam, âpûryamânapakshe yadâ puṅsâ nakshatreṇa candramâ yuktaḥ syât *„im vierten Monat der Schwangerschaft (findet) das Haaraufstreichen (statt), (und zwar) in der Hälfte des wachsenden Mondes, wenn der Mond mit einem männlichen Sternbilde in Verbindung ist“* Açv. gr. 1, 14, 1.

Yárhi

führen BR. aus Taitt. Sanh. 1, 7, 1, 3 in dem Satze an:

yarhi hotâ yajamânasya nâma gṛihṇiyât, tarhi brûyât *„wenn der Priester den Namen des Opfernden nennt, dann möge er sprechen“*.

Griechische Beispiele.

Im Griechischen gehören hierher nur Sätze mit *ὅτε, ὁπότε, ὁσσάκις*.

Wir unterscheiden zwei Gruppen, je nachdem ein Optativ oder ein Indicativ im Hauptsatz steht. Die ersten haben eine Hinneigung zu den Conditionalsätzen, bei den zweiten entwickelt sich leicht der Gedanke der Wiederholung (vgl. darüber das Optativ Cap. II., Seite 222 Bemerkg.).

1) Im Hauptsatz steht der Optativ.

a. der blosse Optativ:

εἰ δ' ἄγε δή μοι τοῦτο θεά, νημερτὲς ἐνίσπες
εἴ πως τὴν ὀλοὴν μὲν ὑπεκπροφύγοιμι Χάρυβδιν
τὴν δέ κ' ἀμυναίμην, ὅτε μοι σίνοιτό γ' ἑταίρους μ 112.
εἰ γάρ μιν θανάτοιο δυσηχέος ὧδε δυναίμην
νόσφιν ἀποκρύψαι, ὅτε μιν μόρος αἰνὸς ἱκάνοι σ 464, vgl. Φ 429.

b. der Optativ mit *κέν*:

καί κε τριηκοσίοισιν ἐγὼν ἄνδρεσσι μαχοίμην
σὺν σοί, πότνα θεά, ὅτε μοι πρόφρασσ' ἐπαρήγοις ν 390.

c. der Optativ mit *ἄν*:

οὐ γάρ πως ἂν θνητὸς ἀνὴρ τάδε μηχανόῳτο
ᾧ αὐτοῦ γε νόῳ, ὅτε μὴ θεὸς αὐτὸς ἐπελθὼν
ῥηιδίως ἐθέλων θείη νέον ἠδὲ γέροντα π 196.
Ζηνὸς δ' οὐκ ἂν ἔγωγε Κρονίονος ἆσσον ἱκοίμην
οὐδὲ κατευνήσαιμ' ὅτε μὴ αὐτός γε κελεύοι Ξ 247.
ἀλλὰ τὰ μὲν νοέω καὶ φράσσομαι, ἅσσ' ἂν ἐμοί περ
αὐτῇ μηδοίμην ὅτε με χρειὼ τόσον ἵκοι ε 189.

2) Im Hauptsatz steht der Indicativ, und zwar entweder eines Tempus der Nichtvergangenheit oder der Vergangenheit.

Zunächst ein Tempus der Nichtvergangenheit:

ἔνθα δ' ἀνὰ σταφυλαὶ παντοῖαι ἔασιν
ὁππότε δὴ Διὸς ὧραι ἐπιβρίσειαν ὕπερθε ω 344.
αἰπύ οἱ ἐσσεῖται . . . .
νῆας ἐνιπρῆσαι, ὅτε μὴ αὐτός γε Κρονίων
ἐμβάλοι αἰθόμενον δαλὸν νήεσσι θοῇσιν N 320.

Sodann ein Tempus der Vergangenheit und zwar

a. ein gewöhnliches Tempus der Vergangenheit:

ἔνθα πάρος κοιμᾶθ' ὅτε μιν γλυκὺς ὕπνος ἱκάνοι A 610. ι 49.
ᾧ ὁ γεραιὸς
ζώννυθ', ὅτ' ἐς πόλεμον φθισήνορα θωρήσσοιτο K 78.
μία δ' οἴη ἀταρπιτὸς ἦεν ἐς αὐτήν,
τῇ νίσσοντο φορῆες, ὅτε τρυγόῳεν ἀλωήν Σ 566.

ἀλλ' ὅτε δὴ ῥ' Αἴαντε μεταστρεφθέντε κατ' αὐτοὺς
σταίησαν, τῶν δὲ τράπετο χρώς P 733, vgl. K 11, P 463, Y 227, λ 510 (vgl. 513), π 141, τ 371.

πολλάκι μιν ξείνισσεν ἀρηΐφιλος Μενέλαος
οἴκῳ ἐν ἡμετέρῳ, ὁπότε Κρήτηθεν ἵκοιτο Γ 233.

ἀγορῇ δέ ἑ παῦροι Ἀχαιῶν
νίκων, ὁππότε κοῦροι ἐρίσσειαν περὶ μύθων O 284, vgl. K 189, N 711, T 317, γ 283, ζ 217, vgl. 221.

ὁσσάκι δ' ὁρμήσειε ποδάρκης δῖος Ἀχιλλεὺς
τοσσάκι μιν μέγα κῦμα πλάζε Φ 265.

b. ein iteratives Tempus:

ἡ τοι ὅτε λήξειεν ἀείδων θεῖος ἀοιδός,
δάκρυ' ὀμορξάμενος κεφαλῆς ἄπο φᾶρος ἕλεσκεν θ 87.

ἀλλ' ὅτε δὴ πολύμητις ἀναΐξειεν Ὀδυσσεύς
στάσκεν, ὑπαὶ δὲ ἴδεσκε Γ 217, vgl. T 132, X 503, γ 191, η 138, θ 220, ι 208, λ 597, μ 237, σ 7.

οἱ δ' ὁπότε στρέψαντες ἱκοίατο τέλσον ἀρούρης
τοῖσι δ' ἔπειτ' ἐν χερσὶ δέπας μελιηδέος οἴνου
δόσκεν ἀνὴρ ἐπιών Σ 544, vgl. λ 591, μ 381.

ὁσσάκι γὰρ κύψει' ὁ γέρων πιέειν μενεαίνων
τοσσάχ' ὕδωρ ἀπολέσκετ' ἀναβροχέν λ 585, vgl. X 194.

Ein Beispiel liegt mir vor, in dem der Optativ mit κέν erscheint:

οὕτω καὶ τῶν πρόσθεν ἐπευθόμεθα κλέα ἀνδρῶν
ἡρώων, ὅτε κέν τιν' ἐπιζάφελος χόλος ἵκοι I 525.

D.

Sätze mit Conjunctionen von anderer Herkunft.

Wie Conjunctiv Seite 171 kommt hier hauptsächlich εἰ in Betracht, über welche Partikel Einleitung Seite 70 flgd. gehandelt ist. Und zwar sind auch hier wieder

1) Posteriorische Sätze mit εἰ

zu erwähnen. Ueber sie ist Einleitung Seite 72 eine Bemerkung gemacht, woraus hervorgeht, dass sie in zwei Classen zerfallen, nämlich einmal diejenigen, in denen sicher der Optativ ursprünglich ist, und sodann diejenigen, in denen er vielleicht aus dem Conjunctiv hervorgegangen ist. Zu der ersten Classe gehören die folgenden nicht eben zahlreichen Sätze, unter denen, wie beim Conjunctiv diejenigen vorangestellt sind,

in denen der ursprüngliche Sinn des Modus, also in unserem Falle der Wunsch noch am deutlichsten ist:

εἰ δ' ἄγε δή μοι τοῦτο θεὰ νημερτὲς ἐνίσπες
εἴ πως τὴν ὀλοὴν μὲν ὑπεκπροφύγοιμι Χάρυβδιν
τὴν δέ κ' ἀμυναίμην ὅτε μοι σίνοιτο γ' ἑταίρους

„*belehre mich, auf diese Art möchte ich wohl vermeiden*“ μ 112.

ἀλλ' ἔτι τὸν δύστηνον ὀίομαι, εἴ ποθεν ἐλθὼν
ἀνδρῶν μνηστήρων σκέδασιν κατὰ δώματα θείη

„*ich erwarte ihn, möchte er dann auch u. s. w.*“ υ 225.

In einer Anzahl Stellen nähert sich der Satz mit εἰ der Frage. Wie diese Annäherung möglich sei, habe ich Conjunctiv Seite 171 flgd. zu erweisen gesucht.

Ζεὺς γάρ που τό γε οἶδε καὶ ἀθάνατοι θεοὶ ἄλλοι
εἴ κέ μιν ἀγγείλαιμι ἰδών ξ 120.
τίς δ' οἶδ' εἴ κέν οἱ σὺν δαίμονι θυμὸν ὀρίναις
παρειπών Λ 792. Man vergleiche auch α 414.

Zu der zweiten Classe gehören diejenigen Sätze, bei denen es zweifelhaft ist, ob sie nicht auf die im achten Capitel der Einleitung beschriebene Weise aus Conjunctivsätzen entstanden sind.

Man muss bei ihnen die der Form nach unabhängigen von denen unterscheiden, welche ihre Abhängigkeit schon durch den eingetretenen Personenwandel kundgeben.

Ueberall erscheint, wenn man den Satz in seiner Unabhängigkeit wieder herstellt, ziemlich deutlich der Wunsch.

Wir stellen die erste Gattung voran:

αὐτὰρ ἐγὼ λιπόμην κακὰ βυσσοδομεύων
εἴ πως τισαίμην, δοίη δέ μοι εὖχος Ἀθήνη

„*mit dem Wunsche: könnte ich doch*“ etc., ι 317.

καρπαλίμως παρὰ νηὸς ἀνήιον ἐς περιωπήν,
εἴ πως ἔργα ἴδοιμι βροτῶν ἐνοπήν τε πυθοίμην

„*in der Hoffnung, möchte ich doch*“ etc., κ 146, vgl. ι 421.

Interessant ist εἰ neben ὄφρα:

ἀλλ ἐγὼ οὐ πιθόμην . . . .
ὄφρ' αὐτόν τε ἴδοιμι καὶ εἴ μοι ξείνια δοίη, ι 229.
ἡμεῖς δ' αὖτε κιχανόμενοι τὰ σὰ γοῦνα
ἱκόμεθ', εἴ τι πόροις ξεινήιον ι 267.

ἤλυθον, εἴ τινά μοι κληηδόνα πατρὸς ἐνίσποις δ 317, vgl. λ 479.
ἐγὼ μένον ἔμπεδον, εἴ τις ἔτ' ἔλθοι λ 628, vgl. Η 98, Ξ 163, α 115, β 343 (man hatte die Krüge hingestellt in dem Gedanken: „*möchte er doch noch kommen*“) β 351, μ 334.

Hieran schliessen sich die Sätze, welche ein Zeichen der Abhängigkeit an sich tragen, indem

a. aus der ersten Person des Verbums die dritte geworden ist:

ἀλλ' ἀναπεπταμένας ἔχον ἀνέρες, εἴ τιν' ἑταίρων
ἐκ πολέμου φεύγοντα σαώσειαν μετὰ νῆας

„sie hielten die Thüren offen in dem Wunsche, möchten wir doch retten können" M 123.

αὐτὸς δ' εἰνὶ θύρῃσι καθέζετο χεῖρε πετάσσας,
εἴ τινά που μετ' ὄεσσι λάβοι στείχοντα θύραζε

„mit dem Wunsche: möchte ich doch einen fassen" ι 417.

πολλὰ δέ τ' ἄγκε' ἐπῆλθε μετ' ἀνέρος ἴχνι' ἐρευνῶν
εἴ ποθεν ἐξεύροι Σ 322, vgl. Γ 450, Δ 88, E 168, M 334, N 760, P 681, Ψ 40, ε 439, oder

b. aus dem Pronomen der ersten Person das der dritten geworden ist:

ἥδε δέ οἱ κατὰ θυμὸν ἀρίστη φαίνετο βουλή,
Νέστορ' ἔπι πρῶτον Νηλήϊον ἐλθέμεν ἀνδρῶν,
εἴ τινά οἱ σὺν μῆτιν ἀμύμονα τεκτήναιτο

„in dem Wunsche: möchte er mir doch einen Rath geben" K 20.

ὁ μὲν ἀντίος ἤλυθε γούνων,
εἴ πως εὑ πεφίδοιτο λαβὼν καὶ ζωὸν ἀφείη,

„mit dem Wunsche (im Herzen) möchte meiner doch schonen" Y 465.

ἧστο κάτω ὁρόων ποτιδέγμενος εἴ τι μιν εἴποι ψ 91. (Odysseus wünscht, dass Penelope ihn anreden möge). Man vergleiche noch Λ 807 und χ 91.

2) Priorische Sätze mit *εἰ*.

Man vergleiche über diese Einleitung Seite 72 flgd. Wir theilen die hier anzuführenden Beispiele nach der Beschaffenheit der Partikel in drei Gruppen: erstens Sätze mit *εἰ γάρ*, zweitens Sätze mit *εἴθε*, drittens Sätze mit *εἰ*. Diesen drei Gruppen stellen wir zur Einleitung solche priorische Optativsätze voran, welche zwar die Partikel *εἰ* nicht haben, aber doch dem Sinne nach sich mit den *Εἰ*-Sätzen durchaus decken. Man sieht in ihnen noch ganz deutlich, wie der Wunsch sich unter der Wirkung eines nachfolgenden Gedankens zur Annahme gestaltet.

οὕτω νῦν Ζεὺς θείη, ἐρίγδουπος πόσις Ἥρης
οἴκαδέ τ' ἐλθέμεναι καὶ νόστιμον ἦμαρ ἰδέσθαι
τῷ κέν τοι καὶ κεῖθι θεῷ ὣς εὐχετοῴμην θ 465, vgl. Λ 55, Φ 429, Ω 439, ξ 193, ρ 243, χ 131.

Auch in den nun anzuführenden Sätzen mit *εἰ γάρ* scheint der Wunsch noch deutlich durch.

Der Satz mit *εἰ γάρ* steht immer voran, im Nachsatz steht immer der Optativ, und zwar

a. der reine Optativ:

εἰ γὰρ ἐγὼν οὕτω νέος εἴην τῷδ' ἐπὶ θυμῷ
ἢ παῖς ἐξ Ὀδυσῆος ἀμύμονος ἠὲ καὶ αὐτός·
αὐτίκ' ἔπειτ' ἀπ' ἐμεῖο κάρη τάμοι ἀλλότριος φώς π 99.

b. der Optativ mit *κέν*:

εἰ γὰρ τοῦτο ξεῖνε ἔπος τελέσειε Κρονίων·
γνοίης χ' οἵη ἐμὴ δύναμις καὶ χεῖρες ἕπονται υ 236, vgl. φ 199, Ν 287, Ρ 159, α 265, δ 316, ρ 513, σ 366.

Oefter wird der Inhalt des Bedingungssatzes in einem *τῷ* zusammengefasst:

εἰ γὰρ Ζεῦ τε πάτερ καὶ Ἀθηναίη καὶ Ἄπολλον
τοιοῦτοι δέκα μοι συμφράδμονες εἶεν Ἀχαιῶν·
τῷ κε τάχ' ἠμύσειε πόλις Πριάμοιο ἄνακτος Β 371, vgl. Δ 288, Ρ 561, ο 536, ρ 165, τ 309, φ 374.

c. der Optativ mit *ἄν*:

εἰ γὰρ ἐπ' ἀρῇσιν τέλος ἡμετέρῃσι γένοιτο·
οὐκ ἄν τις τούτων γε ἐΰθρονον Ἠῶ ἵκοιτο ρ 497.

Auch in den Sätzen mit *εἴθε*, die sich denen mit *εἰ γάρ* unmittelbar anzuschliessen haben, ist der Wunsch noch ganz deutlich. Sie stehen ebenso wie die mit *εἰ γάρ* stets voran, es folgt im Nachsatz stets der Optativ mit *κέν*:

εἴθε θεοῖσι φίλος τοσσόνδε γένοιτο
ὅσσον ἐμοί, τάχα κέν ἑ κύνες καὶ γῦπες ἔδοιεν Χ 41, vgl. η 333.
αἴθ' ὅσον ἥσσων εἰμὶ τόσον σέο φέρτερος εἴην·
τῷ κε τάχα στυγερῶς πολέμου ἀπερωήσειας Π 723, Η 157, vgl. 132.

Es verdient noch bemerkt zu werden, dass die eben angeführten Wunschsätze mit *εἰ γάρ* und *εἴθε* ebenso wie alle anderen Wunschsätze realisirbare und unrealisirbare Wünsche enthalten können. Die sogenannte Bedingung der Unmöglichkeit ist sprachlich durch nichts angezeigt.

Ich komme drittens zu den

Sätzen mit blossem *εἰ*.

Auf eine Schwierigkeit, welche Einleitung Seite 73 angedeutet ist, gehe ich nicht noch einmal ein. Es kommt hier darauf an, das Material in sachgemässer Anordnung vorzulegen. Es ist, wie schon öfter hervorgehoben wurde, bei priorischen Sätzen das Natürliche, dass sie voran-

stehen. Wir haben desshalb die voranstehenden Sätze mit εἰ als erste Gruppe, die nachstehenden als zweite Gruppe anzuführen. Ein zweiter Eintheilungsgrund ergiebt sich aus der Thatsache, dass in den priorischen Sätzen mit εἰ der Optativ nicht wie bei denen mit εἰ γάρ und εἴθε immer rein ist, sondern mit κέν und ἄν verbunden werden kann. Die weitere Verzweigung der Anordnung richtet sich nach dem Verbum des Hauptsatzes. Somit ergiebt sich folgendes Schema:

I. Der Satz mit εἰ steht voran.

1) Der Optativ ist rein.
   Im Hauptsatz steht
   a. Optativ,
   b. Conjunctiv,
   c. Indicativ.
2) Der Optativ ist mit κέν oder ἄν verbunden.
   Im Hauptsatz u. s. w.

II. Der Satz mit εἰ folgt.

1) Der Optativ ist rein.
   Im Hauptsatz u. s. w.
2) Der Optativ ist mit κέν oder ἄν verbunden.
   Im Hauptsatz u. s. w.

Ich schreite nun zu der Anführung der Belege:

I. Der Satz mit εἰ steht voran.

1) Der Optativ ist rein:
   Im Hauptsatz steht
   a. der Optativ und zwar
   α) der Optativ mit κέν:

εἰ κεῖνόν γε ἴδοιμι κατελθόντ' Ἄϊδος εἴσω
φαίην κε φρέν' ἀτέρπου ὀϊζύος ἐκλελαθέσθαι Ζ 284, vgl. Π 623. κ 148, σ 254, τ 127, Ρ 103. 163.
ἀλλ' εἴ μοί τι πίθοιο τό κεν πολὺ κέρδιον εἴη υ 381, Η 28.
εἰ μὲν δὴ σύ γ' ἔπειτα, βοῶπις πότνια Ἥρη,
ἶσον ἐμοὶ φρονέουσα μετ' ἀθανάτοισι καθίζοις,
τῷ κε Ποσειδάων γε, καὶ εἰ μάλα βούλεται ἄλλῃ
αἶψα μεταστρέψειε νόον Ο 49, vgl. γ 224, ι 456, λ 501.

In diesen Sätzen dürfte noch ziemlich der Wunsch durchzufühlen sein, und zwar ist der Gedanke an die Erfüllung des Wunsches durch die Situation nicht ausgeschlossen. Ausgeschlossen ist dieser Gedanke dagegen in folgenden Sätzen:

εἰ τοιόσδ' εἴη ἡμὲν δέμας ἠδὲ καὶ ἔργα
οἷόν μιν Τροίηνδε κιὼν κατέλειπεν Ὀδυσσεύς,
αἶψά κε θηήσαιο ἰδὼν ταχυτῆτα καὶ ἀλκήν ρ 313.
εἰ πάντες σε ἴδοιεν ἀν' Ἴασον Ἄργος Ἀχαιοί,
πλέονές κε μνηστῆρες ἐν ὑμετέροισι δόμοισιν
ἠῶθεν δαινύατο σ 246, vgl. *I* 386 (πείσει'), ε 206, χ 61, *M* 322.

In den folgenden Sätzen ist der Wunsch nicht mehr so deutlich fühlbar und über die Erfüllbarkeit oder Unerfüllbarkeit der Annahme nichts direct in den umgebenden Gedanken ausgesagt:

εἰ δὲ σύ γ' εἰσελθοῦσα πύλας καὶ τείχεα μακρὰ
ὠμὸν βεβρώθοις Πρίαμον Πριάμοιό τε παῖδας
ἄλλους τε Τρῶας, τότε κεν χόλον ἐξακέσαιο Δ 34.

Die Möglichkeit, dass die ungeheuerliche Annahme wahr gemacht werden könne, ist nicht direct von der Hand gewiesen, da es sich ja um Götter handelt.

εἰ πεντήκοντα λόχοι μερόπων ἀνθρώπων
νῶι περισταῖεν κτεῖναι μεμαῶτες Ἄρηι
καί κεν τῶν ἐλάσαιο βόας καὶ ἴφια μῆλα υ 51.
εἰ κεῖνόν γ' Ἰθάκηνδε ἰδοίατο νοστήσαντα
πάντες κ' ἀρησαίατ' ἐλαφρότεροι πόδας εἶναι α 163.
εἰ δ' Ὀδυσεὺς ἔλθοι καὶ ἵκοιτ' ἐς πατρίδα γαῖαν
αἶψά κέ τοι τὰ θύρετρα καὶ εὐρέα περ μάλ' ἐόντα
φεύγοντι στείνοιτο διὲκ προθύροιο θύραζε σ 386.

Der Bettler ist natürlich nicht in der Lage, die Rückkehr des Odysseus als Wunsch auszusprechen. Vgl. noch *H* 129, *Ξ* 208, λ 356, ρ 223. 407.

Schliesslich sei eine Bedingungsperiode erwähnt, deren Nachsatz ein Fragesatz ist:

εἴ περ γὰρ κτείναιμι Διός τε σέθεν τε ἕκητι
πῇ κεν ὑπεκπροφύγοιμι υ 42.

β) der Optativ mit ἄν:

εἰ μὲν νῦν ἐπὶ ἄλλῳ ἀεθλεύοιμεν Ἀχαιοί
ἦ τ' ἂν ἐγὼ τὰ πρῶτα λαβὼν κλισίηνδε φεροίμην Ψ 275.
εἰ μὲν γὰρ μὴ δῶρα φέροι τὰ δ' ὄπισθ' ὀνομάζοι
Ἀτρεΐδης, ἀλλ' αἰὲν ἐπιζαφελῶς χαλεπαίνοι
οὐκ ἂν ἔγωγέ σε μῆνιν ἀπορρίψαντα κελοίμην
Ἀργείοισιν ἀμυνέμεναι *I* 515.
τῶν εἴ τίς σε ἴδοιτο θοὴν διὰ νύκτα μέλαιναν
αὐτίκ' ἂν ἐξείποι *Ω* 653. Man vergleiche noch *N* 289, *Π* 744.

b. Im Hauptsatz steht der Conjunctiv:

εἰ μὲν δὴ ἀντίβιον σὺν τεύχεσι πειρηθείης
οὐκ ἄν τοι χραίσμῃσι βιὸς καὶ ταρφέες ἰοί *Λ* 387, vielleicht auch ρ 539.

c. Im Hauptsatz steht der Indicativ des Futurums:

ἀλλ' εἴ τίς μοι ἀνὴρ ἅμ' ἕποιτο καὶ ἄλλος
μᾶλλον θαλπωρὴ καὶ θαρσαλεώτερον ἔσται K 222.
εἰ δὲ θεός περ
ἶσον τείνειεν πολέμου τέλος οὔ με μάλα ῥέα
νικήσει Y 102.

2) Der Optativ im Bedingungssatze ist mit *κέν* verbunden (*ἄν* ist mir nicht begegnet).

Im Hauptsatz steht immer der Optativ, und zwar fast durchaus mit *κέν*, für *ἄν* habe ich nur einen Beleg:

εἰ τούτω κε λάβοιμεν ἀροίμεθά κε κλέος ἐσθλόν E 273.
εἰ δέ κεν Ἄργος ἱκοίμεθ' Ἀχαιικὸν οὖθαρ ἀρούρης
γαμβρός κέν μοι ἔοι I 141, vgl. 283, B 128, Θ 196. 205.
εἴ κ' ἐθέλοις μοι ξεῖνε παρήμενος ἐν μεγάροισιν
τέρπειν οὔ κέ μοι ὕπνος ἐπὶ βλεφάροισι χυθείη τ 590, Ψ 593, ν 389.
εἰ δέ κεν εὐπλοίην δώῃ κλυτὸς Ἐννοσίγαιος
ἤματί κε τριτάτῳ Φθίην ἐρίβωλον ἱκοίμην I 363, vgl. β 246.

Folgende Periode hat im Nachsatz Futurum und Optativ mit *κέν*:

εἰ δέ κεν εἰς Ἰθάκην ἀφικοίμεθα πατρίδα γαῖαν
αἶψά κεν Ἠελίῳ Ὑπερίονι πίονα νηόν
τεύξομεν ἐν δέ κε θεῖμεν ἀγάλματα μ 345.

Der Nachsatz hat *ἄν* in folgendem Beispiel:

εἴ χ' ὑμεῖς γε φάγοιτε τάχ' ἄν ποτε καὶ τίσις εἴη β 76.

II. Der Satz mit *εἰ* folgt nach.

Eine besondere Species bilden hier die mit *καί* oder *οὐδέ* angefügten Bedingungssätze, z. B.:

οὐκ ἂν ἐμοί γε
ἐλπομένῳ τὰ γένοιτ' οὐδ' εἰ θεοὶ ὣς ἐθέλοιεν γ 227.

In ihnen muss hinter *καί* oder *οὐδέ* der Hauptsatz noch einmal flüchtig gedacht werden, sie unterscheiden sich also nicht wesentlich von den anderen hierher gehörigen Bedingungsperioden und mögen deshalb promiscue mit diesen aufgeführt werden. Ich komme also sofort zur ersten Abtheilung.

1) Der Optativ in dem Satze mit *εἰ* ist rein.

a. Im Hauptsatze steht der Optativ und zwar

α) der reine Optativ:

αὐτίκ' ἔπειτ' ἀπ' ἐμεῖο κάρη τάμοι ἀλλότριος φώς
εἰ μὴ ἐγὼ τάδε τόξα φαεινῷ ἐν πυρὶ θείην E 214.

β) der Optativ mit κέν:

ἦ κεν γηθήσαι Πρίαμος Πριάμοιό τε παῖδες
ἄλλοι τε Τρῶες μέγα κεν κεχαροίατο θυμῷ
εἰ σφῶιν τάδε πάντα πυθοίατο μαρναμένοιιν Α 257.

τῶν κέν τοι χαρίσαιτο πατὴρ ἀπερείσι' ἄποινα
εἰ νῶι ζωοὺς πεπύθοιτ' ἐπὶ νηυσὶν Ἀχαιῶν Λ 135. (Man vergleiche hierzu Κ 380, wo auch im Bedingungssatze κέν), vgl. Π 72, Ρ 489 (nach Bekker 1858), Θ 217.

νῦν δὲ φίλως χ' ὁρόῳτε καὶ εἰ δέκα πύργοι Ἀχαιῶν
ὑμείων προπάροιθε μαχοίατο νηλέι χαλκῷ Δ 347.

Diesen positiven Sätzen schliessen wir die negativen an:

οὐδέ κ' Ἄρης λαοσσόος οὐδέ κ' Ἀθήνη
τόν γε ἰδοῦσ' ὀνόσαιτ', οὐδ' εἰ μάλα μιν χόλος ἵκοι Ρ 398.

οὐδέ κεν ἀμβαίη βροτὸς ἀνὴρ οὐ καταβαίη
οὐδ' εἴ οἱ χεῖρές τε ἐείκοσι καὶ πόδες εἶεν μ 77, vgl. μ 87, δ 222.

Der Hauptsatz ist fragend:

ἦ ἄρ κ' ἐθέλοις θητευέμεν εἴ σ' ἀνελοίμην σ 357, vgl. σ 225 und γ 116.

γ) der Optativ mit ἄν:

Zwei Sätze beginnen mit ἦ:

ἦ σ' ἂν τισαίμην εἴ μοι δύναμίς γε παρείη Χ 20.
ἦ τ' ἂν ἀμυναίμην εἴ μοι δύναμίς γε παρείη β 62.

Die übrigen sind negativ:

οὐδ' ἂν ἐγώ γ' ἐθέλοιμι τεῆς ἐπιβήμεναι εὐνῆς
εἰ μή μοι τλαίης γε, θεά, μέγαν ὅρκον ὀμόσσαι κ 344, vgl. ε 178, ι 278.

οὐκ ἂν ἐμοί γε
ἐλπομένῳ τὰ γένοιτ' οὐδ' εἰ θεοὶ ὣς ἐθέλοιεν γ 228, vgl. Θ 22.

b. Im Hauptsatze steht der Conjunctiv:

ἔχεις, ἀτὰρ δόρυ Μηριόνῃ ἥρωι πόρωμεν
εἰ σύ γε σῷ θυμῷ ἐθέλοις Ψ 894.

πληθὺν δ' οὐκ ἂν ἐγὼ μυθήσομαι οὐδ' ὀνομήνω,
οὐδ' εἴ μοι δέκα μὲν γλῶσσαι δέκα δὲ στόματ' εἶεν
φωνὴ δ' ἄρρηκτος χάλκεον δέ μοι ἦτορ ἐνείη·
εἰ μὴ Ὀλυμπιάδες Μοῦσαι Διὸς αἰγιόχοιο
θυγατέρες μνησαίατο Β 492.

c. Im Hauptsatz steht der Indicativ und zwar

α) des Futurums:

κούρην δ' οὐ γαμέω Ἀγαμέμνονος Ἀτρεΐδαο
οὐδ' εἰ χρυσείῃ Ἀφροδίτῃ κάλλος ἐρίζοι Ι 389, vgl. χ 14.

β) eines Tempus Präsens:

θαρσαλέος γὰρ ἀνὴρ ἐν πᾶσιν ἀμείνων
ἔργοισιν τελέθει εἰ καί ποθεν ἄλλοθεν ἔλθοι η 52.

ξεῖν' οὔ μοι θέμις ἔστ' οὐδ' εἰ κακίων σέθεν ἔλθοι
ξεῖνον ἀτιμῆσαι ξ 56, vgl. θ 139 und I 318, wo der Indicativ des Präsens zu ergänzen ist.

γ) eines historischen Tempus:

οὐ μὲν γὰρ φιλότητί γ' ἐκεύθανον εἴ τις ἴδοιτο Γ 453.

2) Der Optativ in dem Εἰ-Satze ist mit κέν verbunden.

a. Im Hauptsatz steht der Optativ und zwar

α) der reine Optativ:

οὐ μὲν γάρ τι κακώτερον ἄλλο πάθοιμι
οὐδ' εἴ κεν τοῦ πατρὸς ἀποφθιμένοιο πυθοίμην Τ 322.

β) der Optativ mit κέν:

οἶκον δέ κ' (Bekker 1858) ἐγὼ καί κτήματα δοίην
εἴ κ' ἐθέλων γε μένοις η 314.
τῶν κ' ὔμμιν χαρίσαιτο πατὴρ ἀπερείσι' ἄποινα
εἴ κεν ἐμὲ ζωὸν πεπύθοιτ' ἐπὶ νηυσὶν Ἀχαιῶν Κ 380, vgl. Ζ 49. Ω 696 und den blossen Optativ Λ 135.

γ) der Optativ mit ἄν:

ὡς ἂν ἔπειτ' ἀπὸ σεῖο, φίλον τέκος, οὐκ ἐθέλοιμι
λείπεσθ' οὐδ' εἴ κέν μοι ὑποσταίη θεὸς αὐτός Ι 445.

b. Im Hauptsatz steht der Indicativ:

οὔ οἱ νῦν ἔτι γ' ἐστὶ πεφυγμένον ἄμμε γενέσθαι
οὐδ' εἴ κεν μάλα πολλὰ πάθοι Χ 220.

Ἐπεί.

1) Der Optativ ist rein:

τοιούτῳ δὲ ἔοικας ἐπεὶ λούσαιτο φάγοι τε
εὑδέμεναι μαλακῶς ω 254.
ἀλλ' ὅγ' ἐπεὶ ζεύξειεν ἐφ' ἅρμασιν ὠκέας ἵππους
Ἕκτορα δ' ἕλκεσθαι δησάσκετο δίφρου ὄπισθεν Ψ 17.

Dem Conjunctiv ist ἄν beigefügt:

νῦν γάρ χ' Ἕκτορ' ἕλοις, ἐπεὶ ἂν μάλα τοι σχεδὸν ἔλθοι Ι 304, was mit ἐπεί zu ἐπήν zusammenschmelzen kann:

αὐτίκα γάρ με κατακτείνειεν Ἀχιλλεὺς
ἀγκὰς ἑλόντ' ἐμὸν υἱὸν ἐπὴν γόου ἐξ ἔρον εἵη Ω 226.
ὃς τὸ καταβρόξειεν, ἐπὴν κρητῆρι μιγείη
οὔ κεν ἐφημέριός γε βάλοι κατὰ δάκρυ παρειῶν δ 222.

B. Der Optativ in Fragesätzen.

Cap. IV.

Ueber die Frage und den Optativ in Fragesätzen ist Einleitung S. 74 flgd. gehandelt. Wir unterscheiden natürlich ebenso wie im vierten Capitel des Conjunctivs Bestätigungs- und Verdeutlichungsfragen.

I. Bestätigungsfragen.

Aus dem Sanskrit sind mir zwei Belege zur Hand, in denen der fragende Optativ auf den Optativ des allgemeinen Gebotes zurückgeht:

tad âhuḥ: sarpe3t, na sarpe3t iti *„sie fragen: soll er gehen oder nicht?“* Ait. Br. 2, 22. tad âhur: yâmim pûrvâm çaṅse3t? *„sie fragen: soll er zuerst den Jamavers singen (oder zuerst einen andern)?“* Ait. Br. 3, 37. (Ueber die 3, das Zeichen der Pluti vgl. Einleitung Seite 75).

Aus dem Griechischen führe ich zunächst reine Optative an:

ἦ ῥά νύ μοί τι πίθοιο Δ 93, Η 48, Ξ 190,

sodann Optative mit *κέν*:

ἦ ῥά κε νῦν πάλιν αὖτις ἅμ' ἡμῖν οἴκαδ' ἕποιο ο 431.

ἦ ῥά κεν ἐν δεσμοῖς ἐθέλοις κρατεροῖσι πιεσθείς
εὕδειν ἐν λέκτροισι παρὰ χρυσέῃ Ἀφροδίτῃ θ 337, vgl. σ 357,

endlich Optative mit *ἄν*:

Mir stehen nur negative Fragen dieser Art zu Gebote, doch gehört die Negation nur der Frage, nicht dem der Frage zu Grunde liegenden Wunsche an (vgl. Einleitung Seite 78).

ὦ φίλοι οὐκ ἂν δή τις ἀνὴρ πεπίθοιθ' ἑῷ αὐτοῦ
θυμῷ τολμήεντι μετὰ Τρῶας μεγαθύμους
ἐλθεῖν; Κ 204.

οὐκ ἄν μοι δόμον ἀνέρος ἡγήσαιο; η 22.

οὐκ ἂν δὴ τόνδ' ἄνδρα μάχης ἐρύσαιο μετελθὼν
Τυδείδην, ὃς νῦν γε καὶ ἂν Διὶ πατρὶ μάχοιτο; Ε 456.

οὐκ ἂν δή μοι ἄμαξαν ἐφοπλίσσειας ἀπήνην ζ 57 (schmeichelnde Bitte).

οὐκ ἂν δή μοι ἄμαξαν ἐφοπλίσσαιτε τάχιστα Ω 263 (unfreundlicher Befehl).

Man vergleiche noch Ε 33, Τ 52.

II. Verdeutlichungsfragen.

Die Beispiele sind in vier Gruppen geordnet, welche das stufenweise Zurücktreten des Wunsches vor der Frage veranschaulichen sollen (vgl. Einleitung Seite 78).

1) Aus den Brâhmaṇa's sind mir sehr instructive Beispiele zur Hand, in denen der **Wunsch** noch neben der **Frage** ganz deutlich empfunden wird:

tâ' akâmayanta: katháṃ nú prâjâyemahî'ti *„die wünschten, wie könnten wir uns wohl fortpflanzen?“* Çat. Br. 11, 1, 6, 1, vgl. 2, 2, 4, 1. té hâ''surâḥ sámûdire: pâpáṃ vata no'yáṃ ṛishabháḥ sacate, katháṃ nv imáṃ dabhnuyâmé'ti *„die Asura sprachen: wehe! übles thut uns dieser Stier, wie könnten wir ihn doch unschädlich machen?“* Çat. Br. 1, 1, 4, 14, vgl. 3, 9, 1, 3 bei **Muir** 1^2, 68 und Taitt. Br. 1, 1, 3, 5 bei **Muir** 1^2, 53. somo vâi râjâ gandharveshv âsît. taṃ devâç ca ṛishayaç câ'bhyâdhyâyan: katham ayam asmân somo râjâ gacched iti *„der König Soma war bei den Gandharven, in Bezug auf ihn dachten die Götter und Rischis: wie könnte doch dieser König Soma zu uns kommen?“* Ait. Br. 1, 27, vgl. 3, 25.

Mit diesem sanskritischen Gebrauch stimmt eine zwar bei Homer nicht vorkommende, aber bei den Tragikern nicht seltene Ausdrucksweise überein:

ὦ φίλτατον μὲν ἦμαρ, ἥδιστος δ' ἀνήρ,
φίλοι δὲ ναῦται, πῶς ἂν ὑμὶν ἐμφανὴς
ἔργῳ γενοίμην, ὥς μ' ἔθεσθε προσφιλῆ Soph. Phil. 530.
πῶς ἂν ἀντ' ἐμοῦ
τὸν ἴσον χρόνον τρέφοιτε τήνδε τὴν νόσον; ebenda 795. Man vergleiche noch **Aias** 389 nebst der Anmerkung von **Schneidewin-Nauck**.

2) Mehr hervortretend ist die Frage in folgenden vedischen und homerischen Sätzen, in denen aber der Wunsch immer noch durchscheint:

kád rudrấya prácetase mîḷhúshṭamâya távyase vocéma çáṃtamaṃ hṛidé *„was könnten wir wohl dem weisen Rudra, dem Spender, dem Starken, singen als das liebste seinem Herzen?“* RV. 1, 43, 1. kathấ dâçemâ'gnáye *„wie könnten wir wohl dem Agni dienen?“* RV. 1, 77, 1. vgl. 5, 41, 16, ähnlich kadấ' nûnáṃ te maghavan dâçema *„wann denn könnten wir dir, o Mächtiger, dienen“* RV. 7, 29, 3. kadấ' na indra rấya â' daçasyeḥ *„wann möchtest du uns Indra wohl Reichthum schenken?“* RV. 8, 80, 15, vgl. 7, 37, 5. kadấ' nv àntár váruṇe bhuvâni, kím me havyám áhṛiṇâno jusheta kadấ' mṛiḷîkáṃ sumánâ abhí khyam *„wann werde ich in Varuna eindringen, was für ein Opfer von mir möchte er wohl gnädig aufnehmen, wann werde ich ruhigen Gemüthes Gnade schauen?“* RV. 7, 86, 2.

Aus **Homer** sind anzuführen:

Νεστορίδη, πῶς κέν μοι ὑποσχόμενος τελέσειας
μῦθον ἐμόν; ο 195.

τίς κέν μοι τόδε ἔργον ὑποσχόμενος τελέσειεν Κ 303.
εἰπέ ἄναξ πῶς κέν με ἀναγνοίη τὸν ἐόντα λ 144.

3) Fast gänzlich zurückgetreten ist der Wunsch in folgenden fragenden Sätzen:

kim asmâi prâyacheta „*was würdet ihr dem wohl geben?*" Çat. Br. 14, 1, 1, 7.

Bharadvâjo ha tribhir âyubhir brahmacaryam uvâsa. tam ha jîrṇim sthaviram çayânam indra upavrajyo'vâca: Bharadvâja yat te caturtham âyur dadyâm, kim etena kuryâ? iti. brahmacaryam evâi'nena careyam iti ho'vâca „*Bharadvaja war durch drei Menschenleben Brahmacarin. Zu ihm, als er alt und krank lag, kam Indra und sprach: Bharadvaja, wenn ich dir ein viertes Leben gäbe, was würdest du damit machen? Ich würde das Leben eines Brahmacârin führen*" Taitt. Br. 3, 10, 11, 3 (bei Muir 3², 17). Man vergleiche noch Çat. Br. 12, 6, 1, 38.

Aus Homer lässt sich etwa anführen:
ποῖοί κ' εἶτ' Ὀδυσῆι ἀμυνέμεν εἴ ποθεν ἔλθοι;
ἢ κε μνηστήρεσσιν ἀμύνοιτε; φ 197, vielleicht auch Λ 838, was aber auch zur folgenden Gruppe gerechnet werden kann.

4) Der Wunsch ist gänzlich zurückgetreten in folgenden rhetorischen Fragen:

Sanskritische Beispiele.

sa hi jâtânâṃ veda. yâvatâṃ vâi sa jâtânâṃ veda, te bhavanti. yeshâṃ u na veda, kim u te syuḥ? „*Jâtavedas weiss von den Geborenen; von wie vielen er weiss, die existiren; von welchen er aber nicht weiss, wie könnten die existiren?*" Ait. Br. 2, 39. ne'ti devâ abruvan, kathaṃ vayaṃ tvad ṛte syâme'ti „*nein sagten die Götter, (wir wollen dich nicht verkaufen), denn wie könnten wir ohne dich leben?*" Ait. Br. 1, 27. sá ho'vâca avîrá iva vata me'janá iva putráṃ harantî'ti ... átha tá'yâm îkshâ'ṃ cakre: „kathấṃ nú tád avîrấṃ kathấm ajanấṃ syấ'd, yátrâ 'hấṃ syấ'm „*sie sprach: als ob keine Helden, keine Leute hier wären, rauben sie mir den Sohn, darauf überlegte jener: wie sollten dort keine Helden sein, wo ich bin*" Çat. Br. 11, 5, 1, 3—4. (Das syấm ist nur durch Assimilation zu erklären.)

Griechische Beispiele.

Bei Homer findet sich nie der reine Optativ.

1) Optativ mit *κέν*:
ἀλλὰ τί κεν ῥέξαιμι; Τ 90.
Ἕκτορ τίς κέ σ' ἔτ' ἄλλος Ἀχαιῶν ταρβήσειεν; Ρ 586.
τῶν δ' ἄλλων τίς κεν ᾗσιν φρεσὶν οὔνομα εἴποι Ρ 260, vgl. 114.

τίς γάρ κ' εἰναλίῳ παρὰ κήτεϊ κοιμηθείη δ 443. Man vergleiche noch κ 384, φ 259, χ 14.

πῶς κε σὺ χείρονα φῶτα σαώσειας μεθ' ὅμιλον P 149.

ἀνδρῶν δ' ἐν πολλῷ ὁμάδῳ πῶς κέν τις ἀκούσαι
ἢ εἴποι; βλάβεται δὲ λιγύς περ ἐὼν ἀγορητής T 82. Man vergleiche noch ι 351, μ 287, ν 43, T 227, Ξ 336.

2) Optativ mit *ἄν*:

τίς ἂν φιλέοντι μάχοιτο; Θ 208.

τίς δ' ἂν ἑκὼν τοσσόνδε διαδράμοι ἁλμυρὸν ὕδωρ; ε 100.

τίς ἂν τάδε γηθήσειεν; I 77. Man vergleiche noch κ 574, Ω 367.

πῶς ἂν ἔπειτ' Ὀδυσῆος ἐγὼ θείοιο λαθοίμην; K 243, α 65.

πῶς ἂν ἔπειτ' ἀπὸ σεῖο φίλον τέκος αὖθι λιποίμην; I 437. Man vergleiche noch Θ 532, σ 31.

Anhang.

Der Optativ der abhängigen Rede.

Einleitung Cap. VIII sind als Zeichen der abhängigen Rede im Griechischen die Personen- und Modusverschiebung angegeben worden. Die Personenverschiebung hat sich im Allgemeinen als der ältere Vorgang erwiesen, doch lässt sich natürlich im einzelnen Falle nicht immer ermitteln, ob nicht vielleicht die beiden Vorgänge zu gleicher Zeit eingetreten sind.

§ 1.

Der aus dem Conjunctiv entstandene Optativ.

Ich folge in der Aufzählung der Beispiele (bei denen übrigens Vollständigkeit wegen der Gleichmässigkeit der meisten Belege nicht angestrebt ist) der Ordnung, welche im Conjunctiv eingehalten ist. Daher sind hier als erste zu nennen:

I. Der Optativ mit *μή*.

In folgendem Satze finden sich zwei dritte Personen, von denen die eine ursprünglich ist, die andere aus der ersten Person durch Verschiebung entstanden ist:

οὐδ' ἔα ἱέμεναι ἐπὶ Ἕκτορι πικρὰ βέλεμνα
μή τις κῦδος ἄροιτο βαλών, ὁ δὲ δεύτερος ἔλθοι X 207.

Aus der ersten Person ist die dritte entstanden:

ἅζετο γάρ, μὴ Νυκτὶ θοῇ ἀποθύμια ἕρδοι Ξ 261.

Ueberwiegend zahlreich sind die ursprünglichen dritten Personen:

οὐδὲ γὰρ αὐτῷ
ὕπνος ἐπὶ βλεφάροισιν ἐφίζανε, μή τι πάθοιεν
Ἀργεῖοι *K* 27.
δείδιε γάρ, μὴ λαιμὸν ἀπαμήσειε σιδήρῳ *Σ* 34.
ταρβήσας δ' ἑτέρωσε βάλ' ὄμματα, μὴ θεὸς εἴη *π* 179.
ὁ δ' ἤδη τόξον ἐνώμα
πάντῃ ἀναστρωφῶν πειρώμενος ἔνθα καὶ ἔνθα
μὴ κέρα ἶπες ἔδοιεν *φ* 395.
πρόσθεν δέ σάκεα σχέθον ἐσθλοὶ ἑταῖροι
μὴ πρὶν ἀναΐξειαν Ἀρήϊοι υἷες Ἀχαιῶν *Δ* 114. Man vergl. ausserdem *E* 202. 298. 317. 346. 567. 845, *K* 468, *Λ* 509, *M* 403, *P* 667, *Y* 63, *Φ* 517, *Ψ* 190. 435, *Ω* 585. 672. 800, *α* 134, *δ* 527, *ζ* 147, *η* 306, *ι* 377, *λ* 635, *μ* 224, *ν* 22. 121. 192, *π* 457, *τ* 391, *φ* 286, *χ* 96. 467, *ψ* 216.

II. Der Optativ in Relativsätzen.

Er ist durchweg aus dem Conjunctiv der Erwartung entstanden. Voran stelle ich die Sätze, welche auch dem Sinne nach gewöhnliche Relativsätze sind und lasse diejenigen folgen, welche sich dem Sinne nach den abhängigen Fragen nähern.

ἔνθ' αὖτ' ἄλλ' ἐνόησε θεὰ γλαυκῶπις Ἀθήνη
ὡς Ὀδυσεὺς ἔγροιτο ἴδοι τ' εὐώπιδα κούρην
ἥ οἱ Φαιήκων ἀνδρῶν πόλιν ἡγήσαιτο *ζ* 114, vgl. *ο* 458.
πάπτηνεν δ' ἀνὰ πύργον Ἀχαιῶν εἴ τιν' ἴδοιτο
ἡγεμόνων ὅστις οἱ ἀρὴν ἑτάροισιν ἀμύναι *M* 334.
πρόσθε δέ οἱ δόρυ τ' ἔσχε καὶ ἀσπίδα πάντοσ' ἐΐσην
τὸν κτάμεναι μεμαὼς ὅς τις τοῦ γ' ἀντίος ἔλθοι *P* 8, *E* 301.
κεῖτο δ' ἄρ' ἐν μέσσοισι δύω χρυσοῖο τάλαντα
τῷ δόμεν ὃς μετὰ τοῖσι δίκην ἰθύντατα εἴποι *Σ* 508.
οὐδέ τι Νηλεὺς
τῷ ἐδίδου ὃς μὴ ἕλικας βόας εὐρυμετώπους
ἐκ Φυλάκης ἐλάσειε *λ* 290. Man vergleiche noch *Ψ* 749, *ι* 332.

Dem Sinne nach nähern sich den abhängigen Fragen die folgenden Relativsätze:

αὐτὰρ ὁ μερμήριζε μένων ὅτι κύντατον ἔρδοι *K* 505.
πάπτηνεν δὲ ἕκαστος ὅπῃ φύγοι αἰπὺν ὄλεθρον *Ξ* 507, *Π* 283.

In diesen beiden Fällen ist die dritte Person aus einer ersten entstanden. Dagegen ist die dritte geblieben:

αὐτὰρ ἔπειτα
κλήρους ἐν κυνέῃ χαλκήρεϊ πάλλον ἑλόντες

ὁππότερος δὴ πρόσθεν ἀφείη χάλκεον ἔγχος Γ 317 (vgl. noch Einleitung Seite 41).

III. Der Optativ in Sätzen mit Conjunctionen.

A. Vom Relativstamme.

Ἵνα.

Wir stellen die erste Person voran:

ἐς Λιβύην μ' ἐπὶ νηὸς ἐέσσατο ποντοπόροιο
ψεύδεα βουλεύσας, ἵνα οἱ σὺν φόρτον ἄγοιμι ξ 296.
ἐξ οὗ τὰ πρώτισθ' ἑπόμην Ἀγαμέμνονι δίῳ
Ἴλιον εἰς εὔπωλον, ἵνα Τρώεσσι μαχοίμην λ 169.
αἰεὶ γὰρ πόδα νηὸς ἐνώμων οὐδέ τῳ ἄλλῳ
δῶχ' ἑτάρων ἵνα θᾶσσον ἱκοίμεθα πατρίδα γαῖαν κ 33.

Eine zweite Person findet sich:

οὐ γὰρ ἐγὼ πληθὺν διζήμενος οὐδὲ χατίζων
ἐνθάδ' ἀφ' ὑμετέρων πολίων ἤγειρα ἕκαστον
ἀλλ' ἵνα μοι Τρώων ἀλόχους καὶ νήπια τέκνα
προφρονέως ῥύοισθε P 224.

Unter den dritten Personen nun wollen wir diejenigen voranstellen, bei denen zur Zeit, als der Satz noch conjunctivisch war, eine Verschiebung von der ersten zur dritten Person eingetreten war, also diejenigen, wo das Subject des Hauptsatzes im Nebensatze wiederkehrt. Dahin gehören:

ἠέλιος δ' ἀνόρουσε λιπὼν περικαλλέα λίμνην
οὐρανὸν ἐς πολύχαλκον, ἵν' ἀθανάτοισι φαείνοι γ 2, vgl. Τ 2, ε 2, Λ 2.
οὐδέ τ' ἔληγε μέγας θεός, ὦρτο δ' ἐπ' αὐτόν
ἀκροκελαινιόων, ἵνα μιν παύσειε πόνοιο
δῖον Ἀχιλλῆα, Τρώεσσι δὲ λοιγὸν ἀμύνοι Φ 250.
καὶ γὰρ ἐκεῖνος ἔβη Ἀγαμέμνονος εἵνεκα τιμῆς
Ἴλιον εἰς εὔπωλον, ἵνα Τρώεσσι μάχοιτο ξ 71. Man vergleiche noch P 126, Φ 539, α 135, ι 493, ι 234 und Ι 452 (*ἐχθαίρω* verhasst machen).

Schliesslich führen wir die Fälle an, wo eine solche Gleichheit der Subjecte nicht statt findet, z. B.

δῶκε μένος καὶ θάρσος, ἵν' ἔκδηλος μετὰ πᾶσιν
Ἀργείοισι γένοιτο Ε 3. Man vergleiche Κ 368, Μ 391. 458, Ν 670. Ο 598, Π 576, Τ 39. 354, Υ 235, Φ 447, Ψ 187. 297, Ω 21, γ 77. 438, δ 70. 584, κ 236, λ 316, ν 74. 155, π 332, σ 94. 191, τ 198. 413, ψ 348.

"Ὄφρα in der Bedeutung *damit*.

1) Der Optativ ist rein.

Erste Person.

τεῦξε δέ μοι κυκεῶ χρυσέῳ δέπαι, ὄφρα πίοιμι κ 316.
δὴ τότ' ἐγὼν ἀνὰ νῆσον ἀπέστιχον, ὄφρα θεοῖσιν
εὐξαίμην μ 333. Man vergleiche noch γ 175, μ 428, ξ 338, ρ 426.

Interessant wegen des parallelen Gebrauchs von ὄφρα und εἰ ist:
ἀλλ' ἐγὼ οὐ πιθόμην — ἦ τ' ἂν πολὺ κέρδιον ἦεν —
ὄφρ' αὐτόν τε ἴδοιμι, καὶ εἴ μοι ξείνια δοίη ι 228.

Zweite Person.

τίς νύ τοι, Ἀτρέος υἱέ, θεῶν συμφράσσατο βουλάς,
ὄφρα μ' ἕλοις ἀέκοντα λοχησάμενος; τέο σε χρή; δ 462, vgl. 474.
ἦ μέν σ' ἐνδυκέως ἀπεπέμπομεν, ὄφρ' ἀφίκοιο κ 65.

Dritte Person

a. bei Gleichheit des Subjectes im Haupt- und Nebensatz:
ἦλκε δ' ὑπὲκ βελέων λελιημένος ὄφρα τάχιστα
τεύχεα συλήσειε Δ 466.
πρὸς δ' ἄρα πηδάλιον ποιήσατο, ὄφρ' ἰθύνοι ε 255. Man vergleiche noch Ε 691, Σ 147, γ 285, ι 248, ν 191, χ 11. 52.

b. bei Verschiedenheit der Subjecte:
ἐν δὲ πυρὸς μένος ἧκε σιδήρεον, ὄφρα νέμοιτο Ψ 177. Man vergleiche noch Δ 300, Ε 666, Ζ 170, Ι 622, Κ 571, Μ 8, Ν 37, Ο 470, Π 568. 653, Σ 344. 376, Υ 148, Χ 329. 443, Ψ 197, Ω 285. 350, θ 275, ι 320, κ 26, ξ 28, ο 149. 294, σ 308. 318, τ 296, υ 286, ψ 31.

2) Dem Optativ ist ἄν beigefügt:
σὺ δέ με προΐεις καὶ πότνια μήτηρ
ἐς πατέρ' Αὐτόλυκον μητρὸς φίλον, ὄφρ' ἂν ἑλοίμην
δῶρα ω 334.
ἦ οἱ προπάροιθε θυράων
ἡμιόνων τε βοῶν τε ἅλις κέχυτ', ὄφρ' ἂν ἄγοιεν
δμῶες Ὀδυσσῆος ρ 297.

"Ὄφρα im Sinne von „*bis*" findet sich μ 437.

Ὡς.

1) Der Optativ ist rein.

Erste Person.

ὅς ῥ' ἐνὶ θυμῷ
δήμου θῆκε φάτιν καὶ ὀνείδεα πόλλ' ἀνθρώπων
ὡς μὴ πατροφόνος μετ' Ἀχαιοῖσιν καλεοίμην Ι 460.

Dritte Person

a. bei Gleichheit der Subjecte im Haupt- und Nebensatz:

βούλετο γὰρ ῥα
λαὸν ἐρυκακέειν, ῥέξαι θ' ἱερὰς ἑκατόμβας
ὡς τὸν Ἀθηναίης δεινὸν χόλον ἐξακέσαιτο γ 143.
ἐκ πυκινῆς δ' ὕλης πτόρθον κλάσε χειρὶ παχείῃ
φύλλων, ὡς ῥύσαιτο περὶ χροῒ μήδεα φωτός ζ 128. Man vergleiche noch ξ 297.

b. bei Verschiedenheit der Subjecte:

δόλῳ δ' ἄρα θέλγεν Ἀπόλλων
ὡς αἰεὶ ἔλποιτο κιχήσεσθαι ποσὶν οἷσιν Φ 605.
σάωσε δὲ νυκτὶ καλύψας
ὡς δή οἱ μὴ πάγχυ γέρων ἀκαχημένος εἴη Ε 24. Man vergleiche noch Β 4. 281, Ι 181, Ψ 361, Ω 583, ζ 113, ι 42 (vgl. 549), σ 91.

2) Dem Optativ ist *κέν* beigefügt:

αὐτὰρ Ἀθήνη
ἄγχι παρασταμένη Λαερτιάδην Ὀδυσῆα
ὄτρυν', ὡς ἂν πύρνα κατὰ μνηστῆρας ἀγείροι ρ 362. Man vergleiche noch Τ 332.

Ὅπως.

Mir sind nur reine Optative begegnet:

ἐν μέν οἱ κραδίῃ θάρσος βάλε, πὰρ δέ οἱ αὐτός
ἔστη, ὅπως θανάτοιο βαρείας κῆρας ἀλάλκοι Φ 548, vgl. ζ 319, λ 480, ν 323, ξ 312, τ 296 (ξ 327), χ 472.
λίσσετο δ' αἰεί
Ἥφαιστον κλυτοεργὸν ὅπως λύσειεν Ἄρηα θ 344.
αὐτὰρ ἐγὼ βούλευον ὅπως ὄχ' ἄριστα γένοιτο ι 420, vgl. ι 554, γ 129. λ 229, ο 170. 203, σ 160, Φ 137, Ω 680.

Ὅτε und ὁπότε.

Dritte Person

bei Verschiedenheit des Subjectes.

ποίεον, ὄφρα τὸ κῆτος ὑπεκπροφυγὼν ἀλέαιτο
ὁππότε μιν σεύαιτο ἀπ' ἠιόνος πεδίονδε Υ 148.
(χλαῖνα) ἥ οἱ παρεκέσκετ' ἀμοιβάς
ἕννυσθαι, ὅτε τις χειμὼν ἔκπαγλος ὄροιτο ξ 522, wohl auch θ 70 und ν 138.

Doch entsteht noch die Frage, ob nicht alle vier Stellen vielmehr den ursprünglichen Optativ haben.

Dagegen ist in folgenden Stellen sicher der Optativ aus dem Conjunctiv entstanden:

οἱ δ' ϝατ' εἰν ἀγορῇ Τρῶες καὶ Δαρδανίωνες
πάντες ὁμηγερέες ποτιδέγμενοι ὁππότ' ἄρ' ἔλθοι
Ἰδαῖος Η 415.

οἱ δὲ μένοντες
ϝέστασαν, ὁππότε πύργος Ἀχαιῶν ἄλλος ἐπελθὼν
Τρώων ὁρμήσειε καὶ ἄρξειαν πολέμοιο Δ 335, vgl. Ι 191, Σ 524.

Der Gebrauch von *ὁπότε* in diesen Beispielen ist aufzufassen wie der von *ὅτε*, welcher Einleitung Seite 64 erwähnt ist.

Ἕως.

Zweite Person.

ὅσσα σὺ τῷ ἐδίδως, ἀρώμενος ϝως ϝίκοιο
γῆράς τε λιπαρὸν θρέψαιό τε φαίδιμον υἱόν τ 367 (ϝως bedeutet hier nicht „*bis*“, sondern einfach „*dass*“, vgl. *ὄφρα*).

Dritte Person.

καὶ τότ' ἐγὼν τὸν μόχλον ὑπὸ σποδοῦ ἤλασα πολλῆς
εἷος θερμαίνοιτο (Bekker *εἵως*) ι 376. Man vergleiche noch ε 386, φ 151.

Die Bedeutung „*dass, damit*“ hat ϝως:

πέμπε δέ μιν πρὸς δώματ' Ὀδυσσῆος θείοιο
εἷος Πηνελόπειαν ὀδυρομένην γοόωσαν
παύσειε κλαυθμοῖο γόοιό τε δακρυόεντος δ 799.

B. Von anderer Herkunft.

Εἰ.

ἔνθ' ἡμεῖς μὲν πάντες ὁμοκλέομεν ἐπέεσσιν
τόξον μὴ δόμεναι, μηδ' εἰ μάλα πόλλ' ἀγορεύοι ω 174.
στεῦτο γὰρ εὐχόμενος νικησέμεν εἴπερ ἂν αὐταὶ
Μοῦσαι ἀείδοιεν Β 598.
ἠνώγει Πρίαμός τε καὶ ἄλλοι Τρῶες ἀγαυοὶ
εἰπεῖν, εἴ κέ περ ὔμμι φίλον καὶ ἡδὺ γένοιτο
μῦθον Ἀλεξάνδροιο Η 388.

Πρίν.

Erste Person

aus der zweiten in directer Rede hervorgegangen:

ἐπεὶ οὐκ ἐθέλεσκες ἅμ' ἄλλῳ
οὔτ' ἐς δαῖτ' ἰέναι, οὔτ' ἐν μεγάροισι πάσασθαι

πρίν γ' ὅτε δή σ' ἐπ' ἐμοῖσιν ἐγὼ γούνεσσι καθίσσας
ὄψου τ' ἄσαιμι I 486, was doch wohl aufzulösen ist: *„du du sagest: ich will nicht.. ehe du mich fütterst"* iti.

Dritte Person

bei Gleichheit des Subjectes, aus der ersten in directer Rede entstanden:
οὐκ ἔθελεν φεύγειν, πρὶν πειρήσαιτ' Ἀχιλῆος Φ 580.

IV. In Fragesätzen.

Es sind nur Doppelfragen mit ἤ belegt.

Erste Person.

ἐγρόμενος κατὰ θυμὸν ἀμύμονα μερμήριξα
ἠὲ πεσὼν ἐκ νηὸς ἀποφθίμην ἐνὶ πόντῳ
ἢ ἀκέων τλαίην καὶ ἔτι ζωοῖσι μετείην κ 50.

Hier würde auch in der directen Frage die erste Person stehen müssen.

Dritte Person.

a. bei Gleichheit des Subjects, also Verschiebung von der ersten zur dritten Person:
ὡς ὁ γέρων ὥρμαινε δαϊζόμενος κατὰ θυμὸν
διχθάδι' ἢ μεθ' ὅμιλον ἴοι Δαναῶν ταχυπώλων
ἦε μετ' Ἀτρεΐδην Ἀγαμέμνονα ποιμένα λαῶν Ξ 20, vgl. ψ 86.
δίζε γὰρ ἠὲ μάχοιτο κατὰ κλόνον αὖτις ἐλάσσας,
ἢ λαοὺς ἐς τεῖχος ὁμοκλήσειεν ἀλῆναι Π 713.
ἐν δέ οἱ ἦτορ
στήθεσσιν λασίοισι διάνδιχα μερμήριξεν
ἢ ὅγε φάσγανον ὀξὺ ἐρυσσάμενος παρὰ μηροῦ
τοὺς μὲν ἀναστήσειεν, ὁ δ' Ἀτρεΐδην ἐναρίζοι
ἦε χόλον παύσειεν, ἐρητύσειέ τε θυμόν Α 188 (man bemerke die Pronomina und vgl. Naegelsbach zu d. St.).
Δηΐφοβος δὲ διάνδιχα μερμήριξεν
ἤ τινά που Τρώων ἑταρίσσαιτο μεγαθύμων
. . . . *ἢ πειρήσαιτο καὶ οἶος* Ν 457, vgl. Ε 672, δ 118, ζ 143, ρ 236, σ 91, υ 11, χ 334 (überall *μερμηρίζειν*).

Einmal kommt auch bei dem Optativ *κέν* vor:
ἔνθεν δ' αὖ νήσοισιν ἐπιπροέηκε θοῇσιν
ὁρμαίνων ἤ κεν θάνατον φύγοι ἦ κεν ἁλώῃ ο 300.

Einen interessanten Uebergang zu der nächsten Gruppe, bei welcher Verschiedenheit des Subjects, also Erhaltung der dritten Person statt-

findet, bildet folgendes Beispiel, in dem eine ursprüngliche und eine verschobene dritte Person vereinigt ist:

> οὐδέ ποτε Ζεύς
> τρέψεν ἀπὸ κρατερῆς ὑσμίνης ὄσσε φαεινώ,
> ἀλλὰ κατ' αὐτοὺς αἰὲν ὅρα, καὶ φράζετο θυμῷ
> πολλὰ μάλ' ἀμφὶ φόνῳ Πατρόκλου μερμηρίζων,
> ἢ ἤδη καὶ κεῖνον ἐνὶ κρατερῇ ὑσμίνῃ
> αὐτοῦ ἐπ' ἀντιθέῳ Σαρπηδόνι φαίδιμος Ἕκτωρ
> χαλκῷ δῃώσῃ, ἀπό τ' ὤμων τεύχε' ἕληται,
> ἦ ἔτι καὶ πλεόνεσσιν ὀφέλλειεν πόνον αἰπύν Π 644.

Direct würde es heissen: *„soll Hector den Patroklos tödten* (und dadurch die Schlacht zunächst beendigt werden) *oder soll ich noch vielen die böse Schlachtarbeit vermehren?"* In der abhängigen Frage bleibt bei dem ersten Verbum Person und Modus, bei dem zweiten wird Person und Modus verschoben.

b. bei Ungleichheit des Subjects, also erhaltener dritter Person:

> τοῖς δ' Ὀδυσεὺς μετέειπε συβώτεω πειρητίζων
> ἤ μιν ἔτ' ἐνδυκέως φιλέοι, μεῖναί τε κελεύοι
> αὐτοῦ ἐνὶ σταθμῷ, ἢ ὀτρύνειε πόλινδε ο 303.

Doch kann diese Stelle sowohl, wie die ähnliche δ 789, auf den Indicativ des Futurums zurückgehen.

§ 2.

Der Optativ aus dem Indicativ entstanden.

Bekanntlich geht der Optativ nicht selten aus dem Indicativ der directen Rede hervor, und dieser Uebergang darf hier, wo es sich um eine Darstellung des Optativgebrauches handelt, natürlich nicht übergangen werden. Ich begnüge mich aber, indem ich eine genauere Untersuchung einem andern Orte vorbehalte, mit der Anführung einiger Belege. Mir liegen solche nur vor für Relativ- und Fragesätze.

1) Relativsätze:

> δίχα δέ σφισιν ἥνδανε βουλή,
> ἠὲ διαπραθέειν ἢ ἄνδιχα πάντα δάσασθαι
> κτῆσιν ὅσην πτολίεθρον ἐπήρατον ἐντὸς ἔεργοι Σ 512.

> καὶ ᾔτεε σῆμα ἰδέσθαι
> ὅττι ῥά οἱ γαμβροῖο πάρα Προίτοιο φέροιτο Z 177.

Folgende Relativsätze sind dem Sinne nach Fragesätze:

> δὴ τότ' ἐγὼν ἑτάρους προΐειν πεύθεσθαι ἰόντας
> οἵ τινες ἀνέρες εἶεν ἐπὶ χθονὶ σῖτον ἔδοντες κ 101, vgl. ι 89.

> ἔκ τ' ἐρέοντο

ὅς τις τῶνδ' εἴη βασιλεὺς καὶ τοῖσιν ἀνάσσοι κ 110.

καὶ ἐξερέεινον ἕκαστα,
οὐλὴν ὅττι πάθοι τ 464.

2) Fragesätze

a. ohne Fragepronomen:

ᾤχετο πευσόμενος μετὰ σὸν κλέος ἤ που ἔτ' εἴης ν 415, vgl. *K* 394, wo Bekker freilich gegen die vulg. *βουλεύουσι* schreibt.

b. mit Fragepronomen:

οἱ δ' ἐλεαίροντες δίδοσαν καὶ ἐθάμβεον αὐτόν,
ἀλλήλους δ' εἴροντο τίς εἴη καὶ πόθεν ἔλθοι ρ 367.

Τυδείδην δ' οὐκ ἂν γνοίης ποτέροισι μετείη *E* 85, vgl. ο 423.

Sachregister.

Absicht 35, 37, s. Satz.
Accusativ 55.
an (lateinisch) 89.
Annahme 60, 69, 72, 222.
Aufforderung 16.
Augment 7.
Bedingung 35, s. Satz.
Bedeutungslehre 11.
Begehrung 16.
Bitte 10, 196.
Brâhmana-Literatur 9.
Concession 24, 27, 127.
Conjunctionen 53, 64, 100.
Conjunctiv, Formelles 3—5. Des Futurums 3. Des Imperfectums im Sanskrit 4. Ursprung des s. Grundbegriff 13, besonders wichtig für Satzverbindung 21, s. die Uebersicht des Inhalts.
Frage 74.
Frageton 74.
Futurum, logisches 25.
Gleichnisse 44, 52, 65, 135, 161, 231.
Griechisch, primitiver als Sanskrit 32, 38.
Gräcoarisch 102.
Grundbegriff, wie zu abstrahiren? 11, relativer und absoluter 12.
Indirecte Rede 79.
Logik, primitive 95.
Modi, Abgrenzung der Bedeutungen 19.
Modusverschiebung 82, 248.
Nebengedanke 93.
Optativ, Formelles 5—6. Ursprung des I 14. Grundbegriff 13, s. das Inhaltsverzeichniss.
Parataxis 12.
Personenverschiebung 79, 81, 248.
Pluti 75.
Potentialis 5.
Precativ 6.
Prius, zeitlich oder logisch 42.

Pronomina:

im Allgemeinen 60, deiktisches 31, anaphorisches 31, 93, 99. — Relativum: Form 30, Entstehung 31, 99, Verschiedenheit der Ausbildung im Sanskrit und Griechischen 32, sucht seinen Platz 45, bekommt indefiniten Sinn 46, vgl. 93 und 103. — Pronominalstamm ka 76, 84. — Pronominalstamm sva 70.
Rigveda, Zustand der Interpretation 8.
Sanskrit, im engeren Sinne 8.

Sätze:

Allgemeines 91, 98. Satzverknüpfung 12. Eintheilung 100, 15. Hauptsatz und Nebensatz 91. Nebensätze, posteriorische und priorische 35, 101. Absichtssätze 59. Bedingungssätze 60. Befürchtungssätze 117. Conjunctions- und Relativsätze 37, 64. Fragesätze 13, 41, 62. Inhaltssatz 62, 114, 117. Relativsätze 43, der Vedensprache 33, nothwendige 93. Warnungssätze 119.
Satzton 96, 97.
Syntax, homerische 10.
Tempusstämme, Verhältniss zu den Modis 7.
Voraussetzung 43, 69, 72.
Wille 13, 16.
Wunsch 13, 16, 25.
Wurzeln, nennende und deutende 79.

iti 81.
kam 87, 88.
kovid 78.
ca 69.
ced 69.
na 26, 112. 115. 121, 123, 150, 194, 217.
nu 107, 194.
ned 112, 121.
mà, μή 21, 26, 92, 100, 103, 107, 112. má 115, 150, 194.
yaira 58.
yathâ 38, 58, 59, 61, 149, 228.
yad 55, 59, 67, 148, 163, 229, 233.
yadà 58, 67, 164, 232, 234.
yadi 58, 67, 164, 233.
yarhi 58, 231.
yât 56, 61.
yâbhis 57.
yávad 56.
yena 57.
hanta 107.

ἄγε, ἄγετε 111.
ἀλλά 111.
ἄν 69.
αὐτός 31.
δεῦρο 111.
εἰ Etymologie 70, Gebrauch 26, 71. 72, 171. 195, 236.
εἰ δ' ἄγε 108.
εἰς ὅ 63, 67, 160, 171.
ἐκεῖνος 31.
ἐπεί 182.
εὖτε 55, 67, 169.
ἕως 56, 63, 139.
ἤ 77, 186.
ἦμος 59. 67.
ἵνα 38, 57, 60, 150, 229.
κέν 85, 88, 127.
μή 21, 114, 119, 225, vgl. mà.
ὅδε 31.
ὁπότε 67, vgl. ὅτε.
ὅπως 57, 61, 157, 162, 230.
ὁππώς 235.
ὅτε 55, 62, 67, 159, 165, 232, 235.
οὐ 79, 225.
οὗτος 31.
ὄφρα 59, 60, 63. 67, 152, 170, 229.
πρίν 185.
τε 61, 69.
τις 50.
το- 31, 48.
ὡς 26, 56. 60. 65, 67. 155, 161, 162, 195, 230.
ὡς εἰ 66.
ὡς ὅτε 65, 161.

Stellenregister.

Die nebengesetzten Zahlen geben die Seitenzahlen an.

Āçv. gr.

1. 2. 1.	198
1. 5, 2.	198
1, 5, 5.	70
1, 6, 1-2	92
1, 7, 4.	214
1, 7, 6.	192
1, 8, 1.	198
1, 13, 2	214
1, 14. 1	214
1, 14, 9	224
1. 19, 11	233
1, 21, 3	192
1, 23, 23	198
2, 3, 5	193
2, 3, 10	198
3, 8, 4	223
4, 1, 3	201
4, 7, 10	134

Ait. Br.

1, 7	109
1, 7	123
1, 8	223
1, 14	110
1, 16	234
1, 19	116
1, 23	107
1, 27	246
1, 27	247
2, 1	198
2. 6	233
2. 7	133
2. 7	233
2. 14	234
2, 19	107
2, 22	245
2, 25	26
2, 25	191
2, 33	191
2, 30	79
2, 30	247
3, 3	223
3, 6	221
3, 11	233
3, 20	108
3, 21	107
3, 24	107
3, 25	246
3, 33	81
3, 37	245
7, 13	70
7, 15	108
7, 16	232
7, 17	201
7, 17	229
7, 27	95
8, 23	234

AV.

1, 1, 14	113
1, 16, 4	149
1, 29, 5	149
1, 32, 1	112
1, 34, 5	119
2, 30, 1	149
2, 36, 1	103
3, 19, 3	47
3, 19, 3	133
3, 23, 3	133
3, 23, 5	19
3, 28, 5	38
3, 28, 5	129
3, 25, 1	116
4, 38, 3	116
5, 19, 9	116
5, 22, 2	192
5, 30, 8	116
5, 30, 17	116
6, 8, 1	149
6, 32, 1	121
6, 33, 1	129
7, 8. 6	129
7, 37, 1	149
7, 50, 1	191
8, 28, 4	25
15, 10. 1	221
15, 12, 3	69

Çat. Br.

1, 1, 1, 10	198
1, 1, 1, 21	122
1, 1, 4, 14	79
1, 1, 4, 14	246
1, 1, 4, 15	89
1, 1, 4, 15	109
1, 2, 5, 2	110
1, 2, 5, 3	231
1, 4, 1, 10	122
1, 4, 1, 17	187
1, 7, 3, 28	198
1, 8, 1, 9	164
1, 8, 1, 4	123
1, 8, 1, 4	123
1, 9, 3, 16	229
2, 1, 4, 27	224
2, 2, 4, 1	246
2, 4, 3, 14	224
3, 2, 1, 24	198
3, 2, 2, 5	234
3, 9, 1, 3	246
4, 3, 4, 3	198
4, 5, 4, 1	192
4, 5, 8, 13	198
6, 1, 3, 9	193
9, 1, 1, 1	195
10. 4. 2, 22	108
10, 4, 3, 3	195

10, 4, 3, 7 . 61
10, 4, 3, 9 . 164
11, 1, 6, 1 . 246
11, 1, 6, 6 . 232
11, 5, 1, 1 . 114
11, 5, 1, 2 . 228
11, 5, 1, 3-4 . 247
11, 5, 1, 6 . 19
11, 5, 1, 6 . 110
11, 5, 1, 6 . 124
11, 5, 1, 7 . 187
11, 5, 1, 8 . 201
11, 5, 1, 12. 108
11, 5, 1, 12. 123
11, 5, 1, 13. 39
11, 5, 1, 13. 221
11, 5, 4, 1 . 107
11, 5, 6, 2 . 27
11, 5, 6, 2 fg. 198
11, 6, 1, 2 . 224
11, 6, 2, 6 . 213
11, 5, 6, 10. 231
12, 5, 1, 13. 231
12, 6, 1, 38. 247
13, 6, 2, 20. 224
14, 1, 1, 4 . 134
14, 1, 1, 7 . 247
14, 1, 1, 8 . 200
14, 1, 1, 19. 70
14, 9, 1, 1 . 41
14, 9, 1, 6 . 201

Chând. Upan.

5, 3, 4. 223

RV.

1, 4, 8 . . . 193
1, 5, 10 . . . 116
1, 6, 1 . . . 97
1, 6, 7 . . . 111
1, 8, 2 . . . 129
1, 8, 3 . . . 191
1, 11, 2 . . . 115
1, 13, 1 . . . 97
1, 16, 4 . . . 97
1, 17, 1 . . . 111
1, 17, 6 . . . 193
1, 18, 4 . . . 34
1, 18, 4 . . . 47
1, 23, 24 . . 193
1, 24, 11 . . 115
1, 24, 13 . . 81
1, 25, 17 . . 110
1, 27, 13 . . 164
1, 30, 8 . . . 164
1, 32, 1 . . . 108
1, 33, 11 . . 34
1, 36, 1 . . . 33
1, 37, 3 . . . 165
1, 37, 14 . . 112
1, 38, 4 . . . 233
1, 38, 15 . . 112
1, 40, 6 . . . 191
1, 40, 7 . . . 189
1, 41, 7 . . . 187
1, 43, 1 . . . 246
1, 46, 3 . . . 98
1, 46, 3 . . . 165
1, 46, 6 . . . 129
1, 47, 10 . . 87
1, 48, 3 . . . 112
1, 50, 13 . . 113
1, 51, 15 . . 191
1, 59, 6 . . . 108
1, 68, 6 . . . 133
1, 71, 6 . . . 131
1, 72, 8 . . . 87
1, 74, 6 . . . 20
1, 74, 6 . . . 111
1, 77, 1 . . . 79
1, 77, 1 . . . 246
1, 84, 10 . . 180
1, 84, 16 . . 134
1, 84, 17 . . 189
1, 89, 1 . . . 149
1, 89, 5 . . . 149
1, 89, 8 . . . 34
1, 89, 8 . . . 191
1, 90, 3 . . . 112
1, 91, 8 . . . 194
1, 91, 9 . . . 34
1, 92, 8 . . . 190
1, 93, 3 . . . 134
1, 93, 8 . . . 133
1, 94, 1 . . . 115
1, 94, 9 . . . 34
1, 98, 1 . . . 87
1, 99, 1 . . . 112
1, 101, 8 . . 164
1, 113, 10. . 131
1, 113, 11. . 131
1, 114, 1 . . 140
1, 114, 8 . . 116
1, 116, 25. . 190
1, 124, 11. . 123
1, 132, 6 . . 48
1, 132, 6 . . 131
1, 143, 6 . . 189
1, 154, 1 . . 87
1, 154, 1 . . 108
1, 158, 5 . . 121
1, 161, 5 . . 110
1, 161, 8 . . 112
1, 165, 2 . . 187
1, 165, 3 . . 197
1, 166, 14. . 148
1, 170, 2 . . 21
1, 170, 2 . . 115
1, 184, 1 . . 200
1, 191, 6 . . 87
2, 6, 1. . . . 16
2, 6, 1. . . . 196
2, 10, 2 . . . 197
2, 10, 6 . . . 192
2, 15, 1 . . . 108
2, 16, 7 . . . 189
2, 17, 6 . . . 200
2, 18, 3 . . . 87
2, 18, 3 . . . 108
2, 23, 4 . . . 48
2, 23, 4 . . . 134
2, 23, 7 . . . 133
2, 24, 1 . . . 191
2, 26, 2 . . . 149
2, 27, 10 . . 191
2, 27, 14 . . 116
2, 28, 8 . . . 87
2, 28, 9 . . . 113
2, 30, 7 . . . 121
2, 33, 2 . . . 190
2, 35, 1 . . . 189
2, 37, 5 . . . 87
2, 38, 11 . . 129
2, 41, 11 . . 121
3, 1, 23 . . . 193
3, 8, 1. . . . 164
3, 8, 10 . . . 192
3, 11, 8 . . . 191
3, 19, 4 . . . 148
3, 27, 15 . . 191
3, 32, 14 . . 58
3, 35, 2 . . . 111
3, 41, 6 . . . 121
3, 42, 2 . . . 78
3, 42, 4 . . . 180
3, 43, 2 . . . 188
3, 43, 5 . . . 189
3, 51, 11 . . 133
3, 53, 2 . . . 87
3, 53, 4 . . . 164
3, 62, 8 . . . 193
3, 62, 10 . . 129
4, 1, 15 . . . 223
4, 2, 7. . . . 133
4, 2, 8. . . . 134
4, 2, 9. . . . 121
4, 2, 9. . . . 134
4, 3, 13 . . . 113
4, 3, 13 . . . 194
4, 30, 23 . . 134
4, 43, 1 . . . 189
5, 2, 5. . . . 112
5, 3, 5. . . . 134
5, 3, 7. . . . 46
5, 3, 7. . . . 134
5, 4, 7. . . . 28
5, 4, 7. . . . 200
5, 4, 10 . . . 190
5, 6, 4. . . . 148
5, 9, 7. . . . 112
5, 14, 5 . . . 112
5, 18, 1 . . . 198
5, 29, 13 . . 134
5, 29, 13 . . 188
5, 31, 5 . . . 165
5, 31, 12 . . 112
5, 31, 13 . . 217
5, 37, 1 . . . 123
5, 37, 5 . . . 134
5, 41, 11 u. 10. 187
5, 41, 16 . . 246
5, 42, 2 . . . 193
5, 42, 3 . . . 112
5, 45, 6 . . . 109
5, 45, 11 . . 191
5, 46, 5 . . . 112
5, 50, 1 . . . 201
5, 51, 12 . . 109
5, 54, 15 . . 217
5, 57, 7 . . . 191
5, 60, 1 . . . 112
5, 60, 6 . . . 45
5, 60, 6 . . . 183
5, 61, 4 . . . 149
5, 64, 3 . . . 229
5, 70, 2 . . . 191
5, 70, 4 . . . 194
5, 74, 1 . . . 111
5, 77, 1 . . . 112
5, 79, 9 . . . 122
5, 82, 3 . . . 112
5, 82, 4 . . . 111
6, 1, 6. . . . 200
6, 1, 10 . . . 200
6, 1, 13 . . . 190
6, 2, 11 . . . 111
6, 4, 1 . . . 149
6, 5, 4. . . . 133
6, 5, 7. . . . 191
6, 8, 1. . . . 108
6, 8, 6. . . . 191
6, 8, 7. . . . 111
6, 11, 1 . . . 107
6, 11, 6 . . . 191
6, 13, 6 . . . 100
6, 15, 10 . . 200
6, 16, 16 . . 109
6, 16, 34 . . 112
6, 19, 4 . . . 200
6, 19, 6 . . . 111
6, 19, 7 . . . 217
6, 19, 8 . . . 129
6, 23, 9 . . . 124
6, 23, 9 . . . 189
6, 28, 7 . . . 100
6, 36, 5 . . . 149
6, 37, 3 . . . 194
6, 44, 16 . . 149

6, 47, 15 . . 189
6, 47, 20 . . 102
6, 51, 7 . . . 28
6, 51, 7 . . . 113
6, 61, 7 . . . 194
6, 52, 2 . . . 133
6, 54, 9 . . . 194
6, 60, 1 . . . 134
6, 63, 2 . . . 149
6, 63, 2 . . . 217
7, 4, 6 115
7, 15, 4 . . . 180
7, 24, 1 . . . 149
7, 27, 1 . . . 148
7, 29, 3 . . . 240
7, 32, 18 . . 233
7, 33, 3 . . . 87
7, 37, 5 . . . 216
7, 52, 2 . . . 113
7, 52, 2 . . . 104
7, 53, 3 . . . 40
7, 53, 3 . . . 120
7, 59, 12 . . 194
7, 70, 6 . . . 133
7, 81, 5 . . . 19
7, 81, 5 . . . 109
7, 86, 2 . . . 187
7, 86, 2 . . . 246
7, 88, 2 . . . 165
7, 88, 6 . . . 194
7, 89, 1 . . . 113
7, 97, 2 . . . 228
7, 100, 1 . . 134
7, 104, 15 . . 109
8, 1, 5 201
8, 1, 8 57
8, 1, 15 . . . 164
8, 5, 22 . . . 105
8, 7, 30 . . . 77
8, 7, 30 . . . 188
8, 8, 10 . . . 133
8, 11, 7 . . . 112
8, 13, 22 . . 188
8, 14, 1 . . . 213
8, 16, 11 . . 112
8, 18, 22 . . 197
8, 19, 25 u. 26. 233
8, 20, 24 . . 33
8, 21, 12 . . 196
8, 22, 6 . . . 200
8, 23, 15 . . 30
8, 26, 10 . . 180
8, 28, 4 . . . 124
8, 31, 1 . . . 46
8, 31, 1 . . . 134
8, 31, 16 . . 197
8, 32, 15 . . 121
8, 33, 9 . . . 121
8, 33, 9 . . . 164
8, 42, 3 . . . 217
8, 43, 24 . . 112
8, 44, 23 . . 213
8, 45, 33 . . 148
8, 47, 1 . . . 124
8, 48, 3 . . . 169
8, 48, 10 . . 217
8, 50, 6 . . . 124
8, 50, 11 . . 62
8, 50, 11 . . 148
8, 51, 4 . . . 100
8, 57, 8 . . . 124
8, 59, 1 . . . 34
8, 59, 1 . . . 48
8, 59, 5 . . . 233
8, 78, 3 . . . 112
8, 80, 4 . . . 189
8, 82, 4-5 . 124
8, 82, 5 . . . 81
8, 82, 6 . . . 96
8, 82, 28 . . 148
8, 85, 7 . . . 123
8, 85, 10 . . 169
8, 86, 15 . . 246
8, 89, 2 . . . 111
8, 96, 2 . . . 34
9, 29, 5 . . . 58
9, 61, 29 . . 191
10, 10, 10 . . 25
10, 10, 10 . . 123
10, 10, 11 . . 189
10, 10, 12 . . 134
10, 10, 12 . . 240
10, 14, 8 . . 123
10, 15, 6 . . 45
10, 15, 6 . . 133
10, 16, 1 . . 67
10, 18, 1 . . 104
10, 47, 1 . . 111
10, 52, 5 . . 149
10, 68, 10 . . 61
10, 81, 7 . . 112
10, 81, 7 . . 191
10, 85, 26 . . 149
10, 85, 27 . . 18
10, 85, 34 . . 223
10, 85, 36 . . 38
10, 85, 36 . . 149
10, 85, 39 . . 19
10, 85, 42 . . 116
10, 105, 8 . . 191
10, 119 . . . 79
10, 119, 1 . . 19
10, 119, 9 . . 19
10, 129, 6 . . 199
10, 131, 1 . . 25
10, 186, 1 . . 112

Sâmaveda.

1, 82 250
1, 190 169
1, 288 234

Taitt. Br.

1, 1, 3, 5 . . 248
3, 10, 11, 3. 79
3, 10, 11, 3. 247

Taitt. Sanh.

1, 7, 4, 3 . . 234
7, 1, 5, 1 . . 81

Verzeichniss der citirten Homerstellen.

Ilias.

A.

18 . . 191
26 . . 114
26 . . 22
28 . . 110
32 . . 156
41 . . 103
62 . . 111
64 . . 218
67 . . 174
81 . . 178
82 . . 159
90 . . 182
100 . . 207
110 . . 153
128 . . 170
133 . . 170
137 . . 180
139 . . 142
140 flg. 111
150 . . 189
158 . . 153
166 . . 182
173 . . 183
185 . . 154
188 . . 254
189 . . 84
189 . . 125
203 . . 152
205 . . 128
218 . . 146
221 . . 214
230 . . 50
240 . . 137
243 . . 160
257 . . 213
262 . . 25
262 . . 125
271 . . 214
294 . . 141
294 . . 210
301 . . 206
302 . . 151
321 . . 82
324 . . 64
324 . . 120
324 . . 160
341 . . 176
343 . . 240
363 . . 150
407 . . 172
410 . . 151
420 . . 173
510 . . 159
515 . . 152
522 . . 21
522 . . 120
524 . . 154
526 . . 145
543 . . 137
549 . . 141
551 . . 47
554 . . 137
555 . . 119
558 . . 62
559 . . 157
566 . . 120
567 . . 166
579 . . 155
587 . . 114
610 . . 235

B.

4 . . 252
12 . . 96
34 . . 189
72 . . 79
81 . . 211
98 . . 247
128 . . 242
139 . . 111
140 . . 111
147 . . 162
158 . . 244
188 . . 225
195 . . 119
198 . . 225
213 . . 227
228 . . 169

229 .. 142
229 .. 143
232 .. 152
236 .. 110
250 .. 111
250 flg. 209
261 .. 252
294 .. 137
299 .. 152
327 .. 154
332 .. 160
340 .. 199
346 .. 140
359 .. 153
361 .. 142
363 .. 53
363 .. 155
364 .. 143
364 .. 178
365 .. 42
365 .. 138
365 .. 143
371 .. 230
381 .. 150
385 .. 156
395 .. 168
397 .. 169
418 .. 104
435 .. 115
440 .. 154
474 .. 161
475 .. 184
492 .. 243
598 .. 253
730 .. 66
780 .. 232
782 .. 168

Γ.

26 .. 182
54 .. 128
60 .. 136
65 .. 144
71 .. 141
71 flg. 199
92 .. 141
102 .. 199
105 .. 151
107 .. 117
109 .. 35
109 .. 139
110 .. 158
130 .. 38
130 .. 150
160 .. 195
163 .. 153
217 .. 236
218 .. 212
233 .. 236
235 .. 219
270 .. 144
281 .. 177
283 .. 110
284 .. 177
286 .. 130
287 .. 51
289 .. 182
291 .. 63
291 .. 159
299 .. 220
300 .. 109
317 .. 250
353 .. 141
354 .. 153
392 .. 212
407 .. 197
410 .. 210
410 .. 216
414 .. 114
414 .. 127
436 .. 120
450 .. 218
453 .. 244
460 .. 130

Δ.

14 .. 110
15 .. 187
34 .. 241
38 .. 118
40 .. 165
55 .. 160
60 .. 150
71 .. 158
88 .. 238
93 .. 245
98 .. 181
102 .. 153
114 .. 249
130 .. 162
141 .. 162
164 .. 159
169 .. 208
170 .. 179
174 .. 201
178 .. 196
182 .. 193
189 .. 109
195 .. 159
230 .. 165
232 .. 227
240 .. 184
240 .. 227
247 .. 175
249 .. 153
262 .. 177
263 .. 167
269 .. 152
288 .. 239
300 .. 251
300 .. 140
313 .. 196
335 .. 253
344 .. 107
346 .. 170
347 .. 243
353 .. 182
363 .. 193
389 .. 232
416 .. 179
418 .. 111
428 .. 212
466 .. 251
467 .. 232
482 .. 136
486 .. 155
529 .. 213
530 .. 225

E.

3 .. 250
4 .. 44
5 .. 135
24 .. 252
33 .. 245
85 .. 29
85 .. 214
85 .. 256
110 .. 153
128 .. 83
128 .. 155
129 .. 177
132 .. 177
138 .. 135
161 .. 161
164 .. 156
168 .. 238
192 .. 40
192 .. 221
202 .. 249
203 .. 213
214 .. 199
214 .. 242
221 .. 153
225 .. 182
227 .. 154
232 .. 182
250 .. 119
258 .. 170
260 .. 177
273 .. 73
298 .. 249
301 .. 249
311 .. 211
317 .. 249
331 .. 47
346 .. 249
351 .. 180
362 .. 220
378 .. 242
388 .. 211
400 .. 40
400 .. 137
411 .. 120
421 .. 142
450 .. 245
457 .. 220
460 .. 160
483 .. 221
483 .. 222
488 .. 119
501 .. 168
507 .. 249
598 .. 182
606 .. 251
672 .. 254
684 .. 21
684 .. 121
691 .. 251
718 .. 111
703 .. 179
821 .. 177
845 .. 249

Z.

49 .. 244
57 .. 226
69 .. 195
69 .. 156
83 .. 183
113 .. 170
143 .. 156
164 .. 208
170 .. 251
177 .. 255
225 .. 168
227 .. 145
231 .. 154
258 .. 153
259 .. 156
259 .. 159
260 .. 180
264 .. 113
281 .. 173
281 .. 105
284 .. 73
284 .. 240
331 .. 117
340 .. 109
364 .. 156
365 .. 154
411 .. 210
412 .. 184
413 .. 181
448 .. 62
448 .. 158
454 .. 204
455 .. 166
459 .. 124
462 .. 125
464 .. 199
480 .. 194
489 .. 185
493 .. 121
507 .. 162
521 .. 215
521 .. 225
526 .. 110
527 .. 179

H.

5 .. 184
26 .. 152
28 .. 222
28 .. 240
29 .. 110
31 .. 100
38 .. 110
48 .. 245
68 .. 152
71 .. 160
77 .. 177
85 .. 154
87 .. 124
91 .. 125
99 .. 193
129 .. 241
132 .. 219
148 .. 32
157 .. 239
171 .. 41
171 .. 42
171 .. 132
180 .. 96
181 .. 94
195 .. 151
107 .. 24
197 .. 125
231 .. 220
231 .. 221
231 .. 222
243 .. 173
290 .. 110
292 .. 100
295 .. 157
299 .. 111
300 .. 154
313 flg. 110
339 .. 39
340 .. 229
342 .. 39
342 .. 216
343 .. 118
349 .. 152
349 .. 229
351 .. 111
350 .. 93
369 .. 152
375 .. 172
377 .. 160
378 .. 160
388 .. 253
394 .. 173
396 .. 100
410 .. 184
415 .. 253
459 .. 166
463 .. 156

Θ.

0 .. 152
10 .. 48
10 .. 147
18 .. 150
22 .. 243
33 .. 144
105 .. 153
110 .. 110
142 .. 179
143 .. 216
150 .. 199
180 .. 165
182 .. 162
196 .. 242
205 .. 242
282 .. 71
282 .. 172
287 .. 178
291 .. 218
330 .. 162
373 .. 159
376 .. 164
376 .. 170
405 .. 42
405 .. 142
406 .. 107
430 .. 140
478 .. 181
482 .. 182
502 .. 110
508 .. 156
511 .. 117
512 .. 156
512 .. 195
513 .. 60
515 .. 151
523 .. 117
536 .. 179
538 .. 196

I.

26 .. 111
26 .. 162
33 .. 121
49 .. 160
57 .. 215
61 .. 109
75 .. 142

77 . . 248
99 . . 152
101 . . 169
102 . . 142
112 . . 61
112 . . 156
112 . . 158
117 . . 43
117 . . 45
117 . . 52
117 . . 137
121 . . 124
125 . . 213
125 . . 225
136 . . 177
138 . . 165
139 . . 45
139 . . 140
139 . . 143
141 . . 242
146 . . 140
157 . . 207
166 . . 130
172 . . 172
181 . . 252
191 . . 253
245 . . 118
256 . . 179
278 . . 177
279 . . 165
281 . . 140
283 . . 242
288 . . 140
289 . . 207
301 . . 201
304 . . 244
311 . . 157
312 . . 145
318 . . 241
323 . . 65
323 . . 161
324 . . 184
358 . . 181
359 . . 182
362 . . 181
363 . . 212
370 . . 153
375 . . 207
386 . . 241
389 . . 243
394 . . 182
397 . . 143
412 . . 178
414 . . 178
416 . . 205
428 . . 153
437 . . 248
415 . . 244
452 . . 250
460 . . 251
490 . . 254
495 . . 152
501 . . 160
515 . . 241
518 . . 140
522 . . 121
525 . . 230
600 . . 195
601 . . 211
604 . . 178
610 . . 171
614 . . 152
615 . . 145
619 . . 187
622 . . 251
681 . . 158
691 . . 159
701 . . 127
703 . . 166
704 . . 102
707 . . 183

K.

5 . . 162
14 . . 236
20 . . 218
27 . . 249
39 . . 118
55 . . 173
57 . . 205
61 . . 76
62 . . 160
62 . . 186
63 . . 185
67 . . 47
67 . . 140
78 . . 235
90 . . 171
97 . . 111
97 . . 154
99 . . 118
101 . . 119
107 . . 180
108 . . 110
111 . . 196
126 . . 110
130 . . 160
146 . . 152
165 . . 220
165 . . 222
170 . . 219
170 . . 220
170 . . 222
183 . . 161
184 . . 136
189 . . 236
192 . . 115
204 fig. 209
204 . . 245
222 . . 242
225 . . 176
235 . . 142
243 . . 248
247 . . 207
303 . . 247
305 . . 140
305 . . 143
325 . . 159
344 . . 204
348 . . 118
362 . . 162
368 . . 250
380 . . 213
380 . . 244
394 . . 256
425 . . 152
444 . . 159
449 . . 178
452 . . 178
468 . . 249
480 . . 161
505 . . 210
510 . . 120
536 . . 198
538 . . 118
556 . . 215
571 . . 251

Λ.

2 . . 250
67 . . 161
116 . . 177
135 . . 243
135 . . 244
155 . . 162
193 . . 160
202 . . 171
258 . . 160
269 . . 162
290 . . 150
292 . . 162
305 . . 162
315 . . 179
325 . . 65
325 . . 162
348 . . 111
367 . . 142
386 . . 128
387 . . 241
391 . . 177
391 . . 181
394 . . 180
403 . . 198
409 . . 49
409 . . 140
415 . . 162
433 . . 125
455 . . 178
467 . . 66
470 . . 118
477 . . 170
509 . . 249
653 . . 216
667 . . 100
670 . . 196
764 . . 189
791 . . 172
792 . . 175
792 . . 237
797 . . 172
799 . . 172
803 . . 204
848 . . 247
891 . . 197

M.

8 . . 251
18 . . 139
58 . . 214
71 . . 180
75 . . 111
78 . . 111
123 . . 218
150 . . 160
169 . . 161
210 . . 115
224 . . 175
228 . . 225
239 . . 176
245 . . 176
267 . . 226
275 . . 172
286 . . 168
291 . . 155
299 . . 45
299 . . 130
302 . . 177
317 . . 155
322 . . 241
328 . . 110
334 . . 238
334 . . 249
343 . . 209
344 . . 32
357 . . 209
365 . . 155
369 . . 184
382 . . 217
391 . . 250
403 . . 249
421 . . 136
428 . . 227
435 . . 152
447 . . 213
458 . . 250

N.

37 . . 251
52 . . 115
55 . . 238
117 . . 224
118 . . 214
127 . . 221
138 . . 135
141 . . 159
178 . . 44
178 . . 135
199 . . 161
229 . . 144
232 . . 195
242 . . 195
244 . . 136
245 . . 173
260 . . 178
285 . . 183
287 . . 230
289 . . 241
292 . . 115
320 . . 235
321 . . 225
327 . . 152
334 . . 162
343 . . 213
343 . . 225
377 . . 29
377 . . 208
380 . . 181
419 . . 153
457 . . 254
480 . . 200
589 . . 102
649 . . 119
670 . . 250
711 . . 236
740 . . 206
742 . . 187
745 . . 118
753 . . 184
760 . . 218
807 . . 238
815 . . 205
829 . . 179

Ξ.

7 . . 160
10 . . 162
20 . . 254
44 . . 118
54 . . 213
59 . . 214
61 . . 110
74 . . 162
76 . . 111
77 . . 160
78 . . 174
79 fig. 254
81 . . 50
81 . . 137
87 . . 155
90 . . 220
92 . . 225
98 . . 155
107 . . 219
126 . . 226
127 . . 141
128 . . 111
142 . . 191
161 fig. 172
163 . . 237
190 . . 245
208 . . 211
234 . . 81
234 . . 136
241 . . 218
244 fig. 210
247 . . 253
251 . . 248
259 . . 221
311 . . 190
330 . . 218
340 . . 110
342 . . 205
365 . . 152
369 . . 179
370 . . 162
374 . . 111
414 . . 162
416 . . 144
481 . . 152
505 . . 166
507 . . 249
522 . . 168

O.

17 . . 173
23 . . 153
23 . . 257
31 . . 131
32 . . 154
32 . . 175
40 . . 220
45 . . 202
46 . . 145
49 . . 240
56 . . 153
68 . . 205
80 . . 156
80 . . 192
147 . . 184
170 . . 162
197 . . 210
207 . . 168
210 . . 168
213 . . 159
215 . . 157
264 . . 162
284 . . 236
295 . . 111
324 . . 161
349 . . 175

361 .. 183
382 .. 168
402 .. 151
403 .. 175
411 .. 135
423 .. 118
470 .. 251
476 .. 195
490 .. 138
495 .. 140
499 .. 180
504 .. 182
520 .. 135
598 .. 250
606 .. 102
624 .. 162
680 .. 135
696 .. 212
730 .. 220
735 .. 222
737 .. 221
743 .. 227

Π.

10 .. 155
19 .. 150
30 .. 195
32 .. 179
38 .. 173
41 .. 172
44 .. 204
53 .. 168
62 .. 167
72 .. 243
83 .. 162
84 .. 150
88 .. 178
94 .. 120
96 .. 184
97 .. 196
100 .. 154
128 .. 117
129 .. 126
205 .. 110
212 .. 162
247 .. 194
260 .. 135
263 .. 177
271 .. 156
283 .. 249
289 .. 162
365 .. 162
386 fig. 168
421 .. 154
429 .. 161
437 .. 187
445 .. 177
446 .. 120
453 .. 184
455 .. 160
500 .. 170
525 .. 152
545 .. 120
558 fig. 196
568 .. 251
576 .. 250
590 .. 135
620 .. 145
623 .. 240
642 .. 162
644 .. 255
650 .. 187
653 .. 251
713 .. 254
723 .. 239
725 .. 172
744 .. 241
861 .. 174

Ρ.

8 .. 249
17 .. 114
30 .. 179
40 .. 181
62 .. 102
70 .. 29
70 .. 211
93 .. 142
93 .. 180
94 .. 180
98 .. 168
99 .. 145
100 .. 142
102 .. 209
103 .. 240
110 .. 135
114 .. 247
120 .. 172
126 .. 250
134 .. 185
149 .. 248
159 .. 239
163 .. 240
185 .. 68
186 .. 170
224 .. 250
220 .. 49
220 .. 143
242 .. 119
245 .. 174
260 .. 247
340 .. 110
341 .. 195
360 .. 215
366 .. 212
390 .. 102
398 .. 243
417 .. 199
432 .. 44
435 .. 135
454 .. 100
463 .. 236
480 .. 154
489 .. 243
522 .. 162
561 .. 239
586 .. 247
622 .. 159
631 .. 226
634 .. 61
634 .. 111
634 .. 158
640 .. 197
652 .. 172
658 .. 184
667 .. 249
681 .. 238
685 .. 153
692 .. 172
720 .. 135
733 .. 236
742 .. 161
750 .. 168

Σ.

8 .. 117
34 .. 249
63 .. 154
88 .. 229
92 .. 181
98 .. 192
107 .. 26
107 .. 195
114 .. 154
116 .. 166
121 .. 183
121 .. 192
135 .. 185
143 .. 173
147 .. 251
180 .. 180
188 .. 77
188 .. 188
190 .. 185
190 .. 172
207 .. 162
213 .. 173
266 .. 110
271 .. 142
272 .. 196
278 .. 180
281 .. 183
297 .. 111
297 .. 162
304 .. 111
306 .. 179
308 .. 128
319 .. 135
322 .. 238
344 .. 251
376 .. 251
387 .. 150
409 .. 170
457 .. 173
464 .. 196
508 .. 249
512 .. 255
524 .. 253
544 .. 236
566 .. 235
591 .. 236
601 .. 173

Τ.

2 .. 250
39 .. 250
52 .. 245
71 .. 48
82 .. 248
90 .. 247
110 .. 142
132 .. 230
144 .. 154
147 .. 177
148 .. 110
151 .. 150
158 .. 169
167 .. 146
174 .. 151
180 .. 150
183 .. 167
191 .. 159
206 .. 205
209 .. 207
218 .. 215
221 .. 215
223 .. 185
227 .. 248
228 .. 144
230 .. 147
232 .. 155
235 .. 47
235 .. 143
260 .. 144
264 .. 137
264 .. 199
275 .. 150
317 .. 236
321 .. 26
321 .. 202
322 .. 244
332 .. 252
334 .. 64
354 .. 250
375 .. 162
402 .. 183
441 .. 111

Υ.

24 .. 153
30 .. 118
68 .. 249
102 .. 242
119 .. 111
121 .. 197
122 .. 150
126 .. 152
130 .. 106
136 .. 111
138 .. 179
148 .. 251
148 .. 252
168 .. 169
172 .. 174
181 .. 178
227 .. 236
235 .. 250
243 .. 163
244 .. 115
247 .. 215
250 .. 142
286 .. 213
286 .. 219
300 .. 111
301 .. 118
302 .. 180
303 .. 155
307 .. 143
307 .. 144
316 .. 167
317 .. 167
336 .. 120
337 .. 183
358 .. 213
362 .. 45
362 .. 136
378 .. 120
425 .. 206
429 .. 156
436 .. 174
454 .. 142
465 .. 238
495 .. 162

Φ.

24 .. 144
61 .. 154
100 .. 50
103 .. 141
112 .. 159
113 .. 132
126 .. 131
137 .. 252
160 .. 110
231 .. 160
250 .. 250
258 .. 162
265 .. 236
274 .. 190
283 .. 135
293 .. 173
298 .. 141
309 .. 110
323 .. 165
335 .. 219
346 .. 137
347 .. 162
357 .. 206
359 .. 109
412 .. 204
429 .. 235
429 .. 238
438 .. 180
447 .. 250
459 .. 157
462 .. 210
467 .. 111
483 .. 146
517 .. 240
522 .. 162
531 .. 98
534 .. 183
539 .. 230
548 .. 252
553 fig. 205
558 .. 159
563 .. 117
575 .. 184
580 .. 254
605 .. 252

Χ.

20 .. 243
23 .. 135
30 .. 150
41 .. 239
55 .. 182
68 .. 183
73 .. 47
73 .. 137
86 .. 175
90 .. 178
108 .. 206
121 .. 113
125 .. 183
169 .. 162
191 .. 177
192 .. 159
194 .. 236
207 .. 248
220 .. 244
231 .. 111
243 .. 110
245 .. 187

253 .. 89
253 .. 200
254 .. 111
257 .. 170
282 .. 155
286 .. 195
287 .. 208
304 .. 195
329 .. 251
346 .. 196
348 .. 80
348 .. 40
348 .. 221
350 .. 181
358 .. 114
360 .. 166
366 .. 166
381 .. 111
382 .. 154
388 .. 170
392 .. 141
411 .. 252
418 .. 100
418 .. 173
443 .. 251
450 .. 100
454 .. 196
456 .. 118

487 .. 182
503 .. 236
509 .. 183

ψ.

7 .. 115
9 .. 32
9 .. 111
10 .. 183
17 .. 244
40 .. 238
46 .. 68
47 .. 170
48 .. 110
52 .. 155
76 .. 184
82 .. 173
91 .. 194
97 .. 20
98 .. 110
151 .. 28
151 .. 20
151 .. 202
177 .. 251
187 .. 250
190 .. 240
197 .. 251

210 .. 155
244 .. 110
244 .. 160
246 .. 140
275 .. 241
297 .. 250
314 .. 151
322 .. 140
324 .. 158
341 .. 119
344 .. 180
345 .. 132
361 .. 252
407 .. 121
408 .. 120
435 .. 240
485 .. 111
487 .. 131
494 .. 226
517 .. 135
543 .. 179
552 .. 151
554 .. 143
575 .. 118
578 .. 177
593 .. 242
610 .. 151
629 .. 196

661 .. 140
740 .. 249
805 .. 40
855 .. 48
855 .. 140
857 .. 113
894 .. 243

Ω.

21 .. 250
44 .. 152
74 .. 196
75 .. 154
76 .. 158
92 .. 142
118 .. 173
119 .. 130
130 .. 190
147 .. 130
149 .. 199
154 .. 159
183 .. 181
196 .. 130
208 .. 110
212 .. 217
213 .. 210
226 .. 27

226 .. 199
226 .. 244
263 .. 245
291 .. 131
295 .. 251
295 .. 153
297 .. 210
301 .. 173
313 .. 153
335 .. 146
337 .. 60
337 .. 157
350 .. 251
356 .. 111
357 .. 173
367 .. 248
369 .. 167
370 .. 203
382 .. 152
417 .. 107
431 .. 153
436 .. 118
439 .. 238
462 .. 210
467 .. 150
469 .. 110
480 .. 102
550 .. 124

551 .. 185
554 .. 170
555 .. 38
555 .. 150
556 .. 192
565 .. 213
568 .. 121
575 .. 114
583 .. 252
585 .. 249
592 .. 178
601 .. 110
618 .. 111
619 .. 240
630 .. 153
651 .. 139
653 .. 241
655 .. 127
661 .. 209
664 .. 204
672 .. 249
680 .. 252
688 .. 181
696 .. 211
732 .. 220
779 .. 121
781 .. 183
800 .. 219

Odyssee.

α.

31 .. 32
40 .. 167
45 .. 106
47 .. 193
47 .. 225
65 .. 248
76 .. 111
76 .. 158
85 .. 110
86 .. 154
87 .. 156
88 .. 154
94 .. 174
95 .. 151
106 .. 93
115 .. 237
134 .. 249
135 .. 250
153 .. 93
158 .. 142
163 .. 241
168 .. 176
174 .. 152

190 .. 93
188 .. 176
192 .. 160
201 .. 176
205 .. 157
224 .. 213
228 .. 225
236 .. 210
253 .. 219
265 .. 220
279 .. 173
281 .. 174
282 .. 93
287 .. 181
287 .. 209
289 .. 177
294 .. 184
296 .. 158
304 .. 93
311 .. 153
316 .. 140
341 .. 93
349 .. 93
349 .. 163
351 .. 136

352 .. 47
360 .. 110
372 .. 110
373 .. 151
378 .. 173
387 .. 195
394 .. 21
394 .. 127
402 .. 192
403 .. 195
414 .. 237
416 .. 137

β.

16 .. 93
25 flg. 41
25 .. 139
43 .. 132
52 .. 230
62 .. 249
67 .. 117
76 .. 242
78 .. 231
88 .. 68
98 .. 117

98 .. 160
102 .. 180
111 .. 152
116 .. 47
124 .. 170
127 .. 145
131 .. 180
144 .. 173
161 .. 130
168 .. 110
179 .. 120
184 .. 211
186 .. 173
189 .. 178
204 .. 170
213 .. 130
216 .. 171
218 .. 181
218 .. 208
218 .. 209
220 .. 178
229 .. 139
246 .. 242
286 .. 94
307 .. 151

316 .. 137
316 .. 158
329 .. 155
333 .. 175
343 .. 237
351 .. 237
358 .. 166
360 .. 174
368 .. 157
374 .. 167
376 .. 157
404 .. 110
404 .. 115
410 .. 111

γ.

2 .. 250
15 .. 155
19 .. 157
22 .. 188
55 .. 121
77 .. 250
83 .. 174
92 .. 173
116 .. 243

120 flg. 252
120 .. 248
120 .. 252
143 .. 252
175 .. 251
191 .. 236
205 .. 195
224 .. 240
227 .. 210
227 .. 242
228 .. 243
231 .. 39
231 .. 215
238 .. 169
240 .. 115
283 .. 238
285 .. 251
315 .. 120
317 .. 151
327 .. 157
334 .. 152
346 .. 191
346 .. 230
354 .. 170
355 .. 145

359 . . 151
361 . . 253
422 . . 153
426 . . 153
438 . . 250
476 . . 151
709 . . 157

δ.

28 . . 187
29 . . 130
35 . . 173
70 . . 250
78 . . 210
118 . . 254
167 . . 221
192 . . 197
196 . . 144
204 . . 227
206 . . 138
222 . . 51
222 . . 225
222 . . 243
222 . . 244
240 . . 128
252 . . 151
295 . . 153
296 . . 152
317 . . 237
322 . . 173
337 . . 162
346 . . 239
347 . . 206
388 . . 127
389 . . 32
389 . . 91
389 . . 93
396 . . 118
400 . . 170
412 . . 184
414 . . 184
420 . . 141
420 . . 165
443 . . 248
462 . . 251
474 . . 251
478 . . 167
494 . . 183
527 . . 240
545 . . 158
559 . . 221
584 . . 250
588 . . 159
591 . . 151
595 . . 29
595 . . 210
644 . . 216
645 . . 152
649 . . 213
651 . . 168
668 . . 104
672 . . 156
685 . . 105
689 . . 127
697 . . 196
698 . . 218
710 . . 152
713 . . 155
735 . . 197
739 . . 154
758 . . 132
775 . . 120
779 . . 111
780 . . 255
792 . . 108
799 . . 253
820 . . 119

ε.

2 . . 250
8 . . 198
25 . . 60
25 . . 156
31 . . 156
72 . . 213
100 . . 248
144 . . 157
147 . . 120
166 . . 218
168 . . 157
169 . . 180
178 . . 243
188 . . 220
189 . . 235
206 . . 241
221 . . 73
221 . . 175
255 . . 251
290 . . 188
290 . . 189
328 . . 102
348 . . 181
350 . . 117
361 . . 171
363 . . 184
369 . . 161
378 . . 160
386 . . 253
394 . . 162
395 . . 136
415 . . 117
417 . . 173
417 . . 180
420 . . 118
439 . . 238
447 . . 138
465 . . 188
465 . . 189
466 . . 180
468 . . 117
470 fig. 171
471 . . 180
473 . . 23
473 . . 113
493 . . 250

ζ.

28 . . 145
31 . . 110
33 . . 153
37 . . 130
50 . . 83
57 . . 245
58 . . 151
113 . . 252
114 . . 249
120 . . 109
128 . . 252
143 . . 254
147 . . 249
158 . . 145
180 . . 193
189 . . 103
200 . . 125
200 . . 132
217 . . 236
218 . . 128
221 . . 216
244 . . 73
244 . . 198
259 . . 171
274 . . 118
275 . . 124
285 . . 206
286 . . 220
286 . . 227
287 . . 137
290 . . 160
297 . . 184
298 . . 210
303 . . 168
304 . . 159
311 . . 151
319 . . 252

η.

22 . . 78
22 . . 245
33 . . 144
52 . . 243
72 . . 167
74 . . 46
74 . . 139
138 . . 236
148 . . 217
164 . . 150
180 . . 150
187 . . 152
193 . . 157
202 . . 160
204 . . 176
224 . . 190
292 . . 214
308 . . 249
314 . . 244
316 . . 195
317 . . 155
333 . . 239

ϑ.

12 . . 153
27 . . 152
31 . . 110
32 . . 146
42 . . 152
45 . . 137
70 . . 252
87 . . 236
100 . . 110
101 . . 156
133 . . 111
139 . . 244
147 . . 138
147 . . 170
208 . . 248
210 . . 47
210 . . 137
217 . . 243
220 . . 236
230 . . 118
240 . . 225
242 . . 153
243 . . 166
251 . . 156
275 . . 251
292 . . 111
307 . . 150
318 . . 160
327 . . 245
339 . . 186
339 . . 190
344 . . 252
356 . . 178
389 . . 111
394 . . 111
395 . . 154
409 . . 194
411 . . 193
413 . . 193
414 . . 195
429 . . 153
432 . . 154
443 . . 68
445 . . 166
461 . . 150
465 . . 238
477 . . 153
496 . . 178
511 . . 184
523 . . 161
532 . . 248
542 . . 150
546 . . 137
546 . . 145
553 . . 185
554 . . 184
556 . . 153
570 . . 200
580 . . 152
585 . . 137
585 . . 145

ι.

6 fig. 108
13 . . 155
37 . . 109
42 . . 252
89 . . 255
94 . . 227
102 . . 120
126 . . 221
131 . . 216
139 . . 160
208 . . 216
228 . . 251
229 . . 217
234 . . 250
241 . . 215
248 . . 251
267 . . 237
278 . . 243
280 . . 152
314 . . 232
317 . . 237
320 . . 251
332 . . 249
348 . . 153
351 . . 248
356 . . 38
356 . . 130
356 . . 150
376 . . 253
377 . . 249
392 . . 162
417 . . 238
420 . . 252
421 . . 237
456 . . 240
503 . . 177
517 . . 150
520 . . 179
523 . . 196
534 . . 198
554 . . 252

κ.

22 . . 145
24 . . 152
26 . . 251
33 . . 250
39 . . 137
44 . . 111
50 . . 254
65 . . 155
85 . . 251
74 . . 145
101 . . 255
110 . . 256
140 . . 237
175 . . 185
177 . . 111
177 . . 115
192 . . 110
217 . . 182
228 . . 110
236 . . 250
269 . . 110
269 . . 204
288 . . 130
293 . . 165
298 . . 169
301 . . 120
316 . . 251
327 . . 146
334 . . 111
335 . . 154
341 . . 155
344 . . 243
383 . . 225
384 . . 218
387 . . 150
411 . . 185
416 . . 232
420 . . 232
426 . . 153
432 . . 216
461 . . 160
480 . . 157
504 . . 84
504 . . 126
508 . . 166
520 . . 184
539 . . 131
549 . . 110
574 . . 248

λ.

17 . . 160
73 . . 114
94 . . 135
96 . . 152
104 . . 208
105 . . 181
106 . . 166
110 . . 181
111 . . 208
112 . . 180
113 . . 178
120 . . 184
122 . . 160

124 .. 165
134 .. 192
141 .. 247
147 .. 143
150 .. 182
169 .. 250
192 .. 185
212 .. 155
218 .. 169
221 .. 184
224 .. 150
229 .. 252
251 .. 121
290 .. 249
316 .. 250
328 .. 211
340 .. 179
352 .. 160
356 .. 241
375 .. 209
380 .. 208
428 .. 137
432 .. 146
442 .. 140
479 .. 237
480 .. 252
488 .. 211
489 .. 225
501 .. 240
510 .. 236
513 .. 236
561 .. 150
585 .. 236
591 .. 216
597 .. 238
628 .. 237
635 .. 210

μ.

27 .. 151
40 .. 137
41 .. 49
41 .. 138
48 .. 120
49 .. 178
52 .. 170
53 .. 177
55 .. 184
60 fig. 192
66 .. 139
77 .. 213
77 .. 243
83 .. 213
83 .. 215
87 .. 213
87 .. 243
96 .. 177
101 .. 215
101 .. 216
106 .. 195
106 .. 213
112 .. 235
112 .. 237
121 .. 182
122 .. 118
137 .. 181
138 .. 208
139 .. 180
140 .. 178
156 .. 152
161 .. 152
163 .. 177
185 .. 150
189 .. 42
189 .. 138
191 .. 47
213 .. 111
219 .. 162
216 .. 172
220 .. 120
224 .. 240
237 .. 236
272 .. 152
280 .. 221
287 .. 248
288 .. 182
291 .. 110
300 .. 180
301 .. 120
321 .. 110
321 .. 115
331 .. 226
333 .. 251
334 .. 237
345 .. 242
349 .. 176
381 .. 230
383 .. 24
383 .. 124
385 .. 209
428 .. 251
437 .. 251

ν.

13 .. 111
22 .. 249
31 .. 135
41 .. 217
59 .. 160
74 .. 250
88 .. 214
100 .. 169
124 .. 249
141 .. 216
149 .. 152
155 .. 165
155 .. 250
157 .. 152
179 .. 111
180 .. 165
181 .. 173
101 .. 251
102 .. 249
203 .. 189
208 .. 118
213 .. 194
214 .. 137
216 .. 118
291 .. 225
292 .. 213
296 .. 115
303 .. 152
323 .. 252
328 .. 151
335 .. 186
344 .. 154
358 .. 179
364 .. 151
365 .. 158
388 .. 103
389 .. 242
390 .. 215
394 .. 166
400 .. 130
402 .. 241
411 .. 170
415 .. 236
418 .. 152

ξ.

28 .. 251
45 .. 111
53 .. 193
50 .. 214
50 .. 168
61 .. 130
65 .. 50
71 .. 250
85 .. 137
105 .. 136
118 .. 174
120 .. 217
121 .. 202
127 .. 146
130 .. 185
131 .. 204
138 .. 179
154 .. 189
155 .. 203
155 .. 207
168 .. 111
169 .. 167
172 .. 194
181 .. 158
186 .. 152
189 .. 92
193 .. 208
296 .. 250
297 .. 252
303 .. 219
312 .. 252
321 .. 216
327 .. 252
329 .. 158
338 .. 251
372 .. 176
395 .. 177
400 .. 153
406 .. 194
408 .. 229
414 .. 150
440 .. 196
444 .. 142
468 .. 196
493 .. 121
496 .. 197
503 .. 192
503 .. 195
515 .. 184
522 .. 252

o.

12 .. 119
19 .. 119
21 .. 144
24 .. 160
24 .. 197
37 .. 184
47 .. 152
51 .. 160
55 .. 144
69 .. 144
75 .. 160
112 .. 169
128 .. 17
129 .. 192
149 .. 251
156 .. 196
170 .. 252
180 .. 194
195 .. 246
199 .. 117
203 .. 252
219 .. 151
263 .. 121
278 .. 117
294 .. 251
300 .. 254
303 .. 255
305 fig. 37
309 .. 151
311 .. 35
311 .. 36
311 .. 53
311 .. 130
311 .. 173
311 .. 203
321 .. 216
338 .. 184
341 .. 198
350 .. 195
350 .. 226
369 .. 110
400 .. 137
411 .. 168
421 .. 144
421 .. 146
422 .. 50
429 .. 256
431 .. 154
431 .. 245
442 .. 118
446 .. 165
448 .. 45
448 .. 142
448 .. 203
452 .. 137
452 .. 243
458 .. 240
505 .. 203
509 .. 186
509 .. 188
518 .. 219
530 .. 210
538 .. 211
542 .. 160

π.

19 .. 135
31 .. 155
72 .. 167
73 .. 82
79 .. 187
84 .. 157
87 .. 117
98 .. 177
99 .. 279
101 .. 169
116 .. 177
137 .. 77
137 .. 180
141 .. 236
148 .. 240
168 .. 150
179 .. 249
195 .. 155
196 .. 216
198 .. 235
227 .. 137
234 .. 155
244 .. 216
254 .. 117
267 .. 105
274 .. 182
287 .. 105
292 .. 119
304 .. 204
332 .. 250
348 .. 130
368 .. 152
371 .. 28
371 .. 110
371 .. 195
378 .. 115
384 .. 110
389 .. 115
392 .. 240
402 .. 110
403 .. 179
438 .. 125
457 .. 249

ρ.

7 .. 185
10 .. 133
11 .. 142
19 .. 142
22 .. 183
24 .. 117
50 .. 172
52 .. 154
56 .. 160
75 .. 156
79 .. 177
128 .. 162
165 .. 239
175 .. 159
188 .. 119
194 .. 110
223 .. 241
230 .. 179
230 .. 254
243 .. 238
249 .. 229
251 .. 196
267 .. 216
274 .. 117
278 .. 129
297 .. 251
313 .. 241
317 .. 226
320 .. 170
323 .. 170
355 .. 194
362 .. 252
366 .. 66
368 .. 232
367 .. 256
387 .. 216
382 .. 131
399 .. 195
407 .. 241
418 .. 126
418 .. 208
420 .. 227
426 .. 251
455 .. 29
455 .. 214
470 .. 162
476 .. 193

478 .. 120
494 .. 196
497 .. 239
509 .. 152
513 .. 239
518 .. 135
529 .. 150
539 .. 241
546 .. 205
549 .. 178
556 .. 178
559 .. 142
561 .. 210
586 .. 220
595 .. 120
597 .. 194
597 .. 217

σ.

7 .. 236
10 .. 23
10 .. 119
13 .. 117
20 .. 114
21 .. 209
26 .. 220
30 .. 151
31 .. 248
39 .. 111
46 .. 141
47 .. 140
53 .. 151
56 .. 120
63 .. 142
82 .. 179
84 .. 131
91 .. 252
91 .. 254
94 .. 250
106 .. 120
112 .. 193
123 .. 104
132 .. 170
134 .. 168
141 .. 198
142 .. 225
147 .. 194
150 .. 183
160 .. 252
164 .. 203
166 .. 219
182 .. 153
191 .. 250
194 .. 170
202 .. 73
202 .. 151
202 .. 196
223 .. 29
223 .. 209
225 .. 243
235 .. 190
240 .. 241
254 .. 240
265 .. 174
270 .. 184
270 .. 49
270 .. 138
286 .. 140
308 .. 251
318 .. 182
334 .. 130
339 .. 151
348 .. 251
357 .. 243
357 .. 245
363 .. 155
366 .. 239
380 flg. 209
386 .. 241
414 .. 216
420 .. 111
464 .. 235

τ.

6 .. 165
10 .. 119
10 .. 170
22 .. 196
27 .. 142
45 .. 154
49 .. 235
77 .. 227
83 .. 119
107 .. 210
108 .. 135
117 .. 121
121 .. 117
127 .. 240
141 .. 100
169 .. 168
198 .. 250
206 .. 185
265 .. 46
265 .. 138
285 .. 210
294 .. 210
296 .. 251
296 .. 252
309 .. 219
317 .. 156
321 .. 156
325 .. 179
329 .. 49
329 .. 138
346 .. 208
367 .. 253
371 .. 236
378 .. 139
391 .. 249
403 .. 130
406 .. 139
410 .. 167
413 .. 250
464 .. 256
490 .. 178
496 .. 178
510 .. 228
512 .. 151
515 .. 185
519 .. 162
524 .. 187
565 .. 145
567 .. 107
568 .. 210
577 .. 141
589 .. 207
590 .. 242
595 .. 202

υ.

11 .. 254
25 .. 162
42 .. 241
43 .. 248
51 .. 241
61 .. 196
79 .. 194
79 .. 230
83 .. 169
85 .. 183
115 .. 139
117 .. 194
135 .. 206
138 .. 252
199 .. 194
225 .. 237
233 .. 179
236 .. 239
240 .. 110
267 .. 151
271 .. 110
286 .. 251
295 .. 144
296 .. 109
296 .. 154
324 .. 203
334 .. 40
334 .. 136
341 .. 145
344 .. 195
368 .. 220
381 .. 240
382 .. 110
485 .. 110

φ.

73 .. 180
75 .. 141
75 .. 207
111 .. 209
114 .. 180
132 .. 167
135 .. 111
159 .. 184
162 .. 200
193 .. 180
197 .. 247
199 .. 230
212 .. 178
217 .. 109
228 .. 117
237 .. 181
259 .. 248
260 .. 73
265 .. 152
279 .. 47
280 .. 142
282 .. 152
286 .. 249
293 .. 147
305 .. 180
312 .. 144
329 .. 206
336 .. 152
338 .. 179
341 .. 146
348 .. 179
363 .. 179
369 .. 114
374 .. 239
383 .. 181
395 .. 249
402 .. 196

χ.

6 .. 172
11 .. 251
14 .. 243
14 .. 248
52 .. 251
59 .. 100
61 .. 241
66 .. 145
73 .. 110
73 .. 100
76 .. 71
76 .. 172
91 .. 238
93 .. 161
96 .. 249
107 .. 118
117 .. 150
134 .. 238
138 .. 212
138 .. 225
139 .. 109
166 .. 77
166 .. 180
213 .. 110
216 .. 67
216 .. 166
219 .. 184
234 .. 153
244 .. 150
252 .. 172
254 .. 185
292 flg. 203
302 .. 161
315 .. 226
315 .. 227
325 .. 206
334 .. 254
343 .. 153
345 .. 179
350 .. 208
367 .. 118
373 .. 155
397 .. 155
414 .. 228
429 .. 109
440 .. 184
462 .. 195
467 .. 249
468 .. 102
472 .. 252
487 .. 109
505 .. 128

ψ.

5 .. 153
31 .. 251
52 .. 153
60 .. 251
65 .. 226
79 .. 178
83 .. 151
86 .. 251
91 .. 238
100 .. 213
101 .. 225
117 .. 110
118 .. 139
124 .. 210
135 .. 230
137 .. 118
139 .. 143
140 42
140 .. 138
151 .. 253
159 .. 162
168 .. 213
169 .. 225
187 .. 213
187 .. 216
216 .. 249
233 .. 162
235 .. 159
255 .. 154
259 .. 165
269 .. 100
275 .. 165
282 .. 132
318 .. 250
358 .. 100
650 .. 193

ω.

7 .. 184
29 .. 143
29 .. 144
107 .. 213
174 .. 253
188 .. 221
190 .. 32
201 .. 146
218 .. 174
254 .. 244
286 .. 137
297 .. 152
329 .. 152
334 .. 251
337 .. 109
344 .. 235
353 .. 118
358 .. 110
360 .. 157
402 .. 193
405 .. 152
432 .. 111
433 .. 210
437 .. 110
437 .. 118
454 .. 139
462 .. 115
462 .. 118
491 .. 16
491 .. 118
491 .. 197
495 .. 110
511 .. 179
532 .. 230
544 .. 120

Nachträge und Berichtigungen.

Zu Seite 3—7. Ueber die Form des Conjunctivs, besonders des „unechten", behalte ich mir weitere Angaben vor. Das hier gegebene berührt einige Schwierigkeiten (2. und 3. ohne Augment) absichtlich nicht.

„ „ 9. Das Urtheil über die Klarheit der vedischen Syntax ist zu sanguinisch gefasst, doch dürfte es für die von uns citirten Stellen Geltung haben.

„ „ 10. Statt „Bekker'sche Ausgabe von 1838" ist zu lesen „von 1843".

„ „ 23. Statt „zusammengestellten Belegen" ist zu lesen „zusammengestellten griechischen Belegen".

„ „ 29. Statt „Allen diesen Conjunctiven" ist zu lesen „Allen diesen Optativen".

„ „ 61. In dem demonstrativen Gebrauch von ὡς liegt doch wohl ein Rest der alterthümlichen Bedeutung, vgl. καὶ ὥς, οὐδ' ὥς. (C.).

„ „ 68. Φ 531 εἰς ὅ κε ἔλθωσι. „Während" verträgt sich nicht mit der Natur des Aorists, vielmehr „bis sie kommen", wobei die Zeitfolge unbezeichnet bleibt. (C.).

„ „ 92. „Welche ja auch — wenn unsere ganze Untersuchung nicht auf Sand gebaut ist — nur heruntergekommene Nebensätze sind", ist statt „Nebensätze" zu lesen „Hauptsätze".

„ „ 114. Zeile 16 von oben ist statt „dass" zu lesen „dass nicht" und Zeile 25 „damit nicht".

„ „ 144 unten. N 229 ist fälschlich unter die Conjunctive mit κέν gestellt.

Verzeichniss der hauptsächlichsten Abkürzungen.

Âçv. gr. — Âçvalâyana's Grihyasûtra's in: Indische Hausregeln. Sanskrit und Deutsch herausgegeben von A. F. Stenzler, Leipzig, Brockhaus 1864.

Ait. Br. — The Aitareya Brahmanam of the Rigveda ed. transl. expl by Martin Haug. Bombay 1863.

AV. — Atharvavedasaṅhitâ, herausgegeben von R. Roth und W. D. Whitney Berlin, Dümmler 1855.

Çat. Br. — The Çatapathabrâhmaṇa ed. by Dr. Albrecht Weber. Berlin. Dümmler 1849.

KZ. — Kuhn's Zeitschrift für vergleichende Sprachforschung.

Muir — Original Sanskrit Texts coll. transl. illustr. by J. Muir. Citirt ist Vol I sec. ed. London 1868 und Vol. III sec. ed ebenda.

RV. — Die Hymnen des Ṛigveda, herausgegeben von Th. Aufrecht. Berlin. Dümmler 1861—1863.

SYNTAKTISCHE
FORSCHUNGEN

VON

B. DELBRÜCK UND E. WINDISCH.

II.

HALLE,
VERLAG DER BUCHHANDLUNG DES WAISENHAUSES.

1876.

ALTINDISCHE

TEMPUSLEHRE

VON

B. DELBRÜCK.

HALLE,

VERLAG DER BUCHHANDLUNG DES WAISENHAUSES.

1876.

VORREDE.

Während der erste Theil dieser Forschungen die indischen und griechischen Modi vergleicht, bringt der zweite nur eine Darstellung des Gebrauchs der Tempora, wie er in einigen der wichtigsten altindischen Schriften vorliegt. Dieser Verengung des Arbeitsgebiets liegt nicht etwa blos die Thatsache zu Grunde, dass meine Studien sich in den letzten sechs Jahren fast ausschliesslich dem Veda zugewendet haben, sondern namentlich meine durch eigene und fremde Erfahrung gewonnene Ueberzeugung, dass es gut ist, aus neuem Material nicht eher Schlüsse zu ziehen, als bis dieses dem Urtheil der Sachverständigen vorgelegen hat. Ich habe deshalb meine Ansicht über die ursprüngliche Bedeutung der Tempusstämme und das Verhältniss der griechischen Tempora zu den indischen nirgends zur Geltung gebracht, höchstens habe ich hier und da die Punkte bezeichnet, wo die weitere Untersuchung meiner Meinung nach anzusetzen hat. Für diejenigen, welche die interessante Vergleichung der griechischen Tempora, namentlich des Aorists mit den entsprechenden indischen vorzunehmen gedenken, bemerke ich, dass es nach meiner Erfahrung für diesen Zweck besonders lohnend ist, die attischen Dramatiker, vor allem aber die jetzt durch Kirchhoff so bequem zugänglich gemachten attischen Inschriften auszubeuten.

Was nun die hier vorliegende Darstellung betrifft, so wird die Auswahl des Stoffes schwerlich einer Rechtfertigung bedürfen. Ich habe mich bestrebt, genug zu geben, ohne weitläufig zu werden. Es wäre leicht möglich gewesen, aus den übrigen Saṃhitās und Brāhmaṇas das Material zu verdoppeln oder zu verdreifachen. Ueber die Interpretation des Veda mich hier, nach Allem was über diesen Gegenstand verhandelt worden ist, noch einmal auszusprechen, halte ich ebenfalls nicht für nöthig; es genüge, zu bemerken, dass ich alle Hülfsmittel

[illegible] 1—[illegible]

[illegible] Verse [illegible]

[illegible] desselben [illegible]

[illegible]

[illegible] Rennen, denn er [illegible]

[illegible]

[illegible] 7, 73.

[illegible]

[illegible] Die [illegible]

[illegible]

[illegible] Laufen [illegible]

[illegible]

4. Die [illegible]

[illegible]. Die [illegible] freundlich herzu.

5. Von hinten, von vorn, von unten, von oben, von allen S[illegible] [illegible] für die fünf Stämme, [illegible] immer mit Heil.

Man vergleiche noch 1, 18. 2, 6.

[illegible] 3, 33, 13 s. unter [illegible].

Erzählend steht [illegible] 1, 32 (s. unter dem Perfectum) [illegible] noch 7, 4, 3.

dṛikshata.

4, 52, 5 s. unter *dbhutsmahi*. — 7, 83. Bitte um Sieg vor
… der Schlacht.

1. Auf eure Freundschaft bauend sind die beutelustigen Träger
breiten Äxte ausgezogen (*yayus*); schlagt die fremden und ein-
…schen Feinde, unterstützt Sudās mit neuer Hülfe, Indra und Varuṇa.

2. Wo bannertragende Schaaren zusammenstossen (*samdyante*), wo
, was uns lieb ist, auf dem Spiele steht (*bhávati*), wo alle Wesen
alle, die die Sonne schauen, sich fürchten (*bháyante*), da seid uns
…ich, Indra und Varuṇa.

3. In Staub haben sich (jetzt) gehüllt (*dhvasirā adṛikshata*) die
…n der Erde, das Getöse ist zum Himmel gestiegen (*aruhat*), die
…eit der Feinde hat sich wider mich erhoben (*asthus*); hierher
…t mit Hülfe, ihr Hörer des Rufs.

4. Indra und Varuṇa, mit unwiderstehlichen Schlägen habt ihr,
Bheda besiegend, Sudās unterstützt (früher, *āvatam*); ihr Rufen im
…te habt ihr erhört (*çriṇutam*), erfolgreich für die Tṛitsus war
…*aral*) die Priesterarbeit.

5. Indra und Varuṇa, mich quält (*tapanti*) die Bosheit des Feindes
die Hinterlist der Gegner. Ihr herrscht (*rājathas*) ja allein über
Schlachtenglück, so steht uns denn bei am entscheidenden Tage.

6. Euch riefen (wohl *havanta*, nicht mit Pada *havante*) beide
…ile bei den Schlachten an, Indra und Varuṇa, um Gut zu erlangen,
ihr den von den zehn Königen bedrängten Sudās unterstütztet
…*tam*) mit den Tṛitsus zusammen.

7. Die zehn verbündeten gottlosen Könige, o Indra und Varuṇa,
…ten den Sudās nicht besiegen (*yuyudhus*). Erfolgreich war (*abha-*
…) das Gebet der Männer beim Opferschmause, die Götter waren
…send (*abhavan*) bei ihren Anrufungen.

8. Dem in der Zehnkönigschlacht von allen Seiten umzingelten
…s halft ihr (*açikshatam*), Indra und Varuṇa, als die weissgekleideten
…sus mit geflochtenem Haar, die andächtigen, eifrig mit Gebet sich
…ten (*ásapanta*).

Der Schluss gehört nicht nothwendig zum Ganzen; der Gedanken-
ist: Sudās' Heer ist zu einer Schlacht ausgezogen (1), helft uns
…r bevorstehenden Schlacht, Indra und Varuṇa (2). Die Feinde
uns angegriffen, schon naht die Entscheidung … (3),
ihr dem Sudās in der Zehnkönigschlacht ge… w.
Uebersetzer der Siebenzig Lieder fassen … m

stets nach bestem Wissen herangezogen habe, dass mir aber diese Arbeit nicht der Ort schien, um meine Auffassung auch an denjenigen Punkten zu rechtfertigen, die für das Verständnis des gerade vorliegenden Tempus nicht von Bedeutung sind. Die Anführungen aus den Brâhmaṇas dienen vielleicht dazu, die Aufmerksamkeit der Sprachforscher dieser in grammatischer Beziehung äusserst werthvollen Literaturgattung in höherem Maasse zuzuwenden.

Eine willkommene Bestätigung meiner eigenen Beobachtungen hätten mir die Angaben der einheimischen Grammatiker liefern können. Ich habe aber von der Mittheilung ihrer Lehren abgesehen, weil Boehtlingk demnächst in seiner Chrestomathie gerade dieses Capitel allgemein zugänglich zu machen beabsichtigt.

Von Einzelheiten hebe ich hervor, dass ich in dieser Schrift ebenso wie in meinem altindischen Verbum solche Formen wie ábhār nicht zu den s-Aoristen, sondern zu den einfachen Aoristen gerechnet habe, dass es mir jetzt aber wieder zweifelhaft geworden ist, ob nicht doch Benfey's Ansicht (Or. und Occ. 3, 219) die richtige ist. Ich behalte mir vor, auf diese Frage zurückzukommen.

Endlich liegt es mir noch am Herzen, zu erwähnen, dass mir auch bei dieser Arbeit freundschaftliche Theilnahme förderlich gewesen ist. Namentlich bin ich H. Grassmann für Durchsicht des Manuscripts und werthvolle Anmerkungen dankbar verpflichtet.

Jena, Juli 1876.

B. Delbrück.

Inhaltsübersicht.

Auf Seite 3—114 kommt der Sprachgebrauch des Veda zur Darstellung, von 114 an der der Brâhmaṇas.

A. (S. 1—114.)

Unter der Rubrik ‚Vedische Periode' wird zuerst der Aorist, dann das Präsens und Imperfectum, dann das Perfectum und Plusquamperfectum behandelt.

Der Aorist wird folgendermassen gegliedert

I. Der Aorist mit s . . . . S. 6—51.

II. Der Passiv-Aorist auf i . . . . - 51—61.

III. Der reduplicirte Aorist . . . . - 61—66.

IV. Der aus der einfachen Wurzel gebildete Aorist - 66—81.

An diese Classe schliessen sich zur Vergleichung einige Imperfecta, die aus der einfachen Wurzel gebildet sind S. 81—82.

V. Der Aorist aus der Wurzel mit a . . . . . S. 82—86.

An diese Classe schliessen sich als Anhang die Imperfecta ákšharat, átakshat, átrasat, ásvarat.

Zusammenfassender Ueberblick über den Aorist S. 86—88.

Präsens und Imperfectum S. 89—100.

Perfectum und Plusquamperfectum S. 101—114.

B. (S. 115—131.)

Der Sprachgebrauch der Brâhmaṇas wird zuerst an einigen ausgewählten Beispielen klar gemacht, dann folgt von S. 128 an eine Uebersicht über den Gebrauch der einzelnen Tempora.

C. (S. 131—132.)

[redacted] die Resultate kurz zusammen.

Anmerkungen.

1. Ich lese bhajé ráthasya mit Gr.
2. Ich lese yáthā u bishe.
3. wohl dhárās zu lesen.
4. nicht amadas, sondern madas.
5. ca páti statt sá páti.
6. Vielleicht war hinter 8, 6, 33 ein Lied abgeschlossen.
7. rakshā́s statt rákshā.
8. niyútvato mit Gr.
9. vielleicht avatá.
10. lies nú tmánā.
11. lies drávat.
12. Gegen die handschriftl. Ueberlieferung ist statt apodatishṭhat vielmehr apottishṭhan zu lesen.

Druckfehler.

S. 11, Zeile 18 von oben lies agāt statt ayāt.
- 40, - 17 - unten - adhunnthās statt -thas.
- 47, - 5 - oben - agāt statt ayāt.

Plan der Arbeit.

In der vorliegenden Abhandlung beabsichtige ich den Gebrauch der Tempora, wie er mir in der ältesten indischen Literatur entgegengetreten ist, darzustellen. Die Citate sind fast durchaus dem Rigveda und dem Çatapatha-Brâhmaṇa entnommen, doch habe ich mich überzeugt, dass in den übrigen Saṃhitâ's und in den Brâhmaṇa's (soweit mir diese zugänglich waren) derselbe Gebrauch herrscht.

Innerhalb dieses Rahmens habe ich noch folgende Beschränkungen eintreten lassen:

Erstens: Ich habe mich wesentlich auf die Hauptsätze beschränkt, die Darstellung des vedischen Satzgefüges aber einer späteren Arbeit vorbehalten, bei der sich zeigen wird, inwieweit der Charakter des Nebensatzes für die Wahl des Tempus in Betracht kommt.

Zweitens: Ich habe nicht den Sinn der Tempusstämme, sondern vorerst den Sinn der Indicative zu ermitteln gesucht, weil es mir nothwendig scheint, dass zuerst die einfachere Aufgabe zu einem gewissen Abschluss gebracht werde.

Drittens: Von den Augmentformen habe ich nur diejenigen in Betracht gezogen, welche wirklich das Augment haben. In der alten Dichtersprache heisst z. B. *ábharat* 'er trug', *bhárat* dagegen kann sowohl heissen 'er trug' (wie bei Homer) als 'er trage'. Es herrscht noch kein Einverständniss darüber, wie man sich das Verhältniss der augmentlosen Formen zu den augmentirten zu denken hat. Deswegen habe ich alles, was mit dieser schwierigen Frage zusammenhängt, einstweilen ausgeschieden.

Die nach diesen Abzügen übrig bleibende Masse habe ich aus praktischen Gründen folgendermassen angeordnet:

I. Die vedische Periode.

1. Der Aorist.
2. Das Präsens und Imperfectum.
3. Das Perfectum und Plusquamperfectum.

II. Die Brāhmaṇa-Periode mit denselben Unterabtheilungen.

Das wenige, was ich über das Futurum mitzutheilen habe, bleibt der Schlussbetrachtung vorbehalten.

I.

Die vedische Periode.

Der Aorist.

Es giebt im Altindischen Aoriste mit *s* und Aoriste ohne *s*. Die letzteren erscheinen in vier Gestalten. Sie werden nämlich gebildet: 1) aus der einfachen Wurzel, z. B. *ásthāt* 'er trat hin', 2) aus der Wurzel mit *a*, z. B. *áruhat* 'er erstieg', 3) aus der reduplicirten Wurzel, wobei die sogenannten causativen Aoriste wie *ápīparat* 'er rettete' die grosse Mehrzahl bilden: 4) wird aus der einfachen Wurzel eine dritte Person des medio-passiven Aorists auf *i* gebildet, z. B. *ákāri* 'es wurde gemacht'. Unter diesen Bildungen ist die vierte formell deutlich von allen anderen Verbalformen unterschieden, und auch die dritte in den weitaus meisten Fällen; dagegen sind die erste und zweite von gewissen Imperfectis formell nicht zu unterscheiden: *ásthāt* ist genau so gebildet wie *áyāt* 'er ging', unterscheidet sich aber von *áyāt* durch seine Stellung im System des Verbums, denn *áyāt* hat neben sich das Präsens *yā́ti*, *ásthāt* aber *tíshṭhati*. In gleicher Weise steht das Imperfectum *áduhat* 'er melkte' neben dem Präsens *duháti*, der Aorist *áruhat* aber neben dem Präsens *róhati*. Man könnte hiernach geneigt sein, auch für das Altindische die Definition von Curtius anzuerkennen, wonach man unter Aorist ein Augmenttempus von einer gewissen Formation versteht, neben dem kein gleich gebildetes Präsens vorhanden ist. Indessen liegt die Sache im Altindischen nicht ganz so einfach wie im Griechischen. Im Altindischen nämlich kommt es gar nicht selten vor, dass von einer Wurzel das Präsens auf mehrfache Art gebildet wird, und dadurch kann die Stellung von Augmentformen, welche aus der einfachen Wurzel oder der Wurzel mit *a* herstammen, zweifelhaft werden; *ápāt* 'er trank' z. B. kann formell sowohl als Imperfectum wie als Aorist gelten, weil nicht bloss ein Präsens *píbati*, sondern auch ein Präsens *pā́ti* von *pā* 'trinken' vorhanden ist; ebenso steht neben *ásadat* 'er setzte sich' sowohl ein Präsens *sídati* als ein Präsens *sīdati*. Die nachfolgende Darstellung wird zeigen, dass in solchen Fällen auch der Gebrauch bisweilen schwankt: *ápāt* z. B. kann als Aorist, und (wenn auch seltener) als Imperfectum gebraucht werden.

In der Majorität der Fälle aber sind dergleichen Augmenttempora aoristisch gebraucht. Ich fasse deshalb unter der Bezeichnung Aorist folgende Bildungen zusammen: 1) die bekannten Augmentformen mit *s*, 2) die Passiv-Aoriste auf *i*, 3) die reduplicirten, namentlich die sogenannten causativen Aoriste, 4) und 5) die Augmentformen aus der einfachen Wurzel und der Wurzel mit *a*, sofern sie nicht ein ebenso gebildetes Präsens als einzige Präsensform neben sich haben.

Wenn man diese Eintheilung, die auch der nachfolgenden Anordnung zu Grunde liegt, mit der entsprechenden Darstellung in meinem altindischen Verbum vergleicht, so erhellt leicht, dass bei der in dieser syntaktischen Arbeit vorgezogenen Gruppirung die Rücksicht auf die praktische Bequemlichkeit in einigen Punkten den Sieg über die Anforderungen der Sprachwissenschaft davongetragen hat.

Ich führe nunmehr die Aoriste in diesen fünf Gruppen und innerhalb derselben alphabetisch geordnet auf. — Dabei ergiebt sich als Bedeutung des Aorists folgende:

Durch den Aorist bezeichnet der Redende etwas als eben geschehen.

Genaueres über diese Bedeutung wird am Schluss des Capitels über den Aorist beigebracht werden.

I.

Der Aorist mit s.

ávīt, ávishus.

7, 20, 1—3.

1. Der Gewaltige ist zu Heldenthaten geboren (*jajñe*), es vollbringt der Held das Werk, das er thun will; der jugendliche Indra, zur Männerversammlung mit seiner Hilfe eilend, rettet uns von grosser Sündenschuld.

2. Den Vritra tödtend hat er jetzt (*nú*) den flehenden mit seiner Hülfe gewaltig unterstützt (*avīt*), schnell hat er dem Sudās Raum geschaffen, und dem Opfernden Gut gespendet (*bhūt*).

3. Der unerreichbare Kämpfer, der im Streit Getümmel erregende, der immer siegreiche Held, der von Natur unbezwingliche Indra hat mit hoher Kraft die Heere zerstreut (*vi āsa*) und jeden, der ihm entgegentrat, zerschlagen (*jaghāna*).

(Ich bemerke zu dieser Stelle, dass von den Präteritalformen bei *nú* nur Aorist und Perfectum erscheinen, nie das Imperfectum. An den zwei Stellen, wo das Imperfectum steht (6, 17, 9 und 6, 18, 3) ist *nú* nicht selbständig, sondern lehnt sich an *ádha* und *ha* an).

Ebenso gebraucht ist *avit* 9, 97, 30, dagegen ist vielleicht historisch *avishus* 1, 11, 5 (vgl. Benfey, Or. u. Occ. 1, 19).

ákārisham.

4, 39, 6. Schlussvers. Des Dadhikrâvan habe ich (mit diesem Liede) gedacht (*akārisham*), des siegreichen beutemachenden Rosses. Süssredend mache er unsern Mund, und er verlängre unsre Lebenszeit.

In solchen Schlussversen steht fast nur der Aorist (s. die Zusammenfassung am Schluss dieses Capitels).

ákrapishṭa.

7, 20, 9. Schlussvers, denn 10 ist später angefügt; vgl. 7, 21. Dieser starke Gesang ist dir (nun) entgegengerauscht (*acikradat*), der Seufzer hat sich flehend dir zugewendet (*akrapishṭa*). Begier nach Reichthum hat deine Verehrer ergriffen (*â agan*), du nun schenke uns Gut.

ákramisham, ákramīm, -īs, -īt.

akramisham heisst 'ich bin jetzt herangekommen', in dem vielfach dunklen Liede 10, 95, Vers 2. *akramīm* steht 10, 166 in dem Triumphlied eines siegreichen Fürsten:

1. Zum Helden unter Meinesgleichen, zum Sieger über die Nebenbuhler, zum Schläger der Feinde mache mich, zum Herrscher, zum Herrn der Heerden.

2. Ich bin (*asmi*) der Besieger der Feinde, wie Indra unversehrt und unverwundbar, alle diese meine Feinde liegen unter meinen Füssen.

3. Jetzt fessle ich euch (*nahyāmi*) wie man die Bogenenden durch die Sehne bindet; Herr des Wortes, wirf sie nieder, damit sie zu meinen Füssen flehen.

4. Als Sieger bin ich hergekommen (*agamam*) mit der alles vollbringenden Schaar. Euren Willen, euren Dienst, euch insgesammt nehme ich hin für mich (*dade*).

5. Euren Besitz euch nehmend möchte ich der Herrlichste sein. Auf euer Haupt habe ich meine Füsse gesetzt (*akramīm*). Nun redet unter meinem Fuss wie Frösche aus dem Wasser, wie Frösche aus dem Wasser.

ákramīs 10, 60.

1. Dem furchtbar aussehenden Manne, dem von den Mâhinas (?) gepriesenen, haben wir uns (hiermit) genaht (*aganma*), Verehrung darbringend.

2. Und dem unvergleichlichen spendenden furchtbaren niederfahrenden Wagen, um zu gewinnen den Herrn des Wagens.[1]

3. Der die Menschen durch Kampf bezwingt (*atitasthad*) wie Heerden, sei er bewaffnet oder unbewaffnet.

4. In dessen Dienst Ikshvâku reich und strahlend gedeiht (*édhate*) u. s. w.

5. O Indra, erhalte die Herrschaft bei den unvergleichlichen Rathaproshthas, wie du die Sonne am Himmel erhältst zum Schauen.

6. Den Verwandten (?) des Agastya zu Liebe schirrst du die rothen Rosse an, die Paṇis hast du niedergetreten (*ní akramīs*), ja, alle kargen, o König.

Die natürlichste Auffassung scheint mir die, dass Indra über die Leiber der Kargen hinweg zu den Verwandten des Agastya kommt. Somit steht also *akramīs* von einer Handlung, die als soeben eingetreten gedacht wird.

ákramīt 10, 189. Vom Sonnenaufgang handelnd.

1. Herangekommen ist (*á akramīt*) der bunte Stier (die Sonne): er hat sich bei seiner Mutter und seinem Vater eingestellt (*ásadat*), zum Himmel vorschreitend.

2. Er wandelt (*carati*) im Lichtraum, vor seinem Hauche haucht sie (Ushas) ihr Leben aus, der gewaltige hat den Himmel erhellt (*vi akhyat*).

3. Die drei Stätten durchstrahlt er (*ví rājati*), ein Lied wird dem Vogel dargebracht (*dhīyate*), um die Morgenzeit durch alle Tage hin.

4, 15, 1 — 3.

1. Agni, der Priester bei unserem Opferfest, wird wie ein Ross herumgeführt (*nīyate*), der Gott, der unter den Göttern verehrungswerth ist.

2. Dreimal fährt (*yāti*) Agni um das Opfer herum, wie ein Wagenlenker, den Göttern Erquickung spendend.

3. Der Herr der Beute, der weise Agni hat (jetzt) das Opfer umwandelt (*akramīt*), Schätze spendend dem Verehrer.

Häufig wird *akramīt* von dem Soma gebraucht, der unter den Augen der Pressenden soeben in das Gefäss oder die Seihe geströmt ist. Ich theile zur Probe mit:

9, 45:

1. Ströme zum Rausch ein, männererleuchtender zum Göttermahl, Indu dem Indra zum Trank.

2. Geh für uns den Botengang. Du träufelst (*ḉoçase*) für Indra u. s. w.

3. Dich den rothen salben (*añjmas*) wir mit Milch zum Rausch, öffne uns die Pforten zum Reichthum.

4. In die Seihe ist er (jetzt) eingetreten (*akramît*), wie ein Ross in das Joch bei der Fahrt, Indu herrscht unter den Göttern.

5. Die Freunde haben (jetzt) den in der Kufe spielenden, über die Wolle rinnenden gepriesen (*asvaran*), den Indra haben die Lieder gelobt (*anûshata*).

6. Ströme du mit dem Strom, durch den du, getrunken, o Indu, dem Lobsänger Heldenthum schenkst.

Ueber *asvaran* wird später gehandelt werden. *akramît* findet sich noch in ähnlichen Stellen 9, 36, 1. 40, 1. 64, 29. 69, 4. 74, 8. 86, 14. 108, 2. Unklar ist 6, 59, 6.

ákrukshat.

10, 146, 4. Wer Abends im Walde weilt, denkt (*manyate*) wohl: Jetzt lockt (*hvayati*) einer seine Kuh, jetzt hat einer Holz gehauen (*avadhît*), jetzt hat etwas geschrieen (*akrukshat*).

ágasmahi.

10, 9.

1. Ihr Wasser seid (*sthá*) ja erquickend, so gebt uns denn die Gesundheit zurück, damit wir hohe Freude schauen.

2. Was euer heilvollstes Nass ist, dessen macht uns theilhaftig, wie zärtliche Mütter.

4. Heilvoll seien uns die Wasser zur Hülfe, zum Trunk, Heil sollen sie uns zuströmen.

5. Die herrschen über alles Gut, gebieten über die Menschen, die Wasser bitte ich um ein Heilmittel.

6. In den Wassern — sagte mir Soma — sind alle Heilmittel und auch der allbeglückende Agni.

7. Ihr Wasser, spendet Heilmittel, Schutz meinem Leibe, und dass ich lange die Sonne schaue.

8. Alles dieses führet weg, ihr Wasser, was irgend Böses ist an mir, alles Unrecht, was ich schädigend oder fluchend begangen habe (yád vâhám *abhidudróha* yád vâ *çepá* utânṛitam).

9. Heut bin ich den Wassern nachgegangen (*acârisham*), mit ihrem Nass sind wir zusammengekommen (*agasmahi*). Labungsreich komm heran, o Agni, und schaff mir Lebenskraft.

Man kann annehmen, dass zwischen Vers 8 u. 9 die entsühnende Waschung fällt. Sollte aber Vers 9 nicht ursprünglich zu diesem Liede gehört haben, so beweist doch *adyá*, dass von einer kaum vergangenen Handlung die Rede ist. Die letzten Verse kehren wieder 1, 23, 20 ff.

ágāsishus.

8, 1, 7. Wohin bist du gegangen (*iyatha*)? wo bist du denn (*asi*)? nach vielen Seiten hin steht dein Sinn. Du rührst dich (*alarshi*), Kämpfer, Schlachterreger, Burgenbrecher. Lieder sind dir erklungen (*agāsishus*; man kann ungenauer auch übersetzen: erklingen dir).

ágrabhīshma.

5, 30, 12 ff.

12. Dieses herrliche Geschenk vollbrachten (*akran*) die Ruçamas, und gaben hunderttausend Kühe. Die dargereichten Geschenke des Ṛinaṃcaya, des ritterlichsten Helden, haben wir empfangen (*agrabhīshma*).

13. Wohlbeschenkt schicken sie (*srijanti*) mich nach Hause mit tausend Kühen, die Ruçamas, o Agni. Der scharfe Somatrank hat Indra berauscht (*amamandus*) beim Aufleuchten der Helle aus der Nacht.

14. Aufleuchtete (*aúchat*) die Nacht, die verderbliche bei Ṛinaṃcaya dem Könige der Ruçamas; wie ein beutegewinnender Renner, ein angetriebener, hat Babhru viertausend erworben (*asanat*).

15. Viertausend Rindshäupter haben wir bei den Ruçamas erhalten (*agrabhīshma*), o Agni, und einen geglühten Kessel, an's Feuer zu setzen, einen ehernen haben wir Sänger empfangen (*ā adāma*).

An dieser Stelle kommt es nur auf die Aoriste *agrabhīshma* und *adāma* an. *aúchat* scheint historisch zu stehen, *amamandus* wird beim Perfectstamme erwähnt werden.

6, 47, 22 ff.

22. Prastoka hat von deiner Gabe, o Indra, zehn Truhen und zehn Rosse gegeben (*adāt*), von Divodāsa haben wir das Gut des Atithigva und Çambara empfangen (*agrabhīshma*).

23. Zehn Rosse, zehn Truhen, zehn Kleider als Zugabe, zehn Goldklumpen habe ich von Divodāsa erhalten (*asānisham*).

24. Zehn Wagen mit Zugthieren, zehn Kühe für die Feuerpriester hat Açvatha dem Pāyu gegeben (*adāt*).

25. Die Bharadvājas, welche hohes allbeglückendes Gut geben, hat Sārñjaya verehrt (*ayashṭa*).

Dass mit diesem Verse ein Lied abschliesst, habe ich schon in der Jenaer Literaturzeitung 1875. No. 271 bemerkt. — In welcher Bedeutung

ághukshat

5, 40, 8 gebraucht ist, ist nicht ganz sicher. Das Lied ist aus mehreren Stücken zusammengesetzt.

ácárisham s. unter *ágasmahi*.

áchántsus s. unter *áyamsata*.

ájanishṭa

1, 123.

1. Der breite Wagen der rüstigen ist angeschirrt (*ayoji*), die unsterblichen Götter haben ihn bestiegen (*asthus*), aus schwarzem Dunkel erstand (*asthât*) die holde, um sich zu zeigen den menschlichen Wohnsitzen.

2. Sie ist früher erwacht (*abodhi*) als alle Creatur, Beute gewinnend, die hohe Spenderin, am Himmel hat aufgeleuchtet (*vi akhyat*) die junge stets neu erstehende, Ushas ist herangekommen (*á agan*) als die erste beim Frühgebet.

3. Wenn du heute Gut vertheilest den Männern, Ushas, göttliche, bei den Sterblichen verehrte, edle, dann möge uns der freundliche Gott Savitar schuldlos erklären vor der Sonne.

4. Zu jedem Hause kommt sie (*yâti*) aufleuchtend, Tag für Tag ihr Wesen zeigend. Um zu spenden ist die Lichte wiederum herangekommen (*á ayât*), alles höchste Gut besitzt sie.

5. Bhagas Schwester, Varuṇas Gattin, freundliche Ushas, komm als erste heran, dahinten bleiben soll der Uebelthäter. Möchten wir ihn besiegen mit Opfergaben und Streitwagen.

6. Lieder und Opfergaben sollen sich erheben, denn aufgestiegen sind (*asthus*) die leuchtenden Flammen; reiches Gut, das die Finsterniss verbarg, machen die leuchtenden Morgenröthen offenbar (*kriṇvanti*).

7. Weg geht (*eti*) der eine, her kommt (*eti*) die andre, einträchtig wandeln (*carete*) die verschiedengestaltigen, Tag und Nacht. Von den beiden Allumfassern hat die eine die Finsterniss mit sich hinweggenommen (*akar*), Ushas aber ist erschienen (*adyaut*) mit ihrem flammenden Wagen.

8. Gleichgestaltig heute, gleichgestaltig morgen folgen sie (*sacante*) dem ewigen Gesetze Varuṇa's, tadellos durchwandeln sie (*yanti*) an einem Tage dreissig Wegstrecken, indem jeder von ihnen seine Aufgabe erfüllt.

9. Kennend das Wesen der ersten Frühe ist (jetzt) die strahlende weisse aus dem Dunkel geboren (*ajanishṭa*), des Rechtes Genossin bricht sie (*minâti*) nicht das Gesetz, sie kommt Tag für Tag zum Stelldichein.

10. Wie ein Mädchen, prangend mit ihrem Leibe, gehst du (*eshi*), o Göttin, dem sehnenden Gotte entgegen, eine lächelnde Jungfrau enthüllst du (*kriṇushe*) leuchtend deinen Busen im Osten.

11. Schönstrahlend wie ein von der Mutter geschmücktes Mädchen entblössest du (*krinushe*) deinen Leib, dass man ihn schaue: leuchtend scheine wieder, Ushas, nicht werden andere Ushasen diese deine That erreichen.

12. Die ross- und kuhreichen Morgenröthen, aller guten Gaben voll, zusammentreffend mit den Strahlen der Sonne, gehen weg und kommen wieder (*yanti*), heranführend ihre lichte Erscheinung.

13. Des Rechtes Zügel lenkend verleih uns immerdar heilvolle Einsicht, Ushas leuchte uns heute, wohl angerufen. Uns und den Opferherren möge Gut zu Theil werden.

Vielleicht ist freilich Vers 8 etwas anders zu übersetzen. Dann wäre möglicherweise *ajanishta* als erzählender Aorist zu fassen.

5, 11.

1. Der wachsame Hirt der Menschen ist geboren (*ajanishta*, gesagt von der eben vollzogenen Erzeugung des Feuers), der kluge Agni zu neuem Glücke für uns, der butterbegossene helle leuchtet (*bhati*) den Bharatas mit seinem himmelberührenden Strahl.

2. Des Opfers Fahne, den ersten Priester, haben die Menschen auf seinem dreifachen Sitze entfacht (*idhire*), mit Indra und den Göttern zusammen setze sich der weise Priester zum Opfern nieder auf die Streu.

3. In reiner Schönheit wirst du jetzt von deinen Eltern geboren (*jayase*), ein kluger Priester entwandest du dich (einst, *atishthas*) dem Vivasvant, mit Butter nährten (*avardhayan*) sie dich, buttergenährter Agni, dein Rauch war (*abharat*) die Fahne, die zum Himmel stieg.

4. Agni komme gerades Weges zu unserem Opfer, den Agni tragen (*bharante*) die Menschen herum von Haus zu Haus, Agni war (von jeher, *abharat*) der opferführende Bote, den weisen Agni erwählt (*vrinate*) man gern.

5. Deinem Herzen, o Agni, sei dieses honigsüsse Wort und diese Andacht lieb. Dich füllen (*prinanti*) die Gebete, wie grosse Bäche den Strom, und stärken dich mit Kraft.

6. Dich, der jedem Holzstück innewohnt, fanden (einst, *avindan*) die Angirasen, als du in der Höhle versteckt warst; du wirst geboren (*jayase*), wenn du mit Kraft durch Reiben erzeugt wirst, darum nennt man (*ahus*) dich Sohn der Kraft, o Bote.

7, 76.

1. Der menschenfreundliche Gott Savitar hat das allerzeugende unsterbliche Licht heraufgeführt (*açret*), nach dem Willen der Götter

ist das Auge geboren (*ajanishta*), Ushas hat die ganze Welt sichtbar gemacht (*akar*).

2. Die Pfade der Götter sind mir offenbar geworden (*adṛiçran*), die nicht irre führenden, mit Gut gesättigten; erschienen ist (*abhût*) das Licht der Ushas im Osten, hierher ist sie gekommen (*agât*) aus ihrer Burg.

3. Es waren (*âsan*) schon viele Tageshellen im Osten, wo die Sonne aufgeht, von wo du, o Ushas, erschienest (*dadṛikshé*) wie ein Mädchen, das zu ihrem Geliebten eilt und nicht umkehrt.

4. Da waren (*âsan*) es die Genossen der Götter, die heiligen alten Sänger, die Väter — sie fanden (*avindan*) das verborgene (Tages)-licht, mit ihrem wirksamen Gebet erzeugten (*ajanayan*) sie die Morgenröthe.

5. In gemeinsamer Halle vereinigt sind sie (die Väter) einträchtig (*sám jânate*), streiten nicht wider einander (*yatante*), sie verletzen nicht (*minanti*) die Gebote der Götter, unermüdet, vereint mit den Vasus (d. h. die Väter, die einst das Licht auffanden, leben nun in ewiger Seligkeit).

6. Die Vasishṭhas preisen dich (*îḍate*) mit Lobgesängen, die früh wachen loben dich, o reiche. Als Führerin der Kühe und Rossherrin leuchte uns auf, edle Ushas, komm zuerst heran.

7. Diese Führerin der Güter und Lieder, die aufleuchtende Ushas wird von den Vasishṭhas besungen (*ribhyate*). Gebt uns weitberühmten Reichthum und schützt uns mit Wohlergehen.

Man vergleiche noch 1, 113, 1. 2, 5, 1. 3, 29, 3. Zweifelhaft bleibt 5, 2, 4. — Erzählender Sinn ist mit Sicherheit in folgenden Stellen anzunehmen:

5, 32, 1—3.

1. Du erschlossest (*ádardar*) die Brunnen, öffnetest (*ásṛijas*) die Quellen, du schafftest den eingeschlossenen Fluten Ruhe (*arâmṇâs?*). Als du, o Indra, den grossen Berg öffnetest (*vi var*), entfesseltest (*sṛijás*) du die Ströme und erschlugst (*han*) den Dânava.

2. Du liessest die nach dem Lauf des Jahres eingeschlossenen Brunnen fliessen (*arañhas*), fliessen das Euter der Wolke, o Schleuderer. Den Ahi, der sorglos dalag, erschlagend, o Indra, erwiesest (*adhatthâs*) du deine Kraft.

3. Indra schlug fort (*jaghâna*) mit seiner Kraft die Waffe dieses grossen Ungethüms, das sich allein unbesiegbar dünkte. Da erstand (*ajanishṭa*) ihm ein anderer, der stärker als es selber war.

10, 72, 1—5.

1. Die Geburt der Götter wollen wir nun bewundernd erzählen. (es erzähle sie) in gesungenen Liedern, wer sie erschaut von uns Spätgeborenen.

2. Brahmaṇaspati glühte sie (*adhamat*) wie ein Schmied, in dem alten Götterzeitalter entstand (*ajāyata*) das Seiende aus dem nicht-Seienden.

3. In dem ersten Götterzeitalter entstand (*ajāyata*) aus dem nicht-Seienden das Seiende, darauf entstanden (*ajāyanta*) die Weltgegenden, ja darauf aus der Weltenmutter.

4. Die Erde entstand (*jajñe*) aus der Weltenmutter, aus der Erde entstanden (*ajāyanta*) die Weltgegenden, aus Aditi entstand (*ajāyata*) Daksha, aus Daksha wiederum Aditi.

5. Ja Aditi entstand (*ajanishṭa*), welche deine Tochter ist, o Daksha. Nach ihr entstanden (*ajāyanta*) die Götter, die glücklichen Genossen der Unsterblichkeit.

Das Lied ist zweifellos sehr jung (s. Roth Nir. XI, 23).

Ebenso ist *ajanishṭa* erzählend 3, 59, 4. 10, 17, 6.

ájaisham u. s. w.

10, 159.

1. Jetzt ist die Sonne aufgegangen (*agāt*), und aufgegangen mein Liebesglück, jetzt habe ich schlaue siegreich den Gatten unterjocht (*asākshi*).

2. Ich bin nun Licht und Haupt, ich bin eine strenge Schiedsrichterin, siegreich bin ich, nach meinem Willen muss nun mein Gatte handeln.

3. Meine Söhne sind Feindbezwinger, so auch meine Tochter Fürstin, ich selbst bin (*asmi*) siegreich, bei meinem Gatten wird mir höchster Ruhm.

4. Ich habe dasselbe Opfer vollzogen (*akri*), durch welches Indra der stärkste wurde (*abhavat*). Dadurch bin ich aller Nebenbuhlerinnen ledig geworden (*abhavam*).

5. Ohne Nebenbuhlerinnen, Besiegerin der Nebenbuhlerinnen, siegreich überwindend habe ich nun die Schönheit der anderen Weiber an mich gerissen (*avṛikshum*), wie den Besitz Schweifender.

6. Dieses habe ich erobert (*ajaisham*), ich Besiegerin der Nebenweiber, damit ich über diesen Mann herrsche und über dieses Volk.

Dies Gedicht ist das Triumphlied eines Weibes nach glücklich vollendetem Zauber, der sie zum alleinigen Weibe ihres Mannes machen

soll. Besonders lehrreich ist der Tempuswechsel in Vers 4, worin *abhuvam* von dem eben Geschehenen, *abhavat* von der Vergangenheit gebraucht ist.

8, 47, 18.

Heute haben wir erobert (*ajaishma*) und erworben (*asanāma*) [d. i. Sängerlohn erhalten], heute sind wir unserer Schuld ledig geworden (*abhūma*). Ushas möge wegleuchten den bösen Traum, vor dem wir uns (in dieser Nacht) gefürchtet haben (*abhaishma*) u. s. w., vgl. 10, 164, 5.

ajais (vgl. mein Verbum S. 50.)

9, 72.

1. Den Falben reinigen sie (*mrijanti*), wie ein rother Hengst wird er angeschirrt (*yujyate*), mit Milchtränken wird Soma im Gefäss gesalbt (*ajyate*). Wenn er seine Stimme erhebt, eilen (*hinvate*) mit Andacht heran alle Liebhaber des Vielgelobten.

2. Zusammen sprechen (*vadanti*) viele Andächtige, wenn sie den Soma in den Leib Indra's einmelken (*aduhus*), wenn die behenden Männer mit den zehn Nachbarn (den Fingern) das Soma-Nass streifend herausdrücken (*mrijánti*).

3. Unklar.

4. Von Männern geschüttelt, vom Stein gekeltert, bei dem Barhis beliebt, ein Herr der Kühe, seit alter Zeit regelrecht erscheinend, reich an Weisheit (?), des Menschen Opferförderer — so strömt (*pavate*) der klare Soma andächtig dir, o Indra, zu.

5. Von Männerarmen bearbeitet, im Strom erpresst, strömt (*pavate*) nach Brauch dir, o Indra, der Soma zu. Erfüllt hat er (*aprās*) sein Begehren, beim Opfer hat er sich Andachtslieder erobert (*ajais*), wie ein Vogel auf den Baum hat sich der Falbe in die Schaale niedergelassen (*asadat*).

6. Den Saft melken sie aus (*duhanti*), den brausenden, unerschöpflichen, den weisen die Weisen, die geschäftigen Andächtigen. Milchtränke und Andachten kommen zusammen (*yanti*) reihenweise in dem Schooss und Sitz des Opfers, immer neu.

7. Auf dem Nabel der Erde, auf dem Fundament des hohen Himmels, in der Woge der Wasser, in die Fluten ergossen, des Indra Keil, der Stier, der reiche begeisternde Soma strömt (*pavate*) dem Innern geliebte Labung zu.

8. Umströme den irdischen Dunstkreis, freigebig gegen den Lobsänger und Presser, o Weiser. Enthalte uns nicht häusliches Gut vor. In goldigen kräftigen Reichthum möchten wir uns kleiden.

9. O Tropfen, hundertfaches und tausendfaches Gut an Ross und Rind und Gold miss uns zu, und hohe reiche Labungen. Achte auf unser Loblied, o flammender.

ájais erscheint auch 8, 40, 11, aber in unklarer Situation. In diesem Liede ist 12 ein späterer Anhang. 1—8 sind ein zusammenhängendes Lied, 9—11 scheinen versprengte Verse zu Indras Lob, und dabei 10 und 11 nur verschiedene Lesarten derselben Urgestalt.

átakshishus.

1, 130, 6. Dieses Lied haben dir lohnheischende Menschen gefertigt (*atakshishus*), wie ein geschickter Künstler einen Wagen. Zum Wohlwollen haben sie dich erregt (*atakshishus*), dich pflegend wie beim Wettlauf ein edles Ross, wie einen Renner, damit er Kraft zeige und Gewinn erbeute, ja allen Gewinn erbeute.

átārishma, atārishus, atārīt.

atārishma 1, 92 s. unter *ayukshata.*

Die Bedeutung von *átārishma* 'wir haben soeben erreicht' tritt auch klar hervor in dem Morgenliede 7, 73:

1. Wir haben das Ende dieser Finsterniss erreicht (*átārishma*) und bringen fromm ein Loblied dar. Die wunderbaren vielgewandten alten Açvinen ruft (*havate*) das Lied.

2. Nieder hat sich gesetzt (*sādi*) der liebe Priester des Mannes, der euch verehrt und preist (*yájate vándate ca*). Geniesst hier den süssen Trank ihr Açvinen, ich will euch anrufen (*voce*), Labung darbringend in der Festversammlung.

3. Wir haben das Opfer in Gang gebracht (*ahema*), recht die Wege wählend; nehmt dieses Lied freundlich an, ihr starken, ein eifriger Bote ist euch erweckt (*abodhi*), der Sänger Vasishṭha, der euch mit Liedern begrüsst.

4. Die beiden Reisigen kommen (*gamatas*) zu unserem Hause, die Rakshastödter, die rüstigen, raschen. Die berauschenden Tränke sind da (*sám agmata*), verschmäht uns nicht, kommt freundlich heran.

5. Von hinten, von vorn, von unten, von oben, von allen Seiten kommt, ihr Açvinen, mit Gaben für die fünf Stämme, schützt uns immer mit Heil.

Man vergleiche noch 1, 183, 6.

átārishus 3, 33, 12 s. unter *áyāsam.*

Erzählend steht *atārīt* 1, 32 (s. unter dem Perfectum), vielleicht auch 7, 4, 5.

ádṛikshata.

4, 52, 5 s. unter *ábhutsmahi*. — 7, 83. Bitte um Sieg vor Beginn der Schlacht.

1. Auf eure Freundschaft bauend sind die beutelustigen Träger der breiten Äxte ausgezogen (*yayus*); schlagt die fremden und einheimischen Feinde, unterstützt Sudās mit neuer Hülfe, Indra und Varuṇa.

2. Wo bannertragende Schaaren zusammenstossen (*samáyante*), wo alles, was uns lieb ist, auf dem Spiele steht (*bhávati*), wo alle Wesen und alle, die die Sonne schauen, sich fürchten (*bháyante*), da seid uns hülfreich, Indra und Varuṇa.

3. In Staub haben sich (jetzt) gehüllt (*dhvasirá adṛikshata*) die Enden der Erde, das Getöse ist zum Himmel gestiegen (*aruhat*), die Bosheit der Feinde hat sich wider mich erhoben (*asthus*); hierher kommt mit Hülfe, ihr Hörer des Rufs.

4. Indra und Varuṇa, mit unwiderstehlichen Schlägen habt ihr, den Bheda besiegend, Sudās unterstützt (früher, *ávatam*); ihr Rufen im Gebete habt ihr erhört (*çriṇutam*), erfolgreich für die Tṛitsus war (*abhavat*) die Priesterarbeit.

5. Indra und Varuṇa, mich quält (*tapanti*) die Bosheit des Feindes und die Hinterlist der Gegner. Ihr herrscht (*rājathas*) ja allein über das Schlachtenglück, so steht uns denn bei am entscheidenden Tage.

6. Euch riefen (wohl *havanta*, nicht mit Pada *havante*) beide Theile bei den Schlachten an, Indra und Varuṇa, um Gut zu erlangen, als ihr den von den zehn Königen bedrängten Sudās unterstütztet (*ávatam*) mit den Tṛitsus zusammen.

7. Die zehn verbündeten gottlosen Könige, o Indra und Varuṇa, konnten den Sudās nicht besiegen (*yuyudhus*). Erfolgreich war (*abhavat*) das Gebet der Männer beim Opferschmause, die Götter waren anwesend (*abhavan*) bei ihren Anrufungen.

8. Dem in der Zehnkönigschlacht von allen Seiten umzingelten Sudās halft ihr (*açikshatam*), Indra und Varuṇa, als die weissgekleideten Tṛitsus mit geflochtenem Haar, die andächtigen, eifrig mit Gebet sich mühten (*ásapanta*).

Der Schluss gehört nicht nothwendig zum Ganzen; der Gedankengang ist: Sudās' Heer ist zu einer Schlacht ausgezogen (1), helft uns in der bevorstehenden Schlacht, Indra und Varuṇa (2). Die Feinde haben uns angegriffen, schon naht die Entscheidung, so helft uns (3), wie ihr dem Sudās in der Zehnkönigschlacht geholfen habt u. s. w. Die Uebersetzer der Siebenzig Lieder fassen die Tempora anders

(s. S. 32 ff.), im Einzelnen nicht unmöglich (auch der Aorist kann ja historisch gebraucht werden), aber es spricht, wie mir scheint, V. 5 und der Gedankengang des ganzen Liedes gegen ihre Auffassung.

8, 5, 1—4.

1. Nachdem die rothe erschienen ist (*âçiçvitat*), wie ein Ankömmling aus der Ferne, hat sie überallhin Licht verbreitet (*atanat*).

2. Nach Heldenart begleitet (*sacethe*), ihr wunderthätigen Açvinen, die Ushas mit eurem neuen, gedankenschnellen, weitglänzenden Wagen.

3. Für euch, ihr freigebigen, sind die Lobgesänge erschienen (*adṛikshata*), das Wort befördere ich wie ein Bote.'

4. Die vielgeliebten, erfreuenden, güterreichen Açvinen preise ich, ihr Kaṇvas, damit sie uns helfen.

8, 43, 1—5.

1. Diese Lieder und Gesänge für den weisen Priester, für Agni, den unüberwindlichen Opferer, erheben sich (*îrate*).

2. Dir, o Agni, der du es gern annimmst, o rüstiger Wesenkenner, schaffe ich (*janâmi*) ein Loblied.

3. Wie Lichtfunken sind deine scharfen Strahlen, o Agni, sie zermalmen (*bapsati*) mit den Zähnen die Hölzer.

4. Die goldenen, rauchumwallten, windgetriebenen Flammen ziehen sie (*yatante*) lustig zum Himmel hin.

5. Diese lustig entflammten Feuer sind erschienen (*adṛikshata*), wie die Strahlen der Morgenröthen.

âdikshi.

5, 43, 9. Jetzt thue ich kund (genauer: habe hiermit soeben kundgethan) das Loblied für den Gewaltigen, Starken.

Erzählend erscheint:

âdishṭa (wegen der Form s. Gr.).

8, 82, 14—15.

Als vor dem Ungestüm des Drachen alle Götter flohen (*âkramus*), als sie die Wuth des Thieres ergriff (*vidat*), da wurde (*bhavat*) er mir zum Schutz, der Vṛitratödter erwies (*adishṭa*) seine Heldenkraft, der gegnerlose, unbesiegliche.

âdhukshat u. s. w.

adhukshan 2, 36, 1. Der dir ergossene Soma hat sich in Milch und Wasser gekleidet (*âvasishṭa* nach Gr.), die Männer haben ihn mit Steinen durch die Seihe gemolken (*adhukshan*) u. s. w.

8, 38.

1. Des Opfers Priester seid ihr, gewinnend in den Schlachten und bei den Opfern. Indra und Agni, achtet auf dieses.

2. Spender, Wagenfahrer, Vṛitratödter, Unbesiegte, Indra u. s. w.

3. Diesen süssen Trank haben euch die Männer mit den Steinen gekeltert (*adhukshan*), Indra u. s. w.

4. Nehmt das Opfer zur Labung hin, nehmt den gekelterten Soma, ihr gleich gepriesenen. Indra und Agni, ihr Helden, kommt.

5. Nehmt an diese Pressungen. Mit den Rossen, mit denen ihr die Opfergaben entführt (*ūhāthus*), kommt, Indra und Agni, ihr Helden, heran.

6. Nehmt diesen im Takte sich bewegenden Lobgesang von mir an. Indra u. s. w.

7. Mit den frühwandelnden Göttern kommt heran, ihr beiden Gutspender, Indra und Agni, zum Somatrank.

8. Hört den Lobgesang des kelternden Çyāvāçva, der Atris. Indra u. s. w.

9. So habe ich euch (jetzt eben) zur Hülfe gerufen (*ahve*), wie euch (schon früher) die Weisen riefen (*áhvanta*), Indra und Agni, zum Somatrank.

[10. Ich erbitte die Hülfe von Indra und Agni zusammen mit Sarasvatī, denen das Lied gesungen wird.]

8, 54, 7 — 12.

7. Weil du, o Indra, aller Gemeingut bist, darum rufen wir dich (*havāmahe*).

8. Diesen süssen Somatrank haben dir die Männer gekeltert (*adhukshan*) mit den Steinen, trink ihn gern, o Indra.

9. Alle feindlichen Sänger übergeh, komm schnell heran und verleih hohen Ruhm.

[10. Der reiche König, der Spender der geschickten, goldbedeckten Rosse möge nicht Schaden leiden.

11. Auf den tausend Gefleckten liegt grosser, breiter Goldschatz, leuchtendes Gold habe ich erhalten (*á dade*).

12. Die mit Tausenden gegen mich freigebigen Nachkommen des Durgaha haben sich Ruhm (durch diese ihre Freigebigkeit) bei den Göttern verschafft (*akrata*).]

9, 2.

1. Ströme die Götter zu erquicken über die Seihe, o Soma, in Eile. Starker Indu, besuche Indra.

2. Woge heran zum herrlichen Mahl, o Indu, ein glänzender Held; setze dich, Starker, auf deine Stelle.

3. Die Priester haben erpresst (*adhukshata*) das süsse Nass, die Ströme des Tranks. In Wasser hat sich der Weise gekleidet (*vasishta*).[2]

4. Dir, dem Grossen, fliessen die grossen Wasserströme zu, wenn du in Milch dich kleiden willst.

5. Der Trank wird geläutert (*mamrije*) im Wasser, er ist des Himmels feste Stütze, der Soma in der Seihe ist uns hold.

6. Laut hat der gelbe Stier aufgebrüllt (*acikradat*, nämlich bei dem soeben vollzogenen Einströmen in das Gefäss), willkommen wie ein lieber Freund, er strahlt der Sonne gleich.

7. Geschäftige Lieder putzt man dir, o Indu, rüstig heraus (*marmrijyante*), durch welche du erstrahlst (*çumbhase*), zum Rausch verlockend.

8. Dich den Befreier flehen wir an (*imahe*) zu munterem Rausche, dir gebührt hohes Lob.

9. Uns, o Indu, Indra begehrend, woge zu im Strom des Meths, regenreich wie Parjanya.

10. Rinder verleihest du, o Indu, Helden, Rosse und Beute. Du bist des Opfers uralter Lebenshauch.

Undeutlich ist *adhukshata* 9, 110, 8. — Erzählend dagegen erscheint

ádhukshat

1, 33.

1. Kommt heran, wir wollen Indra, Heerden begehrend, anflehen, seine Fürsorge für uns möge er steigern. Vielleicht wird der Unverletzliche unser grosses Verlangen nach seinem reichen Besitz an Rinderheerden zum Ziel führen.

2. Ich fliege (*patâmi*) zu dem unüberwindlichen, dem Schutzspender, wie der Falke zu seinem Neste, indem ich Indra mit den höchsten Liedern verehre, ihn, der von Lobsängern beim Opfergang anzurufen ist.

3. (Jetzt) hat der Heerführer den Köcher umgethan (*asakta*), er treibt zusammen (*ajati*) die Heerden des Feindes, wessen er will (*váshti*). Du hast, o Indra, viel Güter in deiner Gewalt, sei nicht karg gegen uns, o Hoher.

(Die Auffassung von *asakta* ist nicht ganz sicher. Von hier an beginnt die Erzählung).

4. Du erschlugst (*vádhīs*) den kriegerischen Dämon mit der Keule, als Führer heraneilend mit deinen helfenden Genossen, o Indra. Von der Wolke herab stoben sie auseinander (*āyan*), die alten Gottlosen wandten sich (*īyus*) zur Flucht.

5. Von dir weg wandten sie (*varṛjus*) die Häupter, o Indra, die Gottlosen, welche mit den Frommen kämpften, als du, o starker Führer der falben Rosse, vom Himmel und von der Erde weg bliesest die Gottlosen.

6. Sie wollten das Heer des untadligen bestehen (*ayuyutsan*), aber es hatten sich verbündet (*áyātayanta*) die frommen Schaaren. Als elende Hämmlinge einen Mann bekämpfend, flohen (*āyan*) sie eilig, sobald sie Indra bemerkten.

7. Du bekämpftest (*ayodhayas*) diese, mochten sie lachen oder weinen, o Indra, am äussersten Ende des Luftkreises, du sengtest (*adahas*) hinweg den Feind oben vom Himmel, du segnetest (*āvas*) das Gebet des Opfernden, Preisenden.

8. Einen Wall bauten sie um die Erde, glänzend in goldener Rüstung, aber die Eilenden entflohen (*titirus*) doch dem Indra nicht, Späher stellte er rings auf (*adadhāt*) durch die Sonne.

9. Als du, o Indra, Himmel und Erde von allen Seiten mit einem Griff umfasstest (*abubhojīs*), besiegtest du die Gottlosen durch die Frommen, vertriebst (*adahas*) den Dämon durch die Beter.

10. Sie konnten Erde und Himmel nicht in ihre Gewalt bekommen (*āpus*) und durch ihre List nicht den Schätzespender überwinden (*paryábhūvan*), zu seinem Genossen machte (*cakre*) Indra den Donnerkeil, aus der Finsterniss befreite (melkte, *adhukshat*) er die Helle durch den Lichtstrahl.

11. Nach seinem (Vṛitras) Wunsch strömten (*aksharan*) die Wasser, breit lag er da (*avardhata*) mitten unter den Strömen, mit gesammeltem Muthe schlug ihn (*ahan*) Indra für ewig in gewaltigstem Schlage.

12. Er zerstörte (*āvidhyat*) die Festungen des Ilībiça, den gehörnten Çushṇa zerschmetterte (*abhinat*) Indra. So weit Muth und Kraft reichten, schlugst (*avadhīs*) du, o Indra, mit deiner Donnerwaffe den kämpfenden Feind.

13. Gerades Wegs ging er los (*ajigāt*) auf seine Feinde, mit dem scharfen Donnerkeil zerstörte (*abhet*) er die Burgen, mit dem Donnerkeil berührte (*asṛjat*) Indra den Vṛitra, seinen Willen setzte er triumphirend durch (*atirat*).

14. Du halfst (*āvas*) dem Kutsa, o Indra, den du liebtest (*cākan*), du halfst (*prāvas*) dem kämpfenden Helden Daçadyu, der hufferregte

Staub hob sich (*nukshata*) zum Himmel, der Sohn der Çvitrâ stand auf (*tasthan*) zum Männerkampfe.

15. Du halfst (*âvas*) dem starken Çama im Tugrierlande, beim Kampf um's Land halfst du der weissen Kuh, lange standen sie da fest (jyók cid átra tasthivẫso *akran*), aber du gewannest (*akar*) die Habe der Feinde.

In diesem Hymnus, dessen Uebersetzung in manchen Stellen zweifelhaft bleibt, ist nicht nur *ádhukshat*, sondern auch *vadhîs*, *paryábhûvan*, *abhet*, *akran* und *akar* im erzählenden Sinne gebraucht.

10, 149, 1.

Savitar festigte (*aramnât*) die Erde durch Bänder, im Bodenlosen machte er den Himmel fest (*adrinhat*), wie eine Stute melkte er (*adhukshat*) die brausende Luft, das im endlosen Raum schwebende Meer (?).

ádhanvishus.

9, 24.

1. Die Somatränke sind vorwärts geströmt (*adhanvishus*), die flammenden Tropfen, die milchgemischten sollen in den Wassern gereinigt werden.

2. Die Milchtränke sind herangeströmt (*adhanvishus*), wie Wasser auf schräger Bahn laufend, die reinen haben Indra erreicht (*âçata*).

3. Vorwärts strömst du (*dhanvasi*), o flammender Soma, dem Indra zum Trinken; von den Männern gelenkt, wirst du (durch die Seihe) geführt (*nîyase*).

4. Ströme, Soma, heldenberauschend dem Menschenbesieger zu, der ein preisenswerther Spender ist.

5. O Indu, wenn du, mit den Steinen gekeltert, durch die Seihe strömst (*paridhávasi*), bist du der Schaar des Indra willkommen.

6. Ströme, o Vritratödter, durch Lieder zu preisen, rein, flammend, wunderbar.

7. Rein und flammend wird genannt der Soma des süssen Tranks, der die Götter erquickt und die Bösen schlägt.

ádhûshata, ádhâvishta.

1, 82.

1. Hör' auf unsere Lieder, o Herr, nicht wie einer der nein sagt: wenn du uns wonnereich gemacht hast, dann sollst du für dich fordern (?). Schirre nun, Indra, deine Falben.

2. (Jetzt) haben sie geschmaust und sich berauscht, und die Glieder geschüttelt (?). Gepriesen haben dich die selbstleuchtenden mit

dem neuesten Liede (*ákshan, ámamadanta, adhûshata, ástoshata*). Schirre u. s. w.

3. Dich den schönen, o Herr, möchten wir preisen, komm jetzt nach Wunsch, gepriesen, mit vollem Wagenkorbe heran. Schirre u. s. w.

5. Angeschirrt sei dir das rechte Ross und auch das linke, o Weiser. Mit dem fahre zu deiner lieben Frau, berauscht vom Somakraut.

6. Durch mein Gebet schirre ich dir (*yunajmi*) die mähnigen Falben an, komm heran, du zügelst sie in den Fäusten. Der packende Soma hat dich berauscht (*amandishus*). Pûshanfreund, Keilträger, ergötze dich nun mit deinem Weibe.[4]

Die Bedeutung von *adhavishta* 9, 70, 8 lasse ich dahingestellt.

ádhûrshata.

5, 12.

1. Dem hohen, verehrungswürdigen Agni, dem Herrn des Opfers, dem göttlichen, singe ich ein Lied: wie helles Opferschmalz beim Opfer in seinen Mund, so biete ich (*bhare*) dem Starken ein Lied, das ihn sucht.

2. Auf das Opfer gieb Acht, ja gieb Acht, o Weiser, des Opfers reiche Ströme lass fliessen: nicht trachte ich (*sapâmi*) nach Zauberei, gewaltthätigen oder falschen Sinnes, ich trachte nach dem Opfer des flammenden Herrschers.

3. Wann wirst du, Agni, der du die Ordnung des Opfers liebst, auf's neue auf mein Lied achten? Der zeitenkundige Gott kennt (*veda*) wohl meine Opferzeiten, aber ohne den Herrn (d. h. ohne dass Agni kommt) wird mir eine Gabe nicht zu Theil (und er zögert noch immer).

4. Welchen Halt giebt es, o Agni, für deinen Feind, welch herrlicher Schutz lässt sich gewinnen? Wer schützt (*pânti*) den Sitz des Unglaubens, wer ist (*santi*) je Hüter des falschen Wortes?

5. Diese deine Freunde haben sich abgewandt; die hold waren, sind jetzt unhold geworden (*abhûvan*), sie haben sich selbst betrogen (*adhûrshata*) mit ihren Worten, indem sie redeten, was vor dem Redlichen Trug ist.

6. Wer dir, o Agni, verehrungsvoll ein Opfer weiht (*ïtte*) und uns den Dienst des flammenden Helden versieht (*pâti*), dem fällt als weiter und friedlicher Besitz alles das zu, was dem vordringenden Nachbar erwächst.[5]

ánartishus s. unter *árāvishus*.

ánesbata.

10, 156.

Ein nicht ganz verständliches Lied, enthaltend die Anrede an einen weiblichen Dämon, der die Gottlosen und Kargen heimsucht, während den frommen Sängern dieser Verse niemand etwas anhaben kann. (Vgl. Roth Nirukta VI, 30.)

1. Arāyi, einäugige, scheussliche, entweich in die Berge. Mit den Kriegern des Çirimbiṭha, mit denen scheuchen wir (*cātayāmasi*) dich.

2. Vertrieben von hier und vertrieben von da sei die alle Frucht verletzende. O Brahmaṇaspati, spitzhörniger, spiesse die Arāyi auf.

3. Dort schwimmt (*plávate*) drüben im Fluss ein menschenleeres Holz, das packe dir, o bissige, mit dem geh in weite Ferne.

5. Diese Frommen haben (bei diesem Opfer) die Kuh herumgeführt (*aneshata*) und haben das Feuer herumgetragen (*ahṛishata*), den Göttern haben sie die Ehre erwiesen (*akrata*). Wer kann ihnen etwas anhaben?

ánūshata, ánūshātām, ánavishṭa.

1, 7, 1.

Indra haben (jetzt) die Sänger hoch gelobt (*anūshata*), Indra die Dichter mit ihren Liedern, Indra die Chöre.

Man könnte auch den Aorist, mit geringem Fehler, durch das Präsens wiedergeben, wie oft.

1, 11, 8. Schlussvers.

Den Indra, welcher mit Macht herrscht, haben (jetzt) die Lobgesänge gepriesen (*anūshata*), dessen Gaben tausend oder noch mehr sind.

3, 51, 1.

Den menschenbeherrschenden, reichen, preisenswerthen Indra haben die hohen Lieder gepriesen (preisen, *anūshata*).

Dass der Vers von Anfang an erster Vers gewesen sei, ist kaum zweifelhaft. Der Hymnus besteht aus vier kleineren Liedern zu je drei Versen.

4, 32, 9.

Dich haben (in diesem Liede) die Gotamas gepriesen (*anūshata*), damit du spendest u. s. w. — Ein Gotama ist der Verfasser.

5, 5, 4.

Wollenweich breite dich hin, die Lieder sind jetzt erklungen (erklingen, *anūshata*), lass uns gewinnen, o herrliches Barhis.

6, 60, 7. Euch, Indra und Agni, haben hier diese Lobgesänge gepriesen (preisen, *anūshata*), trinkt, ihr Heilvollen, den Trank.

8, 3, 1—5.

1. Trink von dem saftigen Trank, berausche dich, o Indra, an dem milchgemischten, sei uns gnädig als freundlicher Zechgenosse, uns möge deine Fürsorge fördern.

2. In deiner Gunst möchten wir reichgesegnet stehn, o Reisiger; überliefere uns nicht der Nachstellung, fördere uns mit mannichfachem Beistand, nimm uns auf in deine Gnade.

3. Diese meine Gebete sollen dich stärken, o gabenreicher; hellfarbig sind die reinen Tränke, die Sänger haben dich gepriesen (preisen dich, *anūshata*) mit Lobgesängen.

4. Dieser, von tausend Sängern angefeuert, breitete sich aus (*paprathe*) wie ein Meer, seine wahrhaftige Grösse und Stärke wird gepriesen (*griṇe*) in den Opfern, dem Reiche der Frommen.

5. Indra rufen wir (*havāmahe*) zum Gottesdienst, Indra, wenn das Opfer vor sich geht, Indra zum Erwerb von Beute.

8, 6, 31—35.

31. Alle Kaṇvas vermehren (*vardhanti*), o Indra, deine Fürsorge, deine Heldenkraft und Stärke, o gewaltigster.

32. Dies mein Loblied nimm gern an, o Indra, und fördere mich, fördere auch meine Andacht.

33. Andächtig haben wir dir, o hoher Keilträger, (Lieder) geschaffen (*atakshma*), damit wir Sänger Lebenskraft empfangen.*

34. Die Kaṇvas sind herangerauscht (*anūshata*) wie Wasser, die am Abhang herabströmen, den Indra hält die Andacht fest.

35. Indra stärken (*vavṛidhus*) die Gebete, wie die Flüsse das Meer, den nimmer alternden, dessen Zorn unüberwindlich ist.

9, 17.

1. Wie Ströme auf abschüssigem Lande, so sind die schnellen Somas dahingeströmt (*asṛigram*), die eifrigen, Vṛitra tödtenden.

2. Die gekelterten Tropfen, die Soma's, sind Indra zugeeilt (*aksharan*), wie Regen auf die Erde strömt.

3. Der wallende berauschende Trank, der Soma fliesst (*arshati*) auf die Seihe, Rakshasen tödtend, Götter begehrend.

4. In die Gefässe rinnt er (*dhavati*), auf die Seihe wird er gegossen (*sicyate*), durch die Gebete wächst er (*vardhate*) bei den Opfern.

5. Du leuchtest (*bhrâjase*) wie die Sonne, welche zu den drei Lichtreichen, zum Himmel hinansteigt, eilend mögest du gleichsam die Sonne fördern.

6. Die Sänger haben dich gepriesen (*anûshata*) beim Beginn des Opfers, die Dichter, Liebes in's Auge fassend (?).

7. Dir, dem Reisigen, schmeicheln (*mṛjanti*) die Männer, die hülfheischenden Sänger mit Liedern zum Götterfest.

8. Ströme hin zum Strom des süssen Tranks, herber Soma, nimm deine Stelle ein, beliebt beim Opfer zum Trinken.

9, 32.

1. Die rauscherzeugenden Somatränke, die gekelterten haben sich beim Opferfest genaht (*akramus*), um unsern Opferherrn zu verherrlichen.

2. Jetzt drücken (*mṛjanti*) des Trita Jungfrauen (die Finger) den falben mit den Steinen, den Indu dem Indra zum Trunk.

3. Jetzt hat er eines jeden Lied ertönen gemacht (*avîvaçat*) wie ein Gänserich sein Volk; wie ein Ross wird er gesalbt (*ajyate*) mit Milch.

4. Beide Welten betrachtend, o Soma, eilst du (*arshasi*) wie ein Vogel im Flug, und setzest dich auf den Schooss des Opfers.

5. Die Milchströme sind herangerauscht (*anûshata*), wie ein Weib zum lieben Buhlen, sie sind gelaufen (*âgan*) wie zum ausgesetzten Wettpreis.

6. Verleih uns glänzenden Ruhm, den Opferherrn und mir, Besitz, Weisheit und Ruhm.

In demselben Sinne, wie in den ausgehobenen Stellen erscheint *anûshata* noch 8, 12, 15 u. 22. 8, 52, 5. 8, 58, 11 (s. unter *ûmatsata*). 8, 81, 1. 9, 12, 2. 9, 26, 2 (s. unter *âmṛikshanta*). 9, 33, 5. 9, 39, 6. 9, 45, 5 (s. unter *âkramît*). 9, 56, 3. 9, 64, 21. 9, 65, 14. 9, 68, 8. 9, 86, 17 und 31. 9, 99, 4. 9, 101, 8. 9, 104, 4. 10, 43, 1. 10, 123, 2. Nicht deutlich genug ist mir der Zusammenhang in folgenden Stellen: 1, 6, 6 (trotz Max Müller). 1, 144, 2. 1, 151, 6. Vâl. 4, 9.

anûshâtam 8, 8, 1—12.

1. Mit aller Hülfe kommt herbei zu uns, ihr beiden Açvinen, ihr wunderbaren, mit eurem goldnen Wagen: trinkt den süssen Somatrank.

2. Kommt nun heran, Açvinen, mit dem sonnenhellen Wagen, ihr goldgeschmückten Spender, ihr tiefsinnigen Denker.

3. Kommt um unsrer Lieder willen aus der Luft zu uns, unsere Nachbarn verschmähend; trinkt, ihr Açvinen, den Trank der Kaṇvas, der beim Fest gekeltert ist.

4. Kommt gern vom Himmel her aus der Luft. Kaṇva's Sohn hat euch hier süssen Somatrank gekeltert (*sushâva*).

5. Kommt zu uns mit Erhörung, ihr Açvinen, zum Somatrank; Heil, ihr Förderer des Lobgesangs, mit gewogenem Sinn, ihr weisen Helden.

6. So viel euch auch schon früher Sänger zu Hilfe gerufen haben (*juhûré*), ihr Helden, kommt zu diesem meinem Loblied heran, ihr Açvinen.

7. Kommt von dem Lichtraum des Himmels her zu uns, ihr Himmelsbewohner, um der Lieder willen, ihr Freunde Vatsa's, um der Lobgesänge willen, ihr Ruferhörer.

8. Verehren etwa (*âsate*) andere als wir mit Liedern die Açvinen? Der Sohn Kaṇva's, der Sänger Vatsa hat euch (jetzt) mit Liedern erquickt (*avîvṛidhat*, bei diesem Opfer).

9. Euch hat der Sänger hierher zu Hülfe gerufen (*ahvat*) mit Liedern, ihr Açvinen, ihr reinen Vṛitratödter, seid uns erquickend.

10. Als das Weib (die Sonne) euren Wagen bestiegen hatte (*âtishṭhat*), da erreichtet ihr alle eure Wünsche, o Açvinen (*âgachatam*, erzählend).

11. Von dort (wohl: vom Himmel her) kommt mit dem prachtvollen Wagen heran. Vatsa der weise Sänger hat euch (jetzt, hier) ein süsses Lied gesungen (*âçaûsît*).

12. Die freudereichen, gutreichen Schatzverleiher, die reisigen Açvinen haben hier mein Lied begrüsst (*anûshatam*).

anavishṭa s. unter *âheshata*.

Erzählend steht *anûshata* 4, 1, 16. Sie (die alten Weisen, welche das Licht fanden) gedachten (*manvata*) rühmend der ersten Erscheinung der Milchkuh, dreimal sieben herrlichste Erscheinungen der Mutter (Kuh) fanden sie. Es jauchzten ihnen zu (*anûshata*) die solches erkennenden Schaaren (der Kühe), es ward offenbar (*âvir bhuvat*) die Röthliche mit dem Glanze einer Kuh.

Auf die Mittheilung einer vollständigen Uebersetzung des schwierigen Hymnus verzichte ich.

á pâvishus.

9, 60.

1. Besingt mit einem Liede den flammenden, regsamen, tausendäugigen Indu.

2. Dich den tausendäugigen, tausendfältigen hat man jetzt strömen lassen (*apâvishus*) über die Wolle.

3. Ueber die Wolle ist er flammend geströmt (*asishyadat*), den Krügen eilt er zu (*dhâvati*), er, der eintritt in den Leib Indra's.

4. Ströme uns Heil zu, lass Indra freigebig sein, o Regsamer, kinderzeugenden Samen bring uns herbei.

áprathishṭa

2, 11, 7 ist vielleicht erzählend.

áprâs (3. sing.)

1, 115, 1. Das leuchtende Angesicht der Götter ist aufgegangen (*ágât*), das Auge des Mitra, Varuṇa und Agni; es hat erfüllt (*aprâs*) Himmel, Erde und die Luft. Die Sonne ist der Lebenshauch des Gehenden und Stehenden.

10, 106, 11 (Schlussvers).

Bhûtâṅças hat den Wunsch der Açvinen (mit diesem Liede) erfüllt (*aprâs*).

Ferner findet sich *aprâs* übersetzt unter *ájais* (9, 72, 5), *ábhutsmahi* (4, 52, 5), *ávikshata* (10, 127, 2).

Aoristisch gebraucht ist *aprâs* noch: 4, 14, 2. 4, 52, 5. 9, 97, 38. Zweifelhaft ist 10, 74, 6. 1, 52, 13 könnte auch die augmentlose Form gestanden haben.

ábhakshi 'jetzt habe ich genossen.'

8, 48.

1. Jetzt hab' ich weislich von dem süssen Tranke,
Dem sorgenden, glückspendenden genossen (*ábhakshi*),
Zu dem die Menschen und die Götter alle
Zusammenströmen (*saṃcáranti*), Soma ihn benennend.

2. Du tratest (*agâs*) ein bei mir: so sei mir heilvoll,
Und nimm hinweg von mir den Zorn der Götter.
Der Indra's Freundschaft du geniessest, Indu,
Du förd'r' uns Reichthum, wie das Ross den Wagen.

3. Unsterblich sind wir durch den Trank geworden (*ápâma, abhûma*),
Das Licht, die Götter haben wir gefunden (*áganma, ávidâma*).
Was kann uns jetzt feindsel'ger Sinn der Menschen,
Was, o Unsterblicher, uns thun die Bosheit?

4. Getrunken sei du fördernd unserm Leibe,
Sei gütig Soma, wie dem Sohn der Vater.
Ein Freund dem Freunde, weit gebietend, weise,
Verlängre unsres Lebens Zeit, o Soma.

5. Geniess' ich dich, so rettest du mich, edler Trank,
Ein Wagenriemen festigst du (*anâha*) die Glieder mir.
Der Trank sei Hüter, dass der Fuss mir nicht zerbricht,
Und auch vor Siechthum hüte sorgsam uns der Trank.

6. Entflamme mich, wie den entfachten Agni,
Erleuchte uns, führ' uns zu grösserem Glücke,
Im Somarausche sprech' ich (*manye*) zu mir selber:
'Ein reicher Mann gelang' ich jetzt zu Wohlfahrt.'

7. Mit frohem Sinn empfangen wir den Mischtrank,
Wie von den Vätern uns ererbten Reichthum.
Verlängre, König Soma, unser Leben,
Wie Sûria die morgendlichen Tage.

8. Sei gnädig, König Soma, uns zum Heile,
Sei dess versichert, dass wir dir gehören.
Es regt sich (*alarti*) Hinterlist und Zorn, o Indra:
Gieb uns nicht preis der Willkür unsres Feindes.

9. Du Soma nahmst als unsres Leibes Hüter
In jedem Gliede Wohnung (*nishasáttha*), Herr der Helden.
So oft wir auch verletzen deine Satzung,
Sei gnädig uns, ein edler Freund, zum Heile.

10. Dem milden Freunde möcht' ich mich gesellen,
Der mir nicht schaden soll, wenn ich ihn trinke.
(Rest nicht deutlich).

11. Hinweggeschwunden (*ápa asthus*) sind jetzt Noth und Plagen,
Zerstoben (*atrasan*) sind die lastenden, entflohen (*abhaishus*):
Der starke Soma hat uns jetzt ergriffen (*aruhat*),
Jetzt sind wir da (*aganma*), wo lang das Leben dauert (*pratirante*).

12. Dem Trank in unserm Leib, der jetzt, ihr Väter,
Unsterblich selbst, die sterblichen besucht hat (*âviveça*),
Dem Soma möchten wir mit Opfern dienen,
In seiner Gunst und seiner Gnade leben.

13. Du Soma, der den Vätern schon vertraut war,
Du hast durchdrungen (*â tatantha*) Himmelsraum und Erde.
Dir, Indu, möchten wir mit Opfern dienen,
Wir möchten sein Besitzer alles Reichthums.

14. Fürsprecher seid und Schützer uns, ihr Götter,
Nicht soll uns Schlaf bemeistern noch Beschwörung.
Lasst uns als Soma's stets geliebte Freunde
Gebieter sein in starker Männer Mitte.

15. Du Soma, überall uns Labung spendend,
Du himmlischer komm her, o Herr der Helden.
Du Indra, mit den Hülfen gern vereinigt,
Schütz' uns im Rücken, schütze uns im Antlitz.'

Wiederum sind die Aoriste *ábhakshi*, *ágās*, *ápāma*, *ábhāma*, *áganma*, *ávidāma*, *ásthus*, *ábhaishus* von dem soeben Eingetretenen gebraucht, das Perfectum sowohl im aoristischen, als im präsentischen Sinne. Ueber *átrasan*, das ebenfalls als Aorist behandelt ist, ist später zu handeln.

Die Stelle 4, 31, 5, wo *ábhakshi* noch einmal vorkommt, ist dem Zusammenhange nach nicht recht klar.

ábhārsham.

10, 137, 1—6.

1. Den untergetauchten, ihr Götter, führt (*nayatha*) ihr wieder hinauf, und, ihr Götter, den der Sünde begangen hat, macht ihr wieder lebendig (*jīvayatha*).

2. Zwei Winde wehen (*vātas*) vom Flusse, von der Ferne her. Kraft wehe dir der eine zu, der andere wehe das Gebrechen fort.

3. Wind, wehe ein Heilmittel herbei, Wind, wehe das Gebrechen weg, du kommst (*īyase*) als der allheilende Bote der Götter.

4. (Der Beschwörer redet den Kranken an) Ich bin zu dir herangekommen (*á agamam*) mit Heil und Hülfe. Ich habe dir edle Kraft gebracht (*á abhārsham*), ich schaffe dir die Krankheit weg (*suvāmi*).

5. Alle Götter sollen helfen, es helfe die Schaar der Marut's, alle Wesen sollen helfen, damit dieser gesund werde.

6. Die Wasser sind heilkräftig, die Wasser verscheuchen die Krankheit, die Wasser heilen alles, sie sollen dir Heilung schaffen.

Wiederum lässt sich ohne erhebliche Sinnesänderung der Aorist durch das Präsens ersetzen, wie denn Aufrecht Z. D. M. G. 24, 203 den vierten Vers so wiedergiebt: 'Ich nahe mit Gesundheit dir und steter Ungefährdetheit, ich bringe dir verjüngte Kraft und scheuche deine Krankheit weit.'

ábhaishus s. unter *ábhakshi*.

ábhutsmahi.

4, 52.

1. Das wonnige Weib, aufleuchtend aus ihrer Schwester (der Nacht), die Tochter des Himmels hat sich gezeigt (*adarçi*).

2. Wie eine glänzende rothe Stute ist die heilige Mutter der Kühe, die Freundin der Açvinen, Ushas erschienen (*abhût*).

3. Die Freundin der Açvinen und die Mutter der Kühe bist du, und du herrschest, Ushas, über die Güter.

4. Dich die feindabwehrende haben wir sorglich, o gabenreiche, mit Lobgesängen erweckt (*abhutsmahi*).

5. Die glänzenden Strahlen haben sich gezeigt (*adrikshata*) wie Schaaren von Kühen, Ushas hat erfüllt (*aprâs*) die breite Himmelsfläche.

6. Erfüllend, o Leuchtende, hast du mit dem Lichte die Finsterniss durchbrochen (*avar*); Ushas, hilf nach deiner Sitte.

7. Den Himmel durchdringst du (*tanoshi*) mit den Strahlen und die breite liebe Luft, o Ushas, mit lichtem Glanz.

7, 81.

1. Gezeigt hat sich (*adarçi*) die nahende Tochter des Himmels, freudig deckt sie (*vyayati*) die Dunkelhülle ab, dass man sehe. Licht macht (*krinoti*) die Holde.

2. Die Sonne lässt die Kühe los (*srijate*), sobald sie aufgeht, das leuchtende Gestirn. Bei deinem und der Sonne Aufleuchten, o Ushas, möchten wir in den Besitz des Erwünschten gelangen.

3. Munter haben wir dich erweckt (*abhutsmahi*), o Tochter des Himmels, die du viel Gut aus deinem Besitz hervorbringst; wie ein Schatz ist deine Erquickung dem Opferer.

4. Die du aufleuchtend, o Grosse, bewirkst (*krinóshi*), dass man schaut, dass man das Himmelslicht sieht, von dir, der Güteraustheilenden, bitten wir. Wir möchten zu dir stehn, wie Söhne zur Mutter.

5. Den prangenden Reichthum bring' herbei, o Ushas, der weit berühmt ist; was du, o Tochter des Himmels, an Gaben für Sterbliche hast, das schenke uns; wir wollen es geniessen.

6. Ruhm dem Opferherrn, Unsterblichkeit und Reichthum; uns gebe sie kuhreichen Besitz, die Anspornerin des Opferherrn. Die gabenreiche Ushas leuchte die Feinde hinweg.

Dieser Hymnus ist wahrscheinlich in drei Lieder zu je zwei Versen zu zerlegen.

ámadsata 10, 86, 1 ist mir nicht recht klar.

ámatsus, ámādishus, ámatsata.

1, 81, 5. Singt jetzt dem Indra und sprecht Gebete. Der gekelterte Trank hat ihn berauscht (*amàtsus*), verehrt die höchste Kraft.

Dies Lied ist aus Brocken zusammengesetzt.

9, 8, 4. Die zehn Finger streichen dich (*mṛijanti*), die sieben Andachtswerke fördern dich (*hinvanti*), die Sänger jauchzen dir zu (*amādishus*).

8, 58, 11.

Getrunken hat (*ápāt*) Indra, getrunken hat (*ápāt*) Agni, alle Götter haben sich berauscht (*amatsata*). Varuṇa möge hier weilen, ihn haben die Wasser gepriesen wie Kühe das eine Kalb.

Zeitlos scheint der Sinn von *amatsata* zu sein 9, 14, 3: Dann berauschen sich (*amatsata*) an seinem (des Soma) Safte alle Götter, wenn er sich in Milch kleidet (*rasāyáte*).

ámandīt, ámandishus.

8, 69, 10.

Das Lied schliesst ab: (Hiermit) hat euch gestärkt (*avīvṛidhat*) und ergötzt (*amandīt*) Ekadyūs, ihr Götter und Göttinnen, dem gewährt nun preisenswerthe Gabe. Früh und bald komme der Huldreiche.

ámanthishṭām.

3, 23.

1. Erzeugt auf dem schönen Opferplatze, der jugendliche Weise, der Führer der heiligen Handlung, Agni, der nie Alternde, zwischen den ergrauenden Hölzern empfängt (*dadhe*) die Götternahrung, der Wesenkenner.

2. Die beiden Bhāratas, Devavāta und Devaçravas haben tüchtig den kräftigen Agni gerieben (*amanthishṭām*). Agni, blicke her mit grossem Reichthum, ein Bringer von Erquickungen sei uns alle Tage.

3. Die zehn Finger haben den Alten erzeugt (*ajījanan*), den edlen lieben Sohn der Mutter, Devaçravas preise den von Devavāta entfachten Agni, der der Männer Befehlshaber sein soll.

4. Er (Devavāta) hat dich niedergesetzt (*dadhe*) auf das Rund der Erde, den Platz der Erquickung, am festlichen Tage; leuchte kräftig auf, o menschenfreundlicher Agni, an der Dṛishadvatī, Āpayā und Sarasvatī.

ámṛikshāma, ámṛikshanta.

10, 39, 14.

Dieses Loblied haben wir euch gemacht (*akarma*), ihr Açvinen, wir haben es gefertigt (*atakshāma*), wie die Bhṛigus den Wagen, wir haben es euch zugeführt (*ní amṛikshāma*) wie ein Weib dem Manne, es überliefernd wie ein eigenes Kind.

Diese Stelle wird wegen *atakshāma* später zu besprechen sein.

9, 26.

1. Gereinigt haben sie (*amṛikshanta*) das Ross (den Soma) im Schoosse der Aditi, die Sänger mit einem feinen Liede.

2. Die Milchströme haben ihm zugejauchzt (*anūshata*), dem tausendströmigen, unerschöpflichen Indu, dem Träger des Himmels.

3. Durch die Andacht haben sie den Ordner angetrieben (*ahyan*), den am Himmel flammenden, den starken, vielnährenden.

4. Ihn haben sie durch das Lied angetrieben (*ahyan*), wie man in der Schnitzbank treibt, den Nachbar des Vivasvant, den untrüglichen Herrn der Rede.

5. Ihn, den hellen, treiben (*hinvanti*) die Finger mit den Steinen auf der Unterlage, den geliebten, vielschauenden.

6. Dich den Liederfreund fördern (*hinvanti*) die Dichter, o Flammender, o Tropfen, der dem Indra Rausch schafft.

Den genaueren Sinn von 1, 126, 4 lasse ich einstweilen dahingestellt.

áyānsam, áyaṅsta, áyaṅsata.

2, 35, 15.

Ich habe durch dieses (hiermit vollendete) Lied, o Agni, dem Volke sicheren Wohnsitz verschafft (*áyānsam*), ich habe dem Opferherrn hohes Lob verschafft (*áyānsam*).

6, 71.

1. Jetzt (*u*) hat der weise Gott Savitar seine goldenen Arme zum Schaffen erhoben (*ayaṅsta*). Mit Butter besprüht (*prushṇute*) der rüstige seine Hände, der junge, einsichtsvolle, in der weiten Luft.

2. Unter dem herrlichsten Befehl des Gottes Savitar möchten wir sein und bestimmt zum Empfang von Gut, o Gott, der du im Einschläfern und Antreiben jedes zweifüssigen und vierfüssigen Wesens geschäftig bist (*ási*).

3. Mit untrüglichem Schutz, o Savitar, mit gütigem schütze heute unser Haus, du goldzungiger, zu neuem Heile. Kein böser Unhold soll uns bemeistern.[1]

4. Jetzt hat sich der goldhändige Hausfreund, der Gott Savitar, am Abend erhoben (*asthât*), der erzwangige, verehrte, süssredende schafft (*suvati*) den Frommen viel Gut heran.

5. Wie einer der dem andern zuruft hat er die goldenen, schöngestalteten Arme erhoben (*ayân*). Die Höhen des Himmels und der Erde hat er erstiegen (*aruhat*), alles fliegende Gespenst hat er zur Ruhe gebracht (*ârîramat*).

6. Gut schaffe uns heute, o Savitar, Gut auch morgen, Gut Tag für Tag. Viel Gut und Land möchten wir erwerben durch dieses Gebet, o Gott!

Vergleiche noch 1, 56, 1. 1, 130, 2. 1, 144, 3. 8, 25, 19 (nicht recht verständlich).

1, 135, 1—6.

1. Komm heran zu unserer hingebreiteten Opferstreu zum Geniessen, mit tausendfachem Vielgespann zum immer fliessenden, mit hundertfachem zum immer fliessenden, dir dem Gott sind zum Vortrunk die Götter (Somatränke) dargereicht (*yemire*), vor dich sind die honigreichen Tränke hingetreten (*asthiran*), zu Rausch und Begeisterung sind sie hingetreten (*asthiran*).*

2. Dieser Soma, für dich geläutert durch die Steine, strömt, in Reiz sich kleidend, in die Kufe, in Licht sich kleidend strömt er (*arshati*). Als dein Antheil wird dieser Soma dir hingegossen (*hûyate*) bei Menschen und Göttern: Lenke dein Vielgespann her, o Vâyu, nach uns verlangend komm heran, gern komm heran, nach uns verlangend.

3. Mit hundertfachem Vielgespann komm zu unserem Opfer, mit tausendfachem, um zu geniessen, o Vâyu, um die Opfergaben zu geniessen. Dies ist dein regelrechter Antheil, strahlend wie die Sonne: von den Adhvaryus getragen sind sie (jetzt) dargebracht (*ayańsata*), o Vâyu, die hellen sind dargebracht (*ayańsata*).

4. Euch beide möge der reichbespannte Wagen heranbringen zur Hülfe, heran zu den wohlbereiteten Labungen, zum Geniessen, o Vâyu, um die Opfergaben zu geniessen. Trinkt von dem süssen Kraut, der Vortrunk ist für euch bereit. Indra und Vâyu, kommt mit herrlicher Gabe, kommt mit Gabe heran.

5. Möchten euch doch die Gebete herlocken zu den Opfern, diesen starken Indu sollen die Priester reinigen, wie ein schnelles Ross den

starken. Von diesen Tränken trinkt, die ihr uns hold seid, kommt her zu uns mit Hülfe, trinket, Indra und Vâyu, von den mit den Steinen gekelterten, zum Rausch für euch, ihr eutespender.

6. Diese Somatränke sind in en Wassern gekeltert, hier sind euch dargebracht (*ayańsata*) die von den Adhvaryu getragenen, o Vâyu, die hellen sind dargebracht (*ayańsata*), auf euch sind sie zugeflossen (*asṛikshata*), die schnellen durch die Seihe, nach euch begehrend hin über die haarige Seihe, die Somas über die haarige. —

In demselben Sinne steht *áyańsata* 10, 40, 12. 64, 2 und in dem Liede 10, 119, welches ein Selbstgespräch des somatrunkenen Indra enthält.

1. Hierhin und dorthin steht mein Sinn. Soll ich Ross oder Rind schenken? Habe ich denn vom Soma getrunken (*ápâm*)?

2. Wie tobender Wind hat der Trank mich aufgerüttelt (*ayańsata*). Habe ich u. s. w.

3. Der Trank hat mich gerüttelt (*ayańsata*) wie rasche Rosse den Wagen. Habe ich u. s. w.

4. Das Gebet hat sich mir genaht (*asthita*) wie die Kuh dem lieben Kalb. Habe ich u. s. w.

5. Ich bewege in meinem Herzen die Bitten hin und her (*acâmi*) wie ein Wagner den Wagensitz. Habe ich u. s. w.

6. Nicht einmal wie ein Stäubchen erscheinen (genauer: sind jetzt erschienen, *áchântsus*) mir die fünf Menschenstämme. Habe ich u. s. w.

7. Die beiden Welten sind nicht einmal der Hälfte von mir gleich. Habe ich u. s. w.

8. Ueber die Himmel bin ich emporgewachsen (*bhuvam* oder *abhuvam*) und über diese grosse Erde. Habe ich u. s. w.

9. Wohlan, ich will diese Erde hierhin oder lieber dorthin setzen. Habe ich u. s. w.

10. Im Augenblick will ich die Erde hier oder dort zerschmettern. Habe ich u. s. w.

11. Die eine Hälfte von mir ist am Himmel, die andere habe ich zur Erde herabgestreckt (*acikrisham*). Habe ich u. s. w.

12. Ich bin mächtig gross, zur Wolkennähe emporgehoben. Habe ich u. s. w.

Vergleiche GKR. S. 81.

4. Jetzt hat sich der goldhändige Hausfreund, der Abend erhoben (*asthât*), der erzwangige, verehrte, s (*suvati*) den Frommen viel Gut heran.

5. Wie einer der dem andern zuruft hat er di gestalteten Arme erhoben (*ayân*). Die Höhen des Erde hat er erstiegen (*aruhat*), alles fliegende G Ruhe gebracht (*arîramat*).

6. Gut schaffe uns heute, o Savitar, Gut auch für Tag. Viel Gut und Land möchten wir erw Gebet, o Gott!

Vergleiche noch 1, 56, 1. 1, 136, 2. 1, 144, recht verständlich).

1, 135, 1—6.

1. Komm heran zu unserer hingebreiteten niessen, mit tausendfachem Vielgespann zum hundertfachem zum immer fliessenden, dir d trunk die Götter (Somatränke) dargereicht (y honigreichen Tränke hingetreten (*asthiran*), rung sind sie hingetreten (*asthiran*).*

2. Dieser Soma, für dich geläutert d Reiz sich kleidend, in die Kufe, in Lic (*arshati*). Als dein Antheil wird dieser S bei Menschen und Göttern: Lenke dein V uns verlangend komm heran, gern k langend.

3. Mit hundertfachem Vielgespann tausendfachem, um zu geniessen, o geniessen. Dies ist dein von den Adhvaryus o Vâyu, die hell

4. Euch h Hülfe, heran z um die Opfer Vortrunk ist Gabe

[redacted] unvergessen,
[redacted] hter.
[redacted] ätig.
[redacted] den Menschen.
[redacted]:

[redacted] n, auf den Sänger,
[redacted] gerischem Wagen;
[redacted] überschreiten,
[redacted] Wellen.

[redacted] so:
[redacted] Wort, o Sänger.
[redacted] f kriegerischem Wagen.
[redacted] ir mich neigen
[redacted] gd den Jüngling.

[redacted] tra:
[redacted] lie Bharatiden,
[redacted] führt zur Beute.
[redacted] er schnelle.
[redacted] de, ihr verehrten.

[redacted] Dichter:
[redacted]) die Schaar der Bharatiden,
[redacted] erlangt (*abhakta*) der Sänger.
[redacted] eichen, Labung spendend,
[redacted] dahin in Eile.

[redacted] episch-dramatische Darstellung des Ueber- [redacted] die Zwillingsströme Vipāç und Çutudrī. [redacted] er reproducirende Dichter des Liedes den [redacted] schliesst er die den Zuhörern soeben vor- [redacted] deutete) Handlung ab. V. 3—11 sind ein [redacted] dem bei dem Uebergang anwesenden Viçvā- [redacted] Vermuthlich wurde zwischen Vers 11 und 12 [redacted] lt. Die Aoriste *ayāsam*, *atārishus*, *aganma*, [redacted] n eingetretene, die Imperfecte *ahan*, *ara-* [redacted] gangene, die Perfecta sind in beiden

[redacted] ch wohl: 'jetzt sind herangekommen'; [redacted], 1 u. 92, 6. (dahingestellt bleibt 9, 86, 16). [redacted] 13 'sie haben sich jetzt genaht'.
[redacted] bleibt [redacted]
[redacted] tzt genahdans.

áyâsam, áyâsus, áyâsit, áyâsishus.

3, 33.

Der Dichter:

1. Voll Eifer stürzend aus dem Schooss der Berge
Wie losgelassne Rosse, schnellen Laufes,
Wie schmucke Kühe, die die Kälber lecken,
So eilen (*javete*) schwellend Vipâç und Çutudrî.

2. Auf Indra's Wort und seines Winks gewärtig,
So strebt (*yâthas*) ihr hin zum Meer wie Wagenlenker.
Ihr sucht einander auf, im Wogenschwalle
Kommt (*eti*) eine von euch schönen zu der andern.

Viçvâmitra:

3. Jetzt kam ich her (*ayâsam*) zum mütterlichsten Strome.
Gelangt sind wir (*aganma*) zur breiten, reichen Vipâç.
Zu einer Stelle eilen sie zusammen,
Wie Kühe, um dem Kalbe liebzukosen.

Die Flüsse:

4. So eilen wir, in Wogenmasse schwellend,
Zur Stelle hin, die uns der Gott bestimmt hat.
Der pfeilgeschwinde Lauf ist nicht zu hemmen:
Was will der Sänger, dass er ruft (*johavîti*) den Strömen?

Viçvâmitra:

5. Steht still, zu horchen meiner süssen Rede
Auf eine Spanne Zeit, ihr heilgen Ströme.
Es naht den Strömen sich die hohe Andacht,
Kuçikas Sohn begehret (*ahve*) eure Hülfe.

Die Flüsse:

6. Uns hat befreit (*aradat*) das Blitzgeschoss des Indra,
Er schlug (*apahan*) den Vṛitra, der die Wasser einschloss.
Uns führte (*anayat*) Savitar mit starkem Arme:
Auf sein Gebot breit strömen (*yâmas*) unsre Wasser.

Viçvâmitra:

7. Für immer ist die Heldenthat zu preisen,
Des Indra Grossthat, dass er schlug (*vivṛiçcât*) den Drachen.
Die euch bedrängten, traf (*jaghâna*) er mit dem Blitze:
Die Wasser strömten (*âyan*), ihre Bahn zu suchen.

Die Flüsse:

8. Dies Wort sei dir, o Sänger, unvergessen,
Lass es noch hören spätere Geschlechter.
In deinen Liedern sei uns, Sänger, gütig.
Beschäm' uns nicht, wir bitten, bei den Menschen.

Viçvâmitra:

9. So höret denn, ihr Schwestern, auf den Sänger,
Der weit her kam (*yayau*) auf kriegerischem Wagen;
Beugt nieder euch, lasst leicht euch überschreiten,
Berührt die Achse nicht mit euren Wellen.

Die Flüsse:

10. Wir wollen hören auf dein Wort, o Sänger.
Du kamst (*yayâtha*) weit her auf kriegerischem Wagen.
Ein blühend Weib will ich zu dir mich neigen
Und dich umarmen, wie die Magd den Jüngling.

Viçvâmitra:

11. Lasst übersetzen erst die Bharatiden,
Die rüst'ge Schaar, die Indra führt zur Beute.
Dann eile weiter euer Lauf, der schnelle.
Ich fleh' (*vriṇe*) um eure Gnade, ihr verehrten.

Der Dichter:

12. Hinüber ist (*atârishus*) die Schaar der Bharatiden,
Die Gunst der Ströme hat erlangt (*abhakta*) der Sänger.
So strömt denn fort, ihr reichen, Labung spendend,
Erfüllt das Bette, fliesst dahin in Eile.

Das Gedicht enthält eine episch-dramatische Darstellung des Ueberganges der Bharatiden über die Zwillingsströme Vipâç und Çutudrî. Mit Vers 1 und 2 leitet der reproducirende Dichter des Liedes den Dialog ein, mit Vers 12 schliesst er die den Zuhörern soeben vorgeführte (oder doch angedeutete) Handlung ab. V. 3—11 sind ein Zwiegespräch zwischen dem bei dem Uebergang anwesenden Viçvâmitra und den Flüssen. Vermuthlich wurde zwischen Vers 11 und 12 der Uebergang dargestellt. Die Aoriste *ayâsam*, *atârishus*, *aganma*, *abhakta* bezeichnen das soeben eingetretene, die Imperfecte *ahan*, *aradat*, *anayat* erzählen das Vergangene, die Perfecta sind in beiden Bedeutungen gebraucht.

ayâsus 9, 97, 8 bedeutet doch wohl: 'jetzt sind herangekommen'; *ayâsît* heisst: 'er ist genaht' 9, 90, 1 u. 92, 6. (dahingestellt bleibt 9, 86, 16). Ebenso heisst *ayâsishus* 9, 61, 13 'sie haben sich jetzt genaht'.

ắyukshātām, ắyukshata.

1, 157, 1.

Erwacht ist (*ábodhi*) Agni, von der Erde hebt sich (*eti*) die Sonne empor, die hohe Ushas hat Licht erschlossen (*āvar*) mit ihrem Strahl. Die Açvinen haben ihren Wagen angeschirrt (*áyukshātām*) zum Fahren, alles Lebende hat Savitar in Bewegung gesetzt (*asāvīt*).

Aehnlich 10, 35, 6.

1, 92.

1. Helle haben diese Morgenröthen geschaffen (*akrata*), den östlichen Theil des Dunstmeeres bemalen sie mit Glanz (*añjate*); wie Helden, welche ihre Waffen entblössen, kommen (*yanti*) die rothen Kühe, die Mütter heran.

2. Lustig sind die rothen Fahnen aufgeflattert (*apaptan*), von selbst haben sich die rothen Kühe angeschirrt (*ayukshata*), die Morgenröthe hat Helligkeit wie vor Alters geschaffen (*akran*), helles Licht haben die rothen hingebreitet.

3. Sie strahlen (*arcanti*) um die Wette, wie fleissige Weiber bei der Arbeit, in gemeinsamer Wanderung aus der Ferne her, Labung bringend dem frommen Spender, ja Alles dem opfernden Somabereiter.

4. Schmuck legt sie an (*vapate*) wie eine Tänzerin, sie entblösst ihren Busen, wie eine Kuh das Euter. Licht schaffend aller Kreatur hat Ushas die Finsterniss durchbrochen (*ví āvar*) wie Kühe die Hürde.

5. Gezeigt hat sich (*práti adarçi*) ihr helles Licht, sie breitet sich aus (*vi tishṭhate*), treibt hinweg (*bādhate*) das schwarze Scheusal, bunten Glanz hat die Tochter des Himmels ausgebreitet (*açret*), ihr Schmuckgewand bemalend, wie einen Pfosten beim Opfer.

6. Das andere Ufer dieser Finsterniss haben wir erreicht (*átārishma*). Ushas schafft (*kṛiṇoti*) aufleuchtend Helligkeit. Strahlend lächelt (*smayate*) die leuchtende wie ein Schmeichler, die schöne hat zu Glück erweckt (*ajīgar*).

7. Die leuchtende Führerin der Lieder, des Himmels Tochter wird von den Gotamas gepriesen (*stave*). Nachkommen, Helden, Rosse vor allem, und Rinder weisest du zu (*úpa māsi*) als reiche Gaben.

8. O Ushas, die du strahlst (*vibhāsi*) durch Heldenthat und Ruhm, muthbeflügelte, reiche, erlangen möchte ich den herrlichen heldenreichen, knechtereichen, durch Rosse ausgezeichneten Besitz.

9. Die Göttin, alle Wesen überschauend, das Antlitz hergewendet, leuchtet weithin (*ví bhāti*); alles Lebende zur Thätigkeit erweckend hat sie (jetzt) das Lob jedes Andächtigen erlangt (*avidat*).

10. Wieder und wieder neu geboren und doch die alte, immer mit derselben Farbe sich schmückend, wie ein Spieler víja áminānā, die Göttin verkürzend das Leben der Menschen,

11. Enthüllend die Enden des Himmels ist sie erwacht (*abodhi*), sie treibt von dannen (*yayoti*) ihre Schwester. Vermindernd die Lebenszeit der Menschen leuchtet (*bhāti*) des Buhlen Weib mit dem Blicke.

12. Die beglückende, ihren Glanz ausbreitend wie Heerden, wie ein Strom sein Gewoge, ist weithin erglänzt (*ví açvait*); sie, die nie die göttlichen Ordnungen verletzt, hat sich gezeigt (*celi*), mit den Strahlen der Sonne erscheinend.

13. Ushas, beutereiche, bring uns die herrliche Gabe heran, durch die wir Kinder und Enkel erlangen sollen.

14. Ushas, leuchte uns heute Reichthum heran, kuhreiche, rossreiche, strahlende, liederreiche.

15. Schirre dir an, o rossreiche, heut die rothen Pferde und bringe uns alles Gut heran.

Der Rest ist an die Açvinen gerichtet. In dieser Schilderung des Sonnenaufgangs wechselt Aorist mit Präsens. Das eben vergangene, kaum eingetretene steht im Aorist, das gegenwärtige im Präsens. Man könnte auch den Aorist als Präsens übersetzen, ohne eine erhebliche Aenderung des Sinnes herbeizuführen. Auch 3, 26, 4 bedeutet *ayukshata* 'sie haben soeben angeschirrt.' 3, 26 zerfällt in drei Lieder (1—3, 4—6, 7—9). Nicht recht klar ist mir 8, 41, 6.

árāṇishus.

8, 13, 16. Der Zusammenhang ist so wenig zwingend, dass sich der Sinn des Aorists nicht sicher ermitteln lässt.

áraṅsta.

2, 11, 7. vielleicht erzählend.

árāsata.

3, 53, 13. Die Viçvāmitras haben dem Indra ein Andachtslied dargebracht.

Das Lied ist zusammengesetzt.

árājishus.

8, 14.

1. Wenn ich, Indra, so wie du allein herrschte über allen Besitz, so würde mein Lobsänger rinderreich sein.

2. Ich würde ihm schenken, ich würde ihm helfen, o Herr der Kraft, dem andächtigen, wenn ich Herr der Rinder wäre.

3. Eine reiche Kuh hast du, o Indra, für die kelternden Opferer, Rind und Ross gewährt (*duhe*) die strotzende.

4. Kein Gott und kein Mensch hält deine Freigebigkeit auf, wenn du, gepriesen, Lohn spenden willst (*ditsasi*).

5. Das Opfer stärkte (*avardhayat*) den Indra, als er die Erde um sich schlang (*avartayat*), den Haarschopf zum Himmel hebend.

6. Wir erbitten (*vṛiṇīmahe*), o Indra, deine Hülfe, der du gewaltig bist und allen Reichthum erobert hast.

7. Die Luft durchdrang Indra (*atirat*) und den Lichtraum im Rausche des Soma, als er den Vala zerbrach (*ábhinat*).

8. Er trieb (*ājat*) die Kühe weg, die in der Höhle waren, sie den Angirasen offenbar machend, herab stürzte er (*nunude*) den Vala.

9. Durch Indra ist die lichte Wölbung des Himmels fest und sicher, hart und nicht wegzustossen.

10. Das Loblied, o Indra, sprudelt dir zu (*ajirāyate*) wie eine kochende Wasserwoge, der Rausch hat dich bemeistert (*avājishus*).

11. Du bist (*ási*) ein Förderer des Lobgesanges, ein Förderer des Gebetes, ein Beglücker der Lobsänger.

12. Den Indra sollen die mähnigen Falben zum Somatrank bringen, zum wohlthätigen Opfer.

13. Mit dem Schaum des Wassers schlugst (*avartayas*) du dem Namuci das Haupt ab, als du alle Feinde besiegtest (*ājayas*).

14. Die Feinde wirbeltest du herab (*adhūnuthas*), die mit Listen heraufstrebten, die den Himmel ersteigen wollten.

15. Die gottlose Sippschaft vertriebst du überall, als Somatrinker Sieger bleibend.

Arāvishus.

10, 94. Beschreibung der Somakelterung.

1. Sie (die Presssteine) sollen singen, und auch wir wollen singen. Singt ein Lied den singenden Steinen, wenn ihr, o schnelle Felssteine, vereint dem Indra Laut und Klang darbringt (*bháratha*), Soma bereitend.

2. Sie singen (*vadanti*) hundertfach und tausendfach, sie brüllen (*krandanti*) mit den gelben Mäulern: die eifrigen Steine, mit frommem Werk sich abmühend, haben früher als jeder Priester die Opferspeise erlangt (*āçata*).

3. Sie rufen (*vadanti*), denn sie haben den süssen Trank gefunden (*avidan*); sie brummen behaglich (*āñkhayante*) beim weichen Fleische. Des Strauches rothen Zweig zerkauend, haben (jetzt) die gefrässigen Stiere ihr Gebrüll erhoben (*pra arāvishus*).

4. Laut rufen sie (*vadanti*) mit dem berauschenden Tranke, den Indra anschreiend, denn sie haben den süssen Trank gefunden (*avidan*); kunstverständig haben sie (jetzt) einen Tanz gemacht (*anartishus*), von den Schwestern (den Fingern) umschlungen, dass die Erde erdröhnt von ihrem Getöse.

5. Die schnellen Vögel haben (jetzt) ihre Stimme erhoben (*akrata*) beim Feste, in der Höhle haben die schwarzen Antilopen einen Tanz gemacht (*anartishus*; d. i. die Somastengel fliegen hin und her). Hernieder gehen (*yanti*) die Somaströme zum Stelldichein mit der Unterlage, reichen Guss zeigen (*dadhire*) die sonnenhellen.

6. Wie starke Rosse den Wagen fördernd, haben sie zusammen angezogen (*sam â ayamus*) die zusammengeschirrten Stiere, das Joch tragend. Wenn sie schnaufend und fressend ihr Gebrüll erhoben haben (*ârâvishus*), dann klingt es (*çriṇve*) wie Gewieher von Pferden.

7. Singt den zehnbahnigen, zehngurtigen, zehnsträngigen, zehnfach angespannten, zehnfach gezäumten, den nie alternden, den zehn gejochten, welche zehn Joche tragen.

8. Diese Steine sind zehnfach gezäumte Rosse. Ihre Fahrt (eig. Anschirrung) umwandelt (*eti*) den geliebten Soma. Sie geniessen (*bhejire*) die Blume von dem gekelterten Saft des Somakrautes.

9. Die Somafresser begrüssen (*niṅsate*) Indra's Falben, die Pflanze melkend sitzen (*âsate*) sie bei der Kuh. Wenn Indra den von ihnen ausgemelkten Somasaft trinkt, so wächst er, dehnt sich und wird stark (*vardhate, prâthate, vṛishâyate*).

10. Kräftig ist die euch bestimmte Pflanze, euch soll nichts mangeln, erquickend seid ihr, wenn ihr gut genährt werdet. Wie Reichthümer und willkommen durch Gabenfülle seid ihr (*sthana*) demjenigen, dessen Opfer ihr gern entgegengenommen habt (*ájushadhvam*) ihr Steine.

11. Löcherig und nicht löcherig sind die Steine, unermüdlich, nicht zerfallend, unsterblich. Nimmer krank und nicht alternd seid ihr, gewaltig andringend (?), fettgetränkt, nicht gierig und nicht durstig.

12. Fest sind eure Väter (die Berge) von Geschlecht zu Geschlecht, die ruheliebenden brechen nicht auf von ihrem Sitze. — Die nicht alternden, den gelben (Soma) liebenden und zu ihm eilenden (Pressteine) haben jetzt durch ihr Geschrei Himmel und Erde zum Zuhören bestimmt (*açuçravus*).

13. Wie Kornworfler den Samen werfend, lassen sie quellen (*prîṇ̃canti*) den Soma und vermindern (*minanti*) ihn nicht, obwohl sie ihn fressen. (Der Anfang des Verses ist nicht recht klar.)

3. Eine reiche Kuh hast du, o Indra, für die kelternden Opferer, Rind und Ross gewährt (*duhe*) die strotzende.

4. Kein Gott und kein Mensch hält deine Freigebigkeit auf, wenn du, gepriesen, Lohn spenden willst (*ditsasi*).

5. Das Opfer stärkte (*avardhayat*) den Indra, als er die Erde um sich schlang (*avartayat*), den Haarschopf zum Himmel hebend.

6. Wir erbitten (*vṛiṇīmahe*), o Indra, deine Hülfe, der du gewaltig bist und allen Reichthum erobert hast.

7. Die Luft durchdrang Indra (*atirat*) und den Lichtraum im Rausche des Soma, als er den Vala zerbrach (*abhinat*).

8. Er trieb (*ājat*) die Kühe weg, die in der Höhle waren, sie den Angirasen offenbar machend, herab stürzte er (*nunude*) den Vala.

9. Durch Indra ist die lichte Wölbung des Himmels fest und sicher, hart und nicht wegzustossen.

10. Das Loblied, o Indra, sprudelt dir zu (*ajirāyate*) wie eine kochende Wasserwoge, der Rausch hat dich bemeistert (*arājishus*).

11. Du bist (*āsi*) ein Förderer des Lobgesanges, ein Förderer des Gebetes, ein Beglücker der Lobsänger.

12. Den Indra sollen die mähnigen Falben zum Somatrank bringen, zum wohlthätigen Opfer.

13. Mit dem Schaum des Wassers schlugst (*avartayas*) du dem Namuci das Haupt ab, als du alle Feinde besiegtest (*ājayas*).

14. Die Feinde wirbeltest du herab (*adhūnuthas*), die mit Listen heraufstrebten, die den Himmel ersteigen wollten.

15. Die gottlose Sippschaft vertriebst du überall, als Somatrinker Sieger bleibend.

Ārāvishus.

10, 94. Beschreibung der Somakelterung.

1. Sie (die Pressteine) sollen singen, und auch wir wollen singen. Singt ein Lied den singenden Steinen, wenn ihr, o schnelle Fels[illegible] vereint dem Indra Laut und Klang darbringt (*bhāratha*), Soma [illegible]

2. Sie singen (*vadanti*) hundertfach und tausend[illegible] (*krandanti*) mit den gelben Mäulern: die eifrigen [illegible] Werk sich abmühend, haben früher als jede[illegible] erlangt (*āçata*).

3. Sie rufen (*vadanti*), denn sie h[illegible] (*avidan*); sie brummen behaglich ([illegible] Des Strauches rothen Zweig zerkau[illegible] Stiere ihr Gebrüll erhoben (*prá ar*[illegible]

4. Laut rufen sie (*radanti*) mit dem berauschenden Tranke, den Indra anschreiend, denn sie haben den süssen Trank gefunden (*avidan*); kunstverständig haben sie (jetzt) einen Tanz gemacht (*anartishus*), von den Schwestern (den Fingern) umschlungen, dass die Erde erdröhnt von ihrem Getöse.

5. Die schnellen Vögel haben (jetzt) ihre Stimme erhoben (*akrata*) beim Feste, in der Höhle haben die schwarzen Antilopen einen Tanz gemacht (*anartishus*; d. i. die Somastengel fliegen hin und her). Hernieder gehen (*yanti*) die Somaströme zum Stelldichein mit der Unterlage, reichen Guss zeigen (*dadhire*) die sonnenhellen.

6. Wie starke Rosse den Wagen fördernd, haben sie zusammen angezogen (*sám á ayamus*) die zusammengeschirrten Stiere, das Joch tragend. Wenn sie schnaufend und fressend ihr Gebrüll erhoben haben (*irāvishus*), dann klingt es (*çriṇve*) wie Gewieher von Pferden.

7. Singt den zehnbahnigen, zehngurtigen, zehnsträngigen, zehnfach angespannten, zehnfach gezäumten, den nie alternden, den zehn gejochten, welche zehn Joche tragen.

8. Diese Steine sind zehnfach gezäumte Rosse. Ihre Fahrt (eig. Anschirrung) umwandelt (*eti*) den geliebten Soma. Sie geniessen (*bhejire*) die Blume von dem gekelterten Saft des Somakrautes.

9. Die Somafresser begrüssen (*niṅsate*) Indra's Falben, die Pflanze melkend sitzen (*āsate*) sie bei der Kuh. Wenn Indra den von ihnen ausgemelkten Somasaft trinkt, so wächst er, dehnt sich und wird stark (*vardhate, prathate, vrishāyate*).

10. Kräftig ist die euch bestimmte Pflanze, euch soll nichts mangeln, erquickend seid ihr, wenn ihr gut genährt werdet. Wie Reichthümer und willkommen durch Gabenfülle seid ihr (*sthana*) demjenigen, dessen Opfer ihr gern entgegengenommen habt (*ájushadhvam*) ihr Steine.

11. Löcherig und nicht löcherig sind die Steine, unermüdlich, nicht zerfallend, unsterblich. Nimmer krank und nicht alternd seid ihr.

[illegible] fettgetränkt, nicht gierig und nicht durstig.
[illegible] ter (die Berge) von Geschlecht zu Geschlecht,
[illegible] nicht auf von ihrem Sitze. — Die [illegible]
[illegible] ta) [illegible] den und zu ihm eilenden (Press-
[illegible] Himmel und Erde vom [illegible]
[illegible]
[illegible] erfend, lassen sie [illegible]
[illegible] anti) ihn nicht. [illegible]
[illegible] icht recht ab [illegible]

14. Beim Trank und Opfer haben sie ihre Stimme erhoben (*akrata*), die Mutter anstossend wie scherzende Kinder. Schaff denn Bahn (o Soma) dem Gebet des Kelterers. Drehen sollen sich die verehrten Steine. —

Wiederholt bemerke ich, dass der Aorist für unser Gefühl am besten durch das Präsens wiedergegeben wird.

In demselben aoristischen Sinne steht *arāvīt* 9, 71, 9. 9, 74, 5. 10, 8, 2.

álipsata.

1, 191. Das Lied ist mir nicht völlig verständlich.

ávādishus.

7, 103, 1. Nachdem sie ein Jahr lang still gelegen, wie Priester, die ein Gelübde erfüllen, haben die Frösche (jetzt) ihre regenerweckte Stimme erhoben (*avādishus*).

Der erste Vers des Froschliedes (vgl. GKR. S. 169).

ávadhīs, ávadhīt.

avadhīt in aoristischem Sinne 10, 146, 4 s. unter *ákrukshat*. Erzählend steht *avadhīs* 1, 30, 15 und 18. Man sehe die Uebersetzung des Hymnus bei GKR. S. 72 ff. Ebenso 1, 33, 12 s. unter *ádhukshat*.

1, 187, 6 scheint mir der Vers nicht völlig richtig erhalten zu sein. Unklar ist mir 8, 61, 4.

ávṛiksham 10, 159, 5 s. unter *ájaisham*.

ávṛitsata.

5, 55, 1.

Die stürmischen lanzenstrahlenden Maruts, die brustschmucktragenden entfalten (*dadhire*) hohe Kraft, sie kommen daher (*yanti*) mit den lenksamen, schnellen Rossen, die Wagen der eilenden sind den Rossen nachgerollt (rollen nach, *ánu avṛitsata*).

Zeitlos ist *avṛitsata* 8, 1, 29: 'Meine Lobgesänge wenden sich dir zu (*avṛitsata*) bei Sonnenuntergang, um die Mitte des Tages, bei Tagesanbruch in der Frühe.'

ávarshīs.

5, 83.

Ein Lied an Parjanya, den Gott des Gewitters, enthält in Vers 1—9 eine Beschreibung der Majestät des Gewitters und Bitte um Regen. Vers 10 enthält den Dank für Erfüllung der Bitte. 1—9 bietet nur Präsentia, 10 Aoriste. Er ist GKR. S. 97 so übersetzt:

Du hast geregnet (*ávarshīs*), lass es nun genug sein,
Du setztest (*ákar*) unsre Fluren unter Wasser.
Du hiessest Kräuter spriessen (*ájījanas*) uns zur Nahrung
Und hast erfüllt (*avidas*), warum die Menschen baten.

ávasishṭa.

9, 89, 1—2.

1. Der eilende Soma ist herangeeilt (*asyān*) auf seinen Pfaden, wie der Regen des Himmels ist der flammende herbeigeströmt (*akshār*), der tausendströmige hat sich bei uns niedergelassen (*asadat*) im Schooss der Mutter, in dem Holze.

2. Der König der Flüsse hat sein Gewand angelegt (*avasishṭa*, vgl. 2, 36, 1), des Opfers schnelles Schiff hat er bestiegen (*aruhat*), in den Wassern wächst (*vāvṛidhe*) der Tropfen, den der Falke trug. (Der Rest ist undeutlich).

ávitsi.

In dem Liede des Arztes 10, 97 (GKR. S. 172) heisst es in V. 7: ávitsi sárvā óshadhīḥ 'alle Kräuter habe ich zusammengebracht.' Roth übersetzt:

Das wässrige, das milchige,
Das nährende, das kräftige —
Beisammen sind sie alle hier,
Zu machen seinen Schaden heil.

Vgl. auch 10, 15, 3.

ávikshata.

10, 127, 1—5.

1. Erschienen ist (*akhyat*) die Nacht, überall naht die Göttin mit ihren Augen, allen Schmuck hat sie angelegt (*adhita*).

2. Weithin hat die Göttin Höhen und Tiefen erfüllt (*aprās*), mit (Sternen-) Licht verjagt sie (*bādhate*) die Finsterniss.

3. Die herankommende Göttin hat ihre Schwester Abendröthe vertrieben (*nir askṛita*), entweichen wird jetzt auch die Finsterniss.

4. Du (sei) uns heute (gnädig), bei deren Nahen wir heute heimgekehrt sind (*avikshmahi*), wie Vögel zum Neste auf dem Baum.

5. Die Leute sind (nun) heimgekehrt (*avikshata*), die Heerden und die Vögel, selbst die Adler, die auf Raub ausgehen.

Als bezeichnend für den Sinn des Aorists bemerke ich, dass in der poetischen Uebersetzung GKR. S. 138 fast durchweg der Aorist durch das Präsens wiedergegeben ist, z. B. Vers 5:

Zur Ruhe geht das ganze Dorf,
Zur Ruh' was läuft, zur Ruh' was fliegt,
Zur Ruhe selbst der gierige Aar.

Aehnlich ist *avikshata* 1, 191, 4 gebraucht, wenn auch die Situation unklar ist.

ávesham 10, 114, 1 lasse ich dahingestellt.

áçaṅsisham, áçaṅsīt.

4, 3, 16 (Schlussvers).

O huldvoller Agni, alle diese Weisen und geheimnissvollen Worte, diese Sprüche und Lehren habe ich dir, dem weisen Seher, dargebracht (*açaṅsisham*) mit Andacht und Lied.

Der Aorist schliesst das eben gesungene Lied ab. Ebenso 10, 116, 6. — *açaṅsīt* 8, 8, 11 s. unter *ánūshātām*.

áçamishṭhās.

Zum Schlusse eines zusammengesetzten Liedes heisst es 3, 29, 16: Weil wir heute dich beim Opfer erwählt hatten (*ávṛiṇīmahi*, s. später), o weiser Priester, so hast du getreulich geopfert (*ayās*) und hast getreulich gewirkt (*açamishṭhās*). Wegkundig, weise komm zum Soma heran.

açamishṭa 5, 2, 7 ist nicht deutlich genug.

áçayishṭhās.

10, 124, 1. Komm zu unserem Opfer, o Agni. Zu lange schon hast du in dauernder Finsterniss gelegen (*açayishṭhās*).

ásakshata.

8, 53.

1. Die Lobgesänge sollen dich ergötzen. Beweise Freigebigkeit, o Schleuderer, schlag die Gebethasser.

2. Mit dem Fusse stoss die kargen nieder, die nicht opfern. Gross bist du (*asi*), Niemand kommt dir gleich.

3. Du herrschest über Gekeltertes und Ungekeltertes, du bist der König der Menschen.

4. Komm heran, schreite vor, (oder) weile im Himmel hörend auf die Menschen. Du erfüllest (*prināsi*) Himmel und Erde.

5. Jenen hohen Berg, den hundertfältigen und tausendfältigen hast du den Sängern zu Liebe geöffnet (*varojitha*).

6. Wir rufen dich (*havāmahe*) beim Trankopfer Tag und Nacht. Erfülle du unseren Wunsch.

7. Wo ist denn der junge Stier, der starknackige, unbesiegliche? Welcher Priester verehrt ihn (*saparyati*; der Sänger befürchtet, dass Indra einem anderen Verehrer den Vorzug giebt)?

8. Zu wessen Kelterung geht der Held freudig hin (*āva gachati*)? Wer hält Indra liebend fest (*cake*)?

9. Wem haben sich denn (jetzt) deine Gaben zugesellt (*asakshata*), o Vṛitratödter, wem die Heldenkraft? Wer ist dir der nächste in seinem Liede?

10. Dieser Soma wird dir bei dem Menschengeschlecht, bei den Leuten gekeltert (*sūyate*). Komm schnell heran und trink von ihm.

11. Der liebe ist da, der berauschende in den Gefässen (so Blt.).

12. Ihn trink heut zu grosser Freigebigkeit, den lieben zu munterem Rausche: komm heran und trink ihn schnell.

ásānisham 6, 47, 23 s. *ágrabhīshma*.

ásṛikshi, ásṛikshata.

2, 35, 1.

Beutelustig entfessle ich (habe ich hiermit entfesselt, *asṛikshi*) meine Sangeslust: möchte doch der Spross der Wasser gnädig meine Lieder annehmen.

8, 27, 11.

(Jetzt) habe ich euch ein Lied verehrungsvoll zugesendet (*asṛikshi*), damit ihr gute Gaben vertheilt, ihr allwissenden, wie einen nie versiegenden Strom.

Mit diesem Verse könnte wohl ein Morgenlied abgeschlossen haben.

5, 52, 1—6.

1. Sing, o Çyāvāçva, kräftig, mit den singenden Maruts um die Wette, welche truglos nach ihrer Weise dem Ruhme nachjagen, (*mádanti*), die verehrungswürdigen.

2. Sie sind (*santi*) Genossen der ausdauernden Stärke, voller Kraft, sie schützen (*pānti*) auf dem Pfade vor jedem Kühnen.

3. Sie springen (*skandanti*) auf ihre bunten Thiere, wie eilende Stiere; die Grösse der Maruts im Himmel und auf der Erde feiern wir (*manmahe*).

4. An die Maruts möchten wir Lobgesang und Opfer kräftig richten, welche insgesammt die menschlichen Geschlechter hüten (*pânti*), den Mann hüten vor Schaden.

5. Ein Opfer den Opferwerthen! Sing den himmlischen Maruts, den gabenfrohen, welche es verdienen, den Helden von ganzer Kraft.

6. Mit Goldschmuck und Kampfeslust kommen die Männer, (schon) haben die hohen ihre Lanzen geschleudert (*asrikshata*), hinter ihnen die lachenden Blitze, ihr Strahl hat sich erhoben (*arta*) vom Himmel her.

9, 46.

1. Hingeeilt sind (*asṛigran*) sie zum Göttermahle, wie kräftige Rosse, die rinnenden Somatränke, die sich der Steine freuen.

2. Geschmückt sind sie, wie ein begütertes Mädchen. Dem Vâyu sind die Tränke zugeströmt (*asṛikshata*).

3. Diese erquickenden, in die Schaale gepressten Somatränke stärken (*vardhanti*) Indra mit ihrem Thun.

4. Kommt heran, ihr behenden (Priester), ergreift den hellen Doppeltrank, mischt mit Milch den berauschenden.

5. Ströme flammend, o Guterbeuter, Darreicher hoher Gaben, uns ein Pfadfinder, o Soma.

6. Ihn, der zu reinigen ist, reinigen (*mṛijanti*) die zehn Finger, den flammenden, der dem Indra ein berauschender Trank ist.

Aehnlich wird *ásṛikshata* noch oft gebraucht, so 1, 135, 6 (s. unter *áyaṅsata*). 8, 82, 23. 9, 16, 5. 62. 22. 63, 25 ff. 64, 4 ff. 66, 10 u. 25. 86, 2. 106, 11. 107, 15. Vâl. 4, 9. Nicht ganz klar ist wegen der Absonderlichkeit des ganzen Hymnus 10, 86, 1.

ásâkshi 10, 159, 1 s. unter *ájaisham*.

ásâvît, ásâvishus.

1, 124.

1. Ushas aufleuchtend bei Entzündung des Heerdfeuers, die aufgehende Sonne hat Licht weithin gebreitet (*açret*), und der Gott Savitar hat die Zwei- und Vierfüssler angetrieben (*prá asâvît*), der Arbeit nachzugehen.

2. Nicht Abbruch thuend den göttlichen Gesetzen, Abbruch thuend dem Lebensalter der Menschen, die letzte der endlos herangekommenen, die erste der zukünftigen, ist Ushas aufgeflammt (*adyaut*).

3. Hier ist erschienen (*adarçi*) die Tochter des Himmels, mit einmal Licht anziehend im Osten; den Pfad der Vorschrift geht (*eti*) sie

richtig, wie einer der gut Bescheid weiss verliert sie (*mināti*) nicht die Himmelsrichtung.

4. Es zeigte sich etwas (*adarçi*) wie der Busen einer Schönen, wie Nodhas (?) hat sie ihre Glieder enthüllt (*akṛita*); wie ein Gast die Schlafenden weckend, ist sie herangekommen (*ayāt*), die letzte der erschienenen.

5. In der östlichen Hälfte der feuchten Dämmerung hat die Mutter der Kühe Licht geschaffen (*akṛita*). Sie breitet sich (*prathate*) weit und weiter aus, erfüllend den Schooss der beiden Eltern.

6. Da ist sie zu sehen, die immer wiederkehrende; sie übergeht (*vriṇakti*) nicht Freund noch Feind; mit fleckenlosem Leibe glänzend flieht (*ishate*) die strahlende nicht vor klein noch gross.

7. Wie eine bruderlose geht (*eti*) sie auf die Männer zu, wie ein Wagenkämpfer zum Beutegewinn. Wie ein begehrendes geputztes Weib dem Gatten, so entblösst (*riṇīte*) Ushas lächelnd ihren Busen.

8. Die Schwester Nacht hat der hehreren Schwester den Platz geräumt (*āraik*), sie weicht (*eti*) nachdem sie sie kaum erblickt hat, und diese, aufleuchtend mit den Strahlen der Sonne, malt (*añkte*) bunte Strahlen, gleich Schaaren, die zum Kampfe gehn.

9. Von diesen früh aufstehenden Schwestern geht die folgende immer hinter der ersten her (*eti*); diese neuen schöntagenden Morgenröthen mögen uns nach alter Weise fürderhin Reichthum zustrahlen.

10. Erwecke, reiche Ushas, die freigebigen, ungeweckt sollen die Knauser schlafen. Reichthum leuchte heran dem Opferherrn, o reiche, Reichthum dem Sänger, freundliche, die du altern machst.

11. Erstrahlt ist (*açvait*) die jugendliche von Osten, sie schirrt an (*yuñkte*) der rothen Kühe Schaar; jetzt wird sie leuchten, Licht wird sich verbreiten, Haus für Haus wird Agni besuchen.

12. Die Vögel haben sich erhoben (*apaptan*) vom Neste, und die Männer, welche Nahrung geniessen. Dem daheim befindlichen bringst du (*vahasi*) viel Reichthum, göttliche Ushas, dem opfernden Sterblichen.

13. Jetzt seid ihr preisenswerthen gepriesen (*astodhvam*) durch meine Andacht, ihr habt euch erquickt (*avṛidhadhvam*), ihr gern erscheinenden Ushasen: durch eure Hülfe, ihr göttlichen, möchten wir hundert- und tausendfachen Besitz erwerben.

Ebenso ist *açvait* gebraucht 1, 157, 1 (siehe unter *āyukshātām*) und 5, 81, 2.

9, 21, 1—7.

1. Diese Somatropfen strömen (*dhâranti*) zum Indra hin, die munteren, die begeisternden, zum Himmel strebenden.

2. Abwehrend die Feinde, dem Kelterer Schätze gewährend, dem Lobsänger selbst Erquickung schaffend.

3. Die lustig spielenden Tropfen sind zur einen Stätte im Strom der Woge hingeflossen (*aksharan*).

4. Diese flammenden haben alles Gut erlangt (*âçata*) wie Rosse, an den Wagen gespannt.

5. Auf den, der karg gegen uns ist, ihr Tropfen, richtet euren feurigen Eifer, um ihn anzugreifen.

6. Wie ein geschickter (Wagner) ein neues Rad setzt euren Sinn in Bewegung zum Angriff: ihr hellen, flammt dahin im Strom.

7. Diese sind jetzt herangerauscht (*acikraçan*), das Ziel haben die Renner erreicht (*akrata*), des Frommen Andacht haben sie gefördert (*asâvishus*).

ástoshi, ástoshṭa, ástoḍhvam.

8, 39, 1.

Dem preisenswerthen Agni lobsinge ich (*astoshi*), ihn soll man verehren mit Andacht. Agni soll uns die Götter verherrlichen, zwischen beiden Versammlungen (der göttlichen und der menschlichen) geht der Weise den Botengang.

Vgl. auch 5, 41, 10. *astoḍhvam* s. unter *ásâvît*.

1, 77, 5. Schlussvers.

So ist nun Agni von den Gotamas gepriesen (*astoshṭa*) u. s. w.

ásپârsham.

10, 161.

1. Ich löse dich (*muñcâmi*) durch das Opfer von aller Krankheit, damit du lebest, oder wenn jetzt ein Dämon ihn ergriffen hat, so befreit ihn von dem, Indra und Agni.

2. Wenn er halb todt oder hinübergegangen oder dem Antlitz des Todes genaht ist, ich hole ihn heraus (*â harâmi*) aus dem Schoosse der Nirṛiti, ich habe ihn gerettet (*ásparsham*), so dass er hundert Jahre alt wird.

3. Ich habe ihn gerettet (*â aharsham*) durch das tausendäugige, hundert Jahre und hundertfache Lebenskraft gewährende Opfer, damit ihn nun Indra hundert Jahre lang über alle Fährlichkeit hinwegführe.

4. Hundert Herbste gedeihe und lebe, hundert Winter und hundert Lenze; durch dieses hundertfache Lebenskraft gewährende Opfer sollen Indra, Agni, Savitar, Brihaspati ihn hundertfach dem Leben wiedergeben.

5. Gerettet hab' ich dich (*á ahārsham*) und wiedergewonnen (*avidam*), du bist wieder erschienen (*á agās*), neugeboren, Gesunder! gesund ist dein Auge und deine ganze Lebenskraft habe ich wiedergewonnen (*avidam*).

ásvārshṭām.

2, 11, 7 ist vielleicht erzählend gebraucht.

áhārsham siehe unter *áspārsham*. Ebenso 10, 173, 1.

áhāsata.

9, 73.

1. Im Rachen des gährenden Trankes sind sie (die Ströme von Milch u. s. w.) zusammengerauscht (*asvaran*), im Schooss des Opfers haben die Verwandten sich zusammengefunden (*aranta*), die drei Spitzen des Opfers liess (*cakre*) der göttliche ergreifen. das Schiff der Erfüllung hat den Frommen hinübergefahren (*apīparan*).

2. Zusammen geeilt (*aheshata*) sind die zusammenstrebenden Büffel (Somasäfte), auf der Woge der Flut tanzten (*avīvipan*) die sehnsüchtigen, mit den Strömen des Meths ein Lied erzeugend haben sie des Indra lieben Leib erquickt (*avīvṛidhan*).

3. Die läuternden Priester umsitzen (*āsate*) das Getön, ihr uralter Vater schützt (*rakshate*) den Opfergang, der grosse Umhüller (die Kufe) verhüllt (*dadhe*) das Meer (den Soma), die weisen Priester verstehen es (*çekus*), dasselbe in den Gefässen aufzufangen.

4. In dem tausendströmigen Brunnen sind sie zusammengerauscht (*asvaran*), an des Himmels Gewölbe fliessen die lieblich-murmelnden, nie versiegenden, seine (des Sonnen-Soma) eifrigen Späher nicken nicht ein (*mishanti*), überall liegen (*santi*) Fesseln und Stricke (d. i. die Sonnenstrahlen dringen überall hin).*

5. Sie, welche vom Vater und der Mutter her zusammengerauscht sind (*samásvaran*), durch das Lied leuchtend, die Bösen verbrennend, die blasen mit ihrer Zaubermacht die schwarze Haut (Schaar) vom Himmel und von der Erde weg.

6. (Ja das thun) die Lenker des starken Soma (die Somagüsse und -strahlen), welche vom Liede gelockt aus der alten Stätte zusammengeströmt sind. Hinweg sind geeilt (*ahāsata*) die blinden und tauben, des Opfers Pfad kreuzen (*taranti*) nicht die Bösen.

7. In der ausgestreckten tausendströmigen Seihe läutern (*punanti*) die weisen Priester ihr Gebet, prächtig sind der Götter Späher, frisch, truglos, beweglich, scharfsichtig, männerbeschauend.

8. Der weise Hirt des Opfers ist nicht zu täuschen. Drei Läuterungen legte er ins Herz, weise überschaut (*paçyati*) er alle Wesen, die Widerwärtigen schlägt er herab (*vidhyati*), in die Grube die Gottlosen.

9. Des Opfers Gewebe ist aufgespannt am Seihetuch, an der Spitze der Zunge (welche betet) durch des Varuṇa Zauberkunst. Die Weisen haben strebend ihr Ziel erreicht (*âçata*): So falle denn in die Grube der Unvermögende.

Es bedarf nicht der Bemerkung, dass vieles in diesem Liede unklar bleibt. Aber die Bedeutung der Tempora wird wohl richtig erfasst sein.

1, 9, 4 bedeutet *úd ahāsata* 'jetzt haben sich die Lieder erhoben'.

ákeshata.

9, 22, 1.

Diese schnellen Somatränke sind wie rasche Wagen, als losgelassene Ströme vorwärts geeilt (*akeshata*).

Vgl. 9, 71, 5. 86, 25 und unter *áhāsata*.

áhûshata.

1, 14, 1—2, 5.

1. Mit allen den Göttern, o Agni, komm zur Verehrung und zu den Liedern heran, um Soma zu trinken, und verehre die Götter.

2. Die Kaṇvas haben dich herangerufen (*ahûshata*), sie singen (*griṇanti*) dir Lieder, o Weiser, mit den Göttern komm, o Agni, heran.

5. Es flehen dich an (*îḍate*) die hülfebegehrenden Kaṇvas, dir Opferstreu bereitend u. s. w.

1, 49, 4. Schlussvers. Dich ausbreitend mit deinen Strahlen bescheinst du (*â bhâsi*) das ganze Luftreich: dich, o Ushas, haben (jetzt) mit Liedern die Kaṇvas angerufen (*ahûshata*).

Vgl. 8, 76, 3. 8, 8, 18. 1, 45, 4.

Aus dieser Uebersicht ergiebt

Stellen der s-Aorist stets das eh

Die Ausnahmen werden g

der Aorist historischen Sinn

wird:

árishus 1, 11, 5 (nicht sicher); *ájanishṭa* 3, 59, 4. 5, 32, 3. 10, 17, 6. 10, 72, 5; *átârît* 1, 32, 6; *ádishṭa* 8, 82, 15; *ádhukshat* 1, 33, 10. 10, 149, 1; *ánûshata* 4, 1, 16 (*ápratishṭa*, *ráṅsta* und *ásvârshṭâm* 2, 11, 7 sind nicht sicher); *ávadhît* 4, 30, 15 und 18. 1, 33, 12.

Ich bemerke wiederholt, dass nur von den Aoristen in Hauptsätzen die Rede ist.

Zeitlosen Gebrauch habe ich nur constatirt bei *ámatsata* 9, 14, 3 und *ávṛitsata* 8, 1, 29.

II.

Der Passiv-Aorist auf -i.

ákâri.

1, 20, 1. Dieser schutzverschaffende Lobgesang ist (jetzt) von den Sängern mit ihrem Munde dem Göttergeschlecht bereitet worden (*akâri*).

1, 63, 9. Schlussvers.

(Hiermit) ward dir gedient (*akâri*), o Indra, von den Gotamas; die Gebete sind mit Andacht an die Falben gerichtet, so bring uns denn Reichthum u. s. w.

1, 104, 1.

Ein Platz ist dir, Indra, zum Niedersitzen bereitet (*akâri*); auf den lass dich nieder u. s. w.

Vergl. 7, 24, 1.

1, 184, 5.

Dieser Lobgesang ist euch bereitet worden (*akâri*), ihr Açvinen.

Der Vers kann als Schlussvers bezeichnet werden, denn 6 ist später angefügt (vgl. 1, 183).

3, 4, 4.

Aufrechter Gang ist euch bereitet worden (jetzt, *akâri*) beim Opfer, erhoben hat sich der Glanz, verschwunden ist die Finsterniss.

Ein nicht völlig deutlicher Vers aus einem Âprî-Liede.

4, 6, 11. Schlussvers.

Bereitet ist dir (hiermit, *akâri*), o Entfachter, die Andacht.

4, 16, 21. Schlussvers.

Nachdem du jetzt gelobt und gepriesen bist, o Indra, lass dem Sänger Labung schwellen, Flüssen gleich; ein neues Gebet ist dir bereitet worden (*akâri*), o Herr der Falben, möchten wir durch dies Gebet stets gewinnende Wagenkämpfer werden.

4, 34, 1—4.

1. Ṛibhu, Vibhvan, Vāja und Indra, kommt herbei zu diesem unserem Opfer, zu unserer Spende. Denn heut am Tage hat ja die göttliche Dhishaṇā euch den Trank gespendet (spendet euch, *adhāt*). Eingestellt haben sich (*sám agmata*) eure Rauschtränke.

2. Die ihr von Natur Schatzspender seid, ergötzt euch, ihr Ṛibhus, zur rechten Zeit. Eingestellt haben sich (*sám agmata*) eure Rauschtränke und reiche Gaben, schafft uns Heldenreichthum.

3. Dieses Opfer ist für euch bereitet (*akāri*), ihr Ṛibhus, welches ihr menschenfreundlich von jeher empfangen habt (*dadhidhve*). Die heiteren (Tränke) sind vor euch hingetreten (*asthus*), und ihr Vājas seid als das Beste bei dem ganzen Opfer erschienen (*abhūta*).

4. Heut hat stattgefunden (*abhūt*) eure Güterspende an den verehrenden, opfernden Sterblichen; trinkt, ihr Vājas und Ṛibhus, gespendet ist (*dade*) euch die abendliche grosse Kelterung, damit ihr euch berauscht.

6, 41, 1—3.

1. Komm gnädig heran zum Opfer, dir strömen ja flammend zu (*pavante*) die gekelterten Tropfen. Wie Heerden zu ihrem Stall, so komm, o Keilträger, heran, als erster der Götter.

2. Wohlgeformt ist dein Gaumen und weit, immer trinkst du (*pibasi*) mit ihm die Woge des Meths. So trinke denn, der Adhvaryu hat sich dir zu Ehren erhoben (*asthāt*), deine kampfbegierige Waffe stelle sich ein.

3. Dieser starke, vielgestaltige Somatrank ist dem starken Indra (jetzt) bereitet (*akāri*), trink, o gewaltiger Lenker der Falben, ihn, den du fort und fort besitzest (*īçishe*), der deine Speise ist.

7, 60, 12. Schlussvers.

Dieses Priesterwerk ist euch, Mitra und Varuṇa, beim (heutigen) Opfer dargebracht worden (*akāri*) u. s. w.

7, 97, 9.

Dieses Lied und diese Andacht ist euch (hiermit) bereitet (*akāri*) u. s. w.

Der Vers ist ursprünglich Schlussvers. Der Refrain 10 ist später zugefügt. Aehnlich 6, 63, 3. — 1, 187, 6 lasse ich dahingestellt.

ágāmi.

6, 16, 19 hat wohl die gewöhnliche Aoristbedeutung, doch ist der Zusammenhang nicht zwingend.

Áçeti.

7, 67, 1—3. An die Açvinen.

1. Euren Wagen, ihr Herrn, begrüsse ich mit opferndem, verehrendem Sinne. Ich, der euch, ihr Dhishṇya, wie ein Bote (jetzt) erweckt hat (*ajīgar*), rufe euch an (*vivakmi*), wie der Sohn die Eltern.

2. Aufgeflammt ist (*açoci*) bei uns der entfachte Agni, es zeigt sich (*adṛçran*) das Ende der Finsterniss, das Licht der Ushas ist im Osten erschienen (*áçeti*), prächtig geboren aus der Tochter des Himmels.

3. Jetzt verehrt (*sishakti*) der beredte Opferer euch, ihr Açvinen, ihr Nâsatyas, mit Lobgesängen; kommt auf vielen Pfaden hierher mit dem schatzreichen, lichtgewinnenden Wagen.

7, 78.

1. Erschienen sind (*adṛçran*) die ersten Lichtstrahlen, steigend breitet sich ihre Helle aus (*ví çrayante*). Ushas, bring uns erwünschte Gabe mit hergewendetem grossen lichten Wagen.

2. Das entzündete Feuer prasselt (*jarate*) ihr entgegen, die Sänger begrüssen sie mit Andacht preisend. Die Göttin Ushas kommt heran (*á yâti*), mit ihrem Lichte alle Finsterniss und Unwegsamkeit vertreibend.

3. Diese leuchtenden Morgenröthen hier haben sich im Osten gezeigt (*adṛçran*), Licht gewährend. Die Sonne, das Opfer, den Agni haben sie erzeugt (*ajījanan*), abgewandt ist das unholde Dunkel entwichen (*agāt*).

4. Erschienen ist (*áceti*) des Himmels reiche Tochter, Alle sehen (*paçyanti*) die leuchtende Ushas; sie hat den von selbst geschirrten Wagen bestiegen (*asthāt*), welchen die schön gejochten Rosse ziehen (*váhanti*).

5. Heute haben dich die Frommen erweckt (*budhanta*), unsere Opferherrn und wir. Erweist euch fruchtbar, leuchtende Morgenröthen, schützt uns immer mit Wohlergehen.

Von den übrigen Stellen, in denen *áceti* in aoristischem Sinne vorkommt, ist 1, 113, 4 und Vâl. 8, 5 unzweideutig. 1, 88, 5 ist mir (trotz Benfeys und Müllers Uebersetzung) verdächtig. 1, 139, 4 ist richtig ('es ist hell geworden, ihr öffnet den Himmel'), aber der Zusammenhang nicht zwingend.

Ájani.

1, 74, 1—3.

1. Herantretend zum Opfer möchten wir Agni ein Lied singen, der uns auch in der Ferne hört,

2. Ihm, der von jeher, wenn die Menschen kämpfend zusammentrafen, dem Frommen Haus und Hof beschützte (*árakshat*).

3. (Jetzt) sollen die Menschen sprechen: 'Agni ist geboren (*ajani*), der Vṛitratödter, der Beute erobert in jedem Kampf.'

7, 94, 1.

Dieses Loblied, Indra und Agni, ist für euch aus meinem Sinn entsprungen (*ajani*), wie Regen aus der Wolke.

djani steht ferner aoristisch 1, 141, 4 und 2, 5, 4 (vgl. Vers 1).

átāpi s. unter *ávāci*.

ádarçi.

1, 46, 11.

Erschienen ist (*abhūt*) der Pfad des Opfers, um auf ihm ans Ziel zu gelangen, gezeigt hat sich (*adarçi*) der Himmelsweg.

Ohne rechten Zusammenhang mit den anderen Versen.

1, 92, 5 s. unter *áyukshata*, vgl. 1, 113, 7. 1, 124, 3 u. 4 s. unter *ásāvi*. 4, 52, 1 und 7, 81, 1 s. unter *ábhutsmahi*.

5, 1, 1—2.

1. Erwacht ist (*ábodhi*) Agni, durch die Menschen entfacht, entgegen der Ushas, die wie eine Kuh sich naht; wie Vögel (?) sich zum Zweige erhebend, so streben (*sisrate*) seine Strahlen zum Himmel.

2. Erwacht ist (*abodhi*) der Priester, um die Götter zu verehren, der gnädige Agni hat sich früh erhoben (*asthāt*), der helle Glanz des Entfachten hat sich gezeigt (*adarçi*), der grosse Gott hat sich der Finsterniss entwunden (*amoci*).

7, 77.

1. Leuchtend ist sie erschienen (*ruruce*) wie ein jugendliches Weib, alles Lebende zur Regsamkeit anfeuernd; Agni ist erschienen (*abhūt*), um von den Menschen entfacht zu werden, Licht hat sie geschaffen (*akar*), die Finsterniss vertreibend.

2. Dem All entgegen hat sie sich breit erhoben (*asthāt*), licht glänzte sie auf (*açrait*), helles Gewand tragend; die goldfarbige, schöne, die Mutter der Kühe, die Führerin der Tage ist ergloммen (*aroci*).

3. Das Auge der Götter heranbringend, das weisse schöngestaltige Ross führend, ist die reiche Ushas strahlengeschmückt erschienen (*adarçi*), die gabenreiche, die sich durch das All verbreitet.

4. Mit Gaben nahe, leuchte weit hinweg den Feind, schaff uns Sicherheit und breite Weide, halte den Hass fern, schaff uns Güter heran, bring dem Preisenden gute Gabe herbei, o Reiche.

5. Leuchte uns mit deinen herrlichsten Strahlen, göttliche Ushas, die du unser Leben verlängerst, uns Labung verleihend, o Gabenreiche, und kuhreichen, rossreichen, wagenreichen Besitz.

6. Du Tochter des Himmels, hochgeborne Ushas, welche die Vasishṭhas mit ihren Liedern erquicken (*vardhayanti*), gieb uns hohen grossen Reichthum. Schützt uns immer mit Wohlergehn.

In ganz ähnlicher Weise erscheint *ádarçi* noch 1, 136, 2. 8, 90, 13. 8, 92, 1. 10, 3, 1. 10, 107, 1 (s. *ámoci*). Vâl. 8, 1.

ádhâyi.

6, 75, 9.

Erschienen (*abhût*) ist die Morgenröthe mit ihren rothen Kühen, das Feuer ist richtig angelegt (*adhâyi*), der Wagen ist für euch angeschirrt (*ayoji*) u. s. w.

7, 24, 5.

Dieses Lied ist wie ein beutegieriges Ross an die Deichsel geschirrt worden (*ádhâyi*) für den grossen gewaltigen Reisigen. Indra, dieses Lied bittet (*îṭṭe*) dich um Gut. Wie du Tag au Tag fügst, so schenk' uns Erhörung.

Der Vers ist ursprünglich Schlussvers. 6 ist angefügt. Ganz ähnlich ist der Gebrauch von *ádhâyi* 1, 104, 7. 1, 119, 2. 1, 162, 7. 1, 183, 6. 3, 5, 3. 7, 7, 4. 7, 34, 14. 8, 48, 10 (s. unter *ábhakshi*). 8, 63, 7. 10, 31, 3.

ápâyi.

2, 19, 1—7. Unmittelbar nach Vollendung des Opfers gesungen.

1. (Jetzt) ward von diesem Rausch schaffenden Trank getrunken (*ápâyi*), von dem begeisternden, gekelterten Nass, in dem Indra stets wachsend seine Kraft findet (*dadhé*) und mit ihm die frommen Männer.

2. Von diesem Meth berauscht zerschmetterte (*vṛiçcat*) Indra (einst) mit dem Donnerkeil den Drachen, der die Wasser gefangen hielt, wobei die labenden Gewässer eilten (*cákramanta*), wie Vögel zu ihren Nestern.

3. Der hohe Indra liess das Gewoge der Wasser zum Meere fliessen (*prairayat*), erzeugte (*ájanayat*) die Sonne, fand (*vidát*) die Kühe auf, und schuf (*sâdhat*) Helle mit dem Lichte der Tage.

4. Dem frommen Manne gewährt er viel unvergleichliches Gut, tödtet (*hánti*) den Dämon, er, der immer von den Menschen anzuflehen ist (*bhût*), die sich um die Gewinnung des Sonnenlichtes bemühen.

5. Der mächtige Gott Indra entschleierte (*riṇak*) für den opfernden Sterblichen die Sonne, als dieser ihm die sündenlösende Gabe überbrachte, wie ein Renner den Preis.

6. Er unterwarf (*randhayat*) an einem Tage dem Wagenlenker Kutsa den gefrässigen saatenverderbenden Çushṇa, für Divodâsa zerbrach er (*vi airat*) die neun und neunzig Burgen des Çambara.

7. So haben wir dir, o Indra, ein Lied in Schwung gebracht (*ahema*), eilig und wetteifernd, strebend möchten wir den Preis erlangen. schlag nieder die Waffe des gottlosen Feindes.[10]

Ausserdem erscheint *âpâyi* in aoristischem Sinne 1, 175, 1. 6, 44, 8 und 16.

âbodhi.

1, 92, 11 s. unter *âyukshata*. 1, 123, 2 s. unter *âjanishṭa*. 1, 157, 1 s. unter *âyukshâtâm*. 7, 73, 3 s. unter *âtârishma*.

3, 61.

1. Ushas, die du reich bist an Kraft, nimm, o freigebige, den Lobgesang des Preisenden weislich an; du alte und doch ewig junge Göttin wandelst (*carasi*) nach festem Gesetze, Gabenreiche.

2. Ushas, göttliche, unsterbliche, erglänze du mit dem strahlenden Wagen, Lieder erweckend. Hierher sollen dich die wohlgeschirrten Rosse fahren, die weitstrahlenden, dich die Goldfarbige.

3. Du Ushas, die du alle Wesen anschaust, stehst (*tishṭhasi*) aufrecht als Banner der unsterblichen Welt; immer dieselbe Arbeit erfüllend rolle wie ein Rad heran, o Jugendliche.

4. Gleichsam den Gurt öffnend (den Busen entblössend) kommt (*yâti*) die reiche Ushas, die Herrin der Hürde, heran, Licht gebärend breitet sich (*paprathe*) die reiche, wunderthätige aus vom Ende des Himmels und der Erde her.

5. Bringt der leuchtenden Göttin Ushas mit Andacht ein Lied dar. Hohen Glanz hat die thauige am Himmel hingebreitet (*açret*), die rothe, lieblich-aussehende leuchtet hervor (*ruruce*).

6. Die heilige ist mit den Strahlen des Himmels erwacht (*abodhi*), die reiche hat mit Glanz die Welt betreten (*asthât*). Die herannahende leuchtende Ushas gehst du (*eshi*) an, o Agni, bittend um Gut und Schatz.

7. Auf Grund der heiligen Ordnung die Ushasen antreibend hat der Stier (die Sonne) Himmel und Erde erfüllt (*â viveça*), das grosse Zauberwerk des Mitra und Varuṇa breitet (*vi dadhe*) seinen Goldglanz überall hin.

7, 80, 1—2.

1. Die Sänger der Vasishṭhas haben (jetzt) als erste mit ihren Liedern die Ushas erweckt (*abudhran*), welche die verbundenen beiden Welten scheidet, und alle Wesen sichtbar macht.

2. Diese Ushas hier ist erwacht (*abodhi*), neues Leben gebend, die Finsterniss mit Licht verhüllend; voran geht (*eti*) die üppige Jungfrau, kundbar machend Sonne, Opfer, Agni.

Gleich gebraucht ist *ábodhi* noch 3, 5, 1. 5, 1, 1 u. 2. 7, 9, 1, Erzählend 3, 56, 4.

ámoci.

10, 107, 1.

Erschienen ist (*āvír abhūt*) die grosse Gnade der Götter, alles Lebende hat sich der Finsterniss entwunden (*amoci*), das von den Vätern verliehene grosse Licht ist genaht (*ā agāt*), der breite Pfad der reichen Ushas hat sich gezeigt (*adarçi*). — 6, 1, 2 s. unter *ádarçi*.

áyāmi.

2, 41, 1—2.

1. O Vāyu, komm mit deinen tausend Wagen, Herr des Vielgespanns, zum Somatrank.

2. Herr des Vielgespanns, Vāyu, komm heran; dieser lautere Trank ist dir (so eben) dargereicht worden (= steht für dich bereit, *ayāmi*), du kommst in das Haus eines Kelterers.

7, 64, 5. Schlussvers.

Dieser Lobgesang ist dir, o Mitra und Varuṇa, dargebracht worden (gilt dir, *ayāmi*), wie klarer Soma dem Vāyu: segnet die Gebete u. s. w.

In gleicher Weise ist *áyāmi* gebraucht 3, 14, 2. 4, 47, 1. 7, 92, 1. Unklar ist mir der erste Theil des Verses 6, 34, 4.

áyoji.

1, 123, 1 s. unter *ájanishṭa*. 6, 75, 9 s. unter *ádhāyi*. 9, 88, 2 ist mir der Sinn des Aorists nicht völlig klar.

árādhi.

10, 53, 1—3.

1. Er, den wir mit der Seele suchten (*aichāma*), ist herangekommen (*agāt*), des Opfers kundig, der Zeiten achtend; er opfere als Priester für uns beim Götterfest, der Geliebte setze sich nieder eher als wir.

2. Befriedigt ist (*arādhi*) der Priester, der beim Niedersitzen opfert; er schaue freundlich auf die ihm bereiteten Labungen. Wohlan, lasst

uns den opferwürdigen Göttern opfern, die verehrungswürdigen mit Opferbutter verehren.

3. Ein glückliches Göttermahl hat er uns heute bereitet (*akar*), des Opfers geheimnissvolle Zunge haben wir gefunden (*avidāma*), der duftige ist herangekommen (*agāt*), in Rüstigkeit sich kleidend, eine glückliche Götteranrufung hat er heut für uns vollbracht (*akar*).

Vgl. auch 1, 70, 8, dessen Bedeutung ich dahin gestellt sein lasse.

árocí.

7, 10, 1—2.

1. Der Freier der Morgenröthe (Agni) hat weithin seinen Glanz verbreitet (*açret*), leuchtend, schimmernd, strahlend; der starke gelbe helle glänzt (*bhāti*) mit seinem Glanze, der schnelle hat die strebenden Lieder erweckt (*ajīgar*).

2. Himmelslicht gleichsam ist erglommen (*aroci*) aus dem Aufleuchten der Morgenröthen, man bildet jetzt das Opfer, wie andächtige Sänger ein Lied. Agni, der Gott, welcher die Geschlechter der Götter und Menschen wohl unterscheidet, eile als geliebter Bote zu den Göttern."

7, 77, 2 siehe unter *ádarçi*.

ávāci.

1, 51, 15. Schlussvers.

Diese Verehrung ist ausgesprochen worden (*avāci*) dem starken Indra u. s. w.

Ganz ähnlich 5, 3, 12. 6, 34, 5. 8, 40, 12. 10, 51, 6, sämmtlich Schlussverse.

7, 70, 1—2.

1. Kommt zu uns, ihr gabenreichen Açvinen, diese Stätte auf der Erde ist euch (jetzt von uns) angepriesen worden (preisen wir euch an, *avāci*); wie ein gradrückiger Renner hat sich der Opferaltar erhoben (*asthāt*), damit ihr auf ihn euch setzet und Platz nehmt.

2. Dieses willkommenste Gebet sucht euch auf (*sishakti*), gewärmt ist (*atāpi*) der Kessel im Hause des Mannes, der euch über Seen, über Flüsse herbeilockt (*piparti*), als hätte er zwei starke Rosse angeschirrt.

ávedi.

7, 8, 1—2.

1. Unter Verehrung wird der gütige König entfacht (*indhé*), dessen Antlitz mit Butter getränkt wird. Die Männer flehen ihn (*īlate*) dringend mit Opfern an, Agni ist erschienen (*açoci*) vor den Morgenröthen.

2. Jetzt ist dieser grosse aufgefunden (*avedi*), der gütige Priester des Menschen, der rege Agni; Licht hat er geschaffen (*akar*), sich über die Erde ausbreitend, eine schwarze Spur hinterlassend ist er über die Pflanzen hin gewachsen (*vavakshe*).

Vgl. 10, 99, 10.

áçoci.

7, 8, 1 s. unter *ávedi*. 7, 67, 2 s. unter *ávedi*.

ásādi.

4, 6, 1—2.

1. Hoch erhebe dich jetzt, Agni, Priester des Opfers, der du beim Gottesdienst trefflich opferst; du beherrschest (*ási*) ja alle Andacht, du förderst (*tirasi*) das Gebet des Frommen.

2. Der weise Priester hat sich (jetzt) niedergesetzt (*asādi*) bei den Menschen, der gütige weise Agni bei den Opfern; wie Savitar hat er seinen Glanz in der Höhe ausgebreitet (*açret*), den Rauch stütze er gegen den Himmel (*stabhāyat*), wie man eine Opfersäule aufrichtet.

Die Auffassung von *stabhāyat* unterliegt Zweifeln. Der Gedanke, dass *asādi* und *açret* historisch zu übersetzen seien, wird durch den Gedankengang des Hymnus abgewiesen.

Ebenso ist *ásādi* gebraucht 3, 4, 4. 7, 7, 5. Der Zusammenhang ist nicht deutlich genug 5, 43, 7.

ásarji.

Besonders häufig vom Soma gebraucht (vgl. *ákramīt* und *ásrikshata*). Als Probe theile ich mit:

9, 106.

1. Zum starken Indra sollen diese goldigen Tränke eilen, die rasch erzeugten, zum Himmel dringenden Tropfen.

2. Dieser gewinnverschaffende Trank strömt flammend (*pavate*) dem Indra zu, der Soma strebt (*cetati*) dem siegreichen zu, wie er pflegt (*vide*).

3. Berauscht von ihm thue Indra den beutegewinnenden Griff, und trage den starken Donnerkeil, siegend im Gewölk.

4. Eile, munterer Soma, ströme dem Indra zu. Bring uns göttliche Kraft, die den Himmel findet.

5. Ströme dem Indra starken Rausch zu, du herrlicher; du hast tausend Bahnen, schaffst dir Weg, bist weise.

6. Der du uns freie Bahn schaffst, und Meth den Göttern, komm auf tausend Pfaden, brüllend.

7. Fliess flammend hin zum Göttermahl, o Indu, in gewaltigem Strom; in unsern Becher setze dich nieder, honigreich.

8. Deine wasserumgebenen Tropfen stärken (*vāvṛidhus*) Indra und berauschen ihn, in dir trinken (*papus*) sich die Götter Unsterblichkeit.

9. Ihr gekelterten Tränke, strömt uns Reichthum zu, ihr regnenden, strömenden, himmlischen.

10. Der in reiner Woge strömende Soma rinnt (*dhāvati*) durch das wollige Vliess, beim Beginn der Andacht, flammend, brüllend.

11. Andachtsvoll keltern (*hinvanti*) sie den raschen, der im Gefässe spielt und durch die Seihe rinnt; dem dreifach gemischten sind die Andachten rauschend genaht (*asvaran*).

12. Hingeeilt ist er (s. v. a. er eilt, *asarji*) zu den Bechern, wie ein beutegewinnendes Ross im Weltkampf; er strömt dahin (*asishyadat*) in reinem Fluss und lässt seine Stimme hören.

13. Der geliebte, goldige strömt (*pavate*) eilig dahin über das Geflecht, den Lobsängern Heldenruhm verleihend.

14. So ströme denn den Göttern zu. Losgelassen sind (*asṛikshata*) die Fluten des Meths, murmelnd umgiebst (*pári eshi*) du die Seihe von allen Seiten.

Ganz ähnlich ist *ásarji* gebraucht 1, 181, 7. 6, 63, 7. 9, 36, 1. 9, 67, 15. 9, 86, 46. 9, 91, 1. 9, 109, 19. Erzählend ist *asarji* gebraucht 4, 26, 5.

ásāvi.

1, 84, 1.

Soma ist dir, o Indra, (jetzt) gekeltert (*asāvi*). Komm heran, kühner Held, Kraft soll dich durchdringen, wie die Sonne mit ihren Strahlen die Luft durchdringt.

Ganz entsprechend 5, 43, 5. 7, 21, 1. 9, 62, 4. 9, 77, 5. 9, 82, 1. 10, 101, 1.

ástāri s. unter *dhájan*.

ástāvi.

6, 23, 10. Schlussvers. So ist Indra nun gepriesen worden (*astāvi*) beim Somatranke u. s. w.

Ganz entsprechend in den Schlussversen 1, 141, 13. 10, 45, 12. 10, 63, 17 und dem vorletzten Vāl. 4, 9.

áhāvi. 5, 86, 6. Schlussvers.

So ward dem Indra und dem Agni ein Opfer dargebracht (*ahāvi*) u. s. w.

Ebenso in dem Schlussvers 10, 91, 15.

Aus dieser Aufzählung geht hervor, dass ich nur 3, 56, 4 bei *abodhi* und 4, 26, 5 bei *asarji* den historischen Gebrauch finde. In allen anderen Stellen ergab sich der aoristische Gebrauch.

III.

Der reduplicirte Aorist.

A. Die sogenannten causativen Aoriste.

ácikṛisham.

10, 119, 11. Der somatrunkene Indra sagt von sich: 'Die eine Hälfte von mir ist im Himmel, die andere habe ich jetzt zur Erde hinabgestreckt (*acīkṛisham*)'. Bei GKR. ist sinngemäss übersetzt: (S. 82) 'Zur Hälfte bin im Himmel ich, die andre streck' ich weit hinab. Ist's denn, dass ich vom Soma trank?' Vgl. unter *áyāṅsam*.

ácikradas, ácikradat u. s. w.

Als aoristisch ist bereits 7, 20, 9 unter *ákrapishṭa* und 9, 2, 6 unter *ádhukshat* erwiesen. Ich füge noch als weiteren Beleg hinzu

7, 36, 1—3.

1. Das Gebet erhebe sich vom Platze des Opfers, die Sonne hat ihre Strahlenkühe entsendet (*sasṛije*, d. h. es wird Morgen), in aller Breite ist die Erde sichtbar geworden, Agni hat seinen breiten Feuerschein entfacht (*īdhe*).

2. Geht auf Mitra und Varuṇa.

3. Der Lauf des eilenden Windes kommt heran (*rante*, s. Gr.), die Brunnen (der Opfergüsse) haben sich ergossen (*apīpayanta*, jetzt) wie Kühe. Der im hohen Himmelssitz geborene Stier hat auf dieser Opferstätte sein Gebrüll erhoben (*acikradat*).

In ganz derselben Weise wird *ácikradat* öfter vom Soma gebraucht, der so eben in das Gefäss einströmt. Zeitlos scheint 4, 24, 8 gebraucht.

ájīgar

heisst überall 'jetzt hat erweckt', wie schon nachgewiesen ist für 1, 92, 6 unter *áyukshātām*, 7, 67, 1 unter *áceti*, 7, 10, 1 unter *ároci*. Dagegen scheint *ájīgar* von *gar* 'verschlingen' erzählend zu sein 1, 163, 7.

âcucyavît u. s. w.
erweist sich durch die Bedeutung als Aorist.

5, 59.

1. Euch hat (jetzt) der Späher (Opferer) hervorgerufen (*akran*) zu Glück und Gabe; ich will dem Himmel singen, ich bringe der Erde ein Opfer, sie salben (*ûkshante*) die Rosse, durcheilen (*tarushante*) den Luftraum und mildern ihren Glanz durch Regenguss.

2. Vor ihrem Glanze zittert (*ejati*) angstvoll das Land, es schwankt (*ksharati*) wie ein überladenes Schiff. Die Herren, welche fernerhin sichtbar in ihrem Glanze erscheinen, wandeln (*yetire*) zwischen den beiden grossen Gemeinden.

3. Ihr glänzt wie die Spitze eines Stierhornes, wie das Sonnenauge beim Verscheuchen des Dunkels, wie schöne Rosse seid (*sthana*) ihr Geliebten, wie junge Männer erscheint ihr schmuck.

4. Wer kann eurer hohen Weisheit gleichkommen, ihr Maruts, wer euren Heldenthaten, ihr werft (*rejatha*) die Erde wie ein Staubkorn, wenn ihr heraneilt zu Glück und Gabe.

5. Wie rothe Rosse sind die Genossen, wie vorkämpfende Helden kämpfen sie voran (*yuyudhus*), wie muntere Jünglinge blühen (*vâvṛidhus*) die Helden, das Auge der Sonne trüben (*minanti*) sie mit Regen.

6. Keiner der älteste, keiner der mittlere, keiner der jüngste, so wachsen (*vâvṛidhus*) gewaltig die hervorquellenden; edelgeborene Söhne der Pṛiçni seid ihr, kommt zu uns heran, Helden des Himmels.

7. Wie Vögel fliegen (*paptus*) die Schaaren mit Macht zu den Enden des Himmels über seinen hohen Rücken hin, (nun) haben ihre Pferdepaare des Himmels Quellen herangelockt (*acucyavus*), wie sie es verstehen.

8. Der weite Himmel verhelfe uns zum Opfermahl, es sollen sich einfinden die thauglänzenden Ushasen, die Maruts haben des Himmels Kufe umgeworfen (*acucyavus*), o Sänger, von dir gepriesen, Rudras Genossen.

In Vers 7 könnte man *acucyavus* zeitlos deuten wollen, doch ist das plötzliche Auftreten einer augmentirten Form nach lauter Präsens- und Perfectformen schwerlich ohne Bedeutung.

6, 42, 4—5.

4. (Jetzt) haben die Steine, ihr Açvinen, und die Sänger mit ihren Liedern euch herbeigelockt (*acucyavus*), ihr N. zum Somatrank.

5. Wie euch einst Atri der Sänger mit Liedern rief (*ajohavît*), ihr N. zum Somatrank —

6. So habe ich euch beide jetzt gerufen (*ahve*) zu Hülfe, wie die Weisen riefen (*áhuvanta*), ihr N. zum Somatrank.

So auch 8, 84, 2. 10, 97, 10. Nicht so klar sind 1, 45, 8 und 1, 168, 4.

ájījanam, ájījanas etc.

ist als aoristisch bereits erwiesen 3, 23, 3 unter *ámanthishṭām*, 5, 83, 10 unter *ávarshīs*, 7, 78, 3 unter *ácrti*. Ebenso erscheint es 4, 53 (ein Morgenlied):

1. Wir erflehen (*vṛṇīmahe*) des heiligen weisen Gottes Savitar hohes Gut, durch welches er dem Frommen Schutz verleiht (*yáchati*). Das hat uns (jetzt) der grosse Gott mit seinen Strahlen heraufgeführt (*ayān*).

2. Des Himmels Träger, der Erde Befruchter, der Weise legt den braunen Mantel an; der sich klug ausbreitende, den weiten Raum erfüllende Savitar hat (jetzt) seine preisenswerthe Gnade erwiesen (*ajījanat*).

3. Er hat angefüllt (*aprās*) die himmlischen und irdischen Räume, Schall erzeugt (*kṛṇute*) der Gott zu eigener Lust, schaffend hat Savitar (jetzt) die Arme ausgestreckt (*asrāk*), er der mit seinem Licht die Menschen bettet und auftreibt.

4. Der untrügliche, die Wesen überschauende Gott Savitar hütet (*rakshate*) die Gesetze. Er hat (jetzt) die Arme ausgestreckt (*asrāk*) zu den Wesen der Welt, der heilige herrscht (*rājati*) über die grosse Sternenschaar.

5. Dreimal die Luft mit seiner Grösse überragend, drei Welträume und drei Lichthimmel, fördert (*invati*) Savitar die drei Himmel und drei Erden, mit drei Satzungen schützt (*rakshati*) er uns.

6. Der gnädige, der bald beruhigt, bald erregt, der Herrscher über Festes und Bewegliches, Gott Savitar soll uns dreifach abwehrenden Schutz verleihen, damit uns sichere Wohnsitze zu Theil werden.

7. Herangekommen ist (*agan*) der Gott zur rechten Zeit, er segne unsere Heimat, Savitar gewähre uns Nachwuchs und Erquickung. Er soll uns fördern Tag und Nacht, soll uns Kinder und Reichthum ververleihen.

Ebenso gebraucht ist *ájījanat* und *-an* 3, 29, 13. 9, 42, 4. 9, 61, 16. 10, 23, 7. Dagegen erzählend ist der Gebrauch 10, 134, 1: 'Weil du, o Indra, (gleich bei deiner Geburt) Himmel und Erde durchdrangst, wie Ushas, so gebar dich (*ajījanat*) deine göttliche Mutter als Herrn der Heerschaaren, als König der Menschen.' — Ebenso wohl auch 9, 110, 3 u. 4 und 10, 88, 10.

átitape 8, 61, 4 ist mir nicht klar.

átītṛishāma.

4, 34, 11.

Nicht seid ihr fern geblieben (*ápa abhūta*), nicht haben wir euch dürsten lassen (*atitṛishāma*), ihr tadellosen Ṛibhus, bei diesem Opfer. Mit Indra berauscht ihr euch (*madatha*) und den Maruts, mit den Königen, ihr Götter, um Schätze zu spenden.

ádūdushat 10, 86, 5 ist mir nicht klar.

ádidyutat 6, 11, 4 ist aoristisch.

ádīdharat 10, 173, 3 aoristisch s. unter *ábhārsham*.

ánīnaçat.

10, 162, 1—2.

1. Agni, mit dem Gebet vereint, der Rakshasschläger, soll von hier vertreiben die übelnamige Krankheit, die in deinem Leibe, deinem Schoosse haust (*āçáye*).

2. Die übelnamige Krankheit, die in deinem Leibe, deinem Schoosse haust, die fleischverzehrende, hat dir jetzt Agni mit dem Gebet vertrieben (*anīnaçat*) u. s. w.

anīnaçat ist mit *asākshi* u. s. w. zu vergleichen. Die eben vor sich gehende Ceremonie wird als schon wirksam angesehen und daher das Tempus gesetzt, welches das kaum Vergangene bezeichnet. Dass nicht etwa von einer früheren Heilung die Rede ist, beweist das Präsens *āçáye*.

ápīpatat.

8, 89, 7. Fliesst jetzt aus einander (ihr Wasser), nicht mehr ist der da, der euch (bis jetzt) hemmte (*avāvarīt*). Auf die Blösse des Vṛitra hat Indra den Donnerkeil fallen lassen (*apīpatat*).

Ein versprengter Vers.

ápiparan 9, 73, 1 aoristisch s. unter *ábhūsata*.

ábūbudhat 1, 161, 13 aoristisch siehe unter *ákhyata*.

ámīmadanta 1, 82, 2 aoristisch s. unter *ádhūshata*.

árīramat ist als aoristisch erwiesen 6, 71, 5 unter *áyānsam*. Ebenso 2, 38, 3 (vgl. GKR.)

árūrucat ist aoristisch gebraucht 9, 83, 3. 9, 85, 9 u. 12.

ávīvatan 10, 13, 5 ist mir zweifelhaft.

ávīvṛitat ist aoristisch in dem Siegeszauber 10, 174, 3.

1. Mit dem siegverleihenden Opfer, durch welches Indra einst siegreich wurde (*abhivâvṛitê*), mit dem, o Herr des Gebetes, mache uns siegreich, damit wir herrschen.

2. (Anrede an den Fürsten, dem Sieg erfleht wird). Ueberwindend die Gegner, und alle, die uns feind sind, triumphire über den Feind, über den, der uns verfolgt.

3. (Anrede an denselben). Gott Savitar und Gott Soma hat dich hiermit siegreich gemacht (*avîvṛitat*), siegreich über alle Wesen, damit du Sieger seiest.

4. (Der Fürst spricht): Das Opfer, durch welches (einst) Indra der grösste Held wurde (*ábhavat*), dieses habe ich jetzt vollbracht (*akri*), ihr Götter; der Feinde bin ich ledig geworden (*abhuvam*).

5. (Derselbe spricht): Der Feinde los, der Feinde Sieger, ein Beherrscher, ein Ueberwinder, damit ich über alle diese Wesen herrsche und über das Geschlecht.

ávîvṛidhat

ist bereits als aoristisch erwiesen 8, 8, 8 unter *ánûshata*, 8, 69, 10 unter *ámandit*, 1, 124, 13 unter *ásârît*, 9, 73, 2 unter *ákâsata*. So ist es auch an den übrigen Stellen gebraucht (1, 11, 1 bedeutet: Wir haben dir jetzt all unsere Lieder gesungen, darum gewähre uns auch deine Freundschaft).

ávîvaçat (**vâç**) u. s. w.

ist als aoristisch bereits erwiesen 9, 32, 3 unter *ánûshata* und 9, 21, 7 unter *ásârît*. Ebenso 9, 33, 6. 9, 76, 4. 9, 86, 19. 9, 107, 26. Zeitlos scheint 10, 64, 15.

ávîvipat u. s. w. ist als aoristisch erwiesen 9, 73, 2 unter *ákâsata*. Ebenso 9, 96, 7. Zweifelhaft bleibt 1, 155, 6.

áçûçubhan 9, 62, 6 ist aoristisch.

áçiçnat 7, 28, 3 ist zeitlos.

átishṭhipat 9, 86, 40 ist aoristisch.

ásishyadat u. s. w.

ist als aoristisch erwiesen 9, 60, 3 unter *ápâvishus*, 5, 86, 6 unter *ákâri*. Ebenso an den übrigen Stellen.

Als historisch gebraucht haben sich also erwiesen *ájîgar* 1, 163, 7 (nicht sicher), *ájîjanat* 10, 134, 1 und wohl auch 9, 110, 3 u. 4. 10, 88, 10. Zeitlos scheinen verwendet *ácikradat* 4, 24, 8, *ávîvaçat* 10, 65, 15, *áçiçnat* 7, 28, 3.

B. Die übrigen reduplicirten Aoriste.

Nach meinem altindischen Verbum S. 111 kommen nur *ápaptam* und *ávocam* in Betracht.

ápaptam

ist als aoristisch bereits erwiesen unter *áyukshata* und *ásadīt*. Ebenso wird es gebraucht 1, 191, 9. 6, 64, 2 u. 6. 7, 59, 7.

ávocam.

Formen von *ávocam* erscheinen häufig echt aoristisch in Schlussversen in dem Sinne von 'hiermit haben wir gesagt, jetzt haben wir gesagt', und zwar an folgenden Stellen 1, 78, 5. 1, 114, 11. 1, 116, 25. 1, 117, 25. 1, 182, 8. 1, 189, 8. 4, 2, 20. 4, 45, 7. 5, 1, 12. 5, 73, 10. 10, 80, 7. 10, 115, 9. 10, 120, 9. Gleichwerthig mit Schlussversen sind 1, 185, 10 und Vāl. 1, 11, 5. Aoristisch 8, 89, 5.

Erzählend steht *ávocan*

5, 2, 12:

Unwiderstehlich soll Agni die Habe des Feindes erbeuten, deswegen nannten ihn (*ávocan*) die Götter Agni, den Erbeuter.

Der Vers ist zweifelsohne sehr jung. — Zweifelhaft bleibt 1, 122, 12. Wegen 6, 31, 1 vgl. u. *ádhithās*.

IV.

Der aus der einfachen Wurzel gebildete Aorist.

Ich stelle zuerst diejenigen aus der einfachen Wurzel gebildeten Augmentformen zusammen, welche nach der oben (S. 6) gegebenen Definition den Namen Aorist verdienen. Man wird finden, dass zwar in den weitaus meisten Fällen diese Formen auch wirklich aoristischen Sinn haben, aber nicht so regelmässig, wie die bis jetzt behandelten Aoriste, die durch ein unverkennbares Zeichen als solche hervorgehoben sind. Diese Erscheinung ist von grossem Interesse für das Verständniss der Genesis des indogermanischen Verbums, und soll also dem Plane dieser Arbeit gemäss hier nur angedeutet, nicht besprochen werden.

Bemerkenswerth ist, dass *áirata* 3pl. zu *īr* und *ákhyam* u. s. w. zu *khyā* sich dem Gebrauche nach als Aoriste erweisen. Diese Formen sind also auch hier mit aufgeführt, wenn auch in der uns bekannten Sprache das formelle Kriterium dafür fehlt.

Zur Vergleichung verzeichne ich dann einige Imperfecta von der einfachen Wurzel, wie z. B. *áyam*.

árta, árata.

árta 4, 1, 12 ist erzählend; wie es 7, 34, 7 zu fassen ist, ist nicht ganz klar. *árata* 1, 54, 1 ist erzählend. Der Vers lautet:

Verlass uns nicht, o Herr, in dieser Schlachtennoth! Nicht findet man das Ende deiner Kraft. Du liessest die Wogen aufrauschen (*akrandayas*), die Wälder zerbrechend. Wie kam es, dass die Fluten nicht vor Schreck zusammenfuhren (*ārata*)?

Wenn 1, 4, 5 hierher gehört, enthält dieser Vers einen Beleg für den aoristischen Gebrauch von *árata*.

áçata.

Der aoristische Gebrauch von *áçata* ist constatirt worden 9, 24, 2 unter *ádhanvishus*; 10, 94, 2 unter *árāvishus*; 9, 21, 4 unter *ásāvīt*; 9, 73, 9 unter *áhāsata*. Derselbe Gebrauch liegt vor: 2, 21, 5. 8, 43, 17. 9, 6, 4. 9, 22, 6. 9, 67, 7. 9, 69, 7.

Erzählenden Sinn dagegen hat *áçata* an folgenden Stellen:

1, 20, 2: Die, welche dem Indra die wortgeschirrten Falben sinnreich gebildet haben (*tatakshús*, nämlich die Ṛibhus), haben durch ihre Mühe Götterstellung erlangt (*āçata*).

Ebenso 1, 85, 2. 7, 66, 11. Vāl. 11, 2.

Zeitlos ist *áçata* gebraucht 8, 86, 9: Nicht kommen dir die Götter gleich (*āçata*), nicht die Sterblichen, o Donnerkeilträger; alle Wesen übertriffst du (*asi*) an Macht, nicht kommen dir die Götter gleich (*āçata*).

So ist es wohl auch 9, 18, 4 zu fassen, wenn gleich aoristische Auffassung möglich ist. — Unberücksichtigt geblieben sind 3, 45, 3 und 8, 58, 18.

áirata.

ist aoristisch 7, 23, 1: Eilig haben sich (jetzt) die Gebete erhoben (*airata*); zeitlos 8, 20, 4: Die Wüsten gerathen in Bewegung (*airata*), wenn ihr Maruts euch regt (*éjatha*).

ákaram, ákar u. s. w.

ákaram ist aoristisch gebraucht 1, 114, 9: (Jetzt) habe ich dir Lobgesänge verfertigt (*akaram*) wie ein Hirt, schenke uns Wohlwollen, o Vater der Maruts.

Ebenso 10, 124, 4 und 10, 127, 8. Erzählend steht *ákaram* 10, 50, 5 (wo aber wohl *karam* zu lesen ist). Zweifeln kann man hinsichtlich 8, 69, 1: Keinen Anderen habe ich mir zum Erbarmer ausgewählt (*akaram*), o Weiser. Sei mir gnädig, o Indra.

10, 167, 4 s. unter *ábhakshayam*.

ákar 2s. ist als aoristisch erwiesen 5, 83, 10 (s. unter *ávarshîs*), als imperfectisch 1, 33, 15 (s. unter *ádhukshat*). Ebenso 5, 29, 10 (wo aber wohl *kar* zu lesen ist).

ákar 3s. ist als aoristisch bereits erwiesen 1, 123, 7 und 7, 76. 1 (s. unter *ájanishta*), 7, 77, 1 unter *ádarçi*, 10, 53, 3 unter *árâdhi*, 7, 8, 2 unter *ávedi*. Ebenso steht es 2, 38, 8. 5, 80, 6. 8, 62, 16. 10, 67, 4. 10, 169, 4. Imperfectisch dagegen ist *ákar* gebraucht: 4, 18, 5. Dieses Lied behandelt die Geburt und Kindheitsgeschichte Indras. Der fünfte Vers ist bei GKR. S. 62 so übersetzt:

Wie einen Schimpf beseitigte (*guhấ akar*) die Mutter
Den Indra, der von Kräftefülle strotzte;
Da stand er auf (*asthât*) und nahm den Mantel um sich
Und füllte (*aprinât*) kaum geboren beide Welten.

Erzählend steht *ákar* auch 1, 24, 8. 3, 59, 9 entweder zeitlos oder aoristisch.

ákarma steht aoristisch 4, 2, 19:

(Jetzt) haben wir dir gedient (*akarma*), kunstreich haben wir uns erwiesen (*abhûma*). Erschienen sind (*avasran*) zur rechten Zeit die strahlenden Morgenröthen u. s. w.

4, 16, 20.

So haben wir dem starken Indra ein Andachtslied verfertigt, wie die Bhrigus den Wagen u. s. w. — Ebenso 6, 15, 19. 8, 2, 3. 10, 39, 14 (s. unter *ámrikshâma*). 10, 68, 12.

ákarta ist erzählend 4, 35, 5:

1. Kommt hierher, ihr Söhne der Kraft, ihr Sprossen Sudhanvans, bleibet nicht fern. Bei diesem Mahle wartet euer reiche Spende, eure Rauschtränke sollen dem Indra nachgehen.

2. (Jetzt) hat sich uns genaht (*âgan*) die Freigebigkeit der Ribhus, es trat ein (*abhût*) das Trinken des schöngekelterten Soma, weil ihr durch Kunst und Fertigkeit die eine Schale vierfach getheilt habt (*vicakrá*, d. h. weil ihr Götter geworden seid).

3. Ja ihr theiltet (*akrinota*) die eine Schale vierfach, ihr sprachet (*abravîta*) zu einander: 'Freund, hilf mir', dann betratet (*aita*) ihr

Vâjas den Pfad der Unsterblichkeit, ihr tratet ein in die Schar der Götter, ihr behenden Ṛibhus.

4. Wie beschaffen war (*âsa*) doch die eine Schale, woraus ihr durch eure Kunstfertigkeit vier machtet (*vicakrá*)? Nun keltert (ihr Priester) den Trank zum Rausche, trinkt, ihr Ṛibhus, vom süssen Soma.

5. Durch Arbeit habt ihr eure Eltern wieder jung gemacht (*akarta*), durch Arbeit habt ihr die Schale gefertigt (*akarta*) zum Göttertrunk, durch Arbeit habt ihr die beiden eilenden Falben geschaffen (*atashta*), die den Indra fahren, o schatzreiche Ṛibhus.

6. Wer euch bei der Tage Einkehr (am Abend) den scharfen Trank zum Rausche keltert (*sunóti*), dem schaffet reichen Besitz an Helden, ihr starken fröhlichen Ṛibhus.

7. Früh trankest du (*apibas*), o Herr der falben Rosse, den Trank, die mittägige Spende ist dir geweiht, so trink auch jetzt (am Abend) mit den freigebigen Ṛibhus, die du dir, o Indra, um ihrer Kunstfertigkeit willen zu Freunden gemacht hast (*cakṛishé*).

8. Ihr, die ihr Götter wurdet (*ábhavata*) durch eure Kunstfertigkeit und wie Falken euch im Himmel niederliesset (*nishedá*), ihr spendet uns Schätze, o Söhne der Kraft. Ihr seid ja unsterblich geworden (*ábhavata*), Sprossen Sudhanvan's.

9. So trinkt denn zu kräftigem Rausche, was euch hingegossen ist, ihr Ṛibhus, (nehmt hin) die dritte (abendliche) Kelterung und Gabe, die ihr durch eure Kunstfertigkeit verdient habt (*ákṛiṇudhvam*).

Erzählend steht *ákarta* auch 1, 20, 6.

ákran ist als aoristisch bereits erwiesen: 5, 30, 12 unter *ágrabhīshma* und 1, 92, 2 unter *áyukshata*.

Ebenso steht es 6, 28, 1. Das Lied ist ein Segen über eine glücklich in den Stall eingebrachte Heerde und lautet folgendermassen:

1. Jetzt sind die Kühe eingetreten (*agman*), sie haben es brav gemacht (*akran*), mögen sie nun bleiben (*sīdantu*) im Stalle und es sich gefallen lassen. Reich an Nachkommenschaft mögen die buntfarbigen hier sein, mögen sie manchen Morgen zum Opfer für Indra Milch geben.

2. Indra schenkt (*çikshati*) ja dem Opfernden und Spendenden, ja er giebt (*dadāti*) ihm, entzieht (*mushāyati*) ihm nicht das Seine, immer wieder des Frommen Besitz vermehrend siedelt er ihn an (*ni dadhāti*) auf endloser Fläche.

3. Sie verlaufen sich (*naçanti*) nicht, nicht mag der Dieb die Heerde beschädigen, noch ein Feind ihr heimlich etwas anhaben, lange

behält (*sacate*) der Herr die Kühe, mit denen er den Göttern opfert (*yájate*) und schenkt (*dádāti*).

4. Kein staubbedeckter Renner holt sie ein (*açnute*), nicht geben (*yanti*) sie zur Schlachtbank, furchtlos wandeln (*caranti*) auf offenem Felde die Kühe des frommen Mannes.

5. Die Rinder gelten (*achān*) mir als Bhaga und als Indra, die Rinder als der Genuss des herrlichen Soma, diese Rinder, ihr Leute, sind mir Indra. Mit Herz und Sinn suche ich (*ichāmi*) Indra.

6. Ihr Kühe macht dick (*medayatha*) auch den dünnsten, ihr macht (*kṛṇutha*) schön auch den hässlichen. Glücklich macht ihr (*kṛṇutha*) das Haus, ihr heilvoll brüllenden, hoch wird eure Kraft in den Versammlungen gepriesen (*ucyate*).

7. Reich an Kälbern, schönes Futter rupfend, reines Wasser an der Tränke saufend: so mag euer kein Dieb und Böser habhaft werden, verschonen mag euch die Lanze des Rudra.

Vers 8 ist später angefügt.

Ebenfalls aoristisch erscheint *ákran* 1, 61, 16. 2, 39, 8. 3, 30, 20. 3, 55, 8. 6, 44, 8. 10, 14, 9. 10, 128, 9. Erzählend 1, 33, 15, sieh unter *ádhukshat*.

ákri ist als aoristisch erwiesen 10, 159, 4 (= 10, 174, 4) unter *ájaisham*.

ákṛthās ist erzählend 5, 30, 9: Zu deinem Genossen machtest (*akṛthās*) du mich dir, o Indra, als du das Haupt des Dämonen Namuci zerschmettertest.

ákṛta ist als aoristisch erwiesen 1, 124, 4 u. 5 unter *ásāvīt* und 10, 127, 3 unter *ávikshata*. Ebenso erscheint es 1, 181, 1 u. 8, 46, 24.

Erzählend ist 3, 26, 8; zeitlos 3, 35, 9: Wenn er zwei reiche heerumgebene Männer im Kampfe um schmucke Rinder zusammengebracht hat (*árct*), dann macht (*akṛta*) der Erschütterer die eine zu seinem Freunde, (aber den anderen) treibt (*ajati*) der rauschende die Heerde weg mit den Kriegern.

ákrata ist bereits als aoristisch erwiesen: 8, 54, 12 unter *ádhukshat*; 10, 155, 5 unter *áneshata*; 1, 92, 1 unter *áyukshata*; 10, 94, 5 u. 14 unter *ádrhishus*; 9, 21, 7 unter *ásāvīt*. Ebenso ist es gebraucht 5. 7, 104, 8. 10, 66, 14. Imperfectisch ist *ákrata* 1, 20, 4 (vgl. *áçata*). 5, 21, 3: Dich haben alle Götter insgesammt zu ihrem gemacht (vgl. 8, 23, 18 und 9, 18, 3).

erörtert lasse ich 10, 62, 7.

ákran, ákrān (*krandati*).

ákrān als 2s. ist aoristisch gebraucht 9, 64, 9. *ákran* und *ákrān* als 3s. ebenfalls aoristisch 5, 59, 1 (vgl. unter *ácucyavīt*). Ebenso 6, 69, 3. Wahrscheinlich imperfectisch 2, 11, 8. Zweifelhaft lasse ich 9, 97, 40.

ákṛipran 4, 2, 18 bleibt dahingestellt.

ákshār nur von dem Soma gebraucht, der unter den Augen des Priesters durch die Seihe rinnt. Als aoristisch schon erwiesen 9, 89, 1 unter *ávasishṭa*, ebenso in folgenden Hymnen des 9ten Buches: 18, 1. 66, 28. 87, 4. 89, 3. 97, 2. 106, 9. 109, 16 u. 17. 110, 10. Unklar ist 10, 89, 6.

ákhyam, ákhyas.

ákhyam steht aoristisch 1, 109, 1.

Ich blicke um mich (habe jetzt um mich geblickt, *akhyam*), Unterstützung suchend, nach Verwandten und Gesippten, aber ich habe keinen andern Schutz als euch beide, darum habe ich euch beiden ein Lied gefertigt (*ataksham*).

Man könnte *ákhyam* auch imperfectisch auffassen, doch kann für die aoristische Auffassung die ähnliche Stelle Val. 7, 1 angeführt werden: 'Gross ist die Heldenkraft des Fürsten, ich habe aufgeblickt (blicke auf, *akhyam*), heran kommt deine Gabe, o Dasyavevṛika', wo die Beziehung auf die Gegenwart unverkennbar ist. Zeitlos scheint *ákhyam* 5, 48, 4 gebraucht.

ákhyat ist als aoristisch bereits erwiesen: 10, 189, 2 unter *ákramīm*; 1, 123, 2 unter *ájanishṭa*; 10, 127, 1 unter *ádrikshata*. Aoristisch steht *ákhyat* auch 4, 13, 1:

Erschaut (*akhyat*) hat Agni das Nahen der Morgenröthe, der fröhliche die Freigebigkeit der nahenden; kommt, ihr Açvinen, zum Hause des Frommen, Gott Sûrya kommt (*eti*) herauf mit Glanz.

Ebenso 1, 35, 7 u. 8. 1, 113, 4. 5, 81, 2. 9, 101, 7; wohl auch 4, 2, 18 und 4, 20, 9 (Schilderung der Geburt des durch den Blitz entzündeten Feuers).

Erzählend dagegen steht *ákhyat* 5, 30, 9:

Weiber machte (*cakre*) der Dämon zu seinen Waffen, was können mir seine schwachen Heere thun? Er verbarg (*antár akhyat*) ihm die beiden Milchkühe, da schritt (*ait*) Indra vor, den Dämon zu bekämpfen.

Imperfectisch auch 10, 45, 4.

ákhyata 2 pl. ist aoristisch gebraucht in dem inhaltlich undeutlichen Verse 1, 161, 13: Als ihr geschlafen hattet, fragtet (*apṛichata*)

behält (*sacate*) der Herr di…
(*yajate*) und schenkt (*dádāti*)…

4. Kein staubbedeckter R…
(*yanti*) sie zur Schlachtbank, …
Felde die Kühe des frommen…

5. Die Rinder gelten (*ac*…
Rinder als der Genuss des h…
sind mir Indra. Mit Herz und…

6. Ihr Kühe macht dick…
macht (*kriṇutha*) schön auch…
(*kriṇutha*) das Haus, ihr heilv…
den Versammlungen gepriesen (…

7. Reich an Kälbern, sch…
der Tränke saufend: so mag euch…
verschonen mag euch die Lanze …

Vers 8 ist später angefügt.

Ebenfalls aoristisch erscheint…
3, 55, 8. 6, 44, 8. 10, 14, 9. 10…
unter *ádhukshat*.

ákri ist als aoristisch erwie…
ájaisham.

ákṛithās ist erzählend 5, 30, …
(*akṛithās*) du mich dir, o Indra…
Namuci zerschmettertest.

ákṛita ist als aoristisch erwie…
10, 127, 3 unter *ácikshata*. Ebenso…

Erzählend ist 3, 26, 8; zeitlos…
heerumgebene Männer im Kampfe um…
hat (*ávet*), dann macht (*akṛita*) d…
Freunde, (aber dem anderen) treibt …
weg mit den Kriegern.

ákrata ist bereits als aoristi…
kshat; 10, 155, 5 unter *ánesha*…
…; 9, 21. …
…0, 66,
…: D…
(vgl. 8,
… ic

vor 10, 2, 3: Den Pfad der Götter haben wir (jetzt) ...ma, d. h. wir haben das Opfer begonnen), um darauf ...nnen, so viel wir können, Agni, der weise möge opfern, ...ter, er regle die Opfer und Opferzeiten.

...0. 10. 1, 113, 16. 3, 31, 14. 4, 6, 12 (nicht ganz deutlich).
...20. 7, 12, 1. 8, 19, 32. 8, 39, 6. 8, 63, 4. 8, 81, 3.

bereits als aoristisch erwiesen 6, 28, 1 unter *ákran*. ...hen Stellen, wo es ebenso gebraucht ist, führe ich

...r Wunderthäter uns, den Sängern und Opferern, Männer ausreichenden Reichthum zutheilen. Weil ... Loblied zu Stande brachten (*ávan*), sind die Söhne ...meinsamen Anrufung herangekommen (*agman*).

Hier ist eine Andacht, hier ein Lied, diesen ...n, nehmt gern an. Diese Andachten haben sich ... (*agman*). So schützet uns denn mit neuem

liegt vor: 4, 16, 5. 4, 41, 9. 6, 37, 2. 6, 69, 7. ... 107, 9. 9, 111, 3. 10, 30, 14 u. 16. 10, 61, 13. ...1, 16 gebraucht: Die starken, welche, o sieg... Gnade zu gewinnen suchen, hinstreuend das ...gelangen (*agman*) durch deine Unterstützung zu ...ist diese Auffassung die natürliche.

...h 1, 122, 7 und 5, 44, 14.

... 9, 32, 5 3pl. Die Bedeutung des Tempus ist ...*ita*.

.... 16.

...d des Indra himmlische Scharen, schafft gutes ...o, seid Hüter im Hause.

...u wir (mit diesem Opfer) betreten (*aganmahi*), ...en, unvergänglichen, wodurch man alle Feinde ...ud sich Gut erwirbt (*vindáte*).

als aoristisch erwiesen 4, 34, 1—2 unter *ákāri*; ...*a*. Weiter führe ich an, wie Benfey 1, 80, 16 ...ters im Opfer, das Atharvan, Vater Manus ...so einen (*agmata*) sich in Indra hier Gebet

vor 9, 14, 7. 10, 91, 12.

ihr, o Ribhus: Wer, o Unverhüllbarer, hat uns denn jetzt erweckt (*abûbudhat*)? Der Bock nannte (*abravît*) den Hund Wecker, im Laufe eines Jahres habt ihr heute zum ersten Mal die Augen geöffnet (*vi akhyata*).

ákhyan ist aoristisch 1, 35, 5, imperfectisch 4, 1, 18.

ákhyata 3pl. med. ist aoristisch 9, 61, 7.

ágamam, ágan, áganma u. s. w.

ágamam ist bereits als aoristisch erwiesen 10, 166, 4 unter *ákramîm* und 10, 137, 4 u. *ábhârsham*. Ebenso ist es gebraucht 1, 161, 2.

ágan 2s. ist aoristisch gebraucht 3, 37, 10: Du hast (hier) herrliches Lob gefunden (*agan*), so nimm denn unüberwindliche Kraft an dich. Wir steigern (*tirâmasi*) deinen Muth.

Ebenso wohl auch 10, 29, 4.

ágan 3s. ist als aoristisch bereits erwiesen 7, 20, 9 unter *ákrapishta*; 1, 123, 2 unter *ájanishta* und 4, 35, 2 unter *ákarta*. Ebenso ist es gebraucht 1, 179, 4, in einem Liede, worin eine alt gewordene Frau (Lopâmudrâ, wenn dies Wort Eigenname ist) ihren Gatten anzulocken sucht. Vers 5 und 6 scheinen nicht zu den vier ersten Versen zu gehören.

1. Viele Jahre und viele erschöpfende Tage hindurch habe ich mich Tag und Nacht gemüht. Das Alter mindert (*minâti*) den Reiz des Leibes. Die Gatten sollen bei den Weibern schlafen.

2. Die alten Verehrer der Götter, welche mit den Göttern zusammen das Opfer vollzogen (*ávadan*, d. h. unsere Vorfahren), haben jetzt ausgespannt (*áva asus*), sie haben nicht das Ziel erreicht. Die Gatten sollen bei den Weibern schlafen.

3. Weil die Götter dem helfen (*ávanti*), der sich redlich bemüht, so werden wir beide jedes Hinderniss überwinden, wir werden siegen in dem Kampf der hundert Listen, wenn wir das zusammengehörige Paar zusammenbringen.

4. Nach meinem spröden Gatten hat mich Sehnsucht erfasst (*agan*), die hierher oder dorther oder irgendwoher entstanden ist, Lopâmudrâ verlockt (*nis riṇâti*) ihren Gatten, die thörichte saugt aus (*dhayati*) den weisen schnaufenden.

Derselbe Gebrauch liegt vor: 4, 53, 7. 9, 97, 5. 10, 10, 7. 10, 40, 12, wohl auch 10, 86, 2.

áganma ist als aoristisch bereits erwiesen: 10, 60, 1 unter *ákramîm*; 8, 48, 11 unter *ábhakshi*; 3, 33, 3 unter *áyâsam*. Derselbe Ge-

brauch liegt vor 10, 2, 3: Den Pfad der Götter haben wir (jetzt) betreten (*aganma*, d. h. wir haben das Opfer begonnen), um darauf vorwärts zu kommen, so viel wir können. Agni, der weise möge opfern, er ist der Priester, er regle die Opfer und Opferzeiten.

Ebenso: 1, 50, 10. 1, 113, 16. 3, 31, 14. 4, 5, 12 (nicht ganz deutlich). 6, 16, 38. 6, 47, 20. 7, 12, 1. 8, 19, 32. 8, 30, 8. 8, 63, 4. 8, 81, 3. 9, 67, 29.

ágman ist bereits als aoristisch erwiesen 6, 28, 1 unter *ákran*. Aus den zahlreichen Stellen, wo es ebenso gebraucht ist, führe ich noch an 4, 44, 6:

Jetzt sollt ihr Wunderthäter uns, den Sängern und Opferern, grossen für viele Männer ausreichenden Reichthum zutheilen. Weil die Männer euch ein Loblied zu Stande brachten (*ákran*), sind die Söhne des Ajamîḍha zur gemeinsamen Anrufung herangekommen (*agman*).

Ferner 7, 70, 7: Hier ist eine Andacht, hier ein Lied, diesen Preisgesang, ihr starken, nehmt gern an. Diese Andachten haben sich zu euch hin begeben (*agman*). So schützet uns denn mit neuem Schutze.

Derselbe Gebrauch liegt vor: 4, 16, 5. 4, 41, 9. 6, 37, 2. 6, 69, 7. 9, 64, 17. 9, 66, 12. 9, 107, 9. 9, 111, 3. 10, 30, 14 u. 15. 10, 61, 13. Zeitlos ist *ágman* 2, 11, 16 gebraucht: Die starken, welche, o siegreicher, mit Liedern Gnade zu gewinnen suchen, hinstreuend das gewohnte Barhis, die gelangen (*agman*) durch deine Unterstützung zu Besitz. — Wenigstens ist diese Auffassung die natürliche.

Unerörtert lasse ich 1, 122, 7 und 5, 44, 14.

Vielleicht ist *ágan* 9, 32, 5 3pl. Die Bedeutung des Tempus ist festgestellt unter *dudûshata*.

áganmahi 6, 51, 15. 16.

15. Ihr Maruts seid des Indra himmlische Scharen, schafft gutes Gehn auf unserem Pfade, seid Hüter im Hause.

16. Den Pfad haben wir (mit diesem Opfer) betreten (*aganmahi*), den zum Heile führenden, unvergänglichen, wodurch man alle Feinde überwindet (*vriṇákti*) und sich Gut erwirbt (*vindáte*).

ágmata ist bereits als aoristisch erwiesen 4, 34, 1—2 unter *ákâri*; 7, 73, 4 unter *dtârishma*. Weiter führe ich an, wie Benfey 1, 80, 16 übersetzt: 'Wie vor Alters im Opfer, das Atharvan, Vater Manus bracht' und Dadhiantsch, also einen (*agmata*) sich in Indra hier Gebet und Lied.'

Derselbe Gebrauch liegt vor 9, 14, 7. 10, 91, 12.

ágam, ágas, ágāt u. s. w.

ágam ist aoristisch gebraucht 5, 2, 8, vgl. 10, 32, 6.

ágās ist als aoristisch bereits erwiesen 8, 48, 2 unter *ábhakshi* und 10, 161, 5 unter *áspārsham*. Ebenso ist es gebraucht 3, 21, 4. 10, 22, 5.

ágāt ist als aoristisch bereits erwiesen 10, 159, 1 unter *ájaisham*; 1, 123, 4 und 7, 76, 2 unter *ájanishṭa*; 1, 124, 4 unter *ásāvīt*; 7, 78, 3 unter *áceti*; 10, 107, 1 unter *ámoci*; 10, 53, 1 u. 3 unter *árādhi*. Dieselbe Bedeutung liegt noch in 23 weiteren Stellen vor, die man leicht bei Gr. findet. Unklar sind mir 6, 59, 6 und 10, 99, 5.

ágāma ist aoristisch 10, 18, 3 ('Und wir sind da, bereit zu Tanz und Scherzen' GKR. S. 150).

águs ist aoristisch gebraucht: 3, 8, 9. 3, 42, 3. 3, 56, 2. 7, 95, 3. Zweifelhaft 1, 88, 4. 1, 174, 8. 1, 181, 6.

ágrabham und ágṛibhran sind wahrscheinlich 1, 191, 13 und 5, 2, 4 aoristisch aufzufassen.

ákshan (*ghas*) ist 1, 82, 2 unter *ádhūshata* als aoristisch erwiesen worden. Ebenso ist es gebraucht 10, 15, 12 (Abschluss des Opfers). Unklar bleibt 10, 27, 8.

ácet 10, 102, 2.

1. Deinen Wagen (*mithūkṛitam?*) unterstütze Indra mächtig, in diesem rühmlichen Kampfe hilf uns, o vielgerufener, beim Beutegewinn.

2. Der Wind bauscht ihr Gewand auf (*vahati*), weil sie tausend Wagenlasten erbeutete (*ájayat*). Der Wagenlenker hat sich als Mudgalas Gattin erwiesen (*ábhūt*) im Kampfe, das Indra-Heer hat die Kampfesbeute für sich eingestrichen (*ácet*).

Es ist wohl das natürlichste, anzunehmen, dass dieser Vers dem Triumph nach eben gewonnener Schlacht Ausdruck giebt, obgleich *ajayat* im zweiten Vers sehr auffällig ist.

ácait 6, 44, 7 ist nicht völlig klar.

áchān, áchānta.

áchān bedeutet an den zwei Stellen, wo es erscheint, 'es ist mir jetzt so vorgekommen, es scheint mir.'

6, 28, 5 ist unter *ákran* übersetzt. 10, 34, 1 ist GKR. S. 158 so wiedergegeben:

Die eben noch am luftigen Wipfel schwankten
Benebeln mich, wenn sie im Plane rollen;
Die Nüsse, *dünkt mir*, reizen meine Sinne,
Als wär's ein Trunk vom Saft der Mûǵavantas.

Dagegen *achānta* ist entschieden imperfectisch. Die Stelle, wo es vorliegt, übersetzt Roth Z. D. M. G. 24, 304 so:

'So oft ich euch, Marut, im Schmuck erblickte,
Erfreut ich mich, und freue jetzt an euch mich.'

(áchānta me chadáyāthā ca nūnám).

ájanata 4, 5, 5 ist undeutlich.

ájushran 1, 71, 1 scheint zeitlos.

átakta 10, 28, 4 ist undeutlich.

átakshma

ist bereits unter *ánūshata* 8, 6, 33 als aoristisch gebraucht erwiesen. Imperfectisch ist es gebraucht 4, 35, 5 (s. unter *ákarta*). Ebenso 1, 163, 2: Den von Yama gegebenen Renner spannte (*ayunak*) Trita an, Indra bestieg (*ádhi atishṭhat*) ihn zuerst, Gandharva ergriff (*agṛibhṇāt*) seinen Zügel. Aus der Sonne hattet ihr Vasus das Ross geschaffen (*átashṭa*).

átan, átān, átnata

kommen vor 1, 37, 10. 6, 61, 9. 6, 67, 6. 8, 13, 18 (= 8, 81, 21). Nirgends lässt sich sicher entscheiden, ob die Bedeutung aoristisch oder imperfectisch ist. Wahrscheinlich imperfectisch ist sie 6, 67, 6. Der mehrfach übersetzte Vers 1, 37, 10 scheint mir nicht sicher verstanden zu sein.

átsār 10, 58, 4 ist undeutlich.

ádṛiçran (-ram).

ist bereits als aoristisch erwiesen 7, 76, 2 unter *ájanishṭa*; 7, 67, 2 und 7, 78, 1 u. 3 unter *áceti*. Ebenso ist es gebraucht 5, 3, 11. Ich übersetze 8 — 12.

8. Dich machten unsere Vorfahren beim Aufleuchten dieser Morgenröthe zu ihrem Boten, und verehrten (*ayajanta*) dich mit Opfern. Denn du, o Agni, wandelst (*īyase*) mitten in Reichthümern, ein Gott, entfacht von Menschen und Göttern.

9. Rette meinen Vater, schütze in deiner Weisheit ihn, der für deinen Sohn gilt. Wann wirst du, o Weiser, uns gnädig ansehen, wann wirst du dich zu uns gesellen, der du die Opfer prüfest?

10. Viele Namen giebt (*dadhāti*) dir verehrend mein Vater, ob dir, o Guter, das vielleicht gefällt, damit Agni, erquickt und seiner Götterkraft sich freuend, sein Wohlwollen schenke.

11. Du jugendlicher Agni führe den Beter über alles Unheil hinweg. Diebe haben sich gezeigt (*adṛiçran*), feindselige Menschen, heimliche Tücke lauert (hat sich eingestellt, *abhūvan*).

12. (Abschliessend). Diese Bittgänge haben sich auf dich gerichtet (*tvadṛig abhūvan*). Dem Guten ist unsere Noth geklagt (*avāci*). Dieser Agni soll, an unserem Opfer sich erquickend, uns nicht dem Fluche, nicht dem Feinde überliefern.

Ebenfalls aoristisch steht *ádṛiçran* 7, 75, 6.

ádhāk 2, 15, 4 ist imperfectisch.

ádās, ádāt u. s. w.

ádās ist aoristisch gebraucht 10, 15, 12 (vgl. *ákshan*). *ádāt* ist als aoristisch bereits erwiesen 6, 47, 22 u. 24 unter *ágrabhīshma*. In ganz ähnlicher Weise steht es z. B. 8, 3, 22: Pākasthāman hat mir (als Bezahlung für dies von ihm bestellte Lied) einen rothen schönziehenden feisten Hengst gegeben (*adāt*).

Ebenso 7, 103, 10. 8, 19, 36. Ferner sind einige Verse aus dem Hochzeitslied 10, 85 anzuführen (vgl. Weber, Ind. Stud. 5, 190 ff.). Die Worte werden gesprochen bei der Ergreifung der Hand der Braut durch den Bräutigam.

37. Ich ergreife (*gribhṇāmi*) deine Hand zum Glücke, damit du mit mir, deinem Gatten, zusammen alt werdest. Bhaga, Aryaman, Savitar, Puraṃdhi die Götter haben dich mir gegeben (*adus*), damit du meine Hausfrau seist.

38. Dir, o Agni, führte man zuerst (*ágre*) die Sūryā mit dem Brautgefolge zu (*avahan*): gieb du nun deinerseits das Weib dem Gatten und Nachkommenschaft dazu.

39. (Jetzt) hat sie Agni zurück gegeben (*adāt*) in blühender Lebenskraft, lange lebe ihr Gemahl, hundert Jahre lang.

40. Soma gewann (*vivide*) sie zuerst, Gandharva gewann (*vivide*) sie darauf, dein dritter Gatte wurde Agni, dein vierter ist der menschgeborene.

41. Soma gab (*dadat*) sie dem Gandharva, Gandharva gab (*dadat*) sie dem Agni, und darauf hat Agni mir dieses Weib und damit Söhne und Reichthum verliehen (*adāt*).

Aoristisch ist wohl auch 6, 27, 7. 1, 30, 16 wird *dāt* zu lesen sein.

Ich füge hier die Formen an, in denen das *a* kurz und die Wurzel mit *ā* zusammengesetzt erscheint: *ā́dam* 1, 126, 2 und *ā́dāma* 5, 30, 15

(s. unter *dyrabhishma*) sind aoristisch gebraucht, *ádat* 5, 32, 8 und 10, 99, 9 sind erzählend. 1, 121, 8 und 1, 127, 6 lasse ich unentschieden.

ádhok 4, 19, 7 ist imperfectisch gebraucht.

ádyaut ist als aoristisch gebraucht bereits erwiesen 1, 123, 7 unter *ájanishta* und 1, 124, 2 unter *ásāvīt*. Ebenso muss *ádyaut* an den übrigen Stellen, wo es vorkommt, aufgefasst werden. Hier und da ist diese Auffassung nicht nothwendig, aber doch sehr wohl möglich.

ádhām, ádhāt u. s. w.

ádhām ist aoristisch 10, 145, 6 als Triumphäusserung nach vollendeter Ceremonie, doch ist mir der Vers im übrigen nicht ganz deutlich. Man vgl. Weber Ind. Stud. 5, 222.

ádhāt 4, 34, 1 ist als aoristisch erwiesen unter *ákāri*. Ebenso ist es gebraucht 2, 39, 4 u. 5, wahrscheinlich auch 7, 88, 4 (als Vision nach GKR. 11, gegen meine Chrestomathie). 5, 40, 9 s. unter *ághukshat*. Erzählend ist 1, 164, 33. Zweifelhaft bleibt 6, 66, 3.

ádhus ist 4, 13, 4 aoristisch: Die wogenden Strahlen der Sonne haben die Finsterniss wie ein Fell ins Wasser versenkt (*adhus*, gesprochen beim Sonnenaufgang).

ádhithās ist 4, 17, 6 u. 7 imperfectisch. Bei 6, 31, 1 zweifle ich, ob das Lied aus einem Gusse oder nicht vielmehr zusammengeflickt ist, so dass man den ursprünglichen Sinn des Tempus nicht wohl erkennen kann.

ádhita ist als aoristisch erwiesen 10, 127, 1 unter *ávikshata*. Ebenso ist es gebraucht 1, 144, 5 und 9, 71, 9.

ádhūām ist aoristisch in dem Agniliede 10, 4. Vers 6 lautet: Zwei tollkühne diebische Holzgänger haben ihn mit zehn Stricken bedeckt (*adhūām*, d. h. die Hände haben ihn jetzt aus einem anderen Holzstoss geholt). Hier ist, o Agni, für dich ein neues Lied, bespanne den Wagen, gleichsam mit deinen leuchtenden Gliedern.

ápadran 6, 20, 3
ist erzählend. Man vgl. auch den folgenden Vers.

áprikta 10, 97, 1 aoristisch.

Der Gott, der flammend dahinströmt in eilendem Drange, hat den Göttern seinen Saft mitgetheilt (*aprikta*, beim Beginn des Somaopfers).

ápām, ápās u. s. w.

ápām ist als aoristisch erwiesen 10, 119 unter *ádyāsam*.

ápās ist aoristisch 6, 39, 1: Von dem freundlichen, weisen, himmlischen, priesterlichen, andachtsvollen Methtrank, von dem breitstehen-

den hast du getrunken (*apás*), o Gott, gewähre dem Preisenden vor allem Gaben an Rindern.

Aehnlich 3, 53, 6. Dagegen abweichend ist der Gebrauch von *ápās* 10, 96, 13: Du trankst (*apās*), o Herr der Falben, von den früheren Tränken, so sei auch dieser Guss dir zugeeignet u. s. w.

ápāt ist als aoristisch erwiesen 8, 58, 11 unter *ámatsus*. Ebenso ist es gebraucht 2, 37, 4. 6, 38, 1. 8, 81, 4.

ápāma ist als aoristisch erwiesen 8, 48, 3 unter *ábhakshi*. Wegen *ápus* 1, 164, 7 vgl. Gr. s. v.

áprāṭ 10, 32, 7 lasse ich unerörtert.

ábudhran (-ram).

ist 7, 80, 1 als aoristisch erwiesen unter *ábodhi*. Ebenso 7, 72, 3 ('Schon wachten auf der Ritter Lobgesänge' Gr.) und 10, 35, 1.

ábhakta

ist als aoristisch erwiesen 3, 33, 12 unter *áyāsam*. Zweifelhaft lasse ich 9, 102, 2.

ábhār 10, 20, 10 ist aoristisch gebraucht.

ábhet 1, 33, 13

ist imperfectisch gebraucht. Uebrigens ist *bhet* zu lesen, s. unter *ádhukshat*.

ábhus, ábhūt u. s. w.,

wozu man auch das zweimal vorkommende *ábhuvam* rechnen kann. Unter mehr als 50 Stellen, an denen diese Formen erscheinen, ist nur *eine*, die imperfectischen Gebrauch zeigt, nämlich 1, 33, 10 in einem Relativsatze. Zu den übrigen bemerke ich: der aoristische Gebrauch ist bereits erwiesen: unter *ájanishṭa*, *ájaisham*, *ádhukshat*, *ádhārshata*, *ábhakshi*, *ábhutsmahi*, *áyāsam*, *ákāri*, *ádarçi*, *ádhāyi*, *ámoci*, *ácet*. Besonders hervorzuheben ist noch 8, 21, 7: 'Nicht sind wir eben erst als Neulinge deiner Hülfe genaht (*abhūma*), wir kennen seit lange deinen Reichthum.' — 6, 44, 10 ist zu übersetzen: 'dir haben wir uns hiermit zu eigen gegeben,' vgl. 2, 11, 12. Eine etwas abweichende Gebrauchsweise liegt vor 2, 30, 10 jyóg abhūvan ánudhūpitāsaḥ, 'schon zu lange haben sie sich aufgeblasen gezeigt,' ein Gebrauch, zu dem unter *áçayishṭhās* eine treffende Parallele verzeichnet ist. — Zweifelhaft lasse ich 6, 15, 13 und 10, 86, 23.

ámatta 2, 37, 4 ist aoristisch.

ámata von *man* 10, 68, 7 ist imperfectisch.

ámyak 1, 169, 3 ist aoristisch gebraucht.

áyās und **áyashṭa** (*yaj*)

sind als aoristisch erwiesen 3, 29, 16 unter *áçamishṭhās* und 6, 47, 25 unter *ágrabhīshma*.

áyān (*yam*)

ist als aoristisch erwiesen 6, 71, 5 unter *áyāṅsam*. Ebenso 2, 38, 3. 4, 53, 1. 10, 139, 1.

áyuji, **áyukta** u. s. w.

ayuji 5, 46, 1 steht aoristisch:

Wie ein kluges Pferd schirre ich mich (habe ich mich jetzt geschirrt, *ayuji*) selbst an die Deichsel, ich ziehe dich vorwärts, eilende, nach Hilfe strebende. Nicht wünsche ich Losspannung von dir nach der Einkehr. Ein des Weges kundiger Führer soll mich richtig leiten. (Bildlich von den Andächtigen).

áyukta 1, 48, 7 ist aoristisch: 'Sie hat sich aufgemacht (*ayukta*) aus der Ferne, vom Aufgang der Sonne her, mit hundert-Wagen verbreitet (*vi yāti*) sich die reiche Ushas über die Menschen hin.'

Ebenso 1, 50, 9. 7, 60, 3. 9, 63, 8 u. 9.

áyujmahi ebenfalls aoristisch 6, 53, 1; *áyugdhvam* ebenso 1, 39, 6. Ebenso *áyujran* 3, 41, 2.

1. Komm, Indra, her zu mir, gerufen zum Somatrank, mit den Haris komm, o Keilträger.

2. Niedergelassen hat Agni sich (*sattás*) als regelrechter Priester, gestreut ist (*tistire*) das Barhis ununterbrochen, früh sind die Steine in Bewegung gesetzt (*ayujran*).

áraik ist aoristisch gebraucht: 1, 113, 1. 2. 16. 1, 124, 8 (s. unter *ásāvīt*). Zweifelhaft bleibt 3, 31, 2.

ávar (2s. und 3s.), **ávran**, **ávṛita**.

ávar als 2s. ist aoristisch 4, 52, 6 (s. unter *ábhutsmahi*), ebenso 8, 9, 6. 1, 11, 5 s. unter *ávishus*. Aoristisch stehen auch *ávar* (3s.), *ávran* und *ávṛita* an sämmtlichen Stellen. Vgl. unter *áyukshātām*. Verdorben scheint 5, 77, 2.

ávri (*var* wählen) steht aoristisch 4, 55, 5.

ávṛijan, **ávṛikta**. *ávṛijan* 10, 48, 3 steht imperfectisch, *ávṛikta* 8, 90, 16 scheint aoristisch.

ávart, **ávṛitran**.

ávart ist aoristisch 7, 59, 4 ('aufs neue hat sich eure Gunst uns zugewendet'). Ebenso 10, 124, 4. *ávṛitran* ebenso 8, 81, 14.

ávāḥ (*vah*) 10, 15, 12. ist aoristisch gebraucht.

áviçran 8, 27, 12 ist aoristisch gebraucht.

áçres, áçret

sind stets aoristisch gebraucht. *áçres* 3, 33, 2 ist zu übersetzen 'du hast bei uns den Halfter der Falben befestigt.' Wegen *áçret* genügt es zu verweisen auf: *ájanishta, áyukshata, ásāvīt, ábodhi, ároci, ásādi.*

áçravam, áçrot.

Bei *açravam* 1, 109, 2 ist wohl die imperfectische Auffassung natürlich (vgl. auch unter *ákhyam*), ebenso 10, 86, 11. *áçrot* 7, 33, 5 ist imperfectisch, dagegen aoristisch 1, 39, 6.

áçvait, áçvitan.

áçvait ist als aoristisch erwiesen 1, 92, 12 unter *áyukshata;* 1, 124, 11 unter *ásāvīt;* 7, 77, 2 unter *ádarçi.* Ebenso 1, 113, 15. 7, 77, 2. *áçvitan* 10, 78, 7 ist zweifelhaft.

ásakta 1, 33, 3 s. unter *ádhukshat.*

ásṛk, ásṛgran (-ram)

stets aoristisch gebraucht an etwa zwanzig Stellen; vgl. auch u. *ásṛkshi.*

ástar ist erzählend 2, 11, 20. 10, 111, 6.

ástaut

ist imperfectisch 10, 67, 3 (*agāyat* steht parallel). Ebenso wohl auch 10, 105, 6.

ásthās, ásthāt, ásthus, ásthithās u. s. w.

Ich zähle 68 Stellen, von denen unklar bleiben 1, 164, 17. 3, 29, 3. 10, 123, 4. Imperfectisch ist sicher 4, 18, 5; wahrscheinlich 1, 80, 8 und 10, 123, 4 (erzählend in Nebensätzen 1, 94, 11. 10, 113, 3); in allen anderen Stellen liegt der aoristische Gebrauch vor. Vgl. unter *ájanishta, ádṛkshata, ábhakshi, áyāṅsam, ákāri, áceti, ádarçi, ábodhi, ávāci.*

áspar 5, 15, 5. Der Vers ist mir nicht klar.

áspṛdhran

7, 56, 3 scheint zeitlos. 6, 66, 11 ist unklar.

ásyān

9, 89, 1 ist aoristisch gebraucht, siehe unter *ávasishta.*

áhema, áhyan.

áhema ist als aoristisch erwiesen 7, 73, 3 unter *átārishma* und 2, 19, 7 unter *ápāyi*. Imperfectisch dagegen steht es 10, 88, 5.

áhyan ist als aoristisch erwiesen 9, 26, 3 u. 4 unter *ámṛikshāma*. Ebenso 6, 40, 2.

áhvat, áhve, áhūmahi.

áhūmahi ist aoristisch. *áhvat* erzählend ausser 8, 6, 9. *áhve* aoristisch an neun Stellen, erzählend 3, 56, 4 (*áhvanta* gehört nicht hierher); vgl. unter *ádhukshat, ánāshata, áyāsam*.

Ich lasse nun zur Vergleichung einige aus der einfachen Wurzel gebildete Augmenttempora folgen, welche ihrer Stellung im Systeme des Verbums nach als Imperfecta zu bezeichnen sind.

ásam, ásīs, ás u. s. w. (*ásti*) ist stets imperfectisch gebraucht.

ásata (*áste*) 10, 95, 7 ist imperfectisch gebraucht.

áyam, áis, áit (*éti*).

An allen (zahlreichen) Stellen finde ich imperfectischen Gebrauch, ausser 1, 125, 3 und 10, 61, 4 u. 6.

áiṭṭa 3, 48, 3 erzählend.

áçashṭa

scheint mir an den drei Stellen, wo es vorkommt (2, 15, 7. 3, 54, 6. 4, 18, 3, wozu man GKR. 64 vergleiche) imperfectisch gebraucht zu sein.

ábravam, ábravīt u. s. w.

ábravam ist aoristisch gebraucht 6, 55, 5: Den Freier der Mutter (Pūshan) habe ich (jetzt) angeredet. Der Schwester Buhle höre uns, der Bruder Indras, mir ein Freund. — Ebenso 8, 3, 24 und 8, 24, 14.

ábravīt dagegen ist an den meisten Stellen (1, 161, 5. 9. 12. 4, 18, 11. 8, 33, 17. 8, 66, 2. 8, 80, 1) imperfectisch gebraucht. Andere Stellen (1, 145, 5. 1, 161, 13. 1, 191, 16. 8, 45, 37. 10, 9, 6 (= 1, 23, 20) lassen keine sichere Entscheidung zu.

ábravīta und *ábravītana* sind imperfectisch gebraucht, ebenso, wie es scheint, *ábruvan*.

áyās, áyāt u. s. w. (*yā*)

nur imperfectisch. 9, 82, 5: Wie du unseren Vorfahren zu Liebe hundert- und tausendfaches Gut gewährend unerschöpflich zum Ziele flossest (*áyās*), o Indu, so ströme jetzt flammend zu neuer Gnade, deinem Befehl folgen die Wasser.

1, 116, 18. 19. 20 ist *áyātam* gebraucht in der Erzählung von den Heldenthaten der Açvins; 5, 32, 8 in der Erzählung von Indra und Kutsa; *áyātana* steht 1, 161, 7 in der Erzählung von den Thaten der Ṛibhus. *ayāma* 5, 45, 5 gehört nicht hierher, sondern ist Conj. zu *i* (ein Sänger redet seine Genossen an).

áçāsam, áçāsata.

áçāsam 10, 95, 11 ist imperfectisch gebraucht (Ich, die es wusste, belehrte dich (*açāsam*) an jenem Tage, aber du hörtest (*açriṇos*) nicht). Zweifelhaft ist mir *áçāsata* 9, 102, 4.

ásūta

ist imperfectisch gebraucht 1, 168, 9. 3, 38, 5. 5, 6, 8, vielleicht auch 3, 39, 3.

áhanam, áhan, áhatam.

Ich zähle an 36 Stellen imperfectischen Gebrauch.

V.

Der Aorist aus der Wurzel mit -a.

Die grosse Masse der Augmentformen, welche aus der Wurzel mit -*a* gebildet sind, z. B. *á-vah-a-t* (welche sich in meinem altind. Verb. S. 137 ff. aufgeführt finden), sind Imperfecte, die weit geringere Zahl Aoriste. Diese sind im Folgenden aufgezählt, von der Vorführung der ungemein zahlreichen Imperfecta aber ist Abstand genommen.

átanat (*tanóti*) ist Aorist 8, 5, 1.

Da die rothe Ushas aus der Ferne kommend hier erschienen ist (*áçiçvitat*), hat sie jetzt ihren Glanz überallhin gebreitet (*atanat*). —

6, 61, 18 ist mir unklar. Damit vergleiche man *átanot* in der folgenden Erzählung von Indras Heldenthaten 2, 17, 4.

Da erfüllte (*atanot*) der reisige die beiden Welten mit Licht, und rollte die trübe Finsterniss (*avyayat*) wie eine Decke zusammen.

Ebenso steht *átanot* 10, 111, 4.

ásadam u. s. w. (*sídati*, aber auch *súdati*) ist Aorist.

Man vergleiche 9, 89, 1.

Vorwärts geströmt ist (*asyān*) der schnelle auf seinem Pfade, wie der Regen des Himmels ist der helle Soma erflossen (*akshār*), der tausendfach strömende hat sich bei uns niedergelassen, auf dem Schooss der Mutter und in der Kufe.

Ganz analog 9, 1, 2. Aoristisch sind ferner 10, 189, 1 (s. unter *ákramīt*). 1, 191, 4.

Einige Stellen, in denen *ásadas* erscheint, sind hier nicht berücksichtigt, weil wohl besser *sadas* zu lesen ist. Bei 6, 57, 2 könnte man zweifeln, ob zeitloser oder aoristischer Gebrauch vorliegt.

Damit vergleiche man nun den erzählenden Sinn von *ásīdat* 6, 1, 1—2:

1. Du, o Agni, warst (*abhavas*) der erste Weise und der erste Priester dieses Opfers; du, o Starker, schufest (*akṛiṇos*) unüberwindliche Kraft jedem Tapferen zum Siege (?).

2. Du liessest dich nieder (*asīdas*) als verehrungswürdiger Priester an der Stätte der Labung, dich haben zuerst fromme Männer nach Reichthum ausschauend aufgesucht.

Der erzählende Charakter dieser Verse folgt schon aus dem Gebrauch von *práthama*.

1, 143, 1—2.

1. Ein kräftiges neues Lied, ein andächtiges Gebet bringe ich dar (*bhare*) dem Agni, dem Sohne der Kraft, ihm, der als Sohn der Wasser, mit allen Gütern versehen sich als geliebter Priester auf der Erde niederliess (*ásīdat*).

2. Er, geboren am höchsten Himmel, wurde (*abhavat*) dem Mātariçvan offenbar u. s. w.

8, 42, 1.

Der göttliche allwissende stützte den Himmel auf (*astabhnāt*), er mass (*amimīta*) die Breite der Erde aus, er setzte sich (*asīdat*) als Herrscher über alle Wesen. Alles das sind die Herrscherthaten des Varuṇa.

ásanam u. s. w. (*sanóti*).

ásanam und *ásanāma* wird stets von den bezahlten Liederdichtern gebraucht, und bedeutet dann 'ich (oder wir) habe für das hier vorliegende Gedicht erhalten', es bezeichnet also eine Handlung, die als soeben eingetreten gedacht wird. Solche Stellen sind 8, 25, 22 und 24. 8, 46, 22 und 29. 8, 47, 18 (s. unter *ájaishma*). Nicht deutlich genug ist 1, 120, 9.

Aoristisch wohl auch *ásanat* 5, 30, 14 (s. unter *ágrabhīshma*). In 8, 28, 1 ist vielleicht *sanan* zu lesen.

Mit diesem aoristischen Gebrauch von *ásana-* vgl. man nun

ásanot 3, 34, 10.

Indra schuf (*asanot*) die Pflanzen und die Tage, er schuf (*asanot*) die Bäume und die Luft. Er öffnete (*bibheda*) den Fels u. s. w.

Erzählend auch Vâl. 1, 10 und 7, 18, 1.

ásaram u. s. w. (*sisarti*).

Ich finde überall ausser 2, 24, 14 aoristischen Gebrauch. Als Beispiele führe ich an

10, 108, 3.

Wer ist denn der Indra, o Saramâ, und wie sieht er aus, als dessen Botin du aus der Ferne jetzt hierhergekommen bist (*ásarus*)?

4, 38, 9.

Die Menschen bewundern seinen, des völkerbeherrschenden, Eifer, die Uebermacht des schnellen. Die in der Schlacht weichenden (?) sagen (*âhus*) von ihm: Fernhin ist Dadhikra mit Tausenden gegangen (*ásarat*). —

Der Sinn ist zwar nicht recht deutlich, wohl aber der aoristische Gebrauch von *ásarat*, und die Redewendung, die an den Brâhmaṇa-Stil erinnert. Dass aber *ásarat* auch erzählend sein kann, beweist 2, 24, 14, wo der Sinn der Stelle zwar auch nicht ganz klar, aber doch die historische Anwendung von *ásarat* ausser Zweifel ist.

ávidam u. s. w. (*vindáti*, aber auch *ridáti*)
wird fast durchaus aoristisch gebraucht. Als Belege führe ich an:

5, 83, 10. Schlussvers.

Du hast regnen lassen (*ávarshîs*), halte jetzt ein, du hast die Wüsten gangbar gemacht (*akar*), du hast Gras zur Nahrung aufsprossen lassen (*ajîjanas*), du hast den Geschöpfen ihren Wunsch erfüllt (*avidas*).

6, 63, 1.

Welches Loblied hat heute die beiden lieblichen viel angerufenen wie ein Bote eingeholt (*avidat*)? —

Man vergleiche noch 1, 92, 2. 7, 89, 4. 8, 48, 3. 10, 53, 3. 10, 79, 3. 10, 94, 3. Dagegen imperfectisch ist *ávidat* gebraucht

8, 80, 1.

Ein Mädchen zum Flusse herabgehend fand (*avidat*) den Soma auf dem Wege. Ihn nach Hause tragend sprach sie (*abravît*): Dem Indra will ich dich opfern, dem starken will ich dich opfern.

Ebenso 10, 5, 5. *ávindam* u. s. w. ist stets imperfectisch gebraucht.

ájushat (*jóshati, jújoshati*) ist Aorist

2, 37, 4.

Jetzt hat er getrunken (*apât*) aus dem Gefäss des Hotar, auch aus dem Gefäss des Potar hat er sich berauscht (*amatta*), aus dem

Gefäss des Neshṭar hat er gern die bereite Labung zu sich genommen (*ajushata*), das vierte Gefäss soll er austrinken u. s. w.

Ebenso 9, 92, 1.

Dagegen Imperfectum ist es 4, 33, 9: Ihr (der Ṛibhus) Werk nahmen die Götter gern an (*ajushanta*), es erwägend mit weisem Sinn. Vâja war (*abhavat*) der Künstler der Götter, Ṛibhukshâ des Indra, Vibhvan des Varuṇa.

Die zwei übrigen Stellen, an denen *ájusha-* erscheint, beweisen nichts.

áruhat (*rohati*)

ist in der grossen Mehrzahl der Fälle Aorist. Ich führe an

6, 71, 5.

Wie einer der dem andern zuruft hat er die goldenen schöngestalteten Arme erhoben (*ayān*). Die Höhen des Himmels und der Erde hat er erstiegen (*aruhat*), alles fliegende Gespenst hat er zur Ruhe gebracht (*arīramat*). —

Vgl. unter *áyāṅsam*.

9, 89, 2.

1. Vgl. unter *ásadat*.

2. Der König der Ströme hat sein Gewand angethan (*avasishṭa*), des Opfers schnellstes Schiff hat er bestiegen (*aruhat*) u. s. w. (gesagt von der eben vor sich gehenden heiligen Handlung).

Dagegen imperfectisch ist *aruhat* 8, 41, 8: Er trat mit seinem Fusse die Blendwerke nieder (*astriṇāt*), er erstieg (*aruhat*) den Himmel. — Ebenso 1, 110, 6.

áçucat (*çócati*) ist Aorist.

7, 9, 4.

1. Erwacht ist (*abodhi*) der Freier aus dem Schoosse der Morgenröthen, der freundliche Priester, der weiseste, flammende. Licht giebt er beiden Geschlechtern, Opfer den Göttern, Lohn den Frommen.

2. Er ist der Weise, der die Pforten der Paṇis geöffnet hat, rein erscheinen lassend seine nährende Flamme; der freundliche Priester, der Gast der Stämme hat sich gezeigt (*dadṛiçe*) durch das Dunkel der Nächte.

3. Der weise Seher, der schrankenlose, leuchtende, der freundliche Genoss, unser gütiger Gast, der buntfarbige erglänzt (*bhāti*) in der Frühe, der Spross der Wasser hat das Opfergras betreten (*viveça*).

4. Der liebliche ist zu preisen bei den Stämmen der Menschen, zum Opfer schreitend ist Jâtavedas aufgeflammt (*áçucat*). Ihn, den entfachten, der mit herrlichem Glanze leuchtet (*bhâti*), haben die Milchtränke erweckt (lustiger aufflammen lassen, *budhanta*).

5. Agni, geh auf Botschaft, lass es nicht an dir fehlen u. s. w.

Damit vergleiche man das Imperfectum *áçocat* 3, 29, 14.

Diesen durch die Stellung im Verbalsystem gekennzeichneten Formen müssen noch einige hinzugefügt werden, welche gewöhnlich oder bisweilen aoristischen Sinn haben, obwohl sie *nur* ein Präsens aus der Wurzel mit -*a* neben sich haben. Es sind die folgenden:

áksharat (*ksharati*)

ist als aoristisch bereits erwiesen 9, 17, 2 unter *duûshata* und 9, 21, 3 u. *ásâvit*. Es kommt auch imperfectisch vor, z. B. 1, 33, 11.

átakshat (*tákshati*)

ist entschieden aoristisch in den Schlussversen 1, 62, 13. 2, 31, 7. 10, 39, 14. (*átaksham* 5, 2, 11 und 5, 29, 14 kann eine Bildung aus der einfachen Wurzel sein.) Es kommt auch imperfectisch vor, z. B. 3, 60, 2.

átrasan (*trásati*)

ist als aoristisch erwiesen 8, 48, 11 unter *ábhakshi*. Dagegen ist es 10, 95, 8 erzählend.

ásvarat (*svárati*)

ist als aoristisch erwiesen 1, 45, 5 unter *ákramîm* und 9, 73 unter *ahâsata*, ebenso in der Majorität der übrigen Stellen.

Man kann entweder annehmen, dass neben diesen Formen einst andere Präsentia vorhanden waren, oder kann in ihnen eine Antiquität sehen, auf deren Erklärung ich hier verzichte (vgl. auch S. 81).

Zusammenfassender Ueberblick über den Gebrauch des Aorists.

Ich mache nun zusammenfassend einige der hauptsächlichsten Situationen namhaft, in denen der Aorist erscheint.

Beim Anbruch des Morgens sagt man im Aorist: 'Wir haben jetzt das Ende der Finsterniss erreicht, die leuchtende Ushas ist erschienen,

sie hat die Welt erhellt u. s. w. Mit unseren Liedern haben wir sie aufgeweckt. Savitar hat nun alle Wesen angetrieben, sich zu regen.' Bei Beginn des Opfers sagt man: 'Wir haben hiermit unsere Stimme erhoben, die Götter zu preisen' (wobei unserem deutschen Sprachgefühl nach das Präsens näher zu liegen scheint, welches wohl auch im Altindischen in solchen Sätzen häufiger auftritt als der Aorist). Ist dann das Feuer entzündet, so sagt man: 'Jetzt ist Agni geboren, er hat sich niedergesetzt als Priester' u. s. w. Ist die Pressung der Somastengel vollzogen, so heisst es: 'Jetzt hat der Soma die Seihe betreten, jetzt ist er in das Gefäss geströmt.' Nach Vollendung des Opfers sagt der Sänger: 'Jetzt hat Indra getrunken, alle Götter haben sich erquickt.' Ist das Lied beendet, so heisst es im letzten Verse: 'So haben wir denn hiermit den Göttern gedient, wir haben ein Lied gesungen und von den Opferherren Lohn erhalten.' (Ich zähle in solchen Schlussversen etwa 70 Aoriste und 6 Perfecte. Die ganz vereinzelten Stellen, in denen ein Imperfectum erscheint, werden unter diesem Tempus zur Besprechung kommen.) Der Arzt oder Beschwörer sagt bei der Darreichung des Heilmittels oder der Vollziehung der Ceremonie: 'Hiermit habe ich dir Gesundheit gebracht' (wobei wir vielleicht wieder das Präsens vorziehen würden). Ein Weib sagt beim Liebeszauber: 'Hiermit habe ich mir meinen Gatten erobert'. Nach Genuss des Getränkes sagt der Begeisterte: 'Jetzt habe ich von dem herrlichen Soma genossen'. Der triumphirende Fürst ruft aus: 'Jetzt habe ich meine Feinde besiegt' u. s. w. u. s. w. Die Stellen, in denen ein Aorist neben *jyók* 'lange' steht, (s. unter *áyayishthas* und *ábhûvam*) widersprechen dieser Auffassung des Aoristes nicht. Denn es handelt sich in ihnen darum, dass dem Redenden die lange Dauer eines Zustandes im Moment zum Bewusstsein kommt.

Es folgt aus dieser Uebersicht, dass der Aorist *das soeben Geschehene* bezeichnet.

Als bestätigende Beobachtung füge ich noch hinzu, dass bei *adyá* 'heute' 12mal der Aorist erscheint, 6mal das Perfectum (die in der Gegenwart vollendete Handlung bezeichnend), und nur 2mal das Imperfectum, was bei diesem Tempus erörtert werden soll.

Etwas ähnliches ist in Bezug auf *nú* S. 6 mitgetheilt, und in Bezug auf *u* schreibt mir Grassmann: 'Ich habe namentlich die Stellen, wo *u* in dem Sinne unseres 'schon' mit einem Tempus der Vergangenheit verbunden vorkommt, und die im WB. unter *u* 8 aufgeführt sind, verglichen. Hier erscheint bei weitem überwiegend der Aorist, nie das Imperfect, selten das Perfect. An den zwei Stellen (235, 3 *avindan u*,

265, 7 *agachat u*) wo ein Imperfect dem *u* unmittelbar vorhergeht, ist *u* in dem anreihenden Sinne gebraucht.' Es lassen sich noch einige derartige Beobachtungen anstellen, die das Gesagte bestätigen.

Somit kann als festgestellt angesehen werden, dass der Aorist in der überwiegenden Mehrzahl der Fälle das eben Geschehene bezeichnet. Es liegt zwischen der Gegenwart und der durch den Aorist bezeichneten Handlung nur ein kurzer Zwischenraum. Natürlich kann man nicht darauf ausgehen wollen für die Grösse dieses Zwischenraumes einen objectiven Massstab (etwa einen Tag oder ähnl.) festzusetzen, vielmehr handelt es sich nur um das, was nach der subjectiven Meinung des Redenden als eben eingetreten anzusehen ist.

Nicht selten ist (worauf gelegentlich aufmerksam gemacht worden ist) der Zeitunterschied so gering, dass wir das Präsens vorziehen würden. Z. B. übersetzen wir *ástoshi* im ersten Verse eines Liedes mit dem Präsens 'ich lobe', während es genau genommen heisst: 'indem ich zu sprechen beginne, habe ich auch schon ein Lob ausgesprochen' (vgl. *ἐγέλασα* und ähnl.).

Wie nun mit dieser Anwendung des Aorists sich der seltenere historische Gebrauch und der noch seltenere zeitlose vermitteln lassen, darüber will ich mir an dieser Stelle noch kein Urtheil gestatten. Man hüte sich jedenfalls, den Gebrauch des iranischen und griechischen Aorists bei der Feststellung der Grundbedeutung des Aorists ausser Augen zu lassen.

Zum Schluss mache ich noch auf die Thatsache aufmerksam, dass sich ein Gebrauchsunterschied zwischen den verschiedenen Aoristarten (abgesehen von dem Verhältniss der Häufigkeit im Auftreten der historischen Bedeutung) nicht ermitteln lässt, dass also sämmtliche Aoriste schon in dem ältesten Sanskrit als eine syntaktische Einheit empfunden werden.

Das Präsens und das Imperfectum.

I.

Das Präsens.

Hinsichtlich des Präsens bemerke ich nur, dass es, wie in den übrigen indogermanischen Sprachen, gebraucht wird, um eine an keine Zeit gebundene oder eine in der Gegenwart vor sich gehende Handlung zu bezeichnen, und dass auch das praesens historicum im Veda vorkommt. Für diesen letzteren Gebrauch bringe ich einige Belege bei.

In dem auch unter dem Perfectum übersetzten Hymnus 1, 32 erscheint viermal das Präsens bei lebhafter Schilderung, nämlich *çayate* V. 5, *yanti* 8, *çaye* 9, *caranti* 10. Aehnlich 2, 17, 3. Die ersten drei Verse dieses Hymnus lauten in Grassmanns Uebersetzung:

1. Dies neue Lied singt ihm nach Añgirasen Art,
Dass seine Kraft sich rege wie in alter Zeit,
Als er mit Macht der Kühe Ställe all erschloss (*aírayat*)
Die rings umhegten festen in des Soma Rausch.

2. Er zeige sich als der, der schon zum ersten Trunk
Sich stark erweisend seine Grösse steigerte (*átirat*),
Der Held, umpanzernd in den Schlachten seinen Leib,
Kraft seiner Grösse setzt (*amuñcata*) den Himmel sich aufs Haupt.

3. Da thatest (*akṛiṇos*) du die erste grosse Heldenthat,
Als im Beginn begeistert du den Muth erhobst (*aírayas*),
Da strömen (*sisrate*) vor die Fluthen alle hier und dort,
Durch ihn bewegt, der wagenstehend Rosse lenkt.

Es ist offenbar, dass *sisrate* sich unmittelbar an *akṛiṇos* anschliesst, also auf die Vergangenheit zu beziehen ist.

4, 30, 10—11 (GKR. 73)

10. Erschrocken sprang (*sarat*) die Ushas da
Von dem zerschmissnen Wagen fort,
Als ihn der starke niederstiess (*çiçnáthat*).

11. Zerschlagen liegt (*çaye*) ihr Wagen da
Aus Rand und Band und ohne Strang;
Sie selbst entfloh in weite Fern.

Bisweilen (z. B. 1, 61, 10 u. 11 und 5, 29, 6) erscheint ein Präsens im Nachsatz zu einem erzählenden Vordersatz mit *yád*. Die Erörterung solcher Perioden möchte ich an dieser Stelle nicht vornehmen. Nicht selten (z. B. bei den Liedern an die Açvinen) kann man zweifeln, ob durch das Präsens die Gegenwart oder die Vergangenheit ausgedrückt werden soll.[1]

Immerhin wird man schon aus den wenigen hier angeführten Stellen schliessen können, dass das Präsens dazu dienen kann, um in einer begonnenen Erzählung einen neuen Zug lebhaft dem Vorhergehenden anzureihen. Ueber das Präsens mit *sma* wird bei der Darstellung des Sprachgebrauchs der Brāhmaṇa zu handeln sein.

II.

Das Imperfectum.

Dass das Imperfectum einen von dem Aorist durchaus verschiedenen Sinn hat, ist schon aus den bisher behandelten Stellen zu ersehen. Man vergleiche z. B. die Imperfecte unter *ájanishṭa*, *ájaisham*, *ánūshatam*, *áyasam*, *árājishus* u. s. w. Auch in den Abschnitten, die von dem Aorist aus der einfachen Wurzel und der Wurzel mit -*a* handelten, sind schon eine Reihe von Imperfectis beigebracht. Es scheint mir nun, um die Bedeutung des Imperfectums klar zu machen, nicht nöthig, die ganze Masse der Stellen auszulegen, an denen Imperfecte vorkommen, vielmehr begnüge ich mich, diejenigen Imperfecte zu mustern, welche aus der reduplicirten Wurzel gebildet sind. Weitere Belege wird das Perfectum hinzufügen.

Aus diesem Material ergiebt sich folgende Beobachtung: *Das Imperfectum erzählt etwas Vergangenes.* Eine Abgränzung gegen das Bedeutungsgebiet des Perfectums wird bei der Darstellung des Perfectums erfolgen.

Es folgen nun die Belege:

ájigāt erzählend s. unter *ádhukshat*.

ádadām, **ádadās** u. s. w.

ádadām: Der Sänger, Indra vertretend, spricht 4, 26, 1—3.

1) 1, 85, 9 ist vielleicht die Auffassung des Padapāṭha falsch.

1. Ich war (einst, *abhavam*) Manus und die Sonne, ich bin (jetzt, *asmi*) Kakshîvân, der weise Seher, ich mache mir Kutsa, den Spross des Arjuna, unterthänig (*riñje*), ich bin der Sänger Uçanâ, schaut mich an.

2. Ich verlieh (*adadâm*) dem Arier das Land, verlieh Regen dem opfernden Menschen, ich befreite (*anayam*) die rauschenden Wasser, meiner Weisung folgten (*âyan*) die Götter.

3. Ich brach (*airam*) im Rausche die Burgen, alle neunundneunzig des Çambara, und dazu als hundertste das ganze Gebiet, als ich dem Divodâsa Atithigva half (*âvam*).

ádadâs: Als eine von Indras Wunderthaten wird gepriesen 1, 51, 13: 'Du gabst (*adadâs*) dem alten frommen Sänger Kakshîvân die junge Vṛcayâ'.

ádadât: 6, 61 wird Sarasvatî angefleht und in den ersten Versen werden die früheren Beweise ihrer Göttermacht so geschildert:

1. Sie verlieh (*adadât*) den eifrigen schuldtilgenden Divodâsa dem frommen Vadhryaçva als Sohn, welche jeden unfrommen (von jeher) als ihre Speise verzehrt hat (*cakhâda*). Diese deine Gaben sind mächtig, o Sarasvatî.

2. Sie durchwühlte (*arujat*, nämlich bei ihrem ersten Hervorquellen) mit gewaltigem Wasserschwall machtvoll den Rücken der Berge, wie ein Wurzelgräber. Die aus der Ferne treffende (?) Sarasvatî möchten wir mit Lied und Gebet heranlocken.

3. Sarasvatî, schlag zu Boden die Götterhasser, die Brut jedes listigen Zauberers, den Menschen zu Liebe fandest du (*avindas*) dein Bette, Nass führtest du ihnen zu (*asravas*), o reiche. —

Erzählend steht *ádadât* auch 5, 30, 11.

ádattam steht erzählend von Heldenthaten der Açvinen 1, 116, 13. 1, 117, 7 (parallel mit *dadathus*) u. 8, ebenso 1, 118, 9.

ádadus steht erzählend 5, 29.

1. Gestärkt durch den Gottesdienst des Menschen schuf Aryaman, schufen sie (*dhârayanta*, vgl. 2, 27, 9) drei strahlende Lichthimmel. Dich preisen die reingesinnten Maruts, du bist ihr weiser Seher, o Indra.

2. Als die Marutas den rauschbegeisterten besangen (*ârcan*), den Indra, der den Trank getrunken hatte, als er die Blitzwaffe ergriff (*âdatta*) und den Drachen erschlug (*hán*), da liess er entströmen (*asṛjat*) die regen Wasser.

3. Ihr priesterlichen Maruts, Indra möge trinken von diesem meinem wohlgekelterten Soma, dies Opfer fand (im Anfang, *avindat*)

dem Menschen die Heerden, von ihm berauscht schlug (*ahan*) Indra den Drachen.

4. Da stemmte er Himmel und Erde weit auseinander (*skabhāyat*), selbst verhüllt setzte er (*kar*) das Ungethüm in Furcht, den Verschlinger verschlingend schlug (*han*) Indra den Dānava, der ihm entgegenschnob.

5. Da gewährten (*adadus*) dir, o Herr, alle Götter bereitwillig den Somatrank, als du die eilenden Rosse der Sonne, welche vorn waren, hinter Etaça brachtest (*kár*).

6. Weil der Herr die neun und neunzig Ringe mit dem Donnerkeil zerschmetterte (*vivṛiçcát*), so preisen die Marutas den Indra auf der Wahlstatt, mit dem Trishṭubh-Lied erstürmte er (*bādhata?*) den Himmel.

7. Der Freund Agni briet (*apacat*) für den Freund schnellbereit dreihundert Büffel, drei Kufen von Manu dargebracht trank (*pibat*) Indra zugleich, den Soma zur Vṛitraschlacht.

8. Als du das Fleisch von dreihundert Büffeln gegessen hattest (*ághas*) und drei Somakufen ausgetrunken (*ápās*), da riefen Heil (*ahranta*) alle Götter, einen Schlachtgesang dem Indra, weil er Ahi erschlagen hatte (*jaghāna*).

9. Als ihr beide (Kutsa und du) eifrig mit Kriegern herankamt (*áyātam*), zum Hause mit eilenden Rossen, da stiegst du (*yayātha*) kampfbereit mit Kutsa auf einen Wagen, mit den Göttern besiegtest (*ávanos*) du den Çushṇa.

10. Das eine Rad der Sonne rolltest du (*avṛihas*) vorwärts, das andere schuf (*kar*) dem Kutsa Raum zum Gehen. Die gesichtslosen Feinde zermalmtest (*amṛiṇas*) du mit der Waffe, im Hause brachtest du die Schmäher zu Falle (*ávṛiṇak*).

11. Die Lobgesänge des Gaurivīti stärkten dich (*avardhan*), du unterwarfest (*arandhayas*) Pipru dem Vaidathina, Ṛijiçvan gewann (*cakre*) deine Freundschaft, indem er dir Speisen kochte. Du trankest (*apibas*) seinen Soma.

12. Die somapressenden Navagvas und die Daçagvas preisen Indra mit Liedern, selbst den verschlossenen Stall der Kühe werden sich (dadurch) die frommen Männer öffnen.

13. Wie soll ich nun in Gedanken alle Heldenthaten umfassen, die du, o Herr, vollbracht hast (*cakártha*)? Die neuen, welche du jetzt vollbringen wirst, o Starker, wollen wir in den Versammlungen preisen.

14. Alles dieses hast du gethan (*cakṛivān*), o Indra, dessen Wesen unvergleichlich ist an Kraft. Was du jetzt mit kühnem Entschlusse

thun wirst, o Herr der Blitzwaffe, niemand wird dir diese Kraftthat hemmen.

15. Indra, nimm freundlich an die fertigen Gebete, die wir dir neu geschaffen haben (*ákarma*). Wie ein Händler schöne reiche Gewänder, wie ein Künstler einen Wagen habe ich sie künstlich gebildet (*átaksham*). —

Es ist wohl klar, dass man kein Recht hat, mit der Ueberlieferung Gaurivīti als Verfasser dieses Hymnus anzusehen, vielmehr steht Gaurivīti auf einer Stufe mit Vaidathina und Ṛijiçvan.

In dem ganzen Hymnus ist das Imperfectum Tempus der Erzählung, nur *kar* weicht ab (vgl. *ákar*), die Aoriste in den Temporalsätzen mit *yád* kommen nicht in Betracht (vgl. S. 1).

Erzählend ist *ádadus* auch 10, 17, 2 und 10, 109, 6.

ádatta ist erzählend erwiesen 1, 32, 3, ebenso 10, 31, 11. Nicht deutlich ist 1, 145, 3. Erzählend ist auch *ádadunta* 7, 33, 11.

ádadhām, ádadhās u. s. w.

ádadhām steht erzählend 10, 183, 3, doch ist die Darstellung abgerissen. *ádadhās* ist als imperf. erwiesen 1, 33, 3 unter *ádhukshat*. Ebenso steht es 10, 138, 6. *ádadhāt* steht erzählend 1, 33, 8 (siehe *ádhukshat*). Ebenso 6, 44, 21—24.

21. Der Stier des Himmels bist du, der Stier der Erde, der Stier der Flüsse, der Stier der Teiche. Dir dem starken quillt (*pīpāya*) der Trank, o Stier, der süsse Saft, süss zu trinken, dir zur Wahl.

22. Dieser kraftgeborene Gott fesselte (*astabhāyat*) mit Indra vereint den Paṇi, Indu entwendete (*amushṇāt*) die Waffen seines Vaters, beseitigte die Listen des Unholden.

23. Dieser hat die Ushasen geschaffen (*akriṇot*), die Weiber des einen Gottes, er hat das Licht in die Sonne gesetzt (*adadhāt*). Er hat das im Himmel, in den Lufträumen bei den Tritas verborgene Amṛitam gefunden (*vindat*).

24. Er hat Himmel und Erde aus einander gestemmt (*stabhāyat*), er hat den Wagen mit den sieben Zügeln angeschirrt (*ayunak*). Er schafft (*dādhāra*) die Milch in den Kühen. Soma hält den Brunnen mit den zehn Bändern (?). —

Derselbe Gebrauch liegt vor 6, 65, 2 (vgl. GKR. S. 4) und 9, 97, 41.

Mit *ádhattam* (9mal) wird immer von den früher vollbrachten Grossthaten zweier Götter berichtet.

Für *ádadhus* führe ich an: 3, 2, 7—10.

7. Die beiden Welten, den hohen Himmel erfüllte (*apṛṇat*) Agni, als die Weisen das Kind hegten (*ádhārayan*). Der Weise wird zum Zweck des Opfers herumgeführt, wie ein Ross, dem man schmeichelt, damit es Beute gewinne.

8. Verehrt den wohlverehrten Opferempfänger, huldigt dem freundlichen Wesenkenner, der rege Führer des hohen Opfers, Agni, war (*abhavat*) der Götter Opferpriester.

9. Die eifrigen Götter liessen erstrahlen (*apunan*) drei Lichtgeburten des beweglichen, die eine spendeten (*adadhus*) sie den Menschen zur Freude, zum Himmel gingen die beiden andern (*īyatus*).

10. Den Weisen der Stämme, den Stammesherrn haben die menschlichen Opfergüsse blank gemacht (*akṛṇvan*) wie ein scharfes Beil. Gierig wandelt er über Höhen und Tiefen, er lege den Keim in diese Wesen (?). —

Es ist klar, dass nirgends von dem eben entstandenen Feuer die Rede ist.

6, 39.

1. s. unter *ápās* 'Du hast jetzt getrunken'. Mit 2 beginnt die betrachtende Erzählung.

2. Er (Indu), begehrend nach dem Fels und den Kühen, verbunden mit den Frommen, selbst ein Frommer, zerbrach (*ruját*) den unzerbrechlichen Rücken des Vala, Indra bekämpfte (*yodhat*) mit Worten die Paṇis.

3. Indu liess aufleuchten (*dyotayat*), o Indra, die lichtlosen Nächte, am Morgen und Abend, die Jahre hindurch, ihn hat man für immer eingesetzt (*adadhus*) als Licht der Tage, er schuf (*cakāra*) die lichten Morgenröthen.

4. Der strahlende liess die vorher dunklen erstrahlen (*rocayat*), er liess die vielen anbrechen (*vāsayat*) nach Brauch, er kommt mit den andachtgeschirrten Rossen, mit dem lichtschaffenden Wagen, die Menschen segnend.

5. Nach diesem Preislied lass, o ewiger König, viele Labungen strömen um Gut zu spenden. Wasser, Pflanzen, heilsame Bäume, Rinder, Rosse, Helden spende uns, damit wir dich preisen. —

Ebenso ist *ádadhus* gebraucht 2, 4, 2. 3, 31, 10. 3, 47, 3. 10, 63, 11. 10, 58, 4 u. 6. 10, 68, 11. 10, 71, 3. 10, 125, 3 und in dem sehr jungen Liede 9, 113 im 3ten Verse.

ádhatthās 5, 32, 2 s. unter *ájanishṭa*.

ádhatta 1, 96, 1 übersetzt Benfey: 'Kaum war vor Alters er durch Kraft geboren, so nahm er traun sogleich sich (*adhatta*) alle Weisheit' u. s. w. Ebenso ist *ádhatta* gebraucht 2, 22, 2.

6, 8, 1—4.

1. Jetzt will ich preisen die Kraft des lebenden starken rothen, das Walten des Wesenkenners, dem menschenfreundlichen Agni quillt (*pavate*) das neue lichte Lied, wie der geliebte Soma.

2. Er, geboren im höchsten Himmel, hütete (*arakshata*) die Weltgesetze, ein Hirt der Gesetze. Die Luft mass (*amimīta*) der Weise aus, durch seine Grösse berührte (*aspṛiçat*) Vaiçvānara den Himmel.

3. Himmel und Erde stemmte (*astabhnāt*) der wunderbare Freund aus einander, er umgab (*akṛiṇot*) die Finsterniss mit dem Licht, wie zwei Häute rollte er (*avartayat*) Himmel und Erde aus einander, Vaiçvānara entfaltete alle Heldenkraft.

4. Im Schoosse der Wasser ergriffen (*agṛibhṇata*) ihn die gewaltigen, die Leute nahten sich (*tasthus*) dem preisenswerthen König, der Bote Mātariçvan brachte (*ābharat*) Agni Vaiçvānara fernher von Vivasvat.

Ebenso steht *ádhatta* 8, 85, 13 und 10, 102, 8.

ápibas, ápibat

stets erzählend. Ich führe als Beispiel an:

3, 32, 10 Kaum geboren am höchsten Himmel, trankst (*apibas*) du, o Indra, den Soma zum Rausche.

3, 36, 3: Wie du die früheren Somatränke getrunken hast (*ápibas*), so trink heute die neuen.

3, 48, 2: An dem Tage als du geboren wurdest, trankest (*apibas*) du die Milch, die auf den Bergen wächst.

4, 35, 7 s. unter *ákarta*, 6, 29, 11 unter *ádadām*.

ápibat 1, 32, 3 s. unter *átarīt*.

2, 15.

1. Jetzt will ich die grossen Thaten des grossen, die wahrhaftigen des wahrhaftigen preisen; aus den Schaalen trank er (*apibat*) den Soma, im Somarausch erschlug (*jaghāna*) Indra den Ahi.

2. Ohne Balken stützte er (*astabhāyat*) den hohen Himmel, er erfüllte (*apṛiṇat*) die beiden Welten und den Luftraum, er festigte (*dhārayat*) die Erde und breitete sie hin (*paprathat*). Das that (*cakāra*) Indra im Somarausch.

3. Wie ein Gebäude mass er (*mimâya*) Himmel und Erde aus im Osten, mit der Blitzwaffe öffnete er (*atṛiṇat*) die Quellen der Ströme, leicht liess er sie strömen (*asṛijat*) auf weiten Pfaden. Das u. s. w.

4. Die Räuber des Dabhîti umzingelnd verbrannte er (*adhâk*) alle Waffen im brennenden Feuer, ihn (Dabhîti) beschenkte er (*asṛijat*) mit ihren Rindern, Rossen und Wagen.

5. Er hemmte (*aramṇât*) den grossen brausenden Fluss im Strome, er brachte sie trockenen Fusses gerettet hinüber (*apârayat*). Auftauchend erlangten sie (*tasthus*) reiche Beute. Das u. s. w.

6. Er liess den oberen Strom in Fülle fliessen (*ariṇât*), er zerschmetterte (*pipeshâ*) mit der Blitzwaffe den Wagen der Ushas, die langsamen durch die schnellen vernichtend. Das u. s. w.

7. Ist mir nicht deutlich.

8. Er eröffnete (*bhinát*) die Höhle, von den Añgirasen gepriesen, er zerspaltete (*airat*) die Festen des Berges, er gab Preis (*riṇak*) ihre künstlichen Dämme. Das u. s. w.

9. Mit Schlaf Cumuri und Dhuni übergiessend schlugst du (*jaghantha*) den Dämon und halfst (*âvas*) dem Dabhîti, der Greis erlangte (*vivide*) dabei das Gold. Das u. s. w.

Vers 10 ist Refrain.

8, 66, 1—9.

1. Eben geboren fragte (*pṛichat*) der Weise seine Mutter: 'Wer sind die starken, wer die berühmten?'

2. Darauf nannte (*abravît*) die Starke Aurṇavâbha und Ahîçava: 'Die, mein Sohn, seien von dir gefällt.'

3. Indra hieb (*akhidat*) sie zusammen, wie man die Speichen mit dem Hammer in die Nabe haut, der hohe wurde (*abhavat*) Feindtödter.

4. Auf einen Zug trank er (*apibat*) zumal dreissig Kufen, dreissig Eimer voll Soma.

5. Den Gandharva schoss er (*atṛiṇat*) im bodenlosen Luftraum, den Betern zum Gedeihn.

6. Indra schoss (*âvidhyat*) von den Bergen her, er rettete (*dhârayat*) die gar gewordene Speise, er schoss den wohlgezielten Pfeil.

7. Hundertspitzig ist dein Pfeil, tausendfiedrig er allein, den du, o Indra, zu deinem Gefährten gemacht hast (*cakṛishé*).

8. Damit schufest du (*â abharas* z. l.) den Lobsängern, Männern und Weibern zu essen, eben geboren, starker Held.

9. Dies sind die Heldenthaten, die du in Fülle vollbracht hast. (Der Schluss von 9 ist mir nicht klar).

ábibhar und ábibhran

10, 69, 10 und 10, 28, 8 sind erzählend gebraucht.

ábibhet.

10, 138, 5.

Die schöne Ushas fürchtete sich (*abibhet*) vor dem Schlage von Indras Waffe, sie entfloh (*akrāmat*) und liess ihren Wagen im Stich (*ajahāt*).

ámimīta

ist schon als erzählend erwiesen unter *ádhatta* (6, 8, 2). Ich führe ferner an

6, 47, 3: Wenn dieser Soma getrunken wird, so lockt er (*iyarti*) mir ein Lied hervor; er hat (jetzt) meine eifrige Andacht erweckt (*ajīgar*), der Weise schuf (einst, *amimīta*) die sechs Himmelsgegenden, ausserhalb deren kein Wesen lebt.

8, 42, 1—3.

1. Den Himmel stützte (*astabhnāt*) der heilige allwissende, er mass die Breite der Erde aus (*ámimīta*), er führte alle Wesen als Herrscher an (*á asīdat*). Dieses All ist das Herrschaftsgebiet des Varuṇa.

2. So preise denn den hohen Varuṇa, verehre den weisen Hüter der Unsterblichen, er gewähre uns dreifach-schirmenden Schutz; behütet uns in eurem Schoosse, Himmel und Erde!

3. Feure diese Andacht an, o Gott Varuṇa, die Kraft und den Willen deines Schülers; das rettende Schiff möchten wir besteigen, um über alle Schwierigkeiten hinwegzugleiten.

Ebenso ist *ámimīta* gebraucht 1, 126, 1. 10, 61, 2. 10, 111, 11. Dahingestellt bleibt 2, 4, 5.

ávives (*vish*).

6, 31, 3 erzählend.

ávivyak

ist erzählend 7, 18, 8 (in einem übrigens nicht klaren Verse). Dagegen ist es das natürliche, in dem Relativsatz 7, 63, 1 *ávivyak* aoristisch aufzufassen: 'Auf geht der reiche allschauende Sonnengott, der allen Menschen gemein ist, das Auge des Mitra und Varuṇa, der Gott, der die Finsterniss wie ein Fell zusammengewickelt hat'. Eine Möglichkeit freilich liegt auch vor, an die erste uranfängliche Wirkung des Sonnengottes zu denken.

áçiçāt erzählend 7, 18, 24:

Dessen Ruhm zwischen Himmel und Erde (d. h. überall) ist, und der in jedem Hause als Vertheiler Gaben zutheilt, den preisen die sieben Ströme, als ob er Indra wäre; er erschlug (*açiçāt*) im Nahkampf den Yudhyāmadhi.

átishṭhas, átishṭhat u. s. w.

5, 11, 3 erzählend s. unter *ájanishṭa*. *átishṭhat* ist als erzählend bereits erwiesen 1, 32, 8 unter *átārīt* und 1, 163, 2 unter *átakshma*. Ebenso ist der Gebrauch 1, 116, 17: 'Euren Wagen bestieg (einst) die Tochter der Sonne' u. s. w., und 1, 54, 10. 4, 18, 6 (vgl. GKR.). 8, 85, 13. 10, 90, 1. Wahrscheinlich ist so auch 10, 111, 2 zu verstehen. *átishṭhan* ist als erzählend erwiesen 1, 32, 11 Seite 107. Ebenso ist es gebraucht 4, 33, 7 ('Als sich die schlafenden Ṛibhus zwölf Tage lang der Gastfreundschaft des Unverhüllbaren erfreuten, da machten sie (*akṛiṇvan*) das Land fruchtbar, liessen die Ströme fliessen (*anayanta*), Pflanzen überzogen (*atishṭhan*) die Wüste, Wasser die Tiefen') und 5, 45, 10. 10, 27. 23. 10, 98, 6. 10, 124, 8. In dem Verse 8, 1, 33 könnte man geneigt sein, aoristische Bedeutung anzunehmen, aber eine Entscheidung ist nicht zu fällen. Der Vers scheint versprengt zu sein, der folgende ist es jedenfalls, das ganze Lied zusammengeflickt. Erzählend ist *atishṭhanta* 1, 11, 5.

ájihīta erzählend 2, 23, 18.

Dir zu Ehren spaltete (*ajihīta*) sich der Berg, als du, o Añgiras, den Kuhstall der Kühe öffnetest (*asṛijas*); das Meer der Wasser, das von Finsterniss umschlossen war, befreitest du (*aubjas*), o Bṛihaspati, mit Indra vereint. — Ebenso *ajihata* 10, 89, 13.

ájahāt u. s. w.

ájahāt ist als erzählend erwiesen 10, 138, 5 unter *ábibhet*, ebenso 10, 17, 2 und in den fast identischen Stellen 4, 26, 7 und 27, 2. *ájahus* ist erzählend 8, 85, 7: Vor dem Schnauben des Vṛitra fliehend, verliessen dich (*ajahus*) alle Götter, welche deine Freunde waren.

ájuhavus erzählend 10, 88, 7:

In Agni, der, wunderbar entfacht, aufleuchtete (*arocata*), der himmlisch glänzende, in ihn gossen (*ajuhavus*) alle lebenschirmenden Götter unter feierlicher Rede das Opfer.

Neben der ausserordentlich grossen Anzahl von Imperfectis dieser Bedeutung giebt es nun einige wenige, welche wirklich oder scheinbar Aoristbedeutung haben. Dass in diese Kategorie *átrasat*, *ásvarat* u. s. w. nicht gehören, ist oben S. 86 auseinandergesetzt worden. Dagegen verdienen folgende Stellen eine Erwähnung:

10, 167.

1. Dir, o Indra, wird jetzt der süsse Trank eingegossen, du gebietest über Trunk und Becher, schaffe uns reichen Besitz an Kriegern, du erobertest (*ajayas*) den Himmel, eine Bussübung vollziehend.

2. Den himmelerobernden, am Somakraut sich hoch erfreuenden, starken, rufen wir zu den Tränken; achte jetzt auf unser Opfer, komm heran; den Herrn, der die Feinde besiegte, gehen wir an.

3. Nach dem Gesetz des Königs Soma und des Varuṇa, unter dem Schutze des Gebetsherrn und der Gnade, habe ich heute bei deiner Verherrlichung, o Herr und Schöpfer, die Becher vertheilt (*ubhakshayam*).

4. Begeistert habe ich den Trank in den Becher gethan (*ákaram*) und dieses Lied eigne ich mir an als erster Opferherr, weil ich mit Geschenken auch beim Trankopfer in meinem Hause genaht bin Viçvamitra und Jamadagni.

In dem vierten Verse redet der Opferherr die beiden Priester an, die ihm das Lied verfertigt haben. Es ist klar, dass in Vers 3 *ábhakshayam* in demselben Sinne gebraucht ist wie *ákaram* in 4, d. h. aoristisch.

3, 29, 16.

Weil wir dich heute, o weiser Priester, bei diesem Opferfest erwählt haben (*ávṛiṇîmahi*), so hast du treulich geopfert (*ayâs*) und hast dich treulich bemüht (*açamishṭhâs*).

ávṛiṇîmahi scheint aoristisch. Doch ist freilich auch eine andere Auffassung möglich. Man könnte nämlich darin den Sinn der Vorvergangenheit finden (wofür die Inder eine eigne Form nicht haben), und diese Auffassung wird nahe gelegt durch Stellen wie 10, 53, 1: 'den wir im Herzen gesucht hatten (*aíchâma*), der ist jetzt gekommen (*agât*).' Ebenso verschwinden andere scheinbare Anomalien bei näherer Erwägung. So steht z. B. *ástobhayat* 1, 88, 6 in einem Schlussvers, wenn aber Benfeys Uebersetzung (Or. u. Occ. 2, 251) richtig ist, so hat *ástobhayat* den Sinn 'er hat auch schon früher verfertigt.'

Bei dem Aorist wurde schon erwähnt, dass *adyá* nur an zwei Stellen bei dem Imperfectum erscheint. Die eine ist die eben be-

sprochene 3, 29, 6, die andere 1, 125, 3, wo *ayam* von *i* aoristisch erscheint.

Es giebt noch eine und die andere schwierige Stelle (z. B. 6, 63, 3), von deren Erörterung ich hier absehe, manches mag mir auch entgangen sein, soviel aber steht fest, dass ein aoristischer Gebrauch des Imperfectums im Ṛigveda ausserordentlich selten ist. Wo er doch vorliegt, haben wir es meiner Meinung nach mit ganz jungen Bestandtheilen der Sammlung zu thun.

Diese wenigen Stellen sind demnach nicht geeignet, das Gesammturtheil umzustossen, welches dahin lautet, *dass das Imperfectum das Vergangenes erzählt.*

Das Perfectum und Plusquamperfectum.

I.

Das Perfectum.

Die Verwendung des Perfectums ist sehr mannichfaltig. Man kann es in sehr vielen Stellen dem Präsens vergleichen, z. B. 5, 60, 3:

Selbst der hohe Berg fürchtet sich (*bibhāya*), selbst des Himmels Rücken bebt (*rejate*) bei eurem Getöse.

An andern zeigt es Aehnlichkeit mit dem Aorist, z. B. 7, 38, 1:

Jetzt hat Gott Savitar seinen goldenen Schimmer emporgehoben (*úd yayāma*), den er angelegt hat (*áçiçret*).

Und wiederum in einer grossen Anzahl von Fällen erscheint es ganz so gebraucht wie das Imperfectum, z. B. 1, 32, 1:

Er schlug (*áhan*) den Drachen, liess die Wasser strömen (*tatarda*).

Um diese Mannichfaltigkeit zu erklären, wird man vor allem die älteste Bedeutung (den sogenannten Grundbegriff) des Perfectums suchen müssen. Von ihm aus wird es erlaubt sein, weiter zu tasten und womöglich die Gebrauchsschichten zu scheiden.

Mir hat sich Folgendes als das Wahrscheinlichste ergeben:

Der Stamm des Perfectums bezeichnet (so weit überhaupt die Art der Handlung erkennbar ist) eine mit Intensität vollzogene oder eine vollendete Handlung. Intensiv nenne ich hier sowohl eine Handlung, welche mit Energie vollzogen wird, als eine solche, welche als sich fort und fort wiederholend gedacht wird, und es ist mir nicht unwahrscheinlich, dass man gerade in der sich immer wiederholenden Handlung die Grundbedeutung des Perfectums zu erkennen habe. Der Begriff der vollendeten Handlung dürfte sich aus dem der intensiv vollzogenen Handlung entwickelt haben.

Im Indicativ des Perfectums erscheint diese Handlung wie beim Präsens entweder zeitlos oder an die Gegenwart gebunden. Dazu

hat sich aus dem Begriff der in der Gegenwart vollendeten und abgeschlossenen Handlung der der vergangenen Handlung entwickelt.

Alle diese Entwicklungsphasen zeigt der Veda gleichzeitig, ja es kommen verschiedene Gebrauchsweisen des Perfectums in einem und demselben Verse vor, z. B. 6, 66, 1:

Ein Wunder mag das auch für den Verständigen sein, wie zwei verschiedene Dinge denselben Namen 'Milchkuh' führen. Die eine (die Kuh) strotzt (fort und fort, *pīpāya*), um bei den Menschen sich melken zu lassen, aber nur einmal liess Pṛçui, die Mutter der Maruts, ihr lichtes Euter strömen (*duduhe*).

Man könnte zur Verdeutlichung sagen, dass das vedische Perfectum in sich den Gebrauch des griechischen und lateinischen vereinigt.

Es ist aber bei der eigenthümlichen Stilart der vedischen Hymnen nicht immer möglich, eine sichere Auffassung des gerade vorliegenden Perfectums zu gewinnen. Es ist nicht selten eben so gut möglich, den zeitlosen als den zeitlichen Gebrauch anzunehmen. Da nun die Erörterung solcher Stellen zwar für die Interpretation des Veda von Wichtigkeit, aber für die Darstellung des syntaktischen Gebrauchs ziemlich gleichgültig sein würde, so habe ich hier, wie bei dem Imperfectum vorgezogen, mich mit der Aufführung einiger bezeichnender Belege zu begnügen.

Ich werde sie, da es sich hier nur um die Darstellung des Indicativs handelt, folgendermassen ordnen:

1. Der Indicativ des Perfectums erscheint *zeitlos* gebraucht.
2. Er wird von einer *gegenwärtig* gedachten Handlung gebraucht.
3. Er wird von einer *vergangen* gedachten Handlung gebraucht.

Die Art der Handlung, welche durch den Perfectstamm ausgedrückt wird, kommt nur bei der Bestimmung der Unterabtheilungen mit a, b, c zur Geltung.

1.

Der Indicativ des Perfectums erscheint zeitlos gebraucht:

a) im Sinne einer intensiv vollzogenen Handlung.

Unter dieser Rubrik stelle ich einige Perfecta mit starker Reduplication voraus, wie *dādhāra*, und bemerke dabei, dass diese Perfecta, so viel ich sehe, stets mit intensiver Bedeutung gebraucht erscheinen (wenigstens steht einer solchen Auffassung nichts entgegen), aber durchaus nicht immer zeitlos, sondern ziemlich häufig historisch.

dadhára 3, 59, 1.

In Ordnung bringt (*yâtayati*) des Mitra Wort die Menschen, er hält (*dadhâra*) den Himmel und die Erde aufrecht. Mit offenem Auge wacht er (*cashṭe*) über Völker, dem Mitra sei geweiht die fette Gabe (GKR. 17).

Ebenso 10, 60, 9.

Wie diese weite Erde die Bäume festhält (*dâdhâra*), so halte ich (oder hält der Trank, *dâdhara*) deine Seele fest, damit sie lebe, nicht sterbe, sondern unverletzt bleibe.

nânáma 1, 48, 8.

Alles Lebende beugt sich (*nânâma*) ihrem Blick, Licht schafft (*kṛiṇoti*) die Holde.

sâsáha 5, 25, 6.

Agni verleiht (*dadâti*) einen Feldherrn, der in der Schlacht mit den Männern siegt (*sasâha*).

pîpáya 6, 10, 3.

Der strotzt (*pîpâya*) an Ruhm unter den Menschen, der als ein Sänger mit Liedern dem Agni dient (*dadâça*), den setzt (*dadhâti*) der hellleuchtende mit glänzender Hülfe in Besitz heerdenreicher Hürden. Vergl. 1, 153, 3. 4, 3, 9.

Als Belege für den intensiven Gebrauch bei gewöhnlicher Reduplication führe ich an:

tasthátus 1, 113, 3.

Gleich ist der endlose Weg der beiden Schwestern, eine nach der andern wandelt ihn, gottbelehrt; sie stossen nicht zusammen (*methete*), nicht stehen sie still (*tasthatus*) Nacht und Tag, die gleichgesinnten, verschiedengestalteten.

dadâçús 4, 8, 5.

Zu denjenigen möchten wir gehören, welche dem Agni mit Opfern dienen (*dadâçús*), welche ihn mit reichen Gaben entflammen (*indhate*).

Vgl. auch die interessante Periode 6, 3, 2.

bibháya 5, 60, 3.

Selbst der hohe Berg fürchtet sich (*bibhâya*), selbst des Himmels Rücken bebt (*rejate*) bei eurem Getöse. Wenn ihr euch mit euren Lanzen tummelt (*krîlatha*), dann strömt (*dhavadhe*) ihr Maruts zusammen, wie Wasserfluten.

b) In folgenden Beispielen ist der intensive Sinn entweder nicht so deutlich, oder überhaupt nicht zu erkennen:

paptús 2, 28, 4.

Der Weltenordner liess die Flüsse rinnen (*asṛijat*), sie laufen (*yanti*) wie es Varuṇa bestimmte, sie bleiben niemals aus (*muñcanti*), ermüden (*çrāmyanti*) niemals, sie streichen (*paptus*) wie die Vögel über Land hin. (GKR. 1).

yemiré 3, 59, 8.

Dem hilfestarken fügen sich (*yemire*)
Der Menschen Stämme alle fünf,
Er trägt (*bibharti*) die Götter insgesammt. (GKR. 18).

titirús 2, 23, 5.

Wen du als guter Hirt beschirmst (*rákshasi*), o Brahmaṇaspati, den überwältigt (*titirus*) nicht Noth noch Unheil noch Feinde noch Böswillige; alle Dämonen treibst du (*bādhase*) von ihm hinweg.

cikité 2, 27, 11.

Die Rechte und die Linke, vorn und hinten, ist an euch nicht zu scheiden (*cikite*) ihr Aditja. — (GKR. 22).

ricicé 1, 59, 5.

Deine Grösse, o Wesenkenner, übertrifft (*ririce*) selbst den hohen Himmel. König der menschlichen Stämme bist du (*asi*), im Kampfe hast du den Göttern Gut erworben (*cakartha*).

āhús 1, 74, 4—5.

Wessen Bote du an heiliger Stätte bist (*ási*), wessen Opfergüsse du zu geniessen verlangst (*véshi*), wessen Fest du verherrlichst (*kriṇóshi*), den nennen (*āhus*) die Leute schönopfernd, götterbeliebt, wohlstreuend.

āpús 1, 24, 6.

Deine Herrlichkeit, deine Macht, dein Ungestüm erreichen (*āpus*) weder die Vögel, die dort fliegen, noch die Wasser, die dort ruhelos rinnen, noch jene, die des Windes Urkraft überragen (*pramināńti*).

Diese Uebersetzung von *āpús* wird namentlich durch das 'dort' empfohlen.

babhū́va 1, 32, 15.

Indra ist der König des Wandernden und des Ruhenden, der gezähmten und der gehörnten Thiere, er herrscht (*kshayati*) als König

über die Menschen, wie der Radkranz die Speichen umfasst er (*babhūva*) das All.

c) Die *vollendete Handlung* erscheint selten in zeitloser Aussage, weil es natürlich ist, die Vollendung der Handlung von einem bestimmten Zeitpunkt zu datiren. Doch könnte man etwa folgende auf einen Gott bezügliche Aussage hierherziehen:

sasáda 1, 25, 10.

Der heilige Varuṇa sitzt (*sasāda*) in seinem Palaste, der Weise um seine Herrschaft zu üben. Von dort überschaut (*paçyati*) er in seiner Weisheit Alles, das Vergangene und das Zukünftige.

Dir gleich o Indra ist keiner geboren, noch wird er geboren werden, du bist über alles herausgewachsen (*vavakshitha*) 1, 81, 5.

2.

Der Indicativ Perf. wird von einer gegenwärtig gedachten Handlung gebraucht:

a) Selten tritt in diesem Falle der Begriff der intensiven Handlung hervor. Doch führe ich an z. B. die interessante Form davidhāva, ein Perfectum mit Intensivreduplication:

1, 140, 6.

Agni, der sich emsig über die braunen Hölzer neigt (*nánnate*), wandelt (*eti*) brüllend vorwärts, wie der Stier zu den Kühen. Seine Kraft entfaltend prangt er (*çumbhate*), wie ein furchtbar unnahbarer Stier schüttelt er (*davidhāva*) seine Hörner.

(Die Schilderung geht auf den eben aufflammenden Agni).

māmahé 1, 165, 13.

Wer verherrlicht (*māmahe*) euch denn jetzt, ihr Maruts? Kommt als Freunde zu euren Freunden.

jujósha 4, 25, 1.

Welcher götterliebende Mann erfreut sich (*jujosha*) heute der Freundschaft Indras? Oder welcher Somakelterer fleht jetzt beim entfachten Feuer um hohe entscheidende Hülfe?

b) In den weitaus meisten Fällen erscheint die Handlung als in der Gegenwart vollendet.

yayá 5, 61, 1.

Wer seid ihr herrlichsten Männer, die ihr einzeln herangekommen seid (*āyayá*) aus äusserster Ferne?

dadé 4, 34, 4.

Trinkt, ihr Vajas und Ribhus, es ist euch gegeben (*dadé*) das grosse Abendopfer, damit ihr euch berauschet.

yayâtha 3, 33, 10.

Hören lass uns, o Sänger, deine Worte, von weit her bist du gekommen (*yayâtha*) mit Ross und Wagen.

rarimá 3, 35, 1.

Eile zu uns und trinke von der Blume, o Indra: wir haben dir gespendet (*rarimá*), damit du dich berauschest.

tistiré 3, 41, 1—2.

1. Komm, o Indra, her zu mir, gerufen zum Somatrank, mit deinen Falben, o Träger des Donnerkeils.

2. Niedergesetzt ist (*sattás*) gleichsam der ordnungsmässige Priester, ununterbrochen ist das Barhis gestreut (*tistire*). In der Frühe sind die Steine angeschirrt (*áyujran*).

rurucé 7, 77, 1.

Leuchtend ist sie genaht (*ruruce*) wie ein jugendliches Weib, alles Lebende zur Regsamkeit anfeuernd; Agni ist erschienen (*abhût*) um von den Menschen entfacht zu werden, Licht hat sie geschaffen (*akar*), die Finsterniss vertreibend.

babhûvús 7, 88, 5.

Doch was ist nun aus unsrem Bund geworden (*babhûvus*),
Da wir vorher so harmlos froh verkehrten,
Und ich zur hohen Burg den Zutritt hatte,
Zu deinem tausendthorigen Hause, sel'ger? (GKR. 10.)

îyús 1, 113, 11.

Geschwunden sind (*îyús*) diejenigen Sterblichen, welche früher die Sonne aufgehen sahen (*ápaçyan*); jetzt ist sie uns sichtbarlich erschienen (*abhût*), heran kommen (*yanti*) diejenigen, welche sie in Zukunft schauen werden (*páçyân*).

Dahin gehören auch einige Schlussverse von Hymnen:

1, 31: An dieser Andacht ergötze dich, die wir dir als Spender oder Dichter dargebracht haben (*cakrimá*).

1, 187: So haben wir jetzt dich, o Trank, mit Worten verschönt (*sushûdima*), wie Milch den Opferguss versüsst.

5, 25: So haben wir güterbegehrend den mächtigen Agni gepriesen (*vavandima*). Der Weise führe uns über alle Anfeindung wie mit einem Schiff herüber.

Aehnlich steht das Perfectum 8, 65. 10, 65 und Väl. 3. Gewöhnlich ist in solchen Fällen der Aorist.

Hier darf endlich auch das zusammenfassende Perfect erwähnt werden, wie z. B.

riripús 5, 85, 8.

Wenn wir wie Schelme bei dem Spiel betrogen (*riripús*),
Wenn wissentlich wir fehlten oder anders,
So löse alle diese Schuld wie Flocken. (GKR. 5.)

Bei ähnlichen Wendungen, die im Veda häufig sind, dürfte wohl stets das Perfectum stehn.

3.

Der Indicativ des Perfectums bezeichnet eine vergangene Handlung.

Um sich vorstellig zu machen, wie diese Bedeutung aus der unter 2 vorgeführten sich entwickeln konnte, erwäge man Sätze wie die folgenden:

7, 26, 3.

cakā́ra tá́, kṛṇávan nūnám anyā́: das hat er vollbracht, nun wird er anderes vollbringen.

1, 48, 14.

Wie die früheren Sänger dich, o hohe, zu Hülfe gerufen haben (*juhūré*), so nimm auch jetzt unsere Lobgesänge gern an.

1, 113, 13.

Immer ist die Göttin Ushas früher erschienen (*uvā́sa*), so ist sie denn auch heute eingetreten (*ā́var*) und wird auch erscheinen (*uchāt*) in den folgenden Zeiten.

Man sieht aus diesen und ähnlichen Sätzen, wie der Gedanke der vollendeten Handlung in den der *vergangenen* übergeht.

Für diesen sehr häufigen Gebrauch, in dem sich das Perfectum mit dem Imperfectum beinahe deckt, führe ich nun eine Reihe von Belegen an:

1, 32.

1. Jetzt will ich Indras Heldenthaten preisen, die höchsten, welche der Träger des Donnerkeils vollbracht hat (*cakā́ra*); er schlug (*áhan*)

den Drachen, liess die Wasser strömen (*tatarda*) und spaltete (*abhinat*) den Bauch der Wolkenberge.

2. Er schlug (*ahan*) den Drachen, der auf dem Berge hauste: Tvashṭar hatte ihm den sausenden Donnerkeil geschaffen (*tatakshа*): wie brüllende, vorwärts flutende Heerden, so eilten (*jagmus*) flugs die Wasser zum Meere hinab.

3. Brünstig ergriff er (*avṛiṇīta*) den Soma, aus den Kufen trank er (*apibat*) das Nass, den Schleuderkeil ergriff (*adatta*) der mächtige, er schlug (*ahan*) ihn, den erstgeborenen der Drachen.

4. Als du, o Indra, den erstgeborenen der Drachen schlugst (*áhan*), da rangst du nieder (*amināa*) der Ränkevollen Ränke; die Sonne, den Tag, die Morgenröthe zeugend, hast du damals keinen Feind mehr gefunden (*vivitse*).

5. Indra schlug (*ahan*) Vṛitra und den ärgeren Vyaṅsa, mit dem Donnerkeil, mit mächtigem Schlage; wie Baumgeäst vom Beile abgehauen liegt (*çayate*) der Drache auf dem Boden.

6. Wie ein trunkener Feigling forderte er den starken stürmischen Helden heraus (*juhve*), er hielt den Andrang seiner Schläge nicht aus (*atārīt*), zerschmettert wurde (*pipishe*) der Feind des Indra.

7. Fusslos, handlos bekämpfte er (*apṛitanyat*) Indra, er schleuderte (*jaghāna*) ihm den Donnerkeil auf den Rücken; zerschmettert lag Vṛitra da (*açayat*), der Hämmling, der es dem Stiere gleich thun wollte.

8. Ueber ihn, der dalag wie ein geschlachteter Stier, steigen (*yanti*) lustig die Wasser. Die Vṛitra mit seiner Kraft umschlossen hatte, (*paryátishṭhat*), zu deren Füssen lag (*babhūva*) der Drache.

9. Erschöpft ward (*abhavat*) die Mutter des Vṛitra, Indra schlug ihre Waffe weg (*jabhāra*), oben lag (*āsīt*) die Mutter, unten der Sohn, Dānu liegt da (*çaye*) wie eine Kuh mit ihrem Kalbe.

10. Mitten unter den nie rastenden ruhelosen Strömen lag der Leib; dem Vṛitra zum Trotz eilen (*caranti*) die Wasser auseinander, in lange Nacht sank (*açayat*) der Feind des Indra.

---

11. Dem Feinde unterworfen, vom Drachen bewacht standen die Wasser da (*atishṭhan*), eingepfercht wie Kühe durch den Räuber; die Thür der Wasser, die verschlossen war (*āsīt*), hat er geöffnet (*āpa vavāra*), den Vṛitra erschlagend.

12. Ein Rossschweif warst (*abhavas*) du damals, o Indra, als er mit dem Stachel dich traf (*áhan*); du Gott allein, du erobertest

(*ajayas*) die Kühe, erobertest, o Held, den Soma, du liessest strömen (*asṛjas*) die sieben Flüsse.

13. Nicht hat ihm der Blitz genützt (*sishedha*) und nicht der Donner, nicht der Nebel und Hagel, den er ausgoss (*ákirat*); als Indra und Ahi kämpften (*yuyudhâte*), da hat der mächtige für alle Zukunft gesiegt (*jigye*).

14. Welchen Rächer des Ahi erblicktest du denn da (*apaçyas*), als dir dem Sieger Furcht in das Herz schlich (*ágachat*), als du das Gebiet der neun und neunzig Flüsse durcheiltest (*átaras*), wie ein erschreckter Falke die Lüfte?

2, 12 (GKR. 58.)

1. Der Gott, der kaum geboren kühnen Sinnes
Zuerst den Muth auch in den Göttern weckte (*paryábhûshat*),
Vor dessen Hauche beide Welten bebten (*ábhyasetâm*)
Ob seiner Kraft, das ist, ihr Völker, Indra.

2. Der festigte (*ádṛiṅhat*) die Erde, welche wankte,
Und stehen hiess (*áramnât*) die taumelnden Gebirge,
Die weite Luft ermass (*vimamé*), und der dem Himmel
Die Stützen gab (*ásthabhnât*), das ist, ihr Völker, Indra.

3. Der Ahi schlug, die sieben Ströme freiliess (*áriṇât*)
Und aus der Höhle Grund die Erde holte (*udâjat*)
Und Feuer zeugte (*jajâna*) zwischen Erd und Himmel,
Ein Beutemacher ist, ihr Völker, Indra.

2, 14.

1. Ihr Priester, bringt dem Indra den Soma dar, giesst aus den Gefässen das berauschende Kraut, denn immer liebt der Held es zu trinken; giesst hin dem Stier, denn das wünscht er.

2. Ihr Priester, dem, der den Wasserräuber Vṛitra erschlagen hat (*jaghâna*) wie einen Baum mit dem Blitze, ihm bringt den Trank nach seinem Wunsche, Indra verdient den Trunk.

3. Ihr Priester, dem, der Dṛibhîka erschlagen hat (*jaghâna*), der die Kühe wegtrieb (*udâjat*) und den Stall öffnete (*vár*), dem bringt diesen Soma dar, der braust wie der Sturm, deckt den Indra zu mit Somatränken, wie Rosse mit Decken.

4. Ihr Priester, den, der Uraṇa erschlagen hat (*jaghâna*), welcher neun und neunzig Arme ausstreckte, der den Arbuda zu Boden gestossen hat (*babâdhé*), den Indra feuert an bei der Darbringung des Soma.

5. Ihr Priester, ihn der die hundert Burgen des Çambara wie mit einem Steine zerschmettert hat (*bibhéda*), der die hunderttausend des Varcin zu Boden warf (*ávapat*), dem bringt den Soma dar.

2, 15.

1. Des grossen grosse, des wahrhaftigen wahrhaftige Heldenthaten will ich nun preisen; aus der Kufe trank er (*apibat*) des Trankes, von ihm berauscht hat Indra den Drachen erschlagen (*jaghāna*).

2. Ohne Balken stellte er (*astabhāyat*) den hohen Himmel fest, die beiden Welten und die Luft füllte er aus (*apriṇat*), er schuf (*dhārayat*) die Erde und breitete sie hin (*paprátha*). Im Somarausch hat Indra das vollbracht (*cakāra*).

3. Einen Wohnsitz gleichsam mass er aus (*mimāya*) mit seinem Massstab, mit dem Donnerkeil schlug er (*atriṇat*) den Flüssen einen Ausgang, leicht liess er sie strömen (*asrijat*) auf langen Pfaden. Im Somarausch hat Indra das vollbracht (*cakāra*).

sasāna 3, 34, 9. 10.

9. Er schuf (oder gewährte, *sasāna*) die Rosse und die Sonne, Indra schuf die vielnährende Kuh, er schuf (*sasāna*) den Besitz des Goldes, die Feinde schlagend half er (*āvat*) dem arischen Stamme.

10. Indra schuf (*asanot*) die Pflanzen und die Tage, die Bäume schuf er (*asanot*) und die Luft; geöffnet hat er (*bibhéda*) den Stall, hat den Feind zu Boden gestossen (*nunude*). So wurde er (*abhavat*) ein Bändiger der Uebermüthigen.

dadáthus 4, 42, 9.

Purukutsânî diente euch (*adāçat*) voll Ehrerbietung, da habt ihr ihr den feindetödtenden, halbgöttlichen König Trasadasyu gegeben (*dadathus*).

3, 48.

1. Kaum geboren liebte (*avat*) es der junge Stier sich den gepressten Saft vorsetzen zu lassen; du trankst (*pibas*) von dem edlen nach Belieben, zum ersten Mal von dem milchgemischten Somatrank.

2. An dem Tage, da du geboren wurdest (*jāyathās*), trankst du (*apibas*) begierig die berggewachsene Milch dieses Krautes; ihn goss dir ein (*asiñcat*) das Weib, das dich geboren im Hause des hohen Vaters.

3. Herantretend zur Mutter bat er (*aiṭṭa*) um Nahrung, auf den herben Soma blickte er (*apaçyat*) als sein Euter, andere wegschiebend

gelangte (*acarat*) der kluge zum Ziel, Grosses hat er vollbracht (*cakre*) überallhin gewendet.

4. Der starke Feindbesieger, der übermächtige, verwandelte (*cakre*) seinen Körper nach Belieben; den Tvashṭar durch seine edle Kraft überwindend, den Soma raubend trank (*apibat*) er ihn in den Schalen.

5, 85, 2. (GKR. 5.)

Die Lüfte hat mit Wolken er durchwoben (*tatāna*),
Ins Ross den Muth gelegt (*adadhāt*), die Milch in Kühe,
Verstand ins Herz, in Wasserfluten Feuer,
Die Sonn' am Himmel, auf den Fels den Soma.

10, 39, 7 ff. (GKR. 43.)

7. In eurem Wagen führtet ihr (*ūhathus*) von fern herbei
Dem Vimada des Purumitra schmucke Maid;
Die Frau des Hämmlings betete zu euch, ihr kamt (*agachatam*),
Bescheret (*cakrathus*) der Purandhi glückliche Geburt.

8. Dem Kali gabt zurück (*akṛṇutam*) ihr seine Jugendkraft,
Dem Seher, da er auf des Altars Schwelle stand,
Und aus der Falle zoget ihr (*ūpathus*) den Vandana,
Ihr lasst (*kṛithas*) sogleich Viçpalā wieder gehn.

9. Ihr hobt empor (*airayatam*) den Rebha, als im Wasser er
Versunken schon dem Tod, ihr Männer, nahe war;
Und ihr wart's, die dem Atri Saptavadhri einst
Im heissen Schlunde selbst kein Leid geschehen liesst (*cakrāthus*).

dadāthus 1, 117, 7.

Ihr beiden Helden habt dem betenden Kṛishṇiya Viçvaka den Sohn Vishṇāpū verliehen (*dadathus*). Der alternden Goshā, die bei dem Vater im Hause sass, gabt (*adattam*) ihr Açvinen einen Gatten.

Aehnlich 1, 116.

In diesen Belegen, die sich sehr leicht vermehren lassen, erscheint wie gesagt, das Perfectum so gut wie identisch mit dem Imperfectum. In der That ist aber doch ein Unterschied vorhanden. Um diesen zu finden, führe ich zunächst den Gebrauch von *purā* 'früher' vor. Dieses Adverbium finde ich 15 Mal beim Perfectum, einmal beim Imperfectum, nie beim Aorist. (Die Verbindung von *purā* mit dem Präsens soll

hier nicht erörtert werden.) Für die Verbindung mit dem Perfectum mögen folgende Beispiele genügen:

1, 112, 16.

Mit welchen Hülfen ihr beiden Helden dem Atri, mit welchen ihr einst (*purá*) dem Manu Bahn geschafft habt (*īshúthus*), mit welchen ihr dem Syûmaraçmi Pfeile herbeibrachtet (*ájatam*), mit den Hülfen kommt jetzt zu uns, ihr Açvinen.

2, 20, 4.

Den Indra will ich preisen und verherrlichen, an dem man sich früher (*purá*) erfreut (*vāvṛidhús*) und mit Stolz erquickt (*çāçadús*) hat. Er erfülle, wenn er angegangen wird, den Wunsch nach Gut auch dem jetzt lebenden frommen Manne.

6, 45, 11.

Dich rufen wir an, der du früher (*purá*) beim Wettkampf anzurufen gewesen bist (*ásitha*), und es auch jetzt (*nūnám*) bist. Du höre den Ruf.

Vergleicht man mit diesen Beispielen die anderen ähnlichen (1, 113, 13. 4, 51, 7. 5, 53, 1. 6, 27, 1. 8, 21, 7. 8, 24, 15. 8, 55, 5. 8, 56, 16. 8, 69, 2. 9, 99, 3. 10, 10, 4. 10, 54, 2), so ergiebt sich als der eigenthümliche Sinn dieser Perfecta mit *purá* folgender: Das Perfectum constatirt etwas als vergangen, meist mit Hervorhebung des Gegensatzes zur Gegenwart. Es schildert nicht.

Das Imperfectum finde ich bei *purá* nur 1, 103, 1, in einer mir nicht hinreichend deutlichen Stelle; dazu mag gleich eine Stelle erwähnt sein, in welcher *pûrvya* bei dem Imperfectum erscheint, nämlich 3, 36, 3: Wie du die früheren Somatränke trankest (*ápibas*), o Indra, so trink jetzt die neuen.

Mit dem Aorist wird *purá* in der Bedeutung 'früher' nicht verbunden, denn 10, 76, 3 bedeutet es 'wie früher.'

Combinire ich nun mit diesen Thatsachen den Eindruck, den ich aus der Lektüre empfange, so möchte ich behaupten: Das Perfectum (in der Bedeutung 3) constatirt etwas als vergangen, das Imperfectum erzählt.

Bei Anwendung des Imperfectums stellt man also im Unterschied vom Perfectum an den Hörer die Anforderung, sich mit seiner Phantasie in den Verlauf der Erzählung zu versetzen.

Es versteht sich von selbst, dass man nicht jeder einzelnen Stelle diesen Unterschied nachfühlen kann, denn es giebt nicht wenige Situa-

tionen, in denen beide Ausdrucksweisen gleich gut möglich sind. Auch ist zu beachten, dass wir es mit einer fortschreitenden Bewegung zu thun haben; der Unterschied der beiden Tempora entschwindet im Laufe der Zeit dem Bewusstsein immer mehr.

II.

Das Plusquamperfectum.

Durch die vorhergehende Darstellung ist erwiesen, dass der Perfectstamm als solcher nicht den Begriff der Vergangenheit in sich enthält. Folglich kann ein aus demselben abgeleitetes Augmenttempus nicht den Sinn der Vorvergangenheit haben. Es ist vielmehr unter Plusquamperfectum (ein schlechter Name, den ich aber durch einen besseren nicht zu ersetzen weiss) nur das Augmenttempus vom Perfectstamm zu verstehen.

Eine vollständige Rechenschaft von dem Gebrauch dieses Tempus kann ich hier nicht geben, da es von einer Reihe von reduplicirten Formen zweifelhaft ist, ob sie hierher oder anderswohin gehöre (vergl. altind. Verb. S. 121 ff.).

Die Formen, welche ich (ohne die Liste für abgeschlossen zu halten) mit Sicherheit dem Plusquamperfectum zuschreibe, haben meist denselben Sinn wie das Imperfectum. Z. B. *árirecît* 6, 20, 4 (nach Gr.)

Durch hundert Hiebe stürzten (*upadran*) da die Diebe,
O Indra, und des bösen Çushṇa Listen,
Als sich Daçoni Glück erwarb, der Sänger:
Nichts übertraf (*arirecît*) da dieses Trankes Kräfte.

Zwei andere Stellen (1, 24, 9. 10, 13, 4), an denen *árirecît* erscheint, sind nicht deutlich genug, um die Uebersetzung mitzutheilen, doch ist klar, dass an beiden der Sinn imperfectisch ist.

ájabhartana 10, 72, 7.

Als ihr, o Götter, allen Welten Gedeihen brachtet (*ápinvata*), da holtet ihr die im Meere verborgene Sonne herauf (*ajabhartana*).

Imperfectisch ist auch *ácacakshum* 5, 30, 2 aufzufassen. Aoristisch könnte sein *ámamandus* 5, 30, 13.

Die übrigen Stellen, an denen ich Plusquamperfecta anerkenne, führe ich hier nicht an, da sie in Nebensätzen stehen. Doch will ich wenigstens eine Stelle citiren, um vor dem Gedanken zu warnen, als müsse man im vedischen Plusquamperfectum auch denselben Sinn anerkennen, wie im lateinischen. Eine Anrede an die Wasser lautet

8, 89, 7: 'Jetzt lauft auseinander. Der ist nicht mehr da, der euch hemmte (*avâvarît*). Indra hat (jetzt) auf des Vṛitra Blösse den Donnerkeil geschleudert (*apîpatat*).'

Man vergleiche mit diesem *avâvarît* den Gebrauch von *atishṭhat* 1, 32, 8.

'Zu Füssen der Wasser, die Vṛitra mit seiner Macht umschlossen gehalten hatte (*paryatishṭhat*), lag (*babhûva*) nun der Drache.'

Die Vergleichung dieser und ähnlicher Stellen lehrt, dass ein plusquamperfectischer Sinn nicht in der Form ruht, sondern durch die Gedankenconstellation auf jedes erzählende Tempus übertragen werden kann.

II.

Die Brāhmaṇa-Periode.

Ich führe zunächst aus dem Çatapatha-Brāhmaṇa nach Webers Ausgabe und dem Aitareya-Brāhmaṇa nach Haugs Ausgabe eine Reihe von Stellen an, die aus einer grossen Anzahl ähnlicher ausgewählt sind.

Aus dem Çatapatha-Brāhmaṇa.

1.

1, 1, 4, 14 ff.

14. Manu hatte (*āsa*) einen Stier. In den war eine Stimme gefahren (*právishṭā āsa*), welche die Asuren und Feinde tödtete. In Folge seines Schnaufens und Brüllens wurden die Asuras und Rakschasas aufgerieben (*ha sma mṛidyámānāni yanti*). Die Asuras sprachen (*sám ūdire*): 'Böses thut uns dieser Stier, wie könnten wir ihn wohl schädigen?' Kilāta und Ākuli waren (*āsatus*) zwei Asurenpriester. 15. Die sprachen (*ūcatus*): 'götterglaubig ist dieser Manu, wir wollen ihn prüfen,' und sie gingen zu ihm und sprachen (*ūcatus*): 'Manu, wir wollen für dich opfern.' 'Was denn?' 'Diesen Stier.' 'Gut.' Als der Stier nun geschlachtet war, entwich (*ápa cakrāma*) die Stimme. 16. Und sie fuhr (*prá viveça*) in die Gattin des Manu, Mānavī. Wenn nun die Asuras und Rakschasas diese sprechen hörten (*tásyai ha sma yátra çriṇvánti*), so wurden sie aufgerieben (*ha sma mṛidyámānāni yanti*) u. s. w.

2.

1, 3, 1, 27.

Wenn jetzt zwei sich stritten, von denen der eine sagte 'ich habe es gesehen' (*adarçam*), der andere 'ich habe es gehört' (*açrausham*), so würden wir demjenigen glauben, welcher sagte 'ich habe es gesehen' (*adarçam*).

3.

1, 4, 1, 10 ff.

Videgha Māthava trug (*babhāra*) den Agni Vaiçvānara im Munde, sein Hauspriester war (*āsa*) der Ṛishi Gotama Rāhūgaṇa. Wenn er von

Ich führe zunächst aus dem Çatapatha-Brâhmaṇa nach Webers Ausgabe und dem Aitareya-Brâhmaṇa nach Haugs Ausgabe eine Reihe von Stellen an, die aus einer grossen Anzahl ähnlicher ausgewählt sind.

Aus dem Çatapatha-Brâhmaṇa.

1.

1, 1, 4, 14 ff.

14. Manu hatte (*âsa*) einen Stier. In den war eine Stimme gefahren (*prâvishṭâ âsa*), welche die Asuren und Feinde tödtete. In Folge seines Schnaufens und Brüllens wurden die Asuras und Rakschasas aufgerieben (*ha sma mṛidyámânâni yanti*). Die Asuras sprachen (*sám ûdire*): 'Böses thut uns dieser Stier, wie könnten wir ihn wohl schädigen?' Kilâta und Akuli waren (*âsatus*) zwei Asurenpriester. 15. Die sprachen (*ûcatus*): 'götterglâubig ist dieser Manu, wir wollen ihn prüfen,' und sie gingen zu ihm und sprachen (*ûcatus*): 'Manu, wir wollen für dich opfern.' 'Was denn?' 'Diesen Stier.' 'Gut.' Als der Stier nun geschlachtet war, entwich (*úpa cakrâma*) die Stimme. 16. Und sie fuhr (*prá viveça*) in die Gattin des Manu, Mânavî. Wenn nun die Asuras und Rakschasas diese sprechen hörten (*tásyai ha sma yátra çriṇvánti*), so wurden sie aufgerieben (*ha sma mṛidyámânâni yanti*) u. s. w.

2.

1, 3, 1, 27.

Wenn jetzt zwei sich stritten, von denen der eine sagte 'ich habe es gesehen' (*adarçam*), der andere 'ich habe es gehört' (*açrausham*), so würden wir demjenigen glauben, welcher sagte 'ich habe es gesehen' (*adarçam*).

3.

1, 4, 1, 10 ff.

Videgha Mâthava trug (*babhâra*) den Agni Vaiçvânara im Munde, sein Hauspriester war (*âsa*) der Rishi Gotama Rahûgaṇa. Wenn er von

Ich führe zunächst aus dem Çatapatha-Brāhmaṇa nach Webers Ausgabe und dem Aitareya-Brāhmaṇa nach Haugs Ausgabe eine Reihe von Stellen an, die aus einer grossen Anzahl ähnlicher ausgewählt sind.

Aus dem Çatapatha-Brāhmaṇa.

1.

1, 1, 4, 14 ff.

14. Manu hatte (*āsa*) einen Stier. In den war eine Stimme gefahren (*právishṭā āsa*), welche die Asuren und Feinde tödtete. In Folge seines Schnaufens und Brüllens wurden die Asuras und Rakschasas aufgerieben (*ha sma mṛidyámānāni yanti*). Die Asuras sprachen (*sám ūdire*): 'Böses thut uns dieser Stier, wie könnten wir ihn wohl schädigen?' Kilāta und Ākuli waren (*āsatus*) zwei Asurenpriester. 15. Die sprachen (*ūcatus*): 'götterglāubig ist dieser Manu, wir wollen ihn prüfen,' und sie gingen zu ihm und sprachen (*ūcatus*): 'Manu, wir wollen für dich opfern.' 'Was denn?' 'Diesen Stier.' 'Gut.' Als der Stier nun geschlachtet war, entwich (*ápa cakrāma*) die Stimme. 16. Und sie fuhr (*prá viveça*) in die Gattin des Manu, Mānavī. Wenn nun die Asuras und Rakschasas diese sprechen hörten (*tásyai ha sma yátra çriṇvánti*), so wurden sie aufgerieben (*ha sma mṛidyámānāni yanti*) u. s. w.

2.

1, 3, 1, 27.

Wenn jetzt zwei sich stritten, von denen der eine sagte 'ich habe es gesehen' (*adarçam*), der andere 'ich habe es gehört' (*açraunsham*), so würden wir demjenigen glauben, welcher sagte 'ich habe es gesehen' (*adarçam*).

3.

1, 4, 1, 10 ff.

Videgha Māthava trug (*babhāra*) den Agni Vaiçvānara im Munde, sein Hauspriester war (*āsa*) der Ṛishi Gotama Rāhūgaṇa. Wenn er von

diesem angeredet wurde, antwortete (*sma práti çriṇoti*) er ihm nicht, indem er dachte 'sonst fällt mir Agni Vaiçvānara aus dem Munde.' 11. Da begann (*dadhre*) Gotama R. ihn mit Ṛigversen zu beschwören: 'vītíhotram tvā kave dyumántam sám idhīmahi, ágne bṛihántam adhvaré, he! Videgha! 12. Aber er antwortete nicht (*ná práti çuçrāva*). (Darauf begann G.): úd agne çúcayas táva çukrā́ bhrā́janta īrate, táva jyótīṁshy arcáyaḥ, he! Videgha! 13. Er antwortete (*práti çuçrāva*) wieder nicht. (Darauf begann G.): 'tám tvā ghṛitasnav īmahe.' So sprach er (*abhivyā́haraṭ*). Da, bei der Erwähnung des Wortes ghṛita lohte (*jajvala*) ihm Agni Vaiçvānara aus dem Munde, er konnte (*çaçāka*) ihn nicht halten, er fiel (*nísh pede*) ihm aus dem Munde, er berührte (*prā́pa*) die Erde.

18. Da sprach (*uvāca*) Gotama Rāhūgaṇa: Warum antwortetest (*práty açraushīs*) du denn nicht, als du angeredet wurdest? Der sagte (*uvāca*): Agni Vaiçvānara war (*abhūt*) in meinem Munde, damit mir der nicht herausfiele, darum antwortete (*práty açrausham*) ich nicht. 19. Wie geschah (*abhūt*) es denn aber doch? Als du sagtest (*abhivyā́harshīs*) 'tvā́m ghṛitasnav īmahe,' da, bei Erwähnung des Wortes ghṛita lohte (*ajvālīt*) mir Agni Vaiçvānara aus dem Munde, ich konnte (*açakam*) ihn nicht halten, er fiel (*apādi*) mir aus dem Munde.'

4.

In den unter 3 nicht mehr mitgetheilten Versen 14—17 sind Angaben über Ausbreitung des Agnidienstes enthalten, aus denen ich hier nur die Worte mittheile: 'Dies Land war (*āsa*) ziemlich unbewohnbar, jetzt (*etárhi*) ist es ganz bewohnbar, denn jetzt (*nūnám*) haben es die Brāhmaṇas durch Opfer annehmbar gemacht (*ásishvadan*).'

5.

1, 6, 3, 1 ff.

Tvashṭar hatte (*āsa*) einen dreihäuptigen, sechsäugigen Sohn, der hatte (*āsus*) drei Münder. Und weil er so gestaltet war (*āsa*), darum hiess er Viçvarūpa. 2. Dessen einer Mund war (*āsa*) Soma trinkend, der andere Surā trinkend, der dritte für das übrige Essen. Den hasste (*didvesha*) Indra und schlug ihm die Köpfe ab (*prá ciccheda*). 3. Da entstand (*sám abhavat*) aus dem Munde, der Soma trinkend gewesen war, (*āsa*) das Haselhuhn, deswegen ist dies rothbraun, denn der König Soma ist rothbraun. 4. Und aus dem Munde, der Surā trinkend gewesen war (*āsa*), daraus entstand (*sám abhavat*) der Sperling, darum singt der so

lustig, denn er singt ja so lustig, als hätte er Surā getrunken. 5. Und aus dem Munde, der für das übrige Essen bestimmt gewesen war (*ása*), daraus entstand (*sám abhavat*) das Rebhuhn, darum ist dies so bunt, sind doch bald gleichsam Ghṛita-Tropfen, bald gleichsam Honigtropfen auf seine Flügel gespritzt, denn solche Speise hatte er mit diesem Munde genossen (*ávayat*). 6. Da gerieth Tvashṭar in Zorn (*cukrodha*): Warum hat er denn meinen Sohn erschlagen (*avadhīt*)? u. s. w.

6.

1, 8, 1, 1 ff.

1. Dem Manu brachte man (*á jahrus*) eines Morgens Waschwasser, wie es zum Waschen der Hände gebracht zu werden pflegt. Als er sich wusch, sprang (*á pede*) ihm ein Fisch in die Hände. 2. Der sprach (*uvāda*) zu ihm das Wort: 'Pflege mich, ich werde dich retten.' 'Wovor wirst du mich retten?' 'Eine Flut wird alle Geschöpfe wegführen, vor der will ich dich retten.' 'Wie soll ich dich pflegen?' 3. Der Fisch sprach (*uvāca*): 'So lange wir klein sind, laufen wir grosse Gefahr, denn ein Fisch verschlingt den anderen. Zuerst magst du mich in einem Topf aufbewahren, wenn ich den auswachse, magst du eine Grube graben und mich darin aufbewahren, und wenn ich diese auswachse, dann magst du mich in's Meer lassen, denn dann werde ich der Gefahr gewachsen sein.[1] 4. Dann wird im so und sovielten Jahre die Flut kommen, dann magst du dir ein Schiff zimmern, und meiner dabei gedenken, und wenn die Flut hoch ist, dann magst du das Schiff besteigen, dann werde ich dich vor der Flut retten. 5. Manu nun pflegte den Fisch auf diese Weise und liess (*abhyávajahāra*) ihn ins Meer. Und in dem Jahre, welches jener ihm angegeben hatte (*paridideça*), zimmerte er sich ein Schiff und gedachte (*upāsām cakre*) des Fisches, und als die Flut hoch war, bestieg er (*á pede*) das Schiff. Da kam der Fisch zu ihm herangeschwommen (*upanyā pupluve*), an dessen Horn band (*práti mumoca*) Manu das Seil des Schiffes, und jener fuhr (*ábhi dudrāva*) so bis zum nördlichen Gebirge hin. 6. Dann sprach er: ich habe dich (nun) gerettet (*apīparam*), binde das Schiff nun an einen Baum, damit das Wasser dich nicht vom Berge abtreibt. Wenn das Wasser wieder fällt, dann magst du allmählich hinabsteigen. Der stieg (*anvava sasarpa*) denn auch all-

1) Die Worte 'gewiss war er ein jhasha, denn die wachsen am stärksten' gehören schwerlich in den ursprünglichen Text.

mählich herab, und darum heisst dieser Theil des Berges 'Manus Abstieg.' Die Flut nun führte alle Geschöpfe hinweg (*nír uvāha*). Manu aber blieb allein auf der Erde übrig (*pári çiçishe*). 7. Er lebte (*cacāra*) nun fastend und betend nach Nachkommenschaft begierig. Er vollbrachte (*īje*) auch das Pāka-Opfer. Er goss (*juhavā́ṃ cakāra*) Opferbutter, saure Milch, Rahm und Quark ins Wasser, daraus entstand (*sáṃ babhūva*) in Jahresfrist ein Weib, sie stieg ganz fest geworden daraus hervor (*udéyāya*), in ihrer Spur aber sammelte sich (*sma sáṃ tishṭhate*) Opferbutter. Mit ihr trafen Mitra und Varuṇa zusammen (*sáṃ jagmāte*). 8. Sie sprachen (*ūcatus*) zu ihr 'Wer bist du?' 'Des Manu Tochter.' 'Sage, dass du uns gehören willst.' 'Nein,' sagte sie (*uvāca*). Wer mich für sich (so eben) erzeugt hat (*ájījanata*), dem gehöre ich. Sie wünschten (*īshāte*) nun einen Antheil an ihr, das versprach sie (*jajñau*) oder versprach sie auch nicht, sie ging an ihnen vorbei (*áty iyāya*) und trat (*ā́ jagāma*) zu Manu. 9. Manu sprach (*uvāca*) zu ihr: 'Wer bist du?' 'Deine Tochter.' 'Herrin, wie kannst du meine Tochter sein?' 'Aus diesem, was du ins Wasser gegossen hast (*áhaushīs*), aus Opferbutter, saurer Milch, Rahm und Quark, daraus hast du mich erzeugt (*ajījanathās*). u. s. w.

7.

3, 2, 1, 18 ff.

18. Die Götter und die Asuren, beide Kinder des Prajāpati, traten das Erbe ihres Vaters an (*úpeyus*). Die Götter erbten (*upāyan*) den Yajña, die Asuren die Vāc. 19. Die Götter sprachen (*abruvan*) zu Yajña: 'Vāc ist ein Weib, rede sie an, sie wird dich zu sich rufen,' oder er selber dachte (*aikshata*): 'Vāc ist ein Weib, ich will sie anreden, sie wird mich zu sich rufen.' Er redete sie an (*úpāmantrayata*), sie aber sah ihn zuerst unwillig von fern an (*āsūyat*). Er aber sprach (*uvāca*) zu den Göttern: 'Sie hat mich unwillig von fern angesehen (*āsūyīt*).' 20. Die aber sprachen (*ūcus*): 'Rede sie nur an, sie wird dich rufen.' Er redete sie zum zweiten Male an (*úpāmantrayata*). Da antwortete (*uvāda*) sie ihm ganz verlegen. Er aber sprach (*uvāca*) zu den Göttern: 'Sie hat mir ganz verlegen geantwortet (*avādīt*).' 21. Die sprachen (*ūcus*): 'Rede sie nur an, sie wird dich rufen.' Er redete sie zum dritten Male an (*úpāmantrayata*). Da rief sie ihn zu sich (*juhuve*). Und er sprach (*uvāca*) zu den Göttern: 'Sie hat mich herangerufen (*ahvata*).'

8.

3, 2, 4, 2.

2. (Gâyatrî ward von den Göttern entsendet, um den Soma zu holen.) Als sie ihn heranbrachte, stahl (*páry amushṇāt*) ihn ihr der Gandharva Viçvāvasu. Die Götter merkten (*avidus*, Imperf. zu *vid*), der Soma ist verschwunden, deswegen gelangt er nicht zu uns, die Gandharven haben ihn gestohlen (*páry amoshishus*).

9.

3, 6, 2, 3 ff.

3. Kadrū und Suparṇī stritten mit einander und sprachen (*ūcatus*): Welche von uns beiden weiter in die Ferne sieht, die soll gewinnen. Gut. Da sprach (*uvāca*) Kadrū: 'sieh du in die Ferne.' 4. Suparṇī sprach (*uvāca*): 'am jenseitigen Ufer dieses Meeres steht (*sevate*) ein weisses Pferd an einem Pflock, das sehe ich, siehst du es auch?' 'Ja wohl.' Da sprach (*uvāca*) Kadrū: sein Schweif hängt herab (*ny àshaṅji*), den bewegt (*dhūnoti*) der Wind, den sehe ich. 6. Da sprach Suparṇī: wolan, wir beide wollen hinfliegen, um zu erkunden, wer von uns beiden Recht hat. Kadrū sprach (*uvāca*): fliege du, du wirst uns verkünden, wer von uns gewinnt. 7. Suparṇī flog (*papāta*). Und es war (*āsa*) so, wie Kadrū gesagt hatte (*uvāca*). Als sie nun mit dieser wieder zusammentraf, sprach Suparṇī zu ihr: du hast gewonnen (*ajaishīs*). Ich? Ja du.

10.

4, 1, 3, 1.

Als Indra gegen Vṛitra den Donnerkeil geschleudert hatte (*prajahára*), so entfloh er (*nilayám cakre*), indem er sich für zu schwach hielt und fürchtete, 'ich habe ihn nicht zu Boden gestreckt' (*astṛiṣhi*): vgl. Ait. Br. 3, 15 u. 16.

11.

4, 1, 5, 1 ff.

1. Als die Bhṛigus oder die Aṅgirasen des himmlischen Wohnsitzes theilhaftig wurden (*āçnuvata*), da blieb Cyavana der Bhṛigu oder der Aṅgirase altersschwach und wie ein Gespenst aussehend auf der Erde liegen (*jahe*). 2. Çaryāta Mānava nun wanderte gerade damals mit seiner Sippe umher (*cacāra*). Er liess sich dort in der Nähe nieder (*ni viviçe*). Seine Knaben nun warfen (*pipishus*) den alten wie ein

Gespenst aussehenden Mann zum Spass mit Koth, indem sie ihn für einen Strolch hielten. 3. Der aber fluchte (*cukrodha*) Çaryātas Leuten, er schuf (*cakāra*) ihnen Zwietracht. Der Vater haderte (*yuyudhe*) mit dem Sohne, Bruder mit Bruder. 4. Çaryāta nun dachte nach (*īkshām cakre*). Was habe ich gethan (*ákaram*), dass ich in dies Unglück gerathen bin (*ā́ apadi*)? Er liess (*uvāca*) die Rinderhirten und die Ziegenhirten zusammenrufen, und sprach (*uvāca*): 'Wer hat hier heute irgend etwas bemerkt (*adrākshīt*)?' Sie sprachen (*ūcus*): 'da liegt ein altersschwacher und wie ein Gespenst aussehender Mensch, den haben die Knaben, indem sie ihn für einen Strolch hielten, mit Koth geworfen (*vy àpikshan*). Da erkannte er (*vidām cakāra*), dass es Cyavana sei. 6. Er schirrte einen Wagen an, setzte seine Tochter Sukanyā darauf und eilte vorwärts (*prá sishyanda*). Er kam (*ā́ jagāma*) dahin, wo der Ṛishi war. 7. Und sprach (*uvāca*): 'Ṛishi, ich grüsse dich. Weil ich dich nicht kannte (*avedisham*), habe ich dich beleidigt (*ahiṅsisham*), hier ist Sukanyā, mit der will ich es wieder gut machen. Lass meine Sippe wieder einträchtig werden.' Da ward seine Sippe wieder einträchtig (*sám jajñe*). Und Çaryāta Mānava brach von dort auf (*úd yuyuje*), indem er dachte, 'damit ich ihn nur nicht wieder beleidige.' 8. Die Açvinen nun wandelten damals als Aerzte umher (*cerutus*). Die kamen (*upeyatus*) zu Sukanyā und wünschten (*ishatus*) ihre Liebe zu geniessen. Das gestand sie nicht zu (*jajñau*). 9. Die sprachen (*ūcatus*): 'Sukanyā, was liegst du da bei diesem altersschwachen gespenstisch aussehenden Manne, komm doch zu uns.' Sie aber sprach (*uvāca*): 'Wem mich mein Vater gegeben hat (*ádāt*), den verlasse ich nicht, so lange er lebt.' u. s. w.

12.

9, 5, 1, 12 ff.

12. Die Götter und Asuren, beide Nachkommen des Prajāpati, traten die Erbschaft ihres Vaters Prajāpati an (*ūpeyus*), nämlich die wahre und die unwahre Rede, die Wahrheit und die Unwahrheit, und so sprachen (*avadan*) sie denn beide sowohl die Wahrheit wie die Unwahrheit, und da sie ähnlich redeten, waren (*āsus*) sie einander auch ähnlich. Dann aber gaben die Götter die Unwahrheit auf und behielten (*anu lebhire*) nur die Wahrheit, die Asuras dagegen gaben die Wahrheit auf und behielten (*anu lebhire*) nur die Unwahrheit. 14. Da dachte (*īkshām cakre*) die Wahrheit, die bei den Asuren gewesen war (*āsa*): 'Die Götter haben die Unwahrheit aufgegeben und nur die Wahrheit behalten (*anu' lapsata*), wohlan, ich will dahin gehen. Und

sie ging (*á jagâma*) zu den Göttern. 15. Dagegen die Unwahrheit, die bei den Göttern gewesen war (*ása*), dachte (*ikshâm cakre*): 'Die Asuren haben die Wahrheit aufgegeben und nur die Unwahrheit behalten (*anvá' lapsata*), wohlan, ich will dahin gehen.' Und sie ging (*á jagâma*) zu den Asuren. Von der Zeit an sprachen (*avadan*) die Götter nur die Wahrheit und die Asuren nur die Unwahrheit.

13.

10, 1, 3, 1 ff.

1. Prajâpati schuf (*asṛijata*) die Geschöpfe. 2. Von diesem Prajâpati war (*âsît*) die eine Hälfte sterblich, die andere unsterblich. Und mit dem Theile, der sterblich war (*ásît*), fürchtete er sich (*abibhet*) vor dem Tode und aus Furcht floh er (*prâviçat*) auf die Erde. Der Tod sprach (*abravît*) zu den Göttern: 'Wo ist denn der geblieben (*abhût*), der uns geschaffen hat (*ásṛishṭa*)?' 'Der ist auf die Erde geflohen (*prâvikshat*).'

14.

11, 5, 1, 2.

Urvaçî wohnte (*uvâsa*) lange bei Purûravus. Sie wurde (*âsa*) sogar schwanger von ihm. So lange wohnte (*uvâsa*) sie bei ihm. Da sprachen (*sám ûdire*) die Gandharvas: 'Diese Urvaçî hat nun schon allzu lange unter den Menschen gewohnt (*avâtsît*). Denket darauf, dass sie wieder herkomme.'

15.

11, 6, 2, 5.

(Janaka Vaideha hatte eine Unterredung mit einigen Brahmanen über die Art, wie jeder von ihnen das Agnihotra darbringe. Er entschied, dass Yâjñavalkya der Wahrheit am nächsten gekommen sei, und fuhr davon.) Die Brahmanen sprachen (*ûcus*): Dieser Râjanya hat uns im Disputiren überwunden (*áty avâdît*)? Wohlan, wir wollen ihn zu einem Räthselspiel herausfordern. Yâjñavalkya sprach: 'Wir sind Brahmanen, er ist ein Râjanya. Gesetzt wir besiegen ihn, so würden wir sagen: 'wen haben wir besiegt (*ajaishma*)'? Gesetzt aber, er besiegte uns, so würde man uns nachsagen, ein Râjanya hat Brahmanen besiegt (*ajaishît*).' Das sahen sie ein (*jajñus*).

16.

14, 8, 2, 1.

1. tráyâḥ prâjâpatyâḥ prajâpatau pitári brahmacáryam ûshur devá manushyà ásurâḥ. 2. ushitvá brahmacáryam devá ûcuḥ: brávîtu no

bhávān íti. tébhyo hai 'tád aksháram uvāca da íti, vy ȧjñāsishṭā? íti. vy ȧjñāsishmé' ti ho' cur dáṃyaté' ti na ātthé' ty. óm íti ho' vāca vy ȧjñāsishṭé' ti. u. s. w.

Die drei Geschöpfe Prajāpatis waren bei ihrem Vater Brahmanenschüler, die Götter, die Menschen und die Asuren. 2. Nachdem sie ausgelernt hatten, sagten die Götter: 'Sage uns etwas.' Und er nannte ihnen die Silbe da und sprach: 'habt ihr verstanden?' 'Wir haben verstanden, antworteten sie, du sagst zu uns: (*dāmyata*) seid milde.' 'So ist es,' antwortete er, 'ihr habt verstanden.' (Auch den Menschen und Asuren nennt Pr. die Silbe da. Für die ersteren bedeutet sie datta, für die letzteren dayadhvam.)

17.

14, 9, 1, 1 ff.

1. Çvetaketu Āruṇeya kam (*jagāma*) zur Versammlung der Pañcalas. Er kam (*jagāma*) zu Jaivali Pravāhaṇa. Als dieser sah, wie Çvetaketu verehrt wurde, redete (*uvāda*) er ihn an: 'Jüngling!' Der antwortete (*práti çuçrāva*): 'Herr!' 'Bist du von deinem Vater unterrichtet worden?' 'Ja' antwortete (*uvāca*) Çvetaketu. 2. 'Weisst du, wie es kommt, dass diese Geschöpfe zerfallen, wenn sie sterben?' 'Nein,' antwortete (*uvāca*) er. 'Weisst du, wie es kommt, dass sie wieder auf die Erde kommen?' 'Nein,' antwortete (*uvāca*) er. 'Weisst du, wie es kommt, dass die Erde von den immer wieder sterbenden Geschöpfen zuletzt nicht ganz überfüllt wird?' 'Nein,' antwortete (*uvāca*) er. 3. 'Weisst du, bei der wievielten Libation die Wasser Menschenstimme annehmen, sich erheben und reden?' 'Nein,' antwortete (*uvāca*) er. 'Weisst du denn vielleicht etwas von dem Zugang zum Pfade der Götter oder Manen, und was man thun muss, um zum Pfade der Götter oder Manen Zutritt zu erlangen?' 4. Wir haben ja auch das Wort des Dichters gehört:

dvé srutī açriṇavam pitṝṇām
ahám devānām utá mártyānām,
tābhyām idáṃ víçvam éjat sám eti,
yád antarā pitáram mātáram ca.

'Ich weiss von allem dem auch nicht eines,' antwortete (*uvāca*) er. 5. Darauf lud Jaivala ihn ein (*upamantrayām cakre*), die Nacht zu bleiben, aber das Nachtlager verschmähend, eilte (*dudrāva*) der Jüngling hinweg, ging (*jagāma*) zu seinem Vater und sprach (*uvāca*): 'Also in diesem Sinne hast du mich vorhin (*purā*) als unterrichtet bezeichnet (*avocas*)?' 'Was meinst du, mein kluger Sohn?' 'Ein

Râjanyabandhu hat mich fünf Fragen gefragt (*aprâkshît*), von denen weiss ich keine zu beantworten,' sagte er (*uvâca*). 'Welches waren denn die Fragen?' 'Diese,' sagte er und nannte (*udâ jahâra*) ihm die Anfangsworte. 6. Der Vater sprach (*uvâca*): 'So weit wirst du mich doch kennen, mein Lieber, dass ich dir alles gesagt habe (*avocam*), was ich weiss. Wohlan, wir wollen zu jenem Râjanyabandhu gehen, und seine Schüler werden.' — 'Gehe du.'

7. Da ging (*jagâma*) Gautama dorthin, wo die Wohnung des Pravâhaṇa Jaivali war. Der bot ihm einen Sitz an, und liess ihm Wasser bringen (*âhârayâṃ cakâra*). 8. Und sprach (*uvâca*): 'ich stelle dem Herrn Gautama einen Wunsch frei.' Der antwortete (*uvâca*): 'das nehme ich an und wünsche mir: das Wort was du zu meinem Sohne gesprochen hast (*abhâshathâs*), das sage mir.' 9. Der sprach (*uvâca*): 'Dies sind Wünsche für Götter, wähle du etwas für Menschen.' 10. Gautama sprach (*uvâca*): 'Es ist bekannt, mir sind Gold, Rind und Ross, Sclavinnen, Decken und Kleider zugefallen. Sei du nun nicht karg mit dem vielen, was endlos und unbegränzt ist.' Der antwortete: 'o Gautama, erstrebe es auf die richtige Weise.' Da sprach Gautama: 'so trete ich bei dir als Schüler ein.' [Denn unsere Vorfahren traten durch die blosse Willenserklärung als Schüler ein (vâcâ ha smaiva pûrva ûpa yanti).] 11. Als Çvetaketu das Wort 'Eintreten' hörte, sprach er (*uvâca*): 'Mögest du und deine Vorfahren es uns nicht verübeln, o Gautama, dass dieses Wissen bis jetzt noch keinem Brahmanen inne gewohnt hat (*uvâsa*); dir aber will ich es verkünden, denn wer könnte dir etwas abschlagen, wenn du so redest?'

Es ist in sprachlicher Beziehung interessant, mit dieser Erzählung aus dem Ç. B. dieselbe Erzählung aus Chândogya-Upanishad bei Muir[2] 1, 435 zu vergleichen.

Aus dem Aitareya-Brâhmaṇa.

18.

1, 23.

Die Götter und die Asuras kämpften (*sam ayatanta*) in den Welträumen. Die Asuren machten sich (*akurvata*) die Welträume zu Festungen, wie kriegerische Grosse. So machten (*akurvata*) sie die Erde zu einer ehernen Festung, die Luft zu einer silbernen, den Himmel zu einer goldenen. Auf diese Weise machten (*akurvata*) sie die Welträume zu Festungen. Die Götter sprachen (*abruvan*): 'Zu Festungen haben diese Asuren die Welträume gemacht (*akrata*). Lasst uns die Welträume zu Gegenfestungen machen.'

19.

2, 11.

Durch das Opfer gelangten (*āyan*) die Götter in den Himmel. Sie fürchteten (*bibhayus*) 'wenn die Menschen und Ṛishis dieses unser Opfer sehen, so werden sie nach uns den Weg finden.' Darum verbargen (eig. verwischten, *ayopayan*) sie es durch den yūpa (den Opferpfosten). Davon, dass sie es durch den yūpa verbargen (*ayopayan*), hat dieser den Namen yūpa. Nachdem sie diesen mit der Spitze nach unten eingerammt hatten, stiegen sie (*ud āyan*) gen Himmel. Da kamen (*abhy āyan*) die Menschen und die Ṛishis zur Opferstätte der Götter, indem sie dachten 'wir wollen etwas von dem Opfer suchen, um den Weg zu finden.' Sie fanden (*avindan*) den yūpa mit der Spitze nach unten eingerammt. Da merkten (*avidus*) sie: 'mit diesem haben die Götter das Opfer verborgen' (*ayūyupan*).

20.

3, 33.

Prajāpati gelüstete es (*abhy adhyāyat*) nach seiner Tochter.... Er als Gazellenbock beschlief (*abhy ait*) sie als Gazellenweibchen. Ihn erblickten (*apaçyan*) die Götter und dachten 'unerhörtes thut (*karoti*) Prajāpati.' Sie suchten (*aichan*) jemand, der ihn strafen könnte. Einen solchen fanden (*avindan*) sie unter sich nicht. Welches nun unter ihnen die grausigsten Erscheinungen waren (*āsan*), die brachten sie zusammen (*sam abharan*). Aus ihrer Vereinigung entstand (*abhavat*) jener Gott (d. i. Rudra).... Zu dem sprachen (*abruvan*) die Götter: 'dieser Prajāpati hat unerhörtes gethan (*akar*), schiess auf ihn.'

21.

3, 45.

Das Opfer lief von den Göttern weg (*ud akrāmat*) zur Opferspeise. Die Götter sprachen: 'das Opfer ist von uns weggelaufen (*ud akramit*) zur Opferspeise.'

22.

5, 14.

Den Nābhānedishṭha Mānava, der ein Brahmanenschüler war, schlossen seine Brüder bei der Besitztheilung aus (*nir abhajan*). Er kam zu ihnen und sprach (*abravīt*): 'Was habt ihr mir zugetheilt (*abhakta*)?' Sie antworteten (*abruvan*): 'Hier diesen entscheidenden Richter' (ihren Vater).... Er ging zum Vater und sprach (*abravīt*):

'Dich, o Väterchen, haben sie mir zugetheilt (*abhākshus*).' Da sprach (*abravīt*) der Vater zu ihm: 'Lieber Sohn, lass dich das nicht kümmern. Die Angirasen hier halten ein Somaopfer, um in den Himmel zu gelangen. Sie gerathen jedesmal in Verwirrung, wenn sie zum sechsten Tage kommen. Lehre sie am sechsten Tage diese beiden Hymnen (RV. 10, 61 u. 62). Dann werden sie dir, wenn sie zum Himmel gehen, das Tausend (an Rindern?) geben, was zur Opferausrüstung dient.' 'Gut.' Er ging (*upa ait*) also zu ihnen und sprach: 'nehmt den Mānava auf, ihr Weisen.' Sie sprachen (*abruvan*) zu ihm: 'Was wünschest du, dass du so redest?' 'Ich will euch den sechsten Opfertag lehren,' sagte er (*abravīt*), 'dann sollt ihr mir, wenn ihr zum Himmel geht, das Tausend geben, was zur Opferausrüstung dient.' 'Gut.' Da lehrte er (*açansayat*) sie diese beiden Hymnen am sechsten Tage, und darauf fanden (*ajānan*) sie das Opfer und den Himmel .... Indem sie nun zum Himmel gingen, sprachen sie (*abruvan*): 'Hier ist dein Tausend, o Brāhmaṇa.' Als er nun dies sammelte, sprach (*abravīt*) ein Mensch in schwärzlichem Gewande von oben her (?) auf ihn zukommend: 'mir gehört dies, mir gehört was übrig bleibt.' 'Aber mir haben sie es gegeben' (*adus*), antwortete (*abravīt*) Mānava. 'So gehört es uns beiden, dein Vater soll entscheiden.' Er ging (*ait*) zu seinem Vater. Der sprach zu ihm: 'Haben sie es dir denn nicht gegeben' (*adus*)? 'Freilich haben sie es mir gegeben' antwortete (*abravīt*) er, 'aber ein Mensch in schwärzlichem Gewande von oben her herankommend, sagte 'mir gehört es, mir gehört was übrig bleibt,' und nahm es mir weg (*ādita*).' Der Vater sprach (*abravīt*) zu ihm: 'jenem, o Sohn, gehört es, aber er wird es dir geben.' Er kehrte zurück und sprach (*abravīt*): 'dir, o Herr, gehört dieses hier, so sagt (*āha*) mein Vater.' Der sprach (*abravīt*): 'Aber ich gebe es dir, weil du die Wahrheit gesprochen hast (*avādīs*).'

23.

7, 14. (Aus der Geschichte von Çunaḥçepa.)

Hariçcandra ging zum König Varuṇa (*upa sasāra*): 'Ein Sohn werde mir geboren, den will ich dir opfern.' 'Gut.' Ihm wurde ein Sohn geboren (*jajñe*), Rohita mit Namen. Da sprach (*uvāca*) Varuṇa zu ihm: 'Jetzt ist dir ein Sohn geboren (*ajani*), opfere ihn mir.' Er antwortete (*uvāca*): 'Wenn das Opferthier zehn Tage alt ist, dann ist es opferfähig. Lass ihn zehn Tage alt werden, dann will ich ihn dir opfern.' 'Gut.' Nun war er (*āsa*) zehn Tage alt. Varuṇa sprach (*uvāca*): 'Jetzt ist er zehn Tage alt geworden (*abhūt*), opfere ihn mir.'

Der antwortete (*uvāca*): 'Wenn dem Opferthier die Zähne wachsen' u. s. w. Die Zähne wuchsen ihm (*jajñire*). Da sprach (*uvāca*) Varuṇa zu ihm: 'Die Zähne sind ihm gewachsen (*ajñata*)' u. s. w. Der antwortete (*uvāca*): 'Wenn dem Opferthier die Zähne ausfallen' u. s. w. Die Zähne fielen ihm aus (*pedire*). Da sprach (*uvāca*) Varuṇa: 'Jetzt sind ihm die Zähne ausgefallen (*apatsata*)' u. s. w.

Die angeführten Sätze lehren über den Gebrauch der Tempora im Brāhmaṇastil Folgendes:

Der Aorist.

Durch den Aorist wird dasjenige bezeichnet, was der Redende selbst erlebt hat, oder wovon er annimmt, dass der Angeredete es erlebt hat.

Selten ist die Anwendung des Aorists ausserhalb des Gesprächs (z. B. 4), sein eigentliches Gebiet ist die direkte Rede. Ausserordentlich häufig ist der Fall, dass ein Ereigniss im Perf. oder Imperf. erzählt und dann sofort von einem Augenzeugen durch den Aorist als eben erlebt charakterisirt wird, z. B.: das Opfer entlief (Impf. *akrāmat*) den Göttern, da sagten die Götter 'das Opfer ist uns entlaufen (Aorist *akramīt*).'

Nicht immer aber ist der Zeitraum zwischen Vorfall und Wiedergabe desselben durch den Aorist so gering wie in diesem und vielen anderen Fällen. Es geschieht häufig, dass lediglich das Selbsterlebte durch den Aorist bezeichnet wird, ohne Rücksicht darauf, ob der Vorfall als eben oder früher geschehen zu denken ist, z. B. in 2 ist durch den Aorist nicht nothwendig ausgedrückt, dass der Vorfall, den jemand bezeugt, so eben sich ereignet hat. Er kann auch vor Jahren eingetreten sein. So kann es auch nicht Wunder nehmen, wenn bei dem Aorist gelegentlich purā erscheint, was im Veda nicht geschieht. Ein Beispiel dafür findet sich Nr. 17, wo der Sohn dem Vater den Vorwurf macht, du hast mir doch früher das und das gesagt, und das trifft jetzt nicht zu.' Alles Gewicht liegt hier darauf, dass der Sohn in der Erinnerung des Vaters etwas wachrufen will, er will ihm nicht etwa etwas erzählen, sondern nur ihn an das erinnern, was sie beide erlebt haben.

Ueber den Gebrauch des Aorists bei jyók lange s. S. 87.

Dieser Gebrauch des Aorists ist so fest, dass — so viel ich sehe — keine Abweichung davon vorkommt. Niemals steht der Aorist in

erzählendem Sinne, wie etwa das Imperfectum oder Perfectum. Zwar ist der Aorist gelegentlich so aufgefasst worden, doch diese Auffassung dürfte zu corrigiren sein. Z. B. übersetzt Muir 4, 339 die Worte (Çat. Br. 6, 1, 3, 7) ábhūd vā iyáṃ pratishṭhéti tád bhū́mir abhavat folgendermassen 'this foundation existed. It became the earth,' aber der Zusammenhang zeigt, dass anders zu übersetzen ist. In den vorhergehenden Versen ist erzählt, wie aus Prajāpatis Schweiss die Wasser, daraus der Schaum, daraus Staub, Gries u. s. w. entstehen, dann folgen die angeführten Worte, die durch íti als Prajāpatis Gedanke gekennzeichnet und also folgendermassen zu übersetzen sind: indem er dachte 'hiermit ist nun eine Grundlage entstanden,' entstand die Erde. Dabei ist zugleich nach Art der Brāhmaṇas ein armseliges Wortspiel beabsichtigt.

Dieser Gebrauch des Aorists übrigens ist so unverkennbar, dass er jedem auffallen muss, der die Brāhmaṇas liest. Eine gedruckte Andeutung darüber finde ich nur bei Weber, Ind. Stud. 13, 114. Bisweilen erscheint auch im Brāhmaṇastil der zeitlose Gebrauch.

Das Präsens.

Das Präsens mit sma steht im Sinne der Vergangenheit, jedoch — so viel ich sehe — nicht so, dass damit ein einmaliges vergangenes Ereigniss bezeichnet würde. Vielmehr drückt das Präsens mit sma dasjenige aus, was sich öfters, besonders was sich gewohnheitsmässig ereignet hat.

Dafür führe ich einige Belege an aus einer mir vorliegenden ziemlich grossen Zahl.

12, 3, 5, 1.

Dem Savitar opferten (*ha sma â labhante*) unsere Vorfahren dieses Opferthier, jetzt (opfert man es) dem Prajāpati, indem man sagt 'Prajāpati ist dasselbe wie Savitar.'

1, 2, 4, 9.

Die Götter und die Asuren, beide Nachkommen des Prajāpati, stritten (*paspṛidhire*). So oft aber die Götter die Asuren besiegten, (*yád ha sma jáyanti*), so traten sie ihnen doch wieder entgegen (*táto ha sma púnar úpó tishṭhanti*). Die Götter sprachen (*ûcus*): 'wir besiegen (*jáyāmas*) die Asuren und doch treten sie uns wieder entgegen (*úpó tishṭhanti*). Wie könnten wir sie unwiderruflich besiegen?'

Da sprach (*uvâca*) Agni: 'indem sie nach oben fliehen, befreien sie sich (*mucyante*).' Denn (in der That) befreiten sie sich (*ha sma mucyante*), wenn sie nach oben flohen.

1, 6, 2, 3.

Denn durch Bemühung eroberten (*ha sma jayanti*) die Götter das was für sie erreichbar war (*âsa*). Aehnliche Wendungen sind häufig z. B. 2, 4, 3, 3.

2, 3, 4, 4.

Die beiden, Menschen und Götter, bildeten (*âsus*) im Anfang gemeinsam diese Welt. Was nun die Menschen nicht hatten (*ha sma nâ bhavati*), um das baten (*ha sma yâcante*) sie die Götter. Und aus Zorn über diese Forderung sind denn die Götter verschwunden (*tirobhûtâs*).

2, 2, 2, 8.

Die Götter und die Asuren, beide Nachkommen des Prajâpati, stritten (*paspṛdhire*), beide waren (*âsus*) seelenlos, denn sie waren (*âsus*) sterblich (seelenlos nämlich ist dasselbe wie sterblich). Bei diesen beiden sterblichen Parteien war (*âsa*) Agni als unsterblicher. Von diesem unsterblichen nun hatten beide das Leben (*tám ha sma ubhâye úpa jîvanti*), und wen von den Asuren die Götter tödteten, der lebte wieder auf (*sá yáṃ ha smaishâṃ ghnánti tád dha sma vai sá bhavati*). Da blieben (*pári çiçishire*) die Götter im Nachtheil. . . .

Dass derselbe Gebrauch in den oben angeführten Stellen vorliegt, ist klar bei 1. Ebenso 3 (denn der Priester hat sich natürlich nicht mit einmaliger Anrede beruhigt), ferner bei 17, 11 und vermuthlich auch 6, 7.

Dasselbe lässt sich übrigens auch anderwärts beobachten, z. B. T. S. 5, 4, 7, 3. 6, 2, 10, 4. 6, 6, 1, 2. Oefters steht auch *purâ* dabei, z. B. 1, 4, 1, 16:

(Agni überzog alle Flüsse), aber ein Fluss Namens Sadânîrâ fliesst vom nördlichen Gebirge herab, den überschritt (*áti dadâha*) er nicht mit seiner Flamme. Den überschritten früher auch die Brâhmana nicht (*tâṃ ha sma purâ brâhmaṇâ ná taranti*) indem sie sagten 'er ist von Agni Vaiçvânara nicht überschritten.'

2, 1, 2, 4.

Die Plejaden waren (*âsus*) im Anfang (*ágre*) die Frauen der Bären. Die sieben Rishis nämlich nannte man früher Bären (*ha sma vai purâ* [illegible] *âcakshate*).

Aehnlich 1, 1. 4, 13 und öfters.

Im ṚV. findet sich für das Präsens mit sma mit der Bedeutung der Vergangenheit kein durchaus sicheres Beispiel. Auch sma purā mit praes. hat eine etwas abweichende Bedeutung, insofern ich mit Grassmann finde, dass es bedeute 'jetzt wie auch zuvor,' z. B. yé sma purā gātūyánti bedeutet 'welche jetzt wie einst Bahn schaffen.'

Wie sich übrigens die im Brāhmaṇastil vorliegende Bedeutung des Präsens mit sma entwickelt hat, ist mir nicht recht verständlich und bedarf noch weiterer Untersuchung.

Das Imperfectum und Perfectum.

Das Perf. hat im Brāhmaṇastil nur den Sinn eines Tempus der Vergangenheit, nicht mehr den eines Tempus praesens, wie im ṚV. Das Imperfectum erzählt im Br., wie im ṚV.

Ob ein Unterschied zwischen dem Gebrauch des Perfectums und des Imperfectums sich im Br. nachweisen lässt, darüber vermag ich mir bis jetzt ein sicheres Urtheil nicht zu bilden.

Es wird Sache einer vom ṚV. bis zu den Br. herabgehenden mit statistischer Genauigkeit geführten Untersuchung sein, darüber Klarheit zu schaffen.

Schlussbetrachtung.

Die wesentlichsten Resultate der vorstehenden Arbeit sind folgende:

Der Indicativ des Aorists erscheint im V. an den weitaus meisten Stellen in dem Sinne, dass er das eben Geschehene bezeichnet, doch kommt auch der erzählende und der zeitlose Gebrauch vor. Im Br. habe ich den zweiten Gebrauch nicht gefunden, den dritten sehr selten; der erste herrscht fast allein, jedoch eigenthümlich ausgeprägt. Der Aorist im Br. berichtet nämlich vorwiegend das von dem Redenden selbst Erlebte.

Der Indicativ des Präsens wird im V. ebenso gebraucht, wie im Griechischen. Bisweilen erscheint er in lebhafter Erzählung. Einer besonderen Nüance der Erzählung, nämlich dem Bericht über etwas wiederholt Geschehenes, dient das Präsens mit sma im Br.

Das Imperfectum erzählt etwas Vergangenes. Es ist das Tempus der Schilderung. Doch ist diese specielle Bedeutung nicht überall deutlich zu erkennen. Schon früh erscheint das Imperf. als Tempus der Vergangenheit promiscue mit dem Perfectum gebraucht.

Der Ind. des Perfectums zeigt im V. mannichfaltige Anwendung. Er erscheint im Sinne eines intensiven Präsens, sodann um etwas in der Gegenwart Vollendetes zu constatiren, endlich als Tempus der Vergangenheit. Im Br. finden sich die beiden erstgenannten Gebrauchsweisen nicht mehr.

Auch vom Perfectstamme wird ein Augmenttempus gebildet, das wir mit altem Namen Plusquamperfectum nennen, das aber natürlich nicht den Sinn der Vorvergangenheit hat, sondern erzählend oder aoristisch gebraucht wird.

Ueber das Futurum finde ich nur zu bemerken, dass es wie das griechische gebraucht wird. Der Unterschied zwischen dem Futurum, welches angiebt, was geschehen wird, und dem Conjunctiv, welcher angiebt, was geschehen soll, ist deutlicher im Br., als im V.

Somit sind im Altindischen die Tempora deutlich von einander gesondert, nur das Perfectum und Imperfectum beginnen schon im V. zusammenzufliessen, und scheinen im Br. gleichbedeutend geworden zu sein.

Das Stück Sprachgeschichte, was hiermit vorgeführt ist, bedarf nun der Weiterführung nach zwei Seiten hin.

Wenn der Gebrauch des Iranischen und Griechischen mit dem hier vorliegenden verglichen sein wird, wird es Zeit sein, die Grundbegriffe der Tempusstämme zu suchen. Dann erst wird sich z. B. ergeben, wie die drei Gebrauchsweisen des Aorists sich historisch zu einander verhalten, und dann erst wird namentlich der Gebrauch, den ich einstweilen (obwohl mir Curtius' Polemik gegen diesen Ausdruck bekannt war) als 'zeitlos' bezeichnet habe, verständlich werden.

Ferner wird es im Interesse der Sanskritsyntax nöthig werden, die Lücken, die hier gelassen sind, auszufüllen, und die geschichtliche Darstellung fortzusetzen. Wer es z. B. unternähme, eine vollständige Syntax des Çatapatha-Brāhmaṇa auszuarbeiten, würde dem hier Gegebenen manchen interessanten Zug hinzufügen können.

Verzeichniss der angeführten Stellen des Ṛigveda.

(Die nebenstehenden Zahlen bezeichnen die Seiten.)

1. Buch.

4, 5 ... 67
6, 6 ... 26
7, 1 ... 24
9, 4 ... 50
11, 1 ... 65
11, 5 ... 7
11, 5 ... 51
11, 5 ... 79
11, 5 ... 98
11, 8 ... 24
14, 1-2. 5 ... 50
20, 1 ... 51
20, 2 ... 67
20, 4 ... 70
20, 6 ... 69
23, 20 ... 9
23, 20 ... 81
24, 6 ... 104
24, 8 ... 68
25, 10 ... 105
30, 16 ... 77
31, 18 ... 106
32 ... 89
32 ... 107
32, 1 ... 101
32, 3 ... 94
32, 6 ... 51
32, 8 ... 113
32, 15 ... 104
33 ... 20
33, 3 ... 94
33, 8 ... 94
33, 10 ... 51
33, 10 ... 78
33, 11 ... 86
33, 12 ... 51
33, 12 ... 43
33, 13 ... 78
33, 15 ... 68
33, 15 ... 70
35, 5 ... 72
35, 7. 8 ... 71
37, 10 ... 75
39, 6 ... 79
39, 6 ... 80
45, 4 ... 50
45, 6 ... 86
46, 11 ... 54
48, 7 ... 79
48, 8 ... 103
48, 14 ... 107
49, 4 ... 50
50, 9 ... 79
50, 10 ... 73
51, 10. 11 ... 90
51, 13 ... 91
51, 15 ... 58
52, 13 ... 28
54, 1 ... 67
54, 10 ... 98
56, 1 ... 34
59, 5 ... 104
61, 16 ... 70
62, 18 ... 86
63, 9 ... 61
65, 5 ... 70
70, 8 ... 58
71, 1 ... 75
74, 1-3 ... 53
74, 4-5 ... 104
77, 5 ... 48
78, 5 ... 66
80, 8 ... 80
80, 16 ... 73
82 ... 22
82, 2 ... 64
84, 1 ... 60
84, 5 ... 32
85, 2 ... 67
88, 4 ... 74
89, 5 ... 53
89, 6 ... 99
92 ... 38
92, 2 ... 81
92, 5 ... 64
92, 6 ... 61
92, 11 ... 56
94, 11 ... 80
96, 1 ... 95
103, 1 ... 112
104, 1 ... 51
104, 7 ... 55
109, 2 ... 80
109, 1 ... 71
110, 6 ... 85
112, 16 ... 112
113, 3 ... 103
113, 4 ... 63
113, 4 ... 71
113, 1. 2. 16 ... 79
113, 7 ... 54
113, 11 ... 106
113, 13 ... 107
113, 13 ... 112
113, 15 ... 80
113, 16 ... 73
114, 9 ... 67
114, 11 ... 66
116, 1 ... 28
116, 13 ... 91
116, 17 ... 98
116, 18-20 ... 82
116, 25 ... 66
117, 7 ... 111
117, 7. 8 ... 91
117, 25 ... 66
118, 9 ... 91
119, 2 ... 95
120, 9 ... 83
121, 8 ... 77
122, 7 ... 73
122, 12 ... 66
123 ... 11
123, 1 ... 57
123, 2 ... 56
124 ... 46
124, 3. 4 ... 54
124, 8 ... 79
125, 3 ... 81
125, 3 ... 100
126, 1 ... 97
126, 2 ... 77
127, 6 ... 77
130, 6 ... 16
135, 1-6 ... 34
136, 2 ... 34
136, 2 ... 56
139, 4 ... 53
140, 6 ... 105
141, 13 ... 60
143, 1-2 ... 83
144, 2 ... 26
144, 3 ... 34
144, 4 ... 54
144, 5 ... 77
145, 3 ... 94
145, 5 ... 81
151, 6 ... 26
153, 3 ... 103
155, 6 ... 65
157, 1 ... 38
157, 1 ... 47
157, 1 ... 56
161, 7 ... 82
161, 13 ... 71
161, 2 ... 72
161, 5 ... 81
161, 13 ... 64
161, 18 ... 81
162, 7 ... 55
163, 2 ... 75
163, 7 ... 61
163, 7 ... 65
164, 7 ... 78
164, 17 ... 80
164, 33 ... 77
165, 13 ... 105
168, 9 ... 82
169, 8 ... 79
174, 8 ... 74
175, 1 ... 56
179 ... 72
181, 1 ... 70
181, 6 ... 74
181, 7 ... 60
182, 8 ... 66
183, 6 ... 16
183, 6 ... 55
184, 5 ... 51
185, 10 ... 66
187, 6 ... 52
187, 6 ... 42
187, 11 ... 106
189, 8 ... 66
191 ... 42
191, 4 ... 44
191, 4 ... 83
191, 9 ... 66
191, 13 ... 74
191, 16 ... 81

2. Buch.

4, 2 ... 94
4, 5 ... 97
5, 4 ... 54
11, 7 ... 28
11, 7 ... 39
11, 7 ... 49
11, 7 ... 51
11, 8 ... 71
11, 12 ... 78
11, 16 ... 73
11, 20 ... 80
12 ... 109
14 ... 109
15 ... 95
16 ... 110
15, 4 ... 76
15, 7 ... 81
17, 3 ... 89
17, 4 ... 82
19, 1-7 ... 55
20, 4 ... 112
21, 5 ... 67
22, 3 ... 95
23, 5 ... 104
23, 18 ... 98
24, 14 ... 84
27, 11 ... 104
28, 4 ... 104
30, 10 ... 78
31, 7 ... 86
35, 1 ... 45
35, 15 ... 83
36, 1 ... 18
36, 1 ... 43
37, 4 ... 78
37, 4 ... 84
38, 3 ... 64
38, 3 ... 79
38, 8 ... 68
39, 4. 5 ... 77
39, 8 ... 70
41, 1-2 ... 57

3. Buch.

2, 7-10 ... 94
4, 4 ... 51

4, 4 69
5, 1 57
6, 3 55
8, 9 74
14, 2 57
21, 4 74
23 32
26, 4 39
26, 8 70
26, 10 44
29, 13 68
29, 14 86
29, 16 99
30, 20 70
31, 10 94
31, 14 73
32, 10 95
33 36
33. 2 80
33, 10 106
34, 12 16
34, 9. 10 110
34. 10 83
35, 1 106
35, 8 70
36, 3 95
37, 10 72
38, 5 82
39, 3 82
41, 1-2 106
41, 2 79
42, 3 74
47, 3 94
48 110
48, 2 95
48, 3 81
51, 1 24
53, 6 78
53, 13 39
54, 6 81
55. 8 70
56, 2 74
56, 4 57
56, 4 81
60. 1 103
59. 4 51
59, 4 14
59, 8 104
59, 9 68
60, 2 86
61 56

4. Buch.

1, 12 67
1, 16 27
1, 16 51
1, 18 72
2, 18 71
2, 19 68
2, 20 66
3, 9 103
3, 16 44
5, 5 75
5, 12 73
6, 1-2 59
6, 11 51
8, 5 103
13, 1 71
13, 4 77
14. 2 28
15, 1-3 8
16, 5 73
16, 20 63
16, 21 51
17, 6. 7 77
18, 3 81
18, 5 68
18. 5 80
18, 8 98
18. 11 81
19, 7 77
20. 9 71
24, 8 65
24, 9 113
25, 1 105
26, 1-3 90
26. 5 60
26, 7 98
27, 2 98
30, 10-11 89
30, 15. 18 42
30, 15. 18 51
31, 5 30
32, 9 24
33, 7 98
33, 9 85
34, 1-4 52
34, 4 106
34, 11 64
35 68
35. 5 76
35, 7 95
38, 9 84
39, 6 7
41, 9 73
42, 9 110
44, 6 73
45, 7 66
47, 1 57
51, 7 112
52 31
52, 1 54
52, 5 17
52, 5 28
52, 5 28
52, 6 79
53 63
53, 7 72
55, 5 79

5. Buch.

1, 1-2 51
1, 1. 2 57
2, 8 74
1, 3 98
1, 12 60
2, 4 74
2. 7 44
2, 11 86
2, 12 65
3, 8-12 76
3. 12 58
5, 4 21
6, 8 82
11 12
12 23
15, 5 80
21, 3 70
25, 6 103
25. 9 107
29 91
29, 6 90
29, 10 68
29. 11 95
29. 14 86
30, 2 113
30, 8 70
30, 9 71
30, 11 91
30, 12-15 10
30, 13 113
30, 14 83
30, 15 77
32. 2 95
32, 1-3 13
32, 3 51
32. 6 77
32, 8 82
40, 6 10
40, 9 77
41, 10 48
43, 6 60
43, 7 50
43, 9 18
44, 14 73
45, 5 82
45, 10 98
46. 1 79
52, 1-6 45
53, 1 112
55. 1 42
59 62
60, 3 103
60, 3 101
61. 1 105
73, 10 66
75, 9 55
75, 9 57
77, 2 79
80, 6 69
81, 2 47
81, 2 71
83, 10 68
83, 10 84
85, 2 94
85, 2 111
85, 8 107

6. Buch.

1, 1-2 83
8, 1-4 95
10, 3 109
11, 4 64
15, 19 68
16, 19 52
16, 38 73
20, 3 77
20, 4 113
23, 10 61
27, 1 112
27, 7 76
28 69
31, 1 77
31, 3 97
34, 4 57
34, 5 58
37, 2 73
38, 1 78
39 94
39, 1 77
40, 2 81
41, 1-3 52
44, 8 70
44, 7 74
44, 8. 16 56
44, 10 78
44. 21-24 94
45, 11 112
45, 13 78
47, 3 97
47, 20 73
47, 22-25 10
51, 15. 16 73
53, 1 79
55, 5 81
57, 2 83
59, 6 74
60, 7 25
61 91
61, 9 75
63, 1 84
63, 3 52
63, 7 60
64, 2. 6 66
66, 1 102
66, 3 77
66, 11 80
67, 6 75
69, 8 71
69, 7 73
71 33
71, 6 64
71, 5 85

7. Buch.

7, 4. 5 16
7, 4 55
7, 5 50
8. 1 59
8, 1-2 68
9, 1 57
9, 4 85
10, 1-2 58
10, 1 61
12, 1 73
18, 8 97
18, 24 98
20, 1-3 6
18, 1 84
20, 9 61
20, 9 7
21, 1 60
23, 1 67
24, 1 51
24, 5 55
26, 3 107
28, 3 65
33, 5 80
33, 11 94
34, 7 67
34, 14 56
36, 1-3 61
38, 1 101
56, 3 80
59, 4 79
59, 7 66
60. 3 79
60, 12 62
63, 1 97
64, 5 57
66, 11 67
67, 1-3 53
67, 1 61
67, 2 59
70, 1-2 58
70, 7 73
72, 3 78
73 16
73, 3 56
75, 6 76
76 12
77 54
77, 1 100
77, 2 58
77. 2 80
78 53
80, 1-2 57

81 31
81, 1 64
83 17
88, 4 77
88, 5 106
89, 4 84
92, 1 57
94, 1 64
95, 3 74
97, 9 52
103, 10 42
103, 10 76
104, 8 70

8. Buch.

1, 7 10
1, 20 42
1, 20 51
1, 33 98
2, 9 68
3, 1-5 25
3, 22 76
3, 24 81
5, 1-4 18
5, 1 82
6, 31-35 25
6, 33 75
8, 1-12 27
8, 11 44
8, 3 73
8, 9 81
8, 18 50
9, 6 79
12, 15. 22 26
13, 16 39
13, 18 75
14 39
19, 32 73
19, 36 76
20, 4 67
21, 7 78
21, 7 112
23, 18 70
24, 14 81
24, 15 112
25, 19 84
26, 22. 24 83
27, 11 45
27, 12 80
28, 1 83
33, 17 81
38 19
39, 1 48
39, 8 73
40, 11 16
40, 12 58
41, 6 39
41, 8 85
42, 1-3 97
42, 1 83
42, 4-6 62
43, 1-5 18
43, 17 67
45, 37 81
46, 22. 29 83
46, 24 70
47, 16 15
47, 18 83
48, 10 55
48 28
48, 2 78
48, 3 84
48, 11 86
52, 5 26
53 42
53 44
54, 7-12 19
55, 4 112
56, 16 112
58, 11 20
58, 11 32
58, 11 78
61, 4 42
61, 4 64
62, 16 48
63, 4 73
63, 7 55
65, 12 107
66, 1-9 95
66, 2 81
69, 1 68
69, 2 112
69, 10 32
76, 5 50
80, 1 81
80, 1 84
81, 4 78
81, 14 79
81, 21 75
82, 14-15 18
82, 15 51
82, 23 46
84, 1 26
84, 2 63
85, 7 98
85, 13 95
85, 13 98
86, 9 67
89, 5 66
89, 7 .... 64, 113
90, 13 55
90, 16 79
92, 1 55

9. Buch.

1, 2 83
2 19
6, 4 67
8, 4 92
12, 2 26
14, 3 51
14, 7 73
16, 5 46
17 25
17, 2 86
18, 1 71
18, 3 70
18, 4 67
21, 3 86
21, 1-7 48
22, 1 50
22, 6 67
24 22
26 33
26, 2 26
32 26
32, 5 73
33, 5 26
36, 2 60
36, 1 65
39, 6 26
42, 4 68
45 8
45, 5 26
46 46
56, 3 26
60 27
61, 7 72
61, 13 37
61, 16 63
62, 4 60
62, 6 65
62, 22 46
63, 8, 9 79
63, 25 46
64, 4 46
64, 17 73
64, 21 26
65, 14 26
66, 10. 25 46
66, 12 73
66, 28 71
67, 7 67
67, 15 60
69, 7 67
70, 8 29
70, 4 65
67, 29 79
68, 8 26
71, 5 50
71, 9 .... 42, 77
72 15
73, 1 64
72, 5 28
73 49
73 86
73, 2 65
74, 5 42
77, 5 60
82, 1 60
82, 5 81
83, 3 64
85, 9. 12 64
86, 2 46
86, 16 37
86, 17. 31 26
86, 19 65
86, 25 50
86, 40 65
86, 46 60
87, 4 71
88, 2 57
89, 1 .... 80, 82
89, 1-2 43
89, 2 85
89, 3 71
90, 1 97
91, 1 60
92, 1 85
92, 6 37
96, 7 65
97, 2 71
97, 5 72
97, 8 37
97, 38 28
97, 39 7
97, 40 71
97, 41 91
99, 3 112
99, 4 26
101, 7 71
101, 8 26
102, 2 78
102, 4 82
104, 4 26
106 59
106, 9 71
106, 14 46
107, 9 73
107, 15 46
107, 26 65
109, 16. 17 71
109, 19 60
110, 3. 4 .... 63, 65
110, 8 20
110, 10 71
111, 3 73
113 94

10. Buch.

2, 3 73
3, 1 56
4, 6 77
5, 5 84
8, 2 42
9 9
9, 6 81
10, 4 112
10, 7 72
13, 4 113
13, 5 64
14, 9 70
15, 3 43
15, 12 80
15, 12 74
17, 2 93
17, 2 98
17, 6 14
17, 6 51
18, 3 74
20, 10 78
22, 5 74
23, 7 63
27, 8 74
27, 23 98
28, 4 75
28, 8 97
29, 4 72
30, 14. 15 73
31, 3 55
31, 11 94
32, 6 74
34, 1 74
35, 1 78
35, 6 38
39, 7 111
39, 14 83
39, 14 68
39, 14 86
40, 12 35
40, 12 72
43, 1 26
45, 4 71
45, 12 61
48, 3 79
50, 5 68
51, 4. 6 81
53, 1-3 57
53, 1 99
53, 3 84
53, 11 94
54, 2 112
54, 6 58
58, 4 75
58, 4. 6 94
60 7
60, 9 103
61, 2 97
61, 13 73
62, 1-2 64
62, 7 70
63, 17 61
64, 2 35
65, 15 65
65, 15 65
65, 15 107
66, 14 70

67, 3 80
67, 4 68
68, 7 78
68, 11 94
68, 12 68
69, 10 97
71. 3 94
72, 1-5 ... 14
72, 5 51
72, 7 113
74, 6 28
76, 3 112
78, 7 80
79, 3 84
80, 7 66
85, 37-41 76
86, 1 32
86, 1 46
86, 2 72
86, 5 64
86, 11 80
86, 23 78
88, 5 81
88, 7 98
88, 10 63
88, 10 65
89, 6 71
89, 13 98
90, 1 98
91, 12 73
91, 15 61
94 40
94, 3 81
95, 2 7
95, 7 81
95, 8 86
95, 11 82
96, 13 78
97, 1 77
97, 7 43
97, 10 63
98, 6 98
99, 5 74
99, 9 77
99, 10 ... 59
102, 1-2 ... 74
103, 8 95
104, 1 60
105, 6 80
107, 1 55
107, 1 57
108, 3 84
109, 6 93
111, 2 98
111, 4 82
111, 6 80
111, 11 ... 97
113, 3 80
114, 1 44
115, 9 66
116, 11 ... 28
119 35
119, 11 ... 61
120, 9 66
123, 2 26
123, 4 80
123, 7 80
124, 1 44
124, 4 79
124, 8 68
124, 8 98
125, 3 94
127, 1-5 ... 43
127, 1 77
127, 2 28
127, 8 68
128, 9 70
134, 1 63
134, 1 65
137, 1-6 ... 30
138, 5 97
138, 5 98
138, 6 94
145, 6 77
146, 4 9
146, 4 42
146, 6 44
149, 1 51
149, 1 23
155 24
159 14
159, 4 70
161 48
164, 5 15
166 7
167 99
167, 4 68
169, 4 68
173, 3 64
174, 3 64
183, 3 94
189 8
189, 1 83

Val.

1, 10 ... 84
1, 11, 5 66
4, 9 26
4, 9 46
4, 9 61
7, 1 71
8, 1 65
8, 5 53
11, 2 67